Direito e Novas Tecnologias

Direito e Novas Tecnologias

2020

Coordenadores:
Maria Isabel Carvalho Sica Longhi
André Costa-Corrêa
Emerson Alvarez Predolim
Rodrigo Fernandes Rebouças

ALMEDINA

DIREITO E NOVAS TECNOLOGIAS

COORDENAÇÃO: Maria Isabel Carvalho Sica Longhi, André Costa-Corrêa, Emerson Alvarez Predolim, Rodrigo Fernandes Rebouças

DIRETOR ALMEDINA BRASIL: Rodrigo Mentz
EDITORA JURÍDICA: Manuella Santos de Castro
EDITOR DE DESENVOLVIMENTO: Aurélio Cesar Nogueira
ASSISTENTES EDITORIAIS: Isabela Leite e Marília Bellio

DIAGRAMAÇÃO: Almedina
DESIGN DE CAPA: FBA ou Roberta Bassanetto

ISBN: 9786556271095
Novembro, 2020

Dados Internacionais de Catalogação na Publicação (CIP)
(Câmara Brasileira do Livro, SP, Brasil)

Direito e novas tecnologias / coordenadores Maria Isabel Carvalho Sica Longhi...[et al.]. -- São Paulo : Almedina, 2020.

Vários autores.
Outros coordenadores: André Costa-Corrêa, Emerson Alvarez Predolim, Rodrigo Fernandes Rebouças
Bibliografia.
ISBN 978-65-5627-109-5

1. Blockchains (Base de dados) 2. Comércio eletrônico 3. Crowdfunding 4. Direito penal 5. Direito tributário 6. Privacidade na Internet 7. Proteção de dados - Direito - Brasil 8. Responsabilidade civil 9. Tecnologia e direito I. Longhi, Maria Isabel Carvalho Sica. II. Costa-Corrêa, André. III. Predolim, Emerson Alvarez. IV. Rebouças, Rodrigo Fernandes.

20-44523 CDU-34:6

Índices para catálogo sistemático:

1. Direito e tecnologia 34:6

Cibele Maria Dias - Bibliotecária - CRB-8/9427

Este livro segue as regras do novo Acordo Ortográfico da Língua Portuguesa (1990).

EDITORA: Almedina Brasil
Rua José Maria Lisboa, 860, Conj.131 e 132, Jardim Paulista | 01423-001 São Paulo | Brasil
editora@almedina.com.br
www.almedina.com.br

SOBRE OS COORDENADORES

Maria Isabel Carvalho Sica Longhi
Head de Payments Compliance LatAm no Google. Coordenadora da Comissão de Inovação e Tecnologia do Ibrademp. Presidente da Comissão de Novas Tecnologias e Proteção de Dados do Instituto dos Advogados de São Paulo. Professora do LLM em Direito dos Contratos no Insper. Mestre em Direito pela USP. Especialista pelo Instituto Internacional de Ciências Sociais. Bacharel em Direito pela PUC-SP

André Costa-Corrêa
Doutor e Mestre em Direito pela PUC-SP. Especialista em Direito Tributário pela PUC-SP e pelo CEU Law School. Professor e Pró-Reitor de graduação do UNICIESA (AM). Diretor e Professor das FAAO (AC). Coordenador e professor do Núcleo de Direito Tributário da CEU Law School (SP). Professor e pesquisador visitante na Brooklyn Law School (USA) e no Centro Didatico Euroamericano Sulle Politiche Constituzionali (CEDEUAM) da Università del Salento (Itália). Membro da Academia Paulista de Letras Jurídicas (APLJ) – cadeira 26. Membro da União dos Juristas Católicos de São Paulo, da International Fiscal Association, da Associação Brasileira de Direito Financeiro, do Conselho Superior de Direito da FECOMERCIO e do Núcleo de Estudos Estratégicos em Tributação (NEET). Advogado.

Emerson Alvarez Predolim
Especialista em Direito Tributário pelo Instituto Internacional de Ciências Sociais e em Direito Eletrônico pela Escola Paulista de Direito. Profes-

sor no curso de pós-graduação de Gestão de Tecnologia da Informação da Faculdade Impacta de Tecnologia. Professor no curso de pós-graduação de Direito Digital e Compliance na Damásio Educacional. Conselheiro Substituto no Conselho Municipal de Tributos do Município de São Paulo (2016/2020). Advogado.

Rodrigo Fernandes Rebouças
Doutor e Mestre em Direito pela PUC-SP. Especialista em Direito Processual Civil pela FMU. Especialista em Direito dos Contratos, Direito das Novas Tecnologias e Direito Tributário pelo CEU Law School. Especialista em Gestão de Serviços Jurídicos pela FGV-Law/SP e e pelo Insper. Coordenador do Núcleo Temático de Direito Digital da Escola Superior de Advocacia da OAB-SP. Diretor de Relações Institucionais do IASP para os triênios 2013-2015 e 2016-2018. Professor dos programas de Pós-graduação do Insper Direito, IBMEC-SP, FADI, UNIFOR, Escola Paulista da Magistratura, UNIVEL e FADITU.

SOBRE OS AUTORES

Angela Vidal Gandra Martins
Doutora e Mestre em Filosofia do Direito pela Universidade Federal do Rio Grande do Sul. Bacharel em Direito pela USP. Professora visitante e pesquisadora em Antropologia Filosófico-Jurídica na *Harvard University*. Diploma *Advanced Management Program* (AMP-IESE/Universidade de Navarra). Membro do Conselho Superior de Direito da FECOMERCIO e Representante na *International Chamber of Commerce* (ICC). Membro da Academia Brasileira de Filosofia. Membro da Academia Paulista de Letras Jurídicas. Professora de Filosofia do Direito do CEU LAW SCHOOL. Professora de Direito Tributário do Programa de Pós Graduação da Universidade Mackenzie. Advogada.

Bruno de Moraes Dumbra
Pós-Graduado em Direito Eletrônico pela Escola Paulista de Direito. Especialista em Cyber Security Law pela Caldwell Community College – Carolina do Norte – USA. Bacharel em Direito pela Universidade Paulista. Membro efetivo da Comissão de Crimes de Alta Tecnologia da OAB/SP. Palestrante do Departamento de cultura e Eventos da OAB/SP. Professor convidado da Escola Superior de Advocacia da OABSP. Advogado.

Caio Scheunemann Longhi
Mestre em Direito pela USP. LL.M em International Business Law pela London School of Economics and Political Sciences (LSE). Especialista em Direito Processual Civil pela PUC-SP. Bacharel em Direito pela PUC-SP. Advogado.

Cleórbete Santos
Doutorando e Mestre em Modelagem Computacional de Sistemas pela Universidade Federal do Tocantins. Bacharel em Direito pela Universidade Federal do Tocantins. Especialista em Direito Digital e Compliance pela Damásio Educacional e em Segurança da Informação pela União Latino-Americana de Tecnologia. Servidor público da Justiça Eleitoral. Professor convidado das Universidades Estadual e Federal do Tocantins, da Pós-graduação em Direito Digital & Compliance do Damásio Educacional, Professor visitante da New York Law School (EUA) e membro consultor da Comissão de Direito Digital & Compliance da OAB/SP.

Coriolano Almeida Camargo
Doutor em Direito com certificado internacional em Direito Digital pela Caldwell Community College and Technical Institute. Mestre em Direito na Sociedade da Informação e certificação internacional da "The High Technology Crime Investigation Association (HTCIA)". Diretor Titular Adjunto do Departamento Jurídico da FIESP. Conselheiro Estadual eleito da OAB/SP (2013/2018). Presidente da Comissão de Direito Digital e Compliance da OAB/SP. Professor e coordenador nacional do programa de pós-graduação em Direito Digital e Compliance da Faculdade Damásio. Professor convidado dos cursos de pós-graduação da USP/PECE, da Fundação Instituto de Administração, da Universidade Presbiteriana Mackenzie, da Escola Fazendária do Governo do Estado de São Paulo, da Acadepol-SP e da EMAG. Desde 2005 ocupa o cargo de Juiz do Egrégio Tribunal de Impostos e Taxas do Estado de São Paulo. Professor convidado do curso superior de Polícia da Academia de Polícia Civil de São Paulo. Professor da Escola Nacional dos Delegados de Polícia Federal – EADELTA. Advogado.

Cristina Moraes Sleiman
Mestre em Sistema Eletrônicos-Engenharia Elétrica pela Escola Politécnica da USP. Extensão em Educador Virtual pelo Senac em parceria com Simon Fraser University e em Direito da Tecnologia pela FGV-RJ. Bacharel em Direito pela Faculdades Capital. Bacharel em Pedagogia pela Universidade São Judas Tadeu. Presidente da Comissão de Educação Digital e Vice Presidente da Comissão de Direito Digital e Compliance da OAB- SP. Professora da Pós-graduação da Faculdade Impacta de Tecnologia. Professora da Pós-graduação em Direito Digital da Faculdade Damásio de Jesus. Advogada.

Daniel Arbix
Doutor, Mestre e Bacharel em Direito pela USP. LLM (Law, Science & Technology) pela Stanford Law School. Professor da FGV Direito SP (GVlaw). Diretor jurídico do Google.

Daniel Bushatsky
Doutor, Mestre e Bacharel em Direito pela PUC-SP. Professor de direito empresarial da Pós-Graduação da PUC-SP (Cogeae). Professor da Faculdade de Direito da Universidade Presbiteriana Mackenzie. Professor da Faculdade de Direito da Universidade de São Caetano do Sul.

Daniel Calazans
Mestrando e Especialista em Direito Processual Civil. Pós-graduado em Gestão Estratégica de Negócios, tendo participado de projetos de gestão da Justiça Federal do Rio Grande do Sul e do Tribunal de Justiça do Estado de São Paulo. Ex-assessor Judiciário do Tribunal de Justiça do Estado de Minas Gerais. Advogado.

Elpídio Donizetti
Pós-doutor pela Universitá degli Studi di Messina. Integrante da comissão de juristas nomeada pelo Senado Federal para elaboração do anteprojeto do Novo Código de Processo Civil. Desembargador aposentado do Tribunal de Justiça do Estado de Minas Gerais. Advogado.

Guilherme Cardoso Sanchez
Mestre e Bacharel em Direito pela USP. LL.M. pela Washington University in St. Louis. Advogado integrante do departamento jurídico do Google Brasil.

Ieda Nogueira Dutra
Business Affairs Manager de YouTube Originals do Google, baseada em Los Angeles. Antes disso, Ieda foi in-house legal counsel do Google Brasil por quatro anos, atuando em demandas corporativas com foco em direito digital. É bacharel em Direito pela PUC-SP, graduada em 2010, e possui LL.M. (Masters of Laws) em Intellectual Property Law pela Queen Mary University of London, concluído em 2013. Concluiu o Summer School on Intellectual Property da World Intellectual Property Organization (WIPO) em associação com a Universidade de São Paulo (USP) em 2011.

Jonathan Barros Vita

Doutor e Mestre em Direito pela PUC-SP. Mestre em Direito pela Universidade Comercial Luigi Bocconi – Milão – Itália. Especialista em Direito Tributário pelo Instituto Brasileiro de Estudos Tributários – IBET-SP. Coordenador e professor titular do Mestrado e Doutorado em Direito da UNIMAR. Professor de diversos cursos de pós-graduação no Brasil e exterior. Conselheiro do Conselho Municipal de Tributos de São Paulo. Ex-Conselheiro do CARF – Conselho Administrativo de Recursos Fiscais. Ex-Juiz do Tribunal de Impostos e Taxas do Estado de São Paulo. Ex-Secretário da Comissão Especial de Direito Tributário do Conselho Federal da OAB. Advogado e Contador.

Lucas de Lima Carvalho

Doutorando em Direito pela USP. LL.M. em Direito Tributário Internacional pela New York University School of Law (NYU). LL.M. em Direito Corporativo pelo IBMEC. IEMBA pela Chinese University of Hong Kong (CUHK). MBA em Direito Tributário pela Fundação Getúlio Vargas. Bacharel em Direito pela Universidade Federal do Ceará (UFC). Advogado.

Luciano Timm

Doutor e Mestre em Direito pela UFRGS. Professor da FGV-SP e da UNISINOS. Ex Presidente da Associação Brasileira de Direito e Economia (ABDE). Advogado.

Luís Eduardo Schoueri

Professor Titular da Faculdade de Direito da USP. Vice-Presidente do Instituto Brasileiro de Direito Tributário.

Marcelo Borghi

Mestrando em Ciências Contábeis e Atuariais pela PUC-SP. Especialista em Direito Tributário pelo CEU.Professor convidado do Centro de Extensão Universitária. Escola de Direito. Membro do Instituto Brasileiro de Direito Tributário (IBDT). Advogado e Perito Judicial Contábil.

Marília Maia Beserra Crivelaro

Especialista em Direito Contratual pela PUC-SP. Bacharel em Direito pela PUC-SP. Advogada.

Martim Vasques da Cunha
Pós-doutor pela EAESP da Fundação Getúlio Vargas. Doutor em Ética e Filosofia Política pela USP.

Natália Kuchar
Especialista em contratos empresariais pela Escola de Direito de São Paulo. Bacharel em Direito pela USP. Participou do Summer Institute da Fordham School of Law em 2013. Advogada integrante do departamento jurídico do Google Brasil.

Pedro Amorim
MBA em Gestão Financeira pela Universidade Federal do Rio de Janeiro. LL.M. em Direito Tributário pela Fundação Getúlio Vargas. Bacharel em Direito pela Universidade Federal do Rio de Janeiro. Advogado.

Raquel Garcia Lemos
Pós-graduada em Direito Civil e em Direito Digital e das Telecomunicações pela Universidade Presbiteriana Mackenzie. Professora convidada do Programa de especialização em Gestão de Produção e Negócios Audiovisuais da FAAP. Advogada.

Raquel do Amaral Santos
Mestre em Direito Tributário pela PUC-SP. Especialista em Direito do Trabalho em curso pela FMU-SP. Bacharel em Direito pela Universidade Presbiteriana Mackenzie.

Ricardo Alessandro Castagna
Doutorando em Direito pela USP. Mestre em Direito pela PUC-SP. Pós-graduado no MBA em Gestão Tributária da FIPECAFI/FEA/USP. Bacharel em Direito pela Universidade Presbiteriana Mackenzie. Professor do Departamento de Direito Tributário do CEU Law School. Advogado.

Rodrigo Dufloth
Mestre em Direito Comercial pela USP. Professor da Especialização em Direito & Economia no Instituto de Economia da UNICAMP. Membro da Associação Brasileira de Direito e Economia (ABDE) e da Associação Brasileira de Direito & Administração (ABD&A). Advogado.

Samantha Ribeiro Meyer-Pflug Marques
Doutora e Mestre em Direito Constitucional pela PUC-SP. Advogada. Professora do Programa de Mestrado em Direito da Universidade Nove de Julho.

Wagner Doñate Rocco
Bacharel em Direito pela Universidade Paulista e em Sistema de Informação pela Faculdade Impacta. Certificação International Cyber Security Law Program pela Caldwell Community College and Technical Institute – NC/EUA. Especialista em Direito Empresarial pela PUC-SP (Cogeae). Advogado.

NOTA DA COORDENAÇÃO

Há alguns anos enfrento desafios diários de como cumprir e conciliar determinadas leis aos negócios das empresas de tecnologias. As *startups* ou empresas de tecnologia apresentam características distintas e objeto inovador, o que torna muito difícil sua regulação, assim as mesmas dificuldades que os advogados têm enfrentam legisladores e reguladores ao tentar impor determinadas regras a novos negócios.

Diante disso, o objetivo deste livro é ajudar os operadores de direito a entender questões do direito relevantes para as empresas de tecnologia, mas de complexa interpretação. As leis tributárias ou a ausência de lei conjuntamente com a criatividade dos fiscais é sempre um desafio para os negócios no Brasil, se somarmos a isso a falta de compreensão dos aplicadores do direito sobre as atividades das startups e empresas de tecnologia, sem dúvida temos o direito tributário como um dos maiores desafios para essas empresas.

Assim, o livro possui cinco artigos que tratam de algumas das maiores discussões de direito tributário. O primeiro deles é sobre o *streaming* e a sua tributação. A conceituação de streaming dentro da legislação é complexa e alguns entendem que seria possível a tributação pelo ICMS-comunicação, outros pelo ISS. Nem a Lei Complementar n. 116/2017 trouxe pacificação sobre esse assunto, apesar de ser essa a expectativa quando a lei entrou em vigor. A discussão tributária continua com o artigo sobre a tributação aplicada ao licenciamento de software e a dificuldade na sua tributação em decorrência da forma de tributação de bens e serviços presentes na Constituição Federal. O livro possui também artigo sobre o importante tema de conceito de estabelecimento e suas consequências para o direito tributário, apresentando diversos parâmetros na defesa de tal conceituação, tais quais o direito comparado ou a noção trazida em diversos tributos.

Ainda no campo do direito tributário, o livro discutirá a tributação nos jogos eletrônicos. O tema é relevante não apenas pela discussão jurídica que apresenta, mas também pela relevância cada vez maior dos jogos eletrônicos na economia agregando milhares de jogadores e arrecadando quantias enormes. Outro tema de direito tributário discutido no livro são os efeitos das operações econômicas por meio do *blockchain* e os seus efeitos no direito tributário. Para concluir os artigos de direito tributário, teremos a discussão sobre a tributação do comércio eletrônico e se o correto seria a tributação pelo Estado de residência ou no Estado onde se encontra o consumidor.

Na área contábil, o livro discute o tema a *cyberpiratraria* e a responsabilidade pela guarda e proteção das informações, principalmente, na Receita Federal. O Direito Penal é outra importante área do direito discutida no livro. Muitos crimes são cometidos por meio da internet e a forma de investigá-los e enquadrá-los é uma discussão atual para os advogados, delegados, juízes e outros operadores do direito penal. Nesse sentido, o livro possui artigo que discute o sequestro de dados e o terrorismo digital e se esses crimes cometidos pela internet, possuem enquadramento adequado na legislação penal atual ou se outros tipos penais deveriam ser criados para uma melhor adequação. As novas tecnologias não apenas alteraram as discussões presentes no poder judiciário como as formas de resolução de conflitos. Assim, na área do direito processual e de soluções de conflitos o livro possui artigo sobre como a via contenciosa foi relevante na viabilização de novos negócios na economia colaborativa. Sem dúvida as decisões obtidas no poder judiciário foram essenciais para permitir novos modelos econômicos que havia um temor inicial para sua legalização.

O livro trata também dos meios alternativos de resolução de conflitos que podem ser aplicados aos *marketplaces*. Tema de extrema relevância, considerando que os *marketplaces* são cada vez mais numerosos e muitos dos conflitos decorrentes das relações ali advindas não exigem a atuação judicial, tendo em vista o investimento de tempo e de recursos que seriam necessários. O livro cuidará também dos impactos ao direito constitucional do processo judicial eletrônico.

O artigo que trata dos investidores anjo e das *startups* traz relevantes discussões para o direito societário. No campo do direito contratual, o livro trará importante análise sobre os *smart contracts* e sobre os contratos digitais. Temas úteis aos advogados contratualistas, principalmente após a pandemia atual em que muitas empresas tiveram que obrigatoriamente passar a adotar os contratos de forma eletrônica.

O direito do trabalho também será abordado no livro, em artigo que se discute os impactos da internet nas relações de trabalho. Outra área do direito que é constantemente impactada pelas novas tecnologias é o direito do consumidor e o livro discutirá se o direito ao arrependimento nas relações de consumo deve ser aplicado às compras efetuadas pela internet. Tal discussão é de extrema relevância, pois as normas legais não devem ser aplicadas cegamente sem que haja uma discussão se elas são pertinentes às novas tecnologias ou não.

O livro também abordará os impactos no direito das novas tecnologias como: as consequências jurídicas das plataformas de *crowdfunding*, o respeito à privacidade na internet das coisas, proteção do direito autoral sobre criações desenvolvidas com inteligência artificial, aplicação da responsabilidade civil em sede de inteligência artificial uma vez que não controle total dos homens sobre os resultados apresentados por essas tecnologias com I.A. Ainda sobre a responsabilidade civil, tema de extrema complexidade que as novas tecnologias tornaram ainda mais difícil a sua interpretação, o livro traz outro artigo que discute a responsabilidade dos provedores de aplicação de internet sobre conteúdo de terceiros. E como isso impacta a liberdade de expressão, o livro vai além e apresenta discussões sobre os limites da liberdade de expressão na internet – *hating*, *cyberbullying* e o discurso de ódio. Ainda, o livro abordará a neutralidade de rede e se a disposição presente no Marco Civil colabora com a sua manutenção ou a prejudica. Por fim, o livro tratará sobre assunto que traz um certo desconforto aos advogados, mas cuja discussão é extremamente necessária: o futuro da profissão em face das novas tecnologias.

O livro, assim, aborda diversos aspectos e áreas do direito que são impactados pelas novas tecnologias, trazendo interpretações pertinentes de autores conceituados e que possuem contato constante com essa realidade, oferecendo, assim, relevantes discussões atuais. Esperamos que o livro seja útil e ótima fonte de consulta e pensamento!

São Paulo, julho de 2020.

Maria Isabel Carvalho Sica Longhi

SUMÁRIO

1. *Streaming* e tributação

André Costa-Corrêa

Compreende-se que a rápida evolução e convergência das tecnologias de telecomunicações e de comunicações e o desenvolvimento paralelo de sistemas de comunicação multimídia, de informática e de informação estão redefinindo as fronteiras da indústria das telecomunicações; bem como que a possível convergência tecnológica tem suscitado novas oportunidades em matéria de produtos e serviços e criado novos problemas regulatórios aos países e aos consumidores. Além do que, o aumento da área de abrangência da internet e a melhoria dos meios de comunicação (em especial, o aumento das velocidades e a diminuição dos custos de acesso em banda larga) possibilitaram o surgimento de inúmeras tecnologias, o incremento das comunicações corporativas, a modificação das relações sociais e a transformação ou extinção de modelos de negócios[1]

[1] Nesse sentido, ver: Cueman, Stephanie. The Netflix tax: Chigaco's extension of its amusement tax to inclued electronically delivered entertainment faces numerous changes and sets the stage for taxing on streaming-based entertainment, in DePaul Business and Commercial Law Journal, vol. 15, issue 2, article 3, p. 159; Almeida, Mariana Quintanilha de. A tributação de computação em nuvem e streaming à luz da legislação do imposto sobre serviços e do imposto sobre circulação de mercadorias e prestação de serviços de transporte interestadual e intermunicipal e serviços de comunicação, in Computação, comércio eletrônico e prestação de serviços digitais: sua tributação pelo ICMS e ISS – Alice Marinho Corrêa da Silva, Mariana Quintanilha de Almeida e Vitor Teixeira Pereira Martins. São Paulo: Almedina, 2017, p. 57-87, p. 57.

– seja porque passamos, pela internet, a nos conectar com os amigos, a compartilhar momentos triviais e importantes de nossas vidas privadas e profissionais, realizar transações comerciais (como, por exemplo, compra de bens e obtenção de serviços de forma remota) e a nos divertirmos em plataformas eletrônicas de vídeos e jogos *on line*.

Em face disso, os Estados, isoladamente ou através das múltiplas conferências realizadas por meio da União Internacional de Telecomunicações, têm buscado atualizar suas bases legais para regulamentar o fenômeno da convergência tecnológica e da mundialização dos prestadores de serviços de comunicação – mesmo sem ter a plena consciência de que as regulamentações atualmente propostas continuarão, ou não, atendendo, no século XXI, aos interesses do setor das telecomunicações em plena expansão. Em especial, porque o progresso tecnológico e a mundialização das telecomunicações estão estreitamente relacionados com a incipiente economia e sociedade mundial de informação[2] e, particularmente, com a evolução da economia mundial[3].

Ressalte-se que o avanço das telecomunicações unificou os mercados financeiros, monetários e de bens e serviços, convertendo-os em sistemas de intercâmbio comercial "em tempo real". Além disso, possibilitou a criação de empresas mundiais e modificou a distribuição do trabalho entre os países desenvolvidos e em desenvolvimento nos setores da indústria e dos serviços.

De igual forma, a internet e suas consequências sociais e econômicas têm forçado com que Estados busquem adaptar ou impor novas formas

[2] Em relação à economia e à sociedade mundiais de informação, cabe ressaltar que seu surgimento veio acompanhado por mudanças geopolíticas importantes porque as estruturas de poder, que repousavam sobre fundamentos políticos e militares, foram adaptadas à nova situação econômica e social. Nesse sentido, fortes alianças econômicas e comerciais regionais surgiram (sobretudo, na Europa, América do Norte e Ásia-Pacífico) com o intuito de integrar e reforçar as economias das regiões, para que essas possam competir melhor numa economia mundial. Importante mencionar que, segundo a União Internacional de Telecomunicações, tais organizações regionais reconhecem que as telecomunicações cumprem um papel central para o desenvolvimento econômico e a competitividade, e por esta razão, procuram acelerar ainda mais o desenvolvimento econômico e sócio-regional, bem como procuram estabelecer estratégias e políticas regionais favoráveis ao crescimento das telecomunicações.

[3] Nesse sentido, ver: MIGUEL, Luciano Garcia. O ICMS e os conceitos de mercadoria e serviço de comunicação. São Paulo: Noeses, 2019, p. 91.

de tributação sobre as relações comerciais travadas digitalmente na rede de computadores. Em especial, porque a aplicação da legislação tributária sobre vendas e serviços não digitais sobre as relações digitais não tem se demonstrado tão fácil para os Governos na medida em que as operações digitais não se enquadram completamente nas definições legais apresentadas nas legislações tributárias e porque as realidades digitais se transformam em velocidade maior do que os Estados conseguem alterar seus ordenamentos tributários. Isto tem possibilitado com que a legislação tributária seja modificada a fim de atingir as novas realidades econômicas digitais[4] – mesmo que essas ainda representem uma pequena parcela das atividades econômicas realizadas pelos contribuintes[5].

Hodiernamente, softwares, livros, músicas, filmes e imagens despiram-se dos limites tangíveis de seus suportes e passaram a ser objeto de transações virtuais – inicialmente via *download* e, depois, por *streaming*[6].

Em face disso, o presente estudo procurará analisar se o *streaming* se afigura como um serviço – e, portanto, deve ser tributado pelo ISS – ou se é um serviço de comunicação – e, consequentemente, passível de tributação pelo ICMS-comunicação. Ou, se, por ventura, não deva ser tributado pelas referidas hipóteses tributárias.

Porém, antes que se discuta sobre a possível tributação do serviço de streaming, é necessário que se apresentem alguns conceitos preliminares. Em especial, o que seja *streaming*, o que seja serviço de OTT e serviço de comunicação eletrônica, comunicação e telecomunicação. Bem como, que se defina os significados do que seja tributação de serviço, mercadoria e serviço de comunicação para efeitos tributários.

[4] Nesse sentido, ver: Peters, Mark e Bensinger, Greg, States eye taxes on streaming video and cloud computing, Wall Street Journal, august 20, 2015, 3:13, https://www.wsj.com/articles/states-eye-taxes-on-streaming-video-and-cloud-computing-1440095146 (acessado em junho de 2018); Correia Neto, Celso de Barros; Afonso, José Roberto R; Fuck, Luciano Felício. Desafios tributários na era digital, in Tributação 4.0 – José Roberto Afonso e Hadassah Laís Santana (coordenadores). São Paulo: Almedina, 2020.

[5] Nesse sentido, ver: Correia Neto, Celso de Barros; Afonso, José Roberto R; Fuck, Luciano Felício. Desafios tributários na era digital, in Tributação 4.0 – José Roberto Afonso e Hadassah Laís Santana (coordenadores), p. 31.

[6] Nesse sentido, ver: Miguel, Luciano Garcia. O ICMS e os conceitos de mercadoria e serviço de comunicação, p. 97.

1. Streaming: conceitos e forma de operacionalização

Streaming é uma tecnologia de envio de informações multimídias via da transferência de dados pela internet por meio de compressão (através de um *codec*[7]) e armazenamento em memória temporária (*buffer*), a qual, diferentemente do *download*, permite que os usuários tenham acesso aos conteúdos disponibilizados em maior velocidade porque possibilita o compartilhamento dos pacotes das informações multimídias enquanto da sua visualização (devido a utilização de protocolos de transmissão). Para tanto, os dados em *streaming* são gerados continuamente por milhares de fontes de dados, as quais enviam os registros de dados simultaneamente, em pequenos pacotes de dados (na ordem de *kilobytes*), para que sejam processados sequencial e incrementalmente por registro ou durante períodos móveis através de correlações, agregações, filtragem e amostragem analítica. Assim, no *streaming*, os pacotes de dados são descomprimidos e reproduzidos à medida em que são disponibilizados ao usuário – isto se a banda de internet for suficiente para reproduzir a mídia em tempo real.

Em outros termos. O computador receptor conecta-se ao servidor ofertante e esse começa a lhe enviar o arquivo por meio de um fluxo de dados (*stream*). O receptor começa a receber o arquivo e constrói um *buffer* onde é salva a informação multimídia; quando esse é preenchido com uma pequena parte do arquivo (*stream*), o receptor começa a executar e ver o arquivo em um *player*, enquanto, simultaneamente, continua a transmissão do restante dos dados.

Isso possibilita com que haja um fluxo contínuo de transmissão, recepção e visualização dos dados entre ofertante (servidores fonte) e receptor (usuário destino); além disso, confere liberdade ao receptor para pausar, voltar, avançar ou visualizar o arquivo que está sendo disponibilizado por *streaming*.

Além da visualização de multimídias, a tecnologia de *streaming* possibilita, também, análise de compras de e-commerce, análise de geoposicionamento, obtenção e filtragem de redes sociais, telemetria de serviços conectados, instrumentação em datacenters, etc.

[7] Codec é um algoritmo para comprimir e descomprimir dados, bem como de converter sinais analógicos em sinais digitais.

Dentre essas aplicações, a tecnologia do *streaming* possibilita – na modalidade *on demand* – que uma determinada empresa ou indivíduo tenha controle de quando, onde e qual conteúdo multimídia será acessado por um determinado usuário (em face de limitações de licença de uso ou de compra), bem como possibilita com que o usuário tenha acesso ao conteúdo disponibilizado por *streaming* independentemente do acesso constante à internet – condição que diferencia o *streaming*, por exemplo, das *lives* ou da comunicação interativa em tempo real, visto que essas necessitam de conexão constante com a internet. Isto se dá porque os dados encaminhados por *streaming* ficam armazenados na memória RAM (memória temporária do aparelho) – inclusive, os que são temporarialmente oferecidos para *download*[8].

O fluxo de envio de dados por *streaming* pode ser feito, por exemplo, por meio do método *unicast* ou *multicast*. No primeiro, a conexão ponto-a-ponto entre os servidores e o receptor possibilita com que cada usuário receba o seu próprio *stream* dos servidores; enquanto que no segundo, o conteúdo é transmitido sobre uma rede com suporte onde todos os clientes na rede compartilham o mesmo *stream* – o que faz com que esses não tenham controle sobre os *streams* recebidos.

Ressalte-se que o conteúdo multimídia disponibilizado por *streaming* apenas pode ser acessado por meio e na própria plataforma de *streaming* porque não há transferência efetiva daquele entre ofertante e usuário. Isto se dá porque o *streaming* se utiliza de uma *VPN* (rede privada virtual), a qual é baseada no conceito de tunelamento[9] (processo de

[8] Cabe mencionar que no processo de streaming de vídeo ao vivo, como o receptor apresenta baixa interação com o vídeo, somente é possível a pausa da visualização e o retrocesso.

[9] O processo de tunelamento pode ser: (a) voluntário ou (b) compulsório. No primeiro, uma estação de trabalho ou um servidor utiliza um software para criar uma conexão até o servidor VPN; tal método é utilizado por clientes dial-up e, por consequência, precisa com que o usuário se conecte à internet para que o software possa criar o tunelamento e possibilitar com que o usuário seja o fim do túnel. No segundo modelo, o computador do usuário não funciona como extremidade do túnel porque existe um servidor remoto, localizado entre o computador do usuário e o servidor do túnel, que funciona como a extremidade do túnel; por consequência, em tal método não é necessário que os usuários tenham um software para a realização do tunelamento.

Além disso, é importante mencionar que existem diferentes protocolos de tunelamento (como, por exemplo, o PPTP – point-to-point tunneling protocol, o L2F – layer-2-forwarding, o L2TP – layer two tunneling protocol, o IPSEC – IP security e o SSL/TLS – secure

encapsular um protocolo dentre de outro), e de mecanismos de segurança para o envio dos dados (como, por exemplo, criptografia, funções de *hash*[10], assinatura[11] ou certificado digital[12], utilização de firewall's ou *proxy's*, autenticação de usuário, etc.), a fim de impedir com que interceptadores externos à VPN consigam visualizar ou modificar o conteúdo dedicado pelo *streaming* e possibilitar a integridade e a disponibilidade do conteúdo disponibilizado pelo ofertante (remetente) do *streaming*.

Em face disso, operações realizadas por via de *streaming* ou de computação na nuvem apresentam algumas particularidades em face das operações realizadas fora desses ambientes porque as relações de consumo não são presenciais, i. e., consumidor e o fornecedor não precisam estar fisicamente presentes em um mesmo ambiente ou em uma mesma competência tributária.

1.1 Serviço over the top (OTT) e Serviço de comunicações eletrônicas (ECS)

O Body of European Regulators for Eletronic Communications, através do Report on OTT Services[13], define que o serviço OTT é o "conteúdo, serviço ou aplicação que é provido para o usuário final da internet

sockets layer/transport layer securiity) para se definir como os pacotes serão encapsulados e transmitidos em rede pública, além da definição de como a chave de criptografia será compartilhada entre os integrantes e qual será a autenticação utilizada.

[10] Uma função de hash tem como principal função produzir um número (resumo), através da mensagem que se visa transmitir, que representará unicamente a mensagem enviada. Assim, caberá ao receptor da mensagem recalcular a função de hash ao receber a mensagem para verificar a integridade da mesma – em especial, porque é improvável que mensagens diversas produzam o mesmo resumo.

[11] Assinatura digital é um selo eletrônico acrescentado ao documento por meio de um mecanismo de criptografia assimétrico que possibilita confirmar a integridade da mensagem enviada do remetente ao receptor. Importante mencionar que o processo de assinatura digital também se utilizar do conceito de função de hash para garantir maior velocidade no processo de confirmação da integridade da mensagem.

[12] O certificado digital é um documento emitido por uma Autoridade Certificadora que armazena a chave pública de um usuário e seus dados de identificação. Os certificados digitais servem para garantir a integridade e origem da chave pública depositada em bases de dados de acesso público.

[13] Visualizar em: https://berec.europa.eu/eng/document_register/subject_matter/berec/reports/5751-berec-report-on-ott-services .

pública[14]". E, segundo Macedo, sendo incluído nessa definição que "o que é provido pode ser também conteúdo, serviço ou aplicação"; portanto, "qualquer coisa provida na internet pública é um serviço OTT".

Macedo[15] informa que:

> O documento do BEREC lista quatro implicações dessa definição de serviço OTT. Primeira: os serviços OTT referem-se a conteúdo que usualmente se origina de uma terceira parte (o provedor de OTT), não sendo oferecido pelo provedor de acesso à internet ao qual o usuário final está conectado. Isso não impede que o provedor de acesso à internet ofereça seu próprio serviço OTT ou faça parcerias com provedores de serviços OTT.
>
> Segunda implicação: refere-se ao modo de entrega do serviço e, dessa forma, não diz nada sobre a natureza do serviço em si.
>
> Terceira implicação: o conceito de Serviço OTT não impede que tais serviços sejam qualificados como de comunicação eletrônica, o que aconteceria, por exemplo, num serviço VoIP que se iniciasse ou terminasse no Serviço de Telefonia Pública (PATS – Publicy Avaible Telephone Service).
>
> Quarta implicação: alguns Serviços OTT podem potencialmente competir com serviços de comunicação eletrônica (ECS) (como serviços de voz OTT e serviços de e-mails, enquanto outros, não (como Uber e Airbnb).

Informa, ainda, que o BEREC propõe "também uma taxonomia dos Serviços OTT tendo como critérios se o serviço OTT 'se qualifica como um ECS' ou 'se potencialmente compete com ECS[16]". E, no caso, tal taxionomia compreende que os serviços OTT-0 (os quais englobam os serviços OTT de voz com possibilidade de fazer chamadas para PATS)

[14] Nesse sentido, vide: Macedo, Alberto. Tributação de atividades de streaming de áudio e vídeo: guerra fiscal entre ISS e ICMS, in Tributação da economia digital: desafios no Brasil experiência internacional e novas perspectivas – Renato Vilela Faria, Ricardo Maitto da Silveira, Alexandre Luiz Moraes do Rêgo Monteiro (coordenadores). São Paulo: Saraiva, 2018, p. 504-521, p. 512.

[15] Macedo, Alberto. Tributação de atividades de streaming de áudio e vídeo: guerra fiscal entre ISS e ICMS, p. 512-513.

[16] Macedo, Alberto. Tributação de atividades de streaming de áudio e vídeo: guerra fiscal entre ISS e ICMS, p. 513.

seriam compreendidos como serviços de comunicação; enquanto os serviços OTT-1 (que englobam OTT de voz e mensageira instantânea) e o OTT-2 (que engloba outros serviços OTT como, por exemplo, o streaming de vídeo e de áudio) seriam outros serviços.

Por outro lado, Macedo informa que a definição do que seja o *eletronic communications service* (ECS) foi proposta na Diretiva 2002/21/CE do Parlamento Europeu e do Conselho. Sendo que esses são compreendidos como:

> o serviço oferecido em geral mediante remuneração, que consiste total ou principalmente no envio de sinais de redes de comunicações eletrônicas, incluindo os serviços de telecomunicações e os serviços de transmissão em rede utilizadas para a radiodifusão, excluindo os serviços que prestem ou exerçam controlo editorial sobre conteúdos transmitidos através de redes e serviços de comunicações eletrônicas; excluem-se igualmente os serviços da sociedade da informação, tal como definidos no artigo 1º da Diretiva 93/84/CE que não consistam total ou principalmente no envio de sinais através de redes de comunicações eletrônicas[17] [18].

Em face disso, pode-se afirmar que o *streaming* é uma modalidade de serviço OTT.

Geralmente, segundo Macedo[19], os serviços OTT são prestados por companhias focadas na produção do conteúdo veiculado, e não no provimento de acesso à internet.

[17] Macedo, Alberto. Tributação de atividades de streaming de áudio e vídeo: guerra fiscal entre ISS e ICMS, p. 513.

[18] "'Electronic communications service' means a service normally provided for remuneration which consists wholly or mainly in the conveyance of signals on electronic communications networks, including telecommunications services and transmission services in networks used for broadcasting, but exclude services providing, or exercising editorial control over, content transmitted using electronic communications networks and services; it does not include information society services, as defined in Article 1 of Directive 98/34/EC, which do not consist wholly or mainly in the conveyance of signals on electronic communications networks".

[19] Macedo, Alberto. Tributação de atividades de streaming de áudio e vídeo: guerra fiscal entre ISS e ICMS, p. 512.

2. Telecomunicação e comunicação: distinção normativa

Preliminarmente, concorda-se com a ressalva de Carrazza[20] de que a ciência jurídica tem por objeto o estudo do campo dos enunciados jurídicos e que, portanto, enunciados ou compreensões de outras ciências (v. g., engenharia, sociologia, física, gramática, semiótica, etc.) não são suficientes para mudar os possíveis significados impostos pelos enunciados jurídicos a determinadas realidades[21]. No direito prevalecem as significações jurídicas, mesmo que essas sejam contrárias ou dissonantes com os significados encontrados em outros sistemas porque o sistema jurídico é fechado às demais realidades não jurídicas – sendo essas, tão-somente, responsáveis pelas pressões que possibilitam mudanças autopoiéticas no sistema jurídico. Logo, as apresentações de significados externos ao sistema jurídico do que sejam "telecomunicação" e "comunicação" servirão apenas para evidenciar a representação de possíveis *inputs* ao sistema jurídico e a comprovação de possíveis distinções com os conceitos firmados pelo sistema jurídico. Em igual sentido, prevalecerão os significados jurídicos do sistema brasileiro aos significados alienígenas porque esses são externos – em certa medida – ao sistema pátrio.

Em igual sentido, concorda-se com Miguel[22] que as significações do que seja comunicação são amplas.

Cabe, portanto, analisar as definições impostas pela legislação brasileira. Todavia, como o §1º do art. 4º da Lei n. 4.117/1962 determina

[20] Carrazza, Roque Antonio. ICMS, 17ª ed. revista e ampliada até a EC 88/2015 e de acordo com a Lei Complementar 87/1996, com suas ulteriores modificações. São Paulo: Malheiros, 2015, p. 237-238.

[21] Discorda-se, porém, da afirmação do autor de que "não há relevância – pelo menos no que concerne ao ICMS – em saber-se a significação, técnica, vulgar ou figurada, do vocábulo comunicação" (Carrazza, Roque Antonio. ICMS, p. 251). Em especial, porque o significado de um determinado signo é composto por inúmeras significações; logo, conhecer as significações importa compreender o significado de um signo. Mas, compreender significações sem relevância para o direito serve apenas como um indicativo para o possível significado que um dado termo pode vir a ter no léxico jurídico, visto que o sistema jurídico é um sistema de linguagem que pode ser composto por duplos imperfeitos de signos de outras linguagens técnicas ou não, i. e., pode conferir significado próprio a um dado signo e, portanto, diverso do significado do mesmo lexema em outro sistema linguístico.

[22] Miguel, Luciano Garcia. O ICMS e os conceitos de mercadoria e serviço de comunicação, p. 135.

que os termos não definidos no Código Brasileiro de Telecomunicações terão o significado estabelecido nos atos internacionais aprovados pelo Congresso Nacional, cabe analisar as definições previstas em outros enunciados não nacionais – em especial, a possível distinção entre *telecomunicação* e *comunicação* se não houver previsão nos atos normativos nacionais.

De acordo com o art. 4º da Lei n. 4.117/1962, serviço de telecomunicação deve ser compreendido como a "transmissão, emissão ou recepção de símbolos, caracteres, sinais, escritos, imagens, sons ou informações de qualquer natureza, por fio, rádio, eletricidade, meios óticos ou qualquer outro processo eletromagnético"[23] [24] – sendo a telegrafia o processo de telecomunicação destinado à transmissão de escritos, pelo uso de um código de sinais; enquanto que a telefonia é o processo de telecomunicação destinado à transmissão da palavra falada ou de sons. Enquanto a alínea "d" do art. 6º da referida lei prescreve que o serviço de *radiodifusão* é uma ***modalidade do serviço de telecomunicação*** e compreende a *radiodifusão sonora* e *televisão* – devendo, entretanto, ser destinado a ser recebido *direta* e *livremente pelo público*.

Apesar de tais significados, não há no Código Brasileiro de Telecomunicações qualquer definição do que seja comunicação.

O Código Tributário Nacional, através do inciso II do art. 68, ao definir o que seja serviço de comunicação para fins de incidência do ICMS-comunicação, possibilita compreender que essa seja a "transmissão e o

[23] Cabe mencionar que o significado expresso na legislação brasileira é igual ao previsto no item 1012 do anexo que prevê a definição de alguns termos empregados no documento de constituição, na convenção e nos regulamentos da União Internacional de Telecomunicações, telecomunicação deve ser compreendida como "toda transmissão, emissão ou recepção de sinais, textos escritos imagens, sons ou informações de qualquer natureza, por fio, radioeletricidade, meios óticos ou outros sistemas eletromagnéticos" – ressaltando-se que o Decreto n. 2.962/1999 promulgou a Constituição e a Convenção da União Internacional de Telecomunicações.

[24] Em igual sentido, a Lei n. 9.472/1997 (Lei de Telecomunicações) define em seu art. 60 que "serviço de telecomunicações é o conjunto de atividades que possibilita a oferta de telecomunicação". Definindo no inciso I do referido enunciado que telecomunicação deve ser compreendida como "a transmissão, emissão, recepção, por fio, radioeletricidade, meios ópticos ou qualquer outro processo eletromagnético, de símbolos, caracteres, sinais, escritos, imagens, sons ou informações de qualquer natureza".

recebimento, por qualquer processo, de mensagens escritas, faladas ou visuais".

Ressalte-se, ainda, que a Lei Complementar n. 87/1996 (Lei Kandir) prescreve que o ICMS pode incidir sobre "*prestações onerosas de serviços de comunicação*, por qualquer *meio*, inclusive a *geração*, a *emissão*, a *recepção*, a *transmissão*, a *retransmissão*, a *repetição* e a *ampliação* de comunicação *de qualquer natureza*" (conforme a previsão do inciso III de seu art. 2º[25]). Porém, a referida legislação **não define o que seja comunicação para fins de ICMS**, pois apenas identifica que a tributação do ICMS-comunicação incidirá sobre o **serviço de comunicação de qualquer natureza**, independentemente do meio pelo qual esse seja prestado e da forma como se dê esse serviço de comunicação[26] – reconhecendo, assim, ampla competência tributária aos Estados para tributar comunicação de qualquer natureza – mesmo que essa seja realizada em quaisquer dos processos de *geração*, de *emissão*, de *recepção*, de *transmissão*, de *retransmissão*, de *repetição* e de *ampliação*.

Por outro lado, a Lei n. 9.472/1997 (Lei de Telecomunicações) define, em seu art. 60, que serviço de telecomunicações é o conjunto de atividades que possibilita a oferta de telecomunicação – sendo que o § 1º do referido enunciado define que telecomunicação é "a transmissão, emissão ou recepção, por fio, radioeletricidade, meios ópticos ou qualquer outro processo eletromagnético, de símbolos, caracteres, sinais, escritos, imagens, sons ou informações de qualquer natureza". Por outro lado, a referida Lei define, em seu art. 61, que serviço de valor adicionado é "**o conjunto de equipamentos ou aparelhos, dispositivos e demais meios necessários à realização de telecomunicação, seus acessórios e periféricos, e, quando for o caso, as instalações que os abrigam e complementam, inclusive terminais portáteis**". Prescrevendo, ainda, no §1º do referido enunciado que o "**serviço de valor adicionado não constitui serviço de telecomunicações**", devendo ser classificado seu provedor como usuário do serviço de telecomunicações que lhe dá suporte, com os direitos e deveres inerentes a essa condição.

[25] E reforça tal previsão no inciso VII de seu art. 12 ao definir o que seja o fato jurídico ensejador do ICMS-comunicação.

[26] Nesse sentido, ver: Carrazza, Roque Antonio. ICMS, p. 250.

Cabe mencionar, ainda, que a Lei n. 12.485/2011 dispõe que a comunicação audiovisual de acesso condicionado é o "complexo de atividades que permite a emissão, transmissão e recepção, por meios eletrônicos quaisquer, de imagens, acompanhadas ou não de sons, que resulta na entrega de conteúdo audiovisual exclusivamente a assinantes (esses compreendidos como os contratantes dos serviços de acesso condicionado)" – vide o inciso VI de seu art. 2º. E, também, que o conteúdo audiovisual deve ser compreendido como o "resultado de produção que consiste na fixação ou transmissão de imagens, acompanhadas ou não de som, que tenha a finalidade de criar a impressão de movimento, independentemente dos processos de captação, do suporte utilizado inicial ou posteriormente para fixa-las ou transmiti-las, ou dos meios utilizados para sua veiculação, reprodução, transmissão ou difusão" – vide o inciso VII do referido artigo.

A Lei n. 12.485/2011 prescreve, também, que serviço de acesso condicionado é o "serviço de telecomunicações de interesse coletivo prestado no regime privado, cuja recepção é condicionada à contratação remunerada por assinantes e destinado à distribuição de conteúdos audiovisuais na forma de pacotes[27], de canais nas modalidade avulsa[28] de programação e avulsa de conteúdo programado[29] e de canais de distribuição obrigatória[30], por meio de tecnologias, processos, meios

[27] Segundo o inciso XVI do art. 2º da Lei n. 12.485/2011, pacote é o agrupamento de canais de programação ofertados pelas empacotadoras às distribuidoras, e por estas aos assinantes, excluídos os canais de distribuição obrigatória de que trata o art. 32.

[28] De acordo com o inciso XV do art. 2º da Lei n. 12.485/2011, modalidade avulsa de programação (ou modalidade de canais de venda avulsa) é a modalidade de canais de programação organizados pela aquisição avulsa por parte do assinante.

[29] A Lei n. 12.845/2011 define no inciso XIV de seu art. 2º que modalidade avulsa de conteúdo programado (ou modalidade de vídeo por demanda programado) é a modalidade de conteúdos audiovisuais organizados em canais de programação e em horário previamente definido pela programadora para aquisição avulsa por parte do assinante.

[30] O art. 32 da Lei n. 12.845/2011 prevê:

A prestadora do serviço de acesso condicionado, em sua área de prestação, independentemente de tecnologia de distribuição empregada, deverá tornar disponíveis, sem quaisquer ônus ou custos adicionais para sues assinantes, em todos os pacotes ofertados, canais de programação de distribuição obrigatória para as seguintes destinações:

I– Canais destinados à distribuição integral e simultânea, sem inserção de qualquer informação, do sinal aberto e não codificado, transmitido em tecnologia analógica pelas geradoras

eletrônicos e protocolos de comunicação quaisquer (vide inciso XXIII de seu art. 2º)".

Por outro lado, a Agência Nacional de Telecomunicações regulamentou o serviço de comunicação multimídia através do anexo I à Resolução ANATEL n. 614/2013, prescrevendo que esse é compreendido como sendo o "**serviço fixo de telecomunicações de interesse coletivo**, prestado em âmbito nacional e internacional, no regime privado, que possibilita **a oferta de capacidade de transmissão, emissão e recepção de informações multimídia**, permitindo inclusive o provimento de conexão à internet, utilizando quaisquer meios, a assinantes dentro

d=locais de radiodifusão de sons e imagens em qualquer faixa de frequências, nos limites territoriais da área de cobertura da concessão;
II– um canal reservado para a Câmara dos Deputados, para a documentação dos seus trabalhos, especialmente a transmissão a vivo das sessões;
III– um canal reservado para o senado Federal, para a documentação dos seus trabalhos, especialmente a transmissão a vivo das sessões;
IV– um canal reservado ao Supremo Tribunal Federal, para divulgação dos atos do Poder Judiciário e dos serviços essenciais à Justiça;
V– um canal reservado para a prestação de serviços de radiodifusão pública pelo Poder Executivo, a ser utilizado como instrumento de universalização dos direitos à informação, comunicação, à educação e à cultura, bem como dos outros direitos humanos e sociais;
VI– um canal reservado para a emissora oficial do Poder Executivo;
VII– um canal educativo e cultural, organizado pelo Governo Federal e destinado para o desenvolvimento e aprimoramento, entre outros, do ensino a distância de alunos e capacitação de professores, assim como para a transmissão de produções culturais e programas regionais;
VIII– um canal comunitário para utilização livre e compartilhada por entidades não governamentais e sem fins lucrativos;
IX– um canal de cidadania, organizado pelo Governo Federal e destinado para a transmissão de programações das comunidades locais, para divulgação de atos, trabalhos, projetos, sessões e eventos dos poderes públicos federal, estadual e municipal;
X– um canal legislativo municipal/estadual, reservado para o uso compartilhado entre as Câmaras de Vereadores localizadas nos Municípios da área de prestação do serviço e a Assembleia Legislativa do respectivo Estado e para uso da Câmara Legislativa do Distrito Federal, destinado para a divulgação dos trabalhos parlamentares, especialmente a transmissão ao vivo das sessões;
XI– um canal universitário, reservado para o uso compartilhado entre as instituições de ensino superior localizadas no Município ou Municípios da área de prestação do serviço, devendo a reserva atender a seguinte ordem de precedência:
a) universidades;
b) centros universitários;
c) demais instituições de ensino superior.

de uma área de prestação de serviço" (vide caput do art. 3º). Prevendo, também, que a prestação do serviço de comunicação multimídia "não admite a transmissão, emissão e recepção de informações de qualquer natureza que possam configurar a prestação de serviços de radiodifusão, de televisão por assinatura ou de acesso condicionado, assim como o fornecimento de sinais de vídeos e áudio, de forma irrestrita e simultânea, para os assinantes, na forma e condições previstas na regulamentação desses serviços" (vide §1º do art. 3º).

Importante mencionar que a *Convenção das Nações Unidas sobre o uso de comunicações eletrônicas em contratos internacionais* prevê, para fins da referida Convenção, em seu artigo 4º, que comunicação significa "qualquer declaração, solicitação, requisição ou notificação, incluindo oferta e aceitação de oferta, que as partes possam ou devam fazer em relação à formação ou execução de um contrato"; bem como que comunicação eletrônica é "qualquer comunicação feita pelas partes usando mensagens eletrônicas". Porém, tais definições não podem ser aplicadas para compreensão do que seja comunicação no Brasil porque, conforme o §1º do art. 4º da Lei n. 4.117/1962, a referida Convenção não foi ainda assinada e ratificada pelo Brasil.

Assim, a partir do significado do que seja comunicação na Convenção das Nações Unidas sobre o uso de comunicações eletrônicas em contratos internacionais, é possível afirmar que na comunicação é indispensável a existência de: (a) um emissor; (b) um receptor; (c) uma mensagem; (d) um meio; (e) um código comum entre emissor e receptor; (f) determinação do emissor e do receptor da mensagem; e (g) bilateralidade da relação entre emissor e receptor. Portanto, se o receptor da mensagem não for determinado e não estiver em condições de entendê-la e de responder pelo mesmo canal ao emissor, não haverá comunicação[31].

Em face disso, pode-se compreender que as *telecomunicações* são espécies do gênero *comunicação*[32]. Nesse sentido, Almeida afirma que teleco-

[31] Nesse sentido, Miguel afirma que "a comunicação nem sempre ocorre de forma direta. Para que isso ocorra, deve haver uma conexão física que possibilite ao emissor transmitir a sua mensagem ao receptor. Se não houver essa conexão física, ainda assim poderá ser estabelecida a comunicação, mas, nessa hipótese, emissor e receptor deverão se valer de um artifício que a torne possível" (MIGUEL, Luciano Garcia. O ICMS e os conceitos de mercadoria e serviço de comunicação, p. 136).

[32] Nesse sentido, ver: REsp 402.047 (Rel. Min. Humberto Gomes de Barros, DJ 09.12.2003).

municação, como uma comunicação, "baseia-se em qualquer transmissão, emissão ou recepção de sinais, escrita, imagens, sons ou informações através de fios, sistemas ópticos, meios de radiofrequência, redes ou outros sistemas[33]". Enquanto comunicação trata-se de "um processo pelo qual um emissor, através de um canal, remete uma mensagem a um destinatário[34]" porque "o processo comunicacional pressupõe, sinteticamente, a emissão de uma mensagem, que é transmitida por intermédio de um canal para ser recepcionada por um destinatário[35]".

Assim, pode-se afirmar que telecomunicação é modalidade (espécie) do que venha a ser comunicação (gênero)[36]; enquanto telegrafia, telefonia, radiodifusão (sonora ou televisiva) são modalidades de telecomunicação. E que a telecomunicação é o processo de transmissão, emissão ou recepção de símbolos, caracteres, sinais, escritos, imagens, sons ou informações de qualquer natureza realizados por fio, rádio, eletricidade, meios óticos ou qualquer outro processo eletromagnético. Portanto, serviços de comunicação não se limitam à modalidade de serviços de telecomunicações.

Em igual sentido, o Min. José Delgado, quando do julgamento do REsp 402.047 (Rel. Min. Humberto Gomes de Barros, DJ 09.12.2003), afirmou que comunicação deve ser compreendida como "ato ou efeito de emitir, transmitir e receber mensagens por meio de métodos e/ou processos convencionados, quer através de linguagem falada ou escrita,

[33] ALMEIDA, Mariana Quintanilha de. A tributação de computação em nuvem e streaming à luz da legislação do imposto sobre serviços e do imposto sobre circulação de mercadorias e prestação de serviços de transporte interestadual e intermunicipal e serviços de comunicação, in Computação, comércio eletrônico e prestação de serviços digitais: sua tributação pelo ICMS e ISS – Alice Marinho Corrêa da Silva, Mariana Quintanilha de Almeida e Vitor Teixeira Pereira Martins. São Paulo: Almedina, 2017, p. 57-87, p. 60.

[34] ALMEIDA, Mariana Quintanilha de. A tributação de computação em nuvem e streaming à luz da legislação do imposto sobre serviços e do imposto sobre circulação de mercadorias e prestação de serviços de transporte interestadual e intermunicipal e serviços de comunicação, p. 61.

[35] ALMEIDA, Mariana Quintanilha de. A tributação de computação em nuvem e streaming à luz da legislação do imposto sobre serviços e do imposto sobre circulação de mercadorias e prestação de serviços de transporte interestadual e intermunicipal e serviços de comunicação, p. 61.

[36] Nesse sentido, ver: MIGUEL, Luciano Garcia. O ICMS e os conceitos de mercadoria e serviço de comunicação, p. 138.

quer de outros sinais, signos ou símbolos, quer de aparelhamento técnico especializado, sonoro e/ou visual".

Segundo Carrazza[37], a Constituição Federal distinguiu o que seria telecomunicações do que seja radiodifusão sonora de sons e imagens. Nesse sentido afirma:

> Com efeito, juridicamente, estes serviços não se confundem, em face do que dispõe o art. 21, XI e XII, "a", da CF, *verbis*: "Art. 21. Compete à União: (...) XI – implorar, diretamente ou mediante autorização, concessão ou permissão, os serviços de telecomunicações, nos termos da lei, que disporá sobre a organização dos serviços, a criação de um órgão regulador e outros aspectos institucionais; XII – explorar, diretamente ou mediante autorização, concessão ou permissão: a) os serviços de radiodifusão sonora e de sons e imagens (...)".
> A só leitura destes dispositivos constitucionais deixa patenteada a ideia de que os serviços de radiodifusão sonora e de sons e imagens não são considerados, por nossa Lei Maior, serviços de telecomunicação. Assim é porque no serviço de radiodifusão não há troca de mensagens entre o emissor e o receptor dos sinais (...).
> Reforçam nosso ordenamento os arts. 22, IV, e 48, XII, da mesma Carta Suprema, *verbis*:
> "Art. 22. Compete privativamente à União legislar sobre: (...) IV – águas, energia, informática, telecomunicações e radiodifusão; (...).
> (...)
> Art. 48. Cabe ao Congresso Nacional, com a sanção do Presidente da República, não exigida esta para o especificado nossa rts. 49, 51 e 52, dispor sobre todas as matérias de competência da União, especialmente sobre: (...) XII – telecomunicações e radiodifusão; (...)"
> Ora, a conjunção aditiva "e" revela, incontendivelmente, que a radiodifusão e telecomunicações (tanto a radiodifusão e informática ou radiodifusão e energia) são fenômenos distintos, pelo menos ao lume de nosso direito positivo. Não podem ser equiparados. Muito menos para fins de tributação, sempre presidida pelo princípio da tipicidade fechada, que proíbe o emprego da analogia (art. 108, §1º, do CTN) e da discricionariedade (art. 142, parágrafo único, do CTN).

[37] CARRAZZA, Roque Antonio. ICMS, p. 245.

Em conclusão parcial. Tais considerações possibilitam afirmar que "os serviços de radiodifusão sonora e de sons e imagens não tipificam serviços de comunicação[38]" (mesmo tendo a Emenda Constitucional n. 42/2003 – ao acrescentar a alínea "d" no inciso X do §2º do art. 155 da Carta Constitucional – expressamente reconhecido a radiodifusão sonora de sons e imagens como modalidade de comunicação). Em especial[39], porque se compreende que na radiodifusão o receptor da mensagem não é determinado e não interage com o emissor (não, pelo menos, por intermédio do mesmo canal comunicativo)[40]; enquanto, na comunicação, o receptor da mensagem, por ser determinado, está apto a interagir com o emissor.

3. Streaming e tributação no Brasil

Mesmo que os contratos das empresas que disponibilizam conteúdo multimídia por *streaming* informem em seus "*Termos e Condições de Uso*" (contratos) que o referido acesso aos conteúdos se dá por meio de um serviço, tal condição não é suficiente para a imposição de obrigação tributária por ISS ou ICMS. Em especial, porque o próprio Código Tributário Nacional prevê em seu art. 110 que a lei tributária não pode alterar a definição, o conteúdo e o alcance de institutos, conceitos e formas de direito privado utilizados, expressa ou implicitamente, pela Constituição Federal, pelas Constituições dos Estados, ou pelas Leis Orgânicas do Distrito Federal ou dos Municípios para definir ou limitar competências tributárias. E, portanto, cabe ao legislador e ao intérprete a verificação

[38] Carrazza, Roque Antonio. ICMS, p. 246.

[39] Cabe mencionar que para Carrazza a difusão será sempre livre e gratuita, o que lhe afasta a incidência do ICMS-comunicação (nesse sentido, ver: Carrazza, Roque Antonio. ICMS, p. 246 e seguintes).

[40] Cabe ressaltar que Carrazza ainda acrescenta que na difusão não há remuneração alguma entre emissor e receptor para que a mensagem circule porque compreende que a difusão é o ato de propagar uma mensagem, enviando a um número indeterminado ou indeterminável de pessoas (ver: Carrazza, Roque Antonio. ICMS, p. 246). Entretanto, compreende-se que a difusão pode ser ou não remunerada, o que não lhe transforma em mera comunicação porque continua a lhe faltar a possibilidade de interação entre emissor e receptor. Em especial, porque difundir é fazer com que algo se torne conhecido, que se se espalhe (esparrame) no meio ou que seja propagado em direção centrífuga. Logo, difundir não implica em comunicar; porém, pela comunicação se pode difundir algo.

dos referidos fatos jurídicos a fim de inclui-los ou não na tributação dos mencionados tributos.

Antes de se avançar sobre a possível tributação do *streaming* no Brasil é imperioso que se definam alguns conceitos porque a tributação dos Estados deve incidir sobre serviços de comunicação, enquanto que a dos Municípios sobre os demais serviços não comtemplados na competência dos Estados. Logo, necessário se faz que se apresente o conceito de serviços e de comunicações para efeitos de tributação no Brasil. Em especial, deve-se avançar sobre o conceito do que seja comunicação a fim de se verificar a possibilidade ou não de tributação do *streaming* pelo ICMS-comunicação ou pelo ISS.

3.1 Sobre o conceito de serviços para fins de tributação no Brasil

Segundo Almeida, o termo "serviço" para efeitos de tributação apresenta como "característica fundamental a ideia de uma ação humana, dotada de conteúdo econômico, destinada ao benefício ou atendimento de terceiro[41]". Logo, o conceito de serviço requer a atuação humana, isto é, requer que o trabalho humano seja o fator determinante da relação jurídica, do objeto de contratação (mesmo que essa seja acompanhada, em maior ou menor dimensão, da entrega de um bem). Requer-se, assim, a instituição de uma relação jurídica entre o prestador do serviço e o seu respectivo beneficiário, a fim de que esse obtenha um bem jurídico daquele.

Importante mencionar, também, que um serviço passível de tributação pelo ISS (v. g., divulgação de propaganda) não se transforma em um serviço de comunicação simplesmente porque não foi inserido na lista de possíveis serviços a serem tributados pelos Municípios. E, também, que, apesar de desde o Decreto-lei n. 406/1968[42] haver a previsão de

[41] –, Mariana Quintanilha de. A tributação de computação em nuvem e streaming à luz da legislação do imposto sobre serviços e do imposto sobre circulação de mercadorias e prestação de serviços de transporte interestadual e intermunicipal e serviços de comunicação, p. 68.

[42] Ressalte-se que a Lei Complementar n. 116/2003 exclui da lista de serviços passíveis de tributação pelo ISS alguns fatos econômicos que a jurisprudência já havia considerado como não passível de ser tributado como serviço (como, por exemplo, a questão da locação de bens móveis), mas, também, ressuscitou outras controvérsias que já haviam sido resolvidas pelo Poder Judiciário.

que somente são passíveis de tributação pelo ISS os serviços contidos na lista anexa, a mera inclusão de "supostos serviços" na lista anexa também não é suficiente para possibilitar a tributação de um dado fato econômico pelo ISS porque as atividades econômicas inseridas precisam ser efetivamente um serviço.

Além disso, como não há imposição tributária sobre um serviço potencial, a tributação do ICMS sobre serviços de transporte ou de comunicação ou do Imposto sobre Serviços somente ocorrerá se se comprovar a existência de uma obrigação de *fazer* (nunca de *dar*) derivada de um negócio jurídico, i. e., se se verificar a prestação onerosa de um serviço entre uma pessoa, física e/ou jurídica, e um terceiro. Nesse sentido, somente haverá incidência tributária se o serviço for colocado *in commercium* (no mundo dos negócios) e, portanto, submetido, em sua prestação, ao regime jurídico de direito privado – o qual se caracteriza pela autonomia da vontade e pela igualdade das partes contratantes[43] [44].

3.2 Sobre o conceito de mercadoria

Segundo Miguel[45], a mercadoria é o núcleo do comércio tradicional. Assim, segundo o referido autor, o significado do que seja mercadoria é indissociavelmente ligado à história do comércio e pode, portanto, representar tudo aquilo que o comerciante "*adquire*" para revenda. Porém, o efetivo significado do que seja mercadoria não é algo tão singelo.

No plano constitucional, a tributação sobre mercadoria foi prevista pela Emenda Constitucional n. 18/1965, a qual foi mantida pela Constituições de 1967, na redação dada pela Emenda constitucional n. 1/1969, e na de 1988 (vide inciso II do art. 155). Porém, apesar de em ambos ordenamentos constitucionais não haver um conceito ontológico (significado)[46] do que seja mercadoria, é possível extrair do texto cons-

[43] Nesse sentido, ver: CARRAZZA, Roque Antonio. ICMS, p. 242.

[44] Nesse sentido, ver: REsp 402.047 (Rel. Min. Humberto Gomes de Barros; DJ 09.12.2003); REsp 418.594 (Rel. Min. Teori Zavascki, DJ 21.03.2005); REsp 601.056 (Rel. Min. Denise Arruda, DJ 03.04.2006); REsp 617.107 (Rel. Min. Eliana Calmon, DJ 29.08.2005).

[45] MIGUEL, Luciano Garcia. O ICMS e os conceitos de mercadoria e serviço de comunicação, p. 97.

[46] Nesse sentido, concorda-se com Miguel que a "Constituição não define o significado das palavras utilizadas em seu texto, sobre pena de regressão infinita; por isso, o seu significado deverá, necessariamente, ser buscado em outro lugar, 'seja em norma jurídica diversa, infra e

titucional critérios negativos (ou seja, o que não é mercadoria[47]) para a construção do que seja mercadoria – mesmo que tais critérios não sejam suficientes para se estabelecer qualquer critério positivo do que seja mercadoria – quando em cotejo com os campos materiais de outras competências. Entretanto, apesar de se compreender o que não seja mercadoria para efeitos constitucionais, impossível determinar o que seja mercadoria para fins tributários em nossa Constituição Federal.

Em face disso, caberia, por força da alínea "a" do inciso III do art. 146 da Constituição Federal, a delimitação do que seja mercadoria para fins de tributação ao legislador complementar. Entretanto, quando da edição da Lei Complementar n. 87/1996, o legislador complementar não delimitou o significado do que seja "mercadoria"; fez, apenas e tão somente, a confirmação de que o ICMS seria devido quando da circulação de mercadorias (inclusive, fornecimento de alimentos e bebidas em bares, restaurantes e estabelecimentos similares) e quando do fornecimento de mercadorias com a prestação de serviços não compreendidos na competência dos Municípios ou quando a legislação desses identificar que o referido fornecimento é passível de tributação via ICMS.

Segundo Miguel[48], o termo mercadoria pode apresentar três significados. No primeiro, identifica determinados objetos em razão da função de sua natureza; no segundo, pode ser compreendida através do tipo de atividade ou da qualificação subjetiva de alguém, i. e., mercadoria pode representar "todo bem que seja negociado por um comerciante ou que seja objeto de atividade mercantil" e; por fim, mercadoria pode repre-

pré-constitucional, seja em outro âmbito do conhecimento humano". E, também, que "essa premissa não deve, contudo, levar à conclusão de que a constituição deve, necessariamente, ser interpretada a partir de norma situada em plano hierárquico inferior" (Miguel, Luciano Garcia. O ICMS e os conceitos de mercadoria e serviço de comunicação, p. 179 e 180).

[47] Nesse sentido, Miguel ressalta que "foi reservada aos Municípios a competência para instituir imposto sobre a transmissão de bens imóveis, dos de direitos reais sobre imóveis, bem como cessão de direitos a sua aquisição (art. 156, II), exceto nas hipóteses de transmissão causa mortis e doação, cuja competência fica reservada aos Estados e Distrito Federal (art. 155, II)". Logo, "se as operações de transmissão de bens imóveis estão sujeitas a outros impostos, é possível afirmar que sobre elas não incide o ICMS e, portanto, não se incluem no conceito de mercadoria adotado pela Constituição" (Miguel, Luciano Garcia. O ICMS e os conceitos de mercadoria e serviço de comunicação, p. 105).

[48] Miguel, Luciano Garcia. O ICMS e os conceitos de mercadoria e serviço de comunicação, p. 101 e 123.

sentar "tudo aquilo que seja objeto de um determinado mercado", i. e., "tudo que esteja integrado num determinado âmbito econômico em que existam múltiplas operações relativas a um determinado objeto". Porém, após análise da materialidade do ICMS na Constituição Federal de 1988 (em especial, a possibilidade de se tributar por esse tributo a energia elétrica), afirma o referido autor que o conceito de mercadoria se encontra relacionada à mobilidade de bens corpóreos ou incorpóreos (virtuais)[49] que sejam suscetíveis de ser negociados no comércio para ser fornecido ao mercado de consumo[50].

Porém, não se pode desprezar a previsão do art. 191 do Código Comercial de 1850. No referido dispositivo era previsto que se considerava como mercantil a "compra e venda de efeitos móveis ou semoventes, para os revender por grosso ou a retalho, na mesma espécie ou manufaturados, ou para alugar o seu uso". Reforçando, assim, a compreensão do caráter corpóreo dos bens negociados em atividade mercantil[51].

Nesse sentido, o Min. Rel. Sepúlveda Pertence, quando do julgamento do RE 176.626 (DJ 11.12.1998), identificou que o conceito de mercadoria não inclui os bens incorpóreos – logo, não sendo esses passíveis de serem tributados por vida do ICMS. E, em especial, que o licenciamento ou cessão do direito de uso de bens incorpóreos não se confunde com a circulação de mercadoria e que isso não subtrai do campo constitucional de incidência do ICMS a circulação de cópias ou exemplares dos bens incorpóreos (no caso em tela: programas de computador) quando produzidos em série e comercializados no varejo porque, nessa hipótese,

[49] Nesse sentido, Miguel esclarece que se deve compreender como bem virtual, para efeitos de incidência do ICMS, "os mesmos bens que, até um certo momento do desenvolvimento tecnológico, necessitavam de um invólucro material para ser possível a sua comercialização". Sendo que, conforme mencionado pelo autor, não pode se confundir o bem com o seu suporte físico (MIGUEL, Luciano Garcia. O ICMS e os conceitos de mercadoria e serviço de comunicação, p. 126).

[50] MIGUEL, Luciano Garcia. O ICMS e os conceitos de mercadoria e serviço de comunicação, p. 107.

[51] Conforme Miguel, "o uso do termo mercadoria, à época em que veio a luz o ICM pela Emenda Constitucional 1/65, era de coisa corpórea. Assim demonstra a pesquisa aos dicionários, que não pode ser desprezada, pois aponta o uso comum que é, ou era, dado ao termo e a posição alinhada da doutrina nacional" (MIGUEL, Luciano Garcia. O ICMS e os conceitos de mercadoria e serviço de comunicação, p. 111).

materializam o **corpus mechanicum** da criação intelectual e se constituem em mercadorias postas no comércio[52].

Importante ponderar, também, que quando da análise da ADIn 1945 (Min. Rel. para Acórdão Gilmar Mendes, DJ 14.03.2011), os Ministros do Supremo Tribunal Federal reconheceram que é necessária a atualização do conceito do que seja mercadoria – pois, do contrário, não haverá incidência do ICMS sobre várias operações praticadas hodiernamente – a fim de afastar o caráter corpóreo do conceito de mercadoria.

Todavia, compreende-se que mercadoria é a coisa móvel, corpórea, que é suscetível a ser negociado no comércio[53] (i. e., em uma atividade mercantil, de venda ou revenda, pelo comerciante ou pelo industrial). Logo, defende-se que esse conceito estaria diretamente relacionado aos conceitos firmados pelos autores do Direito Comercial e ao próprio conceito de mercadoria vigente para o ICMS.

Não obstante, concorda-se com Miguel[54] que o conceito de mercadoria apresentado pela doutrina e pela jurisprudência precisa ser atualizado a fim de adequá-lo às realidades tecnologias atuais, mas a atualização precisa ser promovida pela legislação tributária – principalmente, em face da previsão da estrita legalidade em matéria tributária.

3.3 Sobre o conceito de serviço de comunicação para fins de tributação no Brasil

A tributação da comunicação no Brasil surge com a Emenda Constitucional n. 18/1965, vez que essa conferiu competência à União para tributar os serviços de comunicação – salvo, os estritamente municipais que foram conferidos à competência tributária dos Municípios. Entretanto, somente com a edição do Decreto-lei n. 2.186/1984 é que houve a efetiva cobrança do imposto sobre serviço de comunicação no âmbito federal;

[52] Em igual sentido, ver: RE 199.464 (Min. Rel. Ilmar Galvão, DJ 30.04.1999).

[53] Nesse sentido, ver: Schoueri, Luis Eduardo; Galdino, Guilherme. Internet das coisas à luz do ICMS e do ISS: entre mercadoria, prestação de serviço de comunicação e serviço de valor adicionado, in Tributação da economia digital: desafios no Brasil experiência internacional e novas perspectivas – Renato Vilela Faria, Ricardo Maitto da Silveira, Alexandre Luiz Moraes do Rêgo Monteiro (coordenadores). São Paulo: Saraiva, 2018, p. 245-268, p. 250.

[54] Miguel, Luciano Garcia. O ICMS e os conceitos de mercadoria e serviço de comunicação, p. 131.

mesmo que a cobrança no âmbito municipal pudesse ser feita desde a edição do Decreto-lei n. 834/1969.

Assim, nesse período, a competência para a tributação da comunicação apresentava uma restrição espacial[55]. Logo, portanto, se os serviços de comunicação fossem realizados estritamente no âmbito territorial dos Municípios, a tributação caberia a esses; do contrário, caberia à União Federal[56].

Em face disso, o Supremo Tribunal Federal definiu que cabia apenas a incidência da tributação municipal sobre a prestação de serviço de comunicação quando relacionado à transmissão de propaganda ou publicidade por emissora de televisão ou rádio e desde que o sinal não pudesse ser captado além dos limites do Município[57].

[55] Nesse sentido, o Min. Moreira Alves, quando do julgamento do RE 83.600 (Rel. para Acórdão Min. Leitão de Abreu), assentou que: "(...) Daí se verifica, de modo inequívoco, que o critério para a determinação do que vem a ser serviço de comunicações de natureza estritamente municipal é meramente geográfico, tomando por elementos objetivos o ponto de transmissão (no caso, o telefone que emite), o ponto de recebimento (na espécie, o telefone que recebe), o âmbito territorial em se ambos se encontram (o território de um mesmo Município) e a impossibilidade de captação da mensagem em curso fora do território desse Município".

[56] Sobre a restrição à competência tributária dos Municípios quanto à comunicação de natureza estritamente municipal é necessário analisar o RE 83.600, (Rel. para Acórdão Min. Leitão de Abreu) visto que essa decisão do Supremo Tribunal Federal determinou a inexistência da competência dos Municípios para tributar serviços de telefonia, enquanto serviço de comunicação, mesmo que realizados apenas no âmbito intramunicipal. Tal decisão é importante para se compreender a competência tributária sobre os serviços de comunicação porque limitou a competência tributária dos Municípios sobre os serviços de comunicação estritamente municipais e, de outro lado, ampliou a competência federal a fim de possibilitar a tributação sobre as ligações telefônicas em âmbito estritamente municipal.

[57] Quando do julgamento do RE 90.749 (Rel. Min. Cunha Peixoto, DJ 23.07.1979), a Primeira Turma do Supremo Tribunal Federal firmou posição de que os serviços de propaganda e publicidade de canais de televisão cujas imagens ultrapassassem o limite do território do Município não estariam sujeitas à cobrança do ISS devido a competência tributária da União. Ressalte-se, ainda, que o Rel. Min. Cunha Peixoto, quando da decisão do referido Recurso Extraordinário, defendeu a tese de que o Município não poderia alegar que estava tributando apenas a propaganda (nos exatos termos do item 35 da lista de serviços tributáveis pelo Município) porque a propaganda, por intermédio da televisão, é uma forma de difusão e, portanto, implícita nos limites materiais da competência da União e dos Municípios – nesse sentido, afirmou: "pretender que a transmissão do texto de propaganda seja prestação de serviços e que o valor dessa difusão seja onerado com o ISS é, sem dúvida, tributar diretamente a comunicação por intermédio da telecomunicação".

Importante mencionar que coube ao Código Tributário Nacional (CTN) a definição do que seria "comunicação" para efeitos da competência do imposto sobre serviços de comunicação, a fim de diferencia-lo dos serviços de comunicação estritamente municipais que seriam tributados pelos Municípios por meio do imposto sobre serviços de qualquer natureza[58]. Dessa forma, o CTN previu, no inciso II de seu artigo 68, que a "prestação do serviço de comunicação" compreenderia a "**transmissão e o recebimento, por qualquer processo, de mensagens escritas, faladas ou visuais**, salvo quando os pontos de transmissão e de recebimento se situem no território de um mesmo Município e a mensagem em curso não possa ser captada fora desse território".

Apesar da ampla competência material tributária acrescida pela Emenda Constitucional n. 18/1965, a legislação infraconstitucional foi mais restrita. O Decreto-lei n. 2.186/1984, em seu artigo 1º, restringiu a incidência do referido imposto federal aos "serviços de telecomunicações destinados ao uso público[59]"; por outro lado, apesar do Decreto-lei n. 834/1969 prever inicialmente que os Municípios poderiam tributar os serviços de comunicação estritamente municipais, a Lei Complementar n. 56/1987 exerceu a competência tributária dos Municípios de forma restrita, i. e., apenas para serviços de telefonia – os quais, conforme o RE 83.600 (Rel. para o Acórdão Min. Leitão de Abreu), estariam contidos na competência tributária federal; logo, a legislação complementar fez com que, na prática, não houvesse tributação municipal sobre serviços de comunicação.

[58] Sendo que o serviço de comunicação de natureza estritamente municipal somente passou a ser tributado com a edição do Decreto-lei n. 834/1969.

[59] Decreto-lei n. 2.186, de 28 de dezembro de 1984.

Art. 1º O imposto sobre serviços de comunicações tem com fato gerador a prestação de serviços de telecomunicações destinados ao uso do público (art. 6º, letras "a" e "b", da Lei nº 4.117, de 27 de agosto de 1962).

Parágrafo único. São isentos do imposto os serviços de telecomunicações nas seguintes modalidades:

I – telefonia quando prestados:

a) em chamadas locais originadas de telefones públicos e semipúblicos;

b) em localidades servidas unicamente por posto de serviço público ou por centrais locais de até 500 (quinhentos) terminais;

II – televisão e radiodifusão sonora.

Nesse sentido, concorda-se com Carrazza[60] de que "a prestação potencial do serviço de comunicação é inidônea a ensejar o nascimento de dever de recolher ICMS". Seja porque o ICMS deve "necessariamente incidir sobre o fato material da prestação de serviços de comunicação". Seja porque "somente o serviço efetivamente prestado abre espaço à tributação". Seja porque a prestação potencial dos serviços de comunicação não é passível de tributação[61]. Seja porque "o tributo é indevido quando o usuário não se vale dos aparelhos que lhe são disponibilizados, para que frua do serviço de comunicação". Logo, somente haverá de incidência do ICMS-comunicação se os serviços de comunicação forem efetivamente prestados em caráter negocial, i. e., somente quando, "mercê de negócio jurídico firmado entre particulares, sob regime de direito privado (mas não trabalhista), um serviço de comunicação for efetivamente prestado[62]" – ou seja, quando "duas pessoas, valendo-se dos meios (mecânicos, elétricos, eletrônicos, etc.), que lhes são postos à disposição, em caráter oneroso, por um terceiro, passa, a interatuar, trocando informações[63]".

Não obstante, importante mencionar que a competência material disposta na Constituição Federal para a incidência do ICMS-comunicação é genérica e, portanto, possível de compreender a escolha de quaisquer modalidades de comunicação que vierem a ser exercidas como serviço. Em outros termos. O legislador constituinte definiu como materialidade do ICMS no inciso II do art. 155 da Constituição Federal vigente a realização de serviços de comunicação, logo qualquer aspecto material do serviço de comunicação pode vir a ser objeto de tributação. Porém, o legislador infraconstitucional optou pro delimitar o campo material passível de tributação do ICMS-comunicação no inciso II do art. 68 do Código Tributário Nacional, definindo, portanto, que somente a "transmissão e o recebimento, por qualquer processo, de

[60] CARRAZZA, Roque Antonio. ICMS, p. 242-243.

[61] Nesse caso, compreende-se que a Constituição Federal apenas e tão somente assumiu como exceção à necessidade de prestação efetiva para tributação de um dado serviço na hipótese das taxas de serviços públicos específicos e divisíveis porque expressamente reconheceu que a tributação desses pode se dar pela utilização efetiva ou potencial daqueles, quando, ao contribuinte, forem prestados ou postos à sua disposição.

[62] CARRAZZA, Roque Antonio. ICMS, p. 243.

[63] CARRAZZA, Roque Antonio. ICMS, p. 243.

mensagens escritas, faladas ou visuais" é que seria passível de ser tributada pelo ICMS-comunicação – logo, restringiu o campo material possível da competência tributária ampla prevista na Constituição Federal para uma diminuta parcela daquele, visto que determinou que o serviço de comunicação seja realizado, independentemente do processo, **pela transmissão e recebimento de mensagens entre emissor e receptor**.

Destarte, para que ocorra a incidência do ICMS-comunicação não é necessário apenas que os meios materiais (atividades-meio) sejam disponibilizados para que o serviço de comunicação (atividade-fim) ocorra. Bem como, não é necessário que ocorra a simples comunicação. Necessário se faz com que **o prestador do serviço de comunicação efetive um esforço pessoal para que ocorra a efetiva troca de informações entre um emissor e um receptor perfeitamente identificados**.

Logo, não incide a tributação de ICMS-comunicação sobre qualquer comunicação direta entre emissor e receptor da mensagem, seja nas relações pessoais desprovidas de caráter econômico, seja nas relações profissionais que ostentam essa marca[64] – porque é indispensável que esse verifique a existência de um terceiro na relação comunicativa entre o emissor e o receptor. Bem como, exclui-se da tributação do ICMS-comunicação, por força da delimitação material imposta pelo Código Tributário Nacional, a mera prestação de serviço de telecomunicação, bem como os serviços de valor adicionado (nos termos da Lei Geral de Telecomunicações).

Nesse sentido, a Primeira Turma do STJ, quando da análise do REsp 402.047 (Rel. Min. Humberto Gomes de Barros, DJ 09.12.2003), firmou posição de que há serviço de comunicação "quando um terceiro, mediante prestação negocial-onerosa, mantém interlocutores (emissor/receptor) em contato por qualquer meio" – incluindo, a geração, emissão, recepção, transmissão, retransmissão, repetição e ampliação de comunicação de qualquer natureza. Logo, a incidência do ICMS-comunicação, nos termos do inciso III do art. 2º da Lei Complementar n. 87/1996, não permite a exigência do tributo em relação a atividades meramente preparatórias ao "serviço de comunicação propriamente dito", mas apenas aos serviços de comunicação *strictu sensu*.

[64] Nesse sentido, ver: MIGUEL, Luciano Garcia. O ICMS e os conceitos de mercadoria e serviço de comunicação, p. 136 e 142.

Destarte, os serviços complementares (i. e., necessários) para que a comunicação entre em fase de comunicação são autônomos e, para fins tributários, não se confundem com os serviços de comunicação propriamente dito[65].

Nesse sentido, quando do julgamento do RE 572.020 (Min. Rel. Marco Aurélio, Rel. p/ Acórdão Min. Luiz Fux, DJe 13/10/2014), o Min. Luiz Fux fez menção a julgamentos de sua relatoria no Superior Tribunal de Justiça[66] (a saber: o REsp 945.037, DJe 03.08.2009, o REsp 760.239. DJe 01.07.2009), a fim de evidenciar que os meros serviços acessórios ou suplementares ao serviço de comunicação – como, por exemplo, os de cadastro de usuários, habilitação[67], instalação de telefone, locação de telefones móveis celulares, assinatura (enquanto sinônimo de contratação do serviço de comunicação), de manutenção de Estações-base e torres de transmissão, etc. – não sofrem a incidência do ICMS porque tais fatos corresponderiam a "procedimento tipicamente protocolar", cuja "finalidade prende-se ao aspecto preparatório e estrutural da prestação do serviço" ou de instalação e/ou manutenção dos meios necessários à prestação do serviço de comunicação; e que, portanto, tais serviços são "meramente acessórios ou preparatórios à comunicação propriamente dita", i. e., são "meios de viabilidade ou de acesso aos serviços de comunicação" porque não possibilitam, por si sós, a emissão, transmissão ou recepção de informações, razão pela qual não se enquadram no conceito de serviço comunicacional. Concluindo, assim, que "o ICMS incide, tão somente, na atividade final, que é o serviço de telecomunicação propriamente dito, e não sobre o ato de habilitação do telefone celular, que se afigura como atividade meramente interme-

[65] Nesse sentido, ver voto do Min. José Delgado quando do julgamento do REsp 402.047 (Rel. Min. Humberto Gomes de Barros, DJ 09.12.2003).

[66] Dentre outros julgados do STj a respeito da matéria, ver: REsp 622.208, 2ª Turma, Rel. Min. Castro Meira, DJ 17.05.2006; REsp 418.594, 1ª Turma, Rel. Min. Teori Zavascki, DJ 21.03.2005; RMS 11368 – MT, Rel. Min. Francisco Falcão, Primeira Turma, DJ 09.02.2005.

[67] Nesse sentido, o Min. Rel. Francisco Falão, quando do julgamento do RMS 11.368 (DJ 09.02.2005), defendeu que "no ato de habilitação de aparelho móvel celular não ocorra qualquer serviço efetivo de comunicação, senão de disponibilização do serviço, de modo a assegurar ao usuário a possibilidade de usufruir do serviço de telecomunicações". Em especial porque compreendeu que deve ser feita a "discriminação entre o serviço de telecomunicações (atividade final) e o ato de habilitação do telefone celular (atividade intermediária), sendo certo que somente aquele sofre o gravame do ICMS".

diária" porque "a série de atos que colocam à disposição dos usuários os meios e modos aptos à prestação dos serviços de comunicação é etapa propedêutica, que não deve ser confundida com a própria prestação destes serviços"[68].

Logo, as meras atividades-meio (i. e., atividades desenvolvidas em vista à produção de utilidade a terceiro) necessárias à concretização da atividade-fim (serviço de comunicação propriamente dito) não se confundem com o serviço de comunicação *strictu sensu*. Aquelas têm por escopo possibilitar as atividades-fins – as quais beneficiam terceiros. Razão pela qual aquelas não estão sujeitas ao ICMS-comunicação por não serem comunicação no sentido estrito, mas meros meios (atividades acessórias) que possibilitam com que a comunicação ocorra.

O que importa para tributação no Brasil não é a comunicação em si, mas apenas a "prestação de serviços de comunicação". Logo, se houver comunicação sem a prestação onerosa de um serviço não haverá a materialidade da tributação do ICMS-comunicação prevista na Constituição Federal[69] [70].

Quando do julgamento do RE 83.600 (Rel. para Acórdão Min. Leitão de Abreu), o Min. Moreira Alves argumentou em seu voto que a materialidade prevista na Constituição para a tributação de "serviços de comunicação" **apenas possibilitava a tributação dos serviços de telecomunicação**[71]. Por outro lado, o Min. Leitão de Abreu enfatizou que:

[68] Dentre outros julgados do Min. Luiz Fux no STJ a respeito da matéria, ver: REsp 703.695, DJe 20.09.2005.

[69] Ressalte-se, porém, que mesmo que se verifique uma comunicação essa somente será passível de tributação pelo ICMS-comunicação se for objeto do contrato, do negócio jurídico firmado entre tomador e prestador de serviço. Do contrário, mesmo que se verifique a comunicação, a tributação será a do imposto municipal de serviços (ISS) – nesse sentido, ver: Carrazza, Roque Antonio. ICMS, p. 240.

[70] Carrazza reforça a posição acima exarada afirmando que "a Constituição não autorizou os Estado-membros a tributarem, por meio de ICMS, simplesmente a comunicação ou, mesmo, os serviços de comunicação, mas, sim, as 'prestações de serviços de comunicação'. Dito de outro modo, o tributo, por força do que determina o Texto Constitucional, não alcança propriamente a comunicação, mas a prestação onerosa de serviços de comunicação. Portanto, a lei que veicular a hipótese de incidência deste tributo somente será válida se descrever uma prestação onerosa de serviços de comunicação" (Carrazza, Roque Antonio. ICMS, p. 241).

[71] Segundo Macedo, "o conceito constitucional de comunicação coincide com o de telecomunicação, abrangidos aí a telefonia, o rádio, a televisão e a TV por assinatura". Além disso, o referido autor afirma que "se há alguma elasticidade sem6antica (sem alteração do texto

Não parece que, com o se haver autorizado a cobrança do ISS sobre serviço de comunicações, de natureza estritamente municipal, se haja admitido a cobrança desse imposto sobre o serviço de telefonia ou de telecomunicações. O serviço de comunicações é gênero de que o serviço de telecomunicações é espécie, nada impedindo, assim, que se tribute serviço de comunicações de caráter estritamente municipal e se afaste a cobrança de ISS quanto a serviços de telecomunicações, que não tenha feição estritamente municipal. Em adendo ao memorial, que apresentou, realça o recorrente:

> 'Muitos são os serviços de comunicação que não se conceituam como de telecomunicação. O serviço de alto-falante, por exemplo, de uso comum nas grandes e pequenas cidades, não é um serviço de telecomunicação, mas de comunicação, tributável pelos municípios quando circunscrito aos seus limites. Os serviços de distribuição de contas de telefone, de água, luz, avisos bancários, etc., assim como o todos os serviços postais, monopolizados ou não, são serviços de comunicação, não os sendo de telecomunicação'.

Nesse sentido, concorda-se com o Min. Leitão de Abreu de que o serviço de comunicação apresenta materialidade mais ampla do que o serviço de telecomunicação – e, portanto, pode ser considerado como gênero desse. Inclusive, quando analisada a descrição da materialidade imposta pelo inciso II do artigo 68 do Código Tributário Nacional (vigente à época), verifica-se que o legislador infraconstitucional preferiu não restringir aquele gênero a uma dada espécie porque definiu aquela materialidade como sendo a "transmissão e o recebimento, **por qualquer processo**, de mensagens escritas, faladas ou visuais, salvo quando os pontos de transmissão e de recebimento se situem no território de um mesmo Município e a mensagem em curso não possa ser captada fora desse território". Ressalte-se, porém, que a restrição infraconstitucional ao serviço de telecomunicação se deu apenas quando do exercício da competência tributária pela União Federal, visto que ao instituir

constitucional) do conceito de serviço de comunicação que possa ser feita, ela não passa dos limites do conceito de telecomunicação, em que a radiodifusão sonora e a de sons e imagens são espécies, não alcançando, portanto, os serviços prestados por intermédio da internet" (MACEDO, Alberto. Tributação de atividades de streaming de áudio e vídeo: guerra fiscal entre ISS e ICMS, p. 511).

o imposto sobre serviços de comunicação o fez de forma limitada porque restringiu a imposição tributária apenas aos serviços de telecomunicação – espécie do serviço de comunicação.

Logo, nesse período histórico inicial da tributação dos serviços de comunicação, apesar da materialidade constitucional para se tributar serviços de comunicação ser ampla, somente poderiam ser efetivamente tributados, no plano federal, os serviços de telecomunicações face a restrição imposta pela lei de incidência do referido tributo – o que não importa em afirmar que a União Federal não pudesse rever a norma impositiva a fim de exercer sua competência tributária ampla nos termos do inciso II do art. 68 do Código Tributário Nacional. E, no plano municipal, de igual forma em relação à materialidade, porém, por força jurisprudencial, a restrição imposta pela lei de incidência complementar impossibilitava com que os Municípios exercessem a amplitude de sua competência tributária para tributar outros serviços de comunicação estritamente municipais.

Posteriormente, o Superior Tribunal de Justiça, quando da análise do Recurso Especial n. 456.650 (Rel. Min. Eliana Calmon, DJ. 08.09.2003), fincou posição de que os serviços prestados pelos provedores de internet não poderiam ser compreendidos como sendo serviços de telecomunicações porque são serviços de valor adicionado (nos termos do art. 61 da Lei n. 9.472/1997) e porque a legislação geral sobre telecomunicações exclui expressamente tais serviços do campo material dos serviços de telecomunicações. E, principalmente, porque o art. 2º da Lei Complementar n. 87/1996 determina a incidência apenas sobre os serviços de telecomunicações.

E mais recentemente, o Superior Tribunal de Justiça, quando da análise do Recurso Especial n. 1.176.753 (Rel. Min. Mauro Campbell Marques, DJ 19.12.2012), delimitou que a "incidência do ICMS, no que se refere à prestação dos serviços de comunicação, deve ser extraída da Constituição Federal e da LC 87/96, incidindo o tributo sobre os serviços de comunicação prestados de forma onerosa, através de qualquer meio, inclusive a geração, a emissão, a recepção, a transmissão, a retransmissão, a repetição e a ampliação de comunicação de qualquer natureza (art. 2º, III, da LC 87/96)"; e que, em face disso, "a prestação de serviços conexos ao de comunicação por meio de telefonia móvel (que são preparatórios, acessórios ou intermediários da comunicação) não se confunde com a prestação da atividade fim processo de transmissão (emissão ou recepção) de informações de qualquer natureza, esta sim, passível de incidência pelo ICMS. Desse modo, a despeito de alguns deles serem essenciais à efetiva prestação do serviço de comunicação e admitirem a cobrança de tarifa pela prestadora do serviço (concessionária de serviço público), por assumirem o caráter de atividade meio, não constituem, efetivamente, serviços de comunicação, razão pela qual não é possível a incidência do ICMS".

Nesse sentido, o Superior Tribunal de Justiça delimitou que as atividades preparatórias e auxiliares aos serviços de telecomunicações, bem como os serviços de valor adicionado, não se sujeitam ao ICMS. Posteriormente, o Supremo Tribunal Federal, quando do julgamento do RE 912.888 (Rel. Min. Teori Zavascki, DJ 13.10.2016), fixou a seguinte compreensão:

> TRIBUTÁRIO. RECURSO EXTRAORDINÁRIO. ICMS SOBRE PRESTAÇÃO DE SERVIÇOS DE COMUNICAÇÃO. TARIFA DE ASSINATURA BÁSICA MENSAL. CONTRAPRESTAÇÃO AO SERVIÇO DE COMUNICAÇÃO PROPRIAMENTE DITO PRESTADO PELAS CONCESSIONÁRIAS E TELEFONIA. INCIDÊNCIA DO TRIBUTO.
> 1. O Plenário do Supremo Tribunal Federal, no julgamento do RE 572.020 (Rel. Min. Marco Aurélio, Rel. p/ Acórdão Luiz Fux, DJe de 13/10/2014), assentou que o ICMS não incide sobre serviços preparatórios aos de comunicação tais quais o de habilitação, instalação, disponibilidade, assinatura (= contratação do serviço), cadastro de usuário, e equipamento, etc. já que tais serviços são suplementares ou configuram atividade-meio.
> 2. A tarifa de assinatura básica mensal não é serviço (muito menos serviço preparatório), mas sim a contraprestação pelo serviço de comunicação propriamente dito prestado pelas concessionárias de telefonia, consistente no fornecimento, em caráter continuado, das condições materiais ara que ocorra a comunicação entre o usuário e terceiro, o que atrai a incidência do ICMS.
> 3. Fica aprovada a seguinte tese de repercussão geral: "O Imposto de Circulação de Mercadorias e Serviços (ICMS) incide sobre a tarifa de assinatura básica mensal obrada pelas prestadoras de serviço de telefonia, independentemente da franquia de minutos conferida ou não ao usuário.
> 4. Recurso Extraordinário provido.

Verifica-se, assim, que o conceito constitucional de serviço de comunicação abarca os serviços de telecomunicação (o qual abrange a telefonia, o rádio, a televisão, a tv por assinatura, etc.), mas que o legislador complementar restringiu o campo de atuação dos legisladores ordinários estaduais para apenas uma faceta da materialidade constitucional – a saber: a relacionada à prestação de serviços de envio e recebimento de mensagens (conforme se verifica da análise do Código Tributário Nacional)[72].

A tributação dos serviços de streaming que oferecem conteúdo multimídia.

Primeiramente, compreende-se como necessário realizar uma explicação. É importante diferenciar o que seja "comércio eletrônico direto" (próprio ou *on-line*) do "comércio eletrônico indireto" (impróprio ou *off-line*). O primeiro refere-se à "*comercialização*" de bens digitais (incorpóreos), os quais são intangíveis na forma de bens ou serviços e disponibilizados e entregues eletronicamente ao contratante (comprador) – caso da compra de músicas e vídeos ofertados em plataformas multimídias e que são comprados ou acessados por *streaming* mediante operação isolada de compra-e-venda ou de locação ou por meio de assinatura de acesso ao conteúdo. O segundo diz respeito à "*comercialização*" de bens corpóreos ou serviços a serem entregues ou prestados fora do mundo virtual – nessa hipótese, a contratação se dá em ambiente virtual, mas a entrega do objeto do serviço ou do bem se dá fora do ambiente virtual; sendo, portanto, apenas contratado em ambiente virtual[73].

Ressalte-se que as alíneas "d" e "e" do inciso VI do art. 150 da Constituição Federal já preveem hipóteses de imunidade sobre bens que possam ser comercializados no comércio eletrônico direto ou por meio do comércio eletrônico indireto. A saber, determina que não são sujeitos à imposição tributária, por meio de impostos, os livros, jornais, periódicos e o papel destinado; bem como, fonogramas e videofonogramas

[72] Nesse sentido, ver: Macedo, Alberto. Tributação de atividades de streaming de áudio e vídeo: guerra fiscal entre ISS e ICMS, p. 509.

[73] Nesse sentido, ver: Correia Neto, Celso de Barros; Afonso, José Roberto R; Fuck, Luciano Felício. Desafios tributários na era digital, in Tributação 4.0 – José Roberto Afonso e Hadassah Laís Santana (coordenadores). São Paulo: Almedina, 2020, p. 41.

musicais produzidos no Brasil contendo obras musicais ou literomusicais de autores brasileiros e/ou obras em geral interpretadas por artistas brasileiros e/ou obras em geral interpretadas por artistas brasileiros bem como os suportes materiais ou arquivos digitais que os contenham, salvo na etapa de replicação industrial de mídias ópticas de leitura a laser. Assim, alguns bens, comercializáveis tanto no comércio eletrônico direito quanto no indireto, são imunes a impostos – e, portanto, imunes a ICMS, ICMS-comunicação e ISS. Logo, mesmo que considerados mercadoria não seriam passíveis de tributação por meio de impostos.

Em relação ao ICMS-comunicação. Compreende-se que – como o inciso II do artigo 68 do Código Tributário Nacional determina que "prestação do serviço de comunicação" compreende apenas e tão-somente a "**transmissão e o recebimento, por qualquer processo, de mensagens escritas, faladas ou visuais**, salvo quando os pontos de transmissão e de recebimento se situem no território de um mesmo Município e a mensagem em curso não possa ser captada fora desse território" – o oferecimento de conteúdo multimídia via plataforma *on-line* (streaming via Serviço OTT) não se configura efetivamente como uma transmissão de mensagem visual porque não há qualquer relação comunicativa entre a empresa ofertante do conteúdo e o cliente. Em especial, verifica-se que o referido artigo do Código Tributário Nacional poderia ter simplesmente identificado que a materialidade do ICMS-comunicação seria a "***transmissão, emissão ou recepção de símbolos, caracteres, sinais, escritos, imagens, sons ou informações de qualquer natureza, por fio, rádio, eletricidade, meios óticos ou qualquer outro processo eletromagnético***" (nos exatos termos do art. 4º da Lei n. 4.117/1962) – equiparando a materialidade do imposto ao significado do que seja uma de suas espécies, a saber: a *telecomunicação* – ou ter definido que se compreenderia como sua materialidade a oferta de serviço de telecomunicação (independentemente da modalidade, i. e., se por radiofusão sonora ou por televisão), nos exatos termos da alínea "d" do art. 6º da lei n. 4.117/1962. Porém, ao não fazer tal equiparação, exclui a possibilidade de que os serviços OTT possam vir a ser tributados por meio de ICMS-comunicação.

Reforça essa compreensão a simples análise temporal de ambas as legislações porque o Código Tributário Nacional é de 1966; portanto, posterior à Lei n. 4.117/1962. Logo, o referido conceito de telecomunicação como espécie de comunicação já era positivado e de amplo conhecimento do legislador tributário. Portanto, se o mesmo optou por identificar a materialidade do ICMS-comunicação como a **transmissão e o recebimento, por qualquer processo, de mensagens escritas, faladas ou visuais**; não cabe ao legislador ordinário querer tributar o que seja telecomunicação porque o legislador complementar optou por uma materialidade específica que visa tributar o ato de comunicação de mensagens – independentemente de sua tipologia e do meio de transmissão dessas.

Portanto, sendo o oferecimento de conteúdo multimídia por plataforma de *streaming* (Serviço OTT via ECS-02) não uma forma de telecomunicação (nos termos do art. 4º da lei n. 4.117/1962) ou de comunicação (nos termos da Diretiva 2002/21/CE), compreende-se que sua oferta não se adequa aos elementos da materialidade prevista no inciso II do art. 68 do Código Tributário Nacional e, portanto, não sendo passível de incidir o ICMS-comunicação sobre sua oferta aos consumidores. E, também, porque estão incluídos no conceito de serviço de valor adicionado[74].

Ressalte-se, ainda, que – apesar de se reconhecer que a previsão da alínea "d" do inciso X do §2º do art. 155 da Constituição Federal estabelece imunidade sobre os serviços de comunicação na modalidade de radiodifusão sonora e na comunicação de sons e imagens de recepção livre e gratuita – compreende-se que os serviços de televisão por assinatura e os serviços de acesso a plataformas multimídias via *streaming* (serviços OTT) não são atingidos pela referida imunidade por serem serviços de telecomunicação onerosos. Porém, conforme mencionado alhures, como o legislador complementar, ao definir a materialidade do ICMS-comunicação, optou por restringir a possibilidade de instituição do tributo para apenas e tão somente um campo material da competência constitucional, compreende-se que a televisão por assinatura e os serviços de acesso a plataformas multimídias via *streaming* (serviços OTT) não configuram a materialidade prevista no Código Tributário Nacional para a referida incidência do ICMS-comunicação. Logo, tais forma de telecomunicação estariam fora da hipótese material descrita pelo legis-

[74] Nesse sentido, ver: Macedo, Alberto. Tributação de atividades de streaming de áudio e vídeo: guerra fiscal entre ISS e ICMS, p. 513.

lador complementar – mesmo que dentro da possibilidade de tributação prevista na materialidade constitucional do inciso II do art. 155[75] [76].

Tal compreensão é evidenciada pela própria análise do art. 2º da Lei n. 12.485/2011, visto que essa define o serviço de televisão por assinatura (serviço de acesso condicionado) como sendo o "**serviço de** telecomunicações de interesse coletivo prestado no regime privado, cuja recepção é condicionada à contratação remunerada por assinantes e destinado à **distribuição de conteúdos audiovisuais na forma de pacotes, de canais nas modalidades avulsa de programação e avulsa de conteúdo programado e de canais de distribuição obrigatória, por meio de tecnologias, processos, meios eletrônicos e protocolos de comunicação quaisquer**" (destacamos); e a comunicação audiovisual de acesso comutado como "**complexo de atividades que permite a emissão, transmissão e recepção, por meios eletrônicos quaisquer, de imagens, acompanhadas ou não de sons**, que resulta na entrega de conteúdo audiovisual exclusivamente a assinantes" (destacamos). Logo, muito distante da previsão do Código Tributário Nacional que estabelece que o ICMS-comunicação incide sobre "a **transmissão e o recebimento**, por qualquer processo, **de mensagens escritas, faladas ou visuais**, salvo quando os pontos de transmissão e de recebimento se situem no território de um mesmo Município e a mensagem em curso não possa ser captada fora desse território" (destacamos).

Em especial, porque se compreende que a emissão, transmissão e recepção de **imagens** (sonoras ou não) não é igual à transmissão e

[75] Ressalte-se que a materialidade para se tributar serviços de comunicação é, como mencionado alhures, mais ampla do que a mera competência para se tributar serviços de telecomunicações. E, também, que o legislador constituinte compreendeu a distinção de significado dos referidos termos porque previu no inciso XI do art. 21 a possibilidade de a União explorar os serviços de telecomunicações. Logo, reconheceu essa enquanto modalidade do gênero comunicação.

[76] Segundo Miguel, "a doutrina se posicionou pela impossibilidade de incidência do ICMS também nesse caso [serviços de televisão por assinatura], posto que essa modalidade de prestação se serviço não poderia ser qualificada como de comunicação. O argumento foi, como de costume, que somente pode ser considerado serviço de comunicação a disponibilização dos meios necessários para que terceiros possam estabelecer uma relação comunicativa, hipótese em que não se enquadra a prestação de serviço de televisão por assinatura" (Miguel, Luciano Garcia. O ICMS e os conceitos de mercadoria e serviço de comunicação, p. 159-160).

recepção de **mensagens** (escritas, faladas ou visuais)[77]. Imagens e mensagens são objetos distintos.

Importante mencionar, também, que, até a elaboração desse material, o Supremo Tribunal Federal tem se furtado em analisar o espectro material do ICMS-comunicação previsto no Código Tributário Nacional e nas legislações ordinárias por entender que tal matéria é apenas constitucionalmente reflexa. Não firmando posição sobre a materialidade constitucional do referido tributo, portanto. Todavia, a jurisprudência tem se orientado no sentido de compreender os serviços de televisão por assinatura como modalidade de comunicação e, portanto, passível de tributação por meio de ICMS-comunicação[78].

Não obstante, mesmo que se compreenda que a oferta de conteúdo multimídia por plataforma de *streaming* (serviço OTT) esteja contida na materialidade do inciso II do art. 68 do Código Tributário Nacional, como a materialidade das imunidades previstas nas alíneas "d" e "e" do inciso III do art. 150 da Constituição Federal de 1988 preveem que os meios de oferta de livros, jornais, periódicos, fonogramas e videofonogramas musicais são imunes; poder-se-ia afirmar que a contratação dos serviços de multimídia por *streaming*, enquanto meio (atividade-meio), não são passíveis de serem tributados pelo ICMS-comunicação. Em especial, porque o valor pago seria o necessário para se ter acesso ao meio em que estão contidos os arquivos de livros, músicas e vídeos. Sendo, assim, as plataformas multimídias de streaming (serviços OTT) podem ser assemelhadas ao papel e aos suportes materiais ou arquivos digitais que contenham os elementos protegidos pela imunidade do inciso III do art. 150 da Constituição Federal de 1988.

Nesse sentido, Miguel[79] adverte que com o surgimento da internet foi possível alterar a forma de comercialização dos bens porque "o

[77] Miguel, fazendo uma análise da Lei n. 12.485/2011, afirma que as etapas de produção, programação e empacotamento são atividades que caracterizam a comunicação audiovisual de acesso condicionado não se caracterizam como serviços de telecomunicação porque somente a atividade de distribuição é que se constitui como espécie de serviço de telecomunicação (MIGUEL, Luciano Garcia. O ICMS e os conceitos de mercadoria e serviço de comunicação, p. 161).

[78] Nesse sentido, ver: REsp 418.594, REsp 710.774, REsp 677.108.

[79] MIGUEL, Luciano Garcia. O ICMS e os conceitos de mercadoria e serviço de comunicação, p. 127.

suporte físico, como papel ou outras mídias, passou a ser prescindível, substituído pelo uso da transação eletrônica. Mas, na essência, são os mesmos bens cuja existência é anterior ao advento das redes de internet, e, para efeito da incidência do ICMS, esse é o aspecto principal a ser considerado". Razão pela qual a imunidade prevista para a circulação de determinados bens atinge, também, os mesmos quando circulados em versões incorpóreas.

No tocante ao ISS. Importante mencionar que a Lei Complementar n. 157/2016 modificou a lista de serviços anexa à Lei Complementar n. 116/2003 a fim de incluir o item 1.09 na lista anexa para tributar a "disponibilização, sem cessão definitiva, de conteúdos de áudio, vídeo, imagem e texto por meio da internet, respeitada a imunidade de livros, jornais e periódicos (exceto a distribuição de conteúdos pelas prestadoras de Serviço de Acesso Condicionado, de que trata a Lei n. 12.485/2011, sujeita ao ICMS)". Assim, a mera interpretação do referido item possibilitaria a compreensão de que o serviço de acesso a plataformas multimídias via *streaming* (serviço OTT) estaria sujeito ao ISS – salvo se considerar tais serviços como modalidade de serviço de acesso condicionado, nos termos da Lei n. 12.485/2011, porque a própria legislação complementar afasta a possibilidade desse vir a ser tributado pelo ISS.

Porém, como o próprio item faz menção de que é indispensável observar a imunidade prevista na alínea "d" do inciso VI do art. 150 da Constituição Federal, compreende-se que deveria ser aplicada interpretação conforme ao referido item para afastar a incidência do ISS sobre a disponibilização dos elementos contidos na imunidade da alínea "e" do mesmo enunciado constitucional referenciado pela Lei Complementar. Em especial, porque o legislador constitucional não é competente para afastar a imunidade tributária acrescida pelo legislador constituinte derivado ao rol original das imunidades. Então, o referido acréscimo seria inconstitucional e não seria legítimo para tributar a disponibilização de áudios e vídeos por meio da internet por plataformas multimídias de *streaming* (serviço OTT).

Além disso, como se tem defendido que a imunidade prevista na alínea "e" do inciso VI do art. 150 da Constituição Federal de 1988 deve ser interpretada de forma ampla para conferir imunidade a todo e qualquer material musical ou fonogramas e videofonogramas, independentemente de ser interpretado ou produzido por autores brasileiros, compreende-se que a referida imunidade atinge os processos de ECS realizados via Serviço OTT, i. e., aluguel ou cessão de uso temporário de materiais de vídeo ou musical por serviços OTT. Logo, tais hipóteses não seriam atingidas pelo ISS ou pelo ICMS-comunicação e, inclusive, pelo ICMS se houver a transferência dos arquivos para o consumidor. Em especial, porque tais mecanismos não se enquadram no conceito de comunicação para fins de incidência de ICMS-comunicação (conforme defendido alhures), porque a previsão do item 1.09 da lista anexa de serviços à Lei Complementar n. 116/2003 deve ser interpretada de acordo com a sistemática de imunidades constitucionais e porque a transferência (cessão de uso temporária) ou a visualização de arquivos não configura circulação de mercadoria para fins de incidência do ICMS.

Em face de todo exposto, compreende-se que os serviços de plataformas multimídias via streaming (serviço OTT) não estão sujeitos ao ICMS, ICMS-comunicação ou ao ISS.

Referências

ALMEIDA, Mariana Quintanilha de. A tributação de computação em nuvem e streaming à luz da legislação do imposto sobre serviços e do imposto sobre circulação de mercadorias e prestação de serviços de transporte interestadual e intermunicipal e serviços de comunicação, *in Computação, comércio eletrônico e prestação de serviços digitais*: sua tributação pelo ICMS e ISS – Alice Marinho Corrêa da Silva, Mariana Quintanilha de Almeida e Vitor Teixeira Pereira Martins. São Paulo: Almedina, 2017, p. 57-87.

CARRAZZA, Roque Antonio. *ICMS*, 17ª ed. revista e ampliada até a EC 88/2015 e de acordo com a Lei Complementar 87/1996, com suas ulteriores modificações. São Paulo: Malheiros, 2015.

CORREIA NETO, Celso de Barros; AFONSO, José Roberto R; FUCK, Luciano Felício. Desafios tributários na era digital, *in Tributação 4.0* – José Roberto Afonso e Hadassah Laís Santana (coordenadores). São Paulo: Almedina, 2020.

CUEMAN, Stephanie. The Netflix tax: *Chigaco's extension of its amusement tax to include electronically delivered entertainment faces numerous changes and sets the stage for taxing on streaming-based entertainment*, in DePaul Business and Commercial Law Journal, vol. 15, issue 2, article 3, p. 159-184.

MACEDO, Alberto. Tributação de atividades de streaming de áudio e vídeo: guerra fiscal entre ISS e ICMS, *in Tributação da economia digital*: desafios no Brasil experiência internacional e novas perspectivas – Renato Vilela Faria, Ricardo Maitto da Silveira, Alexandre Luiz Moraes do Rêgo Monteiro (coordenadores). São Paulo: Saraiva, 2018, p. 504-521.

MIGUEL, Luciano Garcia. *O ICMS e os conceitos de mercadoria e serviço de comunicação*. São Paulo: Noeses, 2019.

PETERS, Mark e BENSINGER, Greg, *States eye taxes on streaming video and cloud computing*, Wall Street Journal, august 20, 2015, 3:13, https://www.wsj.com/articles/states-eye-taxes-on-streaming-video-and-cloud-computing-1440095146 (acessado em junho de 2018).

SCHOUERI, Luis Eduardo; GALDINO, Guilherme. Internet das coisas à luz do ICMS e do ISS: entre mercadoria, prestação de serviço de comunicação e serviço de valor adicionado, *in Tributação da economia digital:* desafios no Brasil experiência internacional e novas perspectivas – Renato Vilela Faria, Ricardo Maitto da Silveira, Alexandre Luiz Moraes do Rêgo Monteiro (coordenadores). São Paulo: Saraiva, 2018, p. 245-268.

SILVA, Alice Marinho Corrêa da; ALMEIDA, Mariana Quintanilha de, MARTINS, Vitor Teixeira Pereira. *Computação, comércio eletrônico e prestação de serviços digitais*: sua tributação pelo ICMS e ISS. São Paulo: Almedina, 2017.

2. Direito e tecnologia: o fim dos advogados? Uma reflexão filosófica

Angela Vidal Gandra Martins

Introdução

> *Conventional semantics assigns truth values to atomic sentences containing no denoting singular terms by convention, and then determines the truth-values of complex sentences as usual.*
> The Cambridge Dictionary of Philosophy[1].

Tive a oportunidade de participar do evento "*Harvard Thinks Big*" em 2015, que, entre outros temas, tratou especialmente da implementação tecnológica no Direito, a partir da publicação denominada "*The end of Lawyers: Rethinking the Nature of Legal Services*[2]". Discutiu-se então, os novos caminhos da formação jurídica, centrando-se no "*clinical*" com viés econômico, como lei de sobrevivência na área.

Ocorreu-me então levantar uma questão sobre uma formação mais profunda para os alunos no sentido de que pudessem dar soluções justas para os novos problemas jurídicos a partir da inovação, já que estava me

[1] Audi, Robert. (*general Editor*). *The Cambridge Dictionary of Philosophy*. Verbete Lógica. Cambridge: Cambridge University Press, p. 279-280.

[2] Susskind, Richard. *The End of Lawyers? Rethinking the Nature of Legal Services*. Oxford: Oxford University Press, 2008.

especializando em um autor da escola que se destacou nesse sentido, como bem expõe a propósito de sua cátedra:

Dar-lhes um sentido mais profundo. Não somente métodos e técnicas. Fazer pensar. Ir aos porquês. Treinar homens para que pensem como advogados. Ajudar a ter uma disciplina intelectual que leve a pensar sempre anteriormente no objetivo (...) a partir dos próprios professores que devem interessar-se de verdade pelos alunos[3].

Perguntei então se, paralelamente à tecnologia e à análise econômica, não seria também importante continuar oferecendo outras matérias que pudessem promover uma abertura da mente e um real "*productive thinking*[4]", visando a implementação da justiça, já que naquela mesma universidade ouvira recentemente um professor afirmar que a pergunta chave que deveríamos fazer a nós mesmos em nossa atividade profissional para julgar sobre sua eficácia se resumia em averiguar se éramos realmente instrumentos de justiça[5].

Entre outras matérias a serem implementadas, sugeri a Filosofia do Direito (*Jurisprudence*), a Antropologia Filosófica (*Legal Philosophical Anthropology*) e a História do Pensamento Jurídico (*History of Legal Thought*). O professor que presidia a mesa comentou que, em realidade poderia ser uma perda de tempo já que no final, Antropologia, Filosofia, Sociologia, etc., são todas reduzidas a uma única ciência: a Economia.

A resposta me levou a pensar nos reducionismos pragmáticos que, desconsiderando outros aspectos essenciais da vida em sociedade e da própria atividade jurídica que a regula, terminam por impedir o florescimento social integral[6]ao que está destinado como meio.

Por essa razão dedico este breve ensaio a uma reflexão sobre o grande papel instrumental da tecnologia para agilizar a justiça, destacando, porém, a inteligência humana como único meio de promovê-la como

[3] Fuller, Lon. *On Teaching Law*. Cambridge: Harvard Law School Repository, 1950, p. 37 e p. 41, tradução nossa.

[4] Ibidem, p. 35.

[5] Hanson, Jon. *Commencement Day Discourse* (27/05/2015). Harvard Law School Yard.

[6] "*any human society is likely to act both as a locus of human flourishing and collective endeavour and as a source of tensions and conflicts of interest. We might think of Law as an attempt to foster and encourage instituitions and modes of behaviour that promote human flourishing, and to deal with (and in some cases suppress) the existence of tensions and conflicts". (COYLE, Sean. From Positivism to Idealism*. Burlington: Ashgate, 2007, p. 7.

vontade constante de dar a cada um o que é devido[7], qualidades impossíveis de interagirem em uma inteligência artificial para oferecer uma solução realmente humana[8].

1. Tecnologia e pós-modernidade

> *O espírito humano precisa prevalecer sobre a tecnologia.*
> Albert Einstein

A pós-modernidade foi definida por dois filósofos a partir das duas características essenciais do ser humano: sua racionalidade e relacionalidade. Gianni Vattimo qualificou-a de era do *pensiero debole*[9] (pensamento fraco) e Zygmunt Bauman destacou-a a partir das relações líquidas, no sentido de fugaz e incapaz de compromissos a longo prazo[10]. Nesse contexto, temos como grande elemento transformador o avanço vertiginoso e maximizado da tecnologia, que, embora exija esforço para ser acompanhado, traz inegável conforto, comodidade e celeridade.

Paralelamente, deparamo-nos com uma geração pouco preparada e destemperada, no sentido aristotélico de excelência, ou seja, de virtude[11] para usufruir dela com qualidade. Dessa forma, ao invés de utilizar a tecnologia como ferramenta, acaba sendo possuída por ela. Veja-se, por exemplo, a ditadura do *whatsapp* e a fragmentação que supõe para um verdadeiro trabalho intelectual ou o *déficit* nas relações pessoais que, em muitos casos, tem ocasionado o mundo virtual. Por outro lado, a informação – mesmo *fake* – abunda, mas sem capacidade de ser processada. Por fim, a mente acomodada, vai recorrendo cada vez mais ao imediatismo tecnológico, atrofiando o raciocínio.

À medida que vai sendo absolutizada, criando dependência, a tecnologia pode roubar o protagonismo humano, já que, embora podendo desempenhar um relevante papel, será sempre coadjuvante, já que filosoficamente, um efeito não pode ser superior a sua própria causa[12], a não

[7] Martins Filho, Ives Gandra. *Manuel Esquemático de Filosofia*. São Paulo: LTR, 2003, p. 177.
[8] Arendt, Hannah. *The Human Condition*. Chicago: University of Chicago Press, 1998.
[9] Vattimo, Gianni e Rovatti, Pier Aldo. *Il Pensiero Debole*. Milano: Feltrinelli Editore, 2010.
[10] Bauman, Zigmunt. *Liquid Modernity*. Cambridge: Polity Press, 2000.
[11] Aristotle. *Nichomachean Ethics*. New York: Walter J. Black, 1943.
[12] Martins Filho, 2003, p. 39 et seq.

ser que voluntariamente nos submetamos a ela nessa condição. Vejamos como essa realidade vem atingindo o mundo jurídico.

2. Lógica jurídica e inteligência artificial

> *La persona humana no se adapta al medio sino en una medida pequeña, más bien el hombre es el ser que adapta el medio a él, modificándolo según sus necesidades*[13].
> Ricardo Yepes

Desde a antiguidade aristotélica, havia uma especial preocupação do homem pelo processamento do conhecimento humano. No "*Organon*[14]" encontramos uma explicação profunda sobre a relação entre a realidade ontológica e o raciocínio. Sua evolução levou à simplificação de vários processos a partir da abstração e da simbologia, oferecendo agilidade e certeza, dentro de seus limites, até a interação metalógica[15].

No Direito, estes conhecimentos começaram a ser aplicados à Lógica Jurídica[16] como metodologia para a decisão, chegando – para alguns simpatizantes mais radicais – à possibilidade de substituir a argumentação, já que, em sua visão, teria a capacidade de discernir o verdadeiro do falso para atingir a verdade. Nesse sentido, deveriam também estar respaldada pelo positivismo[17] ou pelo utilitarismo econômico, no sentido de que o critério de solução seria fechado e exato, e de natureza absolutamente científica.

O avanço levou ao otimismo infundado da possibilidade de uma Inteligência Artificial capaz de resolver os problemas jurídicos a partir de fórmulas computadorizadas de raciocínio. De fato, o instrumento pode ser de grande ajuda, porém o reducionismo será intrinsecamente perigoso para a prática da verdadeira justiça, já que, como comenta o Professor Lon Fuller:

[13] Yepes, Ricardo e Aranguren, Javier. *Fundamentos de Antropología*. Pamplona: Eunsa, 2001, p. 87.

[14] Aristóteles. *Organon*. São Paulo: Edipro, 2016.

[15] Agazzi, E. *La logica simbolica*. Brescia: La Scuola, 1964.

[16] Strenger, Irineu. *Lógica Jurídica*. São Paulo: LTR, 1999.

[17] Vilanova, L. As estruturas lógicas e o sistema de Direito positivo. Indaiatuba: Editora Max Limonad, 1997.

> *"This is a requirement of justice itself. In its most rudimentary expression, justice demands the like decision of like cases. Since no two cases are ever exactly alike, one cannot act justly unless one is able to define what constitutes an essential likeness. But to discern what is essential and what is not in the decision of a case, one must have resort to principles that transcend their immediate application; it is these general principles that bind the elements of law into a coherent system of thought."*[18]

3. O fim dos advogados?

> *Law is a language of interaction*[19]
> Lon Fuller

A justiça colocada em plano de mercado pode levar a uma euforia como se pudesse ocasionar um *boom* econômico. De fato, anunciam-se as *good news* para os operadores de Direito, apresentando a arquitetura das novas estruturas visionárias e a necessária transformação da atividade profissional, por novas regras a partir dos padrões tecnológicos, onde o Direito passa a ser quase um *business*. Por outro lado, dessa forma, a eficiência passa, praticamente, a ser o termômetro e ditará o que é bom para a sociedade a partir do valor econômico[20].

Não há dúvida de que a tecnologia e a globalização trazem muitos benefícios, principalmente em desburocratizar e acelerar a administração da justiça[21], facilitando a atividade jurídica. É impossível imaginar nosso trabalho hoje, sem os computadores e as redes. Ouvi um comentário lúdico sobre o tema, onde um avô discorria sobre os tempos em que utilizava a máquina de escrever e a avó pediu-lhe que não contasse ao neto histórias de terror.

Porém, os *experts* no tema insistem na utilização da terminologia "inteligência avançada" e não artificial, que de fato, não existe, e, por

[18] FULLER, Lon. *Anatomy of the Law*. Westport: Greenwod, 1987, p. 94.

[19] FULLER, Lon. *Human Interaction and the Law. In The principles of Social Order. Selected Essays revised and edited by Kenneth Winston*. Oxford: Hart Publishing, 2001.

[20] FLETCHER, George P. *Basic Concepts of Legal Thought*. New York: Oxford University Press, 1996, p. 168.

[21] MARTINS, Angela Vidal Gandra da Silva. *Antropologia Filosófica e Direito: Um Confronto entre Lon Fuller e Richard Posner*. São Paulo: Editora Noeses, 2017, p. 180.

outro lado, aconselham prudência, pois há grandes interesses econômicos em jogo.

Por outro lado, em termos filosófico-antropológicos, é impossível conceber uma inteligência artificial, com capacidade de julgar as questões humanas[22]. Efetivamente um dos maiores temas da atualidade na construção da justiça e da paz é a escuta e compreensão nos relacionamentos humanos. Nesse sentido, também o Direito tem recorrido à mediação como meio de solução de conflitos[23], fruto da maturidade jurídica, em busca da equidade a partir da liberdade humana, pois efetivamente, somente um ser humano pode compreender e julgar – e mesmo assim, de forma limitada – a situação de outro ser humano.

De fato, cálculos e aproximações técnicas serão, sem dúvida, melhor conduzidas por computadores devidamente programados, porém a *determinatio* ou aplicação do Direito em si, deve estar embasada em um verdadeiro "*legal reasoning*[24]", capaz de analisar a questão conectando fatos, regras, princípios, valores e costumes, para veicular a correta solução ao caso proposto. Por quê? Vejamos.

4. Justiça à luz da antropologia filosófica

> *A justiça não é um mero ato burocrático*
> Papa Francisco

Em um evento organizado pela Pontifícia Universidade Católica do Rio Grande do Sul, sobre Direito e Literatura, um dos expoentes comentava poeticamente que "o sentido, não pode ser aprisionado dentro de um sistema lógico[25]". De fato, se aplicarmos essa frase ao conceito antropológico de justiça, percebemos o quanto sua aplicação depende da

[22] Amilburu, Maria. *La pregunta por el sentido del humano.* Enciclopedia Filosófica online. PUSC. Verbete *Antropologia Filosófica*. Acesso em 4/XI/2018.

[23] Martins, Angela Vidal Gandra da Silva. *Arbitragem e Mediação: uma breve reflexão antropológico-filosófica.* In *Métodos Extrajudiciais de Resolução de Conflitos Empresariais.* São Paulo: IOB/SAGE, 2017, p. 14-25.

[24] Bresnahan, James Francis. *The methodological ethical reasoning in the theology of Karl Rahner, and its supplementary development using the legal philosophy of Lon L. Fuller.* Ann Arbor: University Microfilms, 1972.

[25] Gloeckner, Ricardo Jacobsen. *Justiça Maquínica.* In Encontros Encontros entre Direito e Literatura III, poesia, linguagem e música. Organizadores: Clarice Beatriz da costa S6ohngen e Fabrício Dreyer de Ávila Pozzebon. Porto Alegre: Edipucrs, 2016, p. 74.

completude racional, relacional, afetiva, livre e responsável, presente de na natureza humana de forma essencial.

Temos desde Aristóteles, uma explanação profunda sobre esta virtude cardeal – *dikaiosyne* – e sua prática social, que leva a desejar o justo (*dikaion*) para cada um, de forma a que possua o próprio (*auton*), em parte, a partir da lei, que, por sua vez, tem como fim o interesse comum e o bem da comunidade política[26].

Nesse sentido, requer de seu operador, em termos profissionais, um conhecimento não somente cientifico da lei, mas filosófico, moral, social e político, para que possa avaliar cada caso em sua totalidade visando tanto o florescimento individual como o bem comum.

Tendo em conta que a justiça regula e equilibra as relações humanas, é preciso que seja exercida a partir de seu ponto de vista ordenado ao bem comum. Daí a tão oportuna crítica de Hannah Arendt no julgamento de Eichmann, com relação à lacuna de uma racionalidade e relacionalidade humanas[27]. De fato, os humanos podem também errar não por mera limitação, mas a partir de uma intencionalidade mal dirigida ou mesmo por ignorância, porém, a justiça procura corrigir essas falhas de diversas formas, não só por fechar os olhos através da imparcialidade, mas também por permitir, pelo menos em termos democráticos, a ampla defesa estendida a diferentes instâncias. Como então preparar os humanos para que possam julgar adequada e justamente, ainda que especialmente apoiados pela tecnologia, a grande ferramenta da modernidade?

5. Educação jurídica integral

Can Law survive Legal Education?[28]
Ernst Weinrib

Tive a oportunidade de repassar os originais mimeografados pelo Professor Lon Fuller, catedrático de *Jurisprudence* (Teoria e Filosofia do

[26] BARZOTTO, Luis Fernando. Justiça Social – *Gênese, estrutura e aplicação de um conceito.* In *Filosofia do Direito: Conceitos Fundamentais e a Tradição Jusnaturalista.* Porto Alegre: Livraria do Advogado, 2010.

[27] ARENDT, Hannah. *Eichmann in Jerusalem: A Report on the Banality of Evil.* New York: Penguin Books, 2006.

[28] FINNIS, John. *Natural Law. Natural Rights. Oxford: Claredon Press*, 1992, p. 59-75.

Direito) na Universidade, no qual me especializei. Chamou-me especial atenção seus profundos escritos sobre a educação jurídica[29], à qual se dedicou integralmente[30] auxiliando seus alunos a ganhar altura e profundidade em seus estudos jurídicos, também em termos antropológicos, e, ao mesmo tempo, competência e integridade: "é nossa responsabilidade prepará-los para seu trabalho[31]".

Uma de suas fortes sugestões nesse sentido era abrir novamente os portões da ética e da metafísica para iluminar o Direito, o que suporia uma grande conquista para o mundo[32]. Preocupava-se ainda com uma esmerada educação em termos de cidadania e sentido de comunidade.[33] Em sua época, rejeitou a excessiva dedicação ao que denominava aprendizagem de técnicas burocráticas a serviço da política e do poder e a perda do sentido de meios e fins no Direito, a partir de uma abordagem fútil e trivial[34].

Sua proposta combateu o tecnicismo de seu tempo: afirmava que muitas vezes estudamos técnicas no lugar de estudar a história dos princípios ou perguntamos a regra quando deveríamos perguntar qual a natureza do problema, o procedimento escolhido e as normas sociais envolvidas, buscando a conciliação; a relação e o mútuo respeito; a confiança e o entendimento que permitem enfrentar as contingências, sem recorrer antecipadamente às prescrições formais estabelecidas ou à avaliação neutra de fatos sociais[35]. Nesse sentido, parece-me que um desafio contemporâneo – ou pós-moderno – é conseguir conjugar a formação dogmática, ética, moral e científica com o inevitável *background* tecnológico da geração *milleniall*, para que, não seja subutilizado, impedindo um voo realmente panorâmico no mundo jurídico.

[29] *On Teaching Law; Objectives of Legal Education; Architecture of Social Structures; Legal Philosophy, Education and Practice*; etc. In 82 Fuller, Lon. *The Principles of Social Order. Selected Essays of Lon L. Fuller. Edited by Kenneth Winston. Durhan: Duke University Press, 1981.*

[30] Fuller, Lon. *What the Schools can contribute to the making of lawyers.* In Winston, Kenneth. *The principles os Social Order*. Revised Edition. Portland: Hart Publishing, 2001, p. 344 et seq.

[31] Fuller, Lon. *The Case against Freedom*. In Ibidem, p. 315, tradução nossa.

[32] Fuller, Lon. *On Teaching Law*. Cambridge: *Harvard Law School Repository*, 1950, p. 39.

[33] Fuller, Lon. *Irrigation and Tyranny*. In Winston, 2001, p. 207 et seq.

[34] Fuller Lon. *Legal Philosophy, Legal Education and Practice.* In Ibidem, p. 270, p. 283 e p. 306.

[35] Fuller in Winston, 2001, p. 121 et seq.

Conclusões

> *The whole idea is not the choice between using or not using technology. The challenge is to use it right.*
> Cory Doctorow

Se continuarmos refletindo na epígrafe, podemos afirmar que de fato não há caminho de volta – *no way back* – em não escolher a tecnologia, porém é preciso traçar linhas bem definidas de conduta para que possa dirigir adequadamente as ações humanas que o Direito regula. Em uma era em que até mesmo o transhumanismo vem ganhando corpo, é preciso continuar assentando bases para não instrumentalizar o próprio ser humano.

Nesse sentido a *keyword* que pode servir de elo entre Direito e Tecnologia é a Ética, cujo sentido mais profundo é auxiliar o ser humano a chegar à vida plena – *good life* – a partir do que lhe é próprio como tal[36]. Por outro lado, visando o Direito fortalecer as relações sociais[37], um bom termômetro para ver se a Tecnologia está auxiliando é também perceber em que nível elas se estabilizam e crescem a partir das decisões jurídicas. Nesse sentido, as palavras do Professor Michael Sandel podem também nos ajudar, *mutatis mutandis*, a refletir sobre o tema:

> *"I think very often when we think we are aiming at the best for our children, what we are really doing is trying to position them for competitive success in an intensely driven kind of society. I´m not sure that always leads to the good life or to hapinnes[38]."*

Como afirmou o profundo Agostinho: "os tempos somos nós[39]". Que saibamos potencializar totalmente o que nos é ricamente oferecido pela Tecnologia para engrandecer cada vez mais a natureza que compartilhamos.

[36] "[...] *shares a kind of Aristotelian commitment to self-development as a central ingredient of the good life*". WINSTON, Kenneth. *Legislators and liberty*. *Law and Philosophy*, v. 13, n. 3, Special Issue on Lon Fuller, p. 389-418, 1994.

[37] FULLER, Lon. *The Morality of Law*. New York:Fawcett, 1964, p. 201.

[38] SANDEL, Michael. *Justice. What is the right thing to do*. New York: Penguim Books, 2010.

[39] In "Sermões". Antologia dos Santos Padres. São Paulo: Edicões Paulinas, 1979.

Referências

Agazzi, E. *La logica simbolica*. Brescia: La Scuola, 1964.

Arendt, Hannah. *Eichmann in Jerusalem: A Report on the Banality of Evil*. New York: Penguin Books, 2006.

______________. *The Human Condition*. Chicago: University of Chicago Press, 1998.

Aristóteles. *Organon*. São Paulo: Edipro, 2016.

______________. *Nichomachean Ethics*. New York: Walter J. Black, 1943.

Barzotto, Luis Fernando. Justiça Social – *Gênese, estrutura e aplicação de um conceito. In Filosofia do Direito: Conceitos Fundamentais e a Tradição Jusnaturalista*. Porto Alegre: Livraria do Advogado, 2010.

Bauman, Zigmunt. *Liquid Modernity*. Cambridge: Polity Press, 2000.

Bresnahan, James Francis. *The methodological ethical reasoning in the theology of Karl Rahner, and its supplementary development using the legal philosophy of Lon L. Fuller*. Ann Arbor: University.

Finnis, John. *Natural Law*. *Natural Rights. Oxford: Claredon Press, 1992.*

Fletcher, George P. *Basic Concepts of Legal Thought*. New York: Oxford University Press, 1996.

Fuller, Lon. *Anatomy of the Law*. Westport: Greenwod, 1987.

___________. *Irrigation and Tyranny*. In Winston, Kenneth. *The principles of Social Order*. Revised Edition. Portland: Hart Publishing, 2001.

___________. *On Teaching Law*. Cambridge: Harvard Law School Repository, 1950.

Fuller, Lon. *The Morality of Law*. New York: Fawcett, 1964.

Gloeckner, Ricardo Jacobsen. *Justiça Maquínica*. In Encontros Encontros entre Direito e Literatura III, poesia, linguagem e música. Organizadores: Clarice Beatriz da costa S6ohngen e Fabrício Dreyer de Ávila Pozzebon. Porto Alegre: Edipucrs, 2016.

Martins Filho, Ives Gandra. *Manuel Esquemático de Filosofia*. São Paulo: LTR, 2003.

Martins, Angela Vidal Gandra da Silva. *Antropologia Filosófica e Direito: Um Confronto entre Lon Fuller e Richard Posner*. São Paulo: Editora Noeses, 2017.

Martins, Angela Vidal Gandra da Silva. *Arbitragem e Mediação: uma breve reflexão antropológico-filosófica. In Métodos Extrajudiciais de Resolução de Conflitos Empresariais*. São Paulo: IOB/SAGE, 2017.

Sandel, Michael. *Justice. What is the right thing to do*. New York: Penguim Books, 2010.

Strenger, Irineu. *Lógica Jurídica*. São Paulo: LTR, 1999.

Susskind, Richard. *The End of Lawyers? Rethinking the Nature of Legal Services*. Oxford: Oxford University Press, 2008.

VATTIMO, Gianni e ROVATTI, Pier Aldo. *Il Pensiero Debole*. Milano: Feltrinelli Editore, 2010.

VILANOVA, L. *As estruturas lógicas e o sistema de Direito positivo*. Indaiatuba: Editora Max Limonad, 1997.

WINSTON, Kenneth. *Legislators and liberty*. *Law and Philosophy*, v. 13, n. 3, Special Issue on Lon Fuller, p. 389-418, 1994.

YEPES, Ricardo e ARANGUREN, Javier. *Fundamentos de Antropología*. Pamplona: Eunsa, 2001, p. 87.

3. Sequestro de dados e terrorismo digital: os atuais tipos penais são suficientes para punir os crimes em ambiente virtual?

Bruno de Moraes Dumbra

Introdução

Pouco antes da virada do século, os criminosos ainda eram mais conhecidos por denominações como gângsteres, ladrões de bancos e criminosos do "colarinho branco". Hoje, porém, eles têm sido também chamados por uma nova designação. Agora, os criminosos mais bem-sucedidos são os cibercriminosos, aqueles que roubam o dinheiro e as informações dos usuários de Internet a partir do conforto de suas próprias casas, podendo conseguir milhões de dólares e tendo pouca chance de serem apanhados.

Já não é mais uma ficção de outrora – como há pouco se via nos filmes –, na carona do avassalador avanço tecnológico que vivemos, o mau o acompanhou. No dizer de Cerqueira e Rocha:

> A instantaneidade das ações e a possibilidade de assincronia no uso da internet atenua os graus de segurança e certeza nas transações nela realizadas, o que gera a brecha (*breach*) para a atuação dos delinquentes. Cabe à norma de natureza penal, portanto, dispor a respeito dessas vulnerabilidades, de sorte a proteger os objetos jurídicos que o Estado considera sujeitos à tutela legal. (Cerqueira, Rocha, 2013)

Sobre o dilema das *Fake News*, que teve o condão de influir na eleição dos EUA, agora reverbera aqui no Brasil. O Diretor da Policia Federal Eugênio Ricas, após reuniões com agências como FBI e CIA comentou: *"É 1 combate difícil. A gente já entra perdendo"(AUDI, 2018)*. Os algoritmos estão em tudo, e cada vez mais avançados! A capacidade de difusão de informações na internet cresce vertiginosamente. O *"big data"* já modifica a sociedade e sua relações. O cibercriminoso pode ser de todo tipo, de um "ladrão de galinhas" até um terrorista, pois a tecnologia permeou-se tanto na rotina de vida humana, constituindo um canal altamente vulnerável.

Os cibercriminosos no geral visam sempre obter vantagem financeira, de forma ilícita. O que precisamos ter em mente é que a informação, principalmente nos dias atuais, é muito valiosa porque pode transformar-se na vantagem financeira de forma ilícita ou, obtenção de poder. Daí a expressão de que a informação "vale ouro". É certo de que desde a invenção da prensa de Gutenberg, que revolucionou num primeiro momento a história da informação, a sociedade teve mais acesso a ela, mais é mais certo ainda que a internet potencializou em grande escala a sua disseminação.

Nesse passo, surge recentemente uma nova modalidade de crime, o sequestro de dados ou *ransomware,* que consiste basicamente em uma chantagem para que a informação esteja disponível novamente ao usuário. E aí está um exemplo de que a informação vale ouro. No caso, os dados (informação) são indisponibilizados aos usuários e liberados somente pagamento do resgate (vantagem ilícita financeira).

A informação, portanto, pode representar uma vantagem trazendo assim poder ao detentor da mesma sobre outro. Neste passo, o terrorismo digital se consubstancia, vez que artifícios cibernéticos podem acometer negativamente grandes populações. Em tal contexto, o presente tem a finalidade de analisar se o atual cenário legal vigente é suficiente para coibir e /ou proteger a contento estas reais ameaças.

O Brasil, apesar dos recentes avanços legislativos, tímidos e oportunistas diga-se de passagem, em seu histórico sempre esteve aquém em comparação a outros países e, considerando o nosso vasto território e considerável população, é colocado em muitas perspectivas como celeiro de ameaças.

Ainda, não se pode deixar de atentar ao fato de que a legislação pátria repressiva foi concebida a quase 60 anos e, muito embora só tenha modificado o meio em que são praticados os delitos, surgiram outros bens a serem tutelados e a defasagem punitiva diante dos novos conceitos sociais.

1. Sequestro de dados ou *ransoware*

A despeito de sua notoriedade após recente onda de ataques, inclusive em escala global, é fato que desde início da década de 90 esta já era uma ameaça existente. O cenário tecnológico de então, não o permitiu ser tão difundido e eficaz. Na época o biólogo evolucionário com título de PhD em Harvard, Joseph L. Popp, criou o primeiro software malicioso que bloqueava o acesso aos arquivos do computador infectado, somente os desbloqueando após pagamento de resgate de 189 dólares à empresa fictícia *PC Cyborg Corp*.

O *malware*[1] em comento ficou conhecido como *"AIDS"*, sendo ele espalhado através de disquetes distribuídos por seu criador que supostamente continham um questionário para avaliar o seu risco de exposição ao vírus HIV, daí a denominação do mesmo. O *ransomware*, ou sequestro de dados, assim pode ser sintetizado por *"um tipo de código malicioso que torna inacessíveis os dados armazenados em um equipamento, geralmente usando criptografia, e que exige pagamento de resgate (ransom) para restabelecer o acesso ao usuário." (CERT.BR, 2018)*.

Nas situações ocorridas até o presente momento, a depender do alvo e/ou do resgate exigido, há na legislação pátria tipificações penais para as condutas verificadas neste tipo de ataque, não obstante inexistir tipo penal especifico. É que hodiernamente a pratica de alguns crimes migraram para o meio digital, onde já referido existe abundância de informação, muitas delas pessoais e disponibilizadas voluntariamente.

A "hiperconexão" e a quantidade de informações que cada vez mais tramitam no meio digital, são os motores propulsores para esta prática. Como mencionado, a prática consiste basicamente na indisponibili-

[1] Malware (abreviatura para "software malicioso") é considerado um tipo de software irritante ou malígno que pretende acessar secretamente um dispositivo sem o conhecimento do usuário. Os tipos de malware incluem spyware, adware, phishing, vírus, Cavalos de Tróia, worms, rootkits, ramsoware e sequestradores de navegador. (AVAST, 2018)

zação da informação do usuário ou entidade, criptografando-as, e que a chave para o desbloqueio só é fornecida com o pagamento do resgate, este geralmente em moeda virtual.

Desta forma a criptografia (em grego: *kryptós*, "escondido", e *gráphein*, "escrita") é a grande aliada do cibercriminoso neste tipo de empreitada. Quebrar a criptografia, sem o pagamento do resgate e o recebimento das chaves, é um desafio colossal, muitas vezes inviável e/ou impossível. Caso paradigmático ocorreu na Operação Satiagraha, onde se investigou os discos rígidos encriptados do banqueiro Daniel Dantas[2].

Analisando as condutas do ataque, temos em um primeiro momento o acesso ilegítimo ao terminal, mediante a indução em erro de seu titular. Esta conduta é tipificada no artigo 154-A do Código Penal Brasileiro, introduzido pela Lei Carolina Dieckmann (Lei 12.737/2012, de 30 de novembro), assim disposto:

> *Art. 154-A. Invadir dispositivo informático alheio, conectado ou não à rede de computadores, mediante violação indevida de mecanismo de segurança e com o fim de obter, adulterar ou destruir dados ou informações sem autorização expressa ou tácita do titular do dispositivo ou instalar vulnerabilidades para obter vantagem ilícita.*

O invasor ilegítimo que não chegue a efetuar a criptografia dos dados e/ou seu sequestro do terminal por qualquer motivo, responderá só pelo acesso ilegítimo do dispositivo informático, nestas condições. Entretanto, uma vez comprovado o desígnio final como sendo a exigência de resgate e ocorra insucesso por motivos alheios a sua vontade, responderá pela conduta outra em sua forma tentada. Importante destacar também que no caso de o ataque prosseguir culminando em outros

[2] O FBI não conseguiu quebrar o sistema de criptografia dos discos rígidos apreendidos pela Polícia Federal no apartamento do banqueiro Daniel Dantas, no Rio, durante a Operação Satiagraha, deflagrada em julho de 2008. Segundo reportagem publicada nesta sexta-feira (25) pelo jornal "Folha de S.Paulo", após um ano de tentativas frustradas, em abril a polícia federal norte-americana devolveu os equipamentos ao Brasil. [...]
Foram enviados aos Estados Unidos seis discos rígidos externos e um computador portátil, com potencial somado de armazenamento de 2,08 terabytes, o equivalente a 2,1 mil gigabytes. O sistema de criptografia usado é um dos mais sofisticados do mercado, chamado AES 256 bits. Uma tecnologia inferior a essa, a de 128 bits, permite uma quantidade de combinações de senhas que tem como grandeza o número 3 seguido de 38 zeros. (G1, 2010)

crimes, a conduta acima descrita será absorvida e não punida independentemente, diante do princípio da consunção. Havendo exigência do resgate, a conduta poderá ser caracterizada como extorsão, porque há uma grave ameaça à vítima e o intuito de obter vantagem econômica, segundo dicção do artigo 158 do Estatuto Penal pátrio.

> *Art. 158 – Constranger alguém, mediante violência ou grave ameaça, e com o intuito de obter para si ou para outrem indevida vantagem econômica, a fazer, tolerar que se faça ou deixar de fazer alguma coisa:*
> *Pena – reclusão, de quatro a dez anos, e multa.*

Ainda que houvesse avanço com a introdução do tipo penal no ordenamento jurídico, através da Lei 12.737/12, popularmente conhecida como Lei Carolina Dieckmann, é fato que a mesma veio tarde, eis que esta conduta já era punida na maioria dos países, inclusive na América Latina, que há muito já visava a proteção deste bem jurídico. Importante frisar ainda que já havia em tramitação desde os idos de 1.999, contemporaneamente a convenção de Budapeste, projeto no Congresso Nacional que visava tutelar a proteção do computador, o Projeto de Lei 84/99 que recebeu o epíteto de Lei Azeredo fazendo referência a seu autor. Por conter pontos polêmicos, principalmente com relação a privacidade, ele encontrou muita resistência.

Neste contexto e ante a pressão popular para uma solução ao problema tecnológico básico da proteção ao dispositivo informático, surgiu uma alternativa com o Projeto de Lei 2.793/2011, que posteriormente foi aprovado transformando-se na Lei Carolina Dieckmann. E sua rápida transformação em lei se deu com a aprovação do requerimento de urgência de tramitação, feito no calor dos fatos ocorridos com a atriz que lhe deu o nome, no episódio amplamente divulgado quando teve fotos intimas de seu computador vazadas pela internet e após um pedido de resgate das mesmas, gerando amplo constrangimento, trazendo à tona ainda inúmeras vítimas desta conduta e uma comoção social.

Impende anotar que caso ocorra o simples vazamento de imagens intimas, sem pedido de resgate, a lei penal pátria trata tal situação como crime contra honra, que tem pena extremamente módica frente ao estrago causado à vítima. Neste, porém, entendemos estar a lei aquém de uma resposta punitiva esperada. Em termos de persecução penal, temos outro obstáculo, a identificação do atacante. É certo que quando o criminoso não possuí conhecimentos avançados provavelmente as forças policiais o identificarão, já que muitas têm dedicado destacamentos para estes casos.

Todavia, em que pese o fato de os crimes cibernéticos deixarem rastros, os cibercriminosos utilizam-se de inúmeras artimanhas para ocultar sua identidade, especialmente de onde parte sua conexão. Em sua grande maioria além de mascarar sua conexão, hospedam o *website* em servidores internacionais, bem como exigem o resgate através de criptomoedas (cuja transação é de difícil rastreio). Ademais, o atacante pode ser inclusive estrangeiro, visto que a propagação do vírus pode ocorrer entre fronteiras. Exemplo prático de toda essa complexidade é o caso de que um criminoso em um país pode infectar uma máquina em um outro, utilizando-se de um servidor que se encontra em um terceiro país.

Outro aspecto que se deve ter em mente para com a identificação do atacante originário é a facilidade que o vírus tem de alastrar-se. Muitas vezes buscando-se a origem da infecção é possível verificar que na maior parte das vezes outra vítima do *malware* é também propagador do mesmo.

Cotejando-se todos estes fatores, chegamos ao paradigma do *Wannacry*. No ano de 2.017 o mundo foi infectado pelo ataque *ransomware* mais bem orquestrado e de impacto sem precedentes. Estudos apontam que o mesmo causou prejuízo de mais 4 bilhões pelo mundo podendo-se comparar a grandes catástrofes naturais como o furacão Katrina, mas este número pode ser bem maior. Ainda, aproximadamente 200.000 computadores foram infectados por mais de 150 países. Muitos deles de grandes corporações e órgão governamentais.

No Brasil, várias empresas e órgãos públicos foram infectados, dentre estes, inúmeras prefeituras municipais e até computadores do Tribunal de Justiça de São Paulo, forçando-o a determinar aos servidores que desligassem as máquinas e suspender os prazos processuais[3].

[3] Hoje (12), por volta do meio-dia, a Secretaria de Tecnologia da Informação do Tribunal de Justiça de São Paulo detectou máquinas infectadas por ataque de hackers e, seguindo protocolo de segurança, foi determinado, por cautela, o desligamento de todos os computadores da instituição no Estado, para evitar a propagação. O Judiciário paulista conta hoje com um parque tecnológico de 55 mil computadores e menos de 0,5% foram infectados. O expediente das unidades do TJSP foi mantido para a prestação das informações necessá-

Em termos de prevenção devemos ter em mente duas frentes. A primeira é criar rotinas de backup dos dados, evitando-se assim caso seja infectado pelo *ransomware* e seus arquivos indisponibilizados naquele dispositivo, tenha seus dados seguros em outra mídia, ainda que em nuvem. Cumpre frisar que caso o serviço de nuvem esteja sempre ativado, ou mesmo em uma mídia conectada ao dispositivo, no momento do ataque fatalmente o *malware* acessará também os arquivos e estes também ficarão indisponíveis. No que tange a proteção de seus dados, evitando vazamento dos mesmos, as dicas mais comuns sobre segurança da informação são aplicáveis, como utilização de softwares originais, antivírus, e muita atenção com o *phishing*. Enfim, a melhor solução nesses casos é a prevenção.

2. Terrorismo digital

Como dissemos alhures, com o avanço da interatividade social por meio da grande rede, todas as faces negativas das atitudes humanas também permearam o meio digital. Pode soar estranho a injúria física em massa advinda de um programa de computador que inexiste fisicamente, mas, é fato, que isto também é uma realidade tangível. Em nível mundial, o ataque mais sofisticado em termos de terrorismo digital é o do *stuxnet*. Trata-se de um programa malicioso criado especificamente para atacar o sistema de controle industrial SCADA da marca Siemens.

Tal sistema (SCADA) era certificado para ser utilizado no gerenciamento e controle das centrífugas de enriquecimento de urânio em usinas nucleares. O *malware* era praticamente indetectável e se espalhava silenciosamente entre terminais, sendo inofensivo aos sistemas operacionais domésticos. Acabou por infectar seu alvo predestinado – usinas nucleares – principalmente no Irã e Índia onde provocou estragos, sem, contudo, de maiores proporções. A infecção não se deu pela internet, o que demonstra a astucia de seu criador que é desconhecido, especulando-se que fora feito a mando de uma nação em 2.005, sendo descoberto apenas em 2010. Eric Schmidt e Jared Cohen, em A Nova Era Digital (2013, p. 161) conceituaram o terrorismo digital:

rias a advogados e jurisdicionados. Os prazos processuais serão suspensos. (Comunicação Social TJSP,2017).

> Para nossos propósitos, definiremos ciberterrorismo como atentados com motivação política ou ideológica a informações, dados de usuários ou sistemas de computadores visando a resultados violentos. (Há certa sobreposição de táticas entre o ciberterrorismo e atividades criminosas de hackers, mas em geral são as motivações que distinguem um do outro.) (Schmidt, Cohen, 2013, p. 161)

O Brasil não tem em sua memória o terrorismo como marca, não obstante durante a ditadura alguns episódios assim foram caracterizados. Nos últimos anos, com os eventos da Copa do Mundo realizada no país em 2.014, e os jogos Olímpicos em 2.016 realizado na cidade do Rio de Janeiro, tais ameaças fora objetos de atualização legislativa visando maior segurança. Assim é que entre estes eventos foi sancionada a Lei nº 13.260, de 16 de março de 2016, que regulamentou o disposto no inciso XLIII do art. 5º da Constituição Federal, disciplinando o terrorismo, tratando de disposições investigatórias e processuais e reformulando o conceito de organização terrorista.

Conceitualmente assim fora definido ato terrorista segundo referida Lei Antiterrorismo pátria, em seu artigo 2º:

> Art. 2º O terrorismo consiste na prática por um ou mais indivíduos dos atos previstos neste artigo, por razões de xenofobia, discriminação ou preconceito de raça, cor, etnia e religião, quando cometidos com a finalidade de provocar terror social ou generalizado, expondo a perigo pessoa, patrimônio, a paz pública ou a incolumidade pública.

Importante destacar que o inciso IV do §1º do artigo acima citado, prevê expressamente condutada utilizando-se de mecanismo cibernético:

> IV – sabotar o funcionamento ou apoderar-se, com violência, grave ameaça a pessoa ou *servindo-se de mecanismos cibernéticos*, do controle total ou parcial, ainda que de modo temporário, de meio de comunicação ou de transporte, de portos, aeroportos, estações ferroviárias ou rodoviárias, hospitais, casas de saúde, escolas, estádios esportivos, instalações públicas ou locais onde funcionem serviços públicos essenciais, instalações de geração ou transmissão de energia, instalações militares, instalações de exploração, refino e processamento de petróleo e gás e instituições bancárias e sua rede de atendimento;

A grande reprimenda feita a Lei Antiterrorismo foi a ausência do elemento "extremismo político" no rol das motivações, pois como é cediço tais manifestações ininteligíveis são corriqueiras na sociedade moderna e vão de encontro com as recomendações de órgãos internacionais como as Nações Unidas.

Outra crítica à Lei Antiterrorismo vem da forma como foram vagamente tipificados os atos preparatórios.

> Art. 5º Realizar atos preparatórios de terrorismo com o propósito inequívoco de consumar tal delito:
> Pena – a correspondente ao delito consumado, diminuída de um quarto até a metade.
> § 1º Incorre nas mesmas penas o agente que, com o propósito de praticar atos de terrorismo:
> I – recrutar, organizar, transportar ou municiar indivíduos que viajem para país distinto daquele de sua residência ou nacionalidade; ou
> II – fornecer ou receber treinamento em país distinto daquele de sua residência ou nacionalidade.

Muito embora o Direito Penal brasileiro, conforme o critério adotado pelo art. 14, II do Código Penal, não punir atos preparatórios a menos que estes sejam tipificados como crimes autônomos, a Lei Antiterrorista assim os tipificou, contudo, da forma subjetiva como posta pode ensejar uma hermenêutica perigosa a princípios fundamentais do cidadão, mormente porque é passível de prisão temporária.

O Tribunal Regional Federal da 4ª Região, analisando o HC 5036135-15.2016.404.0000 de paciente que respondia pela prática do crime de terrorismo, teve a seguinte decisão:

> "Trata-se de habeas corpus, com pedido liminar, impetrado por Ronaldo Vaz de Oliveira em favor de Vitor Barbosa Magalhaes contra ato do Juízo da 14ª VF de Curitiba, que decretou a prisão temporária do paciente no bojo da denominada "Operação Hashtag". [...] A investigação teve início em 09/05/2016 para apurar possível ocorrência dos delitos previstos no artigo 3º da Lei nº 13.260/2016 e no art. 1º, parágrafo 2º, da Lei nº 12.850/13, em razão da identificação, em redes sociais tais como Facebook e Twitter, de perfis brasileiros com postagens de cunho radical, mais especificamente de apoio e promoção da organização terrorista internacional conhecida como Estado Islâmico (EI).

> O pedido de decretação da prisão temporária visa à neutralização dos planos terroristas referidos nas investigações, especialmente no período dos Jogos Olímpicos do Rio de Janeiro, bem como a completa instrução da investigação, possibilitando a oitiva simultânea de todos os investigados, dificultando o acerto premeditado de versões, após serem surpreendidos pela busca e apreensão em suas residências.
>
> Foi determinada ainda a custódia dos presos temporários em Presídio Federal pelo MM. Juiz Federal Marcos Josegrei da Silva. [...] Feitas essas considerações, e a par da relevância dos fundamentos da impetração, em análise sumária dos autos, tenho que o caso demanda a prévia vinda de informações da autoridade impetrada e a oitiva do Ministério Público Federal.
>
> Diante do exposto, indefiro o pedido liminar." (TRF-4, 2016, online)

Nota-se no que no caso em apreço o indivíduo teve sua liberdade cerceada, para garantia da ordem pública, pelo ato de publicar nas redes sociais manifestações de apoio e divulgação da organização terrorista Estado Islâmico. Assim, entendemos que a legislação deveria em obediência os direitos e garantias fundamentais da pessoa humana, bem como os princípios do Direito Penal e Constitucional, determinar o que seria atos preparatórios e quais serão os atos criminalizados caso sejam praticados.

Hodiernamente talvez a maior ameaça, seja o recrutamento por grupos terroristas de seus partidários através das redes sociais, ondem encontram vasto território para propagação dos ideais terroristas. O Estado Islâmico provavelmente seja a facção terrorista que tem maior tradição neste expediente. Um relatório da START (2014)[4] detalha a forma que utilizam as mais conhecidas redes sociais para sua capilarização:

1) Youtube, Flickr, Tumblr – apesar de plataformas abertas não são propriamente interativas sendo usada pelo Estado Islâmico para disponibilização de materiais multimídias;

[4] The innovative ways that foreign fighters in Syria and Iraq are leveraging social media and mobile apps to recruit aspirational supporters in the West reveal what is actually a paradigm shift occurring within the global jihadist movement, away from the organization-centric model advanced by Al-Qaida, to a movement unhindered by organizational structures. Counterterrorism policy and practice must rethink the way it approaches countering online radicalization. (START, 2014)

2) Twitter, Instagram, Facebook – Tais redes sociais exigem que o usuário siga o perfil para ter acesso a seu material, porém permitem comunicação e interação privada, sendo usadas para acesso a conteúdo personalizado;

3) Ask.FM – A plataforma é utilizada para comunicação eis que pode ser feita de forma anônima e com mediação, apesar de ser necessário possuir o nome de usuário para receber as informações. O Estado Islâmico utiliza-a para quase tudo, desde conselhos sobre higiene pessoal rudimentar, até listas de materiais para migrar para o campo de batalha Sírio;

4) KIK, Surespot, WhatsApp, Skype – Nestas plataformas são necessários que ambos interlocutores possuam reciprocamente contato aprovados. Neste caso o Estado Islâmico as usa para uma comunicação em tempo real no campo de batalha, especialmente sobre recrutamento, mobilização e migração.

De outro lado, alguns tipos penais da lei de crimes contra a segurança nacional, Lei Federal nº 7.170, de 14 de dezembro de 1983, podem ser imputados a determinadas condutas, praticadas através dos meios digitais:

> Art. 13 – Comunicar, entregar ou permitir a comunicação ou a entrega, a governo ou grupo estrangeiro, ou a organização ou grupo de existência ilegal, de dados, documentos ou cópias de documentos, planos, códigos, cifras ou assuntos que, no interesse do Estado brasileiro, são classificados como sigilosos.
>
> Pena: reclusão, de 3 a 15 anos.
>
> Parágrafo único – Incorre na mesma pena quem:
>
> I – com o objetivo de realizar os atos previstos neste artigo, mantém serviço de espionagem ou dele participa;
> II – com o mesmo objetivo, realiza atividade aerofotográfica ou de sensoreamento remoto, em qualquer parte do território nacional;
> III – oculta ou presta auxílio a espião, sabendo-o tal, para subtraí-lo à ação da autoridade pública;

> IV – obtém ou revela, para fim de espionagem, desenhos, projetos, fotografias, notícias ou informações a respeito de técnicas, de tecnologias, de componentes, de equipamentos, de instalações ou de sistemas de processamento automatizado de dados, em uso ou em desenvolvimento no País, que, reputados essenciais para a sua defesa, segurança ou economia, devem permanecer em segredo.

A chamada ciberespionagem (considerada um ramo do ciberterrorismo) ficou evidente aos brasileiros em 2.015 quando, com os vazamentos de informações confidenciais dos Estados Unidos através do *Wikileaks*[5], fora revelado que além da presidente Dilma Rousseff, 29 telefones de ministros, diplomatas e assessores foram espionados pela agência de inteligência americana.

Outra possível conduta penalmente tipificada, com viés terrorista e que pode ser atingida através de um *malware,* é a de atentado contra a segurança de serviço de utilidade pública, caso o ataque prejudique o fornecimento de energia elétrica, água, sistema financeiro, etc.

> Art. 265 – Atentar contra a segurança ou o funcionamento de serviço de água, luz, força ou calor, ou qualquer outro de utilidade pública:
> Pena – reclusão, de um a cinco anos, e multa.
> Parágrafo único – Aumentar-se-á a pena de 1/3 (um terço) até a metade, se o dano ocorrer em virtude de subtração de material essencial ao funcionamento dos serviços.

Nesta esteira ainda temos o crime de perturbação ou interrupção de serviço telegráfico ou telefônico, quando o ataque afetar as redes de telecomunicação (art. 266).

> Art. 266 – Interromper ou perturbar serviço telegráfico, radiotelegráfico ou telefônico, impedir ou dificultar-lhe o restabelecimento:

[5] O Wikileaks é uma organização que existe desde o final de 2006 e que desde o começo tinha como pretexto ser o grande "dedo duro" do mundo. Divulgando documentos secretos de empresas e governos, a organização pretendia "democratizar" a informação.
Apesar do nome, a organização não tem nenhuma ligação com a Wikipédia, seu site é basicamente um diretório de arquivos de diversos tipos e para vários fins. Seu nome e logotipo fazem referência a um conjunto de informações vazadas, dai vem o "leaks", que vem do inglês "vazar". (ALTERMANN, 2010)

Pena – detenção, de um a três anos, e multa.

§ 1º – Incorre na mesma pena quem interrompe serviço telemático ou de informação de utilidade pública, ou impede ou dificulta-lhe o restabelecimento.

Além disso devemos registrar que a Lei 8.072/90, classifica como hediondo o crime de terrorismo, tornando a sua punição ainda mais rigorosa. Por fim, a Carta Magna pátria em seu artigo 5º, XLIII, dita que o crime de terrorismo deve ser considerado inafiançável e insuscetível de graça ou anistia.

Conclusões

É esperado que a legislação sempre atenda aos anseios da sociedade, trazendo segurança e paz social, e que as mesmas possam fazer frente aos ilícitos de toda ordem que rotineiramente emergem, especialmente neste novo cenário extremamente dinâmico que as novas tecnologias vêm proporcionando.

No Brasil, contudo, temos historicamente uma tardança legislativa, notadamente aquelas com escopo diretivo e preventivo. Como aqui se reportou, a pauta legislativa nestes casos só foram estabelecidas mediante grandes fatos que repercutiram negativamente a nível nacional, como no caso da Lei Carolina Dieckmann, ou, no caso do terrorismo digital, com os jogos que ocorreram, onde houvera pressão internacional para tanto.

Com relação ao sequestro de dados, temos que inexiste tipo penal especifico para esta conduta, o que não se demonstra mais adequado ante a hermenêutica penal. Não se almeja tipificação penal para tudo, especificamente, mas é que o dano em potencial e complexidade desta modalidade de conduta demanda relevante reprimenda, e não apenas aquelas que foram criadas em outras épocas e sobre outro viés.

No que tange ao terrorismo digital, conforme dito alhures o Brasil não tem recorrência desta prática em sua história e, por isto, provavelmente a legislação não avançará tão cedo, ao menos que algo movimente a sociedade e via de consequência o Congresso Nacional. Mas esta inércia é o que se condena. Olhar para países que assim estejam melhores estruturados ante a própria experiência, é algo simples que podemos adotar para evitarmos futuros problemas.

Em ambos os casos outros países há tempos já enfrentam tais ilícitos. Sinônimo maior desta tendência é a Convenção de Budapeste sobre cibercrimes, aberta a adesão em 2.001, mas que nunca o foi feita pelo Brasil.

E assim nossa pátria se torna além de vulnerável, um celeiro de desenvolvimento dos cibercrimes, tendo em vista a característica transfronteiriça destes ilícitos, pois que seria altamente recomendável que a Convenção fosse subscrita e ratificada, o que propiciaria a imprescindível cooperação internacional no intuito de prevenir e ou até mesmo solucionar estes novos ilícitos.

Referências

Crespo, Marcelo Xavier de Freitas. *Crimes digitais*. São Paulo: Saraiva, 2011.

Wendt, Emerson; Jorge, Higor Vinicius Nogueira. *Crimes Cibernéticos* (2a. edição): Ameaças e procedimentos de investigação. Rio de Janeiro: Brasport, 2013.

Malaquias, Roberto Antônio Darós. *Crime Cibernético e prova*: a investigação criminal em busca da verdade. Curitiba: Juruá, 2012.

Brito, Auriney. *Direito penal informático*. São Paulo: Saraiva, 2013.

Crimes cibernéticos / 2ª Câmara de Coordenação e Revisão, Criminal. – Brasília: MPF, 2018.

Teixeira, Tarcísio. *Curso de direito e processo eletrônico*: doutrina, jurisprudência e prática (4ª ed. Atual e ampl.). São Paulo : Saraiva Educação, 2018.

Schimidt, Eric; Cohen, Jared. *A Nova Era Digital*. Como será o futuro das pessoas, das nações e dos negócios. Estados Unidos: Intrínseca 2013.

Cerqueira, Sílvio Castro; Rocha, Claudionor. *Crimes cibernéticos*: desafios da investigação. Cadernos Aslegis, 20 anos da Internet no Brasil (Parte II). Brasília: Associação dos Consultores Legislativos e de Orçamento e Fiscalização Financeira da Câmara dos Deputados, n. 49, maio/ago 2013. Disponível em: <http://www.aslegis.org.br/files/aslegis49_baixa.pdf>. Acesso em 22/06/2018.

Audi. Amanda. *'A gente já entra perdendo', diz diretor da PF sobre combate a fake News*. Disponível em: <https://www.poder360.com.br/eleicoes/a-gente-ja-entra-perdendo-diz-diretor-da-pf-sobre-combate-a-fake-news/>. Acesso em: 12/02/2018.

AVAST, *Malware & Anti-malware*. Disponível em: <https://www.avast.com/pt-br/c-malware>. Acesso em: 19/03/2018.

CERT.BR. *Cartilha de segurança para internet*. Disponível em: <https://cartilha.cert.br/ransomware/>. Acesso em: 19/03/2018.

G1. Nem FBI consegue decifrar arquivos de Daniel Dantas, diz jornal. Disponível em: <http://g1.globo.com/politica/noticia/2010/06/nem-fbi-consegue-decifrar-arquivos-de-daniel-dantas-diz-jornal.html>. Acesso em: 20/06/2018.

TJ-SP. Comunicação Social. *Nota da Presidência*: suspensão de prazos. Disponível em: <http://www.tjsp.jus.br/Noticias/Noticia?codigoNoticia=15345>. Acesso em: 21/06/2018.

START, National Consortium for the Study of Terrorism and Responses to Terrorism. *Transcending Organization*: Individuals and "The Islamic State". START Analytical Brief, June, 2014. Disponível em <http://www.start.umd.edu/pubs/START_TranscendingOrganizationIndividualsandtheIslamicState_AnalyticalBrief_June2014.pdf> Acesso em 26/06/2018.

Alterman. Dennis. *O que é o Wikileaks e por que ele incomoda tanta gente?* Disponível em: <https://www.midiatismo.com.br/o-que-e-o-wikileaks-e-por-que-ele-incomoda-tanta-gente>. Acesso em: 26/06/2018.

TRF-4. HABEAS CORPOS.HC:5038967-21.2016.404.0000, Relator: Márcio Antônio Rocha, DJ:06/09/2016. Disponível em: https://trf-4.jusbrasil.com.br/jurisprudencia/382695135/habeas-corpus-hc-50389672120164040000-5038967-2120164040000/inteiro-teor-382695181. Acesso em: 14/07/2018.

BRASIL. Lei nº 12.737 de 30 de novembro de 2012. Dispõe sobre a tipificação criminal de delitos informáticos. DF. Novembro, 2012. Disponível em: <http://www.planalto.gov.br/ccivil_03/_ato2011-2014/2012/lei/l12737.htm>. Acesso em 30/07/2018.

BRASIL. Lei nº 13.260 de 16 de março de 2016. Regulamenta o disposto no inciso XLIII do art. 5o da Constituição Federal, disciplinando o terrorismo, tratando de disposições investigatórias e processuais e reformulando o conceito de organização terrorista. DF. Março, 2016. Disponível em: <http://www.planalto.gov.br/ccivil_03/_Ato2015-2018/2016/Lei/L13260.htm>. Acesso em 30/07/2018.

BRASIL. Lei nº 7.170 de 14 de dezembro de 1983. Define os crimes contra a segurança nacional, a ordem política e social, estabelece seu processo e julgamento. DF. Dezembro, 1983. Disponível em: <http://www.planalto.gov.br/ccivil_03/leis/l7170.htm>. Acesso em 30/07/2018.

BRASIL. Lei nº 8.072 de 25 de julho de 1990. Dispõe sobre os crimes hediondos. DF. Julho, 1990. Disponível em: <http://www.planalto.gov.br/ccivil_03/Leis/L8072compilada.htm>. Acesso em 30/07/2018.

4. A inovação e viabilização de novos negócios voltados à economia colaborativa por meio da advocacia contenciosa

Caio Scheunemann Longhi
Marília Maia Beserra Crivelaro

Introdução

Na última década diversas empresas de intermediação de negócios despontaram no mercado, motivadas, em especial, por inovações tecnológicas. A consequência do nascimento destes novos negócios foi o surgimento de inúmeros benefícios econômicos e sociais da população que se beneficia direta ou indiretamente de tais inovações. Este tipo de negócio, impulsionado, sobretudo pela utilização de bens ociosos em atenção àquilo que prega a economia colaborativa, surge e vem ganhando força em um contexto de crise do padrão de consumo vivido há algumas décadas, baseado na cultura do consumo exacerbado.

A economia colaborativa prevê que um modelo de consumo de bens e serviços tido como tradicional – aqui entendido como o empréstimo, a compra e venda, o escambo, a negociação, a locação *etc.* – são redefinidos, por meio de novas tecnologias surgidas por meio da inovação, que vêm possibilitando uma maior interação e comunicação entre pares[1].

[1] Botsman, Rachel; Rogers, Roo. *O Que É Meu É Seu: Como o Consumo Colaborativo Vai Mudar o Nosso Mundo*. Porto Alegre: Bookman Editora, 2011, p.14 (versão *online* disponível para com-

O surgimento de alguns fatores nas últimas décadas foi decisivo para gerar e alimentar modelos de negócio realizado por empresas de intermediação. Referidas companhias alteram a concepção jurídica tradicional, especialmente com relação aos sujeitos de direito envolvidos nas relações jurídicas, isto é, a "popularização de dispositivos como os *smartphones* e os *tablets*; o desenvolvimento expressivo dos métodos de localização e determinação geográfica; o acesso crescente da população à internet; o desenvolvimento de aplicativos e o surgimento de inúmeras *startups* nacionais ou transnacionais vocacionadas para o mundo digital"[2] *etc*.

Uma questão importante sobre a mencionada alteração de concepção jurídica, é que estes novos negócios, com atuação voltada à economia colaborativa, não atuam nos tradicionais modelos de relação havida entre uma empresa e um consumidor (B2C – *business to consumer*) ou entre empresas (B2B – *business to business*), mas se manifestam sob a modalidade, conhecida como C2C (entre consumidores – *consumer to consumer* ou *peer-to-peer*[3]).

Diante disso, em linhas gerias, este artigo tratará dos seguintes tópicos: (i) a inovação e a viabilidade para o surgimento de novos negócios; (ii) princípios e garantias constitucionais que respaldam a atividade econômica destes novos negócios; (iii) a legislação federal brasileira aplicável à economia colaborativa e aos novos negócios; e (iv) o entendimento do Judiciário brasileiro sobre os novos negócios, bem como o impacto que decisões judiciais tem tido para possibilitar a atuação de empresas atuantes em tais ramos.

pra em <https://www.amazon.com.br/Que-Meu-Seu-Consumo-Colaborativo-ebook/dp/B019IZJ3E6>).

[2] De Oliveira, Amanda Flávio. *Brasil precisa discutir a proteção do consumidor na economia colaborativa*. Disponível em http://www.conjur.com.br/2017-fev-15/garantias-consumo-preciso-discutir-protecao-consumidor-economia-colaborativa – acessado em 10.7.2018.

[3] O modelo P2P desenvolve-se por meio de relação havida entre pares, com um intermediador comum dos serviços prestados. Por exemplo, a prestação do serviço ocorrida entre os motoristas parceiros e os usuários das plataformas *online*, administradas pelas empresas que promovem o exercício do transporte individual privado de passageiros por meio de aplicativos, que atuam como meras intermediadoras dos negócios.

1. Os novos negócios e os princípios constitucionais

1.1. A inovação e a viabilidade para o surgimento de novos negócios

A economia colaborativa

Os serviços de compartilhamento como as lavanderias coletivas, bibliotecas, locadoras de vídeos/DVDs *etc.* existem há anos. Entretanto, na última década este tipo de atividade entrou em uma nova era, com o advento de inovações tecnológicas.

Para que fosse possível o surgimento e fortalecimento das inovações tecnológicas voltadas ao compartilhamento também foi necessária uma mudança cultural da população. Ou seja, a questão da propriedade de bens e o surgimento de alternativas, por exemplo, à compra e venda, passaram a ser rediscutidas pela sociedade, em uma clara mudança dos padrões de consumo. Citam-se os seguintes exemplos nesse sentido: (i) o compartilhamento de veículos; (ii) a utilização por temporada de residências ou quartos de casas (que pode durar de um a diversos dias); e (iii) o compartilhamento e uso de conhecimento, por meio de materiais jurídicos gratuitos[4].

Destaca-se como um dos motivos para esta mudança cultural, a necessidade de adequação da economia a épocas de crises (por exemplo, a grande crise de 2008 nos Estados Unidos e a atual crise econômica no Brasil, ambas com níveis de desemprego preocupantes). De acordo Albert Cañigueral[5], a combinação de cultura digital, com tecnologia onipresente e crises econômicas, revelou-se como a fórmula perfeita para o desenvolvimento acelerado da economia colaborativa.

Em suma, a economia colaborativa pode ser conceituada como aquela desenvolvida em um contexto, no qual o compartilhamento tradicional para consumo de bens e serviços evoluiu por meio de inovações tecnológicas, possibilitando a criação de comunidades entre pares (*i.e.*, a relação chamada *peer-to-peer*).

[4] Disponível em < https://br.creativecommons.org/sobre/> – acesso em 10.7.2018.

[5] Cañigueral, Albert. *Vivir mejor con menos* – 2014, p. 37/40. Versão *online* disponível em <http://www.consumocolaborativo.com/libro/> – acessado em 10.7.2018.

Surgimento de novos negócios

A inovação e as novas tecnologias fomentam o surgimento de novos negócios e o exercício de determinadas atividades, antes ociosas e até inacessíveis a determinada parcela da população. O surgimento de novos negócios, em conjunto com contrapontos positivos e negativos, traz, indiscutivelmente, novas alternativas para o consumo e aquecimento do mercado.

A Secretaria de Acompanhamento Econômico ("SEAE"), integrante do Ministério da Fazenda, já se manifestou nesse sentido nos autos do processo nº 2216901-06.2015.8.26.0000, julgado pelo Órgão Especial do Tribunal de Justiça de São Paulo ("Eg. TJSP"), ora em fase recursal[6], que visa à declaração de inconstitucionalidade da Lei Municipal nº 16.279/2015, do Município de São Paulo. Referida Lei Municipal dispõe sobre a proibição do uso de carros particulares cadastrados em aplicativos para realização de transporte individual remunerado de pessoas, impondo multa no caso de seu descumprimento ("ADIN SP").

Em síntese, a SEAE afirma em seu parecer que *"os aplicativos, em geral, são mais sensíveis à demanda dos consumidores e promovem uma alocação mais eficiente dos recursos, assim como reduzem os custos de transação"*. E complementa que o *"seu know-how não é empregar motoristas e possuir, mas revelar o potencial da infraestrutura de transporte já existente e atender à demanda reprimida de transporte individual, que não está bem servida por transportes públicos ou táxis convencionais"*[7].

A SEAE bem sintetizou a polêmica que envolve o surgimento de novos negócios, principalmente quando estes surgem em um contexto de inovação tecnológica. As empresas de intermediação, que se utilizam de plataformas eletrônicas para viabilização de seus negócios, surgiram por

[6] O **Eg. TJSP** julgou a pretensão da CNS totalmente procedente para declarar inconstitucional a Lei Municipal de São Paulo, pontuando ainda a desproporcionalidade dos dispositivos desta norma. Contra referido acórdão, a Câmara Municipal de São Paulo e seu Presidente interpuseram o **Recurso Extraordinário nº 1.054.110**, distribuído para relatoria do Ministro Luís Roberto Barroso, do E. Supremo Tribunal Federal ("**STF**"), tendo sido reconhecida sua repercussão geral em 13/10/2017 como Tema 967.

[7] Disponível em <http://redir.stf.jus.br/estfvisualizadorpub/jsp/consultarprocessoeletronico/ConsultarProcessoEletronico.jsf?seqobjetoincidente=5167205> (movimento 75 dos autos eletrônicos) – acessado em 10.7.2018.

força de inovação tecnológica e ganham cada vez mais força no mercado brasileiro e usuários e parceiros adeptos a esta nova cultura.

Isso ocorre porque a Constituição Federal brasileira garante o surgimento e a legal atuação destas novas empresas de tecnologia, não deixando de resguardar os direitos e garantias de seus usuários e parceiros.

1.2. Princípios e garantias constitucionais

O fortalecimento do mercado voltado para a economia colaborativa tem respaldo em princípios e garantias constitucionais, como (i) o valor social do trabalho (artigos 1º, IV; 5º, XIII; e 170, parágrafo único, CF); (ii) a livre iniciativa (artigo 170, CF); (iii) a defesa do consumidor, especialmente no que diz respeito à vertente do direito de escolha (artigo 170, *caput*, IV e V, da CF) e (iv) a livre concorrência (artigo 170, IV, CF) – que será melhor descrita no item dedicado à Política Nacional de Mobilidade Urbana.

Os princípios fundamentais do valor social do trabalho e da livre iniciativa

A respeito destes princípios Alexandre de Morais preceitua que *"somente por meio do trabalho o homem garante sua subsistência e o crescimento do país, prevendo a Constituição, em diversas passagens, a liberdade, o respeito, e a dignidade ao trabalhador (por exemplo: CF, art. 5º, XIII; 6º, 7º, 8º, 194-204). Como salienta Paolo Barile, a garantia de proteção ao trabalho não engloba somente o trabalhador subordinado, mas também o autônomo e o empregador, enquanto empreendedor do crescimento do país"*[8]. Além disso, especificamente a respeito do princípio fundamental do valor social do trabalho, Alexandre de Morais ainda complementa:

> A constituição federal estabeleceu no inciso XIII do art. 5º o livre exercício de qualquer trabalho, ofício ou profissão, atendidas as qualificações profissionais estabelecidas em lei. Dessa forma, consagrou-se o direito ao livre exercício de profissão como norma constitucional de eficácia contida, pois previu a possibilidade da edição de lei que estabeleça as qualificações necessárias a seu exercício.[9]

[8] MORAES, Alexandre de. Constituição do Brasil interpretada e legislação constitucional. 7. ed. atualizada até EC n 55/07. São Paulo: Atlas, 2007. p. 63.

[9] MORAES, Alexandre de. Constituição do Brasil interpretada e legislação constitucional. 7. ed. atualizada até EC n 55/07. São Paulo: Atlas, 2007. p. 195.

A esse respeito, cita-se como exemplo, as empresas de intermediação de negócios que promovem o exercício do transporte individual privado de passageiros por meio de aplicativos e os motoristas parceiros de tais empresas. Estas companhias surgiram com o advento de inovações tecnológicas e baseiam-se nos princípios do valor social do trabalho e da livre iniciativa e livre concorrência, assegurados pela Constituição Federal, para se promoverem.

Ainda seguindo o exemplo do motorista parceiro das empresas que promovem o exercício do transporte individual privado de passageiros, este exerce o ofício como profissional e de acordo com sua CNH tem o direito de exercer atividade remunerada.

No Judiciário, esta questão foi levantada na Arguição de Descumprimento de Preceito Fundamental – ADPF nº 449 ("ADPF 449"), ajuizada pelo Partido Social Liberal, visando à arguição de descumprimento de artigos da Lei Municipal nº 10.553/2016 de Fortaleza/CE. Referida Lei Municipal proíbe o uso de carros particulares cadastrados ou não em aplicativos, para o transporte remunerado individual de pessoas naquele Município.

Nos autos da ADPF nº 449, a Procuradoria-Geral da República ("PGR") proferiu parecer opinando no mérito pelo deferimento do pedido inicial, uma vez que os motoristas parceiros das plataformas tecnológicas exercem atividade empresarial livre, resguardada pela garantia constitucional da livre iniciativa. Confira a seguir alguns trechos do parecer:

> As empresas proprietárias de aplicativos de transporte devem submeter-se, como qualquer outra organização empresarial, aos condicionamentos da legislação relativos à organização da estrutura de transporte e mobilidade urbanos, sem que tais definições impliquem mácula à garantia de livre-iniciativa. Ocorre que, no caso dos autos, além da ausência de competência legislativa, a definição feita pelo Município de Fortaleza é desproporcional porque implica, no plano da efetividade, em proibição do serviço.
>
> Novamente, vale mencionar o parecer de Daniel Sarmento, quando afirma que "antes que advenha essa eventual disciplina, o exercício das atividades é plenamente lícito, à luz do princípio da livre empresa

(art. 170, parágrafo único) e independe de qualquer autorização ou licença estatal (peça 11).[10]

Ainda nos autos da ADPF nº 449, a PGR complementa a afirmação de que o trabalho realizado pelos motoristas parceiros e pelas empresas de intermediação surgiu com base nos princípios fundamentais do valor social do trabalho e da livre iniciativa:

> O transporte remunerado de pessoas em veículos particulares cadastrados através de aplicativos" (art. 1º da Lei Municipal), o Município de São Paulo viola as garantias constitucionais da livre iniciativa e impede que os motoristas parceiros exerçam livremente seu trabalho e, consequentemente, que gerem renda para si e suas famílias. Nesse sentido, menciona-se a título de exemplo, decisão proferida nos autos do RE nº 414.426[11]: - que se aplica em relação ao direito dos motoristas quanto à liberdade de trabalho e à livre iniciativa - "nem todos os ofícios ou profissões podem ser condicionadas ao cumprimento de condições legais para o seu exercício. A regra é a liberdade"[12].

Em vista de o valor social do trabalho e a livre iniciativa estarem previstos na Constituição Federal e, consequentemente, de o negócio promovido pelas empresas de intermediação igualmente ter respaldo legal pela Constituição Federal, a sua livre atuação em território brasileiro está garantido.

Neste caso, a Administração Pública tem o poder de regulamentar a atividade realizada por determinados setores da economia, com base no princípio da proporcionalidade e vinculada a objetivos legítimos. Qualquer controle estatal que inviabilize o livre exercício da atividade pelas empresas de intermediação e pelos parceiros, pode ser considerado

[10] Disponível em <http://redir.stf.jus.br/estfvisualizadorpub/jsp/consultarprocessoeletronico/ConsultarProcessoEletronico.jsf?seqobjetoincidente=5167205> (movimento 83 dos autos eletrônicos) - acessado em 10.7.2018.

[11] STF. RE nº 414.426, rel. Min. Ellen Gracie, j. 1.8.2011.

[12] Disponível em <http://redir.stf.jus.br/estfvisualizadorpub/jsp/consultarprocessoeletronico/ConsultarProcessoEletronico.jsf?seqobjetoincidente=5167205> (movimento 83 dos autos eletrônicos) - acessado em 10.7.2018.

violação aos princípios fundamentais do valor social do trabalho e da livre iniciativa, bem como da livre concorrência e do direito de escolha do consumidor.

Por outro lado, não há previsão taxativa na legislação de quais seriam os referidos objetivos. Entretanto, é evidente que os órgãos públicos não podem coibir ou mesmo inviabilizar a livre atividade das empresas de tecnologia, que administram as plataformas de tecnologia de intermediação, bem como de seus parceiros.

Por isso, é evidente que determinada regulação econômica apenas deve ser válida perante o Estado quando objetiva ao equilíbrio das atividades e do sistema econômico como um todo. As plataformas de tecnologia de intermediação e os parceiros, que se beneficiam diretamente deste negócio (por exemplo, os motoristas parceiros, aqueles que se utilizam da plataforma para anunciar determinado bem para utilização por prazo determinado por outrem *etc.*) fomentam a economia brasileira ao implementarem novas formas de negócio. A atuação estatal não pode desequilibrar o sistema econômico, em afronta ao art. 170 da CF e, em especial, aos princípios do valor social do trabalho e da livre iniciativa.

A respeito dos limites de atuação do Estado, de modo a não violar os princípios do valor social do trabalho e da livre iniciativa, foi juntado aos autos da ADIN SP parecer elaborado por Daniel Sarmento, em que indica que qualquer medida a ser imposta pelo ente público deve atender ao princípio da proporcionalidade, bem como ser adequada e necessária. Confira-se:

> É certo que a lei pode impor limitações ao exercício da atividade empresarial, desde que sejam proporcionais e não restrinjam em demasia a livre iniciativa e a livre concorrência. Tais normas restritivas devem se voltar à proteção de objetivos legítimos – dentre os quais certamente não figura a defesa corporativa de segmentos econômicos prejudicados pela concorrência. Ademais, para que qualquer medida cerceadora da atuação da iniciativa privada na ordem econômica seja válida, ela tem de ser editada pelo ente federativo competente, e se mostrar compatível com o princípio da proporcionalidade, na sua tríplice dimensão: deve ser adequada para os fins a que se destina; necessária para o atingimento dos referidos fins, o que decorre da inexistência de mecanismos mais brandos para que sejam alcançados os resultados pretendidos; e propor-

> cional em sentido estrito, por propiciar benefícios que superem, sob o ângulo dos valores constitucionais em jogo, os ônus impostos aos agentes econômicos e à sociedade, que sofrerão os efeitos da restrição imposta.[13]

Nesse mesmo sentido, menciona-se novamente o parecer elaborado pela PGR nos autos da ADPF nº 449:

> A decisão sobre um modelo único de transporte privado de passageiros, realizado exclusivamente por autorização, que sujeitasse todos as modalidades (táxi, Uber, etc) à qualificação de utilidade pública é decisão que não compete ao Município e tampouco pode ser definida pelo Poder Judiciário.
>
> A jurisprudência do STF é firme no sentido de que o livre exercício de qualquer atividade econômica, independentemente de autorização do Poder Público, somente pode ser excepcionada por lei e, mesmo assim, a lei limitadora deve estar em harmonia com princípios constitucionais regentes do sistema econômico adotado em 1988. A propósito:
>
> *RECURSO EXTRAORDINÁRIO. CONSTITUCIONAL. LEI Nº 10.991/91, DO MUNICÍPIO DE SÃO PAULO. FIXAÇÃO DE DISTÂNCIA PARA A INSTALAÇÃO DE NOVAS FARMÁCIAS OU DROGARIAS. INCONSTITUCIONALIDADE. 1. A Constituição Federal assegura o livre exercício de qualquer atividade econômica, independentemente de autorização do Poder Público, salvo nos casos previstos em lei. 2. Observância de distância mínima da farmácia ou drogaria existente para a instalação de novo estabelecimento no perímetro. Lei Municipal nº 10.991/91.*
>
> *Limitação geográfica que induz à concentração capitalista, em detrimento do consumidor, e implica cerceamento do exercício do princípio constitucional da livre concorrência, que é uma manifestação da liberdade de iniciativa econômica privada. Recurso extraordinário conhecido e provido. (RE 193.749/SP, Plenário, redator para acórdão o Ministro Maurício Corrêa, DJ 4/5/01).*
>
> No mesmo sentido, a Súmula Vinculante 49 esclarece que 'ofende o princípio da livre concorrência lei municipal que impede a instalação de estabelecimentos comerciais do mesmo ramo em determinada área'

[13] O parecer foi juntado às fls. 48/88 dos autos do processo nº 2216901-06.2015.8.26.0000, distribuído ao Órgão Especial do Eg. TJSP.

> (...) Ainda que se possa avaliar que o serviço em análise tem caráter de utilidade pública, a proibição é forma de restrição ao princípio da liberdade e da livre iniciativa, feita por ente sem competência legislativa e em afronta ao princípio da proporcionalidade. Como já mencionado, a regra definida para o serviço de táxi não pode ser potencializada a ponto de operar como princípio constitucional, capaz de adequar a legislação infraconstitucional.[14]

O princípio constitucional da defesa do consumidor e seu direito de livre escolha. O surgimento de novos negócios fomenta o surgimento de novas alternativas para consumo de parcela da população. As empresas de intermediação de negócios e todos aqueles que se beneficiam deste modelo de negócio, atendem a uma parcela da população e determinada demanda antes reprimida e sem expressividade na população brasileira, nos termos do parecer apresentado pela SEAE nos autos da ADIN SP:

> Segundo OCDE (2015c), os aplicativos, em geral, são mais sensíveis à demanda dos consumidores e promovem uma alocação mais eficiente dos recursos, assim como reduzem os custos de transação. No mínimo, fornecem novas alternativas para os consumidores. Atualmente, os exemplos mais visíveis de inovações destruidoras são os serviços de compartilhamento que estão impactando os mercados convencionais de táxi e de hotéis, como aqueles ofertados pelas empresas Uber e Airbnb.
> (...) Descrito dessa forma, OTTs como o Uber são empresas que gerenciam aplicativos que conectam os passageiros a motoristas particulares. O seu *know-how* não é empregar motoristas e possuir, mas revelar o potencial da infraestrutura de transporte já existente e atender à demanda reprimida de transporte individual, que não está bem servida por transportes públicos ou táxis convencionais.[15]

[14] Disponível em <http://redir.stf.jus.br/estfvisualizadorpub/jsp/consultarprocessoeletronico/ConsultarProcessoEletronico.jsf?seqobjetoincidente=5167205> (movimento 83 dos autos eletrônicos) – acessado em 10.7.2018.

[15] Disponível em <http://redir.stf.jus.br/estfvisualizadorpub/jsp/consultarprocessoeletronico/ConsultarProcessoEletronico.jsf?seqobjetoincidente=5167205> (movimento 75 dos autos eletrônicos) – acessado em 10.7.2018.

Desta maneira, o surgimento de novos negócios, em função das inovações tecnológicas, tende apenas a aumentar o leque de opções para que os consumidores possam livremente escolher, como bem entenderem, o que, como e de que maneira irão consumir ou fazer parte de determinada experiência, como garante a Constituição Federal.

O surgimento de novas opções de mobilidade urbana, com o advento das empresas de intermediação que promovem o exercício do transporte individual privado de passageiros por meio de aplicativos apenas foi possível em vista da promoção da função social da cidade e do bem-estar dos cidadãos previstos pela Política Nacional de Mobilidade Urbana. A SEAE também se manifestou neste mesmo sentido nos autos da ADIN SP:

> Como destaque, a empresa Uber coloca em contato dois grupos distintos: os motoristas do serviço AVP e os passageiros. De um lado, os motoristas vislumbram renda extra pelo aproveitamento da capacidade ociosa dos seus próprios veículos e pela jornada flexível de trabalho, ou possam ver o Uber como a sua principal fonte de renda. Em particular em cenários de crise econômica, os motoristas passam a encarar o Uber como uma solução rápida ao desemprego. De outro lado, os passageiros desejam deslocar-se por meio de um serviço seguro, eficiente, de qualidade e transparente quanto à tarifa cobrada.[16]

Nesse contexto, a conclusão que se extrai é que com o advento de novas oportunidades de negócio, trabalho e consumo, além de terem respaldo na Constituição Federal, trazem benefícios à população brasileira, em particular no contexto de crise econômica vivenciada atualmente no País.

2. Legislação federal brasileira

Além do respaldo em princípios e garantias constitucionais, os novos negócios surgidos com o advento das inovações tecnológicas, também têm amparo na legislação federal brasileira, por exemplo: (i) a Política Nacional de Mobilidade Urbana, prevista na Lei nº 12.587/2012

[16] Disponível em <http://redir.stf.jus.br/estfvisualizadorpub/jsp/consultarprocessoeletronico/ConsultarProcessoEletronico.jsf?seqobjetoincidente=5167205> (movimento 75 dos autos eletrônicos) – acessado em 10.7.2018.

("PNMU"), em relação às empresas que promovem o exercício do transporte individual privado de passageiros; (ii) o Código Civil ("CC"), em relação à possibilidade de particulares livremente celebrarem contratos, desde que nos limites da lei; e (iii) o Marco Civil da Internet ("Marco Civil"), previsto pela Lei n° 12.965/2014, que estimula a liberdade de modelos de negócio realizados por meio da internet (art. 3º, inciso VIII).

2.1. Política Nacional de Mobilidade Urbana ("PNMU")

As atividades exercidas pelas empresas que promovem o exercício do transporte individual privado de passageiros e pelos motoristas parceiros a esta empresas estão baseadas na PNMU, instituída pela União[17].

A própria PNMU admite a coexistência dos modelos de transporte individual (privado e público), e é dentro do modal de transporte individual privado de passageiros (art. 3º, § 2º, I, 'a', II, 'b' e III, 'b'; e 4º, X, PNMU[18]) que se enquadram os motoristas parceiros das empresas que promovem o exercício do transporte individual privado de passageiros.

A Lei Federal nº 13.640/2018 e a previsão acerca do transporte remunerado privado individual de passageiros. Em 26.3.2018, a Lei Federal nº 13.640/2018 entrou em vigor para modificar a PNMU, trazendo novidades no que diz respeito à legalidade do transporte remunerado privado individual de passageiros.

17 CF: Art. 22. Compete privativamente à União legislar sobre:
(...) IX – diretrizes da política nacional de transportes;
(...) XI – trânsito e transporte (...).

18 Art. 3º O Sistema Nacional de Mobilidade Urbana é o conjunto organizado e coordenado dos modos de transporte, de serviços e de infraestruturas que garante os deslocamentos de pessoas e cargas no território do Município.
§ 2º Os serviços de transporte urbano são classificados:
I – quanto ao objeto:
a) de passageiros
(...) II – quanto à característica do serviço:
b) individual;
III – quanto à natureza do serviço:
(...) b) privado (...)."
Art. 4º Para os fins desta Lei, considera-se:
(...) X – transporte remunerado privado individual de passageiros: serviço remunerado de transporte de passageiros, não aberto ao público, para a realização de viagens individualizadas ou compartilhadas solicitadas exclusivamente por usuários previamente cadastrados em aplicativos ou outras plataformas de comunicação em rede.

Dentre as modificações trazidas pela Lei Federal nº 13.640/2018, tem-se o novo texto previsto ao art. 4º, X, da PNMU. A nova redação prevê expressamente a legalidade do transporte remunerado privado individual de passageiros, nos termos do que preveem o art. 5º, XIII e o parágrafo único do art. 170, ambos da CF, literalmente:

> Art. 4º. Para os fins desta Lei, considera-se:
> (...) X – transporte remunerado privado individual de passageiros: serviço remunerado de transporte de passageiros, não aberto ao público, para a realização de viagens individualizadas ou compartilhadas solicitadas exclusivamente por usuários previamente cadastrados em aplicativos ou outras plataformas de comunicação em rede.

A Lei Federal nº 13.640/2018 reiterou de forma expressa a legalidade das atividades realizadas pelos motoristas parceiros às empresas que promovem o exercício do transporte individual privado de passageiros por meio de plataformas de intermediação (*i.e.*, que desenvolvem negócios na modalidade *peer-to-peer* ou o P2P).

A livre concorrência e a PNMU

A coexistência prevista pela PNMU entre os serviços de transporte individual público (táxis) e privado (carros particulares) impõe a ausência de exclusividade ou monopólio para prestação deste tipo de serviço. Como se sabe, a despeito daquelas atividades de titularidade do Estado e sob as quais a lei estipula um regime monopolista, o exercício da atividade econômica é livre e constitucionalmente garantido aos cidadãos.

Como a Constituição Federal baseia-se nos princípios da livre iniciativa e da livre concorrência, o rol de atividades sujeitas ao regime de monopólio é taxativo. Em vista disso e visando ao fomento de novas atividades promovidas pelo privado, a União Federal, optou por positivar a coexistência entre as modalidades de transporte individual público e privado na PNMU.

O incentivo pela coexistência de diversas modalidades de um mesmo tipo de serviço, em especial a possibilidade de abrir o leque ao particular para realização de atividades relacionadas ao transporte, estimula a concorrência no mercado e desestimula o monopólio do modal público de ser o único possível a prestar determinado serviço à população.

Os benefícios dessa convivência entre os dois segmentos de mercado, em especial a respeito de questões voltadas à mobilidade urbana, foram analisados pelo Departamento de Estudos Econômicos do Conselho Administrativo de Defesa Econômica – CADE, em estudo publicado em abril de 2018. Tal estudo ressalta o atendimento ao interesse público decorrente da abertura do ambiente de mercado, conforme exposto no seguinte trecho:

> Por fim, é importante observar que, além de gerar benefícios aos consumidores e incentivar a entrada de novos ofertantes no mercado de transporte remunerado individual de passageiros, tais inovações solucionaram algumas falhas de mercado presentes no referido setor, tornando defasada a regulação atual dos serviços de táxi. Nesse sentido, a Lei Federal nº 13.640/2018, recentemente promulgada, que regulamenta os serviços de transporte remunerado privado individual de passageiros, foi parcimoniosa ao incluir normas de segurança e não impor grandes barreiras regulatórias à entrada e nem restrições à liberdade tarifária. No mesmo sentido, os entes municipais devem evitar medidas que dificultem a operação de tais serviços via aplicativos. De forma complementar, é necessário o amadurecimento do debate na direção da desregulamentação gradual dos serviços de táxi, em especial, nos aspectos relacionados a barreiras à entrada e a liberdade tarifária.
> (...) Já no caso do estudo de Oliveira e Machado (2017), que avalia os efeitos da *Uber* sobre o mercado de trabalho dos taxistas entre abril de 2014 e setembro de 2016, nota-se que a estabilidade dos rendimentos dos taxistas pode coexistir com o aumento da competição e redução no número agregado de corridas. O aumento da concorrência pode fazer com que alguns taxistas decidam abandonar o mercado de transporte individual, de forma que os taxistas que se mantém no mercado acabam captando uma parte maior da demanda (mesmo que a demanda agregada seja menor). Assim, esse efeito acaba compensando reduções nos rendimentos ocasionadas pelo surgimento de competição com os aplicativos de transporte remunerado privado individual de passageiros.[19]

[19] Disponível em <http://www.cade.gov.br/acesso-a-informacao/publicacoes-institucionais/dee-publicacoes-anexos/documento-de-trabalho-001-2018-uber.pdf> – grifos acrescentados – acessado em 10.7.2018.

Ainda a respeito da mobilidade urbana, a PGR apresentou parecer nos autos da ADPF nº 449, abordando questão relevante acerca da convivência de mercado entre o serviço tradicional de táxi e aquele prestado pelos motoristas parceiros às empresas que promovem o exercício do transporte individual privado de passageiros por meio de aplicativos. A PGR indicou que com o advento das empresas de tecnologia, não houve "usurpação" de clientes dos taxistas, mas, sim, a criação de uma nova demanda de consumidores interessados na categoria de transporte individual privado de passageiros:

> (...) Exemplo da importância de decisões de gestão pública baseada em evidências, é o estudo realizado pelo Conselho Administrativo de Defesa Econômica/CADE, especificamente sobre o Uber, que identificou que 'o aplicativo, ao contrário de absorver uma parcela relevante das corridas feitas por táxis, na verdade conquistou majoritariamente novos clientes, que não utilizavam serviços de táxi'. Esse estudo preliminar do CADE concluiu que 'o Uber não 'usurpou' parte considerável dos clientes dos táxis nem comprometeu significativamente o negócio dos taxistas, mas sim gerou uma nova demanda.
> (...) Em relação à concorrência entre os serviços e a garantia constitucional do consumidor, o estudo do CADE avalia que:
> "(...) um contingente elevado de famílias utiliza diariamente carros particulares, não somente pelas limitações impostas pela baixa substitutibilidade provida pela rede de transporte coletivo de passageiros, mas também pela baixa substitutibilidade fornecida pelos serviços de táxis a um segmento não negligenciável de consumidores.
> (...) A tendência é que a rivalidade entre os serviços de caronas pagas e de corridas de táxis cresça ao longo do tempo, gerando diferentes graus de substitutibilidade em diferentes nichos de consumidores, ou seja, uma situação competitiva vivida diariamente pela ampla maioria dos agentes econômicos" (...).[20]

[20] Disponível em <http://redir.stf.jus.br/estfvisualizadorpub/jsp/consultarprocessoeletronico/ConsultarProcessoEletronico.jsf?seqobjetoincidente=5167205> (movimento 83 dos autos eletrônicos) – acessado em 10.7.2018.

Nesse mesmo sentido, o estudo publicado pelo CADE em abril de 2018, analisa os impactos benéficos concorrenciais da entrada no mercado das empresas que promovem o exercício do transporte individual privado de passageiros por meio de aplicativos e soluções para a convivência concorrencial amistosa dos serviços de taxi (*i.e.* sua desregulamentação gradual):

> (...) Nesse sentido, cabe ressaltar que algumas das falhas identificadas no mercado de transporte individual de passageiros (táxi e carros particulares) são eliminadas (ou ao menos mitigadas) pela utilização das plataformas. Portanto, faz sentido, no momento atual, regular menos o transporte remunerado privado individual por meio de aplicativos em relação à regulação que sempre foi verificada no mercado de táxi. De fato, a recente Lei Federal nº 13.640/2018 trouxe normas de segurança (que podem ser detalhadas pelo poder municipal) benéficas ao consumidor e não impôs grandes barreiras regulatórias à entrada e nem restrições à liberdade tarifária. Por sua vez, é importante continuar o debate na direção da desregulamentação gradual dos serviços de táxi, em especial nos aspectos relacionados a barreiras à entrada e a liberdade tarifária. Tal desregulamentação pode ser pensada, por exemplo, apenas para o segmento de radiotáxi por meio de aplicativos de internet. Dessa forma, seria possível incentivar modelos de negócio com mais concorrência em termos de serviços mais inovadores, com melhor qualidade e segurança, menores preços e mais opções de escolha trazendo maior bem-estar econômico para o consumidor (...).[21]

Além desta, as empresas de tecnologia têm por finalidade dar nova função ou utilização a bens e serviços com capacidade ociosa. Ou seja, bens e serviços que antes seriam descartados ou ignorados pela população, agora têm nova finalidade e utilidade. Nesse sentido confira-se o seguinte trecho da manifestação apresentada pela SEAE nos autos da ADIN SP:

> Finalmente, destacamos que o modelo de negócio do aplicativo Uber visa à utilização da capacidade ociosa de bem duráveis, no caso, o auto-

[21] Disponível em <http://www.cade.gov.br/acesso-a-informacao/publicacoes-institucionais/dee-publicacoes-anexos/documento-de-trabalho-001-2018-uber.pdf> – acessado em 10.7.2018.

> móvel particular, uma vez que pretende se firma com uma opção de deslocamento eficiente, segura e que seja transparente na questão da cobrança tarifária. O aplicativo também encoraja algumas pessoas a deixarem seus carros em casa e pretende impactar positivamente a mobilidade urbana, por exemplo, na diminuição da demanda por estacionamentos privados, dos congestionamentos diários e, consequentemente, da poluição do ar.[22]

Portanto, a coexistência de diversas modalidades de transporte individual disponíveis à população, além de regulado em Legislação Federal, qual seja a PNMU, traz uma concorrência saudável ao mercado e, ainda, cria novas alternativas de escolha livre ao consumidor. O mesmo aplica-se aos diversos outros tipos de negócios surgidos no contexto da economia colaborativa, i.e., utilização temporária de imóveis (inteiros ou apenas alguns cômodos); compartilhamento de veículos ou *ride-sharing*; aluguel de carros entre pessoas físicas etc.

2.2. Os contratos e a economia colaborativa

A economia colaborativa pode ser vista como uma rede, *sui generis*, de contratos interligados. Trata-se de uma nova forma de contratação de serviços por meio de contratos de *"massa, despersonalizados, concluídos com a técnica dos contratos de adesão e/ou condições gerais dos contratos, envolvendo uma cadeia organizada de fornecedores, que permanece desconhecida ou menosprezada pelo consumidor, mas que acaba por colocar o consumidor em uma condição de acentuada dependência e catividade no momento em que a prestação é exigível"*[23]. Esses contratos podem ser denominados de *"contratos pós-modernos"*, de acordo com a doutrina europeia, ou "contratos cativos de longa duração", de acordo com a definição de Claudia Lima Marques[24].

[22] Disponível em <http://redir.stf.jus.br/estfvisualizadorpub/jsp/consultarprocessoeletronico/ConsultarProcessoEletronico.jsf?seqobjetoincidente=5167205> – grifos acrescidos – acessado em 10.7.2018.

[23] MARQUES, Claudia Lima. *Contratos de time-sharing e a proteção dos consumidores*: crítica ao direito civil em tempos pós-modernos. NERY JUNIOR, Nelson; NERY, Rosa Maria de Andrade. Responsabilidade civil: direito de obrigações e direito negocial. São Paulo: Revista dos Tribunais, 2010. 2. p. 1059-1089. (Doutrinas Essenciais).

[24] MARQUES, Claudia Lima. *Contratos no Código de Defesa do Consumidor*: o Novo Regime das Relações Contratuais. São Paulo: Revista Dos Tribunais, 2016, p. 77.

Nos casos em que há prestação de serviços no contexto criado pela economia colaborativa, o usuário (contratante) do serviço é cliente cativo de determinada plataforma *online*, mas esta não fornecerá diretamente os serviços a referido usuário (contratante), nem se responsabilizará pela qualidade dos serviços prestados. O usuário (contratante) relaciona-se pessoalmente com o outro usuário (contratado), que irá fornecer e organizar a cadeia de serviços.

Essas relações são tidas como triangulares, com múltiplos agentes envolvidos. A triangularização dos contratos é uma característica típica da economia colaborativa, que se enquadra na nova modalidade paradigmática de contratação pós-moderna ou, segundo Claudia Lima Marques, de *"contratos cativos de longa duração"*. Cita-se, exemplificativamente, as seguintes características dos "*contratos pós-modernos*", de acordo com a doutrina europeia, ou "*contratos cativos de longa duração*", de acordo com a definição de Claudia Lima Marques[25]:

i. Relacionais: um dos principais criadores da Teoria dos Contratos Relacionais foi o norte-americano Ian Macneil e sua adaptação à realidade brasileira foi feita por Ronaldo Porto Macedo[26]. Sua principal característica centra-se na criação de relações jurídicas complexas, na qual haverá vínculo entre as partes, mas não necessariamente contratual. Ou seja, o vínculo oficialmente entre as partes pode ter sido encerrado, mas mantem-se um relacionamento posterior duradouro[27]. Ainda sobre os contratos relacionais, assim Claudia Lima Marques os descreve:

> "Em resumo, a teoria do contrato relacional pode contribuir, especialmente, nos contratos de mútuo e em geral de fornecimento de serviços, para uma nova compreensão da confiança despertada pela atividade dos fornecedores e para a aceitação de uma readaptação constantes das relações de longa duração de forma a não frustrar as expectativas legítimas das partes, apesar da limitada vontade manifestada inicialmente"[28].

[25] Marques, Claudia Lima. Contratos no Código de Defesa do Consumidor: o Novo Regime das Relações Contratuais. *São Paulo: Revista Dos Tribunais*, 2016, p. 77.

[26] Macedo Junior, Ronaldo Porto de. *Contratos relacionais e defesa do consumidor.* São Paulo: Max Limonad, 1998. p. 147 e ss.

[27] Marques, Claudia Lima. Contratos no Código de Defesa do Consumidor: o Novo Regime das Relações Contratuais. São Paulo: Revista Dos Tribunais, 2016, p. 77.

[28] Marques, Claudia Lima. Contratos no Código de Defesa do Consumidor: o Novo Regime das Relações Contratuais. São Paulo: Revista Dos Tribunais, 2016, p. 77.

ii. Objetiva alguma obrigação de fazer, ou seja, não há transferência de propriedade, mas apenas a prestação de serviços; e

iii. Por adesão: assim como ocorre na concepção clássica dos contratos por adesão, na nova modalidade tratada neste artigo, quando da elaboração do contrato oferecido ao usuário, não ocorre a fase pré-negocial, ou seja, o contrato é apresentado ao usuário de forma estandardizada, com cláusulas pré-definidas, que deverão ser aceitas em bloco pelo usuário para que ocorra a prestação do serviço pelo contratado.

Sobre a economia colaborativa voltada aos aplicativos de mobilidade urbana, a dicotomia entre as modalidades pública e privada de transporte (como a promovida pelas empresas de intermediação por meio de aplicativos) está também estabelecida no Código Civil, nos artigos 730 e 731, nos quais o contrato privado de transporte é diferenciado daquele exercido em virtude de autorização, permissão ou concessão.

A Exma. Ministra Nancy Andrighi bem destacou a diferença entre as modalidades de transporte individual de pessoas, em palestra proferida em 24.9.2015, no 2º Congresso Brasileiro de Internet. Confira a seguir a transcrição de um trecho da palestra:

> O táxi é transporte público individual, que deve atender de forma universal os passageiros, enquanto o Uber é um transporte privado individual, no qual impera a autonomia da vontade do motorista, de acordo com sua conveniência.
> (...) A lei 12.468 regulamenta apenas a profissão de taxista, mas não a de motorista particular nem contrato de transporte privado individual. No transporte privado individual impera a autonomia da vontade do motorista, que tem o direito de aceitar e firmar o contrato com o consumidor de acordo com sua conveniência.[29]

Seja na contratação de motoristas, no âmbito da mobilidade urbana, seja na contratação para utilização de bens ou prestação de serviços quaisquer, o Direito Civil é claro ao permitir a livre celebração de contratos entre privados, desde que obedecidos os limites legais para tanto.

[29] Andrighi. Fátima Nancy. Palestra proferida no 2º Congresso Brasileiro de Internet, 2015.

2.3. Marco Civil da Internet

Muitas das empresas que atuam no setor da tecnologia surgiram no passado recente, em vista de novidades tecnológicas e do advento de inovações. Mais que isto, estas empresas nasceram justamente diante da segurança jurídica trazida pelo Marco Civil da Internet. A entrada em vigor do Marco Civil da Internet estimula a utilização de novos negócios, surgidos por meio da inovação tecnológica.

Baseadas nas disposições do Marco Civil da Internet, algumas destas empresas que atuam no setor da tecnologia desenvolveram plataformas tecnológicas para conectar usuários a (i) motoristas parceiros para a realização de viagens, no contexto do transporte individual privado; (ii) redes de supermercados; (iii) restaurantes; (iv) diversos prestadores de serviços (manicures, maquiadores, massagistas, eletricistas *etc.*); (v) outros usuários interessados em emprestar/alugar bens de sua propriedade (imóveis, livros, aparelhos de utilidades domésticas etc.); dentre outros.

Nesse sentido, o modelo de negócio utilizado por estas empresas também está garantido pelo art. 3º, VIII do Marco Civil da Internet, que garante a liberdade dos modelos de negócios promovidos na Internet. Confira-se:

> Art. 3º A disciplina do uso da internet no Brasil tem os seguintes princípios:
> (...) VIII – liberdade dos modelos de negócios promovidos na internet, desde que não conflitem com os demais princípios estabelecidos nesta Lei.

Nos autos da ADIN SP, o Exmo. Relator Ministro Luís Roberto Barroso pontificou ao analisar a repercussão geral do caso[30], que a demanda trata de negócios que se caracterizam pelo contraponto entre a livre iniciativa – aí tendo como cenário a revolução tecnológica – e as medidas protetivas do Estado perante consumidores e a concorrência. Isto justamente, porque, no art. 3º, VIII, do Marco Civil da Internet há a garantia da liberdade dos modelos de negócios promovidos na Internet.

[30] "O exame da constitucionalidade da proibição do serviço de transporte individual remunerado de passageiros, a depender, portanto, da intensidade que se confira, de um lado, ao princípio da livre iniciativa e, de outro lado, aos princípios de proteção ao consumidor e de repressão à concorrência abusiva, evidenciam a relevância jurídica da controvérsia suscitada."

Na ADPF nº 449, a PGR apresentou parecer abordando a questão da aplicação do Marco Civil da Internet para fomentar as garantias da livre iniciativa e da livre concorrência, bem como a liberdade dos modelos de negócio promovidos pela internet.

Em síntese, a PGR afirma que não obstante o Marco Civil da Internet componha o arcabouço da legislação infraconstitucional, acerca do uso da internet no Brasil, este ordenamento *"reafirma a aplicação dos princípios constitucionais da livre iniciativa, livre concorrência e defesa do consumidor, além de apontar o caráter de abertura e colaboração da internet"* [31]. A PGR ainda complementa no sentido de que *"a mencionada lei densifica o princípio constitucional da livre iniciativa fixando a liberdade dos modelos de negócio promovidos pela internet que não conflitem com os demais princípios por ela estabelecidos (art. 3º)"* [32].

3. Aplicação prática da inovação no Judiciário

Não são poucos os exemplos de decisões proferidas em ações judiciais envolvendo empresas, que se valeram da inovação tecnológica para desenvolver novos negócios. Há, por exemplo, diversas liminares vigentes que garantem o exercício da atividade econômica de plataformas de intermediação de transporte privado individual de passageiros, em cidades como Aracaju, Belém, Belo Horizonte, Campinas, Campos dos Goytacazes, Florianópolis, Guarulhos, João Pessoa, Maceió, Natal, Recife, Rio de Janeiro, Salvador e São Paulo.

Em todos os casos, o ajuizamento de medida judicial fez-se necessário diante da relutância de autoridades locais em impedir o livre exercício das atividades econômicas exercidas pelas empresas de tecnologia e os motoristas parceiros autônomos. Em resposta, o Judiciário concluiu por reconhecer a legalidade destas atividades, com fundamento em lei federal e a Constituição Federal, bem como deferir liminares para

[31] Disponível em <http://redir.stf.jus.br/estfvisualizadorpub/jsp/consultarprocessoeletronico/ConsultarProcessoEletronico.jsf?seqobjetoincidente=5167205> (movimento 83 dos autos eletrônicos) – acessado em 10.7.2018.

[32] Disponível em <http://redir.stf.jus.br/estfvisualizadorpub/jsp/consultarprocessoeletronico/ConsultarProcessoEletronico.jsf?seqobjetoincidente=5167205> (movimento 83 dos autos eletrônicos) – acessado em 10.7.2018.

garantir que as autoridades locais não obstem o livre exercício de tais atividades. Confira a seguir trechos de alguns dos julgados proferidos pelos Egrégios TJSP, TJSE, TJCE, TJPE, TJRN e TJAL neste sentido:

> *In casu*, o estímulo à concorrência no aspecto econômico mostra plena convergência à proteção que emana do princípio da livre concorrência no aspecto jurídico (artigo 170, inciso IV, CR), efluindo consequências socialmente desejáveis inerentes às naturalidades decorrentes do processo competitivo mercadológico, como melhor qualidade e eficiência do serviço, preço mais justo, ampliação do direito de escolha do consumidor etc., sem esbarrar nas restrições previstas na Lei Federal nº 12.529/2011, que estrutura o Sistema Brasileiro de Defesa da Concorrência.
> Nesse contexto, a proibição do exercício do transporte privado individual remunerado por motoristas particulares cadastrados em aplicativos, instituída pelo ato normativo impugnado, contraria também o sistema concorrencial incorporado na ordem econômica, criando, na prática, verdadeira reserva de mercado com exclusividade à classe do transporte público individual de passageiros, operada pelos taxistas.[33]
> Diferenciados os serviços, não pode o administrador público, de maneira infundada, estabelecer qualquer tipo de privilégio de uma modalidade sobre a outra, sob pena de ofensa à livre concorrência (art. 170, inciso IV, da CF/88), mesmo que a modalidade sofra prejuízo em função da concorrência.
> (...) O Supremo Tribunal Federal, em algumas oportunidades pôde reafirmar sua jurisprudência de que a Administração Pública não pode trabalhar em favor de reserva de mercado (como não poderia reservar o transporte individual de passageiros apenas aos taxistas).
> (...) O próprio estudo [elaborado pelo Conselho Administrativo de Defesa Econômica – CADE, em 2015] não destaca que essa concorrência possa ocorrer (como a doutrina sobre o tema presume), mas que ela não é verificada de imediato. O que ocorre, segundo o estudo, é uma atenção por parte do Uber de uma demanda até então reprimida, não competindo ou prejudicando o serviço local de táxi.[34]

[33] TJSP. Ação Direta de Inconstitucionalidade nº 2095314-80.2016.8.26.0000, rel. Des. Francisco Casconi, j. 15.2.2017.

[34] TJSE. Tutela Antecipada Antecedente nº 0058903-96.2016.8.25.0001, decisão proferida em 16.2.2017.

Efetivamente, o serviço de táxi, que necessita de permissão administrativa, enquadra-se como serviço de transporte público individual, nos termos da Lei nº 12.468/2011, que regulamenta a profissão de taxista.
O serviço do UBER, por sua vez, parece submeter-se ao regime de direito privado, uma vez que prestado por motoristas previamente cadastrados, para passageiros também previamente cadastrados, sendo o local de destino e o preço previamente convencionados.
Não há, portanto, como se desconsiderar os princípios constitucionais da livre iniciativa e da livre concorrência.
(...) Ressalte-se, ademais, que a atividade desempenhada pelo ora agravante tem previsão nos arts. 3º e 4º da Lei de Diretrizes de Mobilidade Urbana (Lei Federal nº 12.587/12), que admite o serviço de transporte individual privado (...).
Assim, se não há vedação legal ao transporte privado individual, não há ilegalidade na atividade exercida pelo ora agravante (...).[35]

Quando se tratar de atividade econômica, o Estado só poderá realizar sua exploração quando for imperioso à segurança nacional ou houver relevância quanto ao interesse coletivo (art. 173 da CF).
(...) Não se pode confundir o serviço prestado pelo Impetrante como sendo de transporte público urbano de passageiros, este de competência municipal.
O transporte feito com o uso da tecnologia denominada UBER depende de prévio cadastro tanto do prestador do serviço quanto do tomador do serviço. É um serviço privado e restrito. Diferentemente do serviço público, o Impetrante não está obrigado a parar o veículo ao sinal de um pedestre anônimo que tenha interesse no serviço.
Quando a norma municipal exige prévia autorização para o desempenho de atividade privada, agride a regra constitucional da liberdade do exercício de atividade econômica, visto que condiciona o seu exercício à vontade (discricionariedade) do poder público.[36]
"Já o princípio da livre concorrência garante um mercado competitivo, ampliando-se o direito de escolha do consumidor, e empurrando os

[35] TJCE. AGI nº 0626938-82.2016.8.06.0000, rel. Des. Luiz Evaldo Gonçalves Leite, j. 27.9.2016.

36 7ª Vara de Fazenda Pública do Recife, MS nº 003710348.2016.8.17.2001, decisão proferida em 7.10.2016

preços de mercadorias serviços para baixo e a qualidade de ambos para o alto.

Ou seja, ao se garantir a competição, se proporciona aos consumidores e administrados a melhoria na eficiência alocativa da economia.

(...) Ora, não se pode deixar de lado a grave crise econômica por que passa o país. Se de um lado há escassez de empregos e dificuldade financeira das famílias de manterem os serviços básicos de que necessitam, dentre os quais o de locomover-se, de outro o serviço de transporte privado individual revela-se como solução, ainda que parcial, para os dois lados: abre-se uma nova área de empregos e soluciona-se o problema de ausência de recursos para se locomover enfrentado por todos, ao se garantir e ampliar a livre concorrência entre os serviços públicos e privados.

Nesse esteio, verifico a presença dos elementos que apontam a probabilidade do direito e o perigo de dano, aptos a fundamentarem a concessão da tutela de urgência ora requerida.[37]

Não obstante a polêmica que circunda o assunto, considero que por diversos motivos os motoristas do Uber não devem ter seus direitos limitados, pelo Poder Público Municipal, principalmente porque a lei ora combatida, a exemplo da anterior, continua dispondo sobre questões afetas a competência privativa na União.

Com efeito, a Lei Municipal que institui limitações ao livre exercício da atividade desenvolvida pelos motoristas de Uber (...) parece ser inconstitucional, assim como a Lei Municipal nº. 6.552/16, pois em que pese não ter proibido, limitou sobremaneira o exercício da atividade desenvolvida (...) repise-se, ingressando em matéria de competência da União. Nota-se, pois, que pode coexistir perfeitamente o transporte público individual de passageiros (exercido pelos taxistas) com o transporte motorizado privado de passageiros (exercido por motoristas cadastrados em aplicativos, como os motoristas da plataforma Uber), sendo isso inclusive benéfico para o destinatário final de tal espécie de serviço (o consumidor).

Diante desse cenário, limitar os direitos do Uber na cidade de Maceió vai de encontro a dispositivos constitucionais da mais importante

[37] 5ª Vara de Fazenda Pública da Natal, Processo nº 0847411-50.2016.8.20.5001, decisão proferida em 21.10.2016.

ordem, inclusive a um dos fundamentos da República Federativa do Brasil.[38]

Cita-se também outro exemplo de decisão judicial, proferida em demanda envolvendo empresa de tecnologia, cujo serviço prestado é o de intermediação entre pessoas interessadas em fazer viagens, com um destino em comum. Neste caso, a empresa de tecnologia irá realizar a intermediação entre os viajantes e empresas que poderão oferecer o serviço de transporte fretado. Confira-se:

> Trata-se, na realidade de empresa de tecnologia, que conecta pessoas interessadas em fazer viagens com destinos em comum, que se unem em uma plataforma digital, mediante prévio cadastramento e, uma vez atingido o mínimo necessário, o grupo assume o fretamento proposto pelo BUSER. Uma vez feita a junção, a ligação entre os interessados e a empresa que irá disponibilizar e fretar o ônibus, a ação da BUSER encerra-se. O fretamento em si é contratado pelo grupo e não pela Impetrante. Há um rateio do valor do frete entre os interessados.
> (...) A conexão de pessoas por meio digital para fins diversos é hoje uma prática corrente na sociedade, resultante das inovações tecnológicas recentemente surgidas, que estão trazendo profundas mudanças no modo de agir das pessoas e do próprio Estado.
> O oferecimento de bens e serviços, antes apegado a formas tradicionais, está em súbita transformação, proveniente do uso de aplicativos e de plataformas de compartilhamento.
> (...) Como afirmado, a BUSER não presta serviços de transportes terrestres, não cobra passagens, não possui ônibus, não freta as viagens. Apenas, como dito, aproxima as pessoas interessadas em ir para o mesmo destino, mediante plataforma digital e fretamento colaborativo.
> Entender a ação da BUSER de maneira diversa é desnaturar-lhe, é retirar-lhe a essência e o fundamento operacional, é compreendê-la tomando por base premissas falsas.[39]

[38] 14ª Vara de Fazenda Municipal de Maceió, ACP nº. 0721233-85.2017.8.02.0001, decisão proferida em 24.8.2017.

[39] 3ª Vara Federal Cível da Seção Judiciária do Estado de Minas Gerais, Processo nº 1002506-80.2018.4.01.3800, decisão proferida em 14.3.2018.

Por fim, ainda a respeito do surgimento de novos negócios, por meio da inovação, em recente decisão proferida pela 5ª Vara Cível da Comarca de Barueri, Estado de São Paulo restou consignado que documentos assinados digitalmente por autoridade certificadora privada, têm a mesma validade daqueles com certificado de autenticidade feito pela Autoridade Certificadora ICP-Brasil:

> A atuação do Sr. Tabelião respeitou a disciplina trazida ao assunto pelas Normas da Corregedoria, eis que o documento de dívida de que se trata neste procedimento não foi assinado com certificado digital emitido no âmbito da ICP-Brasil, mas por Autoridade Certificadora Privada, denominada ClickSign. Submeteu-se ao seu órgão Fiscalizador e Normativo, que adotou o critério de somente se admitir a protesto os documentos assinados em forma eletrônica com a utilização de certificados digitais emitidos no âmbito da ICP-Brasil.
>
> Todavia, com a devida vênia, porque as Normas conflitam com a disposição legal, eis que restringem o reconhecimento de eficácia das assinaturas eletrônicas certificadas por Autoridade Certificadora Privada, reconhecendo valor apenas para aquelas certificadas pelo ICP-Brasil, devem ser interpretadas sistematicamente pelo Sr. Tabelião.
>
> Sugerir-se-á, nestes termos, à E. Corregedoria Geral de Justiça, que sejam as normas de serviço da Corregedoria Geral adequadas a esta nova realidade de assinaturas digitais, reconhecendo-se validade às assinaturas digitais certificadas por outras Autoridades Certificadoras diversas do ICP-Brasil, desde que tal meio de comprovação de autoria e integridade de documentos em forma eletrônica seja admitido pelas partes como válido.[40]

A compilação de decisões acima é apenas exemplificativo e ilustrativo de como os novos negócios surgidos no contexto da economia colaborativa e viabilizados pela inovação, têm sido analisados e julgados pelo Judiciário brasileiro. Entretanto, o cenário dos julgados recentemente prolatados é muito maior e abrange diversos outros assuntos.

[40] 5ª Vara Cível do Foro da Comarca de Barueri, Processo nº 1017420-98.2017.8.26.0068, decisão proferida em 17.5.2018.

Conclusões

Diante do contexto indicado nesse artigo, conclui-se que o surgimento de novos negócios e o exercício de atividades, por meio de bens antes ociosos em nossa sociedade, tem sido promovidos por meio de inovações tecnológicas. Nesta conjuntura, também surgiram as empresas de intermediação, que se utilizam de plataformas eletrônicas, para viabilização de seus negócios.

Nem todas as atividades promovidas no contexto indicado nesse artigo são reguladas por legislação própria/específica. Entretanto, não é por este motivo que podem necessariamente ser consideradas ilegais. A legalidade destas atividades é evidente e inquestionável em vista das disposições trazidas pela Constituição Federal (*e.g.* o valor social do trabalho; a livre iniciativa; a defesa do consumidor; livre concorrência; dentre outros princípios e garantias), além do que preveem diversas leis federais (*e.g.* Código Civil; Política Nacional de Mobilidade Urbana *etc.*).

Entretanto, não obstante a vasta previsão legal a respeito houve (e ainda há) muita discussão sobre a legalidade das atividades de intermediação de negócios. Para buscar uma solução a este debate, os interessados o direcionaram ao Judiciário, que vem confirmando a legalidade deste modelo de negócio, por meio de decisões judiciais. Referida decisões trouxeram estabilidade à atividade e à continuidade dos negócios.

Portanto, ainda que não tenha havido consenso no Legislativo e no Executivo brasileiros, o Judiciário – *i.e.*, a advocacia contenciosa – tem respondido à ansiedade da população por um posicionamento sobre a legalidade dos novos negócios voltados à economia colaborativa. Esta resposta, positiva em relação à legalidade das atividades viabilizadas pela inovação, fomentam a criação de novas áreas de interesse da população e ajudam a manter a tecnologia e geração de renda.

Referências

ANDRIGHI. Fátima Nancy. Palestra proferida no 2º Congresso Brasileiro de Internet, 2015.

BOTSMAN, Rachel; ROGERS, Roo. *O Que É Meu É Seu: Como o Consumo Colaborativo Vai Mudar o Nosso Mundo.* Porto Alegre: Bookman Editora, 2011 (versão *online* disponível para compra em <https://www.amazon.com.br/Que-Meu-Seu-Consumo-Colaborativo-ebook/dp/B019IZJ3E6>).

Cañigueral, Albert. *Vivir mejor con menos* – 2014. Versão *online* disponível em <http://www.consumocolaborativo.com/libro/>.

De Oliveira, Amanda Flávio. *Brasil precisa discutir a proteção do consumidor na economia colaborativa.* Disponível em <http://www.conjur.com.br/2017-fev-15/garantias-consumo-preciso-discutir-protecao-consumidor-economia-colaborativa>.

Macedo Junior, Ronaldo Porto de. *Contratos relacionais e defesa do consumidor.* São Paulo: Max Limonad, 1998.

Marques, Claudia Lima. *Contratos de time-sharing e a proteção dos consumidores*: crítica ao direito civil em tempos pós-modernos. Nery Junior, Nelson; Nery, Rosa Maria de Andrade. Responsabilidade civil: direito de obrigações e direito negocial. São Paulo: Revista dos Tribunais, 2010 (Doutrinas Essenciais).

Marques, Claudia Lima. *Contratos no Código de Defesa do Consumidor*: o Novo Regime das Relações Contratuais. São Paulo: Revista Dos Tribunais, 2016.

Moraes, Alexandre de. Constituição do Brasil interpretada e legislação constitucional. 7. ed. atualizada até EC n 55/07. São Paulo: Atlas, 2007.

5. Internet das coisas: impactos sobre a privacidade e a segurança

Coriolano Almeida Camargo
Cleórbete Santos

Introdução

A essência da Internet das Coisas (IoT) é o conceito de que cada dispositivo exista em consonância com a existência de seres humanos. Internet das Coisas é o momento na história em que não há diferença distinguível entre a operação de dispositivos que nos rodeiam e nossas ações. Isso significa que os dispositivos se tornam parte da nossa experiência. Há uma integração perfeita entre nós e as "coisas" que nos rodeiam. Os vários dispositivos comunicam-se inteligentemente entre si para executar operações diárias.

Cada vez mais há intervenção humana mínima para o funcionamento desses dispositivos. E cada dispositivo "inteligente" dessa Internet das Coisas é conectado aos demais dispositivos, comunicando-se uns com os outros, transferindo dados, recuperando dados e respondendo de forma inteligente por meio de ações específicas.

A implementação bem-sucedida da IoT envolve a consideração de um grande número de aspectos. Estes envolvem a tecnologia usada para comunicação, vários protocolos de comunicação que formam a coluna dorsal da IoT, padrões a serem usados para comunicação, dispositivos embarcados usados para construir o *hardware*, o *software*, e o sistema operacional compatível com tal *hardware*.

Até o final de 2020, diz-se que haverá cerca de 20 bilhões de dispositivos conectados. Os dados trocados através da rede serão da ordem de 40 Zettabytes. Isso traz uma discussão importante sobre todos os dados gerados, armazenados ou transmitidos por dispositivos de IoT, sua segurança e como isso se relaciona com a privacidade dos usuários.

Toda implementação de sistemas IoT deve fornecer controles de privacidade e segurança necessários e de fácil utilização por seus usuários. Uma implementação bem-sucedida de sistemas IoT é possível somente quando os sistemas são construídos com segurança como um dos aspectos centrais. Esse texto se propõe a discutir os impactos na privacidade e na segurança em diferentes níveis no universo da Internet das Coisas.

Conforme definido pela CASAGRAS (Ação para coordenação e suporte de padrões e atividades globais relacionadas à RFID), iniciativa de pesquisa sobre a Internet da União Europeia, a Internet das Coisas (ou IoT) é entendida como "uma infraestrutura de rede global, interligando objetos físicos e virtuais por meio da exploração de captura de dados e capacidades de comunicação. Essa infraestrutura inclui a Internet existente e em evolução, bem como os desenvolvimentos da área de redes de computadores. Ela (a IoT) oferecerá identificação de objetos específica, capacidade de sensoriamento e de conexão como base para o desenvolvimento de aplicações e serviços independentes e cooperativos. Estes deverão ser caracterizados por elevado grau de captura autônoma de dados, transferência de eventos, conectividade e interoperabilidade de rede". (CASAGRAS, 2009)

A comunidade internacional IETF (Força-tarefa de Engenharia da Internet) manifesta que "a ideia básica é que a Internet das Coisas conectará objetos ao nosso redor (eletrônicos, elétricos, não elétricos, etc.) com o objetivo de prover serviços de comunicação. O desenvolvimento de etiquetas RFID (Identificação via Rádio Frequência), sensores, telefones móveis, entre outros, torna possível a materialização da Internet das Coisas para que dispositivos interajam e cooperem uns com os outros provendo serviços melhorados e acessíveis a qualquer tempo e de qualquer lugar". (IETF, 2018)

O NIST (Instituto Nacional de Padrões e Tecnologia dos EUA), diz que "sistemas ciberfísicos – algumas vezes referenciados como Internet das Coisas (IoT) – diz respeito à conectividade, em nova roupagem, de sistemas e dispositivos inteligentes em diversos setores como transporte, energia, manufatura e saúde". E continua dizendo que "cidades inteligentes estão adotando cada vez mais dispositivos de Internet das Coisas para aumentar a eficiência e a sustentabilidade de suas operações e, com isso, melhorar sua qualidade de vida". (NIST, 2018)

Além dos dispositivos computacionais tradicionais que os consumidores utilizam nos dias de hoje, como *laptops*, videogames e *smartphones*, há o uso também de diversos dispositivos e aparelhos com processadores embarcados executando aplicativos que coletam e transmitem dados sobre condições meteorológicas, fisiológicas, etc., por meio de sensores.

É esperado que a IoT permita a participação em massa de usuários finais em serviços variados, relacionados a lazer, saúde, transporte, energia elétrica, segurança predial, mobilidade urbana, entre inúmeros outros. Os objetos inteligentes que formam a Internet das Coisas não são apenas um novo capítulo de mudança em termos de conteúdo (informação) e aplicativos.

Dada sua capacidade e flexibilidade de mudar de função conforme sua utilidade e conforme o tempo e o local de uso, e também porque tais objetos podem ser melhorados digitalmente (atualizados), os mesmos podem adquirir uma potencialidade disruptiva que pode levar a sérias repercussões ligadas à segurança e à privacidade, mormente na esfera jurídica.

Assim, é possível visualizar algumas características básicas da Internet das Coisas (IoT):

- Identificação do dispositivo;
- Identificação do usuário;
- Processamento de dados;
- Conectividade à rede;
- Comunicação entre objetos inteligentes e pessoas;
- Automatização de atividades.

As características listadas servem também para a identificação de alguns dos principais impactos relacionados à privacidade e à segurança nesse contexto, como os listados nos tópicos a seguir.

1. Impactos relacionados à privacidade e à segurança em dispositivos IoT

1.1. Continuidade e a disponibilidade na prestação de serviços baseados em IoT

Um desafio muito importante é assegurar a disponibilidade e a continuidade na prestação de serviços de Internet das Coisas e evitar possíveis falhas e interrupções operacionais. Isso está diretamente relacionado ao modelo de arquitetura a ser seguido na prestação dos serviços baseados em IoT: centralizado versus descentralizado.

Por exemplo, considerando o caso de redes / medidores inteligentes de energia elétrica; os medidores podem ser programados remotamente por um invasor (hacker), podendo causar apagões e ser muito difícil restabelecer a alimentação elétrica de um dado imóvel.

1.2. Preservação da identidade dos usuários (anonimização)

Anonimização diz respeito aos dados relativos a uma pessoa identificada ou identificável que não pode, razoavelmente, voltar a ser identificada ou identificável a partir dos dados coletados. Haja vista as legislações recém-lançadas sobre dados, como a Lei 13.709/2018 (Lei Geral de Proteção de Dados Pessoais), no Brasil, o RGPD – Regulamento Geral de Proteção de Dados, na Europa, e a Lei de Privacidade do Consumidor, na California, a IoT deve ser fornecida levando-se em consideração que não somente os dados relacionados a uma pessoa identificada devem ser considerados dados pessoais, mas que isso também é válido para dados relacionados a pessoas cuja identidade social (nome, endereço, etc.) não é diretamente conhecida, mas pode ser revelado, por exemplo, através da identificação de um objeto inteligente específico, do seu uso, ou da combinação de dados de diferentes fontes de informação.

1.3. Considerações em nível de projeto para tecnologias IoT

Segurança da informação, privacidade e proteção de dados devem ser abordados sistematicamente em todos os estágios de um projeto de dispositivos IoT. Atualmente (e desafortunadamente), em muitos casos, tais requisitos são adicionados pelo fornecedor do dispositivo somente após a funcionalidade pretendida entrar em utilização. Isso não apenas limita a eficácia das medidas adicionais de segurança e privacidade das informações, mas também é menos eficiente em termos de custo para implementá-las.

Além disso, os objetos IoT nem sempre possuem capacidade computacional suficiente para implementar todas as camadas / funcionalidades de segurança relevantes; aplicar esses requisitos de segurança, privacidade e proteção de dados na diversidade de dispositivos inteligentes (e fornecedores, padrões, etc.) também se torna uma missão muito desafiadora nesse contexto.

Da mesma forma, a heterogeneidade das políticas de privacidade precisa ser levada em conta, principalmente em questões ligadas a regionalismos e outras particularidades dos países onde serão utilizados os dispositivos. O ideal seria a criação de normas exigindo que os fornecedores implementem os requisitos aqui discutidos em todos os seus projetos de Internet das Coisas, sem que para tanto sejam lesadas a inovação e a potencial disrupção inerentes a esse expediente.

1.4. Rastreabilidade / criação de perfil (*profiling*)

O aumento da coleta de dados proporcionado pela IoT pode gerar problemas relativos à rastreabilidade de usuários, ao profiling e ao processamento ilegal de dados. Profiling é qualquer forma de tratamento computacional que envolva a utilização de dados pessoais para avaliar certos aspectos pessoais relativos a uma pessoa em particular para analisar ou prever características relativas ao desempenho dessa pessoa no trabalho, situação econômica, saúde, preferências pessoais, interesses, confiabilidade, comportamento, localização geográfica, entre outros.

Dispositivos IoT devem ser projetados para evitar, de forma não autorizada, o rastreamento de seus usuários e a criação de perfis de utilização (profiling) por fornecedores e terceiros.

1.5. Fornecimento de dados a terceiros

Devido à proliferação de quantidades cada vez maiores de dados em ambientes IoT, surge o desafio de que os dados sejam usados para propósitos adicionais aos que estavam originalmente especificados nos termos de uso e nas políticas de privacidade dos dispositivos.

As ações de reutilização, perpetuação e compartilhamento de dados com terceiros devem estar previstas e previamente acatadas pelos utilizadores de dispositivos inteligentes. Deve estar claro nas políticas de uso se autoridades policiais ou agências de inteligência, apenas a título ilustrativo, poderão ter acesso aos dados coletados para outros fins que não os previamente especificados. O compartilhamento não autorizado de dados se trata de uma afronta direta aos direitos individuais à privacidade.

1.6. Perda / violação da privacidade e proteção de dados de indivíduos

Uma característica natural de ambientes IoT é a prevalência de dispositivos, sensores, leitores e aplicativos que têm o potencial de coletar uma multiplicidade de tipos de dados de indivíduos à medida que os mesmos se movem nesses ambientes. As possibilidades de identificar objetos automaticamente podem levar a uma identificação automática de pessoas relacionadas a esses objetos.

As informações coletadas com base em identificadores de dispositivos, dados de sensores e capacidades de conexão de sistemas IoT podem, portanto, revelar informações sobre indivíduos, seus hábitos, localização, interesses e outras informações pessoais e outras preferências armazenadas localmente ou em nuvem. Em combinação com dados disponíveis em outros serviços ou fontes de informação, as atividades de mineração de dados podem até criar novos conhecimentos sobre indivíduos que podem não ser revelados examinando separadamente os conjuntos de dados subjacentes, ferindo a privacidade dos usuários de maneira colateral.

1.7. Realização de ataques maliciosos contra dispositivos e sistemas de IoT

A Segurança da Informação, por meio de normas e códigos de boa práticas, prega que controles de segurança (medidas de segurança) devem ser selecionados e implementados visando proteger vulnerabilidades presentes em ativos corporativos (quaisquer itens materiais ou imateriais que tenham valor para a corporação) que possam ser exploradas por ameaças potencialmente existentes.

Uma dessas normas é a ABNT NBR ISO/IEC 27002, o "Código de prática para a gestão da segurança da informação", que traz em seu bojo controles de segurança relacionados a direitos de propriedade intelectual, proteção de registros organizacionais, e proteção de dados e privacidade de informações pessoais.

A norma diz que a gestão da segurança da informação deve iniciar com uma análise de riscos, que se resume a identificar os ativos corporativos a serem protegidos e seus respectivos valores, determinar as vulnerabilidades presentes nos ativos e as ameaças potenciais que possam explorar tais vulnerabilidades, determinar quais as ameaças se tornarão um risco que pode interromper as atividades da corporação, e qual o grau de impacto à corporação caso os riscos venham a se concretizar.

Após a análise de riscos, a 27002 indica que deve ser feita a seleção de controles de segurança (medidas de segurança) a serem aplicadas para diminuir os riscos a um nível aceitável. O comprometimento (invasão, acesso indevido, etc.) de dispositivos IoT devido à utilização de controles de segurança da informação inadequados é um risco muito importante, pois pode levar a riscos subsequentes, alguns deles já mencionados nesse texto.

O desafio dos fabricantes é identificar os controles de segurança apropriados para seus dispositivos, levando em consideração as normas de segurança e de privacidade pertinentes e em vigor.

1.8. Implicações relacionadas à saúde

O rápido avanço das Tias (Tecnologias da Informação e Comunicação) levou a um número crescente de dispositivos e sensores portáteis IoT que possibilitam vários cenários de Walt (saúde eletrônica), como o monitoramento remoto de pacientes. O que se espera desse cenário é que a Internet das Coisas crie um impacto significativo e principalmente positivo na prestação de cuidados de saúde.

No entanto, a alta confiabilidade das tecnologias IoT na Walt cria riscos significativos de segurança e privacidade. Em particular, existem riscos em relação à identificação do paciente e à confiabilidade das informações coletadas. Além disso, as modernas soluções de Walt baseadas em IoT estão caminhando para ambientes abertos e interconectados que coletam e trocam rapidamente dados sensíveis, dificultando ainda mais a implementação de controles de segurança adequados e de estratégias de reação.

Além disso, a depender do contexto e do dispositivo IoT utilizado, fica em risco a integridade física dos usuários, podendo inclusive levá-los à morte por mau funcionamento dos aparelhos inteligentes ou mesmo por homicídio cometido pela via digital. A título de exemplo, um marca-passo inteligente pode ser invadido remotamente e colocar a vida de seu proprietário em risco.

As informações coletadas das coisas da IoT usadas na saúde também podem revelar que a pessoa sofre de doenças específicas e isso poderia ser usado para criminosos atacarem fisicamente essa pessoa no mundo *offline*, ou por empresas de seguro para criar perfis (*profiling*) baseados nessas doenças, aumentando ou diminuindo preços de seus serviços conforme cada caso.

1.9. Privacidade por *design* e privacidade por padrão

Normalmente não é a tecnologia em si que aumenta os riscos de privacidade, proteção de dados e segurança, mas a forma como ela é desenvolvida e aplicada. As consequências negativas desta prática para privacidade, proteção de dados e segurança aumentarão significativamente, se aplicadas a sistemas IoT. Portanto, mecanismos de segurança são necessários para garantir que nenhum processamento indesejado de dados pessoais ocorra e que os indivíduos sejam informados sobre o processamento de seus dados, os objetivos do processamento, a identidade do processador e de como exercer seus direitos em caso de afrontas à lei.

Ao mesmo tempo, os processadores de dados precisam cumprir os princípios de proteção de dados utilizando anonimização, criptografia, etc., o que pode ser especialmente desafiador em um ambiente de IoT, onde a comunicação automática sem intervenção humana entre objetos e entre objetos e pessoas é atividade rotineira.

Em um nível técnico, um processo apropriado para proteger os dados pessoais deve ser definido. Por exemplo, políticas de privacidade (ao nível do usuário) que podem ser embutidas / construídas dentro dos dispositivos visando garantir a proteção de dados. O desafio técnico é, no entanto, permitir que dispositivos IoT com poder de processamento e/ou memória limitados recebam e respeitem tais políticas.

Informações sobre como criar aplicativos que permitam aos usuários maneja a privacidade de forma facilitada precisam ser definidas e fornecidas aos engenheiros de TI, aos projetistas de sistemas e aos órgãos de padronização, para garantir que os conceitos de Privacidade por Design (privacidade aplicada durante todas as fases de criação de um produto) e Privacidade por Padrão (privacidade já ativada em nível máximo e por padrão nos produtos) sejam implementados na prática.

Oficiais de proteção de dados, presentes em algumas legislações relativas à proteção de dados, podem ter um papel importante nesse contexto, desde que os requisitos mínimos definidos garantam que eles mesmos sejam suficientemente capacitados para tal. Além disso, os usuários devem ser educados em todos os níveis sobre as práticas e recursos tecnológicos atinentes à segurança e privacidade de seus dados.

1.10. Consentimento do usuário

Deve-se assegurar que os indivíduos permaneçam no controle de seus dados pessoais e que os dispositivos IoT ofereçam transparência suficiente para permitir que os indivíduos exerçam efetivamente seus direitos como titulares de dados. Isso também implica que, nos casos em que o processamento de dados ocorre com base no consentimento, deve haver uma opção clara e não discriminatória para recusar o consentimento.

Além disso, deve ser esclarecido, sob quais circunstâncias o consentimento dos indivíduos para certas atividades de processamento de dados deve ser considerado válido. Especialmente no caso da IoT, os indivíduos muitas vezes carecerão do necessário entendimento do funcionamento técnico e, portanto, das consequências de seu consentimento. Regras claras sobre as condições que precisam ser atendidas para que o consentimento seja válido também devem ser definidas.

1.11. Ciberguerra

Em 21 de outubro do ano de 2016 dispositivos inseguros da Internet das Coisas (como câmeras IP e roteadores) foram invadidos e transformados em dispositivos zumbi e controlados remotamente, numa *botnet* intitulada Mirai, para realizar ataques distribuídos de negação de serviço (DdoS) contra os servidores de DNS do provedor de serviços Dyn, deixando inacessíveis inúmeros sites famosos, como GitHub, Twitter, Reddit, Netflix e Airbnb.

Esse ataque levou à grande mídia e à população preocupações resultantes da conectividade em massa de dispositivos que estejam vulneráveis por questões de fabricação ou por questões de configurações de segurança incipientes ou ultrapassadas. É dizer, reforçou os alertas feitos por pesquisadores das áreas de privacidade e segurança para que a indústria leve em consideração que os dispositivos que fornecem podem ser utilizados contra seus usuários ou contra terceiros, podendo inclusive acarretar em ataques direcionados a nações específicas, podendo resultar naquilo que os especialistas chamam de ciberguerra.

2. Medidas básicas para assegurar a privacidade e a segurança em IoT

A fim de prevenir problemas que venham a surgir pela aquisição e uso de dispositivos inteligentes da Internet das coisas, principalmente no tocante à privacidade e segurança, seguem algumas medidas a serem tomadas, conforme relatório publicado pelo Internet Society (sociedade vinculada ao IETF):

- **Escolha dos dispositivos**: para escolher quais dispositivos serão comprados e utilizados, os consumidores devem verificar a opinião de outros consumidores a respeito dos produtos e pesquisar notícias, relatórios e outros documentos publicados por órgãos de defesa do consumidor. Além disso, devem ler os termos de uso dos dispositivos e verificar se o mesmos serão atualizados pelos fabricantes e por quanto tempo;
- **Atualização**: se o dispositivo IoT possuir configuração para atualização automática, recomenda-se que a mesma fique sempre ativada. Caso não possua tal recurso, recomenda-se que periodicamente seja feita a atualização de maneira manual;
- **Criptografia**: haja vista a possibilidade de invasores monitorarem as redes onde estejam conectados os dispositivos IoT, recomenda-se que seja habilitada, caso presente, a criptografia para a comunicação entre os dispositivos e seus fornecedores. Ademais, caso possua criptografia para proteger os dados a serem armazenados localmente pelos dispositivos, recomenda-se que a mesma também seja habilitada;
- **Configurações de privacidade e segurança**: recomenda-se sempre revisar os controles de privacidade e segurança presentes nos dispositivos IoT, principalmente após as atualizações, pois podem surgir novos controles ou a desabilitação de controles anteriormente habilitados. Além disso, recomenda-se não conectar os dispositivos IoT a serviços de terceiros, como redes sociais, haja vista

abrir mais um canal para coleta de dados e para potenciais falhas de segurança que possam advir dessa configuração;

- **Senhas**: recomenda-se que as senhas não sejam repetidas em dispositivos IoT e que tenham alta entropia (senhas complexas/fortes). Essas recomendações podem ser alcançadas pela utilização dos gerenciadores de senhas, que são aplicativos que possuem a funcionalidade tanto de gerar senhas fortes como de armazená-las de maneira criptografada, evitando o acesso por terceiros não autorizados.
- **Desconexão/Desligamento**: é recomendado que os dispositivos IoT permaneçam desconectados da rede ou mesmo desligados quando não estejam em uso, para diminuir a probabilidade de ataques externos aos seus dados e às suas funcionalidades;
- **Redes de acesso à Internet**: é interessante que sejam feitas configurações de privacidade e segurança também nas redes (com ou sem fio) onde serão conectados os dispositivos IoT, a fim de evitar os chamados "ataques de canal lateral", onde invasores preferem atacar o elo mais fraco em uma infraestrutura para posteriormente atacar o alvo principal (que poderia ser, por exemplo, dispositivos inteligentes);

Conclusões

Com o crescimento exponencial de dispositivos ligados à Internet por meio da chamada Internet das Coisas (IoT), aumenta-se também a preocupação de usuários, indústria e governos em questões relacionadas à coleta e processamento de dados e também à segurança da informação.

Respeitar as normas de dados pertinentes também é dever dos envolvidos na distribuição de dispositivos inteligentes à população, e esta, por sua vez, deve se utilizar da educação digital para se adequar a esse novo universo composto por aparelhos cada vez mais conectados e imbricados no dia a dia da humanidade. Nesse trabalho trouxemos os principais impactos causados pelos dispositivos que compõem a Internet das Coisas bem como soluções em nível privado e público para prevenir problemas que potencialmente venham a ocorrer nessa seara.

Além disso, também foram fornecidos orientações em nível de usuário no tocante à privacidade e segurança de seus dispositivos e dados.

Referências

Aruba, N. *The Internet of Things*: Today and Tomorrow. New York: Hewlett Packard, 2017.

Bancos de dados de DNA à luz da Segurança da Informação, Direito e Compliance. Disponível em: <https://cleorbete.jusbrasil.com.br/artigos/606684646/bancos-de-dados-de-dna-a-luz-da-seguranca-da-informacao-direito-e-compliance>. Acesso em: 02.10.2018.

Barcena, Mario Ballano; Wueest, Candid. *Insecurity in the Internet of Things*. San Francisco: Symantec Security Response, 2015.

Bevan, Kate. *The Internet of Things Makes Strange* – and Worrying – Connections. New York: Financial Times, 2016.

Bosua, Rachelle. *Privacy in a world of the Internet of Things*: A Legal and Regulatory Perspective. Melbourne: The University of Melbourne, 2017.

CASAGRAS. *Coordination and Support Action for Global RFID-Related Activities and Standardisation*. 2009. Disponível em: <https://cordis.europa.eu/project/rcn/85786_en.html>. Acesso em: 01 out. 2018.

Chambers, John; Elfrink, Wim. *The Future of Cities*. San Francisco: Foreign Affairs, 2014.

Chu, Gordon. *Security and Privacy Analyses of Internet of Things Children's Toys*. New York: ARXIV, 2018.

Coraggio, Giulio. *What the Internet of Things means for consumer privacy*. New York: The Economist, 2017.

Council, E. *Statement on Internet of Things Privacy and Security*. Genebra: ACM US Public Policy Council, 2017.

Fishenden, Jerry. *Internet of Thieves* – Government Must Take a Lead in Internet of Things Security. New York: CIO, 2016.

Fleishman, Glenn. *An Internet of Treacherous Things*. Boston: MIT Technology Review, 2015.

FTC, Staff. *Internet of Things*: Privacy & Security in a Connected World. Washington: Federal Trade Comission, 2015.

Graham, Robert. *Mirai and IoT botnet analysis*. San Francisco: RSA Conference, 2017.

Greenough, John. "*The Internet of everything*". New York: Business Insider, 2015.

Heppelmann, James E; Porter, Michael E. How Smart, *Connected Products are Transforming Competition*. Boston: Harvard Business Review, 2014.

Holdowsky, Jonathan. *Internet of Things (IoT)*: A primer on the technologies building the IoT. Deloitte: Deloitte University Press, 2017.

IBDC. *Internet das Coisas*: privacidade e segurança na perspectiva dos consumidores. Brasília: Instituto Brasileiro de Defesa do Consumidor, 2017.

IETF. *The Internet of Things.* Disponível em: <https://www.ietf.org/topics/iot/>. Acesso em: 01 out. 2018.

Internet of Things: How human-machine interaction can unlock possibilities in media and entertainment. Disponível em: <https://www.ey.com/en_gl/tmt/how-human-machine-interaction-can-unlock-possibilities-in-media>. Acesso em: 01 out. 2018.

Kearney, A. T. *On the eve of disruption.* Chicago: Global Services Location Index, 2016.

Lei nº 12.965, de 23 de abril de 2014. Disponível em: <http://www.planalto.gov.br/ccivil_03/_ato2011-2014/2014/lei/l12965.htm>. Acesso em: 01 out. 2018.

Lei nº 13.709, de 14 de agosto de 2018. Disponível em: <http://www.planalto.gov.br/ccivil_03/_Ato2015-2018/2018/Lei/L13709.htm>. Acesso em: 01 out. 2018.

Living, C. *Understanding the Internet of Things (IoT).* Los Angeles: GSMA, 2016.

Living, C. *Privacy and Data Protection in the Internet of Things.* Los Angeles: GSMA Industry Position, 2015.

Mendez, Diego. *Internet of Things:* Survey on Security and Privacy. New York: ARXIV, 2017.

NIST. National Institute of Standards and Technology. *Internet of Things (IoT).* Disponível em: <https://www.nist.gov/topics/internet-things-iot>. Acesso em: 01 out. 2018.

Pierce, David. *The Internet of Things is Everywhere, But it Doesn't Rule Yet.* New York: Wired Magazine, 2015.

Sans, I. *Privacy and the Internet of Things.* San Francisco: Infosec Reading, 2017.

Sadeh, Norman. *A Privacy Assistant for the Internet of Things.* Berkeley: Usenix, 2017.

Sarma, Sanjay. *The Internet of Things*: Roadmap to a Connected World. Boston: MIT Technology Review, 2016.

Schwab, Klaus. *A quarta revolução industrial.* São Paulo: Edipro, 2016.

Society, I. *Top tips for Internet of Things security and privacy.* Washington: Internet Society, 2018.

Toffler, Alvin. *A terceira onda.* Rio de Janeiro: Record, 2001.

Zennaro, Marco. *Introduction to the Internet of Things.* Roma: The Abdus Salam International Centre for Theoretical Physics Trieste, 2017.

6. Inteligência artificial e responsabilidade civil

Cristina Moraes Sleiman

Introdução

O que é a inteligência artificial (AI) e por que ela surgiu, ou melhor, por que foi criada? São dúvidas frequentes ao se deparar com esta tecnologia pela primeira vez. É muito comum que pessoas façam uso de ferramentas que disponibilizem desta maravilhosa criação sem sequer ter noção de que aquela interatividade, na verdade, é uma máquina pensante.

Quantas vezes a máquina tomou uma decisão automaticamente enquanto participávamos de alguma transação? Na atual sociedade da informação em que a tecnologia faz parte, é comum esta integração e atividade. O homem busca a inteligência das máquinas há muito tempo. Nos primórdios da criação da tecnologia vislumbrava-se, ainda que por poucos, um mundo totalmente diferente daquela época e que, no entanto, para nós, aquilo que se almejava no passado e que parecia tão distante chegou e se concretizou, sendo que daqui até o futuro é apenas uma questão de aperfeiçoamento, pois, em termos populares, no que concerne ao desenvolvimento de tecnologia "o céu é o limite", ou seja, tudo é possível.

A verdade é que a geração que antecede as últimas duas décadas, vivenciaram grandes transformações e até então recursos que aparentemente eram criações de filmes de ficção científica, passaram a ser objetos utilizados no dia-a-dia de qualquer cidadão.

Em uma entrevista dada pelo professor João Fernando Marar, doutor de Inteligência Artificial na Universidade Estadual Paulista (Unesp), relata que a inteligência artificial vem da época dos filósofos gregos, como Platão e Aristóteles. Impressionante como que naquela época já se pensava se um objeto poderia tomar decisões. Por certo que ainda não existia computador, ou melhor, tecnologias eletrônicas que temos hoje, mas era o início da ciência cognitiva.

> "O escravo era tratado como um nada no aspecto social. Ele imaginava o seguinte: será que um objeto como uma vassoura, ou seja, um elemento que faz a limpeza, pode ter vontade própria e estabelecer o sistema de arrumação? Dessa forma, não precisaríamos mais da mão de obra escrava", explica o professor. "Esses caras viam que não era legal ter esse domínio e sacrifício de outro ser humano. Ele inventou a robótica em 300 a.C!", completa. (Prado, 2016)

A ciência cognitiva defende que deve ocorrer o processamento da informação e na inteligência artificial é isso que acontece. A máquina recebe e processa a informação mediante comandos previstos por aqueles que a programaram, mas com um detalhe importante: além dos comandos, a máquina precisa ser alimentada com informação e quem fornece este conteúdo é o ser humano.

Portanto, a máquina pensa e toma decisões, mas com base naquilo pela qual foi ensinada, assim, entendo que tais decisões foram previamente antevistas e determinadas pelo próprio homem, por isso a importância da ética na inserção dos dados e também no treinamento da máquina, mas muitas vezes a própria programação das máquinas vão contra os princípios éticos.

Em um olhar pragmático a autonomia das máquinas no uso de IA é uma autonomia tecnológica fundada nas potencialidades da combinação algorítmica que é fornecida ao sistema, no caso software. A sociedade vive em constante evolução e neste contexto é preciso que o ordenamento jurídico evolua para acompanhá-la, no entanto, é sabido que os trâmites de aprovação de qualquer lei no Brasil podem levar muitos anos e por certo que as leis nunca conseguirão acompanhar em tempo real o avanço das tecnologias.

Antes de adentrar na questão legal, aproveito esta oportunidade para deixar uma reflexão: buscar o avanço tecnológico é maravilhoso e traz muitos benefícios a sociedade, entre eles a rapidez nas transações, facilidade de comunicação, entre outros. A máquina pode sim substituir o ser humano em muitas funções, mas nunca no seu verdadeiro "eu". Não podemos esquecer que a máquina não tem sentimento, não tem a essência do espírito e nunca poderá substituir a essência humana, a não ser em trabalhos braçais e decisões frias, em que não há a demanda do fator emoção.

Isto posto, relato que tenho me deparado com discursos provindos de grandes empresários, que obviamente vislumbram o potencial financeiro de projetos que envolvem grandes massas, que infelizmente para o ser humano e felizmente para os negócios, aniquilam determinadas funções e profissões, mas que também trazem novas possibilidades. No entanto, me preocupa pensar que a médio e longo prazo a profissão do futuro seja apenas "alimentar as máquinas". Espero que o leitor não interprete de forma errada minhas palavras, pois é um assunto e momento delicados. Por um lado, buscamos a evolução e, por outro, buscamos a humanização e convívio harmônico, equilíbrio e sustento da própria sociedade.

Neste aspecto, qualquer projeto revolucionário trará forte impacto à economia e sustento global, de forma que toda e qualquer proposta deve conter um programa e sugestão de reformulação e adequação aos novos paradigmas que estão por vir, refletindo e propondo novas profissões, sem deixar que as máquinas se sobreponham ao ser humano. Caso contrário, correremos o risco de nos tornarmos seres humanos robotizados, ou seja, previamente programados.

Além deste ponto, grandes empresas lutam pelo seu posicionamento no mercado e movimentam altas quantias, investimentos proporcionais às tecnologias pretendidas e que por vezes enxergam a justiça como "Inimigo do Rei" (NETO, 2006). Tal expressão é utilizada por Lira Neto na biografia de José de Alencar, cujo foco principal é a vida e trajetória do jornalista que ocupou cargos políticos e seus desafios constantes à D. Pedro I, mas conhecida principalmente pelo impiedoso posicionamento de grandes monarcas com seus súditos ao se oporem a suas ideias e decisões. Portanto, quanto mais regulamentado, menos liberdade e talvez mais dinheiro gasto ou menos dinheiro ganho. Mas toda sociedade carece de regras, pois como seria o convívio social se cada um agisse apenas em seu benefício próprio?

A tecnologia não precisa de descanso, não precisa de comida e tem um potencial de processamento muito mais rápido do que qualquer mente humana. O que mais pode se esperar? Eu respondo: que ela pense! Será que realmente a tecnologia pensa e age por si só? E quem responde por seus atos? Um robô pode ter personalidade jurídica? Em tempos de automóveis autônomos, quem responde por eventuais danos causados pela decisão errada, tomada pela máquina?

Em 2016 ocorreu, nos Estados Unidos, o primeiro acidente fatal envolvendo um carro semiautônomo da TESLA Model S. Segundo foi noticiado[1], o motorista colidiu com um caminhão, tendo em vista que o sistema de sensores do carro, contra um céu claro, falhou ao reconhecer o caminhão, informação essa trazida pela própria equipe da TESLA. Após investigações, o Departamento de Transporte dos Estados Unidos (NHTSA) concluiu que não houve culpa no sistema do carro. Já o Conselho Nacional de Segurança do Transporte (NTSB), aferiu que o sistema autônomo teve parte de culpa pelo acidente, além do fato de que o carro estava circulando em uma estrada não destinada ao piloto automático.

Mas são pequenos detalhes que fazem a diferença, segundo o NTSB mencionado acima, o sistema da TESLA havia notificado o motorista várias vezes, ou seja, apresentado aviso de perigo várias vezes, sem que houvesse qualquer ação pelo sujeito, que deveria no mínimo ter assumido o volante após estes avisos. Então, percebam a complexidade das ocorrências de forma que cada caso deve receber sua atenção e análise individual. No exemplo utilizado estamos pautando o entendimento com base nas informações divulgadas na mídia, de forma que não temos acesso aos documentos citados, mas para fins de estudo e aprendizado cabe um exercício de possibilidades de cenários.

Assim, fazendo uso do mesmo exemplo, podemos identificar alguns cenários: falha da mecânica ou do sistema, falha humana, ou ambas máquina/sistema e humana (motorista). Perceba que na primeira hipótese, claramente a responsabilidade deveria ser imputada ao fabricante, podendo a situação, até mesmo ter novos desdobramentos, pois sendo falha apenas do sistema e não mecânica, caso este tenha sido desenvol-

[1] Motorista que morreu em acidente com Model S ignorou vários alertas de segurança (IDGNOW, 2017).

vido por terceiros, o fabricante teria o direito a uma eventual ação de regresso.

Na segunda hipótese, o fabricante não teria responsabilidade, desde que cumprido os requisitos mínimos de boa fé e dever de informar o consumidor. Assim, havendo transparência na relação de consumo, e não ocorrendo falhas técnicas, não há o que se falar em responsabilidade jurídica do fabricante.

Na terceira hipótese, ocorrendo ação ou omissão do motorista, desde que este tivesse plena ciência da necessidade de agir, como no caso TESLA, que segundo foi noticiado, o sistema teria emitido aviso de perigo varias vezes, ainda que tenha uma falha mecânica ou de sistema, o acidente poderia ter sido evitado. Portanto, programação preventiva pode faz parte da blindagem legal, desta forma, o próprio sistema detecta e avisa o usuário sobre possível falha e cumpre com seu dever. Esta pratica unida à blindagem contratual, entendo que seria perfeita para blindagem jurídica da empresa fabricante.

Pelo lado do consumidor, cabe ficar atento aos contratos, não apenas nas cláusulas de padrão de compra e venda, mas também nos deveres e obrigações relacionados a possíveis falhas no produto ou serviço, incluindo clausulas de Segurança da Informação e privacidade de dados pessoais. Vamos exercitar com outro exemplo, em uma situação de risco iminente, como escolher entre atropelar uma criança ou cair do penhasco? Qual seria sua decisão? E qual seria a decisão da máquina? Obviamente que a máquina vai escolher aquilo que lhe programaram para fazer ou aquilo que lhe ensinaram. Vamos entender melhor: quando o assunto é tecnologia, a expressão ensinar a máquina deve ser entendida como "*input* de informação". Apesar de não ser objeto deste artigo, como ficaria a responsabilidade criminal? Seria "dolo eventual", "dolo" ou "culpa"?

Não é de hoje que se questiona sobre a necessidade de novas leis frente às novas tecnologias que surgiram nas últimas décadas. E a dúvida continua, uma vez que muito se discute se a legislação que versa sobre responsabilidade civil é suficiente para lidar com os novos conflitos advindos da interação entre robôs/inteligência artificial e seres humanos. Quem deve ser responsável por garantir a segurança de um robô ou de uma IA? Há uma série de dúvidas no campo da reparação civil, pois, sabiamente no ordenamento jurídico brasileiro, apenas pessoas podem ser titulares de direitos e contrair obrigações.

Por certo que se a máquina não tem personalidade jurídica, ou seja, não é pessoa física e tampouco pessoa jurídica, a responsabilidade por qualquer dano deverá recair sobre o fabricante ou proprietário, dependendo do caso concreto. Tendo em vista que a dignidade da pessoa humana é o princípio maior do Estado brasileiro, sendo um dos fundamentos da Republica Federativa, é indispensável que, de um lado, o operador do direito investigue formas de proteção de todo e qualquer cidadão para inibir ações ilícitas, inclusive na proteção de dados pessoais e garantir que haja reparação de todo e qualquer dano sofrido por este, mas sem desmotivar ou deixar que se perca o atual incentivo ao desenvolvimento de tecnologias ativas e disruptivas.

Portanto, é preciso encontrar o ponto de equilíbrio, tecnologias avançadas que possam garantir a segurança e bem-estar da humanidade, proteção de seus dados e obviamente imputando a responsabilidade de qualquer dano a quem de direito. Neste ponto passaremos para as considerações jurídicas e aproveito para fazer um breve comentário sobre este artigo. Sabemos que utilizar com frequência as palavras "eu", "minha opinião", entre outras na primeira pessoa deva ser evitado em artigos e textos, mas entendam que este artigo não tem o viés juridiquês, mas sim explanar de forma informal e didática sobre a opinião desta que escreve sobre a IA.

1. Inteligência artificial

Curiosamente, apesar de mencionada anteriormente, o campo da pesquisa que estuda a IA passou a ter maior visibilidade quando surgiu a primeira máquina da IBM capaz de vencer o campeão de xadrez Garry Kasparov. O termo Inteligência Artificial é utilizado para o estudo e desenvolvimento de sistemas cujo objetivo é simular a inteligência humana, bem como seu comportamento diante de determinadas situações.

Algumas pessoas associam a IA apenas aos robôs, sem saber que no dia-a-dia já nos deparamos com diversos sistemas que fazem uso deste recurso, como, por exemplo, a interatividade com a máquina por meio de e-mails ou chats. No setor financeiro podemos citar exemplos como: assistência para aplicações em mercados de investimento, portanto, qualquer sistema ou máquina que seja atrelada a comandos pode se beneficiar deste recurso.

Na área de marketing a IA pode ser utilizada de várias formas, quais sejam: campanhas de links patrocinados, *retargeting*, captação de *leads*, entre outros. Assim, é muito comum campanha de marketing enviar e-mails e interagir com o usuário conforme sua conduta ou interatividade, ou até mesmo por meio de informações coletadas sobre seu comportamento, sendo um exemplo típico e atual o Netflix. Mas antes de adentrar na questão legal, insta tecer algumas colocações sobre IA, conforme segue. Tais sistemas são executados com algoritmos e padrões simples ou complexos e normalmente pré-definidos.

Para este e outros subtemas do artigo, esclareço que fiz uso de diversas fontes, que muito me interessaram e que pretendo transcrever alguns trechos em determinados momentos. Sobre inteligência artificial simbólica e rede neural, bem como aprendizado de máquina e aprendizagem profunda, achei bem didático o artigo de Steffen Herget:

> "Inteligência artificial simbólica ou de manipulação de símbolos funciona com símbolos abstratos que são usados para representar conhecimento. É a inteligência artificial clássica que persegue a ideia de que o pensamento humano pode ser reconstruído em um nível hierárquico e lógico. A informação é processada de cima para baixo, trabalhando com símbolos legíveis por humanos, conexões abstratas e conclusões lógicas. Inteligência artificial neural se tornou popular na ciência da computação no final dos anos 80. Aqui, conhecimento não é representado através de símbolos, mas sim neurônios artificiais e suas conexões – como um cérebro reconstruído. O conhecimento reunido é quebrado em pequenos pedaços – os neurônios – e, então, conectados e construídos em grupos. Essa abordagem é conhecida como o método de baixo para cima, que funciona dessa forma. Diferentemente da inteligência artificial simbólica, um sistema neural deve ser treinado e estimulado para que as redes neurais possam reunir experiência e crescer, acumulando um maior conhecimento." (Herget, 2017)

Herget complementa informando que existem várias ferramentas e métodos para a aplicação de inteligência artificial em cenários da vida real, alguns dos quais podem ser usados em paralelo.

Esclarece que o aprendizado de máquina ou *machine learning*, é definido como um sistema que constrói conhecimento a partir de experiência, enquanto o aprendizado profundo ou *deep learning* é um subtipo de aprendizado de máquina que está se tornando ainda mais importante. Apenas inteligência artificial neural, ou seja, redes neurais são usadas nesse caso. É possível expandir o design das redes neurais e torná-las mais complexas e poderosas com novas camadas, sendo facilmente escalável e adaptável a várias aplicações.

Em determinado momento, Herget cita três processos de aprendizagem para o treinamento de redes neurais: supervisionado, não supervisionado e aprendizado de reforço. No primeiro, os valores e parâmetros de alvo são especificados de fora, enquanto que no aprendizado não supervisionado o sistema tenta identificar padrões na entrada que tem uma estrutura identificável e pode ser reproduzida. Já no aprendizado de reforço, apesar de a máquina ser independente, ela é recompensada ou punida de acordo com seu sucesso ou fracasso.

Entendo que os processos robóticos e automação podem ou não comportar Inteligência Artificial complexa, sendo que o que determina é a vontade de seu criador. Para entrar na discussão de responsabilidade jurídica é importante esclarecer que algoritmos, em sentido amplo, é um conjunto de instruções, como uma receita de bolo ou instruções para se jogar um jogo. Trata-se de uma sequência de ações movidas por regras e combinações, "a regra do jogo no próprio jogo". São comandos que direcionam a máquina a "fazer" ou "não fazer", "seguir" ou "não seguir". Comandos como "if", "else", "e" "isso", "faça" aquilo. Obviamente que estes exemplos não apresentam graus de complexidade, mas comandos simples.

É importante que o profissional do Direito tenha noção do que é uma programação, que pode ser algo básico como um site, sistema, aplicativo, robôs. Até mesmo eletrodomésticos podem precisar de software, dependendo de suas funcionalidades. O site Conjur, também tem um artigo muito esclarecedor sobre o conceito e funcionamento da inteligência artificial:

> "Na informática e telemática, o conjunto de regras e procedimentos lógicos perfeitamente definidos que levam à solução de um problema em um número de etapas. Em outras palavras mais claras: são as diretrizes seguidas por uma máquina. Na essência, os algoritmos são apenas uma forma de representar matematicamente um processo estruturado para a

> realização de uma tarefa. Mais ou menos como as regras e fluxos de trabalho, aquele passo-a-passo que encontramos nos processos de tomada de decisão em uma empresa, por exemplo. A inteligência artificial (Artificial Intelligence – ou simplesmente AI), em definição bem resumida e simples, é a possibilidade das máquinas (computadores, robôs e demais dispositivos e sistemas com a utilização de eletrônica, informática, telemática e avançadas tecnologias) executarem tarefas que são características da inteligência humana, tais como planejamento, compreensão de linguagens, reconhecimento de objetos e sons, aprendizado, raciocínio, solução de problemas, etc. Em outras palavras, é a teoria e desenvolvimento de sistemas de computadores capazes de executar tarefas normalmente exigindo inteligência humana, como a percepção visual, reconhecimento de voz, tomada de decisão e tradução entre idiomas, por exemplo". (Elias, 2017)

Discute-se muito sobre a função autônoma no uso de inteligência artificial, pois é exatamente isso que ela proporciona. Mas será que é uma autonomia plena? Realmente é uma máquina que pensa? Então o que é o pensamento? Para muitos nada mais do que um raciocínio lógico, resposta a determinada motivação, forma mental para resolução de problemas, entre outros exemplos. Mas e quando o ser humano pensa em outro alguém? Quando ama e sente o desejo de encontrar uma pessoa? Quando alguém morre e quem fica sente saudades? Eu prefiro então mencionar as palavras de Descartes:

> "A essência do homem é pensar". (Por isso dizia): "Sou uma coisa que pensa, isto é, que duvida, que afirma, que ignora muitas, que ama, que odeia, que quer e não quer, que também imagina e que sente". (Logo quem pensa é consciente de sua existência) "penso, logo existo. (Descartes apud CITADOR, 2018).

Neste sentido, a máquina nunca poderá substituir o pensamento do homem, mas tão somente replicar raciocínio lógico, padrões de comportamento, até mesmo de respostas, mas não baseado em emoções ou criações do espírito, mas simplesmente por que assim o homem lhe criou e lhe deixou como comando. Muito embora esta participação seja uma singela contribuição para estimular os estudos e discussões, ressalto que não tem por objetivo exaurir as possibilidades e tão pouco impor um determinado entendimento, pois esta é a riqueza da aprendizagem humana.

Somos capazes de aprender a aprender, construir nosso próprio entendimento, aprender com as experiências e não apenas com o que nos falam ou ensinam e o mais importante: somos capazes de aprender com nossos erros e mudar de opinião. Esta é a essência da vida, evoluir, não apenas na tecnologia, mas nas relações humanas e no próprio espírito.

2. Aspectos jurídicos da responsabilidade por danos decorrentes da inteligência artificial

No início de 2017 o Parlamento Europeu sugeriu, por meio de uma Resolução, o estabelecimento de regime de seguros obrigatórios para robôs, conforme já acontece, por exemplo, com os carros tradicionais. A Resolução recomenda que o futuro instrumento legislativo não deverá limitar o tipo ou a extensão dos danos a indenizar e nem as formas de compensação à parte lesada. Considerou-se que a responsabilidade deveria ser proporcional ao nível efetivo de instruções dadas ao robô e ao nível de sua autonomia. Deveria o ordenamento jurídico brasileiro criar um status legal específico para robôs? Poderiam estes ser detentores do status de pessoas eletrônicas e serem responsabilizados por sanar quaisquer danos que causassem?

Então falamos aqui de direito e deveres, pois caminham lado a lado. E será que a personalidade eletrônica seria a melhor solução? Trata-se de uma proposta polêmica, em que eu, particularmente, não estou convencida e até este ponto não creio que precisamos de lei específica para a IA, mais especificamente no que diz respeito à personalidade eletrônica para determinar quem ou o que seja o responsável. Há quem defenda inclusive que a possibilidade do robô prestar serviço cívico à comunidade, mas de que adiantaria se a máquina não tem sentimentos, se ela não sente qual seria o efeito de qualquer penalidade? Para aplicação pratica do direito é importante entender e definir em qual situação cada caso concreto se enquadra.

Para ilustrar, por exemplo, vamos imaginar o seguinte. O compromisso de um carro autônomo deve ser proteger o motorista ou o passageiro? Deve ser o passageiro ou um pedestre? Em caso de atropelamento, deve ser um adulto ou uma criança? Quem estabelece tais critérios é quem o alimenta de informações, que pode ser o próprio programador ou terceiros conforme o caso.

Caso uma máquina detenha a informação de que um funcionário de uma determinada empresa armazena fotos de pedofilia, teria o dever de reportar tal fato para as autoridades? Haveria um dever de informar por parte da inteligência artificial quando verificasse a existência de informações suspeitas ou existindo o dever de reportar este seria de responsabilidade do detentor da ferramenta, podendo este programar a própria tecnologia para fazê-lo ou optar por outra forma? Costumo dizer que na tecnologia "tudo é possível" e a IA é a prova contundente da infinita possibilidade de desenvolvimento.

Percebam meu ponto de vista. O dever de informar ou denunciar independe da ferramenta. Os direitos e obrigações, neste caso, é de seu detentor. Voltando ao exemplo do carro, quem responderia civilmente no caso de um acidente provocado por um carro autônomo? Podemos pensar em algumas possibilidades, mas cada uma delas dependerá de informações e detalhes específicos, como, por exemplo, o que provocou o acidente foi um erro de programação ou foi decorrente das possíveis informações que o proprietário passou para o robô? É essencial observar que se de um lado ela pode incentivar o desenvolvimento de produtos e serviços mais seguros e claros ao consumidor em relação aos seus riscos, pode de outro acabar impactando de forma negativa na economia e desenvolvimento tecnológico.

Tendo como exemplo o caso de um famoso site de busca que classificou negros como gorilas[2], pessoas que foram objeto de análises discriminatórias por parte de Inteligência Artificial poderiam pleitear uma reparação? Particularmente entendo que sim.

[2] "Mas atenção: algoritmos não são imparciais. Os próprios algoritmos podem conter os preconceitos presentes nos criadores do algoritmo ou nos dados que foram usados para treinar o algoritmo. O desempenho dos algoritmos depende muito dos dados utilizados para desenvolvê-los. Os preconceitos que estão presentes nos dados serão refletidos pelos algoritmos. Todos devem se lembrar do resultado inadequado dos algoritmos utilizados pelo Google, quando classificou os negros como gorilas. (Artificial Intelligence's White Guy Problem – Kate Crawford, The New York Times, 25th June 2016). Tais desvios, intencionais ou não, podem ser inerentes aos dados, como também oriundos do próprio desenvolvedor do algoritmo. Isso pode ter efeitos tão ruins como os vícios que eles pretendiam eliminar." (Elias, 2017).

3. Responsabilidade decorrente de produtos defeituosos ou com vícios

Para iniciar este tema, transcrevo o art. 12 do Código de Defesa do Consumidor:

> "Art. 12. O fabricante, o produtor, o construtor, nacional ou estrangeiro, e o importador respondem, independentemente da existência de culpa, pela reparação dos danos causados aos consumidores por defeitos decorrentes de projeto, fabricação, construção, montagem, fórmulas, manipulação, apresentação ou acondicionamento de seus produtos, bem como por informações insuficientes ou inadequadas sobre sua utilização e riscos.
> § 1º O produto é defeituoso quando não oferece a segurança que dele legitimamente se espera, levando-se em consideração as circunstâncias relevantes, entre as quais:
> I – sua apresentação;
> II – o uso e os riscos que razoavelmente dele se esperam;
> III – a época em que foi colocado em circulação.
> § 2º O produto não é considerado defeituoso pelo fato de outro de melhor qualidade ter sido colocado no mercado.
> § 3º O fabricante, o construtor, o produtor ou importador só não será responsabilizado quando provar:
> I – que não colocou o produto no mercado;
> II – que, embora haja colocado o produto no mercado, o defeito inexiste;
> III – a culpa exclusiva do consumidor ou de terceiro."

Com base neste artigo, podemos pensar em vários exemplos. Comecemos pelo fabricante da tecnologia, quando falamos em IA podemos ter um produto, mas também um serviço. Ao adquirir um Robô, entendo tratar de um produto, mas ao fazer uso de um Netflix, por exemplo, trata-se de um serviço que deve ser acessado usando tecnologias do próprio consumidor/usuário.

Neste contexto, se o robô tombar/cair por defeito de engenharia e nesta queda machucar seu proprietário, o fabricante terá responsabilidade objetiva, pois o intuito da lei é resguardar a integridade física e psíquica do consumidor. No entanto, se a queda se der por culpa do usuário, a ele caberia a responsabilidade. Para acalorar mais esta discussão, perceba que o mesmo estabelece a responsabilidade objetiva nos casos de informações insuficientes, portanto, se não houver transparência e o consumidor não for informado dos riscos, neste caso, por exemplo, informado expressamente que não pode usar determinado comando, poderá ocorrer o entendimento por sua responsabilidade.

O parágrafo terceiro do respectivo artigo versa que o fabricante só não será responsabilizado quando provar a culpa exclusiva do consumidor ou terceiro. Então, neste caso, ocorrendo uma invasão ao sistema e a comprovação de que a queda se deu por uma invasão proveniente de terceiros, não lhe caberia o dever de indenizar? Por outro lado, se a invasão se deu por vulnerabilidade do sistema que poderia ou deveria ter sido evitado pelo seu proprietário, cabe a ele próprio o ônus de indenizar.

Nas palavras de Carvalho Silva, "*a responsabilidade do fornecedor é objetiva, decorrentes dos riscos criados pela colocação de seu produto no mercado de consumo, cuja onerosidade gerada não deve ser compartilhada ou suportada pelo consumidor.*" (Silva, 2005). O autor menciona ainda que a responsabilidade subsiste, independentemente da existência de vínculo obrigacional entre as partes, já que a relação jurídica de consumo não pressupõe o contrato.

O Código de Defesa do consumidor vai além, pois responsabiliza também o comerciante, trata-se da responsabilidade subsidiária, ou seja, se o fabricante não puder ser identificado, mas com a garantia do direito de regresso contra aquele que deu causa.

> "Art. 13. O comerciante é igualmente responsável, nos termos do artigo anterior, quando:
> I – o fabricante, o construtor, o produtor ou o importador não puderem ser identificados;
> II – o produto for fornecido sem identificação clara do seu fabricante, produtor, construtor ou importador;
> III – não conservar adequadamente os produtos perecíveis.
> Parágrafo único. Aquele que efetivar o pagamento ao prejudicado poderá exercer o direito de regresso contra os demais responsáveis, segundo sua participação na causação do evento danoso."

O art. 14 apresenta a responsabilidade do fornecedor de serviços:

> "Art. 14. O fornecedor de serviços responde, independentemente da existência de culpa, pela reparação dos danos causados aos consumidores por defeitos relativos à prestação dos serviços, bem como por informações insuficientes ou inadequadas sobre sua fruição e riscos.
> § 1º O serviço é defeituoso quando não fornece a segurança que o consumidor dele pode esperar, levando-se em consideração as circunstâncias relevantes, entre as quais:
> I – o modo de seu fornecimento;
> II – o resultado e os riscos que razoavelmente dele se esperam;
> III – a época em que foi fornecido.
> § 2º O serviço não é considerado defeituoso pela adoção de novas técnicas.
> § 3º O fornecedor de serviços só não será responsabilizado quando provar:
> I – que, tendo prestado o serviço, o defeito inexiste;
> II – a culpa exclusiva do consumidor ou de terceiro.
> § 4º A responsabilidade pessoal dos profissionais liberais será apurada mediante a verificação de culpa.
> (...)
> Art. 17. Para os efeitos desta Seção, equiparam-se aos consumidores todas as vítimas do evento."

Portanto, nos mesmos preceitos do art. 12, os fornecedores de serviços também têm responsabilidade objetiva. Perceba que o artigo menciona o fato de o serviço ser defeituoso quando não fornece a segurança que o consumidor dele pode esperar. Neste contexto, qualquer invasão ao sistema é uma violação de segurança.

Mas será que ao permitir a excludente de responsabilidade por culpa exclusiva do consumidor ou de terceiros, poderia isentar a empresa prestadora de serviço em caso de defeito no serviço, proveniente de invasão no sistema causada por terceiros? Considerando ainda o cenário da nova Lei de Proteção de Dados Pessoais, poderia isentar-se de uma eventual indenização por vazamento de dados pessoais ocorrido por um ataque externo? Sua defesa poderia ser pautada no CDC ?

3.1. O dever de informar

O princípio da transparência deve ser aplicado a qualquer relação jurídica, sendo que na relação de consumo o CDC prevê expressamente a proteção do consumidor em relação a produtos que ofereçam risco à saúde. Muitos questionam se cláusulas de ciência pelo consumidor seria suficiente para prevenção de responsabilidade e isenção do fabricante nos casos de falha dos Robôs, lembrando que nosso foco nesta discussão é IA. Veja o que diz o CDC:

> Art. 8º Os produtos e serviços colocados no mercado de consumo não acarretarão riscos à saúde ou segurança dos consumidores, exceto os considerados normais e previsíveis em decorrência de sua natureza e fruição, obrigando-se os fornecedores, em qualquer hipótese, a dar as informações necessárias e adequadas a seu respeito.
> § 1º Em se tratando de produto industrial, ao fabricante cabe prestar as informações a que se refere este artigo, através de impressos apropriados que devam acompanhar o produto.
> § 2º O fornecedor deverá higienizar os equipamentos e utensílios utilizados no fornecimento de produtos ou serviços, ou colocados à disposição do consumidor, e informar, de maneira ostensiva e adequada, quando for o caso, sobre o risco de contaminação.
> Art. 9º O fornecedor de produtos e serviços potencialmente nocivos ou perigosos à saúde ou segurança deverá informar, de maneira ostensiva e adequada, a respeito da sua nocividade ou periculosidade, sem prejuízo da adoção de outras medidas cabíveis em cada caso concreto.
> Art. 10. O fornecedor não poderá colocar no mercado de consumo produto ou serviço que sabe ou deveria saber apresentar alto grau de nocividade ou periculosidade à saúde ou segurança.
> § 1º O fornecedor de produtos e serviços que, posteriormente à sua introdução no mercado de consumo, tiver conhecimento da periculosidade que apresentem, deverá comunicar o fato imediatamente às autoridades competentes e aos consumidores, mediante anúncios publicitários.
> § 2º Os anúncios publicitários a que se refere o parágrafo anterior serão veiculados na imprensa, rádio e televisão, às expensas do fornecedor do produto ou serviço.
> § 3º Sempre que tiverem conhecimento de periculosidade de produtos ou serviços à saúde ou segurança dos consumidores, a União, os Estados, o Distrito Federal e os Municípios deverão informá-los a respeito.

Por certo de que casa caso concreto merece análise específica, mas o dever de transparência sendo essencial aumentando a probabilidade de sucesso em eventual processo judicial.

3.2. Responsabilidade civil

Para Souza (2010, p. 9) a responsabilidade civil passou por uma forte evolução ao longo do tempo e menciona que o Ministro Orosimbo Nonato fez referência à moderna teoria da culpa, sendo que hoje, passados aproximadamente 50 anos, já se pode dizer ultrapassada.

A responsabilidade civil é subdividida em duas modalidades, sendo elas: objetiva e subjetiva:

> "Art. 927. Aquele que, por ato ilícito (arts. 186 e 187), causar dano a outrem, fica obrigado a repará-lo.
> Parágrafo único. Haverá obrigação de reparar o dano, independentemente de culpa, nos casos especificados em lei, ou quando a atividade normalmente desenvolvida pelo autor do dano implicar, por sua natureza, risco para os direitos de outrem.
> Art. 928. O incapaz responde pelos prejuízos que causar, se as pessoas por ele responsáveis não tiverem obrigação de fazê-lo ou não dispuserem de meios suficientes.
> Parágrafo único. A indenização prevista neste artigo, que deverá ser equitativa, não terá lugar se privar do necessário o incapaz ou as pessoas que dele dependem.
> Art. 929. Se a pessoa lesada, ou o dono da coisa, no caso do inciso II do art. 188, não forem culpados do perigo, assistir-lhes-á direito à indenização do prejuízo que sofreram.
> Art. 930. No caso do inciso II do art. 188, se o perigo ocorrer por culpa de terceiro, contra este terá o autor do dano ação regressiva para haver a importância que tiver ressarcido ao lesado.
> Parágrafo único. A mesma ação competirá contra aquele em defesa de quem se causou o dano (art. 188, inciso I).
> Art. 931. Ressalvados outros casos previstos em lei especial, os empresários individuais e as empresas respondem independentemente de culpa pelos danos causados pelos produtos postos em circulação.
> Art. 932. São também responsáveis pela reparação civil:
> I – os pais, pelos filhos menores que estiverem sob sua autoridade e em sua companhia;

> II – o tutor e o curador, pelos pupilos e curatelados, que se acharem nas mesmas condições;
> III – o empregador ou comitente, por seus empregados, serviçais e prepostos, no exercício do trabalho que lhes competir, ou em razão dele;
> IV – os donos de hotéis, hospedarias, casas ou estabelecimentos onde se albergue por dinheiro, mesmo para fins de educação, pelos seus hóspedes, moradores e educandos;
> V – os que gratuitamente houverem participado nos produtos do crime, até a concorrente quantia.
> Art. 933. As pessoas indicadas nos incisos I a V do artigo antecedente, ainda que não haja culpa de sua parte, responderão pelos atos praticados pelos terceiros ali referidos.
> Art. 934. Aquele que ressarcir o dano causado por outrem pode reaver o que houver pago daquele por quem pagou, salvo se o causador do dano for descendente seu, absoluta ou relativamente incapaz.
> Art. 935. A responsabilidade civil é independente da criminal, não se podendo questionar mais sobre a existência do fato, ou sobre quem seja o seu autor, quando estas questões se acharem decididas no juízo criminal.
> Art. 936. O dono, ou detentor, do animal ressarcirá o dano por este causado, se não provar culpa da vítima ou força maior."

Até mesmo no caso dos animais o ônus de indenizar por eventuais danos recai sobre o seu proprietário ou detentor. Existe mais um ponto a ser discutido, mas que não é foco deste artigo, que seria a responsabilidade criminal, pois esta recai apenas sobre pessoa física e não jurídica, mas ao conceder personalidade eletrônica a um robô, este então seria passivo de penalidades assim como a pessoa física?

Conforme já mencionado anteriormente qual o efeito que teria sobre uma máquina qualquer penalidade, tendo em vista que esta não tem sentimento e não haveria de ser atingido o verdadeiro objetivo pelo qual foi concebido o sistema de penalidade. Em um cenário, cuja um homem através de um comando atinge seu objetivo de matar um desafeto, seria a maquina (robô) também penalizada?

Qual a diferença entre invadir um sistema de um hospital e alterar um prontuário de forma a provocar a morte de um paciente e programar um robô para que o faça? Qual seria o objetivo, neste caso de se punir uma máquina? Mas como mencionado anteriormente, não é foco desta discussão e deixaremos para outra oportunidade.

3.3. Responsabilidade civil objetiva e atividade de risco

O Código Civil prevê expressamente a Responsabilidade Civil Objetiva. A responsabilidade civil se sustenta na culpa quando se fala da teoria subjetiva, ou se sustenta em um dispositivo legal que impõe o dever de indenizar independente de culpa.

O parágrafo único do art. 927 CC introduz em nosso ordenamento a Teoria do Risco. Menciona Souza que a responsabilidade objetiva se funda num princípio de equidade, existente desde o direito romano: aquele que lucra com a situação deve responder pelo risco ou pelas desvantagens dela resultantes. Quem aufere os cômodos deve suportar os incômodos (Souza, 2010, p. 61). A teoria crescente é de que a vítima não pode ficar sem reparação, de forma que deve haver uma justa distribuição dos riscos, pois existe uma vulnerabilidade para os consumidores quando desconhecem os riscos.

Portanto, as empresas podem ser responsabilizadas não somente quando da causa ao dano, mas também por ato de terceiros, esta previsão existe no Código de Defesa do Consumidor (artigos 8º e 14º), e sob a mesma ótica os artigos 927 caput, e parágrafo único, 931 e 932 do Código Civil, possibilitando assim, uma interpretação no sentido de que toda pessoa física ou jurídica que exerce alguma atividade cria um risco de dano para terceiros, devendo ser obrigada a repará-lo, ainda que sua conduta seja "isenta" de culpa. Na teoria do risco, o que importa é o fato, sendo reparável o dano causado a outrem em consequência de uma atividade realizada em benefício do responsável.

Há quem defende também o risco do desenvolvimento, para Calixto (2004, p. 176), risco do desenvolvimento é aquele que não pode ser cientificamente conhecido ao momento do lançamento do produto no mercado, vindo a ser descoberto somente após um certo período e uso do produto e do serviço. Martins (1993, p. 128) complementa o entendimento mencionado anteriormente, no sentido de que ainda que o desenvolvimento tenha sido exaustivamente testado, ante o grau de conhecimento científico disponível à época de sua introdução.

Como exemplo prático para uma situação de risco do desenvolvimento é na área farmacêutica, cuja, uma medicação recém lançada no mercado que pode levar anos para se descobrir um efeito colateral. Ocorre que a corrente majoritária entende pela responsabilização do desenvolvedor, mas há também quem entenda, em minoria, que seria o caso de excludente de responsabilidade. A princípio, a primeira opção, seria a mais apropriada. Mas para apresentar uma solução concreta, por certo que é necessário maior aprofundamento das argumentações.

3.4. Impacto econômico

Como se percebe passamos por um momento muito crítico, pois as discussões e decisões de agora refletirão o futuro da sociedade. Se por um lado temos o avanço desenfreado da tecnologia, por outro temos a preservação do ser humano, de seus direitos pautados nas garantias constitucionais. Zelar por sua integridade e proteção é um dever de todos.

Encontrar o equilíbrio pode não ser tão fácil e para estimular ainda mais nossa busca incessante por soluções, e este é o papel do advogado da atualidade, atento e conectado com as tecnologias, grandes projetos envolvem grandes investimentos e a blindagem jurídica deve fazer parte da concepção de qualquer projeto. Uma problematização para a responsabilização das empresas responsáveis pela tecnologia é a saúde e folego financeiro para eventuais indenizações, pois neste contexto empresa de pequeno porte podem não sobreviver a uma indenização milionária ou varias de pequeno valor, então as empresas de grande porte acabariam por dominar o mercado de IA.

Além disso, a absorção dos riscos, poderá acarretar em um impacto significante no valor do serviço ou produto e como chegar a um modelo de negócio equilibrado, pois de um lado é preciso garantir a proteção do consumidor e por outro, incentivar e não prejudicar o desenvolvimento e inovação. Portanto, as decisões atuais e o caminho legislativo voltados às tecnologias terão impacto no desenvolvimento do país.

Por fim, são nulas as cláusulas que exonerem a responsabilidade do fornecedor e, portanto, de toda a cadeia de consumo, por vícios de qualquer natureza, disposição de renúncia de direitos pelo consumidor, transferência de responsabilidade, inversão do ônus da prova, arbitragem compulsória, entre outras conforme a seguir:

> Art. 51. São nulas de pleno direito, entre outras, as cláusulas contratuais relativas ao fornecimento de produtos e serviços que:

I – impossibilitem, exonerem ou atenuem a responsabilidade do fornecedor por vícios de qualquer natureza dos produtos e serviços ou impliquem renúncia ou disposição de direitos. Nas relações de consumo entre o fornecedor e o consumidor pessoa jurídica, a indenização poderá ser limitada, em situações justificáveis;
II – subtraiam ao consumidor a opção de reembolso da quantia já paga, nos casos previstos neste código;
III – transfiram responsabilidades a terceiros;
IV – estabeleçam obrigações consideradas iníquas, abusivas, que coloquem o consumidor em desvantagem exagerada, ou sejam incompatíveis com a boa-fé ou a equidade;
V – (Vetado);
VI – estabeleçam inversão do ônus da prova em prejuízo do consumidor;
VII – determinem a utilização compulsória de arbitragem;
VIII – imponham representante para concluir ou realizar outro negócio jurídico pelo consumidor;
IX – deixem ao fornecedor a opção de concluir ou não o contrato, embora obrigando o consumidor;
X – permitam ao fornecedor, direta ou indiretamente, variação do preço de maneira unilateral;
XI – autorizem o fornecedor a cancelar o contrato unilateralmente, sem que igual direito seja conferido ao consumidor;
XII – obriguem o consumidor a ressarcir os custos de cobrança de sua obrigação, sem que igual direito lhe seja conferido contra o fornecedor;
XIII – autorizem o fornecedor a modificar unilateralmente o conteúdo ou a qualidade do contrato, após sua celebração;
XIV – infrinjam ou possibilitem a violação de normas ambientais;
XV – estejam em desacordo com o sistema de proteção ao consumidor;
XVI – possibilitem a renúncia do direito de indenização por benfeitorias necessárias.
§ 1º Presume-se exagerada, entre outros casos, a vantagem que:
I – ofende os princípios fundamentais do sistema jurídico a que pertence;
II – restringe direitos ou obrigações fundamentais inerentes à natureza do contrato, de tal modo a ameaçar seu objeto ou equilíbrio contratual;
III – se mostra excessivamente onerosa para o consumidor, considerando-se a natureza e conteúdo do contrato, o interesse das partes e outras circunstâncias peculiares ao caso.

> **§ 2º** A nulidade de uma cláusula contratual abusiva não invalida o contrato, exceto quando de sua ausência, apesar dos esforços de integração, decorrer ônus excessivo a qualquer das partes.
> **§ 3º** (Vetado).
> **§ 4º** É facultado a qualquer consumidor ou entidade que o represente requerer ao Ministério Público que ajuíze a competente ação para ser declarada a nulidade de cláusula contratual que contrarie o disposto neste código ou de qualquer forma não assegure o justo equilíbrio entre direitos e obrigações das partes.

4. Lei Geral de Proteção de Dados Pessoais

Como último tópico deste capítulo, cabe ressaltar a importância da Lei de Proteção de Dados Pessoais, sancionada em agosto deste ano (2018). A respectiva Lei merece um estudo específico e publicação autônoma, mas apenas como semente a complementar os pontos abordados anteriormente, a nova Lei traz algumas obrigações para as empresas que coletam armazenam e processam dados pessoais e por certo que não há o que se falar em IA sem coleta, armazenamento e analise de dado. Veja o art. 20 da respectiva Lei:

> Art. 20. O titular dos dados tem direito a solicitar revisão, por pessoa natural, de decisões tomadas unicamente com base em tratamento automatizado de dados pessoais que afetem seus interesses, inclusive de decisões destinadas a definir o seu perfil pessoal, profissional, de consumo e de crédito ou os aspectos de sua personalidade.
> § 1º O controlador deverá fornecer, sempre que solicitadas, informações claras e adequadas a respeito dos critérios e dos procedimentos utilizados para a decisão automatizada, observados os segredos comercial e industrial.
> § 2º Em caso de não oferecimento de informações de que trata o § 1º deste artigo baseado na observância de segredo comercial e industrial, a autoridade nacional poderá realizar auditoria para verificação de aspectos discriminatórios em tratamento automatizado de dados pessoais.

Conclusões

Foi mencionado neste artigo a importância de incentivo à evolução tecnológica com base em decisões equilibradas para que a sociedade não sofra no futuro por decisões erradas, livres de emoções e ética. A sociedade está perdida em matéria de valores, vivenciamos brigas, desrespeito, corrupção e as máquinas criadas por estes seres tendem a seguir os padrões de aprendizagem que lhes são ensinados, ou seja, que lhes são inseridos "*input* de informações", desta forma é preciso buscar soluções tecnológicas e jurídicas que possam garantir a proteção e dignidade da pessoa humana. Resguardar nossos direitos é essencial e todo aquele que sofre um dano tem o direito de cobrar sua reparação.

Em futuro próximo teremos novidades que muitos nem sequer imaginam, não se trata mais de invenções como DVD, CDs, Pen drives, mas mudanças genéticas que já ocorrem e também máquinas com alto nível de autonomia e interação.

Portanto, cabe a cada um de nós fazer parte deste momento decisivo que influenciara não só a próxima década, mas as futuras gerações. Não queremos servir às máquinas, mas sim que elas sejam desenvolvidas para nos servir. Também não queremos o monopólio de algumas empresas confrontando nosso judiciário e soberania. A responsabilidade deve recair a quem de direito e sendo o desenvolvedor, o fabricante ou fornecedor, deve aquele que objetiva fins financeiros tenda alto lucratividade arcar com as consequências daquilo que disponibiliza ao mercado. Por outro lado, não queremos engessar o progresso, portanto, é preciso achar o modelo de negócio adequado para cada situação.

Referências

BRASIL. Lei nº 8.078 de 11 de setembro de 1990. Dispõe sobre a proteção do consumidor. DF. Setembro, 1990. Disponível em: <http://www.planalto.gov.br/ccivil_03/LEIS/L8078.htm#view>. Acesso em 08-09-2018.

BRASIL. Lei nº 10.406 de 10 de janeiro de 2002. Institui o Código Civil. DF. Janeiro, 2002. Disponível em: <http://www.planalto.gov.br/ccivil_03/leis/2002/l10406.htm#view>. Acesso em 08-09-2018.

BRASIL. Lei nº 13.709 de 14 de agosto de 2018. Dispõe sobre a proteção de dados pessoais e altera a Lei nº 12.965, de 23 de abril de 2014 (Marco Civil da Internet). DF. Agosto, 2018. Disponível em: <http://www.planalto.gov.br/ccivil_03/_Ato2015-2018/2018/Lei/L13709.htm>. Acesso em 08-09-2018.

Calixto, Marcelo Junqueira. *A responsabilidade civil do fornecedor de produtos pelos riscos do desenvolvimento.* Rio de Janeiro: Renovar, 2004.

Descartes, René apud CITADOR. *Penso, logo Existo.* 2018. Disponível em: <http://www.citador.pt/textos/penso-logo-existo-rene-descartes> Acessado em: 20/07/2018.

ELIAS, Paulo Sá. *Algoritmos e inteligência artificial exigem atenção do Direito.* 2017. <https://www.conjur.com.br/2017-nov-20/paulo-sa-elias-inteligencia-artificial-requer-atencao-direito> Acessado em: 15/07/2018.

HERGET, Steffen. *O que é inteligência artificial?* História, definições e aplicações. 2017. Disponível em: <https://www.androidpit.com.br/o-que-e-inteligencia-artificial> Acessado em: 29/09/2018.

IDGNOW. *Motorista que morreu em acidente com Model S ignorou vários alertas de segurança.* 2017. Disponível em: <http://idgnow.com.br/internet/2017/06/20/motorista-que-morreu-em-acidente-com-model-s-ignorou-varios-alertas-de-seguranca/> Acessado em: 20/09/2018.

MARINS, James. *Responsabilidade da empresa pelo fato do produto*: os acidentes de consumo no Código de Proteção e Defesa do Consumidor. São Paulo: Revista dos Tribunais, 1993.

NETO, Lira. *Inimigos do Rei.* Ed. Saraiva. 2006.

PARLAMENTO EUROPEU. *Disposições de Direito Civil sobre Robótica.* 2014. Disponível em: <http://www.europarl.europa.eu/sides/getDoc.do?pubRef=-//EP//NONSGML%2BTA%2BP8-TA-2017-0051%2B0%2BDOC%2BPDF%2BV0//PT> Acessado em: 30/07/2018.

PRADO, Jean. *A inteligência artificial é mais antiga do que você imagina.* 2016. Disponível em: <https://tecnoblog.net/195106/inteligencia-artificial-historia-dilemas/>. Acessado em: 13/08/2018.

SILVA. Jorge Alberto Quadros de Carvalho, *Código de Defesa do Consumidor Anotado.* 2005. 5ª Edição.

SOUZA, Wendell Lopes Barbosa. Ed. Atlas. 2010.

7. A resolução online de conflitos de consumo e os *marketplaces*

DANIEL ARBIX

Introdução

Ao aproximarem (e afastarem) pessoas, as disputas de consumo em plataformas online provocam reações as mais diversas, do ódio ao humor.[1] Este artigo examina, da perspectiva jurídica, as transformações na resolução online de conflitos efetivadas por *marketplaces* e seus impactos sobre as relações de consumo.

O primeiro capítulo apresenta a ODR e expõe, brevemente, as inovações tecnológicas que explicam seu êxito. O segundo capítulo debate o papel dos *marketplaces* nas relações de consumo e os incentivos para que garantam um ambiente positivo para todos os participantes nas transações que promovem. O terceiro capítulo descreve as experiências de ODR voltadas a conflitos de consumo, tratando dos mecanismos criados pelos próprios *marketplaces* (a partir da vasta experiência da eBay), de outras ofertas privadas de ODR – quer tenham como foco reclamações de consumidores, quer sejam estruturadas como resposta para qualquer tipo de controvérsia – e das iniciativas públicas de ODR, as quais

[1] Cf. The Onion, "New Uber Update Allows Users To File Lawsuit Against Company Directly In App", 01 jun. 2016, disponível em <https://www.theonion.com/new-uber-update-allows-users-to-file-lawsuit-against-co-1819578934>

incluem experiências específicas para conflitos de consumo e aquelas com alcance mais amplo. O quarto capítulo discute as possibilidades de prevenção de conflitos decorrentes das inovações tecnológicas incorporadas na ODR, apontando o esmaecimento das fronteiras entre o atendimento ao consumidor e a resolução de conflitos nos *marketplaces*. A conclusão resume os efeitos da ODR sobre *marketplaces* e consumidores verificados no artigo, indicando os benefícios, para consumidores, da adoção da ODR por *marketplaces*, outras empresas e pelo setor público.

1. Resolução *online* de controvérsias

Diante dos desafios para resolver controvérsias em sociedades complexas, as inovações não estatais para dirimir conflitos vêm ganhando destaque. Compreendendo institutos milenares e precedentes à criação de órgãos judiciários, como a negociação ou a mediação, a chamada resolução adequada de disputas (ADR)[2] ocupou-se também de ferramentas para lidar com a massificação de conflitos e, principalmente, com o design de sistemas de disputas, isto é, com o tratamento não individual dos conflitos, dependente de sua compreensão e da construção de arranjos voltados a sua resolução (Faleck, 2018). O desenho desses sistemas exige coesão entre (i) o diagnóstico (com identificação das causas-raiz) dos embates, (ii) a mobilização de diferentes formas de resolução de controvérsias disponíveis, incluindo o recurso a mecanismos judiciais,[3] (iii) a definição precisa dos objetivos a serem alcançados e a alocação dos recursos necessários para os atingir (Smith e Martinez, 2009:164).

Para estas três tarefas – diagnóstico dos problemas existentes, seleção dos mecanismos de resolução de disputas e estipulação adequada de objetivos e recursos –, o emprego de tecnologias adequadas é fundamental. Especificamente com relação à segunda delas, ou seja, no que tange às diferentes formas de resolução de conflitos, a incorporação de tecnologias de informação e comunicação pode ser extremamente

[2] A abreviatura ADR decorre da expressão em inglês *Alternative Dispute Resolution*, funcionando também para a locução adotada neste trabalho, também em inglês, *Adequate Dispute Resolution*.

[3] No âmbito do Poder Judiciário, a resolução não-tradicional de conflitos vem também sendo priorizada, nos termos da Resolução CNJ 125/2010, que criou a *Política Judiciária Nacional de tratamento adequado dos conflitos* e, em seu artigo 1º, determina a "solução dos conflitos por meios adequados à sua natureza e peculiaridade".

transformadora. De um lado, amplia o acesso à justiça, ao diminuir os custos e ao atribuir maior velocidade e alcance a formas já existentes, como a resolução judicial, a mediação e a arbitragem. Alguns exemplos: procedimentos judiciais informatizados, arbitragens online simplificadas (com propósito específico[4] ou com abertura para uma ampla gama de controvérsias[5]) ou iniciativas de mediação à distância.[6]

De outro lado, além de transpor, para a Internet e a telefonia móvel, encontros outrora presenciais entre as partes e os decisores (juízes, árbitros) ou neutros (conciliadores, mediadores), as novas tecnologias podem dotar a resolução de conflitos de flexibilidade desconhecida naqueles mecanismos, possibilitando sua adaptação a uma multiplicidade de fatos e alternativas de acordo ou decisão, seu desenrolar responsivo às interações das partes e sua alavancagem da gestão dos recursos em jogo, com vistas a assegurar a compreensão e o cumprimento das decisões consensuais ou impostas às partes. Neste segundo sentido, gestam-se ambientes e procedimentos inéditos, desconhecidos das formas convencionais de dirimir conflitos (Arbix, 2017:57-65).

Ao abraçar avanços tecnológicos, a resolução online de disputas (ODR)[7] tende a ser paulatinamente mais relevante, uma vez que a acurácia em decisões impostas às partes ou o êxito na obtenção de soluções consensuais podem ser impulsionados por fatores ausentes de mecanismos tradicionais de resolução de conflitos.[8] As tecnologias podem viabilizar, por exemplo, a modulação das comunicações, o incremento informacional – ou seja, a veiculação de informações que partes e

[4] Conferir, a título exemplificativo, os arranjos para resolução de conflitos acerca de nomes de domínio Uniform Domain-Name Dispute-Resolution Policy (ICANN), disponível em <https://www.icann.org/resources/pages/help/dndr/udrp-en>; Sistema Administrativo de Conflitos de Internet relativos a nomes de domínios sob o ".br" <https://registro.br/dominio/saci-adm.html>

[5] E.g. Arbitranet (Justto), disponível em <https://arbitranet.com.br>

[6] E.g., no campo privado, Mediation Room (Association for Conflict Resolution), disponível em <https://www.themediationroom.com/aboutus>; ITKOS, disponível em <http://www.itkos.com.br>; e, no campo público, Resolve your Dispute (British Columbia Consumer Protection Agency), disponível em <https://www.consumerprotectionbc.ca/consumer-help>.

[7] Acrônimo da expressão consagrada em inglês *Online Dispute Resolution.*

[8] Informações novas ou sublinhadas em momentos oportunos pelas tecnologias podem ser cruciais para persuadir as partes a rever suas posições e repensarem suas possíveis interações futuras (Lodder e Zeleznikow, 2010:82-85).

neutros desconheciam –, ou, ainda, a realização de cálculos complexos sobre as opções para solucionar o conflito, identificadas previamente pelas pessoas envolvidas ou sequer conjecturadas por elas (Katsh e Rifkin, 2001:128).

Essas possibilidades são ainda mais importantes à luz da massificação de conflitos,[9] que requer esforços inteligentes, dos órgãos judiciários e dos provedores privados de ADR (Susskind, 2013:12), para que volume e complexidade não se tornem impeditivos para o acesso à justiça, nem tragam efeitos colaterais daninhos para as relações humanas (ainda que tais efeitos sejam meros dissabores cotidianos). A aposta na ODR, em suma, é a aposta em que ADR e judiciário possam colher os frutos das novas tecnologias,[10] quando e sempre que sua aplicação for adequada, em benefício de todas as pessoas envolvidas nos inevitáveis conflitos sociais.[11]

2. *Marketplaces* e a administração de conflitos de consumo

Mais de três bilhões de pessoas hoje se comunicam por meio de telefonia móvel e Internet, revolucionando organizações locais, associando-se, convivendo e trabalhando de forma descentralizada e tomando contato com novas formas de exercício de direitos fundamentais (Sassen, 2006:365-375). Sem lastro em comunidade ou território, a produção de conteúdo online sem precedentes (Schmidt e Cohen, 2013:253-254) é acompanhada por uma infinidade de transações por meio de plataformas, ou seja, de mercados digitais de dois (ou mais) lados.[12]

[9] A título ilustrativo, volume expressivo das ações submetidos à justiça comum paulistana em 2014 corresponde a contencioso de "empresas de serviços de massa, de valor relativamente pequeno, e de complexidade relativamente baixa" (Leung, 2017:11).

[10] "ODR will change quickly as technology changes" (Carrie Menkel-Meadow et al, 2005:628). Ademais, as mudanças tecnológicas também podem gerar demandas novas por ODR – a título ilustrativo, UNCITRAL (2018:6) acentuou a "relevance and importance of ODR to resolution of disputes arising from cloud computing transactions".

[11] "[T]he global economy will continue to breed mass injuries and mass losses, social media will facilitate the diffusion of collective redress norms, and private lawyers will respond to the opportunities to serve clients in new, more effective and more lucrative ways, worldwide." (Hensler 2011:259).

[12] Nesses mercados, há em muitos casos um problema de "ovo ou galinha": a correspondência entre motoristas e passageiros é fundamental para que a Cabify ou o Uber ampliem seus negócios, o que faz com que precisem aumentar o volume tanto de passageiros quanto de

Essas plataformas podem ser definidas como *marketplaces*, isto é, empresas que "aproxima[m] diversos ofertantes de produtos ou serviços de seu público alvo. O proprietário da plataforma não necessariamente oferece quaisquer produtos ou serviços" (Longhi, 2017:256). Em outras palavras, *marketplaces* são empresas que congregam inúmeros "vendedores", de um lado, e "compradores", de outro, seja especializando-se em serviços como hospedagem (Airbnb) ou transportes (99), seja voltando-se ao comércio eletrônico, como por exemplo B2W (Americanas, Submarino, Shoptime), Mercado Livre e Magazine Luiza.[13]

Em muitos casos os *marketplaces* são enxergados, das lentes dos consumidores, como encurtadores de distâncias geográficas, linguísticas e culturais. Uma consumidora brasileira pode, por exemplo, adquirir um produto de uma empresa egípcia por meio da plataforma chinesa Alibaba, valendo-se de sua conta digital na empresa sueca Klama. As tecnologias dos mercados online buscam transpor estas distâncias por meio de traduções, padronização linguística, integração de meios de pagamento etc. Mas confrontam, inevitavelmente, conflitos, desconfiança e insatisfação, de "compradores" e "vendedores", onde quer que estejam e em qualquer idioma.

A resolução de disputas nos *marketplaces*, até pela capacidade de atração de consumidores e ofertantes de produtos e serviços, precisa funcionar. Custos altos, tempo prolongado ou ônus emocional excessivo para a busca de soluções aos embates entre os participantes dos *marketplaces* – naturais e esperados – podem levar as pessoas envolvidas a abandonar aquela plataforma. Assim, a proteção dos consumidores e o tratamento justo dos ofertantes são em larga medida moldados pela omissão ou pela intervenção dos *marketplaces* nas controvérsias neles surgidas.

Nesse contexto, a responsabilidade jurídica dos *marketplaces*, conforme determinada previamente pelo direito,[14] importa muito pouco diante da possibilidade de perder "compradores" e "vendedores", ou

motoristas com atenção ao equilíbrio entre oferta e demanda de corridas. Sintonizar preços é, portanto, tarefa bastante sensível para estas plataformas – cf. a respeito Rochet e Tirole (2003).

[13] Note-se que, dos exemplos de comércio eletrônico apresentados, apenas o Mercado Livre atua somente como *marketplace*, sem estoque próprio de produtos.

[14] Acerca das hipóteses de responsabilização do *marketplace* e dos fornecedores albergados em sua plataforma, cf. Longhi (2017:266-271).

de "ganhá-los" no sentido de fidelização comercial, traduzida em transações recorrentes. Como resultado, assim como os feirantes medievais organizavam as "regras do jogo", ou seja, o funcionamento de seu mercado (Irti, 2001), as plataformas digitais navegam também pelo complexo quadro de alinhar incentivos econômicos; lidar com a racionalidade limitada dos agentes em contenda;[15] equilibrar as comunicações, tendo em vista as diferenças culturais e de ambiente jurídico e histórico dos "compradores" e "vendedores", potencialmente enormes; e planejar cautelosamente sua indução a mudanças na distribuição dos recursos em jogo – sejam os produtos transacionados, sejam os pagamentos retidos ou a serem devolvidos. Como *instituição*, os *marketplaces* possuem regras formais e informais e mecanismos de *enforcement* (North, 1990): a conformação de cada mercado, nessas bases, está longe de ser uma "solução de eficiência", refletindo escolhas conscientes pelo *marketplace*, além de choques e barganhas sociais constantes.[16]

Evidentemente, além da hercúlea tarefa de analisar e reagir a esses fatores, o regime jurídico vigente importa muito para os *marketplaces*, com destaque para as regras de responsabilização no campo das relações de consumo.

No Brasil, o Código de Defesa do Consumidor (Lei nº 8.078, de 11 de setembro de 1990), no bojo das previsões da Constituição de 1988 acerca da tutela dos consumidores, suplantou a histórica tolerância do direito brasileiro com a imposição de regras, nos contratos de consumo, pelos fornecedores de produtos e serviços.[17] Reconheceu, então, a vul-

[15] Os conceitos de "racionalidade limitada" (*bounded rationality*) e "oportunismo" (*opportunism*) são adotados pela nova economia institucional, em lugar do axioma da racionalidade instrumental, para, ainda no domínio da economia neoclássica, explicar a interação humana limitada por informação e capacidades cognitivas insuficientes e imperfeitas (North 1995:17-20).

[16] Na medida em que análises de sociologia econômica possam ser úteis para o planejamento das interações dos *marketplaces*, cumpre situar adequadamente a economia e outras esferas sociais: Granovetter (1985:483-487) rejeita tanto sua subsocialização – própria dos "formalistas" econômicos, de Thomas Hobbes à economia neoclássica atual – quanto sua supersocialização, típica nas análises sociológicas do mercado (e visível também em autores jurídicos, como Irti (2001), que hipervaloriza a dimensão jurídica da conformação dos mercados, desdenhando o papel dos agentes e das dinâmicas econômicos).

[17] Siqueira e Filho (2018) anotam a importância da Resolução nº 39/248, de 1985, da Organização das Nações Unidas, para o reconhecimento da vulnerabilidade dos consumidores e a promoção de sua proteção em diversas jurisdições.

nerabilidade do consumidor, exigindo ações governamentais para protegê-lo efetivamente (Grinover e Benjamin, 2004:6-7). Compôs-se um sistema de proteção amplo, com agências governamentais especializadas nos três níveis federativos, ativa participação do Ministério Público e de entidades não governamentais e normas protetivas ao consumidor mescladas com garantias de acesso à justiça.

O atual panorama judicial brasileiro reflete estas políticas públicas: ações referentes a conflitos de consumo respondem por uma parcela expressiva do estoque judicial e das novas demandas (ABJ, 2017).[18] A confiança nas soluções judiciais é tanta que suscita, inclusive, discussões sobre se seria uma obrigação do consumidor procurar a empresa fornecedora para resolver seus impasses antes de acionar o Poder Judiciário.[19] O caráter retrospectivo das decisões judiciais, todavia, faz com que seus mecanismos tradicionais não estejam bem situados para evitar a deflagração do conflito, nem para identificar a causa ou o momento exato de sua ocorrência, dada a perspectiva *ex post*, não *ex ante*, da prestação jurisdicional típica.[20]

Os *marketplaces*, além de acionados judicialmente, por óbvio buscam a prevenção dos conflitos, a ADR e a ODR para lidar com a proliferação de disputas, massificadas ou complexas.[21] É justamente diante deste quadro que a ODR pode ser entendida como capaz de aumentar o acesso à justiça no campo dos conflitos de consumo[22] e como ferramenta para aprimorar a prestação jurisdicional e a ADR já exitosas.

[18] Conflitos de consumo constituíam, ao menos até 2015, a causa mais comum de demandas propostas em juizados especiais cíveis, concentrando-se naqueles relativos a serviços bancários, telefonia, planos de saúde e transporte aéreo ou terrestre (Silva, 2015:34-38).

[19] Tal debate foge ao escopo deste texto. Cf. a respeito Siqueira e Filho (2018:466-470), que entendem haver "uma relativização extremada da regra que veda expressamente a apreciação do mérito de uma ação judicial quando ausente o interesse processual" no campo das relações de consumo, em vista da adoção, pelos juízes, do "atual paradigma brasileiro de acesso à justiça sem a necessária observância das regras processuais atinentes às condições da ação".

[20] A ADR, em oposição, potencialmente se presta à reconstrução das relações das partes com foco em "a structuring of the future" (Menkel-Meadow et al, 2005:267).

[21] "The expansion of ODR in the consumer context is not simply about reducing the cost of resolving disputes that could be settled face to face. It is mostly about finding innovative ways to settle niche disputes which otherwise would remain unresolved due to the high costs of litigation (not to mention cross-border challenges of conflict of laws) and face to face ADR methods." (Cortés, 2012:140).

[22] Cf., por todos, Cortés (2012:141-143).

Porém, uma estratégia empresarial ampla que invista em ODR precisa equacionar diversos problemas: como ter um sistema eficaz de resolução de disputas? Como custear a ODR sem prejudicar a justiça procedimental?[23] A partir de que momento as tentativas de autocomposição podem ser abandonadas? Os mecanismos de ODR devem ser obrigatórios para os participantes dos *marketplaces*? Apenas para alguns deles, como os ofertantes? As respostas a estas questões não são triviais e, como se verá abaixo, não estão sedimentadas nem mesmo nas iniciativas de ODR consideradas exitosas.

3. Experiências de ODR voltadas aos conflitos de consumo

Apesar de recentes, as experiências com ODR são bastante prolíficas, em especial com relação a disputas entre consumidores e ofertantes de produtos e serviços. Antes de discutir exemplos concretos, porém, duas considerações gerais sobre sua aplicação a conflitos de consumo são pertinentes.

Em primeiro lugar, sublinha-se que a ODR privada pode oferecer inúmeras soluções de efetividade na arena das relações de consumo sem a necessidade de decisões vinculantes. Em outros termos, a ODR nem sempre se caracteriza como um meio para obter coisa julgada, nem como *enforcement* – que os consumidores, ofertantes de produtos e serviços e *marketplaces* podem buscar nos tribunais ou em outros mecanismos estatais, como sanções administrativas, listas de empresas com determinados problemas mantidas pelo poder público (*naming and shaming*) etc. Em sentido inverso, entre as formas privadas de buscar o cumprimento das decisões decorrentes de ODR, quer negociadas, quer impostas às partes, destacam-se os sistemas de retenção ou devolução de valores, como estornos (*chargebacks*) de cartões de crédito, programas de proteção do comprador e sistemas de reputação, como os adotados por *marketplaces* para avaliar vendedores e compradores, ou mesmo manifestações dos consumidores em redes sociais[24] (Koulu, 2015:59-62).

[23] Cf., sobre os desafios de justiça procedimental enfrentados pela ODR, Arbix (2017:171-178). Hörnle (2009:182-186) destaca, além das obrigações afins ao devido processo, que os custos precisam ser previsíveis para o consumidor.

[24] "Consumidores descontentes com a experiência de resolução de conflitos expõem com muita facilidade a empresa na mídia, com a força próxima da campanha publicitária." (Poloni, 2018:91).

A aludida efetividade destas alternativas a decisões judiciais ou arbitrais é fundamental porque, no contexto das relações de consumo surgidas em *marketplaces*, a hipossuficiência do consumidor é expressiva, tanto porque em geral o pagamento já foi realizado para o fornecedor de produtos ou serviços quanto porque as empresas possuem experiência em lidar com reclamações de consumidores. Ainda que a ODR possa reequilibrar assimetrias informacionais durante a resolução da disputa (Arbix, 2017:174-175), atenuando o segundo problema, é preciso que haja certeza de que as decisões favoráveis ao consumidor serão cumpridas, mesmo que o ofertante já tenha sido remunerado. E é preciso respeitar diretrizes de ordem pública que dificultam, quando não impedem, a adesão do consumidor a mecanismos de ADR ou ODR que resultem em decisões vinculantes.[25]

Em segundo lugar, é preciso atentar para os limites da ODR. A tecnologia em geral nem sempre é necessária e conveniente para a resolução de conflitos. A ODR, em particular, pode ser inadequada nos casos em que, para uma ou mais partes, a exclusão digital seja intransponível. Ademais, como para a ADR em geral, é crucial que a resolução de conflitos não seja obtida em detrimento de direitos de terceiros ou da ordem pública.[26]

3.1. ODR em *Markeplaces*

Desde os primórdios da Internet, já se aventava a possibilidade de "resolver conflitos online". As experiências iniciadas em salas de chat e plataformas de comércio eletrônico ainda nos anos 1990 atrelaram as novas tecnologias à ADR tradicional, em particular à negociação assistida e à

[25] Contratos de consumo no Brasil, por exemplo, não podem "determin[ar] a utilização compulsória de arbitragem" (Lei n. 8.078, de 11 de setembro de 1990, art. 51, VII). Só será lícita a cláusula compromissória consentida pelo consumidor de forma apartada do contrato de consumo, contanto que a arbitragem verse somente sobre direitos disponíveis (Carmona, 2009:52-53).

[26] Imposições de ordem pública expressam-se, por exemplo, na forma de direitos inalienáveis: "In the consumer context, it would be necessary to distinguish between the rights that should not be waived by the parties (e.g. human rights) while other rights could be considered dispositive rights (e.g. right to return the goods)" (Cortés, 2012:157). Sobre as preocupações com a agravamento de assimetrias de poder e de informação pela ADR (ou ODR) e com as tensões entre autonomia privada e interesse público suscitadas pela resolução privada de conflitos, cf. Arbix (2017:50-55/166-187).

mediação. Estas se beneficiavam de mensagens de texto e coleta de dados, sem prescindir da intervenção humana semelhante à que ocorreria offline, como a atuação de neutros para incentivar a composição das partes, auxiliando suas comunicações, filtrando mensagens improdutivas, testando a viabilidade das alternativas para resolver as contendas e revisando, em conjunto com as partes, seus interesses e objetivos (Katsh e Rifkin, 2001:45-70; Rule, 2002:44).

A evolução da ODR no seio dos *marketplaces* deve-se, em larga medida, às inovações da multinacional americana eBay. Além de gerir a plataforma eBay, maior mercado de produtos usados do mundo, o processador de pagamentos PayPal e outros *marketplaces* (segmentados por indústria, como a página de venda de ingressos StubHub, ou por país, como Gumtree no Reino Unido e Kijiji no Canadá), a empresa há décadas lida com transações internacionais. Consequentemente, facilitar a resolução de disputas entre "compradores" e "vendedores" tornou-se um imperativo para a eBay e motivou inúmeros testes e avanços ao longo dos anos (Sela, 2017:671).

Em 1997, a eBay instituiu um programa-piloto de mediação online, com adesão de 80% dos compradores convidados para mediação e acordos na maioria dos casos mediados. A arbitragem online, utilizada mais adianta pela empresa em casos de maior valor, não foi testada naquele momento porque parecia mais simples garantir a adesão da parte reclamada a um mecanismo autocompositivo e a ausência de documentação formal para registrar o resultado da mediação não assomava como obstáculo para o cumprimento dos acordos (Katsh et al, 2000). É digno de nota que a eBAy já contava com um sólido sistema de reputação, que atribuía "notas" aos vendedores (e à época também aos compradores) conforme suas avaliações por partes com as quais houvessem interagido[27] - mostrar cooperação e disposição para resolver contendas de forma consensual certamente entrava no cálculo das partes sobre sua

[27] "Consumer complaint websites and online marketplace feedback mechanisms mark another future pathway for ODR process design: leveraging the online economy of reputation to level the playing field, regulate behavior, and enforce dispute resolution outcomes. In recent years, online reputation has become an impactful tool, fueled by the increased availability and accessibility of information online, the prevalence of social networks, and the constantly improving ability to collect, recognize, analyze, and represent information." (Sela, 2017:676).

reputação e, como resultado, facilidade para celebrar novas transações no futuro (Katsh e Rifkin, 2001:114-116).

O êxito desta primeira experiência fez com que a empresa investisse em ODR, priorizando a agilidade na resolução dos conflitos e reconhecendo que nem sempre a precisão seria maximizada (Rogers et al, 2013:24-25). Após parcerias com selos de qualidade online (que davam notas aos vendedores da plataforma), a eBay apostou, em 2000, em tecnologias novas de uma empresa que já lhe fornecia verificações de endereço e de higidez financeira certificadora, a SquareTrade. O sistema de resolução de controvérsias organizado por ela para a eBay, dedicado às causas-raiz mais frequentes das disputas entre compradores e vendedores (Katsh e Rifkin, 2001:66), continha um modulo de negociação automatizada, gratuito, e um de mediação online, subsidiado pela eBay, que custava às partes 15 dólares. A mediação era proposta caso a negociação assistida não resultasse em acordo, após as partes serem estimuladas a prover informações sobre a disputa, receberem soluções possíveis (a partir de uma lista de ações predefinidas)[28] e, de forma assíncrona, concordarem com uma mesma alternativa para dirimir o conflito (Lodder e Zeleznikow, 2010:76-77).

eBay e SquareTrade promoveram a resolução consensual de milhões de disputas entre compradores e vendedores. Em 2008, no entanto, a eBay modificou seu sistema de reputação, que deixou de avaliar compradores, e organizou por conta própria seu centro de resolução de controvérsias. A integração da ODR ao *marketplace* da eBay viabilizou a identificação antecipada dos conflitos, a infusão de informações nos mecanismos de resolução propriamente ditos e até mesmo a tomada de medidas com base em sinais de que um conflito poderia vir a eclodir. A empresa passou a custear completamente as tecnologias com essas finalidades, aperfeiçoando-as ao longo do tempo, por enxergar em qualquer reclamação, mesmo as de baixo valor, um possível prejuízo para a credibilidade de sua plataforma.[29] Para superar barreiras linguísticas, a eBay também assegurou que as comunicações entre as partes pudessem ocorrer, da perspectiva de cada uma, em seu próprio idioma,

[28] As soluções sempre dependiam de implementação pelas partes e incluíam, entre outras opções, reenvio do produto, descontos em compras futuras, devolução de valores, modificação do *feedback* sobre a outra parte e brindes.

[29] Cf. descrição detalhada das experiências da eBay com ODR em Arbix (2017:123-133).

mesmo em controvérsias sobre transações internacionais. Além de mecanismos de ODR, a empresa oferece às partes de determinadas transações arbitragem tradicional e cobertura completa dos riscos (Katsh et al, 2000:728-731).

Com a total assimilação da ODR a seu *marketplace*, a eBay começou também a reestruturar seu atendimento aos consumidores. Via de regra, a empresa passou a reembolsá-los por compras que originassem reclamações, buscando do vendedor o ressarcimento por despesas com frete nos casos de produtos não recebidos ou com reembolsos causados por diferenças entre o produto recebido e o que fora ofertado. A simplificação de canais de reclamação gerou um aumento de problemas que chegam ao conhecimento da empresa e iniciativas para evitar o acirramento de ânimos em quem os experimenta e fomentar a autocomposição, como fóruns de usuários e comunicações diretas entre vendedores e compradores (Smith e Martinez, 2009:154-156).[30] No campo do *enforcement* privado, as medidas que alavancam os mecanismos de ODR da eBay também aceleram a reparação de danos determinada no atendimento aos consumidores, como estornos, reembolsos e retenção de pagamentos, em parceria com bandeiras de cartão de crédito e a PayPal, do grupo eBay (Hörnle, 2009:42-43).

Por fim, a eBay realizou de 2008 a 2012 testes para contar com os participantes de seu *marketplace* na organização de ODR inspirada em júris populares. Após recrutar determinados compradores como "jurados", conhecedores das "regras do jogo" da plataforma, [31] a empresa submeteu algumas disputas para seu julgamento e acompanhou os resul-

[30] "eBay, by studying patterns of disputes and developing a system that can handle large numbers of repetitive types of conflicts, has managed to resolve such disputes early on and at a low cost (an essential feature given the low dollar value of many, although certainly not all, eBay transactions). No less important though has been the contribution of eBay's ODR system to the realm of dispute prevention. By studying the data uncovered in the dispute resolution processes, eBay has managed to uncover most common sources of problems and to structure information and services on its site so that these problems do not recur." (Rabinovich-Einy e Katsh, 2012:42)

[31] Cf. Zekoll (2013) sobre as referências compartilhadas pelos participantes de *marketplaces* como a eBay, as normas sociais decorrentes de sua interação e o relacionamento destas normas com o direito estatal aplicável às condutas de ofertantes e consumidores (possivelmente oriundo de múltiplas jurisdições simultaneamente).

tados gerais e o alinhamento entre cada julgador e as regras de decisão (Sela, 2017:660-661).[32]

Inúmeros outros *marketplaces* investiram em soluções similares às experimentadas pela eBay – negociação assistida, mediação, sistemas de reputação, arbitragem e júris online. Embora cada *marketplace* tenha características próprias, todos compartilham a necessidade de conciliar, na adoção da ODR, velocidade e simplicidade, de um lado, e procedimentos tidos como justos, de outro. Precisam, também, sintonizar as alternativas colocadas às partes conforme o perfil dos conflitos.

No que diz respeito a disputas simples, as preocupações de ordem pública ficam em segundo plano: os direitos em questão tendem a inscrever-se no campo da autonomia privada, dificilmente terceiros seriam afetados pelo resultado da ODR e assimetrias entre as partes tendem a ser menos relevantes, ou passíveis de reequilíbrio pelos ambientes e procedimentos de resolução de conflitos. Como exemplos deste universo, temos na esfera do comércio eletrônico atrasos na entrega da mercadoria comprada ou erros com relação à quantidade ou à qualidade dos produtos adquiridos. Em outros *marketplaces* há também volume expressivo de casos semelhantes, como a ausência de um equipamento (uma cama, por exemplo) num imóvel alugado temporariamente, ou condições de higiene inadequadas em um veículo no caso de plataformas voltadas à mobilidade. Mesmo divergências referentes aos *feedbacks* públicos inseridos nas plataformas por "compradores" e "vendedores", ou seja, reclamações sobre os sinais reputacionais vindos de terceiros e considerados equivocados, costumam cingir-se às partes e poderem ser resolvidos amigavelmente sem ofensa ao interesse público, ainda que possivelmente afetem direitos de personalidade, indisponíveis, ou mesmo o direito fundamental à livre expressão. Pelo valor em jogo nestes conflitos, ademais, dificilmente desembocariam em ações judiciais: tais demandas tendem a ser represadas na ausência de um mecanismo de ODR.

Para controvérsias mais complexas ou para aquelas em que matérias de ordem pública se sobressaem, os *marketplaces* utilizam estratégias diferentes da ODR. Reclamações sobre violação das políticas da plata-

[32] A autora lista também júris online ainda em funcionamento, dos *marketplaces* Marketplaats (Holanda) e TaoBao (China).

forma, violação de direitos de terceiros (que não seus "compradores" e "vendedores"), como direitos autorais, e identidades falsas são endereçadas a canais especializados e, em muitos casos, direcionadas diretamente ao poder público (Arbix, 2017:130-131).

3.2. ODR descolada dos *markeplaces* e murais de reclamação

Iniciativas de ODR com vocação universal, abertas à resolução de quaisquer conflitos, têm mais dificuldade para prosperar do que aquelas especializadas em disputas específicas ou as que já contam com alguma proximidade com as partes – dois fatores que favorecem o desenho de sistemas de resolução de conflitos que abracem a ODR diretamente pelos *marketplaces.*[33] Há, entretanto, amplo espaço para tecnologias que aproximem consumidores e empresas, inclusive às margens de plataformas nas quais tenham transacionado, e que podem ser cruciais para a resolução de suas controvérsias. Duas frentes importantes, nesse esteio, são os murais de reclamação online e a combinação de mediação com análise de dados sobre os conflitos.

Ofertantes de ODR no segundo formato podem auxiliar as empresas a reconquistar a confiança de seus consumidores, mesmo em casos de transtornos relacionais, como em meio a cobranças ou a contenciosos judiciais. A mediação online, quiçá a forma de ODR mais promissora para equacionar conflitos com alta carga emocional, já vem sendo utilizada largamente: além dos conflitos de consumo, visam também disputas entre empresas e trabalhadores e entre empresas e fornecedores, e até mesmo entre pessoas naturais, por exemplo para divórcios consensuais (HIIL, 2016). É alvissareiro, nesse sentido, que diversas empresas nascentes no Brasil tenham foco em ODR para conflitos de massa.[34]

[33] "Iniciativas com o fito de abraçar quaisquer controvérsias, nas quais uma das partes precisa convocar as demais a participarem do mecanismo de ODR (*open doors*), tendem a não funcionar. [...] Os mecanismos de ODR tidos como mais bem-sucedidos são os geridos pelas instituições nas quais os conflitos originam-se, ou por aquelas que emprestam conhecimento especializado para sua resolução. Uma plataforma de comércio eletrônico, uma câmara de comércio ou uma associação de indústria, por exemplo, beneficiam-se da reputação já existente e da proximidade com determinadas controvérsias para albergar mecanismos de ODR, muitas vezes oferecidos gratuitamente" (Arbix, 2017:83).

[34] E.g. Justto, disponível em <https://justto.com.br>; MOL, disponível em <https://www.mediacaonline.com>; D'Acordo Mediações, disponível em <http://www.dacordo.com.br>.

Ao testar abordagens diferentes,[35] seus mecanismos podem ser aprimorados quer com relação aos procedimentos, quer com o enriquecimento de dados que incremente as chances de uma solução consensual, conforme o perfil das partes em conflito.

Com respeito ao primeiro formato assinalado para a resolução privada de conflitos de consumo, a premissa é de que reclamações públicas sobre ofertantes de produtos e serviços podem desestimular más práticas, na medida em que cheguem ao conhecimento de outros clientes potenciais (Rule, 2002:292-293). Quanto mais um determinado mural de reclamações online for utilizado, mais forte se torna seu sistema reputacional: tanto pelo volume de dados e de interações entre consumidores e fornecedores quanto pela maior atenção dispensada por potenciais consumidores às informações nele disponíveis. Em suma, a credibilidade dos murais de reclamação online está associada a sua centralidade nas pesquisas de consumidores potenciais e nas postagens de consumidores insatisfeitos, uma vez que ambos os grupos podem aproveitar os sinais positivos ou negativos e contribuir para que eles se proliferem e se tornem mais precisos.

Assim, reclamações de consumidores muitas vezes não se destinam diretamente aos ofertantes de produtos e serviços envolvidos na contenda, nem aos *marketplaces* nos quais a relação de consumo se estabeleceu, sendo publicadas em murais como Gripevine, Reclame Aqui e Peopleclaim.[36] A esperança dos consumidores nesses casos, por certo, é que as empresas se sintam convocadas a resolver o problema apontado, com a cautela adicional decorrente de o fazerem sob escrutínio público.

Uma nota final acerca destes murais online é que as indicações que albergam, positivas ou negativas, podem não refletir a realidade, disparando conflitos adicionais. Elogios ou reclamações podem basear-se em erros de interpretação, falhas técnicas, inverdades ou motivos etica-

[35] Os testes A/B feitos por tais empresas são testes automatizados, por meio dos quais fatores como detalhes das interfaces gráficas, texto das mensagens e timing das comunicações, entre outros, podem ser recebidos pelos usuários da solução tecnológica de maneiras diferentes, ou seja, com variações controladas alcançando apenas pequenos grupos de usuários. Estes testes são realizados a fim de verificar empiricamente quais ajustes contribuem para as metas da solução tecnológica, sem os riscos de lançamento de uma versão de teste para o conjunto de seus usuários.

[36] Disponíveis, respectivamente, em <https://gripevine.com>; <https://www.reclameaqui.com.br>; e <http://www.peopleclaim.com>.

mente condenáveis, como por exemplo exigências absurdas feitas por um consumidor ligado a uma empresa concorrente do fornecedor reclamado. Por isso, os administradores de tais murais precisam monitorar constantemente seu funcionamento e, caso criem canais de comunicação próprios para que empresas e consumidores dialoguem, precisam gerir tanto o conflito original quanto eventuais contendas secundárias surgidas por força das comunicações das partes.[37]

3.3. Iniciativas públicas: de "centrais de distribuição" à resolução judicial

Em meio à profusão de experiências de ODR, destacam-se os esforços de entidades governamentais, seja com soluções próprias, seja com listas de provedores de ADR e ODR, em diversos arranjos com empresas privadas, com vistas a promover estas formas de resolução de disputas.

Na Europa, o econsumer.gov foi criado com o objetivo de padronizar os pedidos e facilitar a compreensão dos pleitos dos consumidores pelas empresas, em especial nas reclamações originadas de relações de consumo transfronteiriças (Comunidades Europeias, 2013). A plataforma, lançada em 2013, procurava explicar às partes insatisfeitas como seus conflitos poderiam ser resolvidos, indicando os custos, tempo esperado e efeitos de cada alternativa. Com isso, buscou-se promover ADR e ODR para facilitar a resolução de disputas que atravessavam fronteiras e agregavam partes de países, culturas e idiomas diferentes, em qualquer setor da economia, para transações offline e online. Centenas de provedores de ADR e ODR ganharam o holofote da plataforma, oficialmente promovida pelas empresas de comércio eletrônico atuantes na Europa em suas páginas na Internet e aplicativos.

A segunda versão da plataforma europeia, lançada em fevereiro de 2016, buscou lidar mais diretamente com os desafios colocados aos

[37] "Services such as Gripevine are more akin to consumer advocacy agencies or customer care agents than to ODR systems, in the sense that they assist complainants in seeking redress from large goods and services providers rather than render decisions that settle the dispute. However, used in a coordinated fashion and in compliance with basic procedural rules and due process safeguards, this model has the potential to evolve into a new type of ODR. The realization of this process design depends on ensuring the accuracy and effectiveness of its shaming whip. Accordingly, it would require instituting a feedback quality control process and creating a sufficiently large user-base to produce accurate reputational scores and a meaningful economic impact." (Sela, 2017:678).

consumidores. O preenchimento de um formulário online pelo consumidor, ponto-de-partida para a análise do caso, transfere para o fornecedor de produtos ou serviços o ônus de propor um mecanismo de resolução de disputas dentre os previamente avalizados pela plataforma. A seguir, com a concordância tanto do consumidor quanto do fornecedor, a plataforma transfere automaticamente a demanda para o prestador de ADR ou ODR escolhido, que precisa reportar um resultado em até 90 dias.

No Brasil, a plataforma consumidor.gov.br, gerida pela Secretaria Nacional do Consumidor e ancorada em parcerias com Procons estaduais, órgãos do Ministério Público e da Defensoria Pública e Tribunais de Justiça, recepciona as reclamações de consumidores e hospeda sua avaliação sobre contatos posteriores pela empresa reclamada. De seu lançamento em 2014 até o final de 2017, a plataforma recebeu o cadastro de mais de 800.000 consumidores e mais de 400 empresas, e registrou acima de um milhão de reclamações (SENACON, 2017).[38] Embora inspirada na plataforma europeia, a iniciativa brasileira não encaminha os conflitos diretamente a provedores de ADR ou ODR; confia nos sinais reputacionais como estímulo para a adesão voluntária das empresas e para o engajamento das partes em conflito, publicando dados pulverizados por empresa, mas também estatísticas por indústria e tipo de conflito.

A integração plena da mecanismos de ODR a órgãos judiciários pode ser levada a cabo sob vários formatos. As soluções de ODR próprias desses órgãos muitas vezes destinam-se a controvérsias padronizadas, como embates entre condôminos e cobranças de valores líquidos.[39] Muitas estão, contudo, voltando-se a disputas de baixo valor em geral, inclusive aquelas relativas a problemas entre consumidores e empresas no comércio eletrônico,[40] ou apostando na ODR como porta de entrada para

[38] O relatório da Secretaria Nacional do Consumidor indica que o tempo médio de resposta na plataforma é de 6,3 dias, as empresas respondem à quase totalidade das reclamações e o índice médio de soluções de 80,8% (SENACON, 2017). Cf. Dias et al (2018), que apresentam críticas severas a estas estatísticas, em especial ao índice de reclamações consideradas resolvidas, que parecem corresponder a menos da metade do percentual apontado pela Secretaria.

[39] E.g. Money Claim Online, disponível em <https://www.moneyclaim.gov.uk>.

[40] E.g. Irish Commercial Court, disponível em <http://www.citizensinformation.ie/en/justice/courts_system/commercial_court.html>.

acelerar e tornar mais precisa a avaliação da controvérsia e seu encaminhamento ao mecanismo de resolução de disputas mais adequado.[41]

No Reino Unido, está em marcha um processo de digitalização dos tribunais e de mobilização de tecnologias da informação e comunicação para que o judiciário britânico filtre as disputas e assessore as partes por meio de ODR, aplicada à avaliação, à facilitação e, inclusive, à adjudicação das causas (Civil Justice Council, 2015). Nos Países Baixos, diagnósticos convergentes combinam-se a experimentos com supervisão judicial (HIIL, 2016:80-84). A visão de que os órgãos judiciários precisam interagir com e abraçar modalidades de ODR vem se disseminando (Sela, 2017:670-672),[42] inclusive no Brasil, onde a integração da plataforma consumidor.gov.br com o Poder Judiciário foi defendida para aumentar a efetividade das resoluções de conflitos de consumo (ABJ, 2017).[43]

4. Tecnologia e prevenção de conflitos

Como visto, *marketplaces* como a eBay, assim como plataformas de conteúdo online e órgãos judiciários, vêm testando tecnologias de prevenção de conflitos, vinculadas a mecanismos próprios de ODR ou alimentadas por dados gerados na resolução de disputas por ODR de terceiras partes.[44] Progressivamente mais elaboradas, tais tecnologias fundamentam-se em diagnósticos sobre causas-raiz, mas também em percepções e avaliações das partes que vivenciaram um conflito, ou fatos que outras partes teriam qualificado como um conflito. A compreensão do estado emocional das partes em transações online, por exemplo, pode burilar

[41] E.g. British Columbia Civil Resolution Tribunal, disponível em <https://civilresolutionbc.ca>.

[42] "It can be argued that the ODR of the future [...] will be predominantly public-operated or monitored" (Cortés, 2012:161).

[43] "Além de ser a solução com maior impacto esperado para evitar novos processos, é tecnicamente viável, de baixo custo e seu impacto é mensurável. [...] Nossa proposta para desafogar os tribunais e evitar novos pleitos é criar um fluxo para direcionar as demandas ao consumidor.gov.br antes de levar o problema a juízo. Seguindo esse trânsito, garantimos que houve uma tentativa de comunicação entre as partes através do consumidor.gov.br, sem gerar demandas adicionais ao judiciário e ao consumidor." (ABJ, 2017:111).

[44] "ODR can offer added value to businesses that are interested in avoiding complaints from escalating to disputes." (Cortés, 2012:143).

filtros para demandas e gatilhos para comunicações entre as partes ou entre elas e terceiros neutros.

Nestas bases, a importância do atendimento ao consumidor para a retenção de consumidores existentes e para a conquista de novos consumidores motiva investimentos em tecnologia, inclusive porque as políticas de acordo das empresas dependem, de partida, de uma análise de custo-benefício acerca do valor de reter um consumidor existente (Grainer et al, 2015:13-15).[45] Em centrais de atendimento, uma preferência clara à prevenção, em lugar da resolução de conflitos, tende a ser traduzida em diretrizes claras para evitar que reclamações escalem, quer com amparo em tecnologias preditivas, quer com o apoio de indicadores claros para pacificar o conflito e reter o consumidor, ou seja, um mapeamento dinâmico dos casos em que ações reparativas se revelem favoráveis em termos econômicos e a apresentação de alternativas tão cedo quanto possível.[46]

Nesta seara, de autocomposição entre consumidores e ofertantes de produtos ou serviços, ou entre consumidores e *marketplaces* (com ou sem a participação dos fornecedores diretos), as empresas possuem, sem dúvida, obrigações de transparência, prestação de informações adequada, explicações oportunas aos consumidores sobre seus direitos, isto é, de tornar concretas as proteções tradicionais das normas que regem as relações de consumo. Em *marketplaces* B2B nos quais não haja propriamente contratos de consumo, a boa-fé contratual também pautará as comunicações entre as partes, em linhas semelhantes ao que as normas consumeristas requereriam.

Não há nessa esfera, entretanto, imposições de deveres processuais – como o devido processo legal – para dar os contornos dos diálogos diretos e da busca de uma solução consensual entre consumidor e empresa. Essa divisão entre o momento anterior ao conflito deflagrado e, tradicionalmente,[47] o ajuizamento de uma ação judicial, tende a se situar

[45] "[O]s serviços de atendimento ao consumidor constituíram-se em vantagem competitiva para as empresas." (Tropardi, 2009:388).

[46] Grainer et al (2015:5-7) expõem a recomendação universal, para empresas que lidam com reclamações de consumidores, de promover a resolução já no primeiro contato, evitando-se ao máximo o "ping-pong" entre consumidor e empresa, ou seja, a necessidade de múltiplos contatos daquele para obter uma resposta desta.

[47] Exige-se, para o início de um processo judicial, em regra, uma pretensão resistida (Carnelutti, 1997:28).

em uma zona cinzenta. Em outras palavras, a inexistência de *lide*, no sentido tradicional de conflito de interesses qualificado por uma pretensão resistida,[48] significa que as partes podem interagir livremente, respeitadas as balizas mencionadas anteriormente sobre transparência, boa-fé e informação plena. Na ausência de controles relacionados com justiça procedimental, cabe aos ofertantes e contratantes de ODR, portanto, assegurar que não haja abusos, especialmente se houver medidas de efetividade contundentes em jogo.[49]

De qualquer forma, a distância entre os serviços de atendimento ao consumidor e a resolução de disputas pode estar se encurtando, em especial nos *marketplaces*. Para a esmagadora dos conflitos decorrentes das relações de consumo, este pode ser um ótimo sinal, principalmente porque mais desses conflitos podem ser evitados, em lugar de tratados ou, em muitas das formas de resolução de disputas hoje acionadas no Brasil, acirrados.[50]

Conclusões

A ODR está se tornando cada vez mais uma aliada fundamental para formas autcompositivas de resolução de disputas. Se integrada a medidas que garantam a efetividade das soluções alcançadas, ainda que não

[48] O uso do termo ODR é associado, por alguns autores, apenas às formas tradicionais de resolução de controvérsias – e.g. "Even when disputes arise, ODR providers ought to be used as the last resort to resolve those disputes which cannot be resolved at an earlier stage between the business and the consumer." (Cortés, 2012:144). Diverge-se deste uso, naturalmente, à luz das iniciativas autocompositivas de ODR.

[49] "Private enforcement is a new item on the agenda and it is still unclear exactly how it will or even can be regulated." (Koulu, 2015:62). Para que decisões decorrentes da ODR possuam força vinculante (de coisa julgada), é preciso que sejam reconhecidas pelos tribunais nacionais, para o que são necessários o consentimento das partes e o atendimento de devido processo legal mínimo e garantias de transparência. Para outras modalidades de ODR, é preciso atentar à legalidade e aos impactos das tecnologias empregadas sobre a dignidade da pessoa humana. Nesse sentido, é importante que se combatam preconceitos ou vieses cognitivos problemáticos; não se acentuem assimetrias de poder e de informação; os acordos e decisões não prejudiquem terceiros alheios à ODR; e procedimentos justos sejam garantidos – mesmo que isso não signifique, exatamente, o espelhamento de direitos processuais.

[50] "When an ODR system is operated by institutional intermediaries or disputants, identifying dispute patterns and their common causes paves the way for improving policies and conduct upfront, in order to prevent such disputes from arising in the first place." (Sela, 2017:680).

resulte em decisões vinculantes, ela pode ser enormemente benéfica ao pacificar inúmeros conflitos de consumo, reduzir os custos – inclusive emocionais – dos consumidores para dirimir suas contendas com ofertantes e *marketplaces*, e viabilizar a prevenção de controvérsias futuras. Seu emprego pode, também, modificar o quadro de congestão dos órgãos judiciários, seja com incrementos na resolução privada de disputas, especialmente por *marketplaces*, seja com a integração entre ODR privada e o setor público, seja com sua adoção pelo Judiciário.

Por fim, a ODR pode contribuir para uma mudança cultural mais ampla, favorável à cidadania brasileira em esferas outras além das relações de consumo. Ao facilitar a resolução de conflitos diretamente pelos envolvidos, ela pode nos auxiliar a superar a dependência do paternalismo estatal e a alcançar os ganhos sociais advindos da substituição da "cultura da sentença" pela "cultura da pacificação" (Watanabe, 2018).

Referências

ABJ – ASSOCIAÇÃO BRASILEIRA DE JURIMETRIA. 2017. Os Maiores Litigantes da Justiça Consumerista: Mapeamento e Proposições

Arbix, Daniel. 2017. Resolução Online de Controvérsias. São Paulo: Intelecto.

Carmona, Carlos A. 2009. *Arbitragem e Processo*: um comentário à Lei n. 9.307/96. 3ª ed. São Paulo: Atlas.

Carnelutti, Francesco. 1997. *Instituciones del proceso civil.* v. I. Tradução do espanhol por Santiago Sentís Melendo. Buenos Aires: El Foro.

CIVIL JUSTICE COUNCIL. 2015. *Online Dispute Resolution*: Online Dispute Resolution Advisory Group. Feb. 2015. Disponível em <https://www.judiciary.gov.uk/wp-content/uploads/2015/02/Online-Dispute-Resolution-Final-Web-Version1.pdf>.

Cortés, Pablo. 2012. "Online Dispute Resolution for Consumers – Online Dispute Resolution Methods for Settling Business to Consumer Conflicts", *in* Wahab, Mohamed S. A.; Katsh, Ethan; Rainey, Daniel (eds.) 2012. *Online Dispute Resolution:* Theory and Practice: a treatise on technology and dispute resolution. A Haia: Eleven. Pp. 139-161.

COMUNIDADES EUROPEIAS. 2013. Communication de la Commission au Conseil, au Parlement Européen et au Comité Économique et Social Européen – Stratégie communautaire en matière de politique des consommateurs pour la période 2007-2013: Responsabiliser le consommateur, améliorer son bien-être et le protéger efficacement. Disponível em <http://ec.europa.eu/transparency/regdoc/rep/1/2007/FR/1-2007-99-FR-F2-1.Pdf>.

DIAS, Daniel; QUIRINO, Carina C.; RODRIGUES, Eduarda O. 2018. "O balanço do consumidor.gov.br merece reclamação no próprio consumidor.gov.br ? Os dados precisam ser exatos", *Jota*, 05 abr. 2018. Disponível em <https://www.jota.info/opiniao-e-analise/artigos/o-balanco-do-consumidor-gov-br-merece-reclamacao-no-proprio-consumidor-gov-br-05042018>.

FALECK, Diego. 2018. *Manual de design de sistemas de disputas*: criação de estratégias e processos eficazes para tratar conflitos. São Paulo: Lumen Juris.

GRAINER, Marc; BROETZMANN, Scott; BEINHACKER, David; GRAINER, Richard. 2015. "A Promise Unfulfilled and What to Do About It – Complaint Handling Now", *in* NETNEUTRALS. 2015. *Online Dispute Resolution*: An International Business Approach to Solving Consumer Complaints. Pp. 1-17.

Granovetter, Mark. 1985. "Economic action and social structure: the problem of embeddedness", *The American Journal of Sociology*, vol. 91, n. 3, pp. 481-510.

GRINOVER, Ada P.; BENJAMIN, Antônio H. V. 2004. "Introdução". GRINOVER, Ada P. et al. 2004. *Código brasileiro de defesa do consumidor*: comentado pelos autores do anteprojeto. 8ª ed. Rio de Janeiro: Forense Universitária.

HENSLER, Deborah R. 2011. "How Economic Globalization is Helping to Construct a Private Transnational Legal Order", *in* MULLER, Sam; ZOURIDIS, Stavros; FRISHMAN, Morly; KISTEMAKER, Laura (eds.). 2011. *The Law of the Future and the Future of Law*. Oslo. Torkel Opsahl.

HIIL – HAGUE INSTITUTE OF INTERNATIONAL LAW. 2016. *ODR and the Courts*: The Promise of 100% Access to Justice? Online Dispute Resolution 2016. HiiL Trend Report IV. Disponível em <http://www.hiil.org/publication/trend-report-odr-courts>.

HÖRNLE, Julia. 2009. *Cross-Border Internet Dispute Resolution*. Cambridge. Cambridge University Press.

IRTI, Natalino. 2001. *L'ordine giuridico del mercato*. 4ª edição. Bari: Laterza.

KATSH, Ethan; RIFKIN, Janet. 2001. *Online Dispute Resolution*: Resolving Conflicts in Cyberspace. San Francisco. Jossey-Bass.

KATSH, Ethan RIFKIN, Janet; GAITENBY, Alan. 2000. "E-Commerce, E-Disputes, and E-Dispute Resolution: In the Shadow of eBay Law", *Ohio State Journal of Dispute Resolution*, v. 15, pp. 705-734.

KOULU, Riikka. 2015. "Where Law, Technology, Theory and Practice Overlap: Enforcement Mechanisms and System Design", in NETNEUTRALS. 2015. *Online Dispute Resolution*: An International Business Approach to Solving Consumer Complaints. Pp. 54-64.

LEUNG, Luciana L. 2017. "Decifrando o Fórum João Mendes: o que os números nos dizem?", Revista de Estudos Empíricos em Direito, vol. 4, n. 3, out. 2017, pp. 10-22.

LODDER, Arno R.; ZELEZNIKOW, John. 2010. *Enhanced Dispute Resolution Through the Use of Information Technology*. Cambridge. Cambridge University Press.

LONGHI, Maria Isabel C. S. 2017. "*Online marketplace* e seus desafios jurídicos", in Júdice, Lucas P. (coord.), Direito das Startups. Vol. II. P. 255-275.

MENKEL-MEADOW, Carrie J.; LOVE, Lela P.; SCHNEIDER, Andrea K.; STERNLIGHT, Jean R. 2005. *Dispute Resolution*: Beyond the Adversarial Model. Nova York. Aspen.

NORTH, Douglass C. 1990. *Institutions, institutional change and economic performance*. Cambridge: Cambridge University Press.

POLONI, Juliana. 2018. "A necessária mudança de paradigma sobre a experiência do consumidor na resolução de conflitos para fidelização da clientele", *in* RODAS, João; SOUZA, Aline; POLONI, Juliana; SILVA, Guilherme; DIAS, Eduardo (orgs.). 2018. *Visão Multidisciplinar das Soluções de Conflitos no Brasil*. Pp. 87-98.

RABINOVICH-EINY, Orna; KATSH, Ethan. 2012. "Lessons from Online Dispute Resolution for Dispute System Design", *in* WAHAB, Mohamed S. A.; KATSH, Ethan; RAINEY, Daniel (eds.). 2021. *Online Dispute Resolution*: Theory and Practice: a treatise on technology and dispute resolution. A Haia. Eleven. Pp. 39-59.

ROCHET, Charles; TIROLE, Jean. 2003. "Platform competition in two-sided markets", *Journal of the European Economic Association*, vol. 1, n. 4, pp. 990–1029, disponível em <http://www.rchss.sinica.edu.tw/cibs/pdf/RochetTirole3.pdf>.

ROGERS, Nancy; BORDONE; Robert; SANDER, Frank; MCEWEN, Craig. 2013. *Designing Systems and Processes for Managing Disputes*. Nova York: Aspen.

RULE, Colin. 2002. *Online Dispute Resolution for Business*: B2B, E-Commerce, Consumer, Employment, Insurance, and Other Commercial Conflicts. San Francisco: Jossey-Bass.

SASSEN, Saskia. 2006. *Territory, authority, rights*: from medieval to global assemblages. Princeton: Princeton University Press.

SELA, Ayelet. 2017. "The Effect of Online Technologies on Dispute Resolution System Design: Antecedents, Current Trends and Future Directions", *Lewis & Clark Law Review*, n. 21, 2017, pp. 633-682.

SENACOM – SECRETARIA NACIONAL DO CONSUMIDOR. 2018. Balanço consumidor.gov.br 2017. Disponível em <https://www.consumidor.gov.br/pages/publicacao/externo>.

SILVA, Paulo E. A. (coord). 2015. Perfil do acesso à justiça nos juizados especiais cíveis. CNJ – Justiça Pesquisa. Disponível em <http://www.cnj.jus.br/files/conteudo/arquivo/2018/02/9191c4972e1708e5e2775dcab21aed94.pdf>.

SIQUEIRA, Ricardo; FILHO, Humberto. 2018. "O empoderamento do usuário da internet e o desestímulo à judicialização", *in* RODAS, João; SOUZA, Aline; POLONI, Juliana; SILVA, Guilherme; DIAS, Eduardo (orgs.). 2018. *Visão Multidisciplinar das Soluções de Conflitos no Brasil*. Pp. 457-478.

SMITH, Stephanie E.; MARTINEZ, Janet. 2009. "An Analytic Framework for Dispute Systems Design", *Harvard Negotiation Law Review*, n. 14, 2009, pp. 123-169.

SUSSKIND, Richard. 2013. *Tomorrow's Lawyers*: An Introduction to your Future. Oxford: Oxford University Press.

TROPARDI, Nelcina C. O. 2009. "Alguns temas pontuais em direito do consumidor", in LOPEZ, Teresa A.; ÁGUIAR JR., Ruy R. (coords.). 2009. *Contratos empresariais*: contratos de consumo e atividade econômica.

UNCITRAL - UNITED NATIONS COMMISSION ON INTERNATIONAL TRADE LAW. 2018. "Report of Working Group IV (Electronic Commerce) on the work of its fifty-sixth session (New York, 16–20 April 2018)". Fifty-first session New York, 25 June–13 July 2018.

WATANABE, Kazuo. 2018. "Acesso à justiça e meios consensuais de solução de conflitos", *in* RODAS, João; SOUZA, Aline; POLONI, Juliana; SILVA, Guilherme; DIAS, Eduardo (orgs.). 2018. *Visão Multidisciplinar das Soluções de Conflitos no Brasil*. Pp. 99-104.

ZEKOLL, Joachim. 2013. "Online Dispute Resolution: Justice without the State?". Max Planck Institute for European Legal History – research paper series No. 2014-02. Disponível em <https://papers.ssrn.com/sol3/papers.cfm?abstract_id=2398976.>.

8. *Crowdfunding*: captação de recursos por meio de plataforma eletrônica de investimento participativo

Daniel Bushatsky
Wagner Doñate Rocco

Introdução

O Brasil ainda está muito longe de ter uma cultura de investimento. Nos Estados Unidos a cultura e educação financeira é difundida há mais de 50 anos, o que nutre um cenário de propensão às novas formas de investimento coletivo[1]. Esta problemática pode ser contornada por meio das novas tecnologias, especialmente o acesso irrestrito por meio da rede mundial de computadores, a desburocratização de formas de investimento e a possibilidade de aplicação de pequenas quantias financeiras, o que viabiliza a entrância de investidores no mercado.

[1] "Nos Estados Unidos, percebemos uma grande quantidade de sites e instituições envolvidos no processo de educação financeira e, segundo Bernheim, Garrett e Maki (1997), no país, 29 estados – do total de 50 estados e um distrito – entre 1957 e 1985, tornaram a educação financeira obrigatória nas escolas secundárias, com o objetivo de preparar os jovens para a vida adulta. Percebe-se, portanto, a inclusão da educação financeira no sistema de ensino nos Estados Unidos e, também, o envolvimento das instituições governamentais, financeiras e de organizações do terceiro setor." (Savoia, José Roberto Ferreira; Saito, André Taue and Santana, Flávia de Angelis. Paradigmas da educação financeira no Brasil. Rev. Adm. Pública [online]. 2007, vol.41, n.6, pp.1121-1141.)

A pulverização do investimento culmina também em benefício ao lado oposto, o empreendedor, com possibilidade de arrecadação de investimento de uma forma mais abrangente no mercado e fragmentado, sem ficar refém de grandes investidores institucionais para a consecução do projeto. Nasce assim o crowdfunding, uma forma de investimento coletivo em um negócio ("projeto"). A aplicabilidade extrapola o campo da sociedade empresária, inclusive pela possibilidade de contribuição no campo eleitoral com arrecadação de recursos por partidos políticos e candidatos à campanhas eleitorais.

Especificamente à possibilidade de participação societária, a recente autorização de criação de quotas preferenciais em uma sociedade limitada abre novo leque de oportunidades até então restrita às Sociedade Anônimas, estudada aqui como opção à modalidade de crowdfunding. É este o contexto de abordagem dos próximos capítulos, com a conceituação do crowdfunding como forma de investimento coletivo por meio de uma plataforma eletrônica, com a possibilidade da utilização da sociedade limitada, mais ágil e menos custosa que a sociedade anônima, como veículo para o sucesso do projeto.

1. Conceituação de Crowdfunding

Partindo de premissas lúdicas é possível emergir no estudo de uma forma menos impactante, pelo que se faz necessário abordar uma ideia, pessoal a quem a define, como ponto de partida. Imagine que você tem uma visão, um sonho de criar algo, mas infelizmente este sonho carece de investimento financeiro para se tornar realidade. Então você decide mostrar esse seu sonho aos seus familiares e amigos, que gostam da ideia, mas desejam investir baixíssima monta neste negócio.

Sabendo que sua ideia aparenta ser promissora, você calcula que aquele baixo investimento oferecido por poucas pessoas, se multiplicado por muitas pessoas, representará volume financeiro suficiente para concretização desse sonho. Assim, você decide mostrar ao público sua visão e perguntar quem deseja investir no seu negócio.

O público adora sua proposta e cada indivíduo decide contribuir com uma pequena quantidade de dinheiro. Todo este pequeno investimento individual representa, no total, um alto volume de capital suficiente para realização daquele sonho inicial, que se torna realidade. Em retribuição a todos que acreditaram no seu sonho, agora você poderá dar algo em troca, recompensando seus investidores com um exemplar do resultado daquilo que outrora era apenas algo distante; a restituição do valor com margem de rentabilidade; ou até mesmo a participação – societária – desses investidores para trilharem juntos um futuro criado de uma pequena ideia.

Neste contexto simbólico, conceitua-se o "Crowdfunding", uma expressão de origem da língua inglesa que pode ser traduzida, de forma segmentada, pela palavra "crowd" (multidão) e "funding" (financiamento), contextualizando assim um "financiamento pela multidão" ou, como termo já utilizado correlato, "financiamento coletivo". Sua conceituação[2] pode ser expressa pela forma de captação de recursos financeiros em favor de pessoas, organizações e empresas, oriundos de um grande número de indivíduos ou organizações por meio de uma plataforma eletrônica. O cerne deste tipo de captação de recursos está amalgamada à forma pulverizada de investidores não conhecidos, exalado pelo próprio termo "crowd" (multidão) que compõe a expressão. A definição de crowdfunding é assim apresentada pela UK Crowdfunding Association:

> O crowdfunding é uma forma de angariar financiamento solicitando a um grande número de pessoas um pequeno valor de cada. Tradicionalmente, financiar um negócio, projeto ou empreendimento envolvia solicitar a poucas pessoas quantias enormes de dinheiro. O crowdfunding inverte esta ideia, usando a internet para falar com milhares – se não milhões – de fundadores em potencial[3]. (Groves et al., 2012, tradução nossa)

Já Scott Steinberg, de maneira bastante simples e abrangente, inclusive apontando plataformas de Crowdfunding e a forma como os empreendedores estimulam seus possíveis investidores, traz as seguintes considerações em seu livro:

[2] É imperioso destacar que o estudo é balizado principalmente por conceitos trazidos da doutrina estrangeira, diante da pouca bibliografia nacional.

[3] Crowdfunding is a way of raising finance by asking a large number of people each for a small amount of money. Traditionally, financing a business, project or venture involved asking a few people for large sums of money. Crowdfunding switches this idea around, using the internet to talk to thousands – if not millions – of potential funders.

> *De forma simplificada, o crowdfunding é o processo de solicitar ao publico em geral doações que* possam subsidiar capital inicial para novos empreendimentos. Usando esta técnica, empreendedores e proprietários de pequenos negócios podem evitar completamente investidores anjo e de venture capital e apresentar suas ideias diretamente a usuários comuns da internet, que fornecem apoio financeiro. (Ao mesmo tempo, você também ganhará validação prévia para conceitos de projetos e o escopo projetado dos mercados alvos.) Usando serviços como Kickstarter e IndieGogo, criadores essencialmente constroem páginas na internet para hospedar informação, fotos e vídeos promocionais de produtos e serviços que estão procurando financiar. Aos visitantes então, são oferecidas recompensas especiais em troca da promessa de dar suporte aos esforços. No entanto, ao invés de equity ou uma parte dos lucros, os benefícios em geral vêm na forma de mercadorias exclusivas, acesso antecipado a novos lançamentos, ou incentivos mais pessoais[4]. (Steinberg, 2012, p. 02, edição Kindle, tradução nossa)

Fernando Belezas explica que em Portugal o financiamento público não é recente, assim considerando:

> Em Portugal, é paradigmático o caso das misericórdias, pelas possibilidades que lhe foram concedidas, desde o séc. XVI, de serem elas próprias a agenciar a constituição do seu patrimônio e rendas, através de pedintes de esmola no terreno. Atualmente, o crowdfunding moderno ou contemporâneo corresponde ao apelo público efetuado, através de plataformas eletrônicas acessíveis pela utilização da Internet, a uma pluralidade de pessoas ou organizações para, individual ou conjuntamente,

[4] Simply put, crowdfunding is the process of asking the general public for donations that provide startup capital for new ventures. Using the technique, entrepreneurs and small business owners can bypass venture capitalists and angel investors entirely and instead pitch ideas straight to everyday Internet users, who provide financial backing. (At the same time, you will also gain early validation of project concepts and the projected scope of target markets.) Using services like Kickstarter and IndieGogo, creators essentially build web pages that host information, photos and promotional videos on products, projects or services they're looking to get funded. Viewers are then offered special rewards in exchange for pledges that support their efforts. Rather than equity or a share of profits though, benefits often take the form of exclusive merchandise, advance access to new releases, or more personal incentives.

> fornecerem a outras pessoas ou organizações recursos, quer sob a forma de doação ou em troca de alguma forma de recompensa. (Belezas, 2017, p. 156 à 157, edição Kindle)

As definições apresentadas reforçam a participação de uma coletividade, meio pelo qual esta modalidade expande o raio de alcance à possíveis colaboradores não mais adstritos a um bairro, cidade ou até mesmo um país, ou a um grande investidor institucional, pois a plataforma eletrônica viabiliza o acesso sem fronteiras de ideias e investimentos, reforçado pelo risco mitigado ao capital investido.

Esta forma de captação viabiliza às micro e pequenas empresas, especialmente aquelas recém criadas, sem histórico de crédito e sem garantias a oferecer, de obter recursos que certamente não ostentariam condições de angariar junto às instituições bancárias (contração de empréstimos) ou muito menos no custoso e burocrático procedimento de abertura de capital. É, também, uma forma de não se desgastar como a negociação de poder (de controle) com fundos de investimentos, mantendo-o.

O crowdfunding também se mostra promissor diante ao volume de surgimento de Startups, muitas vezes maior do que a capacidade de investimento, incubação dos investidores anjos e aceleradoras, além da desvinculação da concentração de recursos obtidos de um ou poucos investidores decorrentes de fundos de "venture capital". Essa desvinculação possibilita ao empreendedor desenvolver o projeto pelos seus próprios termos, com maior liberdade, sendo esse um dos pontos elencados:

> O crowdfunding muda esta situação, especialmente para indústrias criativas, ao permitir que o gerente de projeto (empreendedor) obtenha os fundos necessários para realizar o projeto sem a necessidade de convencer um investidor anjo, investidor de venture capital ou funcionário de banco sobre seu valor. Mais do que isso, o gerente do projeto pode fazer isso nos seus próprios termos. Isto porque mais do que nunca as pessoas estão no controle[5]. (Buckingham, 2016, p. 184 à 186, edição Kindle, tradução nossa)

[5] Crowdfunding changes this situation, especially for the creative industries, by allowing the project manager (entrepreneur) to gain the funds needed to realize the project without having to convince a venture capitalist, business angel or bank employee of its worth. More

O crowdfunding representa um meio de financiamento para muitos setores, com capacidade de mudanças massivas na forma de obtenção de recursos e gerenciamento do negócio com maior autonomia dos idealizadores. Além disso, a aceitação do público não está somente atrelada ao capital investido, representando volume de informações que transcendem esse objetivo inaugural, demonstrando um termômetro do valor do produto ou serviço a ser oferecido, bem como a aceitação do público e identificação de nichos de mercado nesta "pré-venda". Representando um mecanismo eficaz, o captador de recursos deverá optar pela modalidade de crowdfunding que melhor atenda às suas necessidades e alcance do objetivo esperado, como veremos.

1.1. Modalidades de Crowdfunding

O Crowdfunding pode adotar, segundo Peroni e Oliveira (2015), os principais modelos: 1. Donation-based crowdfunding (Crowdfunding baseado em doação)[6]; 2. Lending-based crowdfunding (Crowdfunding baseado em empréstimo)[7]; 3. Rewards Crowdfunding (Crowdfunding de Recompensas)[8]; e Equity Crowdfunding (Crowdfunding baseado em participação societária)[9].

Esta classificação está de acordo com a legislação portuguesa, especificamente a Lei nº 102/2015, de 24 de agosto de 2015, que assim apresenta de forma exemplificativa:

> Artigo 3º – Modalidades de financiamento colaborativo São modalidades de financiamento colaborativo:
>
> a) O financiamento colaborativo através de donativo, pelo qual a entidade financiada recebe um donativo, com ou sem a entrega de uma contrapartida não pecuniária;

than this, the project manager can now do this on their own terms. This is because people are now more in control than ever before.

[6] Os apoiadores doam recursos sem qualquer expectativa de retorno financeiro, buscando apenas ajudar ou apoiar uma causa como principal motivação.

[7] Os Investidores recebem um instrumento de dívida, com condições de atualização monetária e incidência de taxa de juros a ser calculado de acordo com o cronograma de pagamento.

[8] Os apoiadores recebem uma recompensa específica, sendo um produto ou serviço, que na maior parte das vezes é exatamente aquilo que é financiado

[9] Os Investidores adquirem ações ou quotas de uma empresa visando retorno financeiro principalmente pelo pagamento de dividendos ou ganhos de capital.

b) O financiamento colaborativo com recompensa, pelo qual a entidade financiada fica obrigada à prestação do produto ou serviço financiado, em contrapartida pelo financiamento obtido;
c) O financiamento colaborativo de capital, pelo qual a entidade financiada remunera o financiamento obtido através de uma participação no respectivo capital social, distribuição de dividendos ou partilha de lucros;
d) O financiamento colaborativo por empréstimo, através do qual a entidade financiada remunera o financiamento obtido através do pagamento de juros fixados no momento da angariação.

Em qualquer um dos modelos apresentados, as campanhas de Crowdfunding podem ser regidas pela modalidade "all or nothing" ("Tudo ou Nada"), em que o demandante receberá o investimento somente no advento da captação de recursos igual ou superior à meta estabelecida inicialmente; ou "keep it all" or "Flexible" ("Fique com Tudo" ou "Flexível"), em que o demandante receberá todo recurso aportado, independentemente da meta ser alcançada.

1.1.1. *Donation-based crowdfunding (Crowdfunding baseado em doação):*

Na categoria doação (patrocínio ou caridade), o doador se identifica com uma causa e faz a doação sem esperar nenhum tipo de recompensa material. Neste contexto específico, abordando aqui doações muitas vezes vinculadas à entidades sem fins lucrativos com enfoque na proteção do meio ambiente, auxílio em razão de desastres naturais, guerras ou projetos humanitários, ou mesmo a utilização dessa modalidade em campanha política. Governos, partidos políticos e o setor público também experimentaram o crowdfunding. Barack Obama contou com pequenas doações solicitadas on-line durante sua campanha presidencial em 2008 (CNET, 2007). Considerou-se "pequenas doações" valores que representem US$ 200 (duzentos dólares) ou menos. O Campaign Finance Institute, que analisa os relatórios de levantamento e gastos legalmente exigidos para cada candidato, indicou que Obama se beneficiou muito mais do que a colega democrata Hillary Clinton de doadores menores. Esse dado demonstra que Obama tem uma base maior de pequenos doadores, que também podem ser traduzidos por eleitores.

Obama recebeu mais de US$ 16 milhões em doações de US$ 200 ou menos (29% de seu total), enquanto Clinton recebeu apenas US$

4 milhões em doações de tamanho similar (10% de seu total). Como Obama, outros políticos americanos passaram a adotar essa estratégia.[10] No Brasil, em consulta formulada pelo deputado federal Jean Wyllys de Matos Santos, este indagou à Assessoria de Exame de Contas Eleitorais e Partidárias (Asepa):

> "O financiamento coletivo consiste na obtenção de capital para iniciativas de interesse coletivo através da agregação de múltiplas fontes de financiamento, em geral pessoas físicas interessadas na iniciativa". Traduz-se por ações na Internet (websites) com o objetivo de arrecadar dinheiro para diversos fins.
> Destarte, indaga:
> 1- Considerando a jurisprudência deste Tribunal Superior Eleitoral, bem como a legislação eleitoral vigente, a arrecadação de recursos através de websites de financiamento coletivo mostra-se lícita no que tange às campanhas eleitorais?"[11]

Diante destas pontuações, frente ao primeiro questionamento houve negativa com base com base no artigo 24 da Resolução-TSE nº 23.406/2014, considerando não ser permitida a utilização de websites de financiamento coletivo na campanha eleitoral em domínio que não os próprios dos candidatos, comitês financeiros e partidos[12]. Como

[10] Bernie Sanders, que utilizou o serviço do ActBlue (software de captação de recursos) em seu site oficial (Sanders ,Bernie. *How we're powering Bernie's political revolution*, 2016. Disponível em: <https://berniesanders.com/revolution/>. Acesso em 01 mar. 2018.), arrecadou mais de US$ 2.4 milhões de doadores que contribuíram para a campanha com um total arrecadado de US$ 212 milhões. O site, ainda ativo, possibilita a doação mínima de US$ 27 (vinte e sete dólares) e ao final ainda ressalta: "Paid for by Friends of Bernie Sanders not the billionaires" (Paid for by Friends of Bernie Sanders not the billionaires), frase que reforça a contribuição de baixa monta que visa alcançar uma pluralidade de doadores.

[11] Além da primeira indagação também foram formulados os seguintes questionamentos: "2- Tendo em vista que o financiamento coletivo prevê a figura de um organizador, que é o responsável pelo repasse dos recursos arrecadados ao destinatário final, como seria operacionalizada a emissão de recibos eleitorais? É permitida a emissão de somente um único recibo em nome do organizador, ou são exigidos tantos recibos quantos os participantes do financiamento coletivo e em nome destes?
3- Permite-se a divulgação do financiamento coletivo? Se sim, por quais meios de comunicação e de que forma?"

[12] Sequencialmente o Tribunal Superior Eleitoral (TSE – Cta: 20887 DF) convalidou a negativa apresentada, com fundamento no artigo 23, §4º, inciso III da Lei no 9.504/97, o

evolução ao entendimento apresentado, a reforma eleitoral de 2017 incluiu o financiamento coletivo no inciso IV do art. 23, § 4º da Lei nº 9.504/1997[13], como modalidade de arrecadação de recursos para campanhas eleitorais. De acordo com este novo regramento legal, entidades que promovam técnicas e serviços de financiamento coletivo por meio de sítios na internet, aplicativos eletrônicos e outros recursos similares, podem oferecer este serviço, desde que observadas as instruções da Justiça Eleitoral.

Também como evolução à Resolução-TSE nº 23.406/2014, o Tribunal Superior Eleitoral aprovou a Resolução TSE nº 23.553, de 2 de fevereiro de 2018, que regulamenta a arrecadação, os gastos eleitorais e a prestação de contas das eleições 2018, contemplando especialmente a arrecadação de recursos pela modalidade de financiamento coletivo nos termos do seu art. 23.

1.1.2. *Lending-based crowdfunding (Crowdfunding baseado em empréstimo)*

Nas palavras de Bob Hope: "*A bank is a place that will lend you money if you can prove that you don't need it.*" (Um banco é um lugar que lhe emprestará dinheiro se você puder provar que não precisa dele). Apesar da conotação jocosa, é bem verdade que o mútuo bancário apresenta uma série de entraves que impossibilita ou no mínimo dificulta o acesso ao uma empresa recém-criada.

Diante desta dificuldade, o Crowdfunding baseado em empréstimo se destaca das outras formas de crowdfunding, perfazendo a relação entre credores e mutuários que assinam (direta ou indiretamente) um contrato de dívida, com o qual o primeiro fornece uma soma de dinheiro e este último se comprometer a devolver o capital, com acréscimo de

qual estabelece que o "mecanismo disponível em sítio do candidato, partido ou coligação na internet".

[13] Art. 23. Pessoas físicas poderão fazer doações em dinheiro ou estimáveis em dinheiro para campanhas eleitorais, obedecido o disposto nesta Lei.

§ 4º As doações de recursos financeiros somente poderão ser efetuadas na conta mencionada no art. 22 desta Lei por meio de:

IV – instituições que promovam técnicas e serviços de financiamento coletivo por meio de sítios na internet, aplicativos eletrônicos e outros recursos similares, que deverão atender aos seguintes requisitos.

uma taxa de juros e correção monetária, em um determinado período de tempo.

Sob a perspectiva de Zhang et al. (2016), a China é o mercado em que o "Lending-based crowdfunding" é mais difundido. Quando o crowdfunding surgiu no Reino Unido por volta de 2007, poucos imaginavam que 10 anos mais tarde a China seria o maior mercado de crowdfunding do mundo. Empréstimo peer-to-peer (P2P) na China começou a recuperar (ou desenvolver) em 2011 para atingir um volume de mercado de US$ 52,44 bilhões em 2015. Ultrapassou o limite de US$ 100 bilhões um ano depois, deixando a América do Norte atrás como o segundo maior mercado global com um "modesto" US$ 36,16 bilhões em Crowdfunding baseado em empréstimo.

Apesar dessa forma de empréstimo aparentar algo avesso ao sistema financeiro atual, ou até mesmo destinado a um seguimento de potenciais maus pagadores rejeitados pelos bancos, o governo central da China percebe o potencial que os empréstimos P2P tem para o segmento financeiro de varejo, que foi negligenciado por bancos durante anos, particularmente nas áreas rurais. Como resultado, o Conselho de Estado Chinês, por vários anos, descreveu a Indústria de finanças digitais da China em rápido crescimento como setor estratégico para financiar os serviços não atendidos e desassistidos (Aveni; Jenik, 2018).

No Brasil haveria dificuldade de implementação de Lending-based crowdfunding, pois há limitação legal de incidência de taxa de juros de 12% (doze por cento) ao ano[14], o que desestimula esse tipo de financiamento. Contudo, ocasionalmente, se o doador é motivado socialmente, o empréstimo é reembolsado sem juros, sendo forma de implementação no Brasil inclusive com cunho social. O exemplo internacional dessetido de Lending-based crowdfunding é a Kiva (www.kiva.org).

A Kiva é uma organização internacional sem fins lucrativos, fundada em 2005 e sediada em São Francisco, com o foco na redução da pobreza por meio de empréstimo coletivo, onde qualquer indivíduo pode emprestar a partir de US $ 25 (vinte e cinco dólares) para uma pessoa fazer

[14] O artigo 406 do novo Código Civil determina que os juros moratórios legais "serão fixados segundo a taxa que estiver em vigor para a mora do pagamento de impostos devidos à Fazenda Nacional". Conforme estabelecido no no parágrafo 1º do art. 161 do Código Tributário Nacional "os juros de mora são calculados à taxa de um por cento ao mês".

crescer um negócio, ir à escola, ter acesso a energia limpa ou realizar seu potencial. Para alguns, é uma questão de sobrevivência, para outros, é o combustível para uma ambição para toda a vida. A pessoa financiada fornecerá informações sobre o desenvolvimento do projeto financiado, de forma periódica, que poderá ser acompanhado pelo financiador. No período de seis meses a um ano o empréstimo deverá ser quitado integralmente, quando então o valor ficará disponível ao financiador para auxiliar novo projeto ou resgatá-lo.

Se um financiado atrasar o pagamento de um empréstimo, a Kiva (ou parceiro na localidade) poderá tentar reagendar os pagamentos do empréstimo inadimplente, a fim de possibilitar que o devedor possa eventualmente pagar. Essa é uma prática comum no microcrédito. No advento dos tomadores de empréstimos simplesmente não puderem pagar e os empréstimos restarem inadimplentes, a Kiva notifica todos os credores contribuintes por e-mail e esses credores podem considerar a quantia restante pendente como uma perda. Nesta situação, no caso de empréstimo direto pela Kiva, os devedores não poderão solicitar outro empréstimo na Kiva, a menos que tenham reembolsado os empréstimos anteriores.

1.1.3. *Rewards Crowdfunding (Crowdfunding de Recompensas)*

O Rewards Crowdfunding, ou Crowdfunding baseado em Recompensas, perfaz a modalidade em que o apoiador financia um projeto com a expectativa de receber produtos ou serviços ao final, como um recompensa pelo valor investido. O projeto pode ostentar a roupagem das mais diversas formas, como uma música para download, óculos futuristas, ingresso para um show etc.

O financiamento baseado em recompensa muito se assemelha a uma venda antecipada[15] e, como brevemente mencionado acima, é utilizado para criar interesse no lançamento de um produto ou medir seu sucesso de aprovação no mercado De maneira bastante concisa, Nathan Rose (2016, p.23, tradução nossa) define "Apoiadores de campanhas de crowdfunding com recompensas recebem um presente (tal como um produ-

[15] Sendo entendido como uma venda antecipada e não uma forma de investimento, a legislação aplicável ao direito do consumidor, mais especificamente à Lei nº 8.078/90, deverá ser observada.

tor, download ou experiência) em troca de sua promessa."[16] Valendo-se novamente à legislação portuguesa supramencionada, Fernando Belezas apresenta seu estudo sobre o tema:

> Nas plataformas por nós analisadas é usual as beneficiárias do financiamento recompensarem os apoiantes com contrapartidas diferenciadas, consoante o valor prestado. O RJFC, no entanto, limita a recompensa ao produto ou serviço financiado, colocando dessa forma em causa a realização efetiva da função econômica desta modalidade de financiamento colaborativo. Não cremos que fosse essa a intenção do legislador pelo que deve o termo recompensa ser entendido, em sentido mais amplo, como a prestação de produtos ou serviços parcelares e ou relacionados com a atividade a financiar. (Belezas, 2017, p. 688-692, edição Kindle)

Um exemplo concreto dessa forma de financiamento é o site "Social Beer"[17] (2018), consistindo em uma plataforma com enfoque em produção de cervejas artesanais. O projeto de cada cerveja, lançado por campanhas individuais, tem como objetivo a arrecadação de valores em um período. Caso o valor solicitado seja alcançado, a cerveja é fabricada e os apoiadores recebem recompensas em contrapartida à cota contribuída. Caso o projeto não tenha sucesso, ou seja, o valor alvo não seja alcançado, os investidores recebem a devolução do montante investido, sem qualquer acréscimo, e não haverá nenhuma entrega de recompensas[18]. O próprio site alerta em seu conteúdo: "É uma ótima oportunidade para testar ideias. Se você não conseguir o apoio necessário, pode ser que a ideia para sua cerveja ainda não esteja boa – afinal, quem manda é o público."

[16] Backers of rewards crowdfunding campaigns are provided with a gift (such as a product, digital download, or experience) in exchange for their pledge.

[17] **Social Beers,** 2018. Disponível em: <https://socialbeers.com.br/como-funciona> Acesso em 23 mar. 2018.

[18] O exemplo apresentado vem na contramão às duas maiores plataformas de crowdfunding nos EUA, a Kickstarter (Kickstarter, PBC. Prohibited Items, 2018. Disponível em: < https://www.kickstarter.com/rules/ prohibited? ref=rules>. Acesso em 24 mar. 2018.) e IndieGoGo (Indiegogo, Inc., Terms of Use, 2017. Disponível em: <https://www.indiegogo.com/about/terms >. Acesso em 27 mar. 2018.). Ambas, em suas regras de proibição de itens, vedam como recompensa produtos alcoólicos (<https://www.kickstarter.com/rules/prohibited?ref=rules e https://www.indiegogo.com/about/terms>. Acesso em 27 mar. 2018.).

Esta frase destacada demonstra bem que além do valor ser importante para concretização do projeto proposto, muitas vezes o instituto serve como uma pesquisa de mercado, pela aceitação ou não do público, sendo uma forma de análise no sucesso de vendas, o que pode inclusive oportunizar ao empreendedor economia em um possível produto que venha a fracassar e acarretar prejuízos à empresa, bem como uma maturação da ideia antes do lançamento.

Importante destacar que a recompensa prometida não necessita ser necessariamente o produto final do projeto apoiado, podendo ser inclusive brindes diversos, ou uma composição de acordo com o valor investido e anunciado pelo realizador. Apesar de essa modalidade aparentar ser bastante promissora ao idealizador, visto que a captação de recursos precede a entrega da coisa, é certo que uma ideia na forma de promessa aos investidores não se transforma imediatamente no produto final, exigindo daquele que captou esforços para entregar a recompensa. Neste sentido, Salvador Briggman, que busca apresentar o passo a passo para se ter sucesso no desenvolvimento de uma campanha no Kickstarter, alerta:

> Depois que você completar sua campanha no Kickstarter, o verdadeiro trabalho começa. Você terá que enviar todos as recompensas e benefícios para seus apoiadores. Só isso é um trabalho muito maior do que a maioria dos criadores pensa inicialmente. Isto exige forte pensamento logístico e habilidades de planejamento. Em minha opinião, você só pode dizer que sua campanha no Kickstater foi um sucesso uma vez que todos os seus apoiadores tenham suas recompensas em mãos. Você não quer se tornar outra história de fraude no Kickstarter.[19] (BRIGGMAN, 2017, p. 116, edição Kindle, tradução nossa).

O sucesso em uma campanha de reward crowdfunding não está em alcançar o valor meta estipulado, mas principalmente em entregar aquilo que prometeu como recompensa, especialmente pelo custo de planejamento, produção e logística de entrega previstos.

[19] After you've completed your Kickstarter campaign, the real work begins. You're going to have to ship out all of the perks or rewards to your backers. This is a lot more work than most creators initially think. It takes strong logistic and planning skills. In my opinion, you can only call your Kickstarter campaign a "success" once all of your backers have a reward in their hands. You don't want to become another Kickstarter scam story.

1.1.4. *Equity Crowdfunding (Crowdfunding baseado em participação societária):*

Diferente das demais forma de Crowdfunding, especialmente a de empréstimo ou de recompensa onde se tem pré-definido o resultado do capital investido, o investidor não necessita estar adstrito a determinado benefício decorrente do capital empreendido, eventualmente menos vantajoso ao percentual de lucro do tomador, capaz de superar o retorno financeiro despendido com a recompensa ou taxa de empréstimo.

A conciliação de resultado entre o tomador e o investidor, que é passível de privilegiar proporcionalmente aos envolvidos, pode ser alcançada por meio do Equity Crowdfunding. Nesta modalidade de investimento, o investidor espera receber participação societária ou participação nos resultados da empresa. Na definição de Rafael Y. Marques "o equity crowdfunding é uma forma de "financiamento coletivo" de startups, possibilitado pela junção de micro investimentos e a pulverização de investidores, que são atraídos por meio de uma plataforma de Internet que faz a conexão entre pessoas com desejo de investir pequenas quantias, de um lado, e startups em busca de financiamento barato, de outro lado." (Marques, 2015, p.21)

Traçando um paralelo como essa acessibilidade do micro investimento pela plataforma de Internet, é oportunizado ao pequeno investidor concorrer com semelhantes chances de acesso até então limitadas a fundos de "venture e private capital". Este entendimento é consagrado por Robert C. Hackne, quando em sua obra apresenta esta igualdade de oportunidades:

> *Cada investidor de venture capital joga por uma regra básica que diz que de cada 10 investimento em startups (que foram cuidadosamente escolhidas diga-se de passagem), 7 vão falhar completamente, 2 poderão empatar os investimentos realizados e uma será uma enorme sucesso que compensará todo o resto.(...)*
> *Adotando as regras dos investidores de venture capital, agora qualquer investidor pode investir um pequeno valor em startups e se um pequeno investidor põe algumas centenas de dólares em 10 startups, suas chances são as mesmas do investidor de venture capital.*[20]" (Hacney, 2016, p. 98 e 99, edição Kindle, tradução nossa)

[20] Every Venture Capitalist plays by a rule book that says that out of 10 investments in startups (that have been carefully chosen, by the way), that 7 will fail completely, 2 might break even, and one will be a home run that makes up for all the rest.(...)

De maneira semelhante ao que acontece na bolsa de valores, o investidor pode investir valores em determinadas empresas e se tornar sócio daquele empreendimento, com condição ou não de intervir na tomada de decisões dependendo do modelo ofertado. Contudo, diferentemente ao que acontece na bolsa de valores, quando uma sociedade empresária se mostrou sólida e rentável o suficiente para exigir muito mais capital para continuar a crescer, o equity crowdfunding é voltado predominantemente para *startups*, ainda em fase embrionária.

No Brasil, podemos identificar como as primeiras plataformas on-line de financiamento coletivo o Broota (atualmente denominada Kria) e o EuSócio. De acordo com o Felipe Datt, desde o início de 2014 até o ano de 2015 o número de plataformas triplicou, sendo ainda criada a Associação Brasileira de Equity Crowdfunding, demonstrando assim a evolução deste campo no cenário brasileiro. Apesar dos números serem promissores no Brasil, na Austrália a Enable Fundig desde o ano de 2007 atua como plataforma de equity crowdfunding, já tendo conquistado a arrecadação acima de US $ 148 milhões, conforme dados de Datt (2015).

De acordo com o Massolution Crowdfunding Industry (2016) o volume de captação global por meio de Crowdfunding alcançou, no ano de 2015, a monta de US$ 34 bilhões, sendo US$ 2,5 bilhões apenas na modalidade de equity crowdfunding. Uma forma secundária de aquisição de participação societária por meio de crowdfunding decorre da composição do Lending-based crowdfunding com o equity crowdfunding. A utilização de contrato de mútuo[21] conversível em participação societária compreende as duas espécies de crowfunding, representando uma forma de empréstimo que ao final o investidor poderá optar pela conversão em participação societária.

Taking the VCs rulebook, now any investor can invest a small amount in startup companies, and if an investor puts a few hundred dollars into 10 startups, their chances are theoretically the same as the Venture Capitalist.

[21] Apesar da indicação de contrato de mútuo, temos a utilização de um contrato atípico, pois o Código Civil consagra no artigo 586 o mútuo como o empréstimo de coisas fungíveis, onde mutuário é obrigado a restituir ao mutuante o que dele recebeu em coisa do mesmo gênero, qualidade e quantidade. Desta forma, podendo ser restituída coisa diversa da emprestada, não se enquadra perfeitamente a um mútuo.

Apenas a título de analogia podemos equiparar ao contrato de mútuo conversível às debêntures conversíveis em ações prevista no artigo 57 da Lei 6.404/76, sendo um título emitido por uma Sociedades Anônimas que representa parcela de empréstimo contraído pela emitente com o investidor. Este, respeitando prazos determinados e sob condições previamente definidas, terá o direito de optar em receber o valor aplicado ao final do vencimento ou pela conversão de seu valor em ações, incorporando-o ao capital da sociedade emitente. A empresa Broota (atual Kria, 2018), utiliza a emissão de Títulos de Dívida Conversíveis (TDC), apresentando como principais características a incidência de juros na faixa de 3% ao ano aplicado ao instrumento de dívida e opções de conversibilidade dos Títulos em Ações Preferenciais em situações gerais como: a) na data de vencimento do Título; b) em caso de alteração do controle societário da emissora; c) em caso de transformação da empresa em S/A; e d) em uma eventual Oferta Pública de Ações da emissora.[22]

Conforme se depreende das condições gerais apresentadas pela empresa exemplificada, a conversão do título em participação societária está muito ligada a estruturação de uma Sociedade Anônima, contudo, semelhante modelo poderia ser aplicado em uma Sociedade Limitada, por meio de conversão em quotas preferenciais.

2. Quotas preferenciais em sociedades limitadas

Restou aqui demonstrado que o financiamento por meio de crowdfunding representa a captação pulverizada de recursos, compreendida por um volume expressivo de investidores com participação de baixo risco e valor investido. Neste contexto, pressupõe a preservação do poder decisório do negócio com os sócios fundadores, não sendo interessante a estes a divisão das decisões da empresa nas mãos de um número elevado de pessoas desconhecidas.

O equity crowdfunding, como forma de concessão de participação na sociedade empresária, deve preservar o controle das tomadas de decisões, o que justifica, em uma Sociedade Anônima, a participação do investidor por meio de ações preferenciais sem direito a voto (ou com direito a voto em matérias selecionadas). Fabio Ulhoa (2016, p.117)

[22] **Kria**, 2018. Disponível em: <https://www.kria.vc/manual-do-investidor/titulos-de-dividas-conversiveis>. Acesso em 18 abr. 2018.

define que as "ações preferenciais são aquelas que atribuem ao titular uma vantagem na distribuição dos lucros da sociedade entre os acionistas. A natureza e a extensão da vantagem devem ser definidas pelo estatuto, que lhes deve assegurar, por exemplo, o recebimento de um valor fixo ou mínimo, a título de dividendos."

Na mesma obra, abordando a desvantagem comum a este tipo de ação, considera que: "assim como goza de vantagem na distribuição de dividendos, o preferencialista pode ter o direito de voto limitado ou suprimido pelo estatuto." (Ulhoa, 2016, p. 119)

A Lei das S/A possibilita que os estatutos das sociedades anônimas brasileiras vetem ao titular de ações preferenciais o voto nas assembleias gerais, o que significa excluí-lo do voto, mas não do direito participar e falar (direito de voz) nas decisões de interesse da companhia. Esta vantagem perceptível das Sociedades Anônimas tornou-se possível às Sociedades Limitadas a partir do dia 02/05/17, decorrente das novas mudanças apresentadas na Instrução Normativa 38 expedida pelo DREI – Departamento de Registro Empresarial e Integração, especialmente com a alteração da redação do item 1.4, II, alínea "b", do Manual de Registro de Sociedades Limitadas para assegurar esse direito:

> "1.4 REGENCIA SUPLETIVA DA LEI Nº 6.404/1976 (LEI DAS SOCIEDADES ANÔNIMAS)
> O contrato social poderá prever a regência supletiva da sociedade limitada pelas normas da sociedade anônima, conforme art. 1053, parágrafo único do Código Civil.
> Para fins de registro na Junta Comercial, a regência supletiva:
> I – poderá ser prevista de forma expressa; ou
> II – presumir-se-á pela adoção de qualquer instituto próprio das sociedades anônimas, desde que compatível com a natureza da sociedade limitada, tais com:
> a) Quotas em tesouraria;
> b) Quotas preferenciais;
> c) Conselho de Administração; e
> d) Conselho Fiscal."

A regência supletiva da Lei das S/A, automática à Sociedade Limitada quando optante de emissão de quotas preferenciais, traz iguais vantagens e desvantagens a este tipo de quota. A aplicabilidade ao equity crowdfunding decorre da possibilidade da startup, optando pela constituição de uma Sociedade Limitada em razão de sua sistemática simplificada como também pelo baixo custo que esse tipo societário representa, criar 50% das quotas como ordinárias e os outro 50% como preferenciais[23]. As quotas preferenciais seriam ofertadas por meio dessa modalidade de crowdfunding, onde os investidores poderão receber os lucros antecipadamente aos titulares de quotas ordinárias, mas não ostentarão direito a voto na sociedade, preservando assim, os sócios fundadores, 100% do poder de controle.

A quota preferencial em uma sociedade limitada desvincula sua característica de *Intuitu personae*[24] para se assemelhar a de *Intuitu pecuniae*, representando importante instrumento para viabilização de captação de investimentos em razão das vantagens econômicas atreladas, que os titulares se beneficiam, previstas nos incisos 17 da Lei das S/A[25].

Antes das mudanças trazidas na Instrução Normativa 38 do DREI, a atratividade dos investidores era limitada aos riscos inerentes a este tipo societário. Rafael Y. Marques, em sua obra escrita no ano de 2015, ou seja, antes da alteração em comento, defendia como primeira opção dos investidores as notas conversíveis:

> Em pesquisa de campo realizada com alguns importantes players desse ecossistema, restou claro que a razão nº 1 para utilização desse tipo de instrumento seria a sensação de limitação efetiva da responsabilidade dos investidores ao valor investido. Isto é, esses investidores arrojados estão até dispostos a perder o valor investido em busca de uma alta taxa de retorno, mas não querem, em hipótese alguma, serem responsabili-

[23] O artigo 15, §2º da Lei 6.404/76 prevê que "o número de ações preferenciais sem direito a voto, ou sujeitas a restrição no exercício desse direito, não pode ultrapassar 50% (cinquenta por cento) do total das ações emitidas".

[24] Vale sempre lembrar que a sociedade limitada é pensada em sua teoria para pequenos e médios investimentos, tendo uma natureza contratual e pessoal com forte associação no afeto. Os sócios compartilham reciprocamente fidelidade e confiança, com objetivos comuns em nome de um interesse societário.

[25] Art. 17. As preferências ou vantagens das ações preferenciais podem consistir:
I – em prioridade na distribuição de dividendo, fixo ou mínimo;
II – em prioridade no reembolso do capital, com prêmio ou sem ele; ou III – na acumulação das preferências e vantagens de que tratam os incisos I e II.

zados por obrigações da startup além do valor investido. Infelizmente a insegurança jurídica quanto à limitação da responsabilidade de sócios é demasiadamente grande no Brasil, ao completo arrepio da lei, razão pela qual poucas pessoas estão dispostas a inserir seu nome no contrato social de uma sociedade limitada, por exemplo, ainda mais quando não estão intimamente ligadas ao cotidiano da empresa. (MARQUES, 2015, p. 91)

Contudo, com o advento da aludida Instrução Normativa, o risco agora é mitigado, pois não é crível permitir que os sócios que não podem realizar qualquer ato de administração ou decisão da sociedade empresária, aqui especificamente aqueles titulares de quotas preferenciais, sejam alcançados pela desconsideração da personalidade jurídica[26].

Esta linha de raciocínio possibilita tornar atrativo o investimento por meio de equity crowdfunding em uma sociedade empresária limitada em que a participação societária se dê com a titularidade de quotas preferenciais, possibilitando ainda ao investidor se valer de benefícios como prioridade na distribuição de dividendo, fixo ou mínimo, prioridade no reembolso do capital, com prêmio ou sem ele, ou cumulação dessas preferências e vantagens, na forma previamente fixada quando da emissão da oferta.

[26] Apesar do Código Civil prever no artigo 1.052 expressamente a limitação da responsabilidade dos seus sócios, temos a prerrogativa de decretação da desconsideração da personalidade jurídica com base no artigo 50 do Codex, nas hipóteses de: a) abuso da personalidade jurídica; b) desvio de finalidade; ou c) confusão patrimonial.
Além desse embasamento legal, prevê ainda o Código de Defesa do Consumidor, em seu parágrafo 5º do artigo 28, que poderá ser desconsiderada a pessoa jurídica sempre que sua personalidade for, de alguma forma, obstáculo ao ressarcimento de prejuízos causados aos consumidores.
No processo do trabalho há casos em que os juízes têm aplicado, por analogia, o artigo 28, § 5º do CDC, com fundamento no Princípio da Igualdade Substancial, princípio este consagrado na CLT e no CDC, ou seja, sendo o empregado e o consumidor hipossuficientes poderá ser aplicada a qualquer um a norma mais protetiva. Carlos Bezerra Leite considera que: "*Autores há que denominam o presente princípio de protetor visto sob o aspecto processual ou instrumental, princípio da compensação de desigualdades, princípio da isonomia sob o aspecto real ou substancial, considerando que o trabalhador, como regra, é o litigante mais fraco no Processo do Trabalho.*" (LEITE, Carlos Bezerra, Manual de Direito Processual do Trabalho, LTR, 2011, pag 105)

3. Regulamentação de Crowdfunding no Brasil

A Comissão de Valores Mobiliários, por meio da Instrução CVM Nº 588, de 13 de julho de 2017, dispôs sobre oferta pública de distribuição de valores mobiliários de emissão de sociedades empresárias de pequeno porte realizada com dispensa de registro por meio de plataforma eletrônica de investimento participativo. Por força do art. 2º, IX, e art. 8º, III da Lei nº 6.385, de 19761, a Comissão de Valores Mobiliários atrai competência sobre valores mobiliários ofertados publicamente, na forma de títulos ou contratos de investimento coletivo, que gerem direito de participação, de parceria ou de remuneração, inclusive resultante de prestação de serviços, cujos rendimentos advêm do esforço do empreendedor ou de terceiros valores mobiliários. Em razão dessa limitação, a CVM se abstém de regulamentação sobre o crowdfunding acima apresentados baseados em doações, recompensas ou empréstimos.

O art. 19, § 5º, I da Lei nº 6.385/76 consagra autorização à CVM para dispensar o registro à oferta pública de distribuição de valores mobiliários, tendo em vista o interesse do público investidor, o que torna possível a implementação regulada do crowdfunding. A instrução em comento foca nitidamente a promoção de *startups*, reconhecidas como empresas em seu estágio inicial, facilitando a formação de capital de empreendedores de pequeno porte sem desproteger o investidor ou criar entraves ao desenvolvimento da atividade, aproveitando do conteúdo informativo, velocidade e recursos tecnológicos, especialmente a internet, sem coibir o crescimento e o desenvolvimento desta atividade.

Apesar da Instrução Normativa restringir o acesso à sociedade empresária de pequeno porte, não vincula nenhum tipo societário ou até mesmo os parâmetros definidos pela Lei Complementar nº 155, de 2006, especialmente seu artigo 79-E que define a empresa de pequeno porte aquela que auferi receita bruta total anual entre R$ 3.600.000,01 (três milhões, seiscentos mil reais e um centavo) e R$ 4.800.000,00 (quatro milhões e oitocentos mil reais).

A definição de sociedade empresária de pequeno porte definida no artigo 2º, III da Instrução Normativa 588[27] exige apenas que a sociedade empresária seja constituída no Brasil e registrada no registro público

[27] III – sociedade empresária de pequeno porte: sociedade empresária constituída no Brasil e registrada no registro público competente, com receita bruta anual de até R$

competente, com receita bruta anual de até R$ 10.000.000,00 (dez milhões de reais).

Considerando que o artigo 15, I da Lei nº 6.385/76 reza que o sistema de distribuição de valores mobiliários compreende as instituições financeiras e demais sociedades que tenham por objeto distribuir emissão de valores mobiliários, o trecho final abre um leque de possibilidades às empresas que possam atuar neste seguimento. Neste sentido, a Instrução Normativa autoriza às plataformas eletrônicas de investimento participativo a oferta pública de valores mobiliários de emissão de sociedades empresárias de pequeno porte, realizadas com dispensa de registro conforme esta Instrução, exclusivamente por meio de página na rede mundial de computadores, programa, aplicativo ou meio eletrônico que forneça um ambiente virtual de encontro entre investidores e emissores[28].

A modalidade regulada pela CVM restringe ao equity crowdfunding, especialmente por meio de oferta de títulos representativos de dívida conversíveis em participação na sociedade empresária de pequeno porte, pois não considera como oferta pública quando o retorno de capital recebido se der por meio de brindes e recompensas; ou bens e serviços[29]. A captação de recursos é inerente ao desenvolvimento do empreendimento, sendo vedada a utilização dos recursos capitados para a) fusão, incorporação, incorporação de ações e aquisição de participação em outras sociedades; b) aquisição de títulos, conversíveis ou não, e valores mobiliários de emissão de outras sociedades; ou c) concessão de crédito a outras sociedades[30].

Isto promove o crescimento da atividade empresarial, estritamente pequenas empresas em fase de desenvolvimento, criando assim novos negócios e possíveis competidores no mercado em benefício ao avanço da atividade e público consumidor. A instrução restringe ainda a captação de recursos por meio de oferta pública de distribuição de valores mobiliários às sociedades empresárias de pequeno porte, distribuída

10.000.000,00 (dez milhões de reais) apurada no exercício social encerrado no ano anterior à oferta e que não seja registrada como emissor de valores mobiliários na CVM.

[28] Art. 2º, inciso III da Instrução Normativa 588.

[29] Art. 2º, § 1º, incisos I e II da Instrução Normativa 588.

[30] Art. 3º, IV, alíneas 'a', 'b' e 'c' da Instrução Normativa 588.

exclusivamente por meio de plataforma eletrônica de investimento[31], com valor alvo máximo de captação não superior a R$ 5.000.000,00 (cinco milhões de reais), e de prazo de captação não superior a 180 (cento e oitenta) dias[32].

Como forma de proteção ao investidor, os valores investidos ficam limitados à R$ 10.000,00 (dez mil reais) por ano-calendário de cada investidor[33], com algumas exceções previstas no artigo 4º da Instrução Normativa, com especial destaque ao inciso III deste artigo, "cuja renda bruta anual ou o montante de investimentos financeiros seja superior a R$ 100.000,00 (cem mil reais), hipótese na qual o limite anual de investimento mencionado no caput pode ser ampliado para até 10% (dez por cento) do maior destes dois valores por ano-calendário". Importante destacar que o investidor deve ter acesso às informações mínimas sobre a oferta escrita em língua portuguesa, por meio de uma linguagem clara, objetiva, serena, moderada e adequada ao tipo de investidor a que a oferta se destina, seguindo o formato, a ordenação das seções e o conteúdo do Anexo 8 da Instrução Normativa 588[34].

Esta padronização da informação garante que as principais características da oferta, bem como os seus riscos, contendo assim, minimamente, características como: a) dados do empreendedor de pequeno porte; b) o plano de negócios; c) as características do valor mobiliário ofertado; d) o sindicato de investimento participativo, se houver; e) a comunicação de informações contínuas após a oferta; f) alertas sobre riscos; g) conflitos de interesse; h) remuneração da plataforma, dentre outros.

[31] Art. 2º II – plataforma eletrônica de investimento participativo ("plataforma"): pessoa jurídica regularmente constituída no Brasil e registrada na CVM com autorização para exercer profissionalmente a atividade de distribuição de ofertas públicas de valores mobiliários de emissão de sociedades empresárias de pequeno porte, realizadas com dispensa de registro conforme esta Instrução, exclusivamente por meio de página na rede mundial de computadores, programa, aplicativo ou meio eletrônico que forneça um ambiente virtual de encontro entre investidores e emissores.

[32] Art. 3º, I – existência de valor alvo máximo de captação não superior a R$ 5.000.000,00 (cinco milhões de reais), e de prazo de captação não superior a 180 (cento e oitenta) dias, que devem ser definidos antes do início da oferta.

[33] Art. 4º da Instrução Normativa 588.

[34] Art. 8º ao 11º da Instrução Normativa 588 refere-se às informações da oferta pública de valores mobiliários.

Dentre os requisitos que devem ser preenchidos para oferta pública, deve-se apresentar os valores alvo mínimo e máximo de captação, respeitando o limite já considerado no artigo 3º, I da IN 588, mantendo na rede mundial de computadores, nos programas, aplicativos ou outros meios eletrônicos disponibilizados um modo que seja possível comparar diariamente o investimento confirmado.[35] O valor alvo é indicado pelo próprio empreendedor, com base nos custos mínimos necessários para a concretização do projeto ofertado, assim, caso este valor não seja alcançado, pressupõe que o capital arrecadado é insuficiente, não torando interessante aos investidores manter-se ligados a este projeto.

O inciso III do artigo 5º da Instrução Normativa 588 adotou uma forma de reduzir o risco caso o valor alvo mínimo não ser alcançado, admitindo a distribuição parcial quando o valor alvo mínimo for igual ou superior a 2/3 (dois terços) do valor alvo máximo. O investidor, ao formalizar sua oferta, possui uma espécie de direito de arrependimento, pois é ser garantido ao investidor um período de desistência de, no mínimo, 7 (sete) dias contados a partir da confirmação do investimento, sendo a desistência por parte do investidor isenta de multas ou penalidades quando solicitada antes do encerramento deste período.[36]

Todo esse procedimento de oferta e captação é realizado nas plataformas eletrônicas, que desempenham papel fundamental para a oferta de valores mobiliários, aproximando emissores e investidores, divulgação de informações, disponibilização de meios de interação e principalmente assumindo um conjunto de responsabilidades[37] perante os in-

[35] Art. 5º, II da Instrução Normativa 588.

[36] Art. 3º, III e artigo 25 da Instrução Normativa 588.

[37] Dentre as responsabilidades das Plataformas Eletrônicas de Investimento Participativo, se destacam, conforme artigo 19 da Instrução CVM Nº 588: (i) tomar todas as cautelas e agir com elevados padrões de diligência, assegurando que as informações prestadas pela sociedade empresária de pequeno porte sejam verdadeiras, consistentes, corretas e suficientes, permitindo aos investidores uma tomada de decisão fundamentada a respeito da oferta, por meio de contrato ou a escritura que garanta aos investidores, dentre a oferta vinculada: o direito de conversão; a proibição de resgate antecipado sem anuência do credor; e o direito de alienação conjunta nos mesmos termos e a igual preço àqueles oferecidos aos controladores das ações; (ii) divulgar, com destaque, eventuais conflitos de interesse nas informações essenciais da oferta; (iii) manter registros da participação de cada investidor nas ofertas conduzidas; (iv) obter do investidor, previamente à confirmação do investimento, a assinatura de termo de ciência de risco; (v) caso constatem qualquer fato ou irregularidade que venha a justificar a suspensão ou cancelamento da oferta, suspender a distribuição e comunicar

vestidores e a CVM, visto que as ofertas serão conduzidas em regime de dispensa automática de registro, não existindo assim análise prévia por este órgão. Neste contexto, apesar das facilitações apresentadas pelo Instrumento em debate, a intermediação de ofertas públicas nos moldes da Instrução é atividade privativa de plataforma eletrônica de investimento participativo registrada na CVM[38], devendo atender requisitos mínimos como dispor de capital social integralizado mínimo de R$ 100.000,00 (cem mil reais) e demais exigências contidas no artigo 13 da Instrução Normativa 588.

Atualmente[39] apenas 6 (seis) empresas possuem o registro autorizado perante a Comissão de Valores Mobiliários[40]. Considerando a

imediatamente a CVM; (vi) manter um fórum eletrônico de discussão para cada oferta de acesso restrito aos investidores, sendo possível encaminhar dúvidas, solicitar informações adicionais, manifestar opiniões e interagir por meio eletrônico com os demais investidores; (vii) verificar as exigências relativas à qualificação do investidor líder; (viii) supervisionar a atuação dos investidores líderes; (ix) – dispor de organização administrativa e recursos humanos suficientes para a adequada prestação de seus serviços; (x) assegurar que as taxas de desempenho que venham a ser cobradas pela plataforma ou pelo investidor líder sejam calculadas com base em percentual simples do ganho de capital bruto do investidor; (xi) manter serviço de atendimento ao investidor; (xii) manter disponível e atualizado em página na rede mundial de computadores, sem restrições de acesso para o público em geral, o formulário constante do Anexo 5-IV para as sociedades empresárias de pequeno porte que tenham realizado ofertas em seu ambiente digital concluídas com sucesso; e (xiii) guardar sigilo sobre as informações financeiras e operações realizadas pelos seus clientes.

[38] Art. 12º da Instrução Normativa 588.

[39] Análise atualizada até o dia 23/03/2018.

[40] "1 – URBE.ME – URBE.ME SERVIÇOS DESENVOLVIMENTO URBANO LTDA. CNPJ: 21.013.359/0001-73, Autorizada de acordo com o Ato Declaratório 16.097, de 12/1/2018; 2 – EQSEED – EQSEED LTDA. CNPJ. 21.839.542/0001-22, Autorizada de acordo com o Ato Declaratório 16.098, de 12/1/2018; 3 – MYFIRSTIPO – ECONOMIA CRIATIVA INVESTIMENTOS E PARTICIPAÇÕES EIRELI CNPJ. 14.166.791/0001-39, Autorizada de acordo com o Ato Declaratório 16.099, de 12/1/2018; 4 – STARTMEUP – START ME UP CROWDFUNDING SISTEMAS PARA INVESTIMENTO COLABORATIVO LTDA. CNPJ. 17.605.805/0001-61, Autorizada de acordo com o Ato Declaratório 16.132, de 14/2/2018; 5 – GLEBBA – GLEBBA SERVIÇOS DE INVESTIMENTOS PARTICIPATIVOS LTDA. CNPJ. 29.072.358/0001-01, Autorizada de acordo com o Ato Declaratório 16.162, de 6/3/2018; e 6 – KRIA – KRS SOLUÇÕES EM CROWDFUNDING LTDA. CNPJ. 17.131.750/0001-03, Autorizada de acordo com o Ato Declaratório 16.170, de 20/3/2018". Disponível em: <http://www.cvm.gov.br/export/sites/cvm/menu/regulados/plataformas_de_crowdfunding/Plataformas_eletronicas_de_investimento_coletivo.pdf>. Acesso em: 31 mar. 2018.

captação dos investimentos nos limites previamente fixados pelo empreendedor, o artigo 22 da Instrução CVM 588 prevê que:

> "A obrigação da plataforma e da sociedade empresária de pequeno porte de divulgar as informações requeridas nos arts. 20 e 21 cessará nas seguintes hipóteses: I – vencimento do valor mobiliário ofertado nos termos desta Instrução e respectivo pagamento do principal e juros; II – conversão da totalidade da emissão do valor mobiliário ofertado nos termos desta Instrução em ações de sociedade anônima; ou III – após a comunicação do encerramento das atividades da sociedade empresária de pequeno porte."

Apesar da Instrução fazer menção expressa no inciso II quanto à conversão da totalidade da emissão do valor mobiliário ofertado em ações de sociedade anônima, consideramos que não se trata de uma condição taxativa na conversão "em ações de sociedade anônima" em detrimento a conversão em quotas preferenciais em sociedade limitada. Quando ocorreu o Edital de Audiência Pública SDM nº 06/2016 para discussão da Instrução CVM 588, em 6 de novembro de 2016, ainda não era plenamente aceita a criação de quotas preferenciais, o que induz ser, naquela época, a conversão em ações de sociedade anônima o meio mais adequado.

A Instrução Normativa restringe exclusivamente às sociedades empresárias de pequeno porte, mas não impõe em seus artigos a adoção de tipo societário único, sendo ainda expressa em muitos momentos quanto a não obrigatoriedade em transformar-se em sociedade anônima. Dentre os alertas sobre riscos exigidos para oferta pública de distribuição de valores mobiliários de emissão de sociedade empresária de pequeno porte, seção 6 do Anexo 8, alínea 'e' determina "cientificar que não existe obrigação da sociedade empresária de pequeno porte que não seja constituído como sociedade anônima em transformar-se neste tipo de sociedade, descrevendo as implicações da não transformação para o titular dos valores mobiliários adquiridos".

Diante destas considerações esperamos uma atualização da Comissão de Valores Mobiliários, especificamente ao inciso II do artigo 22 da Instrução CVM 588, afastando assim qualquer sombra de dúvida à qualquer limitação na hipótese de conversão da totalidade da emissão do valor mobiliário ofertado exclusivamente por ações de sociedade anônima, incentivando o empreendedorismo e corroborando com o princípio da função social da empresa.

Conclusões

A forma de financiamento coletivo por meio de crowdfundig representa uma oportunidade de acesso aos micros investidores através da rede mundial de computadores, programa, aplicativo ou meio eletrônico que forneça um ambiente virtual. O investimento capitado não está adstrito ao valor monetária, visto que o investidor depositará, além da quantia ofertada, informações valiosas à campanha, como foi visto na identificação de eleitorado em cenário político, capaz de conhecer localidades dos eleitores, faixas etárias, quantidade de apoiadores e outros dados valiosos em uma campanha eleitoral, igualmente utilizados na identificação prévia do lançamento de um produto ou identificação com uma empresa (marketing). A viabilidade de promoção da modalidade de equity crowdfundig com o resultado de participação em uma sociedade limitada tornou-se mais atrativa com a possibilidade de emissão de quotas preferenciais, que apresentam menor grau de risco ao investidor e manutenção do controle os sócios fundadores.

A própria instrução normativa faz alusão à cessação de responsabilidade da plataforma e da sociedade empresária de pequeno porte quando há a conversão da totalidade da emissão do valor mobiliário ofertado em ações de sociedade anônima. Apesar da menção expressa à sociedade anônima, demonstramos uma aplicabilidade às quotas preferenciais de uma sociedade limitada, opção ao empreender que manterá o exercício de um tipo societário mais simples. Assim, espera-se um crescimento do investimento coletivo através da emissão de quotas preferenciais em sociedades limitadas, com todos os agentes econômicos envolvidos ganhando e com o desenvolvimento da economia brasileira.

Referências

Aveni, Tyler; Jenik, Ivo. *Crowdfunding in China: The Financial Inclusion Dimension*, 2017. Disponível em: <http://www.cgap.org/sites/default/files/Brief-Crowdfunding-in-China-Jul-2017_0.pdf>. Acesso em: 23 mar. 2018.

Belezas, Fernando. *Crowdfunding: o Regime Jurídico do Financiamento Colaborativo*. Almedina, 2017. Edição do Kindle.

BRIGGMAN, Salvador. *Kickstarter Launch Formula: The Crowdfunding Handbook for Startups, Filmmakers, and Independent Creators*. CreateSpace Independent Publishing Platform, 2017, p. 116. Edição do Kindle.

BUCKINGHAM, Christopher. *Crowdfunding Intelligence: The No-Nonsense Guide to Raising Investment Funds on the Internet*. LID Publishing Ltd., 2016, p. 184 à 186. Edição do Kindle.

CNET, 2007. Disponível em: <https://www.cnet.com/news/campaign-2008-small-internet-donations-add-up/>. Acesso em: 21 fev. 2018.

COELHO, Fábio Ulhoa. *Curso de Direito Comercial: Direito de Empresa*, volume 2. 20 ed. Ver. São Paulo: Editora Revista dos Tribunais, 2016.

DATT, Felipe. *O universo bipolar do 'crowdfunding'*. Valor Econômico, 2015. Disponível em: <http://www.valor.com.br/financas/4278716/o-universo-bipolar-do-crowdfunding>. Acesso em: 16 abr. 2018.

Enable Funding, 2018. Disponível em: <https://www.enablefunding.com/>. Acesso em: 16 abr. 2018.

GROVES, Julia; KERRIGAN, Karen; DAVIS, Bruce; MASSEY, Paul; Poonwassie, Atuksha; Mukahanana, Frank; Woolley, Oliver . *What Is Crowdfunding?*, 2012. Disponível em: <https://www.ukcfa.org.uk/what-is-crowdfunding/>. Acesso em: 18 fev. 2018.

HACKNEY, Robert C. *Entrepreneur's Guide to the New Equity Crowdfunding Rules: Business Law Series*). Four Palms Management Company, 2016, p. 98 e 99. Edição do Kindle.

HOPE, Bob. Disponível em: < https://www.goodreads.com/quotes/123947-a-bank-is-a-place-that-will-lend-you-money>. Acessado em 25 de fevereiro de 2018.

INDIEGOGO, Inc., *Terms of Use*, 2017. Disponível em: <https://www.indiegogo.com/about/terms>. Acesso em: 27 mar. 2018.

KICKSTARTER, PBC. *Prohibited Items*, 2018. Disponível em: <https://www.kickstarter.com/rules/ prohibited? ref=rules>. Acesso em: 24 mar. 2018.

KRIA, 2018. Disponível em: <https://www.kria.vc/manual-do-investidor/titulos-de-dividas-conversiveis>. Acesso em: 18 abr. 2018.

LEITE, Carlos Bezerra, *Manual de Direito Processual do Trabalho*. LTR, 2011, p. 105.

MACHADO, Rodrigo. *Como o crowdfunding pode mudar o financiamento de campanhas eleitorais no Brasil*, 2018. Disponível em: <http://blog.catarse.me/como-o-crowdfunding-pode-mudar-o-financiamento-de-campanhas-eleitorais-no-brasil/>. Acesso em: 10 mar. 2018.

MARQUES, Rafael Younis. *Notas Conversíveis no Equity Crowdfunding: Sociedade de fato e risco de responsabilidade pessoal do investido*. São Paulo: Quartier Latin, 2015.

Massolution Crowdfunding Industry, 2016. Disponível em: < http://crowdexpert.com/crowdfunding-industry-statistics/>. Acesso em: 17 abr. 2018.

Peroni, Bruno Oliva; Oliveira, Igor Czermainski de. *Cartilhas de capital empreendedor: equity crowdfunding.* Brasília: Sebrae, 2015. Disponível em: <http://www.bibliotecas.sebrae.com.br/chronus /ARQUIVOS CHRONUS/ bds/ bds.nsf/ 96ff7 d17d810e266c8cfc1f68733adc2/$File/5662.pdf>. Acesso em: 20 fev. 2018.

Rose, Nathan. *Equity Crowdfunding: The Complete Guide For Startups And Growing Companies.* Stonepine Publishing, 2016, p. 23. Edição do Kindle.

Sanders, Bernie. *How we're powering Bernie's political revolution,* 2016. Disponível em: <https:// berniesanders. com/revolution/>. Acesso em: 01 mar. 2018.

Social Beers, 2018. Disponível em: <https://socialbeers.com.br/>. Acesso em: 23 mar. 2018.

Steinberg, Scott. *The Crowdfunding Bible: How to Raise Money for Any Startup, Video Game or Project.* Read.me, 2012, p. 2. Edição do Kindle.

Zhang, B., L.; Deer, R.; Wardrop, A.; Grant, K.; Garvey, S.; Thorp, T.; Ziegler, K.; Ying, Z.; Xinwei, E.; Huang, J.; Burton, H.; Chen, A.; Lui Y.; Gray. 2016. *Harnessing Potential: The Asia-Pacific Alternative Finance Benchmarking Rep.* Disponível em: <https://assets.kpmg.com/content/dam/kpmg/pdf/2016/03/harnessing-potential-asia-pacific-alternative-finance-benchmarking-report-march-2016.pdf>. Acesso em: 24 mar. 2018.

TSE – Cta: 20887 DF, Relator: Min. Henrique Neves da Silva, Data de Julgamento: 22/05/2014, Data de Publicação: DJE – Diário de justiça eletrônico, Tomo 110, Data 13/06/2014, Página 44.

9. Processo judicial eletrônico e os limites da garantia ao acesso à ordem jurídica justa

ELPÍDIO DONIZETTI
DANIEL CALAZANS

Introdução

A relação entre o processo judicial eletrônico e os limites da garantia ao acesso à ordem jurídica justa (CR/88, art. 5º, inciso XXXV) é um tema incipiente no direito processual atual. No entanto, é certo que, na tentativa de se trazer mais celeridade processual e sustentabilidade aos processos, o acesso à ordem jurídica justa – em especial ao Poder Judiciário, em seu sentido amplo – sofreu consideráveis transformações com a implementação do processo eletrônico, sendo necessário compreender os efeitos dessas mudanças e em que medida tais efeitos alteraram (e vêm alterando) a efetivação do direito material de uma forma geral.

Desde já deve-se destacar não haver dúvidas de que a implantação do processo eletrônico gerou inúmeras vantagens para a comunicação e a realização dos atos processuais, reduzindo (em regra) o tempo de tramitação processual e, em consequência, concretizando em maior escala o princípio da razoável duração do processo (CR/88, art. 5º, inciso LXXVIII, e CPC/15, art. 4º e art. 139, inciso II) e, em última análise, da eficiência (CR/88, art. 37, *caput*, e CPC/15, art. 8º). Ademais, a questão da sustentabilidade – vista inclusive como direito fundamental[1] – é

[1] COELHO, Saulo de Oliveira Pinto e MELLO, Rodrigo Antonio Calixto. "A sustentabilidade como um direito fundamental: a concretização da dignidade da pessoa humana e a necessi-

outro forte motivo para a implantação do processo eletrônico, considerando que o uso do papel, nessa forma processual, é praticamente extinto.

Assim, é necessário analisar as possíveis limitações que o processo eletrônico pode gerar à garantia constitucional de (amplo) acesso à justiça – ou atualmente "acesso à ordem jurídica justa"[2] –, atentando-se para o fato de que esse acesso não se resume ou se restringe apenas à garantia de o cidadão poder procurar tal poder estatal em virtude de lesão ou ameaça a determinado direito. Com efeito, esse acesso deve ser também compreendido como proporcionar, tanto materialmente quanto formalmente, uma tutela jurisdicional justa (adequada, célere e efetiva) àqueles que buscaram o Estado para solucionar seu conflito.

Assim, deve-se analisar a garantia de pleno acesso à justiça nessa nova ordem jurídica atual, isto é, respeitando os postulados constitucionais (modelo constitucional do processo), considerando-se a adoção do sistema eletrônico processual que tem, como última *ratio*, a função de agilizar a tramitação dos feitos, conferindo-lhes uma duração razoável sem a perda das garantias processuais fundamentais, em especial no aspecto pentadimensional do acesso à ordem jurídica justa: *i*) direito de ingressar com o processo (princípio da ação, da demanda ou da inércia; princípio da indeclinabilidade da jurisdição); *ii*) direito de conhecer (ter ciência, informação sobre) todos os atos do processo (princípio da publicidade dos atos processuais e da não surpresa); *iii*) direito de se manifestar sobre fatos e atos jurídico-processuais, previstos (devido processo legal) ou não, de modo a influenciar no provimento jurisdicional (princípio da ampla defesa e do contraditório em sentido estrito); *iv*) direito de ter seus argumentos respondidos pelo magistrado e de fiscalizar os resultados decorrentes do exercício da função judicante (princípio da motivação); *v*) direito de efetivar, tempestivamente, a tutela meritória que lhe foi concedida (princípio da efetividade da jurisdição).

dade de interdisciplinaridade do direito". Disponível em <http://domhelder.edu.br/revista/index.php/veredas/ article/viewFile/208/163>, acesso em 03.10.2018.

[2] Termo difundido por Kazuo Watanabe, em especial na sua obra "Acesso à ordem jurídica justa: conceito atualizado de acesso à justiça, processos coletivos e outros estudos". Belo Horizonte: Editora Del Rey, 2019.

1. Considerações iniciais

1.1. Processo judicial eletrônico

Inicialmente, cumpre salientar que a pacificação social é objetivo máximo do Direito[3] e o Poder Judiciário é o instrumento por meio do qual, seguindo as normas de direito processual, os direitos materiais são cumpridos em caso de uma pretensão resistida. O Estado, ao afirmar sua capacidade de decidir imperativamente (poder sem o qual ele mesmo sequer se sustentaria, não teria como cumprir os fins que o legitimam, nem haveria razão de ser para seu ordenamento jurídico) e concretizar o culto ao valor liberdade (limitando-o e fazendo observar os contornos do seu poder e do seu exercício), deve sempre buscar um equilíbrio entre esses polos mediante o exercício da jurisdição[4].

Contudo, nas últimas décadas, o desequilíbrio decorrente da crise pela qual o Poder Judiciário vem atravessando é patente, de modo que a almejada celeridade judicial tem ficado cada vez mais distante. E essa situação de lentidão e ineficiência da justiça, ao impedir a solução do processo em prazo hábil e a prevenção distúrbios sociais, leva a uma inevitável perda de credibilidade do Poder Judiciário perante a população, chegando inclusive a levar os cidadãos a buscar meios inidôneos de resolução dos conflitos de interesses, principalmente com o retorno à autotutela.

Diante desse cenário, em dezembro de 2006 entrou em vigência a Lei n. 11.419, que dispõe sobre a informatização do processo judicial, sendo formada por 22 artigos e organizada em quatro capítulos: o primeiro versa sobre a informatização dos atos processuais e as normas gerais para o funcionamento do sistema; o segundo dispõe acerca da comunicação eletrônica dos atos processuais; o terceiro apresenta o processo eletrônico em geral e o seu uso e, por último, o quarto traz as disposições gerais e finais. Tal ordenamento abrangeu todas as instâncias judiciárias, realizando significativas alterações em todos os ramos do direito processual, sendo importante desde já ressaltar que as inovações trazidas por essa lei foram, depois de quase dez anos, abrangidas

[3] IHERING, Rudolf Von. A luta pelo Direito. Rio de Janeiro: Forense, 2002, 21ª ed., p. 1.

[4] DINAMARCO, Cândido Rangel. A instrumentalidade do processo. São Paulo: Malheiros, 1996, p. 168.

(praticamente em sua totalidade) pelo atual Código de Processual Civil (CPC/15) – a seção II do Capítulo I do Livro IV do CPC/15 (Da Prática Eletrônica de Atos Processuais), por exemplo, consagra o processo eletrônico como forma preferencial da prática jurídica (veja-se o art. 193, segundo o qual "Os atos processuais podem ser total ou parcialmente digitais, de forma a permitir que sejam produzidos, comunicados, armazenados e validados por meio eletrônico, na forma da lei.").

Essa "Lei do Processo Eletrônico" e sua respectiva implementação foi fruto de um anseio doutrinário de anos[5] [6], que visava a celeridade processual e a economia de recursos (financeiros e ambientais) por meio de um processo totalmente digitalizado. Sua publicação, então, deu início a uma séria de medidas inovadoras na forma se ter acesso à ordem jurídica justa. Com efeito, na busca por um processo mais célere e funcional, os Tribunais Pátrios iniciaram paulatinamente a implementação do processo judicial eletrônico, tendo cada **órgão** jurisdicional autonomia para desenvolver e implantar o sistema que lhe for mais útil e adequado, considerando a sua realidade fática orçamentária e estrutural.

Isso porque o Brasil, com seu tamanho continental, é composto por Estados e Regiões com contextos totalmente díspares, de modo que coube à referida legislação fixar somente normas gerais para implantação dessa nova realidade, de modo a respeitar as especificidades de cada Tribunal – o Tribunal de Justiça do Estado de São Paulo (TJSP), por exemplo, mantinha, até o início desta década, dois sistemas diferentes de comunicação para os processos de primeira instância que sequer dialogavam, dificultando até mesmo a reunião de dados estatísticos para envio para o Conselho Nacional de Justiça (CNJ). Faz-se necessário, portanto, analisar os efeitos dessa nova realidade judiciária e de que modo as consequências desse novo paradigma podem atingir as garantias processuais fundamentais, em especial o acesso à ordem jurídica justa.

[5] "É indiscutível a necessidade da criação de meios eletrônicos para a prática de atos processuais. Em virtude desta necessidade, a idealização de um processo totalmente digitalizado se apresenta como uma forma de aceleração do Judiciário, tornando menos moroso o trâmite processual." (Almeida Filho, p. 256).

[6] "[...] É incontestável a implantação de recursos tecnológicos no Poder Judiciário, otimizando o exercício de seu mister jurisdicional cuja motivação primária é dar maior celeridade à prestação jurisdicional, sem que haja um rompimento com garantias processuais já consolidadas. [...]" (Paula, 2009, p. 69).

1.2. Acesso à ordem jurídica justa

1.2.1. *Generalidades*

A Constituição da República (CR/88), em seu art. 5º, inciso XXXV, estabelece que "a lei não excluirá da apreciação do Poder Judiciário lesão ou ameaça a direito". Tal norma garante o acesso de qualquer cidadão ao Poder Judiciário, de forma ampla, irrestrita e incondicionada. Trata-se da primeira dimensão do acesso à ordem jurídica justa (direito de ingressar com o processo) que, em matéria classificatória, tem natureza de direito público, subjetivo e incondicionado. Consiste, portanto, no fato de que toda pessoa tem direito a solicitar a tutela jurisdicional, independentemente do direito material da ação.

O princípio do acesso à ordem jurídica justa, no entanto, deve ser entendido não apenas como essa primeira dimensão (formalidade da propositura da ação). Com efeito, há pelo menos outras quatro dimensões a serem consideradas, quais sejam: *i*) direito de conhecer (ter ciência, informação sobre) todos os atos do processo (princípio da publicidade dos atos processuais e da não surpresa); *ii*) direito de se manifestar sobre fatos e atos jurídico-processuais, previstos (devido processo legal) ou não, de modo a influenciar no provimento jurisdicional (princípio da ampla defesa e do contraditório em sentido estrito); *iii*) direito de ter seus argumentos respondidos pelo magistrado e de fiscalizar os resultados decorrentes do exercício da função judicante (princípio da motivação); *iv*) direito de efetivar, tempestivamente, a tutela meritória que lhe foi concedida (princípio da efetividade da jurisdição).

Essa visão pentadimensional do acesso ao Poder Judiciário decorre do chamado "modelo constitucional do processo"[7], que pode ser definido como o resultado da interpretação das leis processuais a partir da necessidade de que o direito fundamental a um processo justo (tutela jurisdicional efetiva, célere e adequada) seja respeitado, consoante os princípios e as garantias constitucionais processuais[8]. De fato, o neo-

[7] Expressão inspirada na obra *Il modello costituzionale del processo civile italiano: corso di lezioni* (Turim, Giapicchelli, 1990), de Italo Andolina e Giuseppe Vignera.

[8] A doutrina atual costuma dizer que o Direito Processual Civil deve ser examinado, estudado e compreendido à luz da Constituição, mesmo porque passou a ser visto como um instrumento de efetivação das garantias constitucionais.

constitucionalismo fez com que o Direito Constitucional se tornasse onipresente em todos os ramos do direito (seja por meio da interpretação conforme a Constituição ou da inclusão de regras infraconstitucionais no texto da Constituição e de regras Constitucionais em leis infraconstitucionais), tornando comuns as expressões "direito processual constitucional" ou "direito constitucional processual".

Esse "modelo constitucional do processo", ao trazer como principal característica o direito fundamental a uma tutela jurisdicional efetiva, célere e adequada, atua sobre o legislador e o juiz. Atua sobre ao legislador ao obrigá-lo a instituir procedimentos e técnicas processuais que permitam a efetivação dos direitos materiais (inclusive das garantias fundamentais) que podem ser prejudicados pelo grande número de procedimentos ofertados pela estrutura jurisdicional – como exemplos dessa busca por efetivação temos as tutelas de urgência e evidência, a restrição de determinadas provas, os meios de proteção de direitos trasindividuais, a valorização das decisões das instâncias ordinárias, os juizados especiais, dentre outros. O mesmo pode-se dizer da facilitação do acesso ao Poder Judiciário (primeira dimensão da ordem jurídica justa), em especial da população carente (assistência judiciária, dispensa de advogado nos juizados especiais). Atua também sobre o juiz ao determinar a subordinação e a compreensão da lei à Constituição, mesmo no tocante ao direito material, para que o processo seja conduzido de modo a se obter uma tutela jurisdicional efetiva, impedindo que, no caso concreto, as normas processuais possam se afastar dos princípios e das garantias constitucionais fundamentais.

Assim, considerando esse "modelo constitucional do processo" é que a interpretação do princípio do acesso à justiça (CR/88, art. 5º, XXXV) não pode se limitar à mera possibilidade de ingresso em juízo; mas, ao contrário, esse princípio deve ser interpretado compreendendo a noção ampla do acesso à ordem jurídica justa, para a qual converge todo o conjunto de princípios e garantias constitucionais fundamentais ao direito processual. E, para que se obtenha essa "garantia-síntese" (acesso à ordem jurídica justa de forma pentadimensional), o constituinte positivou na lei maior uma série de princípios e garantias, impondo várias exigências ao sistema processual por meio de um conjunto de disposições que convergem para esse fim.

Com efeito, podemos verificar no texto constitucional princípios que expressamente devem prevalecer em processos de toda espécie (como devido processo legal, inafastabilidade do controle jurisdicional, igualdade, liberdade, contraditório, ampla defesa, juiz natural, publicidade, motivação, entre outros). Ao longo da Constituição podemos ainda inferir outros princípios, como o do duplo grau de jurisdição (quando é estruturado o Poder Judiciário e indicada a competência dos tribunais). Conclui-se que, em razão do neoconstitucionalismo e do pós-positivismo, grande parte dos princípios processuais foram elevados à categoria de direitos fundamentais (a fim de se obter a mencionada "garantia-síntese") e, em consequência, positivados no texto constitucional, tornando-se "direitos fundamentais processuais". A fim de alinhar a compreensão dessa visão pentadiomensional do acesso ao Poder Judiciário, passa-se a tratar isoladamente de cada uma delas, destacando-se os princípios processuais (normas fundamentais do processo civil) nos quais elas se fundamentam.

1.2.2. *Primeira dimensão do acesso à ordem jurídica justa: direito de ingressar com o processo*

O direito de ingressar com o processo tem como fundamentos processuais o princípio da ação (da demanda ou da inércia) e o princípio da indeclinabilidade da jurisdição. O princípio da ação (da demanda ou da inércia) já era adotado pelo ordenamento jurídico-processual brasileiro (CPC/73, art. 262) e foi agora positivado no primeiro capítulo do CPC/15 ("Das normas fundamentais do processo civil"): "O processo começa por iniciativa da parte e se desenvolve por impulso oficial, salvo exceções previstas em lei" (art. 2º). Esse princípio atribui à parte a iniciativa de provocar a jurisdição, que é inerte (só atua quando provocada), sendo a ação o meio de se provocar e requerer a tutela jurisdicional pretendida (a ser prestada pelo Estado-juiz).

No tocante às referenciadas exceções previstas em lei, vale ressaltar que o princípio da ação tem sido cada vez mais relativizado, considerando que também é de interesse do Estado solucionar os conflitos que, de algum modo, chegam ao seu conhecimento, de modo que não mais se tolera o juiz solipsista (aquele que decide com base em normas ou fatos completamente estranhos ao debate travado nos autos por ambas as partes – CPC/15, art. 6º). Aliás, antes mesmo do CPC/15, o próprio ordenamento jurídico prevê exceções ao princípio da ação, tais como a execução trabalhista (CLT, art. 872), a decretação de falência de empresa sob regime de recuperação judicial (Lei n. 11.101/2005, artigos 73 e 74) e o reconhecimento da incompetência relativa em casos de cláusula abusiva de eleição de foro (CPC/73, art. 112, parágrafo único; CPC/15, art. 63, § 3º) – medidas que podem ser adotadas de ofício pelo magistrado.

Ajuizada a ação, entra em cena o princípio da indeclinabilidade (ou da inafastabilidade) da jurisdição, segundo o qual "não se excluirá da apreciação jurisdicional ameaça ou lesão a direito" (CPC/15, art. 3º, *caput*), ressalvados os litígios voluntariamente submetidos à solução arbitral (CPC/15, art. 3º, § 1º) – princípio esse positivado no CPC/15 de modo a reafirmar, de forma mais direta, a genérica disposição constitucional de que "a lei não excluirá da apreciação do Poder Judiciário lesão ou ameaça a direito" (art. 5º, XXXV).

Trata-se da garantia de ingresso em juízo e consequente análise da pretensão formulada, isto é, o órgão jurisdicional constitucionalmente investido de jurisdição, uma vez provocado, não pode delegar ou se recusar a exercer a função de dirimir os litígios (tem obrigação de prestar a tutela jurisdicional, e não a simples faculdade). Mesmo quando não existir norma geral e abstrata sobre o direito material em discussão, o Estado-juízo não pode se furtar à prestação jurisdicional, podendo recorrer a outras fontes do direito que não a lei para solucionar o conflito, nos termos do art. 4º da Lei de Introdução às normas do Direito Brasileiro (Decreto-lei n. 4.657/42).

O princípio da inafastabilidade do controle jurisdicional, portanto, determina que as pretensões sejam aceitas em juízo, processadas e julgadas, de modo que a tutela seja proporcionada (concedida e efetivada) pelo juiz àquele que tiver direito à pretensão resistida. Vista a primeira dimensão do acesso à ordem jurídica justa (também conhecida como "acesso à justiça formal" ou "acesso ao Poder Judiciário"), que mescla os princípios da ação (da demanda ou da inércia) e da indeclinabilidade da jurisdição, passemos às demais dimensões.

1.2.3. *Segunda dimensão do acesso à ordem jurídica justa: direito de conhecer (ter ciência, informação sobre) todos os atos do processo*

O processo, visto como uma sequência de procedimentos, e seu resultado (provimento final) somente são considerados legítimos se possibilitarem a devida participação das partes em cada um de seus atos. Isso porque, conforme o parágrafo único do art. 1º da CR/88, o exercício do poder estatal somente se legitima se exercido por representantes eleitos, direta ou indiretamente, e, ao considerarmos que os membros do Poder Judiciário não são eleitos pelo povo, para que haja legitimidade dos provimentos jurisdicionais é necessário que se tenha participação direta dos destinatários dos efeitos produzidos pela decisão judicial[9].

Assim, deve-se conferir às partes, em igualdade de condições e oportunidades, a liberdade de participar (ou não) de todos os atos do processo, de modo a possibilitar sua atuação na construção do provimento jurisdicional que repercutirá na sua esfera individual, tornando essa garantia indissociável da ordem jurídica democrática. Essa dimensão do acesso à ordem jurídica justa (ciência, informação, comunicação e/ou participação das partes) tem origem no instituto processual austríaco *Parteiengehör*, conhecido como princípio da "audição" (ou "audiência") do cidadão interessado[10]; no direito processual civil brasileiro, tem-se denominado essa dimensão de "contraditório formal (ou estático)", ou seja, uma igualdade – e consequente liberdade – meramente formal das partes no processo.

O CPC/15, em seu art. 9º, estabeleceu no *caput* a obrigatoriedade de se ouvir as partes previamente[11], ressaltando em seu parágrafo único as exceções: a tutela provisória de urgência (CPC/15, art. 300), as hipóteses de tutela da evidência previstas no art. 311, incisos II e III, do mesmo Código e, ainda, a decisão prevista no art. 701, também do CPC/15. Trata-se, portanto, de um direito das partes a tomar conhecimento sobre a demanda (via citação ou notificação) e garantir sua participação em todos os atos do processo (intimação) – vale aqui lembrar o brocardo *audiatur et altera pars*, consubstanciado no direito de ouvir e ser ouvido. Ciente do processo ou de determinado ato nele existente, cabe à parte, em seu livre arbítrio, agir ou omitir nos autos do litígio, conforme sua conveniência.

[9] Jayme, Fernando Gonzaga e Franco, Marcelo Veiga. "O princípio do contraditório no Projeto do novo Código de Processo Civil". Revista de Processo: RePro. São Paulo: Editora Revista dos Tribunais, v. 39, n. 227, p. 335-359, jan. 2014, p. 340-341.

[10] Fazzalari, Elio. *Instituições de direito processual*. Tradução Elaline Nassif. Campinas: Bookseller, 2006, p. 111-113.

[11] "Art. 9º. Não se proferirá decisão contra uma das partes sem que ela seja previamente ouvida."

1.2.4. *Terceira dimensão do acesso à ordem jurídica justa: direito de se manifestar sobre fatos e atos jurídico-processuais (previstos ou não) de modo a influenciar no provimento jurisdicional*

Não basta cientificar as partes sobre a existência do litígio e de cada ato procedimental dele decorrente; faz-se necessário que lhes seja oportunizado manifestar-se no processo, em ato processual previsto (devido processo legal) ou não, conforme sua conveniência (liberdade), de modo a de fato influenciar (interferir) no conteúdo da decisão judicial, por meio de argumentos e provas. Essa terceira dimensão do acesso à ordem jurídica justa consiste, portanto, na prerrogativa de igual e efetiva influência das partes na construção do provimento jurisdicional, devendo o magistrado assegurar aos interessados simétricas oportunidades de interferir nos resultados decisórios ao longo de todo o processo (e não apenas nas decisões finais, individuais ou coletivas).

Trata-se, pois, de permitir às partes uma participação (audição) "preventiva" quanto ao todo e qualquer aspecto fático ou jurídico relacionado a qualquer fase do processo, inclusive quanto às questões passíveis de apreciação de ofício pelo juiz. Também conhecido como princípio da ampla defesa e do "contraditório material ou dinâmico", esse aspecto do acesso à ordem jurídica justa foi positivado no art. 10 do CPC/15, segundo o qual "O juiz não pode decidir, em grau algum de jurisdição, com base em fundamento a respeito do qual não se tenha dado às partes oportunidade de se manifestar, ainda que se trate de matéria sobre a qual deva decidir de ofício".

Isso impede que sejam proferidas "decisões surpresa", ou seja, provimentos jurisdicionais baseados em alegações e provas sobre as quais as partes não tiveram a oportunidade de discutir dialeticamente nos autos, considerando que, como já registrado, não mais se permite o magistrado "solipsista", devendo-se permitir que os interessados possam auxiliar na construção de toda e qualquer decisão jurisdicional ("policentrismo processual").

1.2.5. *Quarta dimensão do acesso à ordem jurídica justa: direito ter seus argumentos respondidos pelo magistrado e fiscalizar os resultados decorrentes do exercício da função judicante*

Ainda se faz necessário, para que seja observada a garantia de acesso à ordem jurídica justa, que as partes tenham seus argumentos e provas respondidas pelo julgador. Isso porque não é possível concretizar a aclamada "comparticipação" processual sem que haja a devida exposição dos motivos que levaram àquele provimento jurisdicional (interlocutório ou final), considerando as teses e o conjunto probatório levados aos autos pelas partes. O art. 6º do CPC/15 dispõe que "Todos os sujeitos do processo devem cooperar entre si para que se obtenha, em tempo razoável, decisão de mérito justa e efetiva", positivando o denominado "princípio da cooperação". Diante disso, não basta apenas que o magistrado oportunize o diálogo paritário (simétrico) entre as partes (contraposição mecânica de teses e provas), mas também ele deve considerá-las no momento de proferir sua decisão, permitindo a efetiva influência dos interessados no conteúdo do provimento jurisdicional dialeticamente construído[12].

Essa participação influente das partes, em cooperação com o juiz, permite que haja uma motivação decisória construída em comunhão com as partes (circunstância denominada pela doutrina anglo-americana como *fair hearing*) – trabalho conjunto imprescindível para que essa dimensão do acesso à ordem jurídica justa seja concretizada. Assim, mais do que informação e participação no processo, as partes também devem ter todos os seus argumentos e as suas provas devidamente considerados e respondidos pelo juiz quando da prolação de toda e qualquer decisão[13]. Não por acaso o CPC/15 traz em seu bojo o parágrafo único do art. 489, cujo *caput* e inciso IV estabelecem que "Não se considera fundamentada qualquer decisão judicial, seja ela interlocutória, sentença ou acórdão, que (...) não enfrentar todos os argumentos deduzidos no processo capazes de, em tese, infirmar a conclusão adotada pelo julgador".

Nesse sentido é que se desenha a quarta dimensão do acesso à ordem jurídica justa, isto é, o direito de as partes terem analisados e considerados todos os seus argumentos e seu conjunto probatório, com o consequente dever de o magistrado apreciar, efetivamente, tudo o que foi deduzido pelos interessados (decisão coparticipativa). Com efeito, os

[12] THEDORO JR., Humberto. "Processo justo e contraditório dinâmico". Disponível em <http://revistas.unisinos.br/index.php/RECHTD/article/view/4776/0>, acesso em 21.11.2018.

[13] Sobre o tema, vale a consulta do voto proferido pelo Ministro Gilmar Mendes no julgamento do mandado de segurança n. 24.268/MG, em 05.02.2004, pelo Tribunal Pleno, DJe 17.09.2004.

indivíduos tendem a aceitar melhor uma decisão quando efetivamente participam dela e, caso não aceitem, devem ter a possibilidade de fiscalizá-la, inclusive para fins de eventual interposição de recurso, de forma a legitimar o provimento jurisdicional ditado pelo Estado, construído por "uma Justiça igual, contraditória, dialética, cooperatória, que ponha à disposição das partes todos os instrumentos e os meios necessários que lhes possibilitem, concretamente, sustentarem suas razões, produzirem suas provas, influírem sobre a formação do convencimento do juiz" (GRINOVER, 1990, p. 245).

1.2.6. *Quinta dimensão do acesso à ordem jurídica justa: direito de efetivar, tempestivamente, a tutela meritória que lhe foi concedida*

Como já visto, o acesso à ordem jurídica justa **não se resume ao** direito de ação, sendo essa apenas uma de suas dimensões, além do direito de informação (ciência) de cada um dos atos do processo (segunda dimensão), do direito de se manifestar de forma influente sobre todas as decisões judiciais (terceira dimensão) que devem apreciar, fundamentadamente, as teses e as provas levadas aos autos (quarta dimensão). Por fim, há um último aspecto a ser analisado quanto ao acesso à ordem jurídica justa: o direito de efetivar, tempestivamente, a tutela meritória que foi concedida à parte. Isto é, não basta simplesmente possibilitar a propositura da ação e fornecer todos os meios necessários para que as partes possam participar da construção da decisão judicial, mas também se faz necessário permitir à parte vencedora efetivar o respectivo comando.

Para a efetivação da tutela de mérito, o Título II do CPC/15 estabelece diversos mecanismos executivos, ditando as normas gerais para o cumprimento da sentença (artigos 513 a 519) e, depois, o procedimento para efetivação do direito conforme o tipo de tutela obtida pela parte – o cumprimento provisório da sentença que reconhece a exigibilidade de obrigação de pagar quantia certa (artigos 520 a 522), o cumprimento definitivo da sentença que reconhece a exigibilidade de obrigação de pagar quantia certa (artigos 523 a 527), o cumprimento de sentença que reconheça a exigibilidade de obrigação de prestar alimentos (artigos 528 a 533), o cumprimento de sentença que reconheça a exigibilidade de obrigação de pagar quantia certa pela fazenda pública (artigos 534 a 535) e o cumprimento de sentença que reconheça a exigibilidade de obrigação de fazer, de não fazer ou de entregar coisa (artigos 536 a 538).

Isso porque não há como se falar em acesso à ordem jurídica justa se não for colocada à disposição da parte vencedora do litígio a forma adequada de efetivar o comando existente no dispositivo do provimento jurisdicional, de modo que esse aspecto se torna imprescindível para que haja respeitabilidade e, em consequência, legitimidade, das decisões proferidas pelo Estado.

No entanto, para que essa efetivação ocorra, é necessário que se realize de forma tempestiva. Por muitas vezes o brocardo "a justiça tarda, mas não falha" torna-se inverídico, considerando que há circunstâncias em que a demora na concessão do provimento jurisdicional torna-o inócuo, sendo necessário que essa dimensão do acesso ao à ordem jurídica justa impeça que os males do tempo agridam a efetividade da tutela. Desse modo, o acesso ao Poder Judiciário não deve somente possibilitar a participação efetiva das partes na elaboração da decisão judicial, como também materializar uma tutela jurisdicional tempestiva – e nesse sentido é que surgem os institutos do referido cumprimento provisório da sentença que reconhece a exigibilidade de obrigação de pagar quantia certa (artigos 520 a 522 do CPC/15), das tutelas de urgência (artigos 300 a 310 do CPC/15), dentre outros.

1.2.7. *O acesso formal e material ao Poder Judiciário*

O acesso ao Poder Judiciário – e, por consequência, à justiça – é uma garantia processual fundamental complexa, que não se limita ao mero direito ingresso com o processo judicial (garantia formal de "bater às portas do Poder Judiciário"). É, em suma, o pleno exercício da cidadania e das garantias do Estado Democrático de Direito, da forma mais abrangente e justa possível. Trata-se, pois, de um acesso a uma "ordem jurídica justa", cuja correspondência direta é busca pela materialização de uma tutela jurisdicional justa – efetiva (eficaz), célere (tempestiva) e adequada. Como bem pontuaram Cappelletti e Garth (quase 30 anos após o fim da Segunda Guerra Mundial, na qual direitos e garantias básicas do ser humano foram brutalmente violadas), o acesso à justiça é "o requisito fundamental – o mais básico dos direitos humanos – de um sistema jurídica moderno e igualitário que pretenda garantir, e não apenas proclamar, os direitos de todos"[14]. Logo, considerando esse acesso

[14] Cappelletti, Mauro; Garth, Bryant. Acesso à justiça. Tradução de Ellen Gracie Northfleet. Porto Alegre: Sergio Antonio Fabris, 1988, p. 12.

como expressão maior da garantia da proteção individual dos cidadãos contra possíveis ameaças, abusos ou lesões às respectivas esferas jurídicas, deve ele ser não somente igualmente acessível a todos, mas também produzir resultados que sejam individual e socialmente justos.

Por consequência, não basta oportunizar às partes o acesso meramente formal à justiça, sob a ótica de simples tratamento igualitário em termos de possibilidades para atuação dos interessados na construção do provimento jurisdicional. Essa ficção jurídica deve ser realizada de modo que considere as disparidades existentes entre os sujeitos do processo, exigindo-se que o Poder Judiciário tenha uma postura adequada no sentido de assegurar aos interessados o justo processo, sem perder de vista as desigualdades econômicas, sociais, políticas, culturais ou de qualquer outra natureza, a fim de mitigar as diferenças entre os membros do litígio.

Aliás, é por essa razão que o CPC/15, atento a essas realidades díspares, traz diversas peculiaridades para determinadas partes, de modo a buscar esse equilíbrio material – como é o caso da gratuidade de justiça para qualquer pessoa natural ou jurídica, brasileira ou estrangeira, com insuficiência de recursos para pagar as custas, as despesas processuais e os honorários advocatícios (artigos 98 a 102); prazos em dobro para o Ministério Público (art. 180, *caput*), a Advocacia Pública (art. 183, *caput*) e para a Defensoria Pública (art. 186, *caput*); entre outras hipóteses. Além das adequações de fatores de desigualdades entre as partes, é necessário também que haja simplificação de procedimentos, utilização de uma linguagem mais acessível nos autos do processo, melhor preparação e distribuição de recursos humanos, aparelhamento do Poder Judiciário com melhores e mais modernas instalações físicas e instrumentais.

É nesse contexto que o processo judicial eletrônico ganha destaque e relevância, pois sua implementação não pode causar qualquer limitação à garantia de acesso ao Poder Judiciário, sob pena de se criar um paradoxo inaceitável – uma inovação adotada para efetivar ainda mais o acesso à ordem jurídica justa não pode criar limitações e obstáculos às partes. Em consequência, qualquer limitação a esse amplo conceito de acesso deve ser sumariamente descartada. E nesse sentido de garantia abrangente e total do acesso dos indivíduos ao Poder Judiciário é que se coloca a problemática referente ao processo eletrônico: em que medida a adoção do procedimento eletrônico limita a participação e o direito de demanda do cidadão? Cabe, portanto, refletir sobre a pertinência de colocações de operadores do direito no sentido de que, "como o fato de se adotar uma Constituição escrita não é suficiente para transformar uma ditadura em democracia, a informatização dos tribunais poderá significar apenas o advento de uma era de 'injustiças informatizadas'" (Dallari, 2007, p.159) – o que inadmissível. Assim, para evitar qualquer limitação à garantia do acesso à ordem jurídica justa, faz-se necessário aplicar, com cuidado e parcimônia, as inegáveis benesses do processo eletrônico, sempre atento às consequências dessa implementação.

2. Possíveis obstáculos enfrentados pelo acesso à ordem jurídica justa com a implantação do processo eletrônico

A implementação e a disseminação do processo judicial eletrônico podem influenciar de diversas formas o acesso à ordem jurídica justa. Essa influência tem ganhado cada vez mais espaço no cotidiano do Poder Judiciário em função das benesses que inegavelmente tal modalidade processual gera para a marcha dos autos dos processos (em especial em termos de celeridade e sustentabilidade); contudo é necessário analisar se a utilização do processo eletrônico pode, eventualmente, atentar duramente contra o princípio do (amplo) acesso à ordem jurídica justa – fato que não pode ser desconsiderado sob o pretexto de que as melhorias trazidas pelo processo eletrônico são indiscutíveis e inevitáveis.

Com efeito, embora de fato seja impossível negar que o processo eletrônico é uma realidade sem volta – e este breve ensaio não tem o objetivo (nem poderia ter) de defender o retorno do já anacrônico processo "tradicional" (de papel) –, não se pode deixar de analisar os seus eventuais efeitos práticos negativos para, então, corrigi-los, de modo impedir os obstáculos que eventualmente podem violar o acesso (pentadimensional) ao Poder Judiciário. Antes de tudo é necessário ressaltar o fato de que, por ser eletrônico, esse tipo de processo gera uma maior impessoalidade entre as partes e o órgão julgador *lato sensu*, considerando que o contato entre eles se dá, na grande maioria das vezes, através da tela de um computador. Entretanto, esse fato não pode fazer com que o Poder Judiciário ou os advogados se automatizem, tanto no que diz respeito às decisões, quanto às petições. O lado humano do processo precisa ser resguardado, tanto na atuação dos advogados, quanto dos magistrados e dos servidores.

Quanto aos obstáculos que eventualmente podem violar o acesso (pentadimensional) à ordem jurídica justa, eles podem ocorrer de forma mais visível quando há algum tipo de inconsistência no sistema ou falha na aplicação da lei. Um exemplo disso é o caso das intimações feitas por meio eletrônico (CPC/15, art. 246): quando enviadas por e-mail ou por mera notificação no cadastro do advogado (culminando-se na leitura automática – Lei n. 11.419/06, art. 5º, §3º), sujeitam-se a erros no sistema que podem desencadear os mais diversos prejuízos para a parte que deveria ter sido intimada[15]. Essa situação também ocorre com as citações, cuja ausência impede que a relação jurídica-processual se concretize. Com efeito, a possibilidade de se realizar a citação de forma eletrônica deve ser utilizada com extrema cautela, pois o seu não cumprimento impede todo o prosseguimento do feito, podendo chegar às raias de ser totalmente anulado via *querella nulitatis*.

Há muitos outros problemas experimentados em razão da aplicação do processo eletrônico. A título exemplificativo, em alguns sistemas eletrônicos judiciários é possível que uma contestação seja juntada aos autos com sigilo colocado pelo réu, impedindo sua visualização pela parte autora. Caso esse sigilo não seja retirado pelo respectivo cartório, o Autor poderá ser intimado a apresentar impugnação sem ter acesso à contestação, gerando inegável necessidade de devolução de prazo. Há ainda casos de magistrados que não aceitam que advogados assinem petições físicas por meio da assinatura digital, apesar da previsão do art. 193 do CPC/15.

Também de extrema relevância é o fato de alguns Tribunais exigirem que toda e qualquer ação, até mesmo o *habeas corpus*, somente possa ser atentada pela parte por meio eletrônico, limitando o acesso ao Poder Judiciário. Outro importante ponto é a questão dos programas de segurança dos Tribunais que, embora necessários, são, em regra, diferentes, obrigando os advogados a instalarem e desinstalarem arquivos rotineiramente para se adequarem às exigências de cada órgão de Poder Judiciário – sem contar que, em sua maioria, os processos eletrônicos somente

[15] "A ficção da intimação pessoal é por demais perigosa nos autos do Processo Eletrônico. Justificamos a nossa preocupação diante da insegurança de nossos sistemas tecnológicos. O Brasil, apesar de ser um grande consumidor em termos de internet, se encontra muito atrasado em termos de tecnologia." (Almeida Filho, 2012, p. 190).

aceitam o sistema *Windows* da Microsoft, impossibilitando o acesso dos usuários do sistema iOS da Apple.

Como se vê, o processo eletrônico ainda necessita de estudo doutrinário e análise jurisprudencial e – principalmente – estrutural, a fim de que tais problemas inerentes a toda novidade (em especial no campo do Direito) sejam extirpados o mais rápido possível, tendo em vista que essas inovações podem limitar, eventualmente, o respeito ao princípio do (amplo) acesso à ordem jurídica justa, gerando obstáculos para o jurisdicionado que antes não existiam no processo físico. Passemos, então, à análise específica de outras dessas limitações.

2.1. Aspecto social

Em uma pesquisa feita pela União Internacional de Telecomunicações (ITU – *International Telecommunications Union*), em 2016, constatou-se que, dos aproximadamente 207 milhões habitantes do Brasil, apenas cerca de 130 milhões tem acesso à internet. Isso significa que somente 60% da população brasileira acessa a rede mundial de computadores e pode usar de seus recursos. Em razão disso há quem sustente que não se pode falar em uma garantia de acesso ao Judiciário plena se nem ao menos o meio de tramitação do processo é acessível a grande parte da população brasileira, considerando que a implementação de um sistema exclusivamente eletrônico, ao qual grande parte da população não tem acesso seria limitar o acesso a uma ordem jurídica justa.

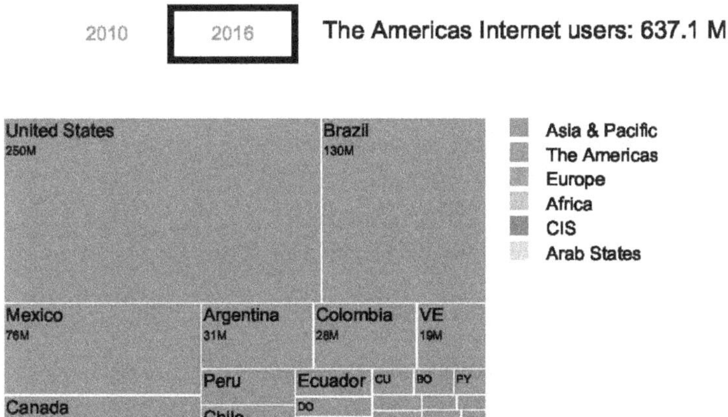

Disponível em https://www.itu.int/en/ITU-D/Statistics/Pages/stat/default.aspx. Acesso em 10 de novembro de 2018.

Ora, repita-se, é louvável a utilização desse sistema eletrônico de processos e o tornar obrigatório deve ser visto sim de forma bastante cautelosa. Contudo, afirmar que não é razoável obrigar a todos a utilizarem a internet pelo fato de que nosso País ainda não está totalmente adequado para tanto – em especial no tocante às dificuldades de acesso à rede mundial de computadores nas mais diversas localidades – não se sustenta.

Com efeito, realizar tal afirmação é o mesmo que dizer que o processo deve ser exclusivamente oral pelo fato de haver um significativo número de analfabetos no Brasil...

Vale salientar ser inadmissível desconsiderar que, quando comprovadamente houver qualquer dificuldade (seja ela qual for, de cunho sistêmico, físico, estrutural ou mesmo econômico) de uso de meios eletrônicos por determinada pessoa ou em determinada localidade, mostra-se prudente e razoável permitir também o ajuizamento e o processamento de determinado processo na forma física, visando extirpar qualquer tipo de limitação à garantia de acesso ao Poder Judiciário.

Nesse sentido, preconiza-se que a implementação do processo eletrônico se dê de forma cautelosa, como vem ocorrendo em grande parte dos tribunais, permitindo que os jurisdicionados possam adaptar-se, a seu tempo e conforme as circunstâncias que o rodeiam, ao novo modelo de processo, pois, "para que haja o efetivo acesso à justiça é indispensável que o maior número possível de pessoas seja admitido a demandar e a defender-se adequadamente (inclusive em processo criminal)" (Cintra; Dinamarco e Grinover, 2010).

De resto, necessário registrar que o art. 198 do CPC/15 tentou extirpar qualquer limitação de acesso à ordem jurídica justa ao preconizar em seu *caput* que "As unidades do Poder Judiciário deverão manter gratuitamente, à disposição dos interessados, equipamentos necessários à prática de atos processuais e à consulta e ao acesso ao sistema e aos documentos dele constantes", sendo que, nos termos do parágrafo único desse mesmo artigo, "Será admitida a prática de atos por meio não eletrônico no local onde não estiverem disponibilizados os equipamentos previstos no *caput*".

2.2. Aspectos socioeconômicos do advogado

A garantia do acesso à ordem jurídica justa passa também pela consideração dos aspectos socioeconômicos dos operadores do Direito. O preço para demandar judicialmente e, ainda, para manter a demanda, pode sofrer diversas alterações com a implantação do processo eletrônico. Contudo, o fato de alguns advogados não terem condições econômicas de adquirir os necessários equipamentos eletrônicos não pode ser um obstáculo à informatização judicial, ou seja, tal hipótese não pode ser um impeditivo para a implementação de novas tecnologias em benefício da tutela jurídica justa[16].

Do mesmo modo que se espera que um médico ou um dentista incorpore em seus consultórios novos equipamentos que possam diminuir o sofrimento do tratamento de seus pacientes, espera-se também que o advogado que este esteja atento aos novos instrumentos tecnológicos que possam trazer benefícios a um julgamento mais célere das demandas. Com efeito, se alguns profissionais da saúde não possuem condições econômicas para adquirir as modernas parafernálias eletrônicas em benefício de seus pacientes, cabem àqueles solicitarem que estes se submetam aos respectivos procedimentos em clínicas de terceiros, sendo inconcebível que tais profissionais se recusassem a utilizar novas tecnologias por não poderem comprá-las. Assim, os advogados que não puderem adquirir um computador com conexão à internet ou um certificado digital deverão, de alguma forma, terceirizar esses serviços para outros escritórios ou, simplesmente, realizar o acompanhamento processual em centros públicos de acesso à rede mundial de computadores ou por meio de algum colega.

O certo, contudo, é que não podem os advogados alegarem dificuldades econômicas para impedir para a informatização judicial, pois, para as partes, tal inovação trará benefícios, especialmente em termos de celeridade processual. Porém, de qualquer modo, devem haver medidas, especialmente pela Ordem dos Advogados do Brasil (OAB) e suas respectivas seções e seccionais, para que os advogados tenham pleno acesso aos processos eletrônicos, fazendo dessa modalidade de processo um ampliador do acesso à ordem jurídica justa, e não um fator limitante.

[16] Cf. Almeida Filho, José Carlos de Araújo. *Processo Eletrônico e Teoria Geral do Processo Eletrônico*. 4ª ed., Forense: Rio de Janeiro, 2011, p. 403.

2.3. A questão do advogado idoso

O contingente de advogados idosos é extremamente expressivo no Brasil. E não poderia ser diferente, pois em uma população cada vez mais envelhecida, é natural que o percentual de profissionais atuantes com idade acima de sessenta anos, em diversas profissões, aumente – inclusive, seguindo essa realidade, a aposentadoria compulsória dos magistrados e servidores foi adiada para 75 anos. Desse modo, há quem sustente que a manutenção desses trabalhadores atuantes no Poder Judiciário deve ser resguardada, uma vez que o exercício da advocacia tem mudado bastante nos últimos anos, principalmente após a implantação do processo judicial eletrônico. Com efeito, o idoso pode ter dificuldade de inclusão digital, de maneira que a obrigatoriedade do processo eletrônico em face do advogado idoso, por ocasião do ajuizamento de novas demandas, pode excluí-los terminantemente da condição de trabalho, violando sua realização profissional e sua dignidade. Desse modo, também há quem afirme que a obrigatoriedade de submeter essa parcela da população advocatícia ao processo eletrônico poderia esbarrar na garantia do acesso à ordem jurídica justa e, até mesmo, na liberdade para o exercício da profissão e da livre iniciativa (CR/88, art. 170, *caput*).

Ora, da mesma forma que no caso dos advogados com hipossuficiência financeira, os advogados idosos devem encontrar uma forma de adequação às novas tecnologias, nem que seja via terceirização ou parceria com outros profissionais. Ademais, a própria parcela idosa da população tem se tornado cada vez mais integrada com os ambientes digitais, em especial com o uso disseminado de *smartphones* e de redes sociais, demonstrando que, apesar da inerente dificuldade de quem não cresceu num ambiente tecnológico, todos têm plena condições de adequarem a essa nova realidade virtual.

Contudo, partindo dessa premissa (indiscutível dificuldade do idoso quanto à adaptação e ao aprendizado relacionado às questões digitais), a implementação do processo eletrônico deve ser adotada com o máximo de cautela, em especial sua forma, optando-se, na medida do possível, por um sistema unificado e mais intuitivo, visando não só possibilitar o acesso do advogado idoso, como também da maior parte possível da comunidade jurídica. O Poder Judiciário deve, portanto, atentar-se para a realidade do advogado idoso, no objetivo de incluir esse grande contingente produtivo no modelo de processo eletrônico, permitindo-lhes continuar laborando, auxiliando os seus clientes e, em última análise, garantindo-lhes o pleno acesso à ordem jurídica justa; porém a implementação do processo judicial eletrônico não pode ser reputada como uma limitação a essa classe de trabalhadores, sem dúvida capazes de se adaptar a essa nova realidade, em especial por meio de sistemas funcionais e intuitivos.

2.4. Acessibilidade

O tema da acessibilidade é outro muito debatido no que diz respeito ao processo eletrônico e suas limitações ao acesso à ordem jurídica justa. Os sistemas de processo eletrônico implementados no Brasil não se enquadram nos padrões das normas internacionais que regem a questão – deficientes visuais, por exemplo, têm hoje ao seu dispor ferramentas de navegação *online* que são incompatíveis com grande parte dos sistemas dos processos eletrônicos, limitando o acesso e o exercício profissional dessas pessoas. Vale salientar que em 2014, o Ministro Ricardo Lewandowski, membro do Supremo Tribunal Federal (STF), proferiu decisão permitindo que uma advogada com deficiência visual continuasse a peticionar por meio físico até que o processo eletrônico possuísse os meios necessários para a seu uso. Em trecho de sua decisão, o ministro afirmou que "exigir das pessoas portadoras de necessidades especiais que busquem auxílio de terceiros para continuar a exercer a profissão de advogado afronta, à primeira vista, um dos principais fundamentos da Constituição de 1988, qual seja, a dignidade da pessoa humana" (STF, MS 32.751/DF, Min. Ricardo Lewandowski, decisão monocrática proferida em 31.01.2014).

No entanto, a ordem foi concedida em um caso concreto. Existem inúmeros advogados e servidores carentes de acessibilidade, à mercê da ajuda de terceiros e, até mesmo, cursos que prometem amenizar a dificuldade com o sistema. Diante dessas limitações, a implantação do PJe 2.0, divulgada pelo Conselho Nacional de Justiça (CNJ) para o ano de 2018, vem com a promessa de um sistema mais acessível e inclusivo para os portadores de alguma condição de gere impactos na acessibilidade do sistema, minimizando esse significativo obstáculo ao acesso à ordem jurídica justa. Assim, devem os responsáveis ficarem sempre atentos para que a previsão do art. 199 do CPC/15 – "As unidades do Poder Judiciário assegurarão às pessoas com deficiência acessibilidade aos seus sítios na rede mundial de computadores, ao meio eletrônico de prática de atos judiciais, à comunicação eletrônica dos atos processuais e à assinatura eletrônica." – seja colocada em prática, evitando que se torne uma mera intenção legislativa.

2.5. Os magistrados e servidores

Outro ponto que também precisa ser rediscutido é o fato de que sistemas de processo eletrônico pouco intuitivos e complicados se tornam uma barreira não só para os advogados em geral (idosos ou não), mas também para todos os magistrados e os servidores, que muitas vezes se veem obrigados a recorrerem a profissionais de TI (tecnologia da informação) para a prática de simples atos processuais. Com efeito, por falta de preparo ou de entendimento do sistema, muitos magistrados e servidores se veem nas mãos de técnicos de informática para praticarem atos inerentes a sua função. Por isso também se faz necessário maior facilidade na utilização dos sistemas, além de os Tribunais realizarem constantes cursos de capacitação para que os magistrados e os demais servidores judiciais se preparem da melhor forma possível no tocante à informatização, a a fim de evitar entregar atos nas mãos de técnicos que não tem o conhecimento necessário nem a preparação para praticar atos inerentes a processos judiciais, mesmo que esses atos estejam sendo supervisionados por quem deveria estar praticando-os.

Ora, nada justifica que magistrados e servidores fiquem à mercê de profissionais de informática que podem, muitas vezes, por dolo ou culpa, interferir nas decisões ou no curso das demandas judiciais, o que não se pode admitir de forma alguma, mesmo porque o acesso à ordem jurídica justa também consiste na qualidade das decisões e, até mesmo, da condução do processo. O certo é que, considerando a constante evolução tecnológica e a respectiva mudança nos sistemas de processo eletrônico, há também uma necessidade de manter os profissionais que atuam com esses sistemas igualmente atualizados.

2.6. A questão dos juizados especiais

Os Juizados Especiais foram criados pela Lei n. 9.009/95 com o objetivo de garantir, na resolução de demandas de menor complexidade, maior celeridade. No entanto, essa celeridade, assim como no caso do processo eletrônico, não pode comprometer outras garantias processuais. Desse modo, no que tange aos Juizados Especiais, há que se atentar para a possibilidade de restrição de atos processuais – em especial da instrução processual – em prol da celeridade. O jurisdicionado que, sem o auxílio de um advogado, busca por conta própria a tutela dos juizados (*jus postulandi*), fica à mercê de servidores (muitas vezes sem o menor conhecimento jurídico) para preencherem seus dados corretamente e informarem, com precisão, o objeto e os fatos de sua demanda. Esse aspecto influi, diretamente, no amplo acesso à ordem jurídica justa, considerando que muitas vezes essas informações não são direcionadas de maneira clara ao juiz (atermação) que, por sua vez, não tem condições de decidir da melhor maneira possível.

Tratando-se do processo eletrônico, o acesso aos autos pode-se tornar um complicador para os jurisdicionados, que, para tanto, precisam se submeter a determinados cadastros prévios, em regra validados por senhas ou certificados digitais, dificultando o conhecimento sobre os atos praticados ao longo do processo. Desse modo, sem a presença de servidores qualificados para exercer a função de atermação, bem como parâmetros que ajudem a ordenar as informações processuais, o processo eletrônico, diante de uma crescente demanda como a que vivemos atualmente, pode se tornar alvo de complicações ainda maiores do que as enfrentadas pelo processo físico, gerando uma crise judiciária, ao invés de contribuir para a celeridade processual. Tal fato, contudo, não pode ser considerado um obstáculo à implementação do processo eletrônico, cabendo aos tribunais somente se atentarem para essa nova realidade e minimizar tais impeditivos, a fim de que não se viole a garantia de a acesso a uma ordem jurídica justa.

2.7. A estabilidade dos sistemas e a sua diversidade

O problema da estabilidade dos sistemas do processo eletrônico é outro aspecto que precisa ser discutido. Como garantir um acesso à ordem jurídica justa, na totalidade de seu conceito, se nem ao menos a forma processual for estável para litigar? É certo que diversas vezes ocorrem indisponibilidades no sistema que impedem que todos os atos processuais sejam feitos, desde o peticionamento até os atos administrativos. O parágrafo único do art. 197 do CPC/15 inclusive estabelece como justa causa, para a não realização de atos processuais no prazo, a ocorrência de problema técnico no sistema. Ou seja, o próprio legislador já se adiantou em prever que o sistema não é inteiramente confiável em termos de disponibilidade e, nos casos em que houver falhas operacionais, trouxe uma solução provisória.

Com efeito, consoante a prática cotidiana, a indisponibilidade do sistema não permanece por períodos significativos, de modo que esse tempo que impede o seu uso – e faz que determinado ato processual não possa ser praticado – gera um atraso quase irrelevante na resolução do litígio. No entanto, a certificação formal de indisponibilidade do sistema por parte dos Tribunais não pode ser a única forma de comprovação da falha do serviço, sob pena de implicar graves prejuízos às partes e, em última análise, violar flagrantemente o acesso à ordem jurídica justa nas mais diversas dimensões. Cabem aos magistrados acatarem qualquer indício de prova de indisponibilidade do sistema – como por exemplo um simples *print* da tela – e, em caso de dúvida, oficiarem ao setor de tecnologia competente para obter mais informações. O que não se pode admitir é que, por um vício no sistema do processo eletrônico e por um lapso do setor que deveria ter a obrigação certificar o ocorrido, a parte seja prejudicada ao realizar seu ato processual.

Ainda é necessário considerar que, como já registrado, os sistemas de processo eletrônicos implementados atualmente nos Tribunais são extremamente diversos, de modo que sua utilização nem sempre é intuitiva e, em regra, geram diversas dúvidas ao operador. Os Tribunais Superiores adotam sistemas diferentes e há casos em que um único tribunal (como o Tribunal de Justiça do Estado de Minas Gerais) adota três sistemas diferentes, sendo um para o juizado especial, um para a primeira instância e outro para a segunda instância. Esse fato, além de dificultar a atuação de advogados atuam em diversos estados da federação, impede a comunicação entre os próprios tribunais, pois os servidores ficam impossibilitados de se comunicarem diretamente por meio dos sistemas.

Não há dúvidas de que, como o Brasil é um país de tamanho continental, caberia à Lei n. 11.419/06 e ao CPC/15 apenas estabelecerem normas gerais para a implementação do processo eletrônico, considerando, repita-se, as mais diversas realidades de cada tribunal brasileiro. No entanto, cabe ao CNJ, na medida do possível, publicar mais resoluções (a exemplo da Resolução n. 185/2013) de modo a padronizar ao máximo essa proliferação de sistemas – até porque, em alguns casos, trata-se de mera vaidade de alguns Tribunais, que não abrem mão de determinado sistema criado por seu próprio setor competente, com recursos próprios e, na visão dos criadores, "melhor" do que os demais sistemas.

Isso fez com que se tenha, incrível e lamentavelmente, mais de 40 sistemas de processo eletrônico em cerca de 90 tribunais, prejudicando o acesso à ordem jurídica justa em seu sentido amplo – em vez de aproximarmos cada vez mais de um método único e comum a todos os tribunais, temos na prática uma diversidade de sistemas não-interligados e com características próprias de funcionamento. Ademais, essa diversidade de sistemas implementados também dificulta a atuação do profissional (considerando que a interface entre eles nem sempre é clara e intuitiva), tornando-os ainda mais sujeitos a falhas (cada sistema apresenta problemas e soluções próprios) e, por consequência, mais impedimentos no seu regular funcionamento, não sendo raro que os tribunais precisem publicar portarias suspendendo prazos processuais, por conta de falhas e impedimentos operacionais nos sistemas de processo eletrônico.

2.8. Os *crackers* e os *lammers*

A eficiência dos mecanismos que visam garantir a segurança do processo eletrônico é outro aspecto a se considerar. Sem a garantia da segurança, não há como assegurar o pleno acesso à ordem jurídica justa, pelo menos não de forma absoluta. Os meios de comunicação *online* conhecidos ainda são, indiscutivelmente, muito vulneráveis, não sendo difícil encontrar notícias de casos em que eles foram invadidos e informações foram alteradas ou divulgadas. Nesse ponto é necessário salientar a atuação dos *harckers* (pessoas que, com algum objetivo, conseguem invadir um sistema) – em especial os *crackers* (*harckers* que usam seu conhecimento para prejudicar alguém) e os *lammers* (pessoas que usam ferramentas desenvolvidas por terceiros para prejudicar alguém) – como importante questão a ser superada pelos sistemas de processo eletrônico.

Embora esse fato não seja uma limitação de acesso à ordem jurídica justa pelo processo eletrônico, é necessário que se mantenha o processo tradicional (físico) ou se desenvolva meios alternativos que assegurem a tramitação processual devida e o pleno acesso à ordem jurídica justa, nas hipóteses em que a tramitação eletrônica não se mostre segura ou coloque em risco os direitos dos jurisdicionados. Sendo o meio eletrônico processual instável e suscetível a ataques e erros, sua implantação e manutenção não pode ser realizada sem que sejam tomadas precauções para evitar que tais problemas causem prejuízos concretos aos jurisdicionados.

2.9. A questão probatória

Na perspectiva de acesso ao judiciário de forma pentadimensional, é preciso também tratar da questão probatória nos processos eletrônicos, em especial a garantia de autenticidade e veracidade e, principalmente, da própria juntada dos documentos e arquivos no sistema eletrônico. O art. 225 do CC/02 prevê expressamente que "As reproduções fotográficas, cinematográficas, os registros fonográficos e, em geral, quaisquer outras reproduções mecânicas ou eletrônicas de fatos ou de coisas fazem prova plena destes, se a parte, contra quem forem exibidos, não lhes impugnar a exatidão". Do mesmo modo, o art. 422 do CPC/15 dispõe que "Qualquer reprodução mecânica, como a fotográfica, a cinematográfica, a fonográfica ou de outra espécie, tem aptidão para fazer prova dos fatos ou das coisas representadas, se a sua conformidade com o documento original não for impugnada por aquele contra quem foi produzida".

Isto é, cópia de fotos (inclusive as digitais e as extraídas da internet, nos termos do § 1º do art. 422 do CPC/15), vídeos, áudios ou qualquer outra cópia mecânica ou eletrônica (inclusive as mensagens eletrônicas, nos termos do § 3º do art. 422 do CPC/15) pode ser considerada prova documental, tendo plena validade até impugnação pela parte contrária (CPC/15, art. 427, *caput* e inciso I), hipótese em que, tratando-se de: *i*) fotografias digitais, imagens extraídas da rede mundial de computadores ou mensagem eletrônica, deve ser apresentada a respectiva autenticação eletrônica ou, na sendo possível, realizada perícia (CPC/15, art. 422, § 1º e § 3º); *ii*) fotografia publicada em jornal ou revista, será exigido um exemplar original do periódico (CPC/15, art. 422, § 2º).

Com efeito, existem diversos meios eletrônicos que podem garantir autenticidade de documentos eletrônicos – como as assinaturas digitais e as mensagens criptografadas, por exemplo. Com o uso desses mecanismos, certa confiabilidade pode ser atribuída aos documentos eletrônicos, que terão valor probatório até que se demonstre o contrário.

Entretanto, não apenas a questão da autenticidade dos documentos eletrônicos tem relevância no tocante às garantias processuais de acesso à ordem jurídica justa: faz-se necessário ainda ressaltar as dificuldades apresentadas pelos sistemas que abrigam os processos eletrônicos em geral, pelo fato de que, em regra, não aceitam juntadas de áudios ou vídeos – isto é, de documentos que não sejam arquivos em formato *pdf*[17].

Para resolver este problema, o § 4º do art. 14 da Resolução do CNJ n. 185/2013 estabelece que "Os documentos cuja digitalização mostre-se tecnicamente inviável devido ao grande volume, tamanho/formato ou por motivo de ilegibilidade deverão ser apresentados em secretaria no prazo de 10 (dez) dias contados do envio de petição eletrônica comunicando o fato", sendo que, "Após o trânsito em julgado, os referidos documentos serão devolvidos, incumbindo-se à parte preservá-los, até o final do prazo para propositura de ação rescisória, quando admitida".

Ora, tal procedimento, embora resolva formalmente a questão, por certo pode gerar algum entrave no momento de prolação da decisão, pois as provas estarão apartadas dos autos (eletrônicos) e, conforme a circunstância de acesso, podem não ser requisitadas ou encontradas pelo julgador, violando o acesso à ordem jurídica justa. Assim, o ideal seria adequar os sistemas de forma que qualquer formato digital de provas – e não apenas em formato *pdf* – possa ser anexado aos autos do processo judicial eletrônico. Ademais, é necessário ressaltar a fugacidade da linguagem de computação, cujos mecanismos são bastante mutáveis, de modo que o que é usado hoje pode não ser o mesmo daqui a dez anos. Assim, deve haver uma preocupação dos estudiosos em tecnologia da informação em garantir que os documentos salvos hoje, frutos de uma determinada linguagem eletrônica, estarão intactos e disponíveis para acesso com o passar do tempo – mesmo porque um número considerável de processos se arrastam por anos e até mesmo por décadas. Diante disso, fica claro que a questão probatória é um importante ponto a ser enfrentado pelo processo eletrônico, de modo que esses documentos possam ser cada vez mais confiáveis (sem que seja necessária a realização

[17] "portable document format" – formato de arquivo que representa documentos independentemente do aplicativo, do hardware ou do sistema operacional usados para criá-los, podendo descrever documentos que contenham texto, gráficos ou imagens, num formato independente de dispositivo e resolução.

de perícias), acessíveis (não apartados dos autos) e duradouros (sem se sujeitarem à perda dos dados em função do avanço tecnológico).

Conclusões

Não há dúvidas de que o processo judicial eletrônico trouxe importantes melhorias concretas, tanto em termos de sustentabilidade (ante a necessidade de uma preocupação cada vez maior com as questões ambientais, a abolição do uso do papel é uma questão importante para a implantação do processo eletrônico e não pode ser ignorada), quanto da maior agilidade conferida aos atos processuais em geral (é inegável que, em regra, o litígio ficou mais célere). No entanto, há que se levar em consideração que o tempo razoável de duração do processo é apenas um dos aspectos que compõe o acesso à ordem jurídica justa, pois tal princípio, como já amplamente exposto, não diz respeito apenas à provocação do Estado para resolver um conflito (sentido estrito), mas também ao modo como essa resolução se dará (sentido amplo). Desse modo, considerando que o acesso à ordem jurídica justa pressupõe uma análise pentadimensional, deve-se tomar o tempo necessário do processo para que isso ocorra. A celeridade precisa ser pensada levando em conta o mérito da questão, variando para cada conflito, visto que existem casos mais complexos que outros. Assim, o advento do processo eletrônico não pode se mostrar contrário a esses postulados que precisam ser observados.

Ademais, faz-se necessário que os operadores do Direito não se robotizem, mantendo-se a visão humanitária que existe em cada litígio. É preciso, também, não se perder de vista os problemas decorrentes do aspecto social do processo eletrônico, considerando que o acesso à internet – e mesmo ao próprio computador – ainda é algo distante para muitos jurisdicionados, que não podem ser esquecidos (principalmente no caso dos Juizados Especiais, em que grande parte exerce o *jus postulandi*). Outro ponto a ser considerado são os operadores do direito (advogados, magistrados e servidores; idosos ou não), de modo que o sistema deve ser o mais padronizado e intuitivo possível.

Essa inclusão também deve ser focada em termos de acessibilidade, considerando as dificuldades que os deficientes físicos – em especial os visuais – possam ter ao manusear os processos eletrônicos. A questão da segurança (*crackers* e *lammers*) também não pode ser esquecida, assim como as provas a serem juntadas aos autos eletrônicos que não atendam ao formato *pdf* (como vídeos e áudios) e o respectivo arquivamento desses autos, evitando que a fugacidade da tecnologia gere graves prejuízos para as partes.

Além de tudo isso, os sistemas devem ter o máximo de estabilidade possível, a fim de evitar que atos processuais sejam impedidos de ser praticados, cabendo aos magistrados usarem sempre da prudência e do bom senso quando houver a famigerada indisponibilidade. Enfim, desde que respeitado o acesso à ordem jurídica justa em sua visão pentadimensional, extirpando sempre, na medida do possível e do razoável, os eventuais obstáculos inerentes a essa realidade procedimental, o processo judicial eletrônico – não apenas em termos de sustentabilidade, mas também (e principalmente) em questões de celeridade processual – é um ganho inegável para o Direito e seu objetivo último, qual seja, a pacificação social.

Referências

ALMEIDA FILHO, José Carlos de Araújo. *Processo Eletrônico e Teoria Geral do Processo Eletrônico.* 4ª ed., Forense: Rio de Janeiro, 2011.

CINTRA, Antônio Carlos de Araújo; DINAMARCO, Cândido Rangel; GRINOVER, Ada Pelegrini. *Teoria Geral do Processo.* 26ª ed. São Paulo: Malheiros, 2010.

DALLARI, Dalmo de Abreu. *O poder dos juízes.* 3ª ed. São Paulo: Saraiva, 2007. p. 159.

DIAS. Ronaldo Brêtas de Caravalho. *Processo constitucional e estado democrático de direito.* Belo Horizonte: Del Rey, 2010, 2ª ed. 2012. p. 134-135

DINAMARCO, Cândido Rangel. *A instrumentalidade do processo.* São Paulo: Malheiros, 1996, p. 168.

DONIZETTI, Elpídio. *Curso Didático de Direito Processual Civil.* 21ª ed. São Paulo: Atlas, 2017. p 34-35

GRINOVER, Ada Pellegrini. *Assistência Judiciária e acesso à Justiça*: In: Novas tendências do Direito Processual Civil. Rio de Janeiro, Forense Universitária, 1990, p. 245.

IHERING, Rudolf Von. *A luta pelo Direito.* Rio de Janeiro: Forense, 2002, 21ª ed., p. 1.

JAYME, Fernando Gonzaga e FRANCO, Marcelo Veiga. *"O princípio do contraditório no Projeto do novo Código de Processo Civil"*. Revista de Processo: RePro. São Paulo: Editora Revista dos Tribunais, v. 39, n. 227, p. 335-359, jan. 2014

MARINONI, Luiz Guilherme. Direito Fundamental de Ação. In: CANOTILHO, J.J. Gomes; MENDES, Gilmar F; SCARLET, Ingo W.; STRECK, Lenio L. (Coords). *Comentários à Constituição do Brasil.* São Paulo: Saraiva/Almeidina, 2013, p. 357.

MARINONI, Luiz Guilherme. *Técnica Processual e Tutela dos Direito.* 3ed. [s.l]: Editora Revista dos Tribunais, 2010, p. 512.

PAULA, W.R. de. *Publicidade no processo judicial eletrônico*: busca da indispensável relativização. São Paulo: LTr, 2009.

RAMOS SILVEIRA, Miguel Antonio. *O processo judicial eletrônico, Políticas Públicas e as Barreiras ao Princípio do Acesso à Justiça.* Brasília. Editora do CFOAB. 2014.

REIS, Mayara Araujo dos SANTOS, Sérgio Cabral dos. *Reflexões sobre o Processo Eletrônico.* Disponível em <http://www.ambitojuridico.com.br/site/index.php?n_link=revista_artigos_leitura&artigo_id=0361>. Acesso em: 10 de novembro de 2018.

SILVA, Otavio Pinto. *Processo Eletrônico Trabalhista.* São Paulo, LTr, 2013, págs. 67/70.

SOUSA, Álvaro Couri Antunes. *Juizados Especiais Federais Cíveis: aspectos relevantes e o sistema recursal da lei n. 10.259/01.* Rio de Janeiro: Renovar, 2004.

THEODORO JÚNIOR, Humberto et al. *Novo CPC: fundamentos e sistematização: Lei 13.105, de 16-03-2015.* 2. ed. Rio de Janeiro: Forense, 2015.

_________________. "*Processo justo e contraditório dinâmico*". Disponível em <http://revistas.unisinos.br/index.php/RECHTD/article/view/4776/0>, acesso em 21.11.2018.

VIANNA, T.L. *Parecer solicitado pelo Instituto Brasileiro de Direito Eletrônico – IBDE,* citado por FILHO, J.C de A.A. Processo eletrônico e teoria geral do processo eletrônico, 4ª ed., Forense: Rio de Janeiro, 2011.

WATANABE, Kazuo. *Acesso à ordem jurídica justa: conceito atualizado de acesso à justiça, processos coletivos e outros estudos.* Belo Horizonte: Editora Del Rey, 2019.

10. Impactos tributários na licença de *software*

Emerson Alvarez Predolim

Introdução

A história da tecnologia e a evolução trazida a reboque para a humanidade por ela, tem impacto determinante contemporâneo em todas as áreas, o que inclui a economia. E, neste sentido, como resultado direto temos impactos na forma da arrecadação dos Estados, uma vez que há uma transformação na maneira de criar negócios milionários, movimentando por vezes riquezas muito maiores do que outras indústrias de bens e consumo.

E dentre estas novas economias, na gênese desta evolução nasceram duas grandes indústrias: a do hardware (parte física) e a do software (parte lógica) da computação, com características marcantes antagônicas sendo o primeiro tangível e o segundo intangível. Com o tempo, a indústria de equipamentos que se imaginava a grande e principal a evoluir foi sendo ofuscada pela perceptível agilidade imposta pela indústria do software. A evolução tecnológica atual certamente está calcada nas novas aplicações de inteligência artificial, dos aplicativos de smartphones, perdendo em muito o holofote anterior para os lançamentos de novos processadores e equipamentos que nos idos dos anos 90 eram comemorados com grande entusiasmo.

E desde que a indústria de software se tornou pungente e começou a movimentar verdadeiras fortunas com a padronização de programas, o fisco voltou seus olhares no que concerne a possibilidade de tributar a "nova economia mundial". Diante deste cenário é que nos debruçaremos, identificando conceitualmente a licença de uso de softwares e suas características jurídicas apresentadas pela Lei 9.609/98 para identificar o fato jurídico para fins de incidência tributária. De certo, preliminarmente podemos defender que, à luz do ordenamento vigente, estamos diante de serviço de qualquer natureza não cabendo admitir a natureza de mercadoria virtual e assim a incidência do ICMS-Mercadoria.

Para nossa análise será necessário apresentar a evolução tecnológica do software que inicialmente era distribuído em meio físico e, com o passar do tempo e a evolução da conectividade e velocidade de acesso à internet, migrou para um formato totalmente virtual. Esta evolução aumentou ainda mais a condição da intangibilidade, culminando no uso de aplicações que sequer são instaladas no equipamento do usuário, quando tratamos de aplicações em nuvem chamados Software as a Service (SaaS).

Em descompasso com o avanço tecnológico faremos o contraponto jurídico das decisões emblemáticas acerca da tributação de software, analisando o RE 176.626-3/SP da lavra do Exmo. Min. Sepúlveda Pertence e a ADI 1.945/MT que permeiam os entendimentos até o presente momento. Nestes dois julgados veremos que conceitos definidores do fato gerador restam equivocados e geraram mais dúvidas do que certezas quando tratamos da tributação de licenças de uso de software.

Ampliaremos a discussão trazida nas decisões mencionadas observando que a problemática está relacionada diretamente aos conceitos constitucionais de "mercadorias" e de "serviços de qualquer natureza" para fins tributários, que concerne à tangibilidade para aproximar a incidência do ICMS-Mercadoria ao software.

Uma vez pacificado o entendimento da tributação da licença de uso de software entre municípios e estados, validaremos as repercussões da tributação na esfera federal formando a totalidade de carga tributária sobre softwares no país.

1. Conceito de software, a Lei 9.609/98 e o licenciamento de uso

A utilização de máquinas sistematizadas e de processamento necessariamente depende do software que extrai da capacidade de processamento e armazenamento destas máquinas o seu melhor potencial e converte em resultados tangíveis ao ser humano para seu uso. Para entendermos esta dependência dos programas, pensemos na definição de uma "unidade de processamento", que na prática pode ser um computador (portátil ou não), um smartphone, um tablet ou um eletrodoméstico (p.e. geladeiras inteligentes).

O que denominamos aqui como "unidade de processamento" pode ser definido como qualquer máquina capaz de aceitar uma entrada estruturada de dados, processá-la de acordo com regras preestabelecidas, e produzir uma saída com os resultados. Isto é possível por meio de circuitos eletrônicos que processam instruções lógicas (entradas de dados) usando duas notações: o número 1 para representar "verdadeiro" e 0 para representar "falso", o chamado sistema binário utilizado como base para toda linguagem de programação.

Assim, qualquer série estruturada de instruções pode ser transformada num conjunto de números binários. Com a evolução da computação, essa linguagem binária passou a ser substituída por uma linguagem codificada traduzida para a linguagem de máquina por um programa especialista em traduções de linguagens (compiladores ou tradutores). As linguagens de programação são classificadas em linguagem de baixo nível, que mantém características de comandos mais próximos à linguagem da máquina (binária) e, de alto nível, com forma e semântica mais próxima à linguagem humana. Baseado nestas linguagens é que o profissional (programador) cria regras e sequências de comandos que extraem resultados para o usuário, por meio da codificação e compilação (conversão da linguagem de alto nível em códigos binários).

Desta forma, podemos afirmar que o software é a série de instruções codificadas que fazem com que o hardware (aqui chamado de unidade computacional no sentido amplo) realizem o trabalho que se objetivou inicialmente, instruções estas idealizadas pelo programador e, portanto, um produto da intelectualidade humana. Neste prisma, podemos entender que a natureza jurídica do software, portanto é a de um bem intelectual ou imaterial. Tanto que o inciso XII do Art. 7º da Lei 9.610/98, apresenta na lista de bens protegidos como obra intelectual os programas de computador. Contudo, até este conceito está em construção vez que as inovações tecnológicas como a inteligência artificial (que nada mais é do que programas que processam informações e tomam decisões) propiciam já a criação de programas para solucionar problemas sem a necessidade da inferência humana criando linhas de programação de forma autônoma.

Evidentemente, com o avanço da inteligência artificial e a realidade já experimentada de softwares que criam novos softwares, se colocará em discussão a ideia de propriedade intelectual em breve no desenvolvimento de programas, mas para o presente estudo, nos ateremos a ideia apresentada na legislação vigente da proteção intelectual do desenvolvedor. E para tratarmos da incidência tributária sobre o licenciamento de uso de programas de computador, é necessário observar o ordenamento legal brasileiro e conceito jurídico apresentado de programa de computador, nos termos da legislação supramencionada, *in verbis*:

> Art. 1º Programa de computador é a expressão de um conjunto organizado de instruções em linguagem natural ou codificada, contida em suporte físico de qualquer natureza, de emprego necessário em máquinas automáticas de tratamento da informação, dispositivos, instrumentos ou equipamentos periféricos, baseados em técnica digital ou análoga, para fazê-los funcionar de modo e para fins determinados. (BRASIL, 1998)

Apesar de podermos já considerar um texto desatualizado em sua conceituação para os tempos atuais, o artigo acima destacado transmite o conceito que deve permear nossos estudos acerca do objeto "programa de computador" e suas características. Importante destacar dentre as características apresentadas o termo exato "contida em suporte físico de qualquer natureza". Já adentrando nas discussões travadas na jurisprudência a seguir analisada, essencial perceber que o legislador aponta pela independência do meio físico em que o software será armazenado ou utilizado.

Temos de registrar histórico da evolução de distribuição dos programas ao longo do tempo que inicialmente eram realizados por meio de cartões perfurados (década de 1970) que eram utilizados para execução dos comandos nos computadores de grande porte. Já na década de 1980, surgiram os disquetes de 5 ¼ e 3 ½ polegadas que suportavam fisicamente os instaladores de programas. Com a melhora da infraestrutura da internet nos idos dos anos 2000 e a possibilidade de tráfego de pacotes maiores de dados, passamos a ter acesso a programas pela rede mundial de computadores para instalação nos computadores, até os dias atuais em que os programas ficam armazenados em servidores espalhados pelo mundo, conectados na rede mundial de computadores e o usuário acessa sem qualquer necessidade de instalação local.

Desta forma, a evolução da forma de disponibilização do software não teria inferência na aplicação da lei, uma vez que o legislador não apresenta como relevância o meio físico mas sim a necessidade de proteção à propriedade intelectual dos programas de computador. Contudo, o objeto de maior valoração econômica é a propriedade intelectual, contrario senso que já ressaltamos ao entendimento apresentado pelo STF na decisão do RE 176.626-3/SP, vez que neste último se deu valor maior ao suporte físico do que à obra (programa). No mesmo texto legal, mais especificamente em seu Art. 9º [1] restou determinada a forma de comercialização por meio de contrato de licença. Para Manoel J. Pereira dos Santos o contrato de licença de uso de software "é uma modalidade de negócio jurídico através do qual alguém, denominado Licenciante, concede a outrem, denominado Licenciado, o direito de exploração econômica e/ou utilização do programa de computador" (Santos, p. 39 apud Amad, 2002, p. 79).

Como podemos observar, nos termos apresentado pelo autor citado, o objeto do contrato de licença contempla a utilização e a exploração econômica do programa de computador. E nesta direção é que pretendeu o legislador quando afirma o resguardo do direito autoral do software. E neste mesmo sentido, pacificando a forma de licença de uso, temos que fazer clara distinção entre esta primeira (licença de uso) e a cessão dos direitos autorais. Para tanto, nas lições de Fabio Ulhoa Coelho se apresenta com clareza tal distinção:

> Na licença de uso, o titular dos direitos autorais (licenciante) apenas autoriza o uso do programa pelo outro contratante (licenciado), conservando a propriedade intelectual em seu patrimônio. Não se confunde com a cessão de direitos autorais, em que o titular da propriedade intelectual referente ao software (cedente) transmite-a a outrem (cessionário), mediante remuneração, deixando de ser, assim, o proprietário. (Coelho, 2010, p. 412)

[1] "Art. 9º. O uso de programa de computador no País será objeto de contrato de licença. Parágrafo único. Na hipótese de eventual inexistência do contrato referido no caput deste artigo, o documento fiscal relativo à aquisição ou licenciamento de cópia servirá para comprovação da regularidade do seu uso. (BRASIL, 1998)

Com efeito, no licenciamento não há efetivamente a tradição de um bem, com a transferência de propriedade, mas sim a autorização para o uso pelo licenciado daquele programa de computador sem, contudo, atingir a propriedade intelectual, patrimônio que permanece com o licenciante.

Desta forma, cristalino concluirmos que no formato de licenciamento de uso não há qualquer transmissão de propriedade, inviabilizando a ideia de compra e venda e tradição de mercadorias. Contudo, apesar de nos parecer simples e objetivo entender tal questão, os tribunais por meio de decisões desencontradas lançaram sombras sobre tais conceitos que ainda ofuscam a solução e aumentam o conflito de competências entre estados e municípios que se engalfinham buscando o retorno tributário sobre operações que envolvem softwares.

2. *Software* não pode ser considerado uma mercadoria

Para dirimirmos as dúvidas quanto ao entendimento sobre a possibilidade do software ser considerado mercadoria, inicialmente revisitaremos os ensinamentos do Professor Hugo de Brito Machado, sob a ótica do Direito Tributário:

> Se a Constituição fala de mercadoria ao definir a competência dos Estados para instituir e cobrar o ICMS, o conceito de mercadoria há de ser o existente no Direito Comercial. Admitir-se que o legislador pudesse modificá-lo seria permitir ao legislador alterar a própria Constituição Federal, modificando as competências tributárias ali definidas." (Machado, 2006, p. 130).

Neste mesmo sentido prontamente aponta o Código Tributário Nacional em seu Art. 110[2] demonstrando a necessária observância da Constituição Federal e legislações ordinárias para pacificar o entendimento de conceitos do termo, justamente evitando mutações nas competências dos entes da federação em decorrência de alterações propositais da conceituação. Com efeito, observemos a definição da palavra "merca-

[2] Art. 110. A lei tributária não pode alterar a definição, o conteúdo e o alcance de institutos, conceitos e formas de direito privado, utilizados, expressa ou implicitamente, pela Constituição Federal, pelas Constituições dos Estados, ou pelas Leis Orgânicas do Distrito Federal ou dos Municípios, para definir ou limitar competências tributárias. (BRASIL, 1966).

doria" em alguns dicionários: (i) *aquilo que é objeto de comércio, mercancia*[3]; (ii) *aquilo que é objeto de compra e venda*[4]; (iii) *qualquer coisa móvel quando objeto de comércio.*[5]

A Constituição Federal apresenta no seu Art.155, inciso II[6] tão somente que incidirá ICMS em "operações relativas à circulação de mercadorias", que atribuída os significados acima explicitados, traduz operação de coisa móvel quando objeto posto à venda. Neste mesmo sentido, pacificando o entendimento que ainda vigora perante o texto constitucional, destacamos o texto do voto do Min. Cunha Peixoto, no RE 79.951, *in verbis:*

> Da mesma forma que o município, não podendo ampliar o conceito de propriedade para efeitos fiscais, também o estado terá de ficar dentro do âmbito do direito privado para referir-se à mercadoria. Ora, mercadoria tem seu conceito muito bem definido no direito comercial, a ponto de Vidari observar que um mesmo objeto pode ser coisa em mãos de uma pessoa e mercadoria em mãos de outra. É que a própria palavra mercadoria põe de manifesto seu destino ao mercado e, assim, será coisa o objeto destinado para fins de consumo e mercadoria o destinado à especulação através da revenda. (RE 79.795/SP, RTJ, 78/215-27).

Apoiado nos brilhantes ensinamentos doutrinários acima, podemos confirmar o entendimento de que mercadoria é aquilo que o direito comercial entende como coisa móvel, posto a venda (prática de mercancia). E, ainda mais importante lição do douto Ministro Cunha Peixoto, não pode o Estado criar mutações conceituais para aumentar a competência de tributar. É justamente este o equívoco na tentativa de estender o conceito de mercadoria ao software: ampliar para abarcar

[3] Dicionário Aurélio, 1 ed., 12. Impressão, São Paulo, Nova Fronteira, 1975, p. 913.

[4] Michaelis – Moderno dicionário de língua portuguesa. São Paulo, Melhoramentos, 2002, p. 1357.

[5] Dicionário jurídico, Academia Brasileira de Letras Jurídicas, 8 ed., Rio de Janeiro e São Paulo, Forense Universitária, 2003, p. 560.

[6] Art. 155. Compete aos Estados e ao Distrito Federal instituir impostos sobre:
[...] II – operações relativas à circulação de mercadorias e sobre prestações de serviços de transporte interestadual e intermunicipal e de comunicação, ainda que as operações e as prestações se iniciem no exterior; (BRASIL, 1988)

na competência tributária do estado a concessão de uso por meio da licença. Isto porque o conceito constitucional de mercadoria tangencia com o conceito de serviços, diferindo de forma tênue. E, este critério determinante que é justamente a tangibilidade do objeto.

Entretanto, nas discussões levadas aos Tribunais Superiores, este critério e distinção não foram respeitados. A primeira discussão apresentada no RE 176.626-3/SP, levada ao STF acerca do comércio de bens incorpóreos comercializados na internet, tratou justamente o tema, data vênia, com tal equívoco como vemos:

> III. Programa de computador ("software"): tratamento tributário: distinção necessária. Não tendo por objeto uma mercadoria, mas um bem incorpóreo, sobre às operações de "licenciamento ou cessão do direito de uso de programas de computador" – matéria exclusiva da lide –, efetivamente não podem os Estados instituir ICMS: dessa impossibilidade, entretanto, não resulta que, de logo, se esteja também a subtrair do campo constitucional de incidência do ICMS a circulação de cópias ou exemplares dos programas de computador produzidos em série e comercializados no varejo – como a do chamado "software de prateleira" (off the shelf) – os quais, **materializando o *corpus mechanicum* da criação intelectual do programa, constituem mercadorias postas no comércio.**[7] (grifos nossos) (STF, 1998, online).

Na visão do Ilmo. Ministro a comercialização dos chamados "softwares de prateleira" por terem um suporte físico poderiam ser entendidos como mercadoria e, consequentemente, pela regra matriz de incidência tributária do ICMS haveria a percepção do tributo. Como já defendemos anteriormente, inviável a tentativa de determinar o conceito de mercadoria para o programa de computador atrelado ao fato de entender que há a "materialização" por meio do corpo físico, à época disquetes, contrariando o previsto no Art. 7º da Lei 9.609/98.

Em certo modo, o RE 176.626-3/SP traz importante contribuição para dirimirmos as dúvidas quanto a celeuma do que seria mercadoria. Isto porque o relator enfrenta o tema afirmando claramente que para

[7] RE 176626/SP, Rel. min. Sepúlveda Pertence, julgamento em 10/11/1998, Primeira Turma. DJ de 11/12/1998.

resolver o caso se fazia necessário conceituar a "mercadoria"[8]. E sua análise se revela assertiva no ponto que admite a necessidade do elemento de tangibilidade como essencial para se entender o objeto como mercadoria, destacado trecho a seguir:

> Estou, de logo, em que o conceito de mercadoria efetivamente não inclui os bens incorpóreos, como os direitos em geral: **mercadoria é bem corpóreo** objeto de atos de comércio ou destinado a sê-lo.
> Ora, no caso, o que se pretende é a declaração de inexistência de relação jurídica de natureza tributária entre a autora e o Estado, relativamente às operações de "licenciamento ou cessão de direito de uso de programas de computador": **trata-se, pois, de operações que têm como objeto um direito de uso, bem incorpóreo insuscetível de ser incluído no conceito de mercadoria e, consequentemente, de sofrer a incidência do ICMS.** (grifos nossos)

O entendimento acima exposto coaduna com a realidade jurídica legislativa aplicável ao software e, acertadamente nos traz luz à questão justamente por apresentar que, tratando-se de operação que possui como objeto o direito de uso, sendo bem incorpóreo não se enquadrará o software no conceito de mercadoria e, de plano, não haverá a incidência do ICMS-Mercadoria.

De outro lado, extrapola o relator quando busca solução para enquadrar de alguma forma o software padronizado como mercadoria, se apoiando justamente em uma premissa falsa: de que há materialidade quando o software utiliza o meio físico para ser transportado até o equipamento do usuário.

Tanto é passível de contestação o entendimento na decisão acima apresentada, que o avanço tecnológico trouxe nova situação que inviabilizou a mutação pretendida naquele julgamento, qual seja, a distribuição de software por download que a priori deixou de apresentar o principal argumento do Ilmo. Ministro: o meio físico como baliza para entender o software como mercadoria.

[8] "A controvérsia, a meu ver, é insolúvel sem a precisão do conceito de "mercadoria", contido no art. 155, II, CF, e essencial à demarcação do âmbito constitucional de incidência possível do ICMS, incluído por aquele dispositivo na competência do Estado.", idem.

Em discussão na ADI 1945 MC/MT e na Lei 7.098/98 do Estado do Mato Grosso, contrariante o entendimento anteriormente apresentado, nos votos abaixo destacados mais uma vez o julgador não apresenta coerência com a doutrina e a legislação e entende por irrelevante o meio físico para a incidência do ICMS, como vemos no item 8, em destaque:

> 8. ICMS. Incidência sobre software adquiridos por meio de transferência eletrônica de dados (art. 2º, § 1º, item 6, e art. 6º, § 6º, ambos da Lei impugnada). Possibilidade. **Inexistência de bem corpóreo ou mercadoria em sentido estrito. Irrelevância.** O Tribunal não pode se furtar a abarcar situações novas, consequências concretas do mundo real, com base em premissas jurídicas que não são mais totalmente corretas. O apego a tais diretrizes jurídicas acaba por enfraquecer o texto constitucional, pois não permite que abertura dos dispositivos da Constituição possa se adaptar aos novos tempos, antes imprevisíveis. [9] (grifos nossos) (STJ, 2010, online)

Como podemos verificar temos no cerne da questão decisões totalmente antagônicas, visto que na primeira, a determinação de incidência se apresentou pela tentativa de admitir materialidade do software, equivocadamente apresentada por ser utilizado meio físico para instalação (disquetes). Já na segunda decisão, de forma contrária, admitindo que o software não é um bem corpóreo, negando o conceito constitucional de mercadoria, se apregoa a possibilidade de tributar bem imaterial com a incidência do ICMS.

O que temos na verdade é um colapso com o avanço da tecnologia e inovação das atividades e negócios *versus* o modelo admitido pelo ordenamento brasileiro para tributar, que perpassa não só pelos novos objetos por vezes incorpóreos, mas com valor mercantil expressivo e, também pelas novas atividades que também extrapolam o "fazer" para abranger valoração pela utilidade. Outro aspecto abordado pela jurisprudência já apresentada é a segmentação do software sob encomenda ou padronizado para buscar novamente a caracterização de mercadoria para balizar a tributação de ICMS-Mercadoria. Contudo, estes critérios

[9] ADI 1945 MC/MT, Rel. min. Octavio Galotti, julgamento em 26/05/2010, Plenário. DJe de 11/03/2011.

não possuem legitimidade constitucional para distinguir mercadoria de serviços, senão a tangibilidade como já tratado anteriormente.

No campo da hipótese, se admitirmos que o conceito de personalização possa traduzir o conceito da prestação de serviço a aquisição de móveis sob medida para uma casa ou apartamento deixaria de ser uma venda de móveis e passaria a prestação de serviços. De fato, resta claro que não existe qualquer relevância na determinação do conceito de mercadoria ou serviço o fato da personalização e sim, a materialidade (tangibilidade) do bem para a incidência do ICMS-Mercadoria.

Com o software não podemos ter entendimento diverso do que o acima exposto. E mais, é uma decisão efetivamente equivocada na tentativa de responder positivamente a um anseio arrecadatório sem fundamentação jurídica plausível. Irrelevante a personalização ou não. Reforça tão somente nosso entendimento de que o fato jurídico que importa para a incidência tributária está na determinação legal de ser o software negociado por meio de licença de uso, que aponta para a incidência dada por Lei Complementar como determina a legislação vigente.

A despeito das alegações trazidas pelo RE 176.626-3/SP seccionando os softwares pela característica de personalização e padrão (de prateleira), não deveria trazer a repercussão tributária pretendida pela inadmissibilidade de características de materialidade do software, dado que a Lei de Software preconiza a comercialização da licença de uso.

Ademais, em que pese o questionamento anterior inclusive quanto a incidência de ISS pelo Douto Professor Hugo de Brito Machado, o item 1.05 da lista de serviços da LC 116/2003 aponta para a tributação como serviço da licença de uso de programas de computador, sem qualquer distinção acerca do software em questão ser personalizado ou padronizado. Desta forma, nenhuma relevância prática se observa quanto a distinção pretendida. E não paramos somente na questão de admitir ou não que o software seja mercadoria. Hugo de Brito Machado questiona inclusive a incidência de ISS na cessão de direitos de uso:

> (...) cessão de direito não é serviço, e considerando que dentro de pouco tempo cairá em desuso a cessão direitos através de *corpus mechanicum* que possa ser adquirido em prateleiras (substituídos por download), coloca-se a questão de saber se a cessão de direito de uso pode ser tributada pelo ISS, pois não se tem, nesse caso, um serviço, da mesma forma como não se tem serviço na locação de bens móveis. (Machado, 2015, p. 94)

A questão apresentada se reveste de plausibilidade, senão vejamos. Temos que a prestação de serviços se traduz no direito obrigacional pela obrigação de fazer, conduta positiva que tem por objeto um serviço. Neste sentido, a princípio se espera um ato, uma ação realizada pelo devedor (contratado) em benefício do credor. Questionável certamente se o ato de ceder direitos de uso enseja em ato ou ação de esforço pessoal contínuo que se coadune com o conceito de prestação de serviços.

Ampliando a discussão acerca da definição de serviços ante a inovação e a tecnologia, destacamos o entendimento de Marco Aurélio Greco que acredita ser ultrapassado o conceito de serviço[10] atrelado tão somente a atividade. Para o doutrinador, atualmente muito mais do que a contraprestação paga pela atividade desempenhada, surge uma nova ótica que é a utilidade, remunerando em detrimento desta última mais especificamente muito mais afeita a realidade atual, incluindo a evolução tecnológica.

Baseado nos entendimentos dos doutos estudiosos citados, em certo ponto se tornaria oponível inclusive a incidência do ISS como forma de tributar o licenciamento de uso de software, com a justificativa de não aderência do direito de cessão de uso ao conceito *lato senso* de serviços constitucional que está lastreado na atividade e não na utilidade, com real debate acerca da necessidade de rever conceitualmente na Magna Carta estes termos.

3. O Convênio ICMS 106/2017

Ampliando a discussão e certamente os impactos da tributação sobre o software, os estados baseados no Convênio ICMS 106/2017, editado no CONFAZ, órgão que reúne as secretarias estaduais da Fazenda de todos as unidades da Federação, passaram a editar suas legislações prevendo a

[10] "Diante da realidade, utilizar o conceito de serviço (como expressivo de uma atividade) para fins de qualificação da matéria tributável é, também, deixar à margem da tributação significativa parcela da atividade econômica exercida no mercado e que é formada pelo fornecimento de utilidades, no mais das vezes imateriais e que resultam de atividades novas, não alcançadas pelo conceito tradicionalmente utilizado. Por isso, sem prejuízo dos avanços que a interpretação pode trazer, entendo pertinente uma alteração na norma constitucional atributiva de competência tributária relativa a serviços para substituir o conceito de serviço pelo de 'utilidade', mais consentâneo com a realidade atual, inclusive tecnológica. (Greco, 2000).

cobrança de ICMS-Mercadoria sobre operações de transferência eletrônica de software e congêneres.

Segundo o texto do convênio, a comercialização por meio de transferência eletrônica de dados de programas, jogos eletrônicos, aplicativos, arquivos eletrônicos e congêneres, entendidos estes como "de prateleira" serão tributados na saída (Estado de origem).

Ainda, importante ressaltar que não só na aquisição da licença de uso paga em única parcela, mas também nos casos de pagamento periódico para o uso (p.e. aquisição de SaaS) segundo o convênio haveria a incidência do tributo. A cobrança passou a ser possível a partir de abril do ano de 2018. Alguns estados prontamente editaram suas legislações entendendo que o convênio mencionado permitia tal incidência. Um exemplo é o Decreto Estadual nº 5.167/07 do Estado de São Paulo que prevê no Art. 1º "*Na operação realizada com programa para computador ("software"), personalizado ou não, o ICMS será calculado sobre uma base de cálculo que corresponderá ao dobro do valor de mercado do seu suporte informático*".

Resta claro que o convênio é baseado no entendimento da ADI 1945 MC/MT e sua liminar indeferida, considerando software mercadoria e entendendo por indiferente o meio físico para tal conceituação, o que causa certamente espanto. Em resposta, a Associação Brasileira das Empresas de Tecnologia da Informação e Comunicação (Brasscom), associação que representa 59 grupos empresariais do setor de softwares, manejou uma série de processos judiciais em estados e conseguiu uma série de liminares, suspendendo a cobrança do ICMS nos termos do convênio.

Segundo Daniel Stivelberg, gerente de Relações Governamentais e Institucionais da Brasscom, a alteração acarretará "somente em São Paulo um incremento potencial de 172% na carga tributária". Ainda, em análise quantitativa deste aumento destacou que o recolhimento de ISS nas operações dos associados paulistas representam cerca de R$ 370 milhões (alíquota de 3,7%) e, caso haja a incidência de ICMS, o valor poderá chegar a R$ 640 milhões (com alíquota mínima de 5%, podendo chegar a 18%)[11]. Como verificamos, o impacto financeiro é expressivo

[11] Além de inconstitucional, a alteração deve acarretar em um aumento significativo nas contas das empresas do ramo, o que pode vir a ser um fator decisivo para a manutenção das

para o mercado de software que inclui programas de computadores, aplicativos para celulares, jogos eletrônicos e distribuição de conteúdo (streaming). É passível de preocupação para a indústria da tecnologia nacional esta elevação da carga tributária para manutenção de negócios e incentivo às novas empresas de tecnologia. Mais uma vez vemos a política tributária inferindo negativamente para o fomento da inovação.

Além das medidas regionalizadas, a Brasscom também ajuizou em junho de 2018, uma Ação Direta de Inconstitucionalidade (ADI nº 5.958) questionando as alterações no Supremo Tribunal Federal (STF), tendo como relator inicialmente o Ministro Dias Tófoli que destacou alguns pontos que corroboram os entendimentos já expostos acima, como o fato de não haver a decisão definitiva acerca do conceito de mercadoria atrelado ao software e, outros que comentamos a seguir:

> Aduz que a cláusula quarta do convênio contrariou os arts. 146, III, a, e 155, § 2º, XII, a, do texto constitucional, pois ela teria fixado quem seria o contribuinte do ICMS nas operações com bens e mercadorias digitais comercializados por tal meio. Assevera, ao lado disso, que a cláusula teve a intenção de criar "hipótese não prevista no ordenamento constitucional, com o objetivo de sempre justificar a aplicação indiscriminada da alíquota interna". Sustenta também ter ela violado os arts. 170, caput e parágrafo único, e 152, da Constituição federal, pois restringiu a comercialização de bens com consumidores de outros estados. Quanto à cláusula quinta, assevera ter havido ofensa aos arts. 146, III, e 155, § 2º, XII, d, da Carta Federal, que preceituariam caber à lei complementar, e não a um convênio celebrado no CONFAZ, determinar a responsabilidade pelo pagamento do tributo. Entende ser aplicável à espécie orientação proferida no exame da medida cautelar na ADI nº 5.866/DF. (STF, 2018, online).

mesmas no mercado. "Somente em São Paulo, espera-se um incremento potencial de 172% na carga tributária", destaca Daniel Stivelberg, gerente de Relações Governamentais e Institucionais da Brasscom.
Segundo ele, as empresas paulistas recolhem, atualmente, cerca de R$ 370 milhões de ISS (alíquota de 3,7%); com o ICMS, o valor pode chegar R$ 640 milhões (com alíquota mínima de 5% – a mesma pode chegar a 18%). "Em Minas Gerais, o aumento pode chegar a 300%", complementa. (Brasscom, 2018).

Os argumentos aduzidos pela Brasscom apresentam dois pontos importantes acerca do convênio que determinou a incidência tributária de ICMS, além da discussão já travada. Em primeiro, as violações constitucionais do convênio quanto a definição de quem é o contribuinte do tributo, criando hipótese não prevista na Constituição. E também, o questionamento de que não pode um convênio celebrado entre os estados no CONFAZ ser utilizado para tratar questão tributária, o que deveria ser feito por meio de lei complementar. Toda esta celeuma criada por meio do convênio traz somente uma piora ao cenário nacional para o mercado de desenvolvimento de programas e é contrário ao incentivo para o surgimento de empresas inovadoras.

As empresas precisam ainda se valer de medidas judiciais para manter a tributação legalmente válida, qual seja, a incidência do ISS nos termos da LC 116/03, cujo anexo denota válido o tributo conforme o item 1.05. Neste sentido, o entendimento continua mantido de que a incidência de ICMS-Mercadoria não deve prevalecer.

4. Entendimentos da Receita Federal e seus impactos

No âmbito dos tributos federais, a Receita Federal do Brasil publicou em 28/12/2017 o Ato Declaratório Interpretativo nº 7/2017, esclarecendo regras de tributação sobre licença para distribuição de software. Para a Receita Federal, a licença de uso para distribuição de software se enquadra como royalties e há com isso sujeição de Imposto de Renda Retido na Fonte.

O Ato Declaratório segundo a Receita Federal tem como base a Solução de Divergência Cosit nº 18/2017[12] que traz em seu bojo entendimentos importantes da administração de tributos federais em relação ao software. Muitos são os pontos relevantes nesta solução para pacificar

[12] "Com efeito, a referida solução de divergência veio reformar o entendimento anterior, contido na Solução de Divergência Cosit nº 27, de 30 de maio de 2008, considerando que a relação contratual existente entre a pessoa jurídica situada no Brasil e a pessoa jurídica domiciliada no exterior tem por objeto o direito de comercialização ou distribuição de softwares ou programas de computador, os quais serão, posteriormente, comercializados para um consumidor final que receberá a licença de uso do software. Assim, a licença de distribuição não se confunde com o produto a ser distribuído." (RFB, 2017, online)

o entendimento sobre a natureza jurídica quanto a comercialização de software no país. A Consulta afirma que:

a) Software é um bem incorpóreo;
b) O software não se confunde com seu suporte físico;
c) Há tutela da propriedade intelectual do software perante a legislação brasileira;
d) Os direitos autorais do software, divididos em morais (inalienáveis) e patrimoniais (podendo ser explorados e transferidos a terceiros) são juridicamente protegidos;
e) As formas de contratos relativos a direitos sobre programas de computador são (i) contrato de licença de uso no país, (ii) contrato de licença de direitos de comercialização de programas de computador oriundos do exterior e, (iii) contrato de transferência de tecnologia;

Neste sentido, há a total admissão dos termos das Leis 9.609/98 e 9.610/98, nos parecendo acertada a análise e conclusões. Entretanto, utilizando a distinção prevista nas leis supramencionadas de licenças de uso (Art. 9º) e licença de uso para distribuição (Art. 10º), defende o órgão administrativo que somente neste último caso não temos adequação aos efeitos do RE 176.626-3/SP[13].

Contudo, pode ocorrer a aquisição de software pelo comerciante por meio de contrato de licenciamento de uso sem a distribuição. Tal fato inclusive restou apresentado na Solução de Consulta Cosit nº 303/2017. Segundo a consulta, a análise diz respeito "à incidência da *Contribuição para o PIS/Pasep-Importação e da Cofins-Importação sobre a aquisição de softwares denominados "de prateleira" por meio de download, na hipótese de estes serem fornecidos por pessoa jurídica domiciliada no exterior*" (RFB, 2017, online).

De toda forma, importante ressaltar aqui o ponto central da Solução de Divergência nº 18 de 27/03/2017 que denota a natureza jurídica dos valores pagos no licenciamento de distribuição como royalties vai de

[13] "[...] 21. Nesses casos, de licença para a distribuição e comercialização, não se aplica a decisão da primeira turma do Supremo Tribunal Federal no RE 176.626/SP, que, ao tratar da questão de programas de computador, em votação unânime, dispôs acerca do tema ao analisar conflitos de competência entre Estados e Municípios na tributação dos softwares: [...]" (RFB, 2017, online).

encontro com a natureza jurídica dada pelos julgamentos pendentes e convênio do CONFAZ que entendem ser o software classificável como mercadoria.

Com o direcionamento apresentado, é afirmado na consulta que há a incidência do IRRF de alíquota de 15% sobre a remuneração de licença de distribuição, considerado então royalties. Porém, mais acertado será entender que tal sujeição tributária se dá pela necessidade de conhecimento técnico no objeto negocial (licenciamento de direito de distribuição ou licenciamento de uso). Isto porque a alínea "d", do Art. 22º da Lei 4.506/64 apresenta uma exceção da incidência do tributo caso os valores de remuneração "*sejam percebidos pelo autor ou criador do bem ou obra*"[14]. De outro lado, há o entendimento de que o licenciamento de distribuição traz em seu bojo o conceito de serviços técnicos. A IN RFB 1455/2014 define serviço técnico como:

Art. 17. As importâncias pagas, creditadas, entregues, empregadas ou remetidas a pessoa jurídica domiciliada no exterior a título de royalties de qualquer natureza e de remuneração de serviços técnicos e de assistência técnica, administrativa e semelhantes sujeitam-se à incidência do imposto sobre a renda na fonte à alíquota de 15% (quinze por cento).

> § 1º Para fins do disposto no caput: [...]
> II – considera-se:
> a) serviço técnico a execução de serviço que dependa de conhecimentos técnicos especializados ou que envolva assistência administrativa ou prestação de consultoria, realizado por profissionais independentes ou com vínculo empregatício ou, ainda, decorrente de estruturas automatizadas com claro conteúdo tecnológico; e
> b) assistência técnica a assessoria permanente prestada pela cedente de processo ou fórmula secreta à concessionária, mediante técnicos, desenhos, estudos, instruções enviadas ao País e outros serviços semelhantes, os quais possibilitem a efetiva utilização do processo ou fórmula cedido [...] (RFB, 2014, online).

[14] "Art. 22. Serão classificados como "royalties" os rendimentos de qualquer espécie decorrentes do uso, fruição, exploração de direitos, tais como: [...] d) exploração de direitos autorais, salvo quando percebidos pelo autor ou criador do bem ou obra [...]" (BRASIL, 1964)

Neste sentido, podemos afirmar que maior aderência ao entendimento de que a incidência do IRRF à alíquota de 15% tem relevância o fato da contraprestação de serviços técnicos prestados, no caso de licenciamento de direito de distribuição de softwares estrangeiros, ao contrário do simples entendimento de que se trata de remuneração de royalties pelo direito do autor (desenvolvedor).

Outro esclarecimento importante se deu por meio da Solução de Consulta Cosit nº 191 de 23/03/2017 que analisou da incidência de IRRF e CIDE-Importação sobre o uso de Software as a Service (SaaS)[15]. Em sua análise, a Receita Federal entendeu que os serviços postos à disposição dos usuários têm a natureza de serviços técnicos por depender de conhecimentos especializados em informática e incluem serviços de suporte técnico para o funcionamento dos aplicativos disponibilizados. Destaque importante que observamos é a admissão mais uma vez da natureza jurídica para a comercialização por meio de licença de uso, *in verbis:*

> Depreende-se dos elementos apresentados que a consulente comercializa licenças de uso do SaaS, mas diferentemente de outros casos, **ela é faturada pela aquisição das licenças de uso do SaaS**, de modo que não está pagando pelo "direito de comercializar" o SaaS à empresa nos EUA, mas adquirindo autorizações de acesso e uso do SaaS para repassá-los, através de senhas de acesso remoto, a usuários no Brasil. (RFB, 2017, online). (grifos nossos).

Esclarece a consulta que não há neste caso instalação dos softwares nas máquinas dos usuários, mas o direito adquirido pelos usuários de acessarem os programas e seus bancos de dados. Mais uma vez, patente o entendimento direcionado pela Receita Federal de que as transações relativas a programas de computadores se dão exclusivamente por meio

[15] Software como Serviço (Software as a Service – SaaS) é um modelo de entrega desoftware onde as empresas clientes pagam, não pela propriedade do software, mas pelo uso do mesmo e as companhias fornecedoras provêm manutenção e suporte técnico aos seus clientes. Segundo Frederick Chong e Gianpaolo Carraro, SaaS pode ser definido como "Software implementado como um serviço hospedado e acessado pela Internet". Isso quer dizer que SaaS inclui uma série de serviços e aplicativos que podemos nem esperar encontrar nessa categoria, como por exemplo um serviço de email baseado na Web. (RFB, 2017, online)

de licenciamento de uso, contrariando os entendimentos que buscam a adequação ao conceito de mercadoria e a incidência de ICMS.

Neste caso, também compreende de maneira mais assertiva a nosso ver que se trata da incidência de IRRF à alíquota de 15%. Ressalva-se que as incidências só podem ser admitidas como sujeição tributária observado que há o serviço de manutenção de programas e assistência técnica pela empresa que oferta o SaaS. Defendemos neste caso que há uma conjunção de fatores na contratação: (i) licença de uso; (ii) serviços técnicos de processamento de dados e; (iii) assistência técnica.

Contudo, a citada consulta apresenta argumentação controversa ao afirmar que não há remuneração por licença de uso dos programas no formato SaaS, alegando tão somente a prestação de serviços da autorização de acesso. Certamente, a licença de uso claramente é a autorização para acessar o sistema e utilizá-lo, ou seja, o acesso só é permitido por justamente haver o direito de uso contratado.

Mudar o termo de licença de uso para autorização de uso não modifica a natureza jurídica do negócio. A incidência da CIDE-Importação deveria ter análise de segmentação de base de cálculo, destacando parte da remuneração específica pela licença de uso, sem a incidência do referido tributo, da outra parte que trata dos serviços técnicos de manutenção do software e infraestrutura.

Desta forma, vemos claramente impactos que geram onerosidade na utilização de softwares seja para aquelas empresas especializadas que utilizam softwares contratados diretamente ou por meio de sublicenciamento, seja no caso de uso de software em nuvem na modalidade SaaS, com uma percepção de aumento no custo tributário de até 35% (nos casos de utilização de programas baseados em paraísos fiscais com IRRF à alíquota de 25%, acrescido de 10% de alíquota da CIDE-Importação).

Por fim, apesar de sempre tender seu entendimento pela ótica da remuneração nas licenças de uso de software como royalties nos casos de remessas de valores para o exterior, não há uma uniformização pacificada na Receita Federal sobre o tema, quando tratado em outras consultas a questão de tributação de software. Ainda persiste a celeuma entre ser um serviço ou uma mercadoria. Caso em que vemos esta discordância é observada na Solução de Consulta Cosit nº 243/2017 que conclui pela não retenção na fonte do Imposto sobre a Renda da Pessoa Jurídica (IRPJ), Contribuição Social sobre o Lucro Líquido (CSLL), Contribuição para o Programa de Integração Social (PIS) e Contribuição para o Financiamento da Seguridade Social (COFINS) nos licenciamentos entre pessoas jurídicas brasileiras, justamente por entender que o licenciamento de softwares padronizados são considerados venda de mercadoria digital.

Na Solução de Consulta Cosit nº 235/2017 vemos a dificuldade em caracterizar o negócio jurídico da comercialização de software como licença de uso pura *versus* venda de uma "mercadoria". Baseado em nossa análise neste artigo, a Receita Federal neste caso manteve a leitura equivocada de distinguir software de "prateleira" e software "sob encomenda" para avaliar o caso apresentado nesta consulta, buscando características de adequação do programa ao cliente para configurar a remuneração como decorrente de serviços ou comercialização.

Outros tantos casos analisados demonstram que o tema também não está pacificado no órgão de administração dos tributos federais, aumentando os impactos e riscos quando falamos da tributação de software, criando verdadeira insegurança jurídica para desenvolvedores e usuários.

Conclusões

Com as análises e o enfrentamento do tema podemos com bastante tranquilidade validar o fato de que o licenciamento de uso de software é objeto de incidência atualmente do ISS, se observarmos os conceitos constitucionais de serviços e mercadorias apresentados ainda que de forma apertada aqui.

De fato, o licenciamento de uso é o negócio jurídico que deve ser levado em conta quando tratamos da aquisição de software. Isto se consubstancia justamente pela validação dada na Lei 9.609/98 como exposto, tratando a possibilidade do autor de programa ofertar o uso ao mercado por meio deste instituto jurídico e mais, pelo fato de se revestir o programa de computador de direito autoral cujo conceito já pacificado possibilita a subdivisão em dois outros direitos: o moral e o patrimonial.

Neste sentido, observamos na evolução do estudo que não deve haver relevância se o programa de computador é produzido sob encomenda ou simplesmente foi elaborado permitindo o uso para uma gama de pessoas e/ou empresas. O que revela a legislação vigente é a forma já reafirmada da remuneração advinda da disposição do direito patrimonial da obra intelectual por licença de uso.

Ainda, outro fato lastreado na concepção acima é que se demonstra irrelevante o suporte físico ou se a forma de obtenção da instalação dos softwares se dá por meio de download, ou mesmo se utilize a mais nova tecnologia de uso por meio de sistemas em nuvem, os chamados Software as a Service (SaaS). Qualquer tentativa de dissociar os vários formatos de programas (personalizados ou de uso geral), forma de transporte do código compilado para instalação (ou não instalação) não apresenta em nosso ordenamento jurídico guarida para as elucubrações dos processos em discussão há anos que não enfrentam o cerne da questão, quanto a característica essencial deste novo objeto, que se apresenta concluindo por ser bem incorpóreo e imaterial.

Os impactos tributários como vimos nos levam a uma insegurança jurídica haja visto discussões nos Tribunais Superiores há décadas, o que claramente extrapola o prazo razoável para uma resposta jurisdicional, nos levando a crer que os nossos julgadores não têm conhecimento necessário para tal decisão. Como resultado pudemos elencar as inconsistentes tentativas dos Estados de exigir ICMS por meio de entendimento no CONFAZ, mas que já sofreu derrotas por meio de liminares conseguidas por entidades de classe que unem empresas do ramo que corroboram com a conclusão aqui apresentada quanto a impossibilidade de mantença do conceito de software como mercadoria, ocorrendo neste entendimento a afronta a legislação que garante ser o licenciamento para uso de programa o instituto jurídico e fato jurídico da relação entre o desenvolvedor de programas e os usuários.

Finalmente, no mesmo sentido da decisão equivocada dos Estados, apesar do fisco federal apresentar Soluções de Consultas e Solução de Divergência com substrato por vezes que vão em direção à conclusão da forma única de entender o licenciamento de uso de programas, ainda temos uma indefinição se observado as mutações em diversos casos do conceito, flertando inclusive em casos com a possibilidade de admitir software como mercadoria, que aumentam os impactos negativamente com relação a tributação federal.

Referências

BRASIL. Constituição (1988). *Constituição da República Federativa do Brasil*. Brasília, DF: Senado Federal. 1988. Disponível em: <http://www.planalto.gov.br/ccivil_03/constituicao/constituicaocompilado.htm>. Acesso em 20-06-2018.

______. *Lei nº 9.609 de 19 de fevereiro de 1998.* Dispõe sobre a proteção da propriedade intelectual de programa de computador. DF. Fevereiro, 1998. Disponível em: <http://www.planalto.gov.br/ccivil_03/leis/l9609.htm>. Acesso em 08-09--2018.

______. *Lei nº 9.610 de 19 de fevereiro de 1998.* Altera, atualiza e consolida a legislação sobre direitos autorais. DF. Fevereiro, 1998. Disponível em: <http://www.planalto.gov.br/ccivil_03/Leis/L9610.htm>. Acesso em 08-09-2018.

______. *Lei nº 5.172 de 25 de outubro de 1966.* Dispõe sobre o Sistema Tributário Nacional. DF. Outubro, 1966. Disponível em: <http://www.planalto.gov.br/ccivil_03/LEIS/L5172.htm#view>. Acesso em 08-09-2018.

______. *Lei nº 4.506 de 30 de novembro de 1964.* Dispõe sobre o imposto que recai sobre as rendas e proventos de qualquer natureza. DF. Novembro, 1964. Disponível em: <http://www.planalto.gov.br/CCIVil_03/leis/L4506.htm>. Acesso em 08-09-2018.

https://www.confaz.fazenda.gov.br/legislacao/convenios/2017/CV106_17

______. STF, *AÇÃO DIRETA DE INCONSTITUCIONALIDADE: ADI-5958.*Relator: Dias Tófoli. DJ: 20/06/2018. 2018. Disponível em: <http://stf.jus.br/portal/diarioJustica/verDiarioProcesso.asp?numDj=126&dataPublicacaoDj=26/06/2018&incidente=5484103&codCapitulo=6&numMateria=97&codMateria=2>. Acesso em 10-09-2018.

______. STJ, *AÇÃO DIRETA DE INCONSTITUCIONALIDADE:* ADI-1945. Relator: Octavio Gallotti. DJ: 11/03/2011. 2010. Disponível em: <http://redir.stf.jus.br/paginadorpub/paginador.jsp?docTP=AC&docID=620411>. Acesso em 10-09-2018.

______. STJ, *RECURSO EXTRAORDINÁRIO: RE 17.626-3/SP.* Relator: Sepúlveda Pertence. DJ: 11/12/1998.1998. Disponível em: <http://redir.stf.jus.br/paginadorpub/paginador.jsp?docTP=AC&docID=222535>. Acesso em 10-09-2018.

______. RFB, *Solução de Divergência Cosit nº 18 de 27 de março de 2017.* DOU: 05/04/2017. Assunto: Imposto sobre a Renda Retido na Fonte – IRRF. Disponível em: <http://normas.receita.fazenda.gov.br/sijut2consulta/link.action?visao=anotado&idAto=81825>. Acesso em 29-09-2018.

______. RFB, *Solução de Consulta Cosit nº 303 de 14 de junho de 2017.* DOU: 25/07/2017. Assunto: Contribuição para o PIS/Pasep. Disponível em: <http://normas.receita.fazenda.gov.br/sijut2consulta/link.action?visao=anotado&idAto=84690>. Acesso em 29-09-2018.

______. RFB, *Solução de Consulta Cosit nº 191 de 23 de março de 2017.* DOU: 29/03/2017. Assunto: Imposto Sobre a Renda Retido na Fonte – IRRF. Disponível em: <http://normas.receita.fazenda.gov.br/sijut2consulta/link.action?idAto=81598&visao=anotado>. Acesso em 29-09-2018.

______. RFB, *Solução de Consulta Cosit nº 243 de 19 de maio de 2017.* DOU: 14/06/2017. Assunto: Imposto sobre a Renda de Pessoa Jurídica – IRPJ. Disponível em: <http://normas.receita.fazenda.gov.br/sijut2consulta/link.action?idAto=83682&visao=anotado>. Acesso em 29-09-2018.

______. RFB, *Solução de Consulta Cosit nº 235 de 15 de maio de 2017.* DOU: 23/05/2017. Assunto: Imposto sobre a Renda de Pessoa Jurídica – IRPJ. Disponível em: <http://normas.receita.fazenda.gov.br/sijut2consulta/link.action?visao=anotado&idAto=83001>. Acesso em 29-09-2018.

______. RFB, *Instrução Normativa nº 1455 de 06 de março de 2014.* DOU: 07/03/2014. Dispõe sobre a incidência do imposto sobre a renda na fonte sobre rendimentos pagos, creditados, empregados, entregues ou remetidos para pessoas jurídicas domiciliadas no exterior. Disponível em: <http://normas.receita.fazenda.gov.br/sijut2consulta/link.action?idAto=50414&visao=anotado>. Acesso em 29-09-2018.

______. *Cobrança de ICMS sobre softwares preocupa empresários do ramo.* [S.I], 2018. Disponível em: <https://brasscom.org.br/cobranca-de-icms-sobre-softwares-preocupa-empresarios-do-ramo/>. Acesso em 15-09-2018.

______. *Cobrança de ICMS sobre programas de computador está em xeque no STF.* [S.I], 2018. Disponível em: <https://brasscom.org.br/cobranca-de-icms-sobre-programas-de-computador-esta-em-xeque-no-stf/>. Acesso em 15-09-2018.

______. *Receita Federal esclarece regra de tributação sobre licença para comercialização de software.* [S.I], 2017. Disponível em: <http://www.fazenda.gov.br/noticias/2017/dezembro/receita-federal-esclarece-regra-de-tributacao-sobre-licenca-para-comercializacao-de-software>. Acesso em 29-09-2018.

AMAD, Emir Iscandor. *Contratos de software "shrinkwrap licences" e "clickwrap licences".* Rio de Janeiro: Ed. Renovar, 2002.

COELHO, Fabio Ulhoa. *Curso de Direito Civil.* v.4. Direito das Coisas. Direito Autoral. 3 ed. São Paulo: Saraiva, 2010.

MACHADO, Hugo de brito. *Curso de Direito Tributário.* 27ª ed. São Paulo: Malheiros Editores, 2006.

MACHADO, Hugo de Brito. *Código Tributário Nacional*: anotações à Constituição, ao Código Tributário Nacional e às Leis Complementares 87/1996 e 116/2003. 5. ed. São Paulo: Atlas, 2015.

GRECO, Marco Aurélio. *Internet e direito.* 2. ed. São Paulo: Dialética, 2000.

11. Ainda sobre a responsabilidade civil dos provedores de aplicações de internet por conteúdo de terceiros

Guilherme Cardoso Sanchez

Introdução

Utilizar a internet para violar a intimidade, a vida privada, a honra ou a imagem de alguém pode gerar consequências. O autor do discurso ofensivo poderá ser responsabilizado civil ou até penalmente pelo dano material e/ou moral que causar, conforme estabelecido nos artigos art. 5º, incisos V e X da Constituição, além de se sujeitar à imposição de outras medidas, como a concessão do direito de resposta ao ofendido ou a indisponibilização do conteúdo ofensivo. A questão é mais complexa, contudo, com relação à possibilidade de se responsabilizar civilmente as plataformas digitais – redes sociais ou blogs, por exemplo – pelo conteúdo gerado por terceiros e por elas hospedado.

Atualmente, o direito brasileiro possui regras claras a esse respeito, inseridas nos artigos 18 a 21 da Lei nº 12.965/2014 (mais conhecida como o "Marco Civil da Internet" ou aqui simplesmente definida como "MCI"). Mais especificamente, de acordo com o art. 19 do MCI, os provedores de aplicações de internet podem ser considerados responsáveis pelo dano causado em decorrência de conteúdo ofensivo publicado em suas plataformas caso deixem de atender a uma ordem judicial que determine a remoção desse material. Evita-se, assim, que sejam responsabilizados por deixarem de antecipar qual seria a posição do Judiciário a respeito do conflito – o que criaria um enorme incentivo à censura privada.

Essa regra é fruto de um processo de evolução da jurisprudência e de intensos debates no Poder Legislativo, inspirados por ampla participação popular, quando da consulta pública que originou o Marco Civil da Internet.

Passados cinco anos da vigência da lei em questão, o tema volta ao centro dos debates públicos. Embora o Marco Civil venha sendo aplicado de forma sistemática pelo Superior Tribunal de Justiça, um processo originado do sistema de Juizados Especiais acabou chegando ao Supremo Tribunal Federal, que decidirá sobre a constitucionalidade da referida regra. No caso concreto, o juízo entendeu que o Facebook teria descumprido um dever de, uma vez notificado pela parte interessada, remover de sua rede social facebook.com um perfil apontado como falso por uma notificação extrajudicial. Como a remoção só aconteceu após ordem judicial, o Facebook foi condenado a pagar danos morais.[1] O caso se soma a outro, mais antigo e também com repercussão geral reconhecida pelo STF, em que o Google foi condenado por danos morais por não ter removido, após notificação, algumas postagens consideradas ofensivas a uma usuária da rede social Orkut.[2]

Em ambos os casos, a questão discutida é substancialmente a mesma: em que momento surge para o provedor de aplicações a obrigação de remover conteúdo que pode ser considerado ofensivo? Essa obrigação existiria desde quando o conteúdo foi inserido em sua plataforma? Ou desde o momento em que ele foi instado por notificação do interessado a removê-lo? Ou somente a partir de uma ordem judicial que ordene sua retirada?

[1] Tema 987 de Repercussão Geral no STF, versando "sobre a constitucionalidade do art. 19 da Lei n. 12.965/2014 (Marco Civil da Internet) que determina a necessidade de prévia e específica ordem judicial de exclusão de conteúdo para a responsabilização civil de provedor de internet, websites e gestores de aplicativos de redes sociais por danos decorrentes de atos ilícitos praticados por terceiros.". Leading case RE 1037396, Rel. Min. Dias Toffoli.

[2] Tema 533 de Repercussão Geral no STF, que discute o "dever de empresa hospedeira de sítio na internet fiscalizar o conteúdo publicado e de retirá-lo do ar quando considerado ofensivo, sem intervenção do Judiciário." Leading case RE 1057258, Rel. Min. Luiz Fux.

O assunto é delicado, pois envolve a sempre difícil discussão sobre o estabelecimento de limites às liberdades de expressão e de informação, especialmente quando contrapostas a outros direitos fundamentais, como intimidade, privacidade e honra, entre outros. Velhos e novos temas, como as dificuldades em se lidar com a desinformação na internet (as chamadas *fake news*) ou com a caracterização de discurso de ódio ou preconceituoso (para ficar em apenas dois exemplos), invariavelmente resvalam na disciplina da responsabilidade civil dos intermediários.

Neste novo momento de reflexão sobre o assunto, especialmente quanto à constitucionalidade do art. 19 do Marco Civil da Internet, este artigo procurará demonstrar que a lei em questão estabelece um procedimento adequado para permitir que o Poder Judiciário garanta o respeito, também na internet, dos direitos fundamentais do cidadão.

1. A responsabilização dos provedores de aplicações de internet pode acarretar uma restrição demasiada nas liberdades de expressão e informação na internet

A experiência internacional mostra que a liberdade de expressão e outros direitos fundamentais podem sofrer sérias restrições em função do modelo de responsabilização dos provedores que for adotado.

Não é à toa que a maior parte das democracias do mundo estabeleceram modelos de responsabilidade civil dos provedores de internet essencialmente vinculados a esses princípios, com disposições expressas que vedam ou dificultam a responsabilização dos intermediários pelo conteúdo criado pelos usuários. Sem esse tipo de proteção, sites como wikipedia.org (enciclopédia colaborativa multilíngue de licença livre) ou change.org (uma plataforma online de abaixo-assinados), para ficar em apenas dois exemplos, provavelmente não existiriam ou teriam seu alcance e propósito seriamente prejudicados. Sunita Bose, diretora de políticas públicas da plataforma change.org, narra o caso de uma adolescente que utilizou o site para denunciar a violência praticada pelo pai contra a mãe. Espaços de empoderamento como esse – no caso, da adolescente para fazer a denúncia – talvez não existissem se a plataforma pudesse ser responsabilizada pelo conteúdo de terceiros, independentemente de uma decisão estatal que o considere ilícito (Bose, 2015).

Por outro lado, em países em que não se verifica o mesmo nível de proteção às liberdades comunicativas, como Rússia, Turquia, Indonésia e Tailândia, os casos de supressão de discurso crítico na internet costumam ser muito mais graves. Na Tailândia, por exemplo, difamar ou insultar o rei é crime e a pena vai de três a 15 anos de reclusão.[3] Na Turquia, são inúmeros os casos de bloqueio a aplicações como a Wikipedia[4] ou Youtube em razão de conteúdo considerado ofensivo ao presidente Erdoğan.[5]

Há um elevado consenso na comunidade internacional a respeito da necessidade de que se estabeleçam normas destinadas a preservar níveis mínimos de respeito à liberdade de expressão. Nesse sentido, por exemplo, o artigo art. 13 da Convenção Americana de Direitos Humanos (Pacto de San José),[6] ou a recente manifestação do Conselho de Direitos Humanos da ONU, que "condena inequivocamente medidas intencionais para impedir ou atrapalhar o acesso a informações ou sua disseminação online como violações ao direito internacional dos direitos humanos e conclama os Estados a não praticar tais medidas ou cessá-las".

Mais especificamente sobre a definição da responsabilidade dos provedores de serviços de internet, vale a menção à Declaração Conjunta Sobre Liberdade de Expressão e Internet.[7] Esse documento enfatiza a necessidade de proteção dos provedores de serviços de internet como forma eficaz de resguardar a liberdade de expressão na internet. A esse respeito, vale destacar:

> "2. Responsabilidade de intermediários

[3] V. https://www.bbc.com/news/world-asia-29628191.

[4] V. https://oglobo.globo.com/mundo/turquia-bloqueia-acesso-wikipedia-apos-criticas-erdogan-21276603.

[5] Para uma visão mais completa sobre o posicionamento de cada país sobre esse tema, recomenda-se a consulta ao "World Intermediary Liability Map", criado pelo "Center for Internet and Society" da Stanford Law School (https://wilmap.law.stanford.edu/).

[6] "Toda pessoa tem direito à liberdade de pensamento e de expressão. Esse direito compreende a liberdade de buscar, receber e difundir informações e ideias de toda natureza, sem consideração de fronteiras, verbalmente ou por escrito, ou em forma impressa ou artística, ou por qualquer outro processo de sua escolha"

[7] Firmada pelo Relator Especial das Nações Unidas (ONU) sobre a Liberdade de Opinião e Expressão, a Representante da Organização para a Segurança e a Cooperação na Europa (OSCE) para a Liberdade dos Meios de Comunicação, a Relatora Especial da Organização dos Estados Americanos (OEA) para a Liberdade de Expressão e a Relatora Especial da Comissão Africana de Direitos Humanos e dos Povos (CADHP) para Liberdade de Expressão e Acesso à Informação. Disponível em língua portuguesa em http://www.oas.org/pt/cidh/expressao/showarticle.asp?artID=849&lID=4.

> a. Nenhuma pessoa que ofereça unicamente serviços técnicos de internet como acesso, buscas ou conservação de informações em memória cachê deverá ser responsável por conteúdos gerados por terceiros e que se difundam por meio desses serviços, sempre que não intervir especificamente em tais conteúdos nem se negar a cumprir uma ordem judicial que exija a sua eliminação quando estiver em condições de fazê-lo ("princípio de mera transmissão").
> b. Deve-se considerar a possibilidade de proteger completamente outros intermediários, incluindo os mencionados no preâmbulo, em relação a qualquer responsabilidade pelos conteúdos gerados por terceiros nas mesmas condições estabelecidas no parágrafo 2(a). No mínimo, não se deve exigir que os intermediários controlem o conteúdo gerado por usuários, e **os intermediários não devem estar sujeitos a normas extrajudiciais sobre cancelamento de conteúdos que não ofereçam suficiente proteção para a liberdade de expressão (como ocorre com muitas das normas sobre "notificação e retirada" aplicadas na atualidade**). (sem ênfase no original)

A menção destacada, no item 2.b. acima faz referência aos riscos associados ao modelo de notificação e retirada (ou "notice and takedown", no original em inglês), que, em sua versão mais simplificada, prevê a obrigatoriedade da remoção do conteúdo assim que o provedor for notificado a fazê-lo por parte interessada que o qualifique como ofensivo. Como se tratará ao longo deste artigo, o modelo adotado pela legislação brasileira se distancia do formato de notificação e retirada, reconhecendo o papel do judiciário como órgão independente para a solução de disputas envolvendo o balanceamento de direitos fundamentais.

Outro documento digno de nota são os "Princípios de Manila sobre Responsabilidade dos Intermediários", uma iniciativa da sociedade civil, com recomendações sobre a limitação de responsabilidade dos provedores de serviços de internet pelos conteúdos gerados por terceiros que vão no mesmo sentido da Declaração Conjunta Sobre Liberdade de Expressão e Internet, mencionada acima. Os seis grandes tópicos dessa declaração são os seguintes:[8]

[8] Acessível em https://www.manilaprinciples.org/pt-br/principles.

> (i) Os intermediários devem ser protegidos por lei da responsabilização por conteúdos produzidos por terceiros;
> (ii) Não se deve solicitar a remoção de conteúdos sem a ordem de uma autoridade judicial;
> (iii) Requisições de restrição de conteúdos devem ser claras, não ambíguas e seguir o devido processo;
> (iv) Leis, ordens e práticas de restrição de conteúdos devem seguir os testes de necessidade e proporcionalidade;
> (v) Leis, políticas e práticas de restrição de conteúdo devem respeitar o devido processo;
> (vi) Transparência e prestação de contas devem ser integradas em leis e em políticas e práticas de restrição de conteúdos.

Felizmente, a Lei brasileira segue as diretrizes de proteção à liberdade de expressão na internet, como se verá adiante.

2. O Marco civil da Internet criou um regime equilibrado de tratamento da responsabilidade dos provedores de serviços de internet

É importante ter uma visão geral sobre as regras que disciplinam a responsabilidade civil dos provedores por conteúdo gerado por terceiros na internet. Abaixo, transcrevem-se os artigos 18 a 21 do Marco Civil da Internet:

> "Art. 18. O provedor de conexão à internet não será responsabilizado civilmente por danos decorrentes de conteúdo gerado por terceiros.
> Art. 19. Com o intuito de assegurar a liberdade de expressão e impedir a censura, o provedor de aplicações de internet somente poderá ser responsabilizado civilmente por danos decorrentes de conteúdo gerado por terceiros se, após ordem judicial específica, não tomar as providências para, no âmbito e nos limites técnicos do seu serviço e dentro do prazo assinalado, tornar indisponível o conteúdo apontado como infringente, ressalvadas as disposições legais em contrário.
> § 1º A ordem judicial de que trata o caput deverá conter, sob pena de nulidade, identificação clara e específica do conteúdo apontado como infringente, que permita a localização inequívoca do material.
> § 2º A aplicação do disposto neste artigo para infrações a direitos de autor ou a direitos conexos depende de previsão legal específica, que

deverá respeitar a liberdade de expressão e demais garantias previstas no art. 5º da Constituição Federal.

§ 3º As causas que versem sobre ressarcimento por danos decorrentes de conteúdos disponibilizados na internet relacionados à honra, à reputação ou a direitos de personalidade, bem como sobre a indisponibilização desses conteúdos por provedores de aplicações de internet, poderão ser apresentadas perante os juizados especiais.

§ 4º O juiz, inclusive no procedimento previsto no § 3º, poderá antecipar, total ou parcialmente, os efeitos da tutela pretendida no pedido inicial, existindo prova inequívoca do fato e considerado o interesse da coletividade na disponibilização do conteúdo na internet, desde que presentes os requisitos de verossimilhança da alegação do autor e de fundado receio de dano irreparável ou de difícil reparação.

Art. 20. Sempre que tiver informações de contato do usuário diretamente responsável pelo conteúdo a que se refere o art. 19, caberá ao provedor de aplicações de internet comunicar-lhe os motivos e informações relativos à indisponibilização de conteúdo, com informações que permitam o contraditório e a ampla defesa em juízo, salvo expressa previsão legal ou expressa determinação judicial fundamentada em contrário.

Parágrafo único. Quando solicitado pelo usuário que disponibilizou o conteúdo tornado indisponível, o provedor de aplicações de internet que exerce essa atividade de forma organizada, profissionalmente e com fins econômicos substituirá o conteúdo tornado indisponível pela motivação ou pela ordem judicial que deu fundamento à indisponibilização.

Art. 21. O provedor de aplicações de internet que disponibilize conteúdo gerado por terceiros será responsabilizado subsidiariamente pela violação da intimidade decorrente da divulgação, sem autorização de seus participantes, de imagens, de vídeos ou de outros materiais contendo cenas de nudez ou de atos sexuais de caráter privado quando, após o recebimento de notificação pelo participante ou seu representante legal, deixar de promover, de forma diligente, no âmbito e nos limites técnicos do seu serviço, a indisponibilização desse conteúdo.

Parágrafo único. A notificação prevista no caput deverá conter, sob pena de nulidade, elementos que permitam a identificação específica do material apontado como violador da intimidade do participante e a verificação da legitimidade para apresentação do pedido.

O texto legal subdivide os provedores em dois tipos: (i) provedores de conexão e (ii) provedores de aplicações de internet. Os provedores de conexão são responsáveis pela "habilitação de um terminal para envio e recebimento de pacotes de dados pela internet, mediante a atribuição ou autenticação de um endereço IP".[9] Ou seja: por estabelecer a conexão do usuário à internet.

Já os provedores de aplicações de internet são aqueles que oferecem um "conjunto de funcionalidades que podem ser acessadas por meio de um terminal conectado à internet".[10] Esse subgrupo inclui as redes sociais e uma infinidade de outras plataformas que hospedam conteúdo produzido pelas pessoas, como Facebook, Instagram, Twitter ou YouTube, ou que simplesmente catalogam o conteúdo existente na internet e o tornam acessível por meio de buscas, como Bing, Google ou Yahoo. Plataformas como essas servem como intermediárias entre as interações praticadas entre seus usuários, que produzem, acessam e compartilham uma quantidade imensa de conteúdo a cada minuto.

Provedores de conexão e de aplicações, em atenção às suas características bastante distintas, estão sujeitos a regimes também distintos de responsabilidade civil. De acordo com o art. 18 do Marco Civil, os provedores de conexão estão inteiramente isentos de responsabilidade civil por danos decorrentes de conteúdo gerado por terceiros, tendo em vista que se limitam a estabelecer a sua conexão à internet.

O art. 19, por sua vez, estabelece que os provedores de aplicações de internet também não são responsáveis pelo conteúdo criado por terceiros, mas passam a responder de forma conjunta caso deixem de indisponibilizar conteúdo devidamente individualizado que tenha sido considerado ofensivo por uma ordem judicial. O artigo não proíbe que conteúdo seja removido por outras vias – por exemplo, quando viole as regras estabelecidas em determinada plataforma. O que se estabelece é o requisito para que os provedores possam ser responsabilizados por conteúdos de terceiros que venham a ser considerados ilícitos.

Em caráter excepcional, o art. 21 da lei estabelece a obrigação de remover, mediante notificação da parte interessada, o conteúdo que divulgue, sem a autorização dos participantes, cenas de nudez ou de atos sexuais

[9] Marco Civil da Internet, art. 4º, inc. V.

[10] Marco Civil da Internet, art. 4º, inc. VII.

de caráter privado (art. 21 do MCI). Mesmo nessa hipótese, porém, devem ser observadas a necessidade de indicação específica do conteúdo apontado como infringente e respeitados os limites técnicos do serviço. Essa disposição, vale anotar, não está em discussão no Supremo Tribunal Federal, nos dois casos com repercussão geral já reconhecida.

3. As regras de responsabilidade civil do Marco Civil estão em harmonia com a Constituição Federal

Há dois principais argumentos comumente utilizados por quem defende a inconstitucionalidade do art. 19 do Marco Civil. Em primeiro lugar, alega-se que a lei teria estabelecido um regime de proteção exagerado para a liberdade de expressão, em detrimento da proteção à dignidade da pessoa humana, que é fundamento da República (art. 1º, III, da Constituição). Em segundo lugar, alega-se que o art. 19 teria limitado a possibilidade de reparação integral pelo dano moral, em desconsideração ao quanto estabelecido pelo art. 5º, X, da Constituição (SCHREIBER, 2015, p. 293; GODOY, 2015, pp. 317-318). Como se verá a seguir, tais críticas não se sustentam.

3.1. A Constituição e o Marco Civil da Internet tratam os direitos fundamentais de forma igualitária

Não há hierarquia predefinida entre os direitos fundamentais estabelecidos na constituição (GODOY, 2015, p. 317). Esse pressuposto serve para afirmar, por exemplo, que a liberdade de expressão não tem precedência com relação ao direito à vida. E também é usado para defender a tese de que a proteção da dignidade da pessoa humana imporia, necessariamente, favorecer a honra, a intimidade e a vida privada (CF, art. 5º, X) em detrimento das liberdade de expressão e informação (CF, art. 5º, IX e art. 220), por exemplo (FLORÊNCIO FILHO, 2014, p. 32). Com o devido respeito a esse ponto de vista, ele parece incorrer em um reducionismo.

Todas essas garantias, na verdade, integram o amplo conceito de dignidade da pessoa humana, sobre o qual se funda a República Federativa do Brasil, bem como toda a disciplina de direitos fundamentais (art. 1º, III, da Constituição). Vale dizer: a dignidade da pessoa humana encontra-se subjacente ao conjunto de direitos fundamentais, no que se incluem as liberdades comunicativas. Aliás, o direito de manifestar ideias e pensamentos é uma expressão indissociável da autonomia moral dos indivíduos, inerente à sua dignidade. O que se tem, portanto, é uma ponderação entre direitos fundamentais, estando ambos os lados amparados pelo conceito mais amplo da dignidade humana.

O Marco Civil da Internet é fiel a esses preceitos, reconhecendo, por exemplo, que a disciplina do uso da internet no Brasil tem como fundamento o respeito à liberdade de expressão, bem como "os direitos humanos, o desenvolvimento da personalidade e o exercício da cidadania em meios digitais" (art. 2º, *caput* e inciso II). Ainda, a mesma lei reconhece que essa disciplina tem por princípios, entre outros, a garantia da liberdade de expressão, comunicação e manifestação de pensamento e a proteção da privacidade (art. 3º, incisos I e II). Ou também, em seu art. 8º, quando estabelece que "a garantia do direito à privacidade e à liberdade de expressão nas comunicações é condição para o pleno exercício do direito de acesso à internet."

Com um olhar para o caminho da elaboração do Marco Civil da Internet durante o processo legislativo, Carlos Affonso de Souza esclarece que a redação desses dispositivos atendeu à necessidade de demonstrar que a nova lei não se colocaria como um obstáculo ao progresso tecnológico, assim como garantir à sociedade que a aprovação da lei não desaguaria em mais censura (Souza, 2015, p. 384).

O intento de impedir a censura também é expresso no texto do art. 19, ora em discussão. Seu objetivo declarado é "assegurar a liberdade de expressão e impedir a censura", o que está em plena consonância com o art. 5º da Constituição.

Essa proteção contra a censura também se alinha à jurisprudência do STF, que tem sido constante no sentido de resguardar a liberdade do cidadão para se expressar e se informar, como decorrência da própria proteção da dignidade da pessoa humana. Há ao menos quatro acórdãos importantes, que ilustram bem essa conclusão e são resumidos abaixo:

> **(i) RE 208685 (Rel. Min. Ellen Gracie, 2ª Turma, j. 24.6.2003)**: Caso de acusação de corrupção contra um desembargador. A 2ª Turma decidiu que "a simples reprodução, pela imprensa, de acusação de mau uso de verbas públicas, prática de nepotismo e tráfico de influência, objeto de representação devidamente formulada perante o TST por federação de sindicatos, não constitui abuso de direito".

(ii) ADPF 130 (Rel. Min. Carlos Ayres Britto, Pleno, j. 30.4.2009): Decisão de não recepção da lei de imprensa pela Constituição de 1988, consagrando a plena liberdade de imprensa, mas com a possibilidade de responsabilização em caso de conduta ilícita, que também não pode ser excessiva para não desincentivar a imprensa investigativa e as denúncia contra poderosos.

(iii) AgRg AI 705630 (Rel. Min. Celso de Mello, 2ª Turma, j. 22.3.2011): Mais um caso de crítica jornalística em tom ácido contra agentes públicos integrantes do poder judiciário e legislativo de Santa Catarina. O STF afastou a indenização e reforçou presunção de que a crítica jornalística não é dolosa (ônus da prova deslocado), por mais irônica, ácida ou mordaz que seja.

(iv) ADI 4815 (Rel. Min. Carmem Lúcia, Pleno, j. 10.6.2015): Caso do reconhecimento da possibilidade de publicação de biografias não autorizadas. Recente e muito discutido, com brilhante voto da Min. Carmem Lúcia reforçando a o caráter abjeto da censura prévia.

Essas decisões não estabelecem uma fórmula pronta para a solução dos conflitos envolvendo direitos fundamentais. No entanto, parece claro que reconhecem uma presunção relativa em favor da liberdade de expressão destinada a impedir a censura prévia. Conforme decidiu o Superior Tribunal de Justiça, "o controle editorial prévio do conteúdo das informações se equipara à quebra do sigilo da correspondência e das comunicações, vedada pelo art. 5º, XII, a CF/88".[11]

O art. 19 do Marco Civil instrumentaliza essa presunção em favor da liberdade, definindo uma regra de conduta a ser observada pelo provedor de aplicações de internet. Sem essa presunção, o provedor de aplicações teria todos os incentivos para simplesmente remover qualquer conteúdo questionado por meio de uma notificação e, assim, afastar o risco de ser condenado a arcar com o pagamento de uma indenização (Souza, 2015, p. 398).

[11] Conforme decidiu o STJ, "o controle editorial prévio do conteúdo das informações se equipara à quebra do sigilo da correspondência e das comunicações, vedada pelo art. 5º, XII, a CF/88". V. RESP 1.193.764-SP (STJ, 3ª T., Rel. Min. Nancy Andrighi, 14/12/2010), RESP 1.186.616 – MG (STJ, 3ª T., Rel. Min. Nancy Andrighi, 23/08/2011), RESP 1.308.830-RS (STJ, 3ª T., Rel. Min. Nancy Andrighi, j. 8/5/2012); RESP 1.192.208-MG (STJ, 3ª T., Rel. Min. Nancy Andrighi, j. 12/6/2012); RESP 1.406.448-RJ (STJ, 3ª T., Rel. Min. Nancy Andrighi, j. 15/10/2013).

Isso não significa evidentemente que o provedor deva sempre aguardar uma ordem judicial para tomar medidas quanto a um conteúdo que viole as regras de utilização de uma determinada aplicação de internet. A título de exemplo, só durante o último trimestre de 2019, o YouTube removeu quase **seis milhões** de vídeos em razão de violações às suas diretrizes de comunidade.[12]

As plataformas geralmente adotam regras para disciplinar o conteúdo permitido em seus domínios. Isso abrange tanto o conteúdo lícito, mas indesejado em plataformas como YouTube ou Facebook (como pornografia, ainda que lícita), ou o conteúdo considerado ilícito como o abuso sexual infantil. A sistemática do art. 19, todavia, é especialmente importante porque não há necessariamente uma coincidência entre as regras de conteúdo das plataformas – que normalmente são globais – e a legislação específica de cada país a respeito daquilo que se considera ou não ilegal.

O chamado "discurso de ódio" é um bom exemplo disso, pois a sua caracterização não é uniforme ao redor do planeta e tampouco entre as diversas plataformas existentes. É muito difícil separar o joio do trigo. Como bem apontado por Daphne Keller, ao comentar tentativas governamentais de lidar com casos de discurso de ódio na internet, os legisladores precisam ser transparentes a respeito das consequências das políticas restritivas de conteúdo na internet, em vez de simplesmente presumir que os provedores possuem tecnologia capaz de limpar a rede de todo o conteúdo extremista, sem que isso implicasse também a remoção de discurso perfeitamente legítimo (Keller, 2017).

O Marco Civil da Internet não adotou o caminho da hipocrisia ou de soluções "fáceis" que teriam como consequência imediata a supressão de discurso legítimo. Pelo contrário, a fórmula do art. 19 do Marco Civil da Internet alinha-se aos modelos legislativos mais elogiados em matéria de garantia da liberdade de expressão. Trata-se de legislação absolutamente consistente com os valores democráticos de nossa Constituição, que veda a censura prévia e reserva ao Poder Judiciário a competência para balancear direitos e impor restrições *a posteriori* sobre a liberdade do cidadão.

[12] https://transparencyreport.google.com/youtube-policy/removals?hl=pt_PT (acesso em 26.3.2020).

3.2. O art. 19 do Marco Civil da Internet não limita a reparabilidade do dano decorrente do conteúdo gerado por terceiros na internet

Ao contrário daquilo que já se sustentou na doutrina (Schreiber, 2015, p. 293), o procedimento estabelecido no art. 19 do MCI é plenamente compatível com a previsão constitucional de reparabilidade do dano à pessoa, em decorrência da violação da intimidade, da vida privada, da honra e da imagem das pessoas. Há ao menos cinco razões que levam a essa conclusão, uma vez que o art. 19 do MCI: **(i)** não veda aos provedores de aplicação o estabelecimento de políticas próprias de remoção; **(ii)** estabelece um procedimento adequado para a obtenção da tutela específica que promova a indisponibilização do material ofensivo; **(ii)** promove a reparação civil do dano ao possibilitar a identificação do autor da ofensa; **(iii)** garante a extensão da responsabilidade ao provedor de aplicações de internet que descumprir seu dever legal; e **(iv)** não conflita com o regime de responsabilidade civil previsto no CDC.

Assim, em **primeiro lugar**, o Marco Civil não veda aos provedores de aplicações a possibilidade de instituir políticas que prevejam a remoção de conteúdo considerado nocivo. Como já mencionado anteriormente, as principais plataformas possuem um conjunto de políticas e ferramentas que se destinam a evitar a disseminação de conteúdo considerado inadequado. Os resultados desse tipo de iniciativa costumam ser publicados em relatórios de transparência, divulgados por plataformas como YouTube[13], Facebook[14] e Twitter[15], por exemplo.

Em **segundo lugar**, ainda que não seja o caso de aplicação de políticas de remoção, o art. 19 do Marco Civil estabelece um sistema que garante a tutela específica desses direitos, mediante a remoção do conteúdo que o Poder Judiciário considere infringente. Além disso, o §2º do mesmo artigo reforça a possibilidade de que a tutela de que trata o *caput* seja conferida no âmbito dos juizados especiais cíveis, o que também representa um enorme ganho de efetividade e de acesso à justiça, tanto para a obtenção célere da tutela de remoção do conteúdo quanto para a responsabilidade civil do autor da ofensa (e também do provedor, na hipótese de descumprimento da decisão judicial).

[13] https://transparencyreport.google.com/youtube-policy/removals?hl=pt_PT.

[14] https://transparency.facebook.com/content-restrictions.

[15] https://transparency.twitter.com/en/removal-requests.html.

Em **terceiro lugar**, o MCI garante a efetividade da reparação patrimonial pelo dano moral sofrido pelo ofendido. Consoante a disposição constitucional que veda o anonimato (artigo 5º, inciso IV), a lei, de um lado, obriga os provedores de aplicações de internet a armazenarem por seis meses os registros de acesso às aplicações (art. 15 do MCI). E, de outro lado, o art. 22 do Marco Civil da Internet garante ao ofendido o direito de "requerer ao juiz que ordene ao responsável pela guarda o fornecimento de registros de conexão ou de registros de acesso a aplicações de internet", com o propósito de identificar o responsável pelo conteúdo danoso, de quem o ofendido poderá exigir a reparação civil.

Em **quarto lugar**, também é possível caracterizar a responsabilidade do provedor de aplicações, desde que ele descumpra a obrigação imposta por ordem judicial. Ao contrário das críticas recebidas de parte da doutrina, essa norma não cria um novo tipo de responsabilidade civil, nem é incompatível com o regime de responsabilidade civil do CDC.

Conforme escreveu Marcel Leonardi, em obra clássica sobre o tema, "para estabelecer a responsabilidade de um provedor de serviços de Internet por atos ilícitos cometidos por terceiros, é preciso determinar, em primeiro lugar, se o provedor deixou de obedecer a algum de seus deveres e, em razão de tal conduta omissiva, impossibilitou a localização e identificação do efetivo autor do dano." (LEONARDI, 2005, p. 95)

O art. 19 do MCI mantém essa linha de pensamento – que, como se viu até aqui, reflete um amplo consenso na comunidade internacional –, no sentido de que somente se pode responsabilizar o intermediário por conteúdo gerado por terceiros mediante a avaliação da legalidade desse conteúdo por um terceiro imparcial. Se descumprida a obrigação imposta por decisão judicial, caracteriza-se então a conduta omissiva a ensejar a responsabilização do provedor, nos termos do art. 927, caput, do Código Civil. Antes disso, não há ato ilícito imputável ao intermediário, de modo que não se trata de qualquer tipo de mitigação de responsabilidade.

A grande discussão a esse respeito sempre residiu na determinação do momento em que ocorreria o conhecimento inequívoco, por parte do provedor, acerca do caráter ilícito de determinado conteúdo por eles abrigado. Nesse ponto, antes da vigência do Marco Civil a jurisprudência do STJ era vacilante. Havia tanto decisões estabelecendo que o momento do conhecimento inequívoco (ou, na verdade, da caracterização do ilícito) seria a existência de decisão judicial determinando a remoção,[16] quanto decisões fundadas no entendimento de que, uma vez notificado pelo usuário, já se caracterizaria a obrigação de remoção forçada do conteúdo.[17]

Para aumentar a celeuma, havia decisões da 4ª Turma do STJ no sentido de que não seria necessária qualquer notificação, ante a obrigação que se imporia aos provedores de aplicações de monitorar e prevenir a prática de atos ilícitos por usuários no âmbito de seus produtos.[18]

O Marco Civil da Internet resolveu o dilema ao estabelecer, em seu artigo 19 que o termo inicial da obrigação de tornar indisponível determinado conteúdo é a ordem judicial que identifique especificamente o material ofensivo. Tal solução vem encontrando amplo respaldo da jurisprudência atual do STJ.[19]

Portanto, ao contrário daquilo que já se sustentou na doutrina (Vainzoff, 2014, p. 187), não se criou aqui um novo tipo de responsabilidade civil, que seria específica para o descumprimento de ordem judicial. Na verdade, ainda estamos no campo da responsabilidade civil por conduta omissiva, que ocorre a partir do momento em que o provedor deixa de cumprir a ordem judicial de remoção.

Por fim, em **quinto lugar**, vale registrar que não há margem para a incidência das regras de responsabilidade civil estabelecidas no Código de Defesa do Consumidor. Como já defendido em outra oportunidade (Siviero e Sanchez, 2015, p. 174) independentemente da caracterização da relação de consumo entre os usuários e os provedores de aplicações, tendência que vem tendo acolhida no STJ,[20] daí não decorre a

[16] RESP 1.193.764-SP (STJ, 3ª T., Rel. Min. Nancy Andrighi, 14/12/2010) e RESP 1.186.616 - MG (STJ, 3ª T., Rel. Min. Nancy Andrighi, 23/08/2011).

[17] RESP 1.308.830-RS (STJ, 3ª T., Rel. Min. Nancy Andrighi, j. 8/5/2012) e REsp 1.328.706 - MG (STJ, 3ªT. Rel. Min. Nancy Andrighi, 15/10/2013).

[18] RESP 1175675 / RS (STJ, 4ª T., Rel. Luís Felipe Salomão, j. 09/08/2011).

[19] Por todos, V. REsp 1.512.647 (STJ, 2ª Seção, Rel. Min. Luís Felipe Salomão, 2015).

[20] É ponto pacífico na jurisprudência da 3ª Turma a aplicabilidade do Código de Defesa do Consumidor (CDC ou Lei nº 8.078/1990) à relação existente entre o provedor de serviços de internet e o usuário desses serviços. V. RESP 1.193.764-SP (STJ, 3ª T., Rel. Min. Nancy Andrighi, 14/12/2010), RESP 1.186.616 - MG (STJ, 3ª T., Rel. Min. Nancy Andrighi, 23/08//2011); RESP 1.308.830-RS (STJ, 3ª T., Rel. Min. Nancy Andrighi, j. 8/5/2012); RESP 1.192.208-MG (STJ, 3ª T., Rel. Min. Nancy Andrighi, j. 12/6/2012); RESP 1.316.921-RJ (STJ, 3ª T.. Rel. Min. Nancy Andrighi, 26/6/2012).

caracterização da responsabilidade objetiva, por defeitos ou vícios na prestação do serviço (art. 14 do CDC) ou por risco inerente à atividade (art. 927, parágrafo único, do Código Civil). Ferramentas de busca, redes sociais ou aplicações destinadas ao compartilhamento de vídeos, por exemplo, não são insitamente perigosas. Isto é, não há riscos inerentes ao uso regular de serviços dessa natureza.

Essa constatação não escapou à aprofundada análise da matéria realizada em diversos julgados da 3ª Turma do STJ, para quem "o dano moral decorrente de mensagens com conteúdo ofensivo inseridas no *site* pelo usuário não constitui risco inerente à atividade dos provedores de hospedagem de blogs".[21]

4. O artigo 19 do MCI é fruto de um consenso na sociedade em torno da necessidade de garantir a liberdade de expressão na internet

Além de ser plenamente compatível com a Constituição Federal e com a legislação ordinária que disciplina a responsabilidade civil, também é preciso reconhecer o valor democrático infundido no texto do Marco Civil da Internet pelo processo legislativo que levou à sua promulgação, em 23 de abril de 2014. Destacam-se, nesse sentido, com relação ao tema específico deste artigo **(i)** o amplo processo de consulta popular que deu origem à lei; **(ii)** a rejeição de tentativas de alteração do art. 19 do Marco Civil, com amplo respaldo da sociedade; e **(iii)** a adoção do mesmo regime de responsabilidade civil pela Justiça Eleitoral, no âmbito de seu poder normativo para regulamentar as eleições de 2018.

Em **primeiro lugar**, um dos aspectos mais elogiados do Marco Civil da Internet foi a ampla participação popular durante os momentos iniciais de concepção da lei (Wachovicz, 2015, p. 235; Zingales, 2015). Desde a rejeição em massa do Projeto Azeredo pela sociedade civil – apelidado de "A-5 digital" em razão de sua natureza tendente ao vigilantismo – iniciou-se o movimento pelo estabelecimento de normas que respeitassem os direitos dos usuários (LEMOS, 2015, p. 87). Em processo de consulta pública realizado entre 2009 e 2010, foram colhidos aproximadamente 2000 comentários a respeito do projeto de lei.

[21] RESP 1406448-RJ (STJ, 3ª T., Rel. Min. Nancy Andrighi, 15.10.2013).

Nesse contexto, o Comitê Gestor da Internet no Brasil aprovou a Resolução CGI.br/RES/2009/003/P[22], propondo "Princípios para a Governança e Uso da Internet no Brasil". Um deles é precisamente a "inimputabilidade da rede", segundo o qual "o combate a ilícitos na rede deve atingir os responsáveis finais e não os meios de acesso e transporte, sempre preservando os princípios maiores de defesa da liberdade, da privacidade e do respeito aos direitos humanos".

E essa preocupação, de fato, foi refletida nas discussões do então art. 20 do Projeto de Lei (que tratava da responsabilidade civil dos provedores), como se constata do registro histórico dos comentários feitos por ocasião da discussão do Projeto de Lei.[23] O tema permaneceu amplamente debatido durantes os anos seguintes, até a aprovação da lei em 2014, com o art. 19 prevendo o atual regime de responsabilidade civil dos provedores de aplicações.

Em segundo lugar, desde a promulgação do Marco Civil, a sociedade civil vem se mostrando bastante ativa em defesa das regras sobre responsabilidade civil dos intermediários, percebendo seu valor inestimável para as liberdades de expressão e de informação. Uma contagem realizada em 2017, quando a lei completava apenas três anos de vigência, reuniu 56 projetos de lei propondo alterações para o Marco Civil.[24] O PLS 180/14, por exemplo, pretende alterar a lei para permitir a remoção sem ordem judicial de qualquer conteúdo "que viole a dignidade humana", expandindo para praticamente qualquer caso o modelo que atualmente contempla apenas os casos de imagens de nudez publicadas sem autorização.

A proposta que chegou mais longe nesse sentido foi a do projeto de reforma eleitoral, que permitia a candidatos exigir a remoção de conteúdo tido como "discurso de ódio, disseminação de informações falsas ou ofensa", no prazo de 24 horas após a notificação.[25] Isto é, a proposta modificava diretamente a regra do art. 19 do Marco Civil, ao estabelecer

[22] Cf. https://www.cgi.br/principios/.

[23] Disponível em http://culturadigital.br/marcocivil/debate/.

[24] https://canaltech.com.br/juridico/3-anos-depois-marco-civil-e-alvo-de-56-propostas-de-alteracao-92698/.

[25] https://oglobo.globo.com/brasil/senadores-aprovam-na-reforma-politica-emenda-que-permite-censura-previa- na-internet-21914229.

o recebimento da notificação extrajudicial (e não mais da decisão judicial) como o termo inicial da obrigação de remoção do conteúdo impugnado. Após intensas intensas manifestações críticas por parte de diversos setores da sociedade pelo veto presidencial a esse dispositivo, que conquistaram até mesmo o apoio do próprio deputado que havia proposto essa alteração no texto do projeto de lei,[26] a lei foi sancionada com o veto do Presidente da República à disposição em questão.[27]

Outro caso digno de nota foi o de um anteprojeto de lei que se propunha a combater o problema das notícias falsas na internet criminalizando o ato de criar ou divulgar notícias falsas.[28] Como bem esclarecido "na guerra eleitoral, normas como essas podem estimular a intimidação do dissenso político por meio da ameaça de judicialização, inibindo o jornalismo e a crítica aos detentores de cargos públicos" (Moncau, 2018). Não à toa, o anteprojeto sofreu severas críticas,[29] em razão das evidentes restrições à liberdade de imprensa ali contidas.

Em **terceiro lugar**, a afirmação do modelo do art. 19 do MCI no campo eleitoral é mais um indicativo do respaldo do dispositivo legal em questão. A Resolução do TSE nº 23.551, de 18 de dezembro de 2017, reitera a aplicação do art. 19 do Marco Civil para a remoção de propaganda eleitoral irregular. Confira-se:

> Art. 27. Aplicam-se ao provedor de conteúdo e de serviços multimídia que hospeda a divulgação da propaganda eleitoral de candidato, de partido político ou de coligação as penalidades previstas nesta resolução se, no prazo determinado pela Justiça Eleitoral, contado a partir da notificação de decisão judicial específica sobre a existência de propaganda irregular, não tomar providências para a cessação dessa divulgação (Lei nº 9.504/1997, art. 57-F, caput, c.c. a Lei nº 12.965/2014, art. 19).

É importante notar que a edição dessa resolução também foi precedida de consulta pública, que colheu sugestões de «partidos políticos, Ministério Público, instituições, advogados e sociedade sobre os temas

26 https://g1.globo.com/politica/noticia/autor-da-emenda-apontada-como-censura-diz-que-vai-pedir-para-temer -vetar-o-texto.ghtml.

27 Lei nº 13.488, de 6 de outubro de 2017.

28 Disponível em https://www.conjur.com.br/dl/senado-discute-pl-preve-retirada.pdf.

29 Por todos, V. https://direitosnarede.org.br/p/ccs-e-o-combate-as-fakenews/.

que fariam parte das resoluções».[30] Igualmente relevante é a constatação de que o sistema funcionou adequadamente mesmo no contexto particularmente dinâmico das eleições, permitindo a remoção de conteúdos ilícitos sem afetar a circulação de conteúdos lícitos, inclusive de natureza crítica.

Por tudo o quanto exposto acima, parece claro que o elemento comum é o respaldo da sociedade à fórmula que reconhece o papel crucial do Poder Judiciário na determinação do eventual caráter ilícito de um determinado conteúdo, a ponto de exigir sua remoção por parte do provedor de aplicações de internet.

5. Não basta apenas ter normas que protejam a liberdade de expressão

O caminho estabelecido por nossa Constituição para a solução dos conflitos envolvendo o conteúdo das liberdades comunicativas foi o de rejeitar completamente a censura prévia e exigir mecanismos que protejam efetivamente a liberdade de expressão. Esse arranjo, como se defende aqui, é concretizado pelo procedimento estabelecido no artigo 19 do Marco Civil da Internet e pela jurisprudência dos tribunais superiores.

Parece, no entanto, haver certa incoerência entre o ambiente jurídico e institucional brasileiro, que é francamente favorável à preservação da liberdade de expressão e de informação, e a sensação – respaldada por dados e exemplos de decisões judiciais – de que ainda há um caminho muito longo a percorrer para se garantir o nível esperado de proteção dessas liberdades.

Um primeiro indicador é oferecido pelo portal **Ctrl-X**.[31] Trata-se de um projeto desenvolvido pela Abraji – Associação Brasileira de Jornalismo Investigativo que oferece ao público informações sobre pedidos e ordens de remoção de conteúdo da internet, especialmente aquelas advindas dos Juízos Eleitorais.

Nesse portal é possível obter uma série de informações a respeito de ações eleitorais como o partido e o candidato envolvidos na ação e o Estado de origem. Também é possível ter acesso ao inteiro teor das ações

[30] http://www.tse.jus.br/imprensa/noticias-tse/2017/Dezembro/tse-aprova-10-resolucoes-sobre-regras-das- eleicoes-gerais-de-2018.

[31] http://www.ctrlx.org.br/.

catalogadas pelo site. Esses dados mostram que recurso aos meios judiciais para a restrição de conteúdo é amplamente utilizado por todos os principais partidos do país.

Dados coletados pelo referido projeto e apontados em artigo de Tais Gasparian mostram um aumento no número dos pedidos de remoção coincidente com os anos eleitorais (Gasparian, 2018). Conforme destacou a autora, "vê-se que de 2010 a 2017 houve crescimento do número de processos em que é requerido algum tipo de remoção de conteúdo. Nos anos eleitorais, esse crescimento foi bem maior e provocado por políticos e partidos políticos.

ABRAJI

Crescimento do número de processos com pedido de remoção de conteúdo

Anos eleitorais

ANO	POLÍTICOS E PARTIDOS POLÍTICOS	OUTROS
2010	12	39
2012	457	97
2014	574	195
2016*	618	187

Anos NÃO eleitorais

ANO	POLÍTICOS E PARTIDOS POLÍTICOS	OUTROS
2011	1	40
2013	15	140
2015	18	274

*apuração ainda não concluída

Outro dado relevante é a quantidade de processos com pedidos e ordens de **censura prévia** por todo o país – tais como proibições genéricas de abordagem de determinado assunto por um blog ou jornal. Tiago Mali, coordenador do Projeto Ctrl-X, revela estatísticas preocupantes: "apenas em 2016, foram 124 processos requisitando que veículos de mídia se abstivessem de publicar algum tipo de conteúdo. Desses, 31 (25%) foram deferidos, a exemplo do que ocorreu no caso de Marcela Temer.[32] Em 2014, ano das eleições anteriores, foram 102 processos, com 26 (25%) deferimentos." (Mali, 2017).

[32] V. Folha de S. Paulo, "Justiça censura reportagem da Folha sobre extorsão a Marcela Temer" 13.2.2017. Disponível em https://www1.folha.uol.com.br/poder/2017/02/1858249-justica-censura-reportagem-da-folha- sobre-extorsao-a-marcela-temer.shtml

Se, de um lado, temos um desenho institucional que oferece proteção às liberdades comunicativas (de expressão, informação e de imprensa), os números e estatísticas acima indicam que estamos ainda longe de um ponto de equilíbrio. Avolumam-se as remoções, por vezes indiscriminadas, de conteúdo informativo, humorístico, crítico, jocoso, difamatório, ácido, ofensivo etc. que vão parar no mesmo balde, neste caso a "lata de lixo" digital.

Vale, por fim, a menção à reflexão feita em 1944 pelo juiz norte-americano Learned Hand, em discurso que ainda parece bastante atual (Lewis, 2007, p. 106):

> Por vezes pergunto-me se não estaríamos depositando demasiadas esperanças em constituições, leis e tribunais. São falsas esperanças, creia-me, são falsas esperanças. A liberdade vive nos corações dos homens e mulheres; se ali ela morrer, não há constituição, lei ou tribunal que possa salvá-la; nenhuma constituição, lei ou tribunal sequer poderia fazer muito para evitar que isso acontecesse. **Enquanto ela permanecer nos corações das pessoas, não precisará de qualquer constituição, lei ou tribunal para salvá-la.** (sem ênfase no original)[33]

O artigo 19 do Marco Civil da Internet não é mera proteção aos provedores de aplicações de internet. Ele é, antes de tudo, parte de um sofisticado mecanismo de proteção da própria sociedade contra diversas formas de autoritarismo, que normalmente deságua em restrição das liberdades comunicativas. Sua efetividade, porém, dependerá muito do apreço demonstrado pelos tribunais a tais garantias, no complexo balanceamento entre direitos conflitantes em cada caso, assim como da participação da sociedade, a quem cabe a constante vigilância sobre quaisquer iniciativas que possam resultar em mais censura e menos liberdade.

[33] tradução livre do original: "I often wonder whether we do not rest our hopes too much upon constitutions, upon laws and upon courts. These are false hopes, believe me, these are false hopes. Liberty lies in the hearts of men and women; when it dies there, no constitution, no law, no court can save it; no constitution, no law, no court can even do much to help it. While it lies there it needs no constitution, no law, no court to save it."

Conclusões

Como se demonstrou, não há qualquer traço de inconstitucionalidade no art. 19 do Marco Civil da Internet. O procedimento lá estabelecido, que disciplina que a retirada de conteúdo somente pode ser imposta aos provedores de aplicações de internet mediante ordem judicial específica, está em plena consonância com o regime constitucional de proteção aos direitos fundamentais e à dignidade da pessoa humana.

A grande virtude da regra em questão é reforçar o papel do Poder Judiciário de fiel da balança para encontrar o equilíbrio entre valores potencialmente conflitantes, como a proteção de direitos individuais e coletivos. A adoção desse modelo, preconizado pelas mais importantes organizações internacionais e legitimado pelo apoio da sociedade civil, já tem se mostrado um retumbante sucesso.

Em vez de retroceder para um estágio em que ainda se debatia se a responsabilidade civil dos provedores de aplicação era objetiva ou subjetiva, é preciso continuar progredindo para garantir e manter, na prática e com resultados que se traduzam em mais apreço às liberdades comunicativas, o avanço institucional representado pela promulgação do Marco Civil da Internet.

Referências

ARTICLE 19, *Internet intermediaries*: Dilemma of Liability (2013), disponível em https://www.article19.org/data/files/Intermediaries_ENGLISH.pdf

Bose, Sunita. *Dropping Protections For Internet Platforms Will Result In Greater Harm.* 10.10.2015, disponível em (https://techcrunch.com/2015/10/10/dropping-protections-for-internet-platforms-will-result-in-greater-harm/, acessado em 22.8.2018)

Florêncio Filho, Marco Aurélio, *Liberdade de expressão e a violação da privacidade* in Del Masso, Fabiano et al. (coord), *Marco Civil da Internet*, São Paulo, Revista dos Tribunais, 2014

Gasparian, Taís. *Não é prévia, mas é censura.* Publicado em 10.01.2018. Disponível em http://dissenso.org/nao-e-previa-mas-e-censura/ (acessado em 24.8.2018)

Godoy, Cláudio Luiz Bueno de. *Uma análise crítica da responsabilidade civil dos provedores na Lei nº 12.965/14 (Marco Civil da Internet)* in Lucca, Newton de, et al (coord.) Direito & Internet III, t. II, São Paulo: Quartier Latin, 2015.

Keller, Daphne, *Making Google the Censor*, 12.6.2017 (acessado em https://www.nytimes.com/2017/06/12/opinion/making-google-the-censor.html).

LEMOS, Ronaldo. *Uma breve história da criação do Marco Civil.* In LUCCA, Newton de, et al (coord.). Direito & Internet III, t. I, São Paulo: Quartier Latin, 2015.

LEONARDI, Marcel. *Responsabilidade civil dos provedores de serviços de internet.* São Paulo: Juarez de Oliveira, 2005.

____________________. *Marco Civil da Internet, Plataformas Digitais e Redes Sociais* (pp. 288-289) in ARTESE, Gustavo (coord.), Marco Civil da Internet: análise jurídica sob uma perspectiva empresarial, Quartier Latin, São Paulo, 2015.

LEWIS, Anthony. *Freedom for the thought we hate: a biography of the First Amendment.* New York:Basic Books, 2007.

MALI, Tiago. *A censura de Marcela Temer é só a ponta do iceberg.* Disponível em http://dissenso.org/a-censura-de-marcela-temer-e-so-a-ponta-do-iceberg/ (acesso em 24.8.2018)

MONCAU, Luiz Fernando Marrey. *Fake News e Censura*: A mais nova história de uma proposta que ninugém apoia. Publicado em 6.3.2018 (http://dissenso.org/fake-news-e-censura-mais-nova-historia-de-uma-proposta-que-ninguem-apoia/. Último acesso em 24 de agosto de 2018)

SCHREIBER, Anderson. *Marco Civil da Internet: Avanço ou Retrocesso? A Responsabilidade Civil por Dano Derivado do Conteúdo Gerado por Terceiros* in LUCCA, Newton de, et al (coord.). Direito & Internet III, t. II, São Paulo: Quartier Latin, 2015.

SIVIERO, Fabiana; SANCHEZ, Guilherme Cardoso. *O novo regime de responsabilidade civil dos provedores de aplicações de internet* in ARTESE, Gustavo (coord.), Marco Civil da Internet: análise jurídica sob uma perspectiva empresarial, Quartier Latin, São Paulo, 2015.

SOUZA, Carlos Affonso de. *As cinco faces da proteção à liberdade de expressão no Marco Civil da Internet* in LUCCA, Newton de et al (coord.). Direito & Internet III, t. II, São Paulo: Quartier Latin, 2015.

VAINZOFF, Rony, *Da responsabilidade por danos decorrentes de conteúdo gerado por terceiros* in DEL MASSO, Fabiano et al. (coord), *Marco Civil da Internet*, São Paulo, Revista dos Tribunais, 2014.

ZINGALES, N. (2015). *The Brazilian approach to internet intermediary liability*: blueprint for a global regime?. Internet Policy Review, 4(4), disponível em https://policyreview.info/articles/analysis/brazilian-approach-internet-intermediary-liability-blueprint-global-regime (acesso em 21.8.2018)

12. O direito autoral protege criações desenvolvidas com inteligência artificial?

Ieda Nogueira Dutra

Introdução

Em 2016, um programa de computador japonês escreveu um livro curto de romance chamado "o Dia em que um Computador Escreve Romance", que passou pela primeira rodada de seleção de romances para um prêmio literário nacional. O laboratório de ciência da computação da Sony tem trabalho no projeto Flow Machines, cujo objetivo é explorar o uso de algoritmos para criar música. Por volta dos anos 1970, o museu britânico Victoria and Albert passou a colecionar obras de artes e de design geradas por computador.

Essa é a expansão do uso da inteligência artificial (ou "**AI**", no seu acrônimo mais usual, decorrente do termo *artificial intelligence* em inglês), que tem o propósito de permitir que programas de computadores consigam se aproximar do processo **criativo** humano. E com tal expansão técnica, precisamos treinar também nosso olhar jurídico a reconhecer essa nova aplicação da tecnologia e permitir que a AI seja utilizada também como um instrumento capaz de promover a expressão das criações artísticas e literárias.

Isso significa ir além do que hoje reconhecemos como AI. Os usos da AI tendem a ser tradicionalmente vistos nessa linha:

- programas utilizados para resolver problemas que têm respostas: qual o restaurante indiano mais próximo da minha casa? Esse usuário gostaria mais de receber um anúncio de botas para caminhada ou de aulas de ballet? Será que este cliente do banco realmente fez essa compra fora do perfil dele ou pode ter ocorrido uma fraude? Qual o melhor candidato para essa vaga, em relação aos 5.000 currículos e perfis recebidos?
- aplicativos que usam AI em sua missão:
reduzir o tempo que as pessoas passam no trânsito por meio da análise da velocidade de movimentação dos carros, dos filtros de spam, que só são efetivos quando são capazes de aprender continuamente com uma variedade de sinais (de onde foi enviado, palavras-chaves da mensagem, metadados, etc), e das "simples" sugestões de emojis nos teclados que adicionamos aos nossos aplicativos de mensagem.
- ferramentas que nos aproximam ao que até então víamos como mundo de ficção:
os carros que andam sozinhos, as lentes de contato com sensores que medem o nível de glucose no sangue de pessoas que têm diabetes, os dispositivos inteligentes que indicarão que alimentos estão acabando em nossas geladeiras e nos ajudarão a economizar energia.

Mas tais usos mais "tradicionais" não são as únicas formas de aplicação da AI. Com o desenvolvimento da AI, passamos a ver também iniciativas no âmbito das criações artísticas, desafiando os métodos tradicionais de concepção de obras e se adicionando aos processos criativos puramente humanos. No nosso entendimento, a AI deve fomentar a inovação também nos meandros da criatividade e esperamos ver um emprego da AI nesse sentido cada vez maior, especialmente considerando-se o crescimento exponencial da tecnologia – conceito desenvolvido por Gordon Earl Moore em 1965, conhecido como a lei de Moore, que esclarece que o poder de processamento dos computadores (ou, mais precisamente, o número de transistores dos chips) dobraria a cada 18 meses.

Assim, a AI pode se tornar um berço dos experimentos e novos caminhos para a arte, mudando em algumas esferas a percepção que nós, em nossa qualidade mais humana, temos ao interagirmos com criações artísticas e literárias. O objetivo deste artigo é abordar esse tipo de aplicação da AI, analisando-se em qual medida as atuais proteções legais conferidas ao direito autoral estariam preparadas para abarcar tais criações das máquinas.

1. Inteligência artificial e *machine learning*

Inicialmente vale esclarecer que os conceitos de AI e *machine learning* apresentam diferenças, apesar de estarem conectados. AI pode ser entendida como a ciência de tornar máquinas inteligentes[1]. Trata-se de engenharia aplicada que permite que máquinas que executam tarefas características da inteligência humana, como planejamento, compreensão de linguagem, reconhecimento de sons e objetos e solução de problemas.

Machine learning, por sua vez, é a habilidade das máquinas de aprender sem que tenham sido expressamente programadas[2]. Assim, ao invés de se escrever várias rotinas de código fonte de software com instruções específicas para se realizar uma tarefa específica, *machine learning* faz com que o algoritmo seja treinado para que ele possa aprender como realizar a tarefa em questão, sendo que tal treinamento envolve inserir quantidades extremamente altas de dados no algoritmo para que ele possa se auto-ajustar e melhorar com a análise de tais dados.

Assim, *machine learning* é uma das formas de se alcançar a AI. Nesse contexto, o termo "deep learning" é empregado para indicar um software que aprimora o seu próprio modelo de realidade por meio da experiência, aprendendo com os próprios erros e acertos.

Para os propósitos deste artigo, analisaremos as questões legais levantadas pelas criações derivadas do uso de AI (em suas diversas formas) e como a legislação autoral hoje interage com tais criações não humanas, sendo que as criações geradas por AI aqui descritas poderão envolver também o uso *machine learning* e algoritmos capazes de "*deep learn*".

[1] "The science and engineering of making intelligent machines" (McCarthy, John). O termo inteligência artificial foi curado por John McCarthy em 1956 durante uma conferência.

[2] "The ability to learn without being explicitly programmed" (Samuel, Arthur).

2. Relação criativa entre o homem e a máquina

Alguns profissionais que atuam na indústria tecnológica comparam a AI à eletricidade porque a AI tem o potencial de transformar um conjunto vasto e diversificado de indústrias[3]. Outros fatores também apontam a semelhança entre as duas descobertas, como a capacidade de permitirem que novos negócios se desenvolvam e que haja uma mudança no focos dos talentos, conduzindo uma verdadeira transformação das aptidões humanas.

Com a automatização de tarefas mais simples, como mapear A até B, e consequente diminuição do tempo que o indivíduo gasta com isso, é possível que a AI permita que as pessoas queiram e possam buscar novas iniciativas em que consigam agregar a sua criatividade e inovação, valores tão humanos. Além disso, o já mencionado crescimento exponencial da tecnologia também permitirá que usos mais criativos das máquinas se aliem ao potencial inovador do ser humano, resultando em expressões criativas surpreendentes e positivas para as indústrias artísticas e para a sociedade.

Exemplos disso começaram a despontar. Para a música, uma das formas de expressão mais carregadas de emoção humana, a aplicação de AI já mostra suas pitadas. Estão sendo realizados testes em um instrumento musical "high tech" que gera melodias para suplementar partes de melodias criadas por indivíduos. Por meio de redes neurais, o instrumento aprende as características de vários instrumentos musicais distintos e consegue misturar essas partes e formar novos conjuntos de melodias. Serviços de streaming como Spotify incluíram playlists de música com melodias criadas com auxílio de AI, e startups estão desenvolvidos serviços que permitem que artistas recebam recomendações sobre composição, assim como serviços que geram faixas instrumentais customizadas – e baseadas em AI – aos seus usuários.

Ainda no exemplo da indústria da música, vale observar que apesar do caráter tão contemporâneo da AI aplicada, o uso de tecnologia para criar melodias não é novo. Nos anos 1950, compositores escreveram música usando modelos estatísticos randômicos, e o lendário David Bowie trabalhou com à época CTO do Universal Music Group, Ty Roberts,

[3] "AI is the new electricity" (NG, Andrew). O professor associado de inteligência artificial da Universidade de Stanford fez a sua afirmação durante uma conferência em 2016.

para desenvolver um programa (chamado de "the Verbasizer") que criava combinações de letra a partir de uma re-ordem aleatória de palavras baseada em uma matriz de frases e grupos de palavras inicialmente inseridas por Bowie[4].

Há também iniciativas interessantes se revelando no campo das pinturas. O MOMA (Museu de Arte Moderna de Nova York) viu, no início de 2018, muitos visitantes com o app do museu instalado em seus celulares irem checar uma exposição inusitada na galeria do quinto andar: as pinturas de Jackson Pollock pregadas nas paredes foram remixadas ou substituídas por obras de guerrilha de outros artistas, que só podiam ser visualizadas por meio do app. Os trabalhos da exibição virtual "Hello, we're from the internet" usou *augmented reality* para transformar a exposição tradicional do museu.

O jornal The Guardian publicou em 2016 uma matéria sobre a criação de uma obra de arte em 3D que consistia em mais de 148 milhões de pixels e foi baseada em 168.263 fragmentos de pinturas de Rembrandt, pintor holandês barroco do século XVII. A obra foi o resultado dos esforços em conjunto de um grupo diversificado: cientistas de dados, engenheiros, desenvolvedores, profissionais de história da arte, do Rembrandt House Museum de Amsterdã, Microsoft, entre outros.

A discussão entre a relação do processo criativo e como a AI vai interagir (ou, para os mais céticos, interferir) com as criações humanas vem ganhando os holofotes à medida que empresas de tecnologia, startups, grandes gravadoras de música e museus de arte começam a investir capital em recursos humanos e tecnológicos para desenvolver produtos e serviços baseados em AI que sejam escaláveis.

Por exemplo, o Google tem um projeto desenvolvido internamente chamado Magenta que cria algoritmos "deep-learning" para geração de músicas, desenhos e outras obras de artes[5]. Nesse contexto foi desenvolvido o Performance RNN, um programa que usa redes neurais para conferir pausas expressivas e com estilo humano para arquivos de música gerados por máquinas que, sem o Performance RNN, seriam estáticos

[4] A música *Hallo Spaceboy* de David Bowie, trilha do álbum Outside de 1995, tem reputação de ser majoritariamente escrita e inspirada nos resultados do software.

[5] Mais informações em https://magenta.tensorflow.org/ (acessado em 19 de agosto de 2018).

e não contariam com as expressões que são habituais aos nossos ouvidos quando escutamos uma performance de um pianista, por exemplo[6]. As ferramentas do Magenta são *open-source* e podem (e já são) utilizadas por artistas para criar seus próprios trabalhos, evidenciando o caráter escalável e acessível do projeto.

O crescimento de programas baseados em AI para auxiliar artistas a criar obras, ou para criar outros tipos de obras, diferentes das humanas, levanta questões como escopo de aplicação das exceções a direitos autorais (e consequentes defesas presentes em diferentes sistemas legais, como *fair use* ou *fair dealing*), se há proteção conferida às obras desenvolvidas com AI e sem interação humana e quem seria o titular do direito nesse caso (ou se as obras já nasceriam em domínio público). Certamente não temos a pretensão de esgotar todas as questões legais que podem surgir desse debate, mas gostaríamos de propor a reflexão sobre alguns pontos.

3. Como o direito Autoral pode dialogar com obras criadas por não humanos

Muitas das questões jurídicas relevantes que se apresentam quando programas usando AI criam obras artísticas ou literárias (pinturas, melodias, fotografias, poemas, desenhos) passam pela estrutura de proteção legal conferida pelo direito autoral, em países como o Brasil, ou pelo *copyright*, em países como Estados Unidos e Reino Unido. E algumas dessas questões já se apresentaram em frente às cortes.

3.1. O caso da *selfie* do macaco Naruto

Recentemente, o *Ninth Circuit* da Court of Appeals dos Estados Unidos teve que decidir quem era o titular de uma fotografia tirada por um macaco. Ou, para sermos mais precisos, de uma *selfie*. A história teve início quando o fotógrafo britânico, David Slater, especialista em fotografia da vida selvagem, deixou a sua câmera sozinha em uma ilha na Indonésia. Um macaco chamado Naruto pegou a câmera e começou a tirar (ótimas) fotos de si mesmo, sem qualquer auxílio do fotógrafo ou de outra pessoa. David Slater tentou registrar as obras nos Estados Unidos e as

6 Mais informações em https://magenta.tensorflow.org/performance-rnn (acessado em 19 de agosto de 2018).

fotografias foram publicadas por uma agência, que as creditou como sendo do fotógrafo britânico.

Foi então que o grupo norte-americano *People for the Ethical Treatment of Animals* ("PETA") processou o fotógrafo por violação de direito autoral, alegando que somente o macaco Naruto – e não o fotógrafo – detinha os direitos sobre as fotografias e, por consequência, exclusividade sobre a reprodução e disponibilização da fotografia ao público, assim como o direito de receber os benefícios decorrentes da exploração econômica do trabalho (a *selfie*). A Corte dos Estados Unidos entendeu que Naruto não poderia ser o titular dos direitos autorais sobre a fotografia, já que o órgão responsável pelo registro de direitos autorais nos Estados Unidos (*U.S. Copyright Office*) se recusa a registrar trabalhos que, no entendimento do órgão, não foram produzidos por um humano.

Nessa linha, o *U.S. Copyright Office* também indicou que não reconhecerá proteção por direito autoral a trabalhos produzidos por máquinas ou meros processos mecânicos que operem de forma randômica ou automática, sem qualquer input criativo ou intervenção de um autor humano. O raciocínio feito pelo órgão e a decisão judicial levantaram duas questões importantes e que extrapolaram o caso do macaco que gosta de *selfies*: poderia um computador gerar arte passível de proteção autoral e, se sim, quem seria o titular do direito, a AI ou o indivíduo que desenvolveu o programa? Ou, ainda, nasceriam tais trabalhos já em domínio público, se não forem passíveis de receber proteção legal?

Com base no racional empregado pelo *Ninth Circuit* da Court of Appeals dos Estados Unidos, parece-nos que o entendimento decorrente da Corte seria de que qualquer obra de arte desenvolvida por AI sem input criativo humano na obra (para exemplificar com casos discutimos acima, no item 2, estariam incluídos aqui o instrumento musical "high tech" que gera melodias e as músicas geradas randomicamente por algoritmos) não seria passível de proteção por direito autoral. Consequentemente, tais obras estariam em domínio público e poderiam ser copiadas e exploradas livremente por qualquer pessoa ou empresa.

A análise do *U.S. Copyright Office* é baseada no *Copyright Act* dos Estados Unidos de 1976 (e suas alterações), legislação que foi escrita e implementada em um momento em que não se imagina que obras com verdadeiros impulsionamento criativos poderiam ser criadas por algoritmos. Assim como em tantos outros campos do direito, a AI chegou antes da legislação estar preparada. Esta constatação trivial é relevante, porém, para observarmos que nos últimos anos tem aumentado o número de publicações jurídicas que tentam encontrar soluções diferentes para proteger criações não humanas por meio das legislações de *copyright* vigentes.

Nesse sentido, já foi proposta a reinterpretação das definições de empregado e empregador no doutrina norte-americana de *work made for hire*, que encontra paralelos em doutrinas ou dispositivos legais semelhantes em diversas outras legislações (como no art. 4º Lei 9.609/1998 (Lei do Software)[7]). No caso da doutrina, o titular a que o direito é atribuído não foi originalmente responsável pela criação da obra, seja o empregador que recebe a titularidade de uma obra feita por um empregado, ou seja uma parte que encomendou – ou comissionou, nos termos da doutrina – a obra de um terceiro (que efetivamente a executou)[8].

Outra alternativa que tem sido proposta é ressignificar o termo "autor" das legislações aplicáveis, a fim de que os requerimentos para determinar autoria das obras sejam modificados, o que somente nos parece possível por meio de alteração dos dispositivos legais que atrelam autores de criações protegíveis a seres humanos.

3.2. O quadro *Le Comte de Belamy* e a questão de autoria da obra

Em 2018, um colecionador de obras de arte parisiense, conhecido por ter em seu acervo obras de artistas contemporâneos renomados como Banksy e Swoon, adquiriu uma obra intitulada "*Le Comte de Belamy*", criada totalmente por AI.

A obra foi comprada diretamente da Obvious, empresa de AI de "algoritmos criativos" (nas próprias palavras da empresa). Em seu website, a Obvious explica os quatro passos que compõem o processo criativo empregado na geração dos quadros feitos com AI:

[7] Art. 4º Salvo estipulação em contrário, pertencerão exclusivamente ao empregador, contratante de serviços ou órgão público, os direitos relativos ao programa de computador, desenvolvido e elaborado durante a vigência de contrato ou de vínculo estatutário, expressamente destinado à pesquisa e desenvolvimento, ou em que a atividade do empregado, contratado de serviço ou servidor seja prevista, ou ainda, que decorra da própria natureza dos encargos concernentes a esses vínculos.

[8] Veja mais em *Artificial Intelligence and the Copyright Dilemma*, disponível em https://ssrn.com/abstract=2976428 (acessado em 19 de agosto de 2018).

- Seleção dos dados: a empresa seleciona uma grande quantidade de imagens de input com características visuais comuns, com objetivo de criar uma nova amostra que compartilhe tais características;
- Criação da imagem: imagens novas e originais são criadas a partir da "competição" entre dois algoritmos, um gerador e outro discriminador:
- Treino: como para qualquer algoritmo, é necessário muito treino para que o programa consiga inferir uma definição mais alta da imagem gerada, melhorando assim a resolução da imagem final;
- Produção: a imagem é impressa em tela, emoldurada e assinada com a fórmula matemática que mostra a relação entre o algoritmo gerador e o algoritmo discriminador[9].

O resultado não é apenas uma inspiração de obras passadas, mas efetivamente uma nova obra de arte, gerada inteiramente pelo sistema Generative Adversarial Networks (desenvolvido, claro, por talentosos seres humanos), e o input criativo é da máquina. Ou seja, aqui as nuances criativas são ainda mais rebuscadas que as *selfies* do macaco Naruto.

Nesse caso, parece-nos que a resposta conferida pelo *U.S. Copyright Office* de que uma obra poderá ser protegida somente se houver input criativo humano é objetiva demais, e não consegue abarcar a complexidade dos passos que resultaram na confecção do quadro *Le Comte de Belamy*.

Sob este prisma, vale frisar que a legislação de direito autoral de muitas jurisdições, incluindo Espanha e Alemanha, determina que apenas os trabalhos desenvolvidos por um ser humano seriam passíveis de proteção por direito de autor. No Brasil, a Lei 9.610/1998 (Lei de Direito Autoral) estabelece, em seu artigo 7º, que são obras intelectuais protegidas as "criações do espírito" e, em seu artigo 11, que o autor é a pessoa física criadora de obra literária, artística ou científica, sendo que a proteção concedida ao autor poderá aplicar-se às pessoas jurídicas nos casos previstos em lei (isto é, para as proteções conferidas à editoras e produtoras de obras artísticas ou literárias).

[9] Mais informações disponívels em http://obvious-art.com/ (acessado em 19 de agosto de 2018).

A Lei 9.609/1998 (Lei do Software), por sua vez, não traz expressamente o requerimento do autor ser pessoa física. No entanto, essa nos parece ser a interpretação razoável considerando que o regime de proteção à propriedade intelectual de programa de computador é aquele conferido às obras literárias pela Lei de Direito Autoral[10], de modo que outro entendimento deixaria de abarcar essa ressalva legal.

Assim, uma leitura estrita da legislação brasileira pode levar à interpretação de que obras geradas por programas de AI não seriam passíveis de proteção, já que computadores não têm espírito e não são pessoas físicas.

Por outro lado, ainda nos parece precipitado argumentar que uma pessoa que copiasse os quadros desenvolvidos pelo programa da empresa Obvious estaria livre de um pleito de violação de direito autoral em qualquer jurisdição. O Reino Unido, por exemplo, expressamente garante proteção autoral à uma pessoa que toma as providências necessárias para a criação de trabalhos gerados por computador. A cláusula 9(3) do *Copyright, Designs and Patent Act* ("CDPA") de 1998 determina que:

> *In the case of a literary, dramatic, musical or artistic work which is computer-generated, the author shall be taken to be the person by whom the arrangements necessary for the creation of the work are undertaken.*

Por sua vez, o CDPA define *computer-generated work* como sendo o trabalho que é gerado por um computador em circunstâncias nas quais não há um autor humano do trabalho[11].

O objetivo original do dispositivo legal do Reino Unido nos parece ser afastar da proteção com base em *computer-generated work* os casos clássicos em que um trabalho passível de proteção decorre do uso de ferramentas tecnológicas, como um artigo escrito utilizando o Microsoft Word ou o Google Docs. Da mesma forma que um lápis não pode ser

[10] Art. 2º O regime de proteção à propriedade intelectual de programa de computador é o conferido às obras literárias pela legislação de direitos autorais e conexos vigentes no País, observado o disposto nesta Lei.

[11] "178 Minor definitions.
In this Part–
"computer-generated", in relation to a work, means that the work is generated by computer in circumstances such that there is no human author of the work;"

considerado o autor de um livro, um computador também não poderia. O autor seria o humano nesses casos.

Apesar disso, alguns autores já entenderam que o CDPA traz certa flexibilidade às hipóteses de proteção autoral dos trabalhos resultantes de computador, o que poderia levar a reserva de direitos de exclusividade (decorrentes de *copyright*) aos titulares do sistema que criaram o quadro *Le Comte de Belamy*, por exemplo[12]. Essa interpretação não é, porém, livre de ponderações.

A Council Directive 91/250/EEC da União Europeia determina que o autor deve ser a pessoa natural que criou o programa (mas permite que a legislação do Estado Membro determine uma pessoa jurídica como o titular do direito), e a Database Directive 96/9/EC estabelece que o autor de uma base de dados será a pessoa natural (ou grupo de pessoas naturais) que criou a base de dados, mas também permite que o Estado Membro determina que o titular também poderá ser uma pessoa jurídica nesses casos. Além disso, decisões judiciais importantes da European Court of Justice já trouxeram requerimentos de que o autor é aquele que faz escolhas livres e criativas (*"free and creative choices"*), como mencionado no caso Infopaq, considerado *leading case* em originalidade para a União Europeia[13].

3.3. Como fica a originalidade?

Mesmo em um contexto legal favorável à proteção de obras geradas por computador, parece-nos que o conceito de originalidade será de grande relevância para se determinar se uma obra criada por AI é ou não passível de proteção por direito autoral.

Como sabido, o direito de autor não se preocupa com a qualidade da obra, que pode ser magnífica para uma pessoa que se identifica com a obra, e tenebrosa para outra que não se identifica com ela. Apesar disso, o conceito de originalidade é um denominador comum das legislações para conferir proteção autoral, ainda que os testes e escopo determinados por cada jurisdição para a sua aplicabilidade apresentam diferenças,

[12] Para mais informações, veja em http://cyberlaw.stanford.edu/blog/2018/05/artificial-intelligence-art-who-owns-copyright-0 (acessado em 19 de agosto de 2018.

[13] Infopaq International A/S v Danske Dagblades Forening.

e haja revisões do entendimento judicial sobre o requerimento da originalidade de tempos em tempos.

Do citado caso Infopaq normalmente decorre a interpretação de que uma obra original deverá refletir a personalidade do autor, e para tal a conclusão lógica é de que seria necessário um autor humano para o que direito autoral exista e seja conferido à obra. No entanto, nos casos de obras geradas por AI que têm cunho criativo, como os quadros da empresa Obvious, conferir a proteção autoral para quem licenciou o software da empresa e apenas apertou o botão para gerar um quadro pode interferir diretamente com um dos objetivos mais primordiais do direito autoral e *copyright*: compensar trabalhos decorrentes de originalidade, habilidade e trabalho (*skill and labour*). Além disso, entendemos que os quadros da empresa são dotados de muita personalidade, a única diferença é que a personalidade foi ditada por dois algoritmos que competiram.

Vale mencionar também que no caso Nova Productions v Mazooma Games, a Court of Appeal do Reino Unido decidiu que o input de um jogador de um video-game não era artístico por sua natureza, pois o jogador não contribuía com nenhuma habilidade ou trabalho (*skill and labour*), de modo que não poderia ser considerado seu autor.

Houve movimentação em várias legislações de *copyright* para se afastar de padrões de originalidade que eram baseados apenas em esforço, trabalho e habilidade, para se aproximar de padrões de originalidade que recompensam a criação intelectual do autor (ou do espírito, nos termos da lei brasileira). Ficará para a doutrina e juízes decidirem se e como o critério de originalidade será testado nas criações das máquinas[14].

Além disso, refletir exatamente os critérios de originalidade desenvolvidos para criações humanas a obras desenvolvidas por meio de programas que utilizam AI não nos parece ser razoável, nem condizente com as razões para as quais a proteção autoral a criações artísticas é concedida.

[14] Veja "Copinger & Skone James on Copyright", Live on Westlaw UK. "*It is not clear how the requirement of originality is to be applied in these circumstances, in particular the requirement that the work be the product of at least some skill and labour.... It is suggested that the relevant skill and labour is that of the person by whom the arrangements necessary for the creation of the work were undertaken*".

Conclusões

Há um caso importante decidido em 1932 no Reino Unido sobre aplicação de responsabilidade civil por negligência, em que Lord Macmillan, um dos juízes do caso, esclareceu que:

> *"Whether there was a duty and breach would be examined by the standard of the reasonable person. These circumstances "must adjust and adapt itself to the changing circumstances of life. The categories of negligence are never closed".*[15]

As ponderações feitas há mais de 80 anos ainda nos parecem prudentes para a proteção de obras criativas desenvolvidas com AI. As categorias que determinam os critérios de originalidade não podem estar fechadas, tampouco a interação que os sistemas jurídicos de proteção autoral têm com a nova gama de obras interessantes que têm sido produzidas pelas máquinas.

Nesse momento nos parece difícil averiguar quais seriam os impactos econômicos que a ausência de proteção autoral poderia impor à indústria artística da AI, mas certamente atos que desincentivem as empreitadas humanas de usar AI nos campos literário e artístico seriam uma perda para toda a humanidade. O *Le Comte de Belamy* e as playlists de música estão aí para nos mostrar o preço que pagaríamos por travar o desenvolvimento da AI.

Por outro lado, as consequências de se determinar se uma obra de criação não-humana deve ser protegida precisam ser analisadas no contexto completo do arcabouço legal de cada país e as respectivas motivações sociais para promover ou não a proteção. A sociedade será melhor beneficiada se o direito autoral for conferido ao desenvolvedor da AI (ou a empresa que financiou a criação da AI), ou aos usuários finais dos algoritmos? Onde e a quem os incentivos devem ser direcionados, para que o desenvolvimento das obras seja promovido?

Essas perguntas já foram levantadas em outras situações e precisam agora ser analisadas sobre o novo prisma da criação aqui discutido. Assim como a tecnologia cresce em forma exponencial, as criações também se proliferam umas sobre as outras, já que a inspiração é primordial para o processo criativo – e as ideias não são passíveis de proteção, sejam humanas ou algorítmicas.

[15] Donoghue v Stevenson.

Referências

1. Guadamuz, Andres – Artificial intelligence and copyright – 2017 – http://www.wipo.int/wipo_magazine/en/2017/05/article_0003.html – acesso em: 19 de agosto de 2018.
2. Long, Ryan E. – Artificial Intelligence Art – Who Owns the Copyright – 2018 – http://cyberlaw.stanford.edu/blog/2018/05/artificial-intelligence-art-who-owns-copyright-0 – acesso em: 19 de agosto de 2018.
3. Hristov, Kalin – Artificial Intelligence and the Copyright Dilemma – 2016 – https://ssrn.com/abstract=2976428 – acesso em: 19 de agosto de 2018.
4. Brandon, Russel – Humanity and AI will be Inseparable – 2016 – https://www.theverge.com/a/verge-2021/humanity-and-ai-will-be-inseparable – acesso em: 19 de agosto de 2018.
5. Hu, Cherie – How Music Generated by Artificial Intelligence Is Reshaping -- Not Destroying -- The Industry – 2018 – https://www.billboard.com/articles/business/8333911/artificial-intelligence-music-reshaping-destroying-industry – acesso em: 19 de agosto de 2018.
6. Katz, Miranda – Augmented Reality is Transforming Museums – 2018 – https://www.wired.com/story/augmented-reality-art-museums/ – acesso em: 19 de agosto de 2018.
7. Van Den Oord, Aäron, et al. – WaveNet: A Generative Model for Raw Audio – 2016 – https://deepmind.com/blog/wavenet-generative-model-raw-audio/ – acesso em: 19 de agosto de 2018.
8. Braithwaite, Phoebe – Google's open-source neural synth is creating totally new sounds – 2018 – https://www.wired.co.uk/article/google-ai-nsynth-algorithm-music-creativity – acesso em: 19 de agosto de 2018.
9. Brown, Mark – 'New Rembrandt' to be unveiled in Amsterdam – 2016 – https://www.theguardian.com/artanddesign/2016/apr/05/new-rembrandt-to-be-unveiled-in-amsterdam – acesso em: 19 de agosto de 2018.
10. Brown, Mark – World's first computer-generated musical to debut in London – 2015 – https://www.theguardian.com/stage/2015/dec/01/beyond-the-fence-computer-generated-musical-greenham-common – acesso em: 19 de agosto de 2018.
11. Beddard, Honor – Computer art at the V&A – 2009 – http://www.vam.ac.uk/content/journals/research-journal/issue-02/computer-art-at-the-v-and-a/ – acesso em: 19 de agosto de 2018.
12. Garun, Natt – Google made a site that shows how millions of people draw the same object – 2017 – https://www.theverge.com/tldr/2017/5/19/15662784/google-quick-draw-data-dragon-artificial-intelligence – acesso em: 19 de agosto de 2018.

13. Vicent, James – The Verge 2017 tech report card: Artificial intelligence and robotics – 2017 – https://www.theverge.com/2017/12/30/16832164/2017-tech-recap-ai-robots-machine-learning – acesso em: 19 de agosto de 2018.
14. Hebron, Patrick – Rethinking Design Tools in the Age of Machine Learning – 2017 – https://medium.com/artists-and-machine-intelligence/rethinking-design-tools-in-the-age-of-machine-learning-369f3f07ab6c – acesso em: 19 de agosto de 2018.
15. Caddick, Nicholas, et al. – Copinger & Skone James on Copyright, 17a edição, Sweet & Maxwell, 2017.
16. Mordvintsev, Alexander, et at. – Inceptionism: Going Deeper into Neural Networks – https://ai.googleblog.com/2015/06/inceptionism-going-deeper-into-neural.html – acesso em: 19 de agosto de 2018.

13. Serviços virtuais e a localização da prestação do serviço: (re) analisando o conceito de estabelecimento tributário no direito brasileiro e internacional

Jonathan Barros Vita

Introdução

A pós-modernidade, que descorporifica a sociedade contemporânea e seus meios de produção e canais de venda, cria novos negócios (disruptivos) e acaba por determinar mudanças na forma de ver como o direito tributário retém competências impositivas e como, geograficamente, elas são exercidas, quer seja por tributos novos ou tributos antigos.

De qualquer forma, essa mudança de perspectiva do contexto/sociedade acaba por implicar um posicionamento sério do intérprete do direito para, a partir de definições claras, verificar a adequação do sistema tributário atual frente a novas situações não previstas. É dizer, cabe determinar quais os critérios de ingresso na classe tributável estabelecida legalmente e se os eventos do mundo fenomênico estão subsumidos a estas classes ou se há necessidade de criação de novos critérios ou subclasses para tanto.

Tal criação de critérios acaba por ser uma tarefa interessante para verificar se a classe mais geral do direito privado/civil comporta ou não tal extensão de sentido. Mais ainda, superados esses conflitos definitórios e conceituais, o campo geográfico acaba por ganhar grande relevo, pois a determinação do estabelecimento é um elemento fundamental para elucidar o sujeito ativo e competente da relação jurídico tributária.

Tendo sido compreendida a relevância do tema, cabe estabelecer que o objetivo do trabalho é verificar se houve uma mudança do conceito de estabelecimento no direito brasileiro, tendo como parâmetros o direito civil e o direito tributário. Nesse sentido, o primeiro dos itens deste trabalho lidará com a contextualização do trabalho e alguns termos definidos da economia digital.

Seguem-se a estes conceitos um primeiro tópico com a definição do direito civil para estabelecimento e seus desdobramentos para em um segundo tópico traçar-se um panorama geral desse instituto no direito tributário brasileiro. No tópico final, algumas observações são produzidas em relação ao plano internacional, especialmente derivantes das emanadas pela da OCDE cuja base conceitual está fulcrada na definição e comentários a respeito do estabelecimento permanente.

Finalmente, para atingir os objetivos traçados nesse artigo, o método aplicável é o empírico-dialético e o sistema de referência utilizado[1] é formado da conjugação entre a Teoria dos Sistemas de Niklas Luhmann[2], o Construtivismo Lógico-Semântico de Barros Carvalho[3] e ferramentas específicas do *Law and Economics*[4], estando, obviamente, mais presente a segunda destas partes no atual trabalho.

1. Contextualização e definição da economia digital/disruptiva

Como dito na introdução, os objetivos deste artigo continuam em linha com investigações anteriores acabam por lidar com relações entre direito internacional e nacional, observando simetrias e casos de *structural drift*[5] entre direito nacional e direito internacional, reforçado também por uma clara noção de unidade conceitual e definitória no direito nacional.

[1] Para a visão mais atual deste sistema de referência proposto: VITA, Jonathan Barros. *Teoria Geral do Direito: Direito Internacional e Direito Tributário.* São Paulo: Quartier Latin 2011.

[2] LUHMANN, Niklas. *Law as a social system.* Oxford: Oxford University Press, 2004.

[3] CARVALHO, Paulo de Barros. *Direito Tributário: linguagem e método.* 2ª edição. São Paulo: Noeses, 2008.

[4] Como exemplo bem acabado de um sistema de referência baseado nos clássicos autores americanos: CARVALHO, Cristiano Rosa de. *Teoria do sistema jurídico: direito, economia, tributação.* São Paulo: Ed. Quartier Latin, 2005.

[5] LUHMANN, Niklas. *Law as a social system.* Oxford: Oxford University Press, 2004.

Especificamente, tem-se uma curiosa observação sob o ponto de vista sistêmico, vez que o *structural drift*[6] é o elemento fundamental, demonstrando-se assim que sistemas jurídicos distintos (ou partes componentes de um mesmo sistema jurídico) podem (re)produzir estruturas similares a partir de um processo de evolução convergente e paralela.

No plano internacional, voltando-se mais fortemente para o imposto sobre a renda, o já conhecido relatório BEPS da OCDE, especialmente em suas Ações 01[7] e 07[8] trata tanto do problema da economia digital como o da identificação efetiva do estabelecimento permanente, sem contar com a 05[9] que lida indiretamente com tais problemas, vez que busca determinar substância para determinar bases, locais e atividades imponíveis. Nesse campo, cabe ressaltar os contratos complexos (como franchising) que são um grande elemento de complexidade, assim como as novas modalidades de Software as a Service (SaaS), Plataform Software as a Service (PaaS) e Infrastrucutre Software as a Service (IaaS)[10], bem como serviços de Over The Top (OTT) como Netflix, entre outros, além de plataformas/tecnologias disruptivas como o Uber, AirBnB, entre outros.

Essas situações, inclusive, foram um dos grandes motores da mudança da LC 116, a qual (re)definiu serviços prestados virtualmente, especialmente com as modificações dos itens 1.03, 1.04 e 1.09 da Lista de Serviços anexa à citada Lei. Mais ainda, na Ação 01, são citados alguns conceitos fundamentais da economia digital e novos modelos de negócios que precisam ser qualificados tributariamente e geograficamente localizados para o exercício de competências tributárias impositivas.

Nesse sentido, essa Ação lista as seguintes situações como passíveis desta regulação dúplice:

- Electronic commerce (on ou off-line)
  - o Business-to-business models
  - o Business-to-consumer models
  - o Consumer-to-consumer models

[6] LUHMANN, Niklas. *Law as a social system*. Oxford: Oxford University Press, 2004.

[7] ACTION 1 – Address the tax challenges of the digital economy

[8] ACTION 7 – Prevent the artificial avoidance of PE status

[9] ACTION 5 – Counter harmful tax practices more effectively, taking into account transparency and substance

[10] Sem olvidar os outros X-as-a Service (XaaS) como: Content-as-a-service e Data-as-a-service.

- Payment services (incluindo problemas sobre virtual currencies e Fintechs)
  - o Cash payment solutions
  - o E-wallets or cyber-wallets
  - o Mobile payment solutions
- App stores
- Online advertising
- Cloud computing
- High frequency trading
- Participative networked platforms

Obviamente, não é o objetivo deste trabalho ou deste item definir cada um destes termos listados acima e dar seus contornos jurídicos, mas simplesmente apontar o fato de como as novas tecnologias afetaram a forma de fazer negócios que devem ser captados por um sistema tributário, tão somente. É simples compreender que dizer apenas que os lucros serão tributáveis nos moldes do artigo 7 do Modelo OCDE no local da residência da empresa não parece efetivamente captar as complexidades das operações destas empresas, que trabalham com muita virtualização e redundâncias.

Essas empresas possuem, na prática, aparentemente, vários estabelecimentos que servem como formas de dar concretude à tributação por vários países, obviamente sem criar situações de dupla tributação, o que exigirá mais ajustes no Modelo OCDE.

2. A definição de estabelecimento no direito civil brasileiro

Antes de estabelecer os elementos caracterizadores de um estabelecimento comercial, tem-se que vários podem ser os indícios de localização da atividade desenvolvida por uma dada empresa. É dizer, o registro de uma companhia nos órgãos competentes é fundamento para determinar, tão somente, o domicílio da mesma, não sendo idêntico ao conceito de estabelecimento, especialmente o comercial, ou, mesmo, de sede, lembrando que o CC, em seu artigo 1.126, caput, somente determina a nacionalidade das pessoas jurídicas, nunca seu domicílio específico.

Este domicílio possui várias subespécies, como tributário, societário, entre outros, termos que se conectam (reciprocamente), em alguns casos, para determinação desta localidade para a realidade jurídica ou para a vinculação com um dado sistema jurídico ou, mesmo, apenas para comunicações, inclusive em meio eletrônico. Neste contexto, a RFB criou, com a IN 664/2006, nos termos da nova redação do parágrafo 4º do artigo 23 do Decreto 70.235/1972 dada pela Lei 11.196/2005, o chamado domicílio tributário eletrônico, lembrando que esta denominação é imprópria, pois este chamado domicílio seria, tão somente, um endereço para correspondência.

Paralelamente, lembra-se que os artigos 3º, I c/c 5º da Lei 8.934 e seus espelhos nos artigos 3º, II e 5º, caput do Decreto 1.800/1996 são lacônicos sobre a questão do domicílio empresarial para os fins de registro de empresas, lembrando que o registro e certificações virtuais são realizados nos moldes da MP 2200-2/2001. Sob outro ângulo, tem-se que, dentro dos componentes indiciários para delimitação de uma conexão com a competência de uma dada parcela do território, o local da formação dos contratos regulado pelos artigos 435 do CC c/c o 9º, §2º da LINDB estabelecem, respectivamente, como fundamentais: o local da proposta e da residência do proponente[11], sem olvidar as hipóteses nas quais pode ocorrer a eleição de tal local pelos contratantes.

Concluindo parcialmente, de qualquer maneira, a definição de estabelecimento, de acordo com o artigo 1.142 do CC, seria um conjunto ordenado de capitais como meio para exercício de uma atividade empresarial, algo que, quando vendido, seria o fundamento conceitual (e econômico) para a expressão fundo de comércio quando vendido. Não se olvida que o termo estabelecimento era utilizado no antigo Código Civil e ainda o é no Código Comercial, entretanto, seus contornos jurídicos não eram bem definidos, o que exige uma interpretação dinâmica, da legislação, não olvidando que, também o texto citado do novo código civil igualmente exige tal adaptabilidade interpretativa.

Lembra-se que estabelecimento e pessoa jurídica são termos análogos, mas não coincidentes, vez que uma pessoa jurídica deverá ter, de alguma forma, um estabelecimento como forma de quase corporificação

[11] Lembra-se que, para os fins de aplicação do CDC esta presunção é relativizada, dando competência territorial para o domicílio do autor da demanda de acordo com o artigo 101, I deste texto legal, que segue:
Art. 101. Na ação de responsabilidade civil do fornecedor de produtos e serviços, sem prejuízo do disposto nos Capítulos I e II deste título, serão observadas as seguintes normas:
I – a ação pode ser proposta no domicílio do autor;

de sua existência comercial, uma sede de negócios organizada, dependência da empresa. Da mesma forma, não se confunde este termo com ponto comercial, pois este é, apenas, um de seus elementos constituidores, lembrando que este conceito de ponto comercial também é relativizado, como na hospedagem em sites de grande fluxo ou, mesmo, com a ideia de domínio de internet.

Prosseguindo, para que este conceito seja aplicado ao campo da internet, algumas observações seriam necessárias, partindo da decomposição dos requisitos para ingresso neste conceito e verificar sua aplicabilidade ao campo virtual. É dizer, cabe determinar se o estabelecimento virtual é um efetivo estabelecimento comercial[12] e a forma jurídica de localizar este conjunto de bens voltado a um fim comum[13].

Correlatamente, tem-se uma discussão (e que não será abordada aqui) que trata da determinação da autonomia ou dependência de um estabelecimento virtual em relação a um estabelecimento real[14], deixando claro que pode existir, atualmente, uma empresa completamente virtual[15]. Aparentemente, os critérios para determinação da existência de um estabelecimento comercial seriam simples, pois existe um capital e este é organizado com fim empresarial, sendo até desnecessária a analogia de Coelho[16] reproduzida por Forgioni[17] de que a ideia de estabe-

[12] Para uma extensa pesquisa sobre as atuais doutrinas sobre o tema, especialmente através do tema da chamada universalidade constante dos artigos 90 e 1.146 do CC: Peron, Waine Domingos. *Estabelecimento empresarial no espaço cibernético.* Dissertação (Mestrado em Direito) – FADISP, São Paulo, 2009.

[13] Utilizando uma não adotada classificação destes estabelecimentos: Balan Júnior, Osvaldo. *O estabelecimento virtual na sociedade técnica: a necessária busca de segurança jurídica nas transações comerciais.* Dissertação (Mestrado em Direito) – Faculdade de Ciências Humanas e Sociais, Universidade Estadual Paulista "Júlio de Mesquita Filho", Franca, 2011.

[14] Como autor que critica esta independência: Carvalho, Osvaldo Santos de. Guerra Fiscal. com *In: VIII Congresso nacional de estudos tributários: derivação e positivação no direito tributário.* São Paulo: Noeses, p. 909-762, 2011.

[15] A respeito de tal autonomia, entre outros: Peron, Waine Domingos. *Estabelecimento empresarial no espaço cibernético.* Dissertação (Mestrado em Direito) – FADISP, São Paulo, 2009.

[16] Coelho, Fábio Ulhoa. O estabelecimento virtual e o endereço eletrônico. *In: Tribuna do Direito.* São Paulo: Editora TD, nov. 1999, p. 32.

[17] Forgioni, Paula. Nome de domínio e título de estabelecimento: nova função para um antigo instituto. *In: Direito & internet: aspectos jurídicos relevantes. Vol. II.* São Paulo: Quartier Latin, 2008, p. 507-519.

lecimento pressuporia um lugar físico que foi materializado no campo virtual[18 e 19].

Quanto a critérios de localização das comunicações entre partes contratantes no campo virtual, lembra-se que a Lei Modelo da UNCITRAL estabelece, em seu artigo 15, § 4°, critérios para aferição, aparentemente, da sede de uma companhia virtual. Neste artigo, o elemento de conexão desta sede a uma dada jurisdição estaria ligado, em ordem de preferência: ao local de sua efetiva sede principal; ou, em caso de múltiplas sedes, aquela mais vinculada a transação; ou, em caso de ausência de sede efetiva ou existência de sede móvel, o da residência da empresa, que pode ser considerada como local da constituição desta.

Finalmente, existem autores que tendem, neste ambiente de maximização da virtualidade, estabelecer como critério de conexão, no caso de grande mobilidade da sede da empresa, o local do servidor[20], opção esta criticada[21] por sua ainda maior dificuldade de aferição, pois vários podem ser os servidores de uma mesma empresa ou que estes podem ser de propriedades de terceiros, a exemplos.

3. O estabelecimento para fins tributários no direito brasileiro: CTN, IR, ISS e ICMS

Inicialmente, é importante mencionar que o artigo 127 do CTN possui um texto lacônico sobre a matéria e coube a cada um dos tributos em espécie definir o critério jurídico (útil) para determinar um centro de imputação jurídica geograficamente localizado. Mais ainda, não se pode olvidar que tem-se como fundamental a determinação de que o direito tributário não poderia, por força do artigo 110 do CTN, criar artificialidades em relação aos chamados conceitos de direito privado.

[18] No mesmo sentido aqui apresentado, ou seja, que o conceito de estabelecimento prescinde de um aspecto físico: Castro, Aldemario Araujo. Os meios eletrônicos e a tributação. *In: Jus Navigandi,* Teresina, ano 5, n. 48, dez. 2000. Disponível em: http://jus2.uol.com.br/doutrina/texto.asp?id=1813. Acesso em: 30 nov. 2011.

[19] Reiterando a indistinção entre o estabelecimento físico e virtual sob o ponto de vista jurídico: Finkelstein, Maria Eugênia Reis. *Aspectos jurídicos do comércio eletrônico.* Porto Alegre: Síntese, 2004.

[20] Tosi, Emilio. La conclusion di contratti "online". *In: I problem giuridici di internet.* Milano: Giuffre, 1999.

[21] Entre outros: Lorenzetti, Ricardo Luis. Contratos "eletrônicos". *In: Direito & internet: aspectos jurídicos relevantes. Vol. II.* São Paulo: Quartier Latin, 2008, p. 541-594.

Entretanto, tal assertiva deve ser temperada com o fato que o direito tributário, em muitos casos, cria subclasses de conceitos do direito privado, estabelecendo diferenças pontuais em relação aqueles institutos. Neste sentido, tem-se como importante o fato que as marcas de identificação de um dado estabelecimento tributário não podem ser distintas daquelas dos estabelecimentos cíveis. Entretanto, o direito tributário pode criar ficções jurídicas ou, mesmo, critérios mais distintos para sua determinação, desde que o estabelecimento tributário, no caso, permaneça como subclasse do estabelecimento como desenhado no direito privado. Para tanto, este item será decorrência lógica do anterior para utilizar a definição do conceito de estabelecimento no campo cível, incluindo a disciplina jurídica dos contratos celebrados na internet e o específico local de sua constituição, como elementos que servem como indícios de uma tendência de (re)localização das prestações e determinação do local da constituição destas obrigações.

Tais indícios são mais fundamentais ainda quando se considera a inexistência de uma base física de negócios, especialmente no caso das compras completamente on-line, que possuem uma dificuldade imanente na detecção da efetivação destas operações. Obviamente, no caso das operações off-line, tais preocupações são reduzidas pelo mero fato que a tangibilidade facilita o estabelecimento de um elemento de conexão com um dado sistema jurídico (parcial, no caso) e sua consequente tributação.

Tendo sido definidos os contornos jurídicos do direito empresarial vinculados à definição (e localização) dos estabelecimentos virtuais, utilizando-se das teorias clássicas da definição deste conceito e os modernos doutrinadores do chamado do direito virtual ou eletrônico, tem-se como necessário estabelecer algumas notas sobre como certos tributos atuam na delimitação do conceito de estabelecimento.

Mais especificamente, o direito tributário tem sido alvo de intensos debates a respeito desta matéria, pelo simples fato que, para determinados tributos, tal aferição do conceito de estabelecimento (e os correlatos conceitos de residência e domicílio) implica consequências efetivas, que seja, a alocação de sujeições ativas e correspondentes receitas tributárias e deveres de fiscalização. Neste campo de multiplicidade de residências e estabelecimentos, no direito brasileiro, basicamente o ISS[22] e

[22] Para uma análise da simetria entre direito interno e direito internacional na definição do estabelecimento do ISS: Vita, Jonathan Barros. O ISS e os Tratados Internacionais: conver-

o ICMS23 tem-se destacado em detrimento do IPI e do IR. Apenas topicamente, na LC 116 a regra geral é da tributação da residência (do local do estabelecimento prestador) em detrimento da fonte (local do estabelecimento do tomador ou da efetiva prestação do serviço), conforme positivado no artigo 3º[24] combinado com o 4º[25] da LC 116. Lembra-se, aqui que a LC 116 foi modificada fortemente pela LC 157, não sob o aspecto geral e abstrato, mas estabelecendo mais recortes da regra do caput do artigo 3º.

Já no ICMS, a regra geral contida no artigo 11 da LC 87 traz uma definição denotativa do significado de estabelecimento, estabelecendo uma série de situações que determinam o estabelecimento do contribuinte, para permitir a alocação correta da origem e destino das mercadorias[26]. Prosseguindo, como dito, há uma ausência de preocupações (doutrinárias e pragmáticas) no caso do IR (artigos 212 e 213 do RIR – Decreto 3000) e IPI (artigos 8-10 do RIPI – Decreto 7212) que tem fundamento, aparentemente, no fato que a determinação deste domicílio fiscal para fins de IR (e IPI) afetaria o FPM (Fundo de Participação dos Municípios) e FPE (Fundo de Participação dos Estados), entretanto, esta não é uma preocupação maior da RFB.

gências possíveis. In: ISS pelos conselheiros julgadores (Macedo, Alberto; Dacomo, Natalia De Nardi orgs.). São Paulo: Quartier Latin, 2012, p. 200-222.

[23] Para mais sobre a definição de estabelecimento no ICMS e seus contornos: Vita, Jonathan Barros. O ICMS no comércio eletrônico pós-Protocolo CONFAZ 21/2011: uma necessária (re)análise do conceito de estabelecimento. In: Revista direito tributário atual, Vol. 27. São Paulo: Dialética, 2012. p. 426-439.

[24] Art. 3º O serviço considera-se prestado, e o imposto, devido, no local do estabelecimento prestador ou, na falta do estabelecimento, no local do domicílio do prestador, exceto nas hipóteses previstas nos incisos I a XXV, quando o imposto será devido no local: (Redação dada pela Lei Complementar nº 157, de 2016).

[25] Art. 4º Considera-se estabelecimento prestador o local onde o contribuinte desenvolva a atividade de prestar serviços, de modo permanente ou temporário, e que configure unidade econômica ou profissional, sendo irrelevantes para caracterizá-lo as denominações de sede, filial, agência, posto de atendimento, sucursal, escritório de representação ou contato ou quaisquer outras que venham a ser utilizadas.

26 Esta regra possui alguns recortes, especialmente nos casos do ICMS-importação (art. 155, § 2º, IX, a) e aquela incidente sobre combustíveis e lubrificantes que são tributáveis somente no destino (§ 4º, I), e o ICMS com venda para consumidor localizado em Estado distinto (parágrafo 2º, VII, b) e nas exceções do inciso III do parágrafo 4º do artigo 155 da CF.

Desta forma, a determinação dos estabelecimentos, no caso, tributários, deveria seguir a questão do registro estadual ou municipal, lembrando que para os fins de cadastro das pessoas jurídicas, este é centralizado através da Receita Federal, sem distinção geográfica. Logo, a necessidade de cadastro específico com delimitação territorial controlada seria mais fortemente importante para os fins do ISS e ICMS, pelos clássicos conflitos de competência imanentes a estes tributos tanto do ponto de cada um deles em relação aos entes tributantes, como nos conflitos entre os dois tributos.

3. O modelo OCDE e a definição do conceito de estabelecimento permanente[27]

Classicamente, o conceito de estabelecimento, aparentemente, não é tão importante para a delimitação do conceito de imputação da renda tributável, vez que este ramo didaticamente autônomo do direito tributário trataria de conceitos como domicílio e residência, matriz e filial. Entretanto, por conta do aspecto internacional, que a OCDE vem expressando seu interesse neste tema e vem defendendo que o cenário virtual é apto a utilização de uma lógica tributária (principiologicamente) que não difere muito da tradicional[28], matéria essa que desperta vários debates.

3.1. A definição do estabelecimento permanente no campo do artigo 5º do Modelo da OCDE

As Convenções para evitar a dupla tributação que seguem o Modelo OCDE têm constituído um importante avanço neste campo, determinando que estruturas jurídicas não consideradas como residentes[29]

[27] Para mais sobre este histórico: ANDRADE, Maria Isabel de Toledo. Reforma tributária: como tributar o comércio eletrônico? A pouca experiência internacional. *In: Informe-se – BNDES*. Brasília: Secretaria para assuntos fiscais – SF, nº 14, maio 2000.

[28] Entre outros que entendem a postura da OCDE desta forma: Ferreira, Ana Amelia Menna Barreto de Castro. Tributação comércio eletrônico. *In: Revista de Derecho Informático*. Lima: Alfa-Redi, Nº. 045 – Abril 2002; e KRAKOVIAK, Leo; e KRAKOVIAK, Ricardo. Tributação aduaneira e problemas jurídicos decorrentes da informatização do comércio exterior. *In: Direito e Internet – Relações Jurídicas na Sociedade Informatizada*. São Paulo: Ed. Revista dos Tribunais, 2001, p. 58.

[29] Menciona-se, aqui, que, mesmo com o caso Saint Gobain da CJE (Compagnie de Saint-Gobain, Zweigniederlassung Deutschland v Finanzamt Aachen-Innenstadt – Caso

podem ser um centro de imputação de rendas, consubstanciado na ficção jurídica chamada de estabelecimento permanente. Sinteticamente definindo, estabelecimento permanente é uma estrutura jurídico-tributária que equivale a um centro de imputação de rendas e foi positivada no artigo 5º dos tratados que seguem o modelo OCDE (e também nos que seguem o modelo ONU e EUA), sendo uma figura clássica do direito internacional tributário[30].

Mais especificamente, o estabelecimento permanente é uma ficção exclusiva do direito tributário que prescinde da formalização sob o ponto de vista cível e, mesmo, fiscal para sua operatividade. É dizer, não se trata de uma pessoa jurídica, mas de uma filial, *branch*, que perfaz uma base fixa de negócios para realização de um determinando conjunto orientado de atividades, agregando todos os elementos positivos e/ou negativos da renda, sendo considerada como pessoa jurídica para este fim determinado. Como consequência prática, no lugar de ser tributado tão somente através das retenções na fonte (tributação na fonte), tem-se tributação idêntica aquela das pessoas jurídicas, com receitas e despesas contrapostas sendo apenas tributado seu resultado (lucro auferido), como se residente fosse naquele Estado.

Tais estabelecimentos são classicamente classificados em: materiais, com presença física; e pessoais, ou seja, sem a necessidade de uma sede juridicamente consolidada e, portanto, registrada civilmente naquele país.

Interessantemente, tais conceitos estão sendo reavaliados por conta das novas formas eletrônicas de prestação de serviços (vide os itens 42.1 a 42.10 dos Comentários ao artigo 5º do Modelo OCDE), pois há uma necessidade de compreensão destas novas formas de atuação transnacional.

C-307/97 da CJE – Corte de Justiça Europeia, julgado em 1999), permanece a interpretação clássica deste artigo que considera que os EP não são residentes.

[30] Apesar de algumas premissas distintas podem ser destacadas, com muitas citações das clássicas concepções deste instituto: Tavolaro, Agostinho Toffoli. O estabelecimento permanente: instituto próprio do direito tributário internacional. *In: Tributação, Justiça e Liberdade.* Curitiba: Juruá Editora, Jan/2005, pg. 35; Tôrres, Heleno Taveira. *Pluritributação internacional sobre as rendas de empresas.* 2ª ed. São Paulo: Revista dos Tribunais, 2001; e Xavier, Alberto. *Direito tributário internacional do Brasil.* 6ª edição, Rio de Janeiro, Forense, 2003.

3.2. Comentários do Modelo OCDE de 2010 ao comércio eletrônico no plano dos estabelecimentos permanentes

Antes de mencionar qual o conteúdo destes itens interpretativos agregados ao Modelo OCDE, lembra-se que, especificamente em relação a eles o Brasil apôs reservas na sua posição em relação aos comentários, lembrando que tal reserva diz respeito à questão da tributação no estado da fonte e não especificamente a certas considerações trazidas por estes comentários.

Basicamente, após uma pequena introdução (42.1) estes comentários estabelecem que um site não seria em si só um estabelecimento permanente, entretanto, o local dos seus servidores pode ser considerado como tal (42.2), obviamente se estes permaneçam em um lugar um tempo relevante (o tempo mencionado no artigo 5º (42.4) e forem de propriedade da empresa (42.3), excluindo o uso de ISPs (42.10).

Importante mencionar que a aferição do quantum do negócio ser imputável a este servidor somente pode ser analisado caso a caso (42.5), o mesmo devendo ocorrer em relação a determinação de qual espécie de atividade (preparatória ou auxiliar) está sendo desenvolvida (42.7), lembrando que somente se estas atividades forem relevantes (nos dizeres do item 42.9) é que se pode permitir a existência do EP (42.8).

Como nota adicional, lembra-se que o fato de inexistir pessoas no local do servidor afeta esta característica (42.6, que, aparentemente, reflete o julgamento do caso Pipeline Urteil[31]). Adicionalmente ao que foi dito, apesar de ter um item sobre tributação de serviços nos comentários do artigo 5º (Itens 42.11 a 42.48), nada é agregado em relação aos novos serviços virtuais. Conclusivamente, tem-se como importante mencionar que todos estes comentários ao Modelo (especialmente o 42.9) tem como fundamento principal o tipo de negócio realizado, se somente preparatório ou parte necessária do comércio, especialmente em suas funções típicas como assinatura ou aceite do contrato, processamento do pagamento (no caso em que a venda é do tipo off-line) e/ou entrega da mercadoria ou serviço (comércio on-line) é que determinam a força de atração ou existência de um estabelecimento virtual, mas fixo em um provedor, autônomo em relação ao estabelecimento real.

[31] Este caso foi citado por: TAVOLARO, Agostinho Toffoli. O estabelecimento permanente: instituto próprio do direito tributário internacional. *In: Tributação, Justiça e Liberdade.* Curitiba: Juruá Editora, Jan/2005, pg. 35.

Conclusões

A Economia digital possui vários modelos de negócios que precisam ser estudados para determinar a tributabilidade dos mesmos e, caso seja possível, determinar o sujeito competente para tanto. Estabelecimento é o conjunto de capitais voltados para a consecução de um negócio, sendo considerado também como estabelecimento (autônomo) aquele virtual, tendo como fundamento jurídico atual o artigo 1142 do Código Civil de 2002.

O direito tributário, como dito, de acordo com o artigo 110 do CTN apenas permite criar critérios para subclassificar seus institutos, estabelecendo diferenças específicas em relação ao conceito estabelecido pelo direito civil. A determinação deste conceito para o direito tributário é mais importante para o ICMS e ISS, pois determina a competência (e receitas tributárias) destes tributos, mas também é citado na legislação do IPI e do IR, tendo como consequência a repartição das receitas tributáveis.

O conceito de residência do artigo 4º do Modelo OCDE não tem se preocupado tanto com a virtualidade, deixando espaço para que o artigo 5º do Modelo OCDE defina centros de imputação de rendas através do conceito estabelecimento permanente.

Referências

ANDRADE, Maria Isabel de Toledo. Reforma tributária: como tributar o comércio eletrônico? A pouca experiência internacional. *In: Informe-se – BNDES*. Brasília: Secretaria para assuntos fiscais – SF, nº 14, maio 2000.

BALAN JÚNIOR, Osvaldo. *O estabelecimento virtual na sociedade técnica: a necessária busca de segurança jurídica nas transações comerciais*. Dissertação (Mestrado em Direito) – Faculdade de Ciências Humanas e Sociais, Universidade Estadual Paulista "Júlio de Mesquita Filho", Franca, 2011.

CARVALHO, Cristiano Rosa de. *Teoria do sistema jurídico: direito, economia, tributação*. São Paulo: Ed. Quartier Latin, 2005.

CARVALHO, Osvaldo Santos de. Guerra Fiscal.com *In: VIII Congresso nacional de estudos tributários: derivação e positivação no direito tributário*. São Paulo: Noeses, p. 909-762, 2011.

CARVALHO, Paulo de Barros. *Direito Tributário: linguagem e método*. 2ª edição. São Paulo: Noeses, 2008.

CASTRO, Aldemario Araujo. Os meios eletrônicos e a tributação. *In: Jus Navigandi*, Teresina, ano 5, n. 48, dez. 2000. Disponível em: http://jus2.uol.com.br/doutrina/texto.asp?id=1813. Acesso em: 30 nov. 2011.

COELHO, Fábio Ulhoa. O estabelecimento virtual e o endereço eletrônico. *In: Tribuna do Direito*. São Paulo: Editora TD, nov. 1999, p. 32.

FERREIRA, Ana Amelia Menna Barreto de Castro. Tributação comércio eletrônico. *In: Revista de Derecho Informático*. Lima: Alfa-Redi, Nº. 045 – Abril 2002.

FINKELSTEIN, Maria Eugênia Reis. *Aspectos jurídicos do comércio eletrônico*. Porto Alegre: Síntese, 2004.

FORGIONI, Paula. Nome de domínio e título de estabelecimento: nova função para um antigo instituto. *In: Direito & internet: aspectos jurídicos relevantes. Vol. II*. São Paulo: Quartier Latin, 2008, p. 507-519.

KRAKOVIAK, Leo; e KRAKOVIAK, Ricardo. Tributação aduaneira e problemas jurídicos decorrentes da informatização do comércio exterior. *In: Direito e Internet – Relações Jurídicas na Sociedade Informatizada*. São Paulo: Ed. Revista dos Tribunais, 2001, p. 58.

LORENZETTI, Ricardo Luis. Contratos "eletrônicos". *In: Direito & internet: aspectos jurídicos relevantes. Vol. II*. São Paulo: Quartier Latin, 2008, p. 541-594.

LUHMANN, Niklas. *Law as a social system*. Oxford: Oxford University Press, 2004.

PERON, Waine Domingos. *Estabelecimento empresarial no espaço cibernético*. Dissertação (Mestrado em Direito) – FADISP, São Paulo, 2009.

TAVOLARO, Agostinho Toffoli. O estabelecimento permanente: instituto próprio do direito tributário internacional. *In: Tributação, Justiça e Liberdade*. Curitiba: Juruá Editora, Jan/2005, pg. 35.

TÔRRES, Heleno Taveira. *Pluritributação internacional sobre as rendas de empresas*. 2ª ed. São Paulo: Revista dos Tribunais, 2001.

TOSI, Emilio. La conclusion di contratti "online". *In: I problem giuridici di internet*. Milano: Giuffre, 1999.

VITA, Jonathan Barros. *O ICMS no comércio eletrônico pós-Protocolo CONFAZ 21/2011: uma necessária (re)análise do conceito de estabelecimento. In:* Revista direito tributário atual, Vol. 27. São Paulo: Dialética, 2012. p. 426-439.

VITA, Jonathan Barros. *O ISS e os Tratados Internacionais: convergências possíveis. In*: ISS pelos conselheiros julgadores (MACEDO, Alberto; DACOMO, Natalia De Nardi orgs.). São Paulo: Quartier Latin, 2012, p. 200-222.

VITA, Jonathan Barros. *Teoria Geral do Direito: Direito Internacional e Direito Tributário*. São Paulo: Quartier Latin 2011.

XAVIER, Alberto. *Direito tributário internacional do Brasil*. 6ª edição, Rio de Janeiro, Forense, 2003.

14. A tributação dos jogos eletrônicos no Brasil: perspectivas e desafios

Lucas de Lima Carvalho
Pedro Amorim

Introdução

Em 2016 a indústria de jogos eletrônicos no Brasil faturou cerca de 1,6 bilhão de dólares (G1, 2017), compartilhados por uma comunidade de 3,4 milhões de usuários (AGÊNCIA FIRMA, 2017). Entre as opções de entretenimento para brasileiros, a Pesquisa Game Brasil de 2015 avaliou que 92,7% dos entrevistados elegeram "jogar games" como uma de suas atividades favoritas (Camargo; Pestalozzi, 2015), entre diferentes estilos de jogos e diferentes consoles. A relevância desse setor para a economia brasileira espelha o seu crescimento no cenário mundial: a expectativa é que a sua receita global chegue a 170 bilhões de dólares em 2018 (Strickland, 2018), o que seria o quádruplo da receita de bilheterias de cinema em todo o mundo no mesmo ano, estimada em 44 bilhões de dólares (Statista, 2018).

Os números impressionam, mas a sua listagem ignora a evolução dessa forma de arte nos últimos anos. Os jogos eletrônicos saíram da ala dos brinquedos e se firmaram como criações de mundos digitais sofisticados, com a conjugação de narrativas inovadoras e milhões de oportunidades para interações entre jogadores de todo o planeta (Redmond, 2014, p. 81; De Prato *et al*, 2014, pp. 17/18). Apenas para citar um exemplo, veja-se a história recente da franquia Warcraft. Em 03 de julho de 2002, a empresa norte-americana Blizzard Entertainment lançou o jogo Warcraft III: Reign of Chaos, um jogo eletrônico do tipo Role Playing Game (RPG),[1] que contava com quatro raças, um prólogo e quatro campanhas no modo Story, e uma seção chamada World Editor, na qual o usuário podia criar seus próprios campos de batalha para jogar sozinho ou com amigos (Wowiki, 2018). Hoje, o jogo World of Warcraft, desenvolvido como um Multiplayer Massive Online Role Playing Game (MMORPG), apresenta oito raças iniciais, além de nove classes de personagens, e milhares de aventuras, batalhas e oportunidades de evolução para seus 5,2 milhões de jogadores, entre usuários ativos e inativos, em todo o mundo (Statista, 2018; Wowiki, 2018).

O propósito deste estudo é apresentar ao mercado de jogos eletrônicos, bem como aos operadores do Direito que assessoram empresas desse ramo, uma análise de seus impactos tributários no Brasil. No entanto, ao contrário de outros trabalhos sobre a tributação de software (categoria na qual se insere o jogo eletrônico) conhecidos na doutrina brasileira, nesta oportunidade investigaremos duas categorias de tributação de jogos eletrônicos. A primeira será a tributação do jogo em si, numa relação comercial que envolve o seu fornecimento a terceiros, quer sejam eles distribuidores ou o próprio usuário final. Já a segunda será a tributação das operações comerciais ou de prestação de serviços que ocorrem no universo virtual do jogo eletrônico, celebradas entre a empresa desenvolvedora e o jogador ou entre os jogadores na qualidade de contrapartes em negócios virtuais.

Nosso trabalho será dividido em três capítulos. No primeiro capítulo, exploraremos os conceitos fundamentais para a compreensão do tema, a saber, SaaP (*Software as a Product*), SaaS (*Software as a Service*) e jogos eletrônicos. No segundo capítulo, discorreremos sobre as principais controvérsias na tributação federal, de um lado, e na tributação estadual e municipal, de outro, de jogos eletrônicos e de bens ou serviços digitais. Por último, no terceiro capítulo, analisaremos a carga tributária de operações específicas do universo de jogos eletrônicos, seus desenvolvedo-

[1] Nos RPGs, os jogadores avançam no jogo através do cumprimento de tarefas e atividades que constituem parte de uma narrativa. É comum que, nesses jogos, o personagem ganhe experiência e com isso desenvolva diversos atributos e habilidades (Hosch, 2009).

res, suas distribuidoras e seus jogadores, com o intuito de ilustrar essa análise com alguns de nossos comentários e nossas perspectivas.

1. Definições: SaaP, SaaS e jogos eletrônicos

O Artigo 150, inciso I, da Constituição Federal de 1988,[2] estabelece a legalidade como princípio regente do Direito Tributário no Brasil. Afirmar a existência desse princípio como um requisito de que tributos sejam criados e majorados apenas pela via da lei em sentido estrito, contudo, é um truísmo. O princípio da legalidade tributária é testemunho de nossa evolução democrática, é homenagem à autodeterminação dos povos, é reconhecimento de que o Estado Fiscal existe para cumprir as ordens de quem o instituiu, a soberana última da relação de poder lastreada pelo texto maior, a saber, a sociedade. Assim nos complementa a feliz lição de Geraldo Ataliba (Ataliba, 2001, p. 122):

> Se o povo é o titular da *res publica* e se o governo, como mero administrador, há de realizar a vontade do povo, é preciso que esta seja clara, solene e inequivocamente expressada. Tal é a função da lei: elaborada pelos mandatários do povo, exprime a sua vontade. Quando o povo ou o governo obedecem à lei, estão: o primeiro obedecendo a si mesmo, e o segundo ao primeiro. O governo é servo do povo e exercita sua servidão fielmente ao curvar-se à sua vontade, expressa na lei.

Continuando o nosso raciocínio, ainda é importante ressaltar que a legalidade tributária não é vazia. Ou seja, não é dado ao Poder Legislativo, sob o argumento de estar cumprindo com a determinação do Artigo 150, inciso I, da Constituição Federal de 1988, instituir tributo mediante delegação de competência normativa ao Poder Executivo, como se a reserva legal fosse uma espécie de *carte blanche* para os administradores criarem obrigações tributárias para os contribuintes, sem qualquer respaldo legal *substantivo*. Conforme nos ensina Paulo de Barros Carvalho, há a "necessidade de que a lei adventícia traga no seu bojo os elementos descritores do fato jurídico e os dados prescritores da relação obrigacional" (Carvalho, 1999, p. 154). Ou seja, se a lei em sentido

[2] Segundo o Artigo 150, inciso I, do texto maior: "Sem prejuízo de outras garantias asseguradas ao contribuinte, é vedado à União, aos Estados, ao Distrito Federal e aos Municípios [...] exigir ou aumentar tributo sem lei que o estabeleça".

estrito não for o instrumento completo de criação da exigência tributária, restará descumprido o princípio constitucional comentado.

Por último, ainda sobre o princípio da legalidade tributária, poderia o parlamentar questionar se, cumpridas as suas obrigações e responsabilidades formais, a lei seria onipotente. À primeira vista, o argumento é tentador, porque a lei é produto do conselho, da dialética, da convergência popular, o que poderia sustentar a sua onipotência mesmo para alterar a realidade fática. Essa feitiçaria,[3] no entanto, é confinada ao imaginário das autoridades fiscais. Veja-se o texto do Artigo 110 do Código Tributário Nacional:

> Art. 110. A lei tributária não pode alterar a definição, o conteúdo e o alcance de institutos, conceitos e formas de direito privado, utilizados, expressa ou implicitamente, pela Constituição Federal, pelas Constituições dos Estados, ou pelas Leis Orgânicas do Distrito Federal ou dos Municípios, para definir ou limitar competências tributárias.

O comando do nosso Código é bastante simples. Se o intuito da lei é tributar receita, não pode definir como "receita" aquilo que é mera entrada de recursos para repasse a terceiros (a exemplo de tributos como o ICMS, cuja manutenção na base de cálculo de PIS/COFINS foi declarada inconstitucional pelo Supremo Tribunal Federal no âmbito do RE 574.706/PR). Se seu intuito é tributar serviços, não pode definir como "serviços" aquilo que é uma obrigação exclusiva de dar, como a locação de bem móvel.[4] Se o objeto da lei tributária é estabelecer as normas

[3] A proposição nos resgata uma frase utilizada pelo autor Yuval Noah Harari em seu *best seller*, "Sapiens – Uma Breve História da Humanidade". Em seu comentário sobre a criação da empresa Peugeot S/A, o autor teceu um comentário a princípio restrito a executivos e advogados, mas que é em tudo aplicável aos parlamentares. Disse ele, no original em inglês: "*Modern business-people and lawyers are, in fact, powerful sorcerers. The principal difference between them and tribal shamans is that modern lawyers tell far stranger tales*" (Harari, 2015, p. 28).

[4] A despeito de nossa posição doutrinária sobre o tema, devemos admitir que a concepção da hipótese tributável do ISS apenas como uma obrigação de fazer (ou seja, compreendendo o núcleo semântico de "serviços" como "obrigações de fazer", e não como "obrigações de fazer ou de dar") vem perdendo força na jurisprudência nacional, em particular, graças à parcela "de qualquer natureza", que consta da dicção do Artigo 156, inciso III, da Carta da República. Embora o STF tenha decidido pela restrição do conceito de "serviços" às "obrigações de fazer" no RE 116.121-3/SP, a posição foi revisitada e ajustada pelo menos duas vezes, em 2009 (com o RE 592.905/SC), e em 2011 (com o AgRg na Rec 8.623/RJ), pela

jurídicas responsáveis pela exigência de tributos para custear determinado gasto público (como as leis instituidoras de taxas o fazem), ou pela exigência tributos sobre manifestações econômicas particulares (ao sabor das leis instituidoras de impostos e contribuições), é certo que esses gastos e essas manifestações devem *guardar correspondência com a realidade*, sob pena de se tributar indiretamente as operações financeiras, quando formalmente se sustenta que o que se está tributando é a renda, ou tributar toda e qualquer importação de bens, quando o que se diz tributar é apenas a venda de produtos industrializados.

O leitor arguto poderia se perguntar o porquê de principiarmos o primeiro capítulo com essas reflexões. É que este capítulo se endereça às definições gerais, elementos norteadores da nossa compreensão sobre aquilo de que vamos tratar mais adiante (e parte necessária de uma análise de legalidade e constitucionalidade das proposições doutrinárias que se seguem). Como os nossos comentários sobre a tributação das operações de fornecimento de jogos eletrônicos dependerão de antes definir o que se entende por *Software as a Product* (Software como Produto, ou SaaP) e *Software as a Service* (Software como Serviço, ou SaaS), o subcapítulo 1.1 cuidará dessas definições. Por outro lado, como também trataremos das operações intrajogo, e da própria compreensão do jogo enquanto um ambiente virtual de interação humana, o subcapítulo 1.2 tratará da definição de jogos eletrônicos. Estabelecer essas definições será instrumental para a discussão eminentemente tributária dos capítulos seguintes.

1.1. SaaP e SaaS

Antes de tratarmos especificamente das definições de SaaP e de SaaS, é importante apartar dessa dualidade uma distinção conhecida na doutrina tributarista brasileira. É aquela que diz respeito à diferença entre o "software de prateleira" e o "software por encomenda", relevante para fins de ICMS e ISS.

Segunda Turma. O conceito atual da hipótese tributária de ISS para o STF parece abranger também as obrigações de dar, no intuito de impedir que uma cognominada "prestação de serviços" qualquer escape à tributação transacional. Contudo, o diagnóstico ainda não desponta como completamente claro à luz das decisões recentes do Tribunal (Carpinetti; Caumo, 2017).

Tanto no caso da venda de um "software de prateleira", quanto no caso do fornecimento de um "software por encomenda", o normal é que o cliente receba um *bem*, quer customizado, quer padronizado, quer gravado em suporte físico (como um CD-ROM), quer recebido via *download*. Entretanto, embora o cliente que adquire um "software de prateleira" não possa fruir de suas utilidades sem a pressuposição de que o software é o produto de uma atividade tecnológica intelectual, seu interesse primordial na relação com o vendedor desse bem é a aquisição de algo padronizado, comum a todos os consumidores. Doutra parte, o cliente do "software por encomenda" busca algo *tailor-made*, customizado para si ou as necessidades de seu comércio, indústria ou serviços. Trazendo o comparativo para a seara fiscal, a primeira relação é tradicionalmente submetida ao ICMS, dadas as suas características de *compra e venda de mercadoria*, enquanto a segunda é tradicionalmente submetida ao ISS, dadas as suas características de *prestação de serviços*.

Vejamos agora as definições de SaaP e SaaS. Nas transações no modelo SaaP, "o programa é instalado e rodado no próprio computador do usuário mediante o pagamento de uma taxa única" (Padilha, 2016, p. 124). Ou seja, um SaaP é a corporificação de um programa de computador em um produto, comercializável para os clientes de forma padronizada. Por outro lado, um SaaS é um software cujas funcionalidades são *mantidas* por uma empresa desenvolvedora e *utilizadas* pelo cliente, através de uma relação que pode se perpetuar no tempo. Um exemplo pode ser útil para esclarecer a diferença entre ambos: no ambiente de jogos virtuais, o jogo Warcraft III: Reign of Chaos (seguido pela sua expansão, The Frozen Throne)[5] foi um exemplo de SaaP. Era um jogo essencialmente acabado, que, embora contivesse o modo de jogo multijogador (no inglês, *multiplayer*), se destinava precipuamente ao entretenimento através do cumprimento de tarefas, da conquista de objetivos e da vitória em desafios propostos pelo jogo ao jogador individual (Blizzard, 2002). Em contrapartida, o jogo World of Warcraft é um exemplo de SaaS. Esse jogo, continuação do SaaP anterior e classificável como um Massively Multiplayer Online Role-Playing Game (MMORPG), se firmou

[5] O jogo Warcraft III: Reign of Chaos foi lançado pela empresa norte-americana Blizzard Entertainment em julho de 2002, enquanto a sua expansão, intitulada The Frozen Throne, foi lançada em julho do ano seguinte (Kasavin, 2002).

no mercado de jogos eletrônicos como um portal de acesso a uma realidade virtual controlada e renovada continuamente pela empresa Blizzard Entertainment.[6] Numa situação, o vínculo entre a empresa e o jogador se encerra no ato da compra, enquanto na outra, o vínculo é mantido pelo período de utilização do jogo, que pode durar anos e anos (Davidovici-Nora, 2009, pp. 46/47).

A distinção anterior se aparta da distinção entre SaaP e SaaS pelo único motivo de que diferentes SaaP podem ser considerados "softwares de prateleira" ou "softwares por encomenda", a depender de se o vínculo entre a empresa desenvolvedora do software e o cliente final se encerra com a aquisição da licença de uso, ou de se a relação é renovável com qualquer periodicidade (a justificar pagamentos mensais ou anuais pela renovação da licença). Por sua vez, não é inconcebível que um SaaS seja caracterizado como um "software de prateleira", desde que, embora a renovação da licença seja exigida do cliente, o software não seja atualizado pela empresa que o desenvolveu (ou, e isso poderia ser alvo de debate, o software seja objeto de atualizações *marginais* de suas funcionalidades).

1.2. Jogos eletrônicos

Tomada em sua acepção mais ampla, a expressão "jogos eletrônicos" poderia compreender qualquer jogo, ou seja, qualquer desafio – competitivo ou não – proposto com o intuito de entretenimento, e que seja manipulado, articulado, conduzido mediante o recurso a uma máquina eletrônica. Ou seja, "jogo eletrônico" nesse sentido poderia incluir o jogo de Paciência, disponível ainda hoje como um dos jogos do sistema operacional Windows 10. Poderia também incluir o antigo jogo Alex Kidd in the Miracle World, de 1986, para o console Master System 2, ou (com alguma dificuldade) os jogos de revistas do brinquedo eletrônico Pense Bem, da TecToy. São todos jogos eletrônicos, os quais, para os fins de metade do presente trabalho (a saber, a metade que lida com a tributação dos jogos em si), poderiam ser exemplos do objeto ou da atividade que se pretenda transacionar em cada caso.

[6] O jogo World of Warcraft, continuação da série Warcraft, foi lançado pela empresa norte-americana Blizzard Entertainment em novembro de 2004. O jogo é ainda um dos MMORPGs mais populares e jogados de todo o mundo, com mais de 100 milhões de assinantes e cerca de oito milhões de contas ainda ativas (Bradley, 2018).

Há, no entanto, jogos eletrônicos que atendem à definição abrangente acima e que, dada a sua operacionalização em plataformas virtuais e a sua exposição a um mercado oficial ou paralelo, são também relevantes para a segunda metade do nosso trabalho. São os Massively Multiplayer Online Games (MMOGs), definidos como "jogos online que podem ser jogados por um número bastante grande de pessoas simultaneamente" (OXFORD, 2018). MMOGs representam a evolução de jogos tradicionais, entre eles os Role-Playing Games (RPGs) como Dungeons & Dragons,[7] que foram transportados para o meio digital com o advento do computador pessoal e, posteriormente, com a disseminação da Internet em todo o planeta (Bilir, 2009, pp. 14-19).

Entre os diferentes tipos de jogos classificados atualmente como MMOGs, os três reputados como predominantes são os MMORPGs, os Massively Multiplayer Online First-Person Shooter (MMOFPSs), e os Massively Multiplayer Online Real-Time Strategy (MMORTSs). Esses três tipos de jogos eletrônicos respondem pela quase totalidade do mercado mundial até os dias de hoje (Ghuman; Griffiths, 2012, p. 05), e serão avaliados um a um nos parágrafos seguintes.

Os MMORPGs são jogos que permitem ao usuário a escolha de avatares[8] de uma variedade de raças, ou profissões, ou aspirações morais, ou gêneros, com o objetivo primário de explorar vastos ambientes virtuais (Yoon, 2005, p. 05). A jogabilidade envolve a obtenção de talentos e habilidades através da conclusão de desafios e da vitória sobre oponentes. Nos MMORPGs, como nos RPGs de maneira geral, o jogador é estimulado a "aumentar seu nível" (no inglês, *level up*), de modo a ampliar os seus poderes dentro do jogo. Interações sociais entre os jogadores são parte fundamental de MMORPGs, e podem ser consideradas obriga-

[7] Dungeons & Dragons é um jogo de tabuleiro no estilo RPG, originalmente desenvolvido por Gary Gygax e Dave Arneson, e lançado pela primeira vez no ano de 1974, pela empresa Tactical Studies Rules, Inc (Peterson, 2017). O sucesso de Dungeons & Dragons inspirou toda uma geração de jogos RPG e MMORPG até os dias de hoje, com destaque para o MMORPG Neverwinter, desenvolvido pela empresa BioWare e cuja primeira versão foi lançada em 2002. A mecânica de jogo de Neverwinter é baseada na terceira edição de regras do jogo Dungeons & Dragons (Arc Games, 2013).

[8] O Dicionário Oxford traça a origem da palavra "avatar" desde o Hinduísmo, significando "a manifestação de uma deidade ou alma em forma corpórea na Terra; um mentor divino encarnado". O significado do termo dentro do ambiente de MMOGs é "um ícone ou uma figura representando uma determinada pessoa em vídeo games" (OXFORD, 2018).

tórias para a conclusão de desafios intrajogo. Exemplos de MMORPGs hoje em dia incluem o World of Warcraft, já mencionado anteriormente, e o jogo Dofus, lançado em 2004 pela empresa desenvolvedora francesa Ankama Games (Ankama, 2017).

Por sua vez, os MMOFPSs são jogados com visibilidade em primeira pessoa e dependem das capacidades de reação e velocidade dos usuários, por envolverem situações de caça, batalha, disputas e tiroteio. Em contraste com os MMORPGs, os MMOFPSs oferecem mais oportunidades de competição entre jogadores, quer individualmente, quer em times ou equipes. Exemplos desses jogos incluem o MMOFPS Overwatch, também criado pela Blizzard Entertainment,[9] e um de seus mais notáveis concorrentes, o jogo Tom Clancy's Rainbow Six Siege, desenvolvido pela Ubisoft.[10]

Por último, nos MMORTSs, jogadores coordenam tropas ou times, desenvolvem especialidades ou se aliam a outros jogadores para obter maior status no jogo, em nome de algum ideal ou alguma figura relevante nesse universo. Exemplos desses jogos incluem o MMORTS Halo Wars 2,[11] lançado pela Microsoft em fevereiro de 2017, e o popular Clash of Clans,[12] desenvolvido pela empresa finlandesa Supercell e lançado em 2012.

[9] O jogo Overwatch foi lançado pela empresa norte-americana Blizzard Entertainment em maio de 2016, e hoje em dia é um dos jogos mais praticados como esporte por competidores nos Estados Unidos, Coreia do Sul e China (Clayton, 2018).

[10] O jogo Tom Clancy's Rainbow Six Siege foi lançado pela subsidiária canadense da empresa francesa Ubisoft em dezembro de 2015. Poder-se-ia supor que a série de jogos Rainbow Six seja precedida pelo nome de Tom Clancy como uma homenagem ao escritor norte-americano do mesmo nome, falecido em 2013 (McClurg *et al*, 2013). A suposição, no entanto, seria incorreta – em 2008, a empresa Ubisoft comprou o direito de propriedade sobre o nome do autor, para o uso fora de sua vida privada e de seus livros (Packwood, 2018).

[11] Halo Wars 2 é visto como um jogo que manteve a qualidade do formato MMORTS na plataforma de consoles de videogame (especificamente, o Xbox), apesar de o formato de jogo ser tradicionalmente afeito ao PC, com o comando do jogador via teclado e mouse (Petró, 2017).

[12] Clash of Clans é um jogo online de estratégia lançado para plataformas móveis sob os sistemas iOS e Android. No jogo, você deverá proteger sua vila de inimigos que desejam invadi-la e roubar seus recursos, mas, ao mesmo tempo, deverá também montar estratégias para destruir outras vilas (Vasconcellos, 2015). Em 2013, no ano seguinte ao seu lançamento pela Supercell, a empresa registrou um faturamento de 892 milhões de dólares, e o aplicativo foi reportado como fonte de até 5,15 milhões de dólares por dia (Tweedie, 2014).

Sobre a estrutura interna comum a esses jogos, que podem envolver usuários de diferentes partes do mundo, interagindo em uma plataforma virtual em diferentes momentos do dia, e com diferentes níveis de contribuição de tempo e financeira para o jogo, vide os comentários de Devan Ahmed e Shervin Shirmohanmadi (Ahmed; Shirmohanmadi, 2009, p. 177):

> To accommodate a large number of players, [a MMOG's] map is logically divided into multiple zones where each zone encompasses the players that are in the same vicinity. Each zone has a master (e.g., server) that coordinates the interactions of the zone members in a multicast fashion. A set of master nodes regulates the operation of the MMOG and provides overlay services in client-server model. On the other hand, [a] hybrid model incorporates the participation of the players. The system is hybrid as it combines the benefits of both centralized and distributed systems. To overcome the functionality limitations of the IP multicast, application layer multicasting (ALM) can be chosen for intra zonal communication.

Na estrutura de jogo comum aos MMOGs mais populares do mundo, as zonas de jogo funcionam como cenários facilitadores da experiência de convívio de milhares ou milhões de usuários simultâneos. Um exemplo ocorre no MMORPG Dofus: nesse jogo, diversas zonas são partilhadas por usuários em diferentes servidores, com o intuito de não apenas congregar jogadores do mundo inteiro para aquele universo, mas também de criar oportunidades de interação entre jogadores. As zonas são categorizadas em reinos, cidades, territórios, e contêm diferentes desafios propostos a jogadores, desafios esses que podem ser enfrentados individualmente ou em grupo (Ankama, 2017).

Ainda sobre as formas de interação dos usuários nesse jogo, jogadores de Dofus podem ativar aquilo que o MMORPG denomina modo Mercador (no inglês, *Merchant mode*), onde o usuário "organiza a sua loja" e escolhe itens que deseja vender, bem como o preço de venda para cada item. Após a organização da loja, o usuário pode escolher "mudar para o modo Mercador" e, assim, se desconectar do jogo (Ankama, 2017). Seu avatar ficará disponível na zona escolhida para que seja acessado como uma loja própria no ambiente de Dofus, e, o que é interessante para os fins da nossa discussão neste trabalho, as vendas são tributadas pelo jogo, na sua moeda oficial (kamas).

2. A tributação de jogos eletrônicos no Brasil e a possível tributação de operações intrajogo

Diante dos nossos comentários no subcapítulo 1.1, e considerando as definições apresentadas no subcapítulo 1.2, nos parece que a qualificação de jogos eletrônicos, incluindo MMOGs, como SaaP ou SaaS, dependerá da relação a ser criada entre a empresa responsável pelo lançamento ou pela manutenção do jogo e o próprio jogador. Por outro lado, como veremos mais adiante, questões sobre tributar ou não uma determinada operação intrajogo dependerão da existência de um mercado oficial ou paralelo que a suporte (de modo a atestar a realização da renda, e, portanto, o correspondente signo de capacidade contributiva, em transações inteiramente pertinentes ao universo dos jogos eletrônicos, e não transmitidas aos jogadores no mundo real).

Entendendo que esses dois "grupamentos" de manifestações econômicas envolvem debates distintos sobre a sua tributação no Brasil, abordaremos cada um deles de maneira individualizada nos subcapítulos a seguir.

2.1. A tributação do fornecimento de jogos eletrônicos a jogadores no Brasil: uma discussão de SaaP e SaaS?

A discussão sobre como tributar jogos eletrônicos fornecidos a jogadores é espécie do gênero da tributação de software no Brasil.[13] Debates que a doutrina, as autoridades fiscais e o Poder Judiciário vêm travando sobre esse tema podem se aplicar diretamente aos jogos eletrônicos, em particular, quanto à sua caracterização como mercadorias ou como serviços para fins tributários. Vejamos mais detalhes nos tópicos a seguir.

[13] Uma definição para a palavra "software" pode ser encontrada no estudo anual da Associação Brasileira de Empresas de Software (ABES), em conjunto com a International Data Corporation (IDC). Segundo esse estudo, e naquilo que importa para o nosso trabalho, uma das categorias de software é o programa de computador conhecido como "aplicativo", definido como o "[pacote] para consumidores finais e usuários em geral, indústria, programas de automação e de negócios" (Abes, 2017, p. 25).

2.1.1. *Questões sobre a tributação federal de jogos eletrônicos*

A tributação de software, tema da qual a tributação de jogos eletrônicos é espécie, recebe por parte da Receita Federal do Brasil (RFB) o tratamento de serviço ou produto, conforme variem entre si os tributos, ou os períodos pesquisados. A nossa análise se estende à recepção de discussões sobre essa tributação pelo Conselho Administrativo de Recursos Fiscais (CARF), como será visto adiante.

Entre as Soluções de Consulta, identificamos a Solução de Consulta DISIT SRRF10 RFB nº 95, de 09 de maio de 2012, que afirma, no âmbito da incidência do Imposto de Importação (II): na importação de software, "seja na modalidade de cópia única ou na modalidade de cópias múltiplas", o valor aduaneiro será determinado com base, unicamente, no custo ou no valor do *suporte físico propriamente dito*, desde que o custo ou o valor dos *dados, programas ou aplicativos* "esteja destacado do custo ou valor do suporte físico no documento de aquisição". O texto da parte final dessa Solução de Consulta é lapidar para a nossa análise. Veja-se:

> Nos casos em que não há suporte físico para movimentação do programa, não há base normativa para a tributação da operação pelo Imposto de Importação, uma vez que o valor aduaneiro da operação (e, consequentemente, a base de cálculo do imposto) não pode ser determinado. [...] Sendo os softwares de cópias múltiplas (de prateleira) considerados mercadorias, a base de cálculo da Contribuição para o PIS/Pasep-Importação e da Cofins-Importação na importação desses produtos corresponde ao valor aduaneiro acrescido do valor do ICMS sobre a operação. Nos casos em que não há suporte físico para movimentação do programa, só pode compor a base de cálculo dessas contribuições o valor do ICMS apurado sobre a operação de importação, se houver, uma vez que o valor aduaneiro da operação não pode ser determinado.

A Solução de Consulta trata diretamente do II e dos tributos PIS/COFINS-Importação, mas lança luzes sobre a tributação de ICMS, que será comentada a seguir. O seu entendimento, a despeito dos nossos comentários no subcapítulo 2.2, não merece reparos: não há qualquer suporte para, a pretexto de tributar uma operação de *importação de mercadorias* (e aqui está o ponto nodal da discussão), submeter aos tributos respectivos uma alegada base tributável não autorizada por lei.

Poderia aqui perguntar o leitor: seria uma questão apenas de lacuna legislativa? Sustentamos que não. A despeito das considerações feitas pela RFB na fundamentação dessa Solução de Consulta (com as quais discordamos em parte, como, por exemplo, na segregação entre "softwares de prateleira" e "softwares licenciados"), fato é que o pretenso valor a ser atribuído ao software nesta importação *não seria o valor do direito de propriedade intelectual sobre o software em si*, uma vez que, quer sob o formato de licença, quer sob o formato de aquisição de "software de prateleira", o negócio jurídico aí subjacente é a *cessão do direito de uso do software*. Pois bem, e qual seria o valor aduaneiro da cessão desse direito de uso? Suponhamos que seja aquilatada de forma confiável pelas partes do negócio – tratar-se-ia, neste caso, de uma imposição oblíqua de tributos sobre a importação de bens ou mercadorias sobre base tributável digna dos tributos aplicáveis à importação sobre serviços (dado que a licença de uso de software seria equiparável a um serviço, como veremos mais adiante). Ou seja, a nosso ver, é inútil que o adquirente possa comprovar que o valor do direito de uso do alegado "software de prateleira" é R$ 1.000,00, R$ 10.000,00 ou qualquer outro montante – esse valor *não pode integrar a base de cálculo* dos tributos aplicáveis à importação de bens ou mercadorias, a exemplo do II, mas não somente; também os tributos PIS/COFINS-Importação não poderão incidir sobre mercadorias e, nesse conteúdo, inserir aí a base tributável de um serviço. Desse raciocínio decorre, portanto, que a controvérsia não se resume à permissão contida na lei, mas alcança também a autorização constitucional para fazer incidir tributos típicos do comércio sobre as operações naturalmente configuradas como de serviços.

Prosseguindo, a Solução de Consulta DISIT SRRF10 RFB nº 127, de 16 de julho de 2012, traz entendimento semelhante (inclusive com a repetição da segunda parte da ementa da Solução de Consulta DISIT SRRF10 RFB nº 95). Esse entendimento foi reiterado pelo CARF no Acórdão nº 1201-001.276, que possui a seguinte ementa:

> Nos casos em que não há suporte físico para movimentação do programa, não há base normativa para a tributação da operação pelo Imposto de Importação, uma vez que o valor aduaneiro da operação (e, consequentemente, a base de cálculo do imposto) não pode ser determinado. [...] Sendo os softwares de cópias múltiplas (de prateleira) considerados

> mercadorias, a base de cálculo da Contribuição para o PIS/Pasep-Importação e da Cofins-Importação na importação desses produtos corresponde ao valor aduaneiro acrescido do valor do ICMS sobre a operação. Nos casos em que não há suporte físico para movimentação do programa, só pode compor a base de cálculo dessas contribuições o valor do ICMS apurado sobre a operação de importação, se houver, uma vez que o valor aduaneiro da operação não pode ser determinado.

Perceba-se que o entendimento acima é coerente com algumas outras Soluções de Consulta, a saber, as Soluções de Consulta DISIT SRRF06 nº 135, de 06 de novembro de 2012, e DISIT SRRF09 nº 149, de 05 de agosto de 2013. Nessas Soluções de Consulta, a RFB adotou posição similar para o cenário de importação de softwares de cópias múltiplas, afirmando que o valor pago por essa importação não está sob a incidência da Contribuição de Intervenção no Domínio Econômico (CIDE), e que igualmente não está sob a incidência do Imposto de Renda Retido na Fonte (IRRF), mesmo que a aquisição do software ocorresse pela via do download. Esse entendimento, questionável quanto à linha divisória que cria entre tipos de softwares submetidos a licenciamento (com diferentes graus de envolvimento pós-venda de seu desenvolvedor), foi parcialmente ajustado pela Solução de Consulta COSIT RFB nº 191, de 23 de março de 2017, que afirmou que tanto o IRRF, quanto a CIDE, incidem sobre o pagamento, o crédito, a entrega, o emprego ou a remessa ao exterior da *remuneração de software* (naquelas operações consideradas como de prestação de serviços técnicos e tecnológicos).

Em resumo, nos parece que há um evidente desconforto das autoridades fiscais em lidar com os exemplos na "zona cinzenta" das operações envolvendo o fornecimento de software, quer como produto, quer como serviço. De um lado, temos pronunciamentos sobre a incidência de tributos transacionais como o IPI e PIS/COFINS sobre aquelas operações imediatamente qualificáveis como uma compra e venda de um produto. Citamos aqui o exemplo de uma importação de um software em suporte físico vendido a varejistas no Brasil, para revenda em suas lojas, na tradicional caracterização do software como "de prateleira". Por outro lado, temos pronunciamentos sobre a incidência de tributos sobre a renda, ou sobre manifestações da renda, como o IRRF e a

CIDE, quando a importação se dá sobre serviços técnicos, ou quando a importação se dá sobre o software encomendado (feito sob medida para o adquirente – vide, por exemplo, a Solução de Consulta COSIT RFB nº 243, de 19 de maio de 2017). Casos mais complexos ainda não foram examinados pela RFB, e, se forem examinados, é difícil prever se serão contemplados com uma efetiva Solução de Consulta.

Especificamente no tocante aos jogos eletrônicos, a sua caracterização como SaaP ou SaaS deveria depender, aos olhos da RFB e do CARF, da natureza da relação jurídica mantida entre desenvolvedores e consumidor após o final da dita "operação de venda". Na verdade, mesmo no caso dos "softwares padronizados", o que se vende é o direito de uso, que pode ser perene (para jogos que possuam modos de jogo *single player*), mas jamais corresponderá ao direito de propriedade sobre o jogo em si (ou seja, o adquirente de um jogo eletrônico jamais possuirá, em relação ao jogo, todas as faculdades permitidas pelo Código Civil – se a transferência do "jogo" corresponder também à transferência do direito de usar, fruir e dispor do jogo, o que de fato ocorreu não foi a transferência de um jogo para consumo, mas, sim, a transferência de todos os direitos de exploração associados ao jogo).

2.1.2. *Questões sobre a tributação estadual e municipal de jogos eletrônicos*

Entre todos os tributos de competência estadual e municipal, não apenas o ICMS e o ISS poderiam incidir sobre operações de fornecimento de jogos eletrônicos a jogadores. Suponha-se, por exemplo, que uma empresa decida oferecer gratuitamente a atual versão de seu jogo para um seleto grupo de jogadores ditos "influenciadores" (jogadores populares em redes sociais), não no intuito de que consumam itens e serviços pagos dentro do jogo (no modelo conhecido como "freemium"),[14] mas

[14] O modelo "freemium" é um modelo de monetização de jogos eletrônicos (mas não restrito ao universo de jogos eletrônicos) que conjuga elementos gratuitos e pagos, numa relação estabelecida entre a empresa lançadora ou desenvolvedora do jogo e o jogador. Na forma mais comum de exploração desse modelo, o jogador acessa o jogo gratuitamente, e várias de suas funcionalidades estão a ele disponíveis sem qualquer custo. No entanto, para a aquisição de itens especiais ou de acesso a áreas específicas do jogo, o jogador deverá pagar determinados preços estabelecidos pela própria plataforma (Bapna *et al*, 2016, p. 01). Exemplos de jogos eletrônicos que seguem esse modelo são o já citado Dofus, da Ankama Games, e o popular aplicativo Candy Crush Saga, originalmente lançado em 2012, e desenvolvido pela

no intuito de que se familiarizem com o ambiente do jogo e, conquistados pelos seus atrativos, sejam consumidores e *disseminadores* do próximo jogo da franquia, esse sim, inteiramente pago (no modelo conhecido como "premium").[15] Esse oferecimento gratuito daquilo que poderia ser considerado um bem digital a diferentes pessoas físicas no Brasil seria capaz, em tese, de gerar uma correspondente cobrança de ITCMD, outro tributo estadual. Aliás, quanto a operações que poderiam estar no campo de incidência do ITCMD, há ainda as polêmicas "loot boxes", que são uma espécie de "caixas" ou "baús" que podem conter tesouros ou nada, e pelas quais jogadores desembolsam quantias em moeda real.[16] Neste caso, entendemos que, conquanto determinada operação pudesse ser à primeira vista assemelhada a uma doação (porque, em dada oportunidade, um jogador pagou determinada quantia para receber nada em troca), a qualificação seria descabida. Aqui, como nos jogos de azar, o jogador pagou por uma *chance* – ou seja, faltar-lhe-ia aqui o *animus donandi*, um dos quatro elementos legais que caracterizam a doação no Código Civil (Diniz, 2002, pp. 88/89). Seu pagamento aqui, na verdade,

empresa britânica King Digital Entertainment (Griffith, 2015). O termo tem conotações negativas na indústria, dada a segregação natural criada entre jogadores pagantes e não-pagantes, o que, supõe-se, levou o Diretor de Business Performance da empresa King Digital Entertainment a afirmar, em matéria de 2013, que o modelo de seus jogos não é "freemium", mas sim "free-to-play", porque, em jogos como o Candy Crush Saga, a performance do jogador no jogo não é afetada pela sua decisão de pagar ou não (Henderson, 2013).

15 O modelo "premium", ao contrário do modelo "freemium", é caracterizado pela condição de pagamento preliminar ao acesso inicial à plataforma do jogo. Para os fins do presente trabalho, equiparamos as expressões "premium" e "pay-to-play" (ou "pay-for-play"), para indicar aquelas situações nas quais, entre o interesse do usuário pelo jogo e o seu primeiro acesso, deverá ocorrer um pagamento em moeda real para a empresa lançadora ou desenvolvedora (Davidovici-Nora, 2014, p. 91). Um exemplo de jogo eletrônico que segue esse modelo é o MMO Elder Scrolls Online: Summerset, desenvolvido pela empresa Zanimax, e lançado oficialmente em 2018 (Abbade, 2018).

16 O oferecimento de "loot boxes" em jogos eletrônicos não é uma novidade, embora o passado da oferta dessas "caixas" seja (i) de comércio utilizando a moeda do jogo, sem qualquer interferência do investimento de jogadores individuais em moeda real, e (ii) destinado à disseminação de itens ditos "cosméticos" (itens que não ampliam as capacidades dos avatares, mas que são símbolos de algum "status", como por exemplo uma arma colorida, um escudo brilhante, ou outro item qualquer que traga um benefício apenas estético no ambiente do jogo). A polêmica em torno da sua comercialização por parte de plataformas virtuais começou a surgir após a sua integração ao jogo Star Wars Battlefront II, com prêmios capazes de afetar a performance dos jogadores pagantes (Freedman, 2018).

foi uma aposta, e o dinheiro pago nessa aposta deveria ser tributado no nível da empresa desenvolvedora como se tributam os rendimentos de cassinos, casas de jogos e estabelecimentos assemelhados.

O foco central dos nossos comentários neste capítulo é a discussão sobre tributar o fornecimento de jogos eletrônicos por empresas a jogadores mediante a imposição de ICMS ou de ISS (ou, possivelmente, sem a imposição de qualquer tributo transacional específico). Essa discussão é tangenciada pela dualidade entre SaaP e SaaS, mas a sua origem no Brasil é mais próxima da dualidade entre o "software de prateleira" e o "software por encomenda", como comentamos no subcapítulo 1.1. A distinção é antiga, e foi apresentada pelo Supremo Tribunal Federal, em 1998, no RE nº 176.626/SP. O relator desse recurso, o então Ministro Sepúlveda Pertence, afirmou que a circulação comercial do "software de prateleira" (largamente ofertado como produto no mercado nacional à época), dado o seu *suporte físico*, seria uma venda de mercadoria sujeita ao ICMS, enquanto o licenciamento para uso, dada a ausência de transmissão da propriedade e da natureza incorpórea desse bem, seria operação tributável pelo ISS. Trazendo o raciocínio do Ministro para o tema do nosso trabalho, seria o mesmo que dizer que a compra de um CD-ROM contendo uma cópia de um jogo eletrônico em uma loja qualquer seria uma operação tributável pelo ICMS, uma vez que o jogo foi corporificado pelo vendedor em um suporte físico (o CD-ROM). No entanto, ainda segundo o raciocínio do Ministro, se o *mesmo jogo* fosse ofertado em uma plataforma virtual (àquela época, ainda um conceito em tudo futurístico), mediante uma licença de uso, quem licencia deveria estar submetido ao ISS, e não ao ICMS. Esse posicionamento foi reiterado pela Corte no RE nº 199.464/SP, em 1999, e orientou a doutrina tributarista no Brasil a diferenciar softwares entre mercadorias e serviços utilizando esses dois critérios: o suporte físico e a transferência da propriedade.

Com o passar dos anos, o desenvolvimento tecnológico continuou a evoluir em escala exponencial, assim como os serviços e os produtos ofertados no crescente mercado eletrônico e digital. A Excelsa Corte, diante desse novo cenário, modificou o seu entendimento na Medida Cautelar em ADI nº 1.945/MT, em 2010 (por maioria de votos). Veja-se abaixo um trecho da Ementa desse julgado, que sintetiza a reação do Tribunal a novidades no mundo tecnológico, incluindo a proliferação de jogos eletrônicos como alternativas de entretenimento para usuários em todo o planeta:

> ICMS. Incidência sobre softwares adquiridos por meio de transferência eletrônica de dados (Art. 2º, § 1º, item 6, e Art. 6º, § 6º, ambos da Lei impugnada). Possibilidade. Inexistência de bem corpóreo ou mercadoria em sentido estrito. Irrelevância. O Tribunal não pode se furtar a abarcar situações novas, consequências concretas do mundo real, com base em premissas jurídicas que não são mais totalmente corretas. O apego a tais diretrizes jurídicas acaba por enfraquecer o texto constitucional, pois não permite que a abertura dos dispositivos da Constituição possa se adaptar aos novos tempos, antes imprevisíveis.

A nosso ver, a decisão do STF neste caso – autorizando a tributação via ICMS sobre a transferência eletrônica de dados (em termos práticos, o software via download) – é, em ao menos um aspecto, criticável. O seu fundamento principal, retirado das discussões havidas entre os Ministros Gilmar Mendes, Marco Aurélio e Ricardo Lewandowski, e os então Ministros Cezar Peluso e Ayres Britto, é que o dito "comércio" de software em meio eletrônico seria em tudo equiparável ao comércio em meio físico, razão pela qual o intento do constituinte com a criação do ICMS, que seria o de tributar o comércio, deveria ser preservado mesmo à luz das novas tecnologias. O raciocínio, como tantos outros neste debate, é bastante sedutor, mas não deveria levar o intérprete às conclusões pretendidas, por exemplo, pelas recentes novidades legislativas no âmbito do ICMS (comentadas abaixo). Para esclarecer, quem diz que o ICMS tem o interesse de tributar o comércio, e que o tributo não deveria ter seu campo de incidência diminuído em virtude da adoção de novas tecnologias, trata a aquisição de software como algo uniforme, sem qualquer distinção entre SaaP e SaaS. E é aqui que podemos tecer a nossa crítica, tomando como exemplos os nossos objetos de maior interesse para este trabalho: os próprios jogos eletrônicos.

A princípio, o leitor poderia sugerir que a ausência de transferência ao jogador do código-fonte do jogo é o elemento diferenciador entre aquilo que poderia ser tributável como um produto (portanto, pelo ICMS) e aquilo que seria, intrinsecamente, um serviço (sujeito ao ISS). Entendemos que esse não é o caso, e, se partirmos da premissa trazida pelo julgado do STF de que a legislação tributária deve se adequar à modernidade tecnológica, o exemplo a seguir mostrará a relativa irrelevância do código-fonte para o nosso debate. Numa situação (1), imagine o fornecimento de um jogo como o antigo Warcraft III: Reign of Chaos a um usuário no Brasil. Neste caso, o usuário terá direito ao uso de uma licença de software por período indeterminado, sem qualquer continuidade de relação com a empresa desenvolvedora do jogo. Agora, veja-se a situação (2), na qual o jogo fornecido é uma unidade do famoso Imagem & Ação 2, da empresa Grow. Para os poucos que não conhecem a série de jogos Imagem & Ação, são jogos de tabuleiro cujo intuito é congregar pessoas (fisicamente) para adivinhar os desenhos ou as mímicas umas das outras, sob temas específicos, como "Pessoa", "Objeto", "Lazer" e "Difícil". Tanto o código-fonte na situação (1) representa o direito autoral da empresa Blizzard Entertainment, quanto a propriedade do registro da marca na situação (2) representa o direito autoral da empresa Grow. Se a situação (2) não é alcançável pelo ICMS em virtude da falta de transmissão do código-fonte, por que a situação (1) seria alcançável pelo mesmo tributo, se a Grow não transfere os seus direitos sobre o jogo para os jogadores? Dado o exemplo, demarquemos aqui a primeira posição sobre o tema: a distinção entre tributar o software pelo ICMS ou pelo ISS não pode ser decorrente do fornecimento ou não do código-fonte.

A nossa crítica à decisão do STF na Medida Cautelar na ADI nº 1.945/MT é a falta de atenção às diferentes interações entre usuários e fornecedores de software, e, aqui, também os fornecedores de jogos eletrônicos. O comentário acima sobre a diferença entre transferir o código-fonte para o jogador ou não é apenas *um aspecto* dessa profunda discussão. Sigamos aquele raciocínio: o leitor poderia, diante da posição que demarcamos, sustentar que o que diferencia o jogo Warcraft III: Reign of Chaos do jogo Imagem & Ação 2 é o fato de o primeiro ser incorpóreo (desconsiderando, para fins do argumento, o CD-ROM no qual costumava ser oferecido aos usuários), enquanto o segundo seria naturalmente corpóreo. A nosso ver, sob o prisma de política tributária (e não de legislação tributária vigente, leia-se bem), seria possível tributar a circulação de "mercadorias" considerando que a cessão de licença de uso tornou-se um produto aos olhos do consumidor. No entanto, o raciocínio de "produtificação" da licença de uso não ocorreu aos julgadores do STF na Medida Cautelar na ADI nº 1.945/MT, nem mesmo para discutir os limites das disposições constitucionais existentes.

Adicionalmente, é importante ressaltar que temos, em curso, duas ADIs sobre o assunto pendentes de julgamento: (i) a ADI nº 5.659/MG, sob relatoria do Ministro Dias Toffoli, ajuizada Confederação Nacional de Serviços (CNS) contra legislação do Estado das Minas Gerais que dispõe sobre o ICMS em operações com programas de computador já tributadas pelo ISS; e (ii) a ADI nº 5.576/SP, sob relatoria do Ministro Roberto Barroso, ajuizada em face de legislação correlata do Estado de São Paulo. Em ambos os casos, percebe-se o agravante da bitributação, verificável quando vários entes tributantes cobram tributos (no caso, ISS e ICMS) sobre um mesmo fato jurídico (aqui, a operação com bem ou mercadoria digital).

Chegando a pronunciamentos mais recentes, tanto no âmbito estadual, quanto no âmbito municipal, cite-se a Solução de Consulta nº 11, de 21 de maio de 2014, proferida pela Prefeitura de São Paulo. Naquela oportunidade, a Prefeitura afirmou que a assinatura paga pelo uso da plataforma *Xbox Live* seria fato gerador do ISS, tendo em vista que permite ao assinante (consumidor final) que utilize um software através do qual usuários poderão interagir e jogar pela rede mundial de computadores com outras pessoas (além de permitir a compra de jogos e de seus complementos). A Solução de Consulta é de 2014, portanto anterior às alterações promovidas pela Lei Complementar nº 157/2016 no texto da Lei Complementar nº 116/2003, e se ancora especificamente no subitem 1.05 da Lista de Serviços da Lei Municipal nº 13.701/2003 (licenciamento ou cessão de direito de uso de software). Cabe aqui diferenciar, de forma clara, a *remuneração pela licença de uso do software* dos *valores pagos pela aquisição de bens digitais na respectiva plataforma*. A primeira manifestação econômica foi objeto de pronunciamento da fiscalização do Município de São Paulo, enquanto a segunda não foi comentada na Solução de Consulta (aliás, mediante ressalva expressa no item 14 da Solução de Consulta).

Seguindo com as novidades da tributação municipal, abordemos de forma mais direta a Lei Complementar nº 157/2016. Um dos subitens adicionados pela Lei Complementar nº 157/2016 à Lei Complementar nº 116/2003, em atendimento a uma grande grita dos Municípios quanto à tributação da economia digital, foi o subitem 1.09: "Disponibilização, sem cessão definitiva, de conteúdos de áudio, vídeo, imagem e texto por meio da 'internet', respeitada a imunidade de livros, jornais e periódicos". Afora o novo item 1.04, que tratou da elaboração de jogos eletrônicos, o novo item 1.09 apresenta uma configuração tributária peculiar para plataformas como Spotify e Netflix, já que ambas *disponibilizam conteúdos de áudio e vídeo* para seus assinantes. Com a publicação da Lei Complementar nº 157/2016, ficam autorizados os Municípios a instituir, através de suas legislações locais, a tributação de ISS sobre essas manifestações econômicas, a despeito de esse "serviço" poder ser interpretado como uma mera "locação de bem móvel". Precedentes mais recentes do STF têm relativizado a impossibilidade de o ISS incidir sobre uma obrigação de dar, em vez de uma obrigação de fazer, argumentando que essa dicotomia perdeu o sentido após as inovações econômicas e comerciais terem mergido diferentes atividades em um mesmo complexo de prestações entre as partes no universo do Direito Privado. Tais seriam os casos de *leasing*, em suas diferentes facetas, de *factoring* e de *franchising* (inclusive, o caso do STF a que nos referimos quando citamos o certo "desprezo" pelo argumento de *obrigação de dar vs. obrigação de fazer* é o caso de *leasing* do RE nº 592.905/SC, de relatoria do então Ministro Eros Grau, julgado em 02 de dezembro de 2009). No entanto, a Súmula Vinculante nº 31 diz categoricamente que "é inconstitucional a incidência do imposto sobre serviços de qualquer natureza – ISS sobre operações de locação de bens móveis". Para defender a linha interpretativa dos Municípios, ou da própria Lei Complementar nº 157/2016, seria necessário (i) afirmar que os "bens digitais" não se caracterizam como "bens móveis", argumento de duvidosa sustentação jurídica, uma vez que o cerne da discussão nos precedentes que formaram a Súmula Vinculante nº 31 (vide, por exemplo, o RE nº 116.121/SP e o RE AgR nº 446.003/PR) era a *natureza da obrigação corporificada no pretendido fato gerador de ISS*, e não na natureza do bem cedido. Outra possibilidade seria (ii) afirmar que a plataforma digital faz mais do que simplesmente ceder os bens digitais procurados pelos usuários; a plataforma, sob essa perspectiva, prestaria diversos serviços atrelados ao oferecimento dos tais bens digitais, como, por exemplo, a avaliação do perfil musical de cada usuário no Spotify ou na Netflix, o compartilhamento de preferências e de sugestões em ambas as plataformas, dentre outros. Esse argumento é menos frágil que o anterior, dados os julgamentos do STF em casos como o RE nº 626.706/SP (o qual, a propósito, trata de "filmes cinematográficos, videoteipes, cartuchos para *video games* e assemelhados). Ainda assim, cabe ressaltar:

- No julgamento do RE nº 626.706/SP, o então Ministro Joaquim Barbosa, que não era o relator do caso (o relator era o Ministro Gilmar Mendes), comentou da sua preocupação com "situações em que a prestação do serviço vem escamoteada sob a forma de locação". Citou, inclusive, o exemplo da locação de um maquinário com o seu operador, situação na qual, defendeu Sua Excelência, haveria verdadeira *prestação de serviços do operador do maquinário*, e não apenas a *cessão do direito de uso do maquinário em si*. Por isso, recomendou que a decisão sustentasse a aplicabilidade da Súmula Vinculante nº 31, mas apenas ressaltando que não seria o caso de aplicar essa Súmula se a locação de bem móvel fosse associada à prestação de serviços.
- O comentário do então Ministro Cezar Peluso, que foi vencido naquela discussão, é essencial para compreender o alcance da preocupação do Ministro Joaquim Barbosa. Dizia o Ministro Cezar Peluso, com a clareza e a pertinência que sempre lhe foram peculiares: "Veja bem. Estamos afirmando que é inconstitucional [o ISS] quando incide sobre locação de móveis, mas só quando [a locação] é dissociada da operação de serviço. Quando for associada, cabe imposto? Não. Então, a referência a 'dissociada' é desnecessária, porque, quando associada, também não incide [o ISS]. Quando há contrato de locação de móveis e, ao mesmo tempo, prestação de serviço, a locação de móveis continua não suportando o imposto; o serviço sim."
- Dizer, portanto, que qualquer complexo de atividades circundante à locação de bens móveis é tributável como serviço para fins de ISS parece ignorar a preocupação maior do Ministro Joaquim Barbosa, e, ao mesmo tempo, reforçar a posição do Ministro Cezar Peluso, a qual, a despeito de sua clareza, foi vencida naquela discussão. Tributa-se a manifestação econômica de serviços *travestida* de locação de bem móvel *se e somente se* essa manifestação econômica (i) tentar escamotear o que, em essência, é uma prestação de serviços, e (ii) conferir ao bem digital locado alguma funcionalidade que lhe seja

essencial mediante serviços quaisquer (ou seja, alguma funcionalidade que o bem digital não possuiria sem o serviço prestado).

- Apliquemos esses dois parâmetros a uma das plataformas comentadas, apenas: o Spotify. Indaga-se: na linha do item (i) acima, ao fornecer o acesso a músicas em sua plataforma, o Spotify estaria "escamoteando" o que na realidade é uma prestação de serviços? Certamente que não: o usuário acessa a plataforma para ouvir as músicas, e o Spotify as fornece de acordo com os seus "termos de serviço" (incapazes, apenas pela nomenclatura, de tornar "serviço" aquilo que é intrinsecamente locação). Na linha do item (ii) acima, procede a afirmativa de que o Spotify confere ao bem digital (a música) alguma funcionalidade que lhe seja *essencial* através de algum serviço qualquer? Aqui, igualmente a resposta é negativa. Sim, há atividades desempenhadas pelo Spotify em sua plataforma para tornar a experiência de ouvir músicas mais agradável e mais interessante (por exemplo, através da descoberta de músicas similares). No entanto, nada há agregado pelo Spotify à própria música que lhe seja essencial: basta que seja disponibilizada para ser ouvida. Compare-se essa situação com aquela citada pelo Ministro Joaquim Barbosa nas discussões do RE nº 626.706/SP: enquanto o maquinário *precisa* do operador para desempenhar a sua função principal, a música na plataforma do Spotify *não precisa* das atividades e dos benefícios adicionais ofertados pelo Spotify, que têm o objetivo de tornar a experiência de ouvir músicas mais agradável e mais interessante para os usuários.

Fosse o tema meramente adstrito à tributação municipal, as discussões acima já cuidariam de tornar o ambiente da economia digital no Brasil bastante hostil a novos entrantes, bem como ao capital estrangeiro. Some-se a essas discussões o que ocorre na esfera estadual. Com o Convênio CONFAZ nº 106/2017, os Estados e o Distrito Federal passaram a poder tributar "operações com bens e mercadorias digitais comercializadas por meio de transferência eletrônica de dados",[17] dispositivo

[17] A definição dada pelo Convênio para a expressão "bens e mercadorias digitais" é bastante vaga. Segundo a sua Cláusula Primeira, essa expressão compreenderia "softwares (sic), programas, jogos eletrônicos, aplicativos, arquivos eletrônicos e congêneres, que sejam padronizados, ainda que tenham sido ou possam ser adaptados".

que simultaneamente (i) levanta questões sobre a legalidade do Convênio, uma vez que teria expandido a hipótese de incidência do ICMS para incluir também os "bens e mercadorias digitais" e (ii) atrai conflitos com a legislação de ISS, que pode incidir sobre a mesma manifestação econômica. Perceba-se, ademais, que o Convênio não exige que o fornecimento do bem digital seja realizado através de *download* (o fornecimento pode ocorrer mediante acesso em *streaming*, e até mesmo corresponder a uma contraprestação em pecúnia que seja periódica, sem que isso impeça a incidência do ICMS).

Analisando especificamente a legislação estadual, e aqui tomamos como exemplo a legislação do Estado de São Paulo sobre o tema do Convênio CONFAZ nº 106/2017, vê-se que há ainda outra controvérsia sobre a tributação de bens e mercadorias digitais (que podem também ser serviços para fins de ISS, ao menos segundo a Lei Complementar nº 157/2016). O Estado de São Paulo internalizou as disposições do Convênio CONFAZ nº 106/2017 através do Decreto Estadual nº 63.099/2017 e da Portaria CAT nº 24/2018. Sobre esses relevantes adendos à legislação estadual, veja-se o texto do novo Artigo 19-C do Anexo III da Portaria CAT nº 92/1998, lá inserido pelo Artigo 5º da Portaria CAT nº 24/2018:

> Art. 19-C. Os sites e plataformas eletrônicas de que trata o inciso IV do artigo 16 do RICMS/2000 deverão ter uma inscrição no Cadastro de Contribuintes do ICMS do Estado de São Paulo específica para realizar operações com bens e mercadorias digitais destinadas a pessoa domiciliada ou estabelecida neste Estado, independentemente da existência de outros estabelecimentos aqui inscritos.
> § 1º O estabelecimento de que trata o «caput» deverá atuar exclusivamente na comercialização de bens e mercadorias digitais. [...]
> § 5º O disposto neste artigo aplica-se também aos sites e plataformas eletrônicas que comercializem bens e mercadorias digitais isentas ou não tributadas diretamente para os consumidores finais.

É de se perceber que a Portaria CAT nº 24/2018, no intuito de tornar tributável pelo ICMS a venda de bens e de mercadorias digitais, criou uma espécie de "força de atração" dos sites e das plataformas virtuais para o Estado de São Paulo. Ou seja, criou-se uma regra estadual que *obriga* esses sites e essas plataformas a um registro como contribuintes de ICMS, o que levanta dois questionamentos: o primeiro diz respeito ao ICMS em si mesmo, e o outro diz respeito à tributação internacional. No primeiro quesito, indaga-se: pode a legislação estadual, sem lei complementar que a autorize, criar um *estabelecimento ficto* para fins da tributação de ICMS no Estado de São Paulo? Diz o Artigo 146, inciso III, da Constituição Federal, que cabe à lei complementar estabelecer normas gerais em matéria de legislação tributária, e a definição de contribuintes de ICMS está inserida na alínea "a" desse mesmo inciso III. Já no segundo quesito, a dúvida é se a exigência de uma inscrição estadual cria uma espécie de *estabelecimento permanente ex lege* no ordenamento jurídico brasileiro, apto a fazer incidir a tributação da renda na fonte em relação aos lucros de empresas residentes em Estados Contratantes com os quais o Brasil possua acordos contra a dupla tributação da renda (e até aos lucros das empresas não residentes em Estados com os quais o Brasil possua acordo, à luz do conceito de *doing business* da Solução de Consulta DISIT04 nº 04/2013). A princípio, a nossa resposta ao primeiro quesito seria negativa, uma vez que o vínculo entre o "contribuinte" não residente e o Estado tributante *não pode ser estabelecido em Convênio*, ao arrepio de expressa disposição de lei complementar. A nossa resposta ao segundo quesito também seria negativa, embora com maiores ressalvas: aqui, poderia a Receita Federal do Brasil sustentar que a legislação estadual criou um local fixo através do qual a empresa (não residente) exerce no todo ou em parte as suas atividades, que é o conceito tradicional de estabelecimento permanente no Artigo 5º (ou seu equivalente) dos acordos assinados pelo Brasil para evitar a dupla tributação da renda. O argumento do contribuinte neste caso é dizer que (i) não é devido a uma ação sua, quer locacional, quer através de um representante em território brasileiro, que há a criação de um estabelecimento permanente. Ainda, poderá se defender do argumento fiscal afirmando que, (ii) no Relatório Final da Ação 1 de seu Plano de Ação para lidar com hipóteses de Erosão de Base Tributável e Desvio de Lucros (no inglês, *Base Erosion and Profit Shifting*, ou BEPS), a Organização para a Cooperação e o Desenvolvimento Econômico (OCDE) concluiu pela inadequação de um critério virtual para qualificar estabelecimentos permanentes em sua Convenção-Modelo. O raciocínio aqui é exatamente o mesmo: desvirtuar o conceito de estabelecimento permanente para dele extrair um possível *estabelecimento permanente virtual* seria, para além de atribuir a formação desse vínculo a uma determinação de legislação estadual (e não a uma ação deliberada do sujeito passivo), *multiplicar as hipóteses* em que a jurisdição de fonte, quer seja o Brasil ou outro Estado Contratante, poderia reclamar o poder de tributar os lucros de empresas não residentes ao arrepio do Artigo 7º, § 1º, da Convenção-Modelo e dos acordos contra a dupla tributação da renda assinados pelo Brasil.

Trazendo toda a discussão dos parágrafos anteriores para o universo dos jogos eletrônicos, percebe-se que as modificações legislativas ocorridas tanto no nível estadual, quanto no nível municipal, permitem a dupla tributação de operações com jogos eletrônicos pelos tributos ISS (como se serviços fossem) e ICMS (como se mercadorias fossem). É certo que a divergência sobre SaaS e SaaP também é relevante para a análise dessa dupla incidência, mas não sob o prisma da antiga e já desgastada dicotomia entre *software de prateleira* e *software customizado*. Exclusivamente no âmbito de ISS e de ICMS, é possível definir que os jogos eletrônicos são software de prateleira (porque há um elemento de configuração básica de cenários, enredo e jogadores que está pronto e acabado para oferta aos possíveis interessados), mas também é possível definir que são software customizado (porque, cada vez mais, jogos populares como World of Warcraft, Counter-Strike, Fortnite e outros se adaptam às preferências de cada um de seus muitos jogadores). A dicotomia, portanto, não consegue resolver o impasse entre tributar operações com jogos eletrônicos por ISS ou ICMS. À luz da dicção específica da Lei Complementar nº 157/2016 e do Convênio CONFAZ nº 106/2017, a resolução do impasse parece depender de uma análise constitucional da matéria, sobre se jogos eletrônicos são bens ou serviços digitais, e de eventuais ações de consignação em pagamento para submeter ao Poder Judiciário a decisão sobre o *real sujeito ativo dessas cobranças*. De nossa parte, entendemos que (i) há argumentos para sustentar que a oferta do jogo eletrônico para o jogador, *sic et simpliciter*, não constitui serviço; serviço, e aqui poderíamos invocar a discussão do STF no RE nº 626.706/SP, seria a elaboração de um jogo sob solicitação de terceiro (no modelo clássico de *software customizado*) ou o processamento de dados requerido para jogar o jogo em um ambiente virtual. Por outro lado, (ii) há argumentos para sustentar que a circulação de um bem digital como um jogo eletrônico, *se suas funcionalidades dependerem de acesso a um ambiente virtual*, não pode ser considerada como mercadoria pela falta de transferência de titularidade jurídica sobre o bem. O argumento não é sem falhas: há margem para sustentar que o bem digital a que se refere a tributação de ICMS é a *licença de uso*, e que a titularidade jurídica do bem digital seria, portanto, a titularidade jurídica assumida pelo licenciado – para nós, o contra-argumento se ancora na premissa duvidosa de que o ordenamento jurídico brasileiro permite a *conversão em propriedade* daquilo que, em essência, é um direito de uso (o qual pode ser submetido a outros tributos, porém não ao ICMS). Há ainda margem para dizer que a afirmativa de que bens digitais estão fora do campo de incidência de ICMS é intrinsecamente violadora do princípio constitucional da isonomia tributária, porque os contribuintes que vendem produtos *analógicos* sofrem a pena de não converter seus negócios para o mundo digital (e.g., para se manter no tema deste artigo, compare-se a tributação da venda de jogos de tabuleiro como Imagem & Ação e Perfil com a tributação da venda de jogos eletrônicos a exemplo de Dofus, Wakfu e congêneres – segundo este raciocínio, observe-se). Aqui, o contra-argumento padece da aparente necessidade de tributar operações comerciais via ISS ou ICMS, vulnerando com esse interesse a materialidade do fato gerador de ambos os tributos. Voltemos para o exemplo da locação de bens móveis, comentada no RE nº 626.706/SP: a locação de bens móveis é ou pode ser uma operação comercial, mas não é serviço e tampouco transfere a titularidade jurídica do bem, portanto não se inserindo nem na hipótese tributária de ISS, nem na hipótese tributária de ICMS. De maneira similar, a oferta de jogos eletrônicos como Dofus e Wakfu não é *intrinsecamente* qualificável como serviço, nem tampouco transfere a titularidade jurídica sobre esses jogos, ainda que ambos sejam jogáveis apenas em ambientes virtuais.

2.2. A possibilidade de tributar as operações virtuais do jogo eletrônico: o princípio da realização, a jurisdição tributária e outras questões

Há uma discussão paralela à tributação de jogos eletrônicos que poucas vezes se apresenta na doutrina tributarista nacional. É aquela referente à tributação *das operações virtuais ocorridas no universo dos jogos eletrônicos*. Perceba-se: uma transação, tratada no item 2.1 acima, é aquela ocorrida entre desenvolvedor ou distribuidor e jogador, com o intuito de fornecer ao jogador o jogo eletrônico que este pretende jogar. Outra transação, completamente distinta, é aquela ocorrida *no universo virtual dos jogos eletrônicos*, como, por exemplo, a prestação de um serviço virtual entre dois jogadores, ou a venda de um item de jogo, ou mesmo de uma propriedade imobiliária (no universo virtual de cada jogo eletrônico).

À primeira vista, a tributação dessas operações parece estar alheia às jurisdições nacionais (ou às jurisdições terrenas, digamos, como o Brasil, a China e os Estados Unidos) *se essas operações ocorrem inteiramente no ambiente virtual dos jogos eletrônicos*. Aqui, cabe fazermos algumas ponderações importantes. A primeira é que operações ocorridas no ambiente virtual podem ser (i) *iniciadas em ambiente real*, com a contribuição de valores em dinheiro para a plataforma do jogo eletrônico relevante, (ii) *iniciadas e concluídas em ambiente real*, com a contribuição de valores e a sua posterior retirada e conversão para moeda sonante, (iii) *apenas concluídas em ambiente real*, com a retirada de valores auferidos no jogo eletrônico e conversão para moeda sonante, ou (iv) *iniciadas e concluídas inteiramente no ambiente virtual*, ou seja, sem qualquer investimento inicial ou retirada de valores e conversão para moeda sonante. Apenas a título introdutório, nos parece evidente que as operações em (i), (ii) e (iii) são distintas da operação descrita no item (iv), tendo em vista a ausência de contato da última operação com o ambiente real. Mas a real distinção entre essas operações guarda morada no *princípio da realização da renda*, comentado abaixo.

Em extenso estudo, Polizelli demarca diferentes fenômenos ou momentos com base nos quais se pode afirmar que determinado sujeito passivo *auferiu renda*, ou seja, adquiriu titularidade jurídica ou econômica apta a tornar incidente o tributo sobre a renda aplicável (2009, p. 25). Segundo o critério de *renda-acréscimo*, em sua versão pura, entender-se-ia que a realização ocorre no momento de produção e de valorização de determinado produto (a justificar que sobre si houve algum acréscimo patrimonial). Já segundo o critério distinto de *renda-acréscimo ou renda-produto*, em sua versão limitada, a realização ocorreria no momento de recebimento da disponibilidade econômica correspondente a algum acréscimo patrimonial. Há ainda o critério de *renda-consumo* e o critério de *renda-psíquica*, este último atrelado ao bem-estar proporcionado pela aquisição patrimonial (pp. 26-28). Perceba-se que, a depender do critério de realização utilizado para justificar a aplicação deste princípio, conclusões diferentes poderão ser extraídas dos cenários (i) a (iv) comentados no parágrafo anterior.

Em um trabalho específico sobre a aplicação do princípio da realização da renda a transações ocorridas em jogos eletrônicos, SETO afirmou, utilizando para tanto o exemplo de um cassino virtual, que a realização da renda em jogos eletrônicos depende de o sistema desses jogos permitir a retirada e a conversão da moeda virtual em moeda real (2008, p. 25). Segundo o autor, "um mundo construído em volta de uma moeda não retornável e não conversível, pelo contrário, seria um local *implausível* para a produção séria de rendas na ausência de transações com dinheiro real". Portanto, ainda no seu entender, o fato de as fichas de um cassino virtual poderem ser convertidas pelo próprio cassino virtual em moeda de curso forçado demonstra que, já no momento de seu recebimento, haveria alguma forma de realização da renda atribuível ao sujeito passivo. Cabem aqui diferentes ponderações. Primeiramente, a nosso ver, se é a própria plataforma ou se é uma plataforma de terceiros que faz essa conversão de moeda do jogo em moeda real, isso de pouco importa para considerar a moeda do jogo um *bem de valor* sobre o qual a tributação no mundo real *poderia incidir*. Em segundo lugar, atrelar a percepção de valor, elemento fulcral do princípio da realização da renda (principalmente segundo o critério da *renda-psíquica*), ao recebimento de moeda sonante na forma de dólares, euros ou reais é exigir que a riqueza conferida ao jogador seja tributada apenas no momento de sua percepção tangível, palpável, concretamente atestada no mundo real. Nada disso se coaduna com a segura evolução dos meios de pagamento, das transações virtuais, bem como da formação de riquezas em ambientes virtuais (como demonstrado anteriormente neste estudo). Para nós, invocar o princípio da realização da renda para afirmar que a operação no item (iv) acima seria inatingível pela tributação de renda por uma jurisdição terrena, como o Brasil, é invocar um parâmetro protocolar, antiquado e sem qualquer proximidade com a evolução tecnológica vivida por esta geração de contribuintes, em homenagem a alguma segurança jurídica (a princípio justificável) ou a alguma proteção dos direitos de contribuintes (aqui, sem justificação a nosso ver) contra a sanha arrecadatória dos agentes fiscais. É um raciocínio, com todo o respeito ao autor, que não se sustenta perante uma análise mais minudente daquilo que ele mesmo chama de doutrina de *cash equivalency*, resgatando para isso a definição de que "dinheiro não pode ser tratado como a garantia do recebimento futuro de dinheiro", na acepção da doutrina tributarista americana (p. 24).

Uma questão subordinada à primeira, e que será tratada com mais vagar no item 3.2 abaixo, diz respeito à *forma de tributação* de operações intrajogo. Partindo-se da premissa de que são tributáveis, e aqui poderíamos questionar a jurisdição apta a exigir esses tributos (se a jurisdição onde se localiza o jogador-contribuinte, se a jurisdição onde se localiza o servidor do jogo, se a jurisdição onde se localiza o jogador-responsável), resta saber se (i) as operações intrajogo deverão guardar no mundo real *a mesma natureza* que revelam no mundo virtual, ou se (ii) as operações intrajogo deverão ser tratadas no mundo real como transações com ativos financeiros ou intangíveis, sendo tributadas apenas na medida de seu ganho de capital ou de sua variação cambial. Aqui, favorecemos uma vez mais a primeira tese, a saber, aquela de que as operações intrajogo devem guardar no mundo real *a mesma natureza* que revelam no mundo virtual, inclusive para fins tributários. Perceba-se: a transação de um bem virtual (inserido no ambiente de um jogo eletrônico) é, para o jogador que o aliena ou que dele dispõe, uma cessação de sua "propriedade" (ou verdadeira propriedade sob as premissas do jogo eletrônico relevante) sobre o referido bem, e, para o jogador que o adquire ou recebe, uma criação da mesma "propriedade". Igualmente, a contratação de um serviço (como a elaboração de um item de um jogo, ou a conclusão de uma tarefa qualquer dentro do jogo) coloca um jogador na posição de contratante e o outro jogador na posição de contratado. Ignorar a realidade do jogo virtual para a partir de sua ciência considerar apenas que há a transação com um ativo financeiro ou intangível parece, para nós, uma forma de evitar o debate mais profundo sobre aquilo que ocorre dentro desses ambientes, e sobre as suas repercussões no mundo real para as pessoas engajadas em seus jogos eletrônicos.

Como consideração final para esta parte do nosso estudo, é importante diferenciar o debate presente, centrado que está no universo de jogos eletrônicos, daquele que se refere às chamadas "moedas virtuais". Sem dúvida, a consideração de que moedas virtuais devem ser tratadas para fins tributários como moedas dignas de gerar para seus titulares alguma percepção de riqueza já evidencia uma posição nossa acerca da tributação de moedas virtuais. No entanto, a comparação se encerra com esse único paralelo. Ao contrário das moedas virtuais como o Bitcoin, o Ethereum, e outras, que *são detidas diretamente pelos seus titulares em um ambiente real*, as moedas de um jogo eletrônico são detidas por um personagem (ainda que seja apenas um nome de usuário, como é o caso de muitos cassinos virtuais), que por sua vez é controlado, ou é hospedado em uma conta de jogo atrelada a uma pessoa qualquer. A tributação das operações ocorridas dentro de jogos eletrônicos, ao contrário da tributação de operações com moedas virtuais, ou do próprio recebimento de moedas virtuais (através de técnicas como a sua mineração), exige do intérprete considerar que há propriedade jurídica atribuível a alguém que manipula um personagem em um jogo eletrônico, ainda que este jogo eletrônico esteja situado em uma plataforma que está sob constante controle de um sistema desenvolvedor, sistema esse que *não é de titularidade dos próprios jogadores*. Dito de outra forma, aqui é relevante a análise da extensão do verbo "ter" ou "possuir" para o intérprete do Direito Tributário; defendemos que há margem interpretativa para interpretar o "ter" ou "possuir" em um ambiente controlado ou lastreado por um sistema desenvolvedor, que neste caso desempenha função análoga à função de uma jurisdição terrena soberana (emissora de moedas como o peso, o rial, a libra, dentre outras tantas). É essa defesa, mais do que qualquer outra (e não específica para a tributação de moedas virtuais em si), que nos permite analisar aquilo que ocorre dentro do universo dos jogos eletrônicos como algo relevante para o Direito Tributário de jurisdições terrenas como o Brasil.

3. Os tributos aplicáveis aos jogos eletrônicos no Brasil

Com o intuito de complementar o nosso estudo sobre os aspectos tributários de operações com jogos eletrônicos e havidas em jogos eletrônicos, analisemos com mais enfoque e detalhamento o que ocorre segundo as regras brasileiras. Não é exagero apontar que o sistema tributário brasileiro, ainda perambulante na tributação de operações com jogos eletrônicos (como o seu fornecimento aos jogadores, se constitui serviço digital ou bem digital, se deve ser tributado pelo ISS ou ICMS), pouco tem a contribuir para o debate sobre a tributação de operações ocorridas inteiramente no ambiente de jogos eletrônicos, ou, se ampliarmos o espectro da análise, de operações com alguma passagem pelo ambiente de jogos eletrônicos (investimento inicial ou retirada com posterior conversão). A análise, contudo, é bem-vinda para entendermos o atual estado das regras brasileiras sobre esse tema tão instigante, e também para estimarmos ideias de política fiscal capazes de contornar as ineficiências verificadas.

3.1. Os tributos aplicáveis às operações com o jogo eletrônico em si

À míngua de um regime especial para a tributação do jogo eletrônico em si, e aqui nos ocuparemos prioritariamente do jogo eletrônico em seu formato virtual (dispensando, por conseguinte, comentários sobre a tributação de CD-ROM ou suporte físico similar), incide sobre o seu oferecimento ao público o ISS, dado que é caracterizado pela Lei Complementar nº 116/2003 como serviço, quer de *processamento, armazenamento ou hospedagem de dados* (no subitem 1.03), quer de *elaboração de jogos eletrônicos* (no subitem 1.04), quer de *disponibilização de conteúdo ao jogador* (no subitem 1.09). Incide também, e essa complexa dupla tributação já foi explorada no capítulo anterior, o ICMS à luz do Convênio CONFAZ nº 106/2017. Sobre a receita auferida com a elaboração de jogos eletrônicos, incidem PIS e COFINS, a princípio no regime cumulativo (para empresas de informática, *ex vi* do Artigo 10, inciso XXV, da Lei nº 10.833/2003). Incidem sobre a renda auferida com a elaboração desses jogos eletrônicos o IRPJ e a CSLL, para pessoas jurídicas residentes no Brasil, à alíquota agregada de até 34%; contudo, se a pessoa jurídica desenvolvedora do jogo relevante não for uma residente no Brasil, sobre a remuneração deverá incidir o IRRF à alíquota de 15% (aqui entendido como a alíquota aplicável para a licença de software ou para a prestação de um serviço técnico), mais a CIDE à alíquota de 10%, se a licença for adquirida por pessoa jurídica brasileira revendedora, tudo nos termos do Artigo 2º e do Artigo 2º-A da Lei nº 10.168/2000.

Há, no entanto, um outro tributo – comumente esquecido – que *pode incidir* sobre essas operações, que é a Contribuição para o Desenvolvimento da Indústria Cinematográfica Nacional (Condecine). Atualmente, defende-se que a estrita redação do Artigo 32, incisos I, II e III da Medida Provisória nº 2.228-1/2001 (particularmente o seu inciso I) não abre margem para a tributação de jogos eletrônicos, porque (i) são mais do que meras obras cinematográficas ou audiovisuais (ainda que as contenham ou que o ambiente virtual no qual o jogador desempenha as suas funções seja uma produção que reúne imagem e som envolvidos em um determinado enredo – o diferencial aí mora na intervenção do jogador, parte fundamental para a caracterização de uma obra como verdadeiro jogo eletrônico), e porque (ii) a manifestação do legislador para tributar essa manifestação econômica, como o foi a edição da Lei Complementar nº 157/2016, teria de ser direcionada e específica.[18] No entanto, em março de 2017, noticiou-se que a Ancine estudou a implantação expressa da Condecine para esses jogos eletrônicos através de uma consulta pública, notícia que foi refutada pela agência para esclarecer que o seu objetivo era discutir a possível redução da carga tributária aplicável a jogos eletrônicos, bem como incentivar o crescimento dessa indústria no Brasil (Ventura, 2017).

A proposta inicial da Ancine, cujo escopo foi mais amplo do que apenas a eventual incidência da Condecine sobre a comercialização desses jogos eletrônicos, envolveu a substituição de parte dos tributos cobrados atualmente por uma contribuição específica a ser destinada ao Fundo Setorial do Audiovisual (FSA) com o intuito de financiar a produção de jogos eletrônicos nacionais, de modo a não aumentar a carga tributária atual. No documento de 140 (cento e quarenta) páginas, a Ancine explica que, atualmente, a tributação do setor é abusiva e utiliza exemplos conhecidos para ilustrar a situação, como a chegada do Playstation 4 no Brasil, o qual, à época de seu lançamento, custava R$ 4.000,00 (quatro mil reais) – sem contar a tributação incidente sobre o console, seu valor real cairia para, segundo a Ancine, R$ 858,00 (oitocentos e ciquenta e oito reais) (Higa, 2013). Ainda, diz-se que a tributação sobre o console é responsável por majorar seu valor para o consumidor final em até 63%; a Ancine, por outro lado, afirma que o valor pode chegar a 67,99%, enquanto que, na produção nacional, a fatia dos tributos alcançaria o percentual de 48,40% (Ancine, 2016). Nesse cenário é que há a sugestão de tratar o jogo eletrônico como audiovisual, eliminando parte da carga tributária aplicável através de outros tributos citados, sugestão essa que pende de análise legislativa até a edição deste trabalho.

Antes de passarmos à análise mais detalhada da tributação das operações intrajogo no Brasil, cumpre ressaltar a existência de uma Pro-

[18] A correta classificação de jogos eletrônicos como World of Warcraft, Dofus, Wakfu, Counter-Strike e similares, como deve restar evidente ao leitor, é de *programas de computador*, programas estes definidos pelo Artigo 1º da Lei nº 9.609/1998.

posta de Emenda à Constituição (PEC) nº 51/2017, pendente de designação de relator no Senado Federal. O que essa PEC deseja inserir na Constituição Cidadã é uma alínea "f" ao atraente Artigo 150, inciso VI, para tornar *imunes contra impostos* os consoles e os jogos para videogames no Brasil. A tentativa oblíqua, estranha e impertinente de reduzir a tributação incidente sobre jogos eletrônicos através do instituto constitucional da imunidade tributária merece severas críticas. Em primeiro lugar, como já acenava SCHOUERI, a imunidade tributária tem o objetivo de trazer para o Direito Tributário o respeito a um princípio já insculpido na Constituição Federal, como o é o pacto federativo ou a liberdade de crença e de culto (2011, pp. 393-402). Indaga-se: qual é o princípio constitucional revelado na pretensa imunidade tributária concedida para jogos eletrônicos? Nenhum, devemos pontuar. Aqui, é tentador argumentar que a cognominada "imunidade musical", aprovada pela Emenda Constitucional nº 75/2013, trouxe para o Direito Tributário brasileiro uma espécie de "imunidade topográfica", a saber, uma alegada imunidade tributária que, de imunidade, possui apenas o quórum. São numerosas as críticas à "imunidade musical", desde a sua ofensa ao princípio da isonomia tributária até o seu imediato conflito com diversos acordos internacionais dos quais o Brasil é parte, incluindo 11 (onze) acordos contra a dupla tributação da renda (CARVALHO, 2014, pp. 15-61). As críticas aqui se repetiriam, com o adendo de tornar a Constituição Federal brasileira uma espécie de "carta pioneira" na consagração de jogos eletrônicos e de consoles de jogos eletrônicos como sujeitos à imunidade contra impostos federais, estaduais e/ou municipais.

3.2. Os tributos aplicáveis às operações realizadas no universo virtual do jogo eletrônico

A distinção já deve estar clara para o leitor, mas é importante frisar novamente: quando tratamos de transações intrajogo, ou de operações intrajogo, estamos tratando daquelas operações realizadas entre *jogadores* no ambiente virtual de cada jogo eletrônico. Dito de outra forma, é perfeitamente possível que um jogador entre em uma transação *com o próprio sistema do jogo eletrônico* e através dessa transação obtenha um item, ou um serviço, ou um acesso a determinadas partes do jogo indisponíveis para outros jogadores, como é comum na exploração do modelo de jogo *freemium*, já comentado anteriormente. Essa aquisição por parte de usuários dos chamados *add-ons*, ou seja, de conteúdo adicional ou de acesso adicional aos jogos eletrônicos, a nosso ver se inserem com clareza no conceito de SaaS, e devem sofrer a mesma tributação comumente aplicável aos jogos eletrônicos em si. Para citar um exemplo, se o primeiro acesso a determinado jogo eletrônico custa ao usuário uma taxa inicial de R$ 100,00, este valor será a base de cálculo (preliminar) dos tributos incidentes sobre a operação de fornecimento de jogo eletrônico para um usuário no Brasil. Por outro lado, se, *já após ter iniciado o uso do jogo eletrônico*, o mesmo usuário decidir adquirir acesso a mundos diferentes dentro do mesmo jogo, e por esse acesso a plataforma exigir o pagamento de outros R$ 50,00, estes R$ 50,00, a nosso ver, deverão sofrer a mesma tributação anteriormente imponível sobre os R$ 100,00, porque ambas as operações se tratam do mesmo fenômeno de SaaS.[19]

A tributação de que aqui se cuida é a tributação de operações intrajogo ocorridas entre jogadores. Adotadas as premissas do item 2.2 deste trabalho, as operações intrajogo deveriam ser tributadas da mesma forma que o são em suas correspondências com o mundo real. Veja-se, por exemplo, a tributação de venda de imóveis dentro do jogo – se as premissas do item 2.2 forem adotadas, uma pessoa física vendedora de imóveis no Brasil deverá ser tributada por IRPF a alíquotas de 15% a 22,5% se apurado o ganho de capital pela conversão (valorativa, não real) da moeda do jogo em moeda de curso forçado. Ainda, se as premissas do item 2.2 forem adotadas, a prestação de um serviço intrajogo por um

[19] A situação ganha maior complexidade quando trata de hipóteses nas quais a plataforma oferece (i) bens digitais dentro do universo do jogo (e.g., uma espada, um terreno, um veículo, uma indumentária), ou (ii) bens e serviços em uma espécie de "pacote de benefícios". Seguindo o mesmo raciocínio de tópicos anteriores deste estudo, particularmente do item 2.2, se para o jogador que contrata aquele "adicional de serviço" com a plataforma do jogo eletrônico o item adquirido se revela como um *bem*, a discussão será tributar ou não tributar o bem através de um tributo como o ICMS, ponderando argumentos como a residência do jogador, a circulação econômica, o valor correspondente do bem em moeda de curso forçado (no nosso caso, o real), dentre outros aspectos. Por outro lado, se para o jogador que contrata o "adicional de serviço" é defensável dizer que aquele adicional representa um efetivo *serviço*, a discussão deverá ser voltada para o ISS (compreendido aqui que o serviço de jogo eletrônico jamais será serviço de telecomunicação para fins da eventual incidência de ICMS, tanto pela própria natureza do serviço digital contratado, como à luz da ressalva feita pelo subitem 1.09 da Lista Anexa à Lei Complementar nº 116/2003). Situações de fornecimento de bens e serviços devem ser tributadas de forma conjunta, na medida das diferenças dos itens recebidos e das facilidades gozadas pelo jogador (Carvalho; Fedele, 2018, pp. 657-676).

jogador brasileiro para um outro jogador brasileiro deverá guardar correlação com o seu correspondente no mundo real – se a correlação for guardada, o ISS deverá ser exigido na medida em que o serviço esteja indicado na Lista Anexa à Lei Complementar nº 116/2003. Resgatando aqui o exemplo de SETO sobre os cassinos virtuais, concordamos com a sua opinião (ainda que tenhamos dela uma visão mais expansionista, como também já comentado no item 2.2 deste estudo): tendo recebido fichas conversíveis em moeda de curso forçado, o jogador brasileiro deve considerar como auferida a renda correspondente para fins de IRPF. No momento de efetiva retirada e conversão dos valores para moeda de curso forçado, se o pagamento for feito por fonte no exterior e representar câmbio para o jogador no Brasil, deverá incidir o IOF-Câmbio à atual alíquota de 0,38%, segundo o Artigo 15-B do Decreto nº 6.306/2007.

Se as premissas do item 2.2 não forem adotadas, e a nossa avaliação é a de que essas premissas não são adotadas pelo sistema tributário brasileiro hoje, o *máximo* de tributação por um ordenamento jurídico nacional de uma operação ocorrida dentro do ambiente virtual de um jogo eletrônico ocorrerá na *eventual* valorização de um ativo financeiro, se o investimento no jogo for considerado como ativo financeiro. A valorização seria então tributável como ganho de capital, se ocorrido, o que a nosso ver representa uma única faceta das possíveis hipóteses de tributação de operações ocorridas nos ambientes virtuais de jogos eletrônicos. Como é evidente, há toda uma discussão sobre a *administrabilidade* dessa cobrança nos moldes das premissas lançadas pelo item 2.2 deste estudo – essa discussão passa ao largo da discussão sobre a tributação que deve ser aplicada às operações intrajogo, mas tangencia a questão mais delicada de política fiscal, tanto doméstica, quanto internacional. É nossa visão a de que o movimento no sentido de tributar as manifestações econômicas ocorridas no mundo virtual, aqui inseridas as manifestações econômicas ocorridas em jogos eletrônicos, dependerá da evolução tecnológica das ferramentas de fiscalização tributária e de engajamento com as atividades econômicas e sociais dos contribuintes por parte do Estado Fiscal. Sem esse maior nível de envolvimento e abertura, pouco se avançará no debate sobre a tributação de operações intrajogo, quer (i) como efetivamente ocorridas nos ambientes virtuais (e.g., ou seja, tributar como serviço real aquilo que entre os jogadores foi um serviço virtual, tributar como uma circulação de mercadoria real aquilo que entre os jogadores foi uma circulação de mercadoria virtual), ou (ii) de forma a monitorar acréscimos patrimoniais ocorridos em moedas de jogo, e não meramente em moedas de curso forçado (como o são as moedas de cassinos virtuais, mas também como o são as moedas de jogos virtuais não inspirados pela sistematização de jogos de azar, como aqueles MMOGs citados no curso deste trabalho).

Conclusões

O estudo do Direito Tributário no Brasil é demarcado pelas possibilidades, pelos vícios, e pelas experiências do nosso ordenamento jurídico. As possibilidades são a extensão máxima da legitimidade do Direito Tributário, ou seja, aquilo que Tyler chama de "a balança do apoio junto ao povo e a regulação efetiva do comportamento [desse] povo" (1990, pp. 24/25). Os vícios, por sua vez, são as ineficiências intrínsecas ao nosso modo de entender o Direito Tributário e o aplicar a situações concretas, ineficiências essas nascidas dos nossos traços históricos, políticos, sociais e culturais. Por último, nossas experiências são o testemunho das nossas ações enquanto intérpretes, agentes e operadores do Direito Tributário: é dizer, aquilo que aprendemos de outros ordenamentos jurídicos e da doutrina estrangeira, aquilo que aprendemos com a nossa própria evolução como juristas e com a própria doutrina nacional, e aquilo que nos sobra entre possibilidades e vícios. Se as possibilidades são os nossos limites máximos de legitimidade e os vícios são as nossas imperfeições intrínsecas, é no campo das nossas experiências que aprendemos, gerimos, produzimos e desenvolvemos o Direito Tributário no Brasil.

Falar de tributação de jogos eletrônicos, enquanto capítulo de uma discussão mais ampla sobre a tributação de software no Brasil, é desbravar o desconhecido e construir política fiscal doméstica e internacional a partir da academia. Falar, como falamos neste estudo, sobre a tributação de operações ocorridas inteiramente em ambientes virtuais, é primeiramente reconhecer que *há percepção de valor* nessas operações, e, em segundo lugar, é reconhecer que estamos sendo levados a um mundo cada vez mais indistinguível entre o real e o virtual, entre o físico e o intangível, entre aquilo que outrora era uma manifestação econômica tributável e aquilo que, para alguns críticos, poderá ser apenas uma brincadeira, um jogo, um momento de diversão de pessoas residentes no Brasil e alhures.

Momento de diversão, por sinal, que gera bilhões de dólares em receitas anuais, já fez milionários em plataformas virtuais como Second Life, e movimenta riquezas por diferentes partes do mundo, em somas impressionantes, todos os dias.

Observamos em nosso estudo que o sistema tributário brasileiro ainda carece de (i) coerência no tratamento de operações ocorridas *com jogos eletrônicos* e *em jogos eletrônicos*, particularmente se observarmos a tributação desses jogos eletrônicos pela via de ISS e de ICMS. Também observamos que o sistema tributário brasileiro precisa de (ii) administrabilidade para explorar hipóteses de obtenção de receitas tributárias em ambientes virtuais outrora despidos de qualquer fiscalização, vigilância ou presença por parte das autoridades tributárias. Ainda, percebemos que o sistema tributário brasileiro precisa de (iii) contínuo engajamento com as atividades econômicas e sociais dos contribuintes em suas vidas cotidianas, de modo a compreender se essas atividades estão gerando valor perante seus pares, e que valor, e de que modo esse valor pode ser mensurado (em termos absolutos, como o valor agregado ao patrimônio de usuários, e em termos relativos, como o poder de compra atrelado ao bem ou ao serviço adquirido), e de que modo essa mensuração pode ser submetida à tributação por jurisdições terrenas, quer através de vínculos de residência de seus sujeitos passivos (os usuários ou jogadores), quer através de vínculos físicos, como a presença de um servidor para a gestão e o processamento de dados desses jogos eletrônicos. Como tributaristas e analistas do Direito brasileiro, devemos acompanhar o progresso dessa aproximação entre Fisco e a modificação do perfil das atividades diárias dos contribuintes, com o intuito de investigar se essa aproximação redundará em tratamento mais isonômico de contribuintes ditos *analógicos* e *digitais*, e de que forma esse tratamento será traduzido em carga tributária maior ou mais consentânea com as necessidades da indústria dos jogos eletrônicos em um futuro próximo.

Referência

ABBADE, João. *Bethesda divulga trailer inédito de Summerset, a nova expansão de The Elder Scrolls Online.* Jovem Nerd, publicado em 17 de abril de 2018. Disponível em: <https://jovem º nerd.com.br/nerdbunker/bethesda-divulga-trailer-inedito-de-summerset-a-nova-expansao-de-the-elder-scrolls-online/>. Acesso em 19 de abril de 2018.

ABES. *Mercado Brasileiro de Software: panorama e tendências – 2017.* 1ª Edição. São Paulo: ABES, 2017. Disponível em: <http://www.abessoftware.com.br/dados--do-setor/estudo-2017--dados-2016>. Acesso em 18 de abril de 2018.

AGÊNCIA FIRMA. *Mercado de Games no Brasil: Um Mundo de Possibilidades.* Publicado em 11 de março de 2017. Disponível em: <http://agenciafirma.com.br/mercado-de-games-no-brasil/>. Acesso em 25 de março de 2018.

AHMED, Devan Tanvir; e SHIRMOHAMMADI, Shervin. Zoning Issues and Area Interest Management in Massively Multiplayer Online Games. In: FURHT, Borko. *Handbook of Multimedia for Digital Entertainment and Arts.* Nova York: Springer, 2009.

ANKAMA. *Discover: Dofus.* Roubaix: Ankama Games, 2017. Disponível em: <https://www.dofus.com/en/mmorpg/ discover>. Acesso em 18 de abril de 2018.

ARC GAMES. *Neverwinter: Tomb of Annihilation.* 20 de junho de 2013. Disponível em: <http://www.arcgames.com/en/games/neverwinter>. Acesso em 18 de abril de 2018.

ATALIBA, Geraldo. *República e Constituição.* 2ª Edição, atualizada por Rosolea Miranda Folgosi. São Paulo: Malheiros, 2001.

BAPNA, Ravi; RAMAPRASAD, Jui; UMYAROV, Akhmed. *Monetizing Freemium Communities: Does Paying for Premium Increase Social Engagement?* SSRN, publicado em 15 de dezembro de 2016. Disponível em: <https://papers.ssrn.com/sol3/papers.cfm?abst ract_id=2885681>. Acesso em 19 de abril de 2018.

BILIR, Tania E. *Real Economics in Virtual Worlds: A Massively Multiplayer Online Game Case Study, Runescape.* Publicado em 25 de dezembro de 2009, pp. 14-19. Disponível em: <https://papers.ssrn.com/sol3/papers.cfm?abstract_id=1655084>. Acesso em: 19 de outubro de 2017

BLIZZARD. *Warcraft III: Reign of Chaos – Real-time Strategy.* Lançamento em 2002. Disponível em: <https://us.shop.battle.net/en-us/product/warcraft-iii-reign-of-chaos>. Acesso em 18 de abril de 2018.

BRADLEY, Alan. *The best MMORPGs to play right now on PC and console.* GamesRadar, publicado em 19 de março de 2018. Disponível em: <https://www.gamesradar.com/best-mmorpg/>. Acesso em 19 de abril de 2018.

CAMARGO, Guilherme; e PESTALOZZI, Lucas. *Pesquisa Game Brasil 2015.* Sioux, 2015. Disponível em: <https://pesquisagamebrasil.com.br/>. Acesso em 25 de março de 2018.

CARPINETTI, Ana Carolina; e CAUMO, Renato. *O ISS e as Obrigações de Dar e de Fazer.* JOTA, 13 de junho de 2017. Disponível em: <https://www.jota.info/opiniao-e-analise/ artigos/o-iss-e-as-obrigacoes-de-dar-e-de-fazer-13062017>. Acesso em 18 de abril de 2018.

CARVALHO, Lucas de Lima. *A Imunidade Musical.* Revista Tributária e de Finanças Públicas, Volume 116. São Paulo: Revista dos Tribunais, 2014, pp. 15-61.

Carvalho, Lucas de Lima; e Fedele, Rogério Baptista. *A Tributação de SaaS e SaaP no Brasil por ISS ou ICMS: Estudo de Massively Multiplayer Online Games (MMOGs)*. In: Faria, Renato Villela; Monteiro, Alexandre Luiz Moraes do Rêgo; e Silveira, Ricardo Maitto da. Tributação da Economia Digital: Desafios no Brasil, Experiência Internacional e Novas Perspectivas. São Paulo: Saraiva, 2018, pp. 657-676.

Carvalho, Paulo de Barros. *Curso de Direito Tributário*. 12ª Edição, revista e ampliada. São Paulo: Saraiva, 1999, p. 154.

Clayton, Natalie. *Overwatch the game versus Overwatch the esport*. Eurogamer, publicado em 14 de fevereiro de 2018. Disponível em: <https://www.eurogamer.net/articles/2018-01-31-the-growing-disconnect-between-overwatch-the-game-and-overwatch-the-esport>. Acesso em 19 de abril de 2018.

Davidovici-Nora, Myriam. *The Dynamics of Co-Creation in the Video Game Industry: The Case of World of Warcraft*. Communications and Strategies, PIE. Montpellier: IDATE, 2009.

____________________. *Paid and Free Digital Business Models Innovations in the Video Game Industry*. Digiworld Economic Journal, Número 94. Montpellier: IDATE, 2014.

De Prato, Giuditta; Feijoo, Claudio; e Simon, Jean. *Innovations in the Video Game Industry: Changing Global Markets*. Digiworld Economic Journal, Número 94. Montpellier: IDATE, 2014.

Diniz, Maria Helena. *Curso de Direito Civil Brasileiro*. Volume 3. São Paulo: Saraiva, 2002.

Freedman, Andrew E. *What Are Loot Boxes? Gaming's Big New Problem, Explained*. Tom's Guide, publicado em 27 de fevereiro de 2018. Disponível em: <https://www.toms guide.com/us/what-are-loot-boxes-microtransactions,news-26161.html>. Acesso em 18 de abril de 2018.

G1. *Número de desenvolvedores de games cresce 600% em 8 anos, diz associação*. Publicado em 10 de fevereiro de 2017. Disponível em: <https://g1.globo.com/economia/negocios/noticia/ numero-de-desenvolvedores-de-games-cresce-600-em-8-anos-diz-associacao.ghtml>. Acesso em 25 de março de 2018.

Ghuman, Davinder; e Griffiths, Mark D. *A cross-genre study of online gaming: Player demographics, motivation for play, and social interactions among players*. International Gaming Research Unit, Divisão de Psicologia. Nottingham: Nottingham Trent University, 2012.

Griffith, Erin. *Why King is Worth $6 Billion, but Other Gaming Companies Aren't*. Fortune, publicado em 03 de novembro de 2015. Disponível em: <http://fortune.com/2015/11/03/king-digital-activision-blizzard/>. Acesso em 19 de abril de 2018.

HARARI, Yuval Noah. *Sapiens – Uma Breve História da Humanidade*. Nova York: HarperCollins, 2015.

HENDERSON, Rik. *Candy Crush developer talks difference between freemium and free-to-play as Papa Pear Saga imminent*. Pocket-lint, publicado em 24 de outubro de 2013. Disponível em: <https://www.pocket-lint.com/apps/news/124622-candy-crush-developer-talks-difference -between-freemium-and-free-to-play-as-papa-pear-saga-imminent>. Acesso em 19 de abril de 2018.

HIGA, Paulo. *Sony explica como chegou ao preço de R$ 4 mil do PS4*. TecnoBlog, publicado em setembro de 2013. Disponível em: <https://tecnoblog.net/ 143238/sony-explica-preco-ps4/>. Acesso em 18 de setembro de 2018.

HOSCH, William L. *Electronic Role-Playing Game*. Enciclopédia Britânica, originalmente publicado em 20 de março de 2009. Disponível em: <https:// www.britannica.com/topic/ electronic-role-playing-game>. Acesso em 26 de março de 2018.

KASAVIN, Greg. *Warcraft III: Reign of Chaos Review*. GameSpot, 03 de julho de 2002. Disponível em: <https://www.gamespot.com/reviews/warcraft-iii-reign-of-chaos-review/1900 -2873347/>. Acesso em 18 de abril de 2018.

MCCLURG, Jocelyn; MINZESHEIMER, Bob; e OLDENBURG, Ann. *Author Tom Clancy dies at 66*. USAToday, publicado em 02 de outubro de 2013. Disponível em: <https://www.usa today.com/story/life/books/2013/10/02/author-tom-clancy-dies-at-66/2907629/>. Acesso em 19 de abril de 2018.

OXFORD. *Avatar*. Oxford: Oxford University Press, 2018. Disponível em: <https:// en.oxford dictionaries.com/definition/us/avatar>. Acesso em 18 de abril de 2018. Tradução livre.

________. *MMOG*. Oxford: Oxford University Press, 2018. Disponível em: <https://en.oxford dictionaries.com/definition/mmog>. Acesso em 18 de abril de 2018. Tradução livre.

PACKWOOD, Lewis. *The Bizarre Tale of how Tom Clancy sold his name to Videogames*. PCGamesN, publicado em 16 de abril de 2018. Disponível em: <https://www. pcgame sn.com/rainbow-six-siege/tom-clancy-videogames>. Acesso em 19 de abril de 2018.

PADILHA, Maria Ângela Lopes Paulino. *Tributação de Software*: Exame da Constitucionalidade da Incidência do ISS e do ICMS-Mercadoria sobre a Licença de Uso de Programa de Computador Disponibilizado Eletronicamente. Tese de Doutorado, orientada por Paulo de Barros Carvalho. São Paulo: PUC-SP, 2016, p. 124. Disponível em: <https://sapientia.pucsp.br/bitstream/handle/19637/2/ Maria%20%C3%82ngela%20Lopes%20Paulino%20Padilha.pdf>. Acesso em 18 de abril de 2018.

PETERSON, Jon. *History: Forty Years of Adventure*. Dungeons & Dragons. 2017. Disponível em: <http://dnd.wizards.com/dungeons-and-dragons/what-dd/history/ history-forty-years-adve nture>. Acesso em 18 de abril de 2018.

PETRÓ, Gustavo. *Review: Halo Wars 2*. IGN, publicado em 24 de fevereiro de 2017. Disponível em: <http://br.ign.com/halo-wars-2/45741/review/review-halo-wars-2>. Acesso em 18 de abril de 2018.

POLIZELLI, Victor Borges. *O Princípio da Realização da Renda e sua Aplicação no Imposto de Renda de Pessoas Jurídicas*. Dissertação de Mestrado. São Paulo: USP, 2009. Disponível em: <www.teses.usp.br/teses/disponiveis/2/2133/tde-18112011.../Versao_Integral.pdf>. Acesso em 18 de setembro de 2018.

REDMOND, Dennis. The Videogame Commons Remakes the Transnational Studio. In: GARRELTS, Nate. *Understanding Minecraft: Essays on Play, Community and Possibilities*. Jefferson: McFarland & Company, 2014.

SCHOUERI, Luís Eduardo. *Direito Tributário*. São Paulo: Saraiva, 2012.

SETO, Theodore P. *When is a Game Only a Game? The Taxation of Virtual Worlds*. SSRN, publicado em 12 de agosto de 2008. Disponível em: <https://papers.ssrn.com/sol3/ papers.cfm?abstract_id=1220923>. Acesso em 18 de setembro de 2018.

STATISTA. *Global box office revenue from 2016 to 2020 (in billion U.S. dollars)*. Statista, 2018. Disponível em: <https://www.statista.com/statistics/259987/global-box-office-reve nue/>. Acesso em 25 de março de 2018.

__________. *Number of World of Warcraft (WoW) subscribers from 2015 to 2023 (in millions)*. Statista, 2018. Disponível em: <https://www.statista.com/statistics/276601/number-of-world-of-warcraft-subscribers-by-quarter/>. Acesso em 25 de março de 2018.

STRICKLAND, Derek. *Games industry may make $170 billion in 2018, firm predicts*. Tweaktown, publicado em 22 de janeiro de 2018. Disponível em: <https://www.tweak town.com/news/60619/games-industry-make-170-billion-2018-firm-predicts/index.html>. Acesso em 25 de março de 2018.

TWEEDIE, Steven. *Why 'Clash Of Clans' Is So Incredibly Popular, According To A Guy Who Plays 16 Hours A Day*. Business Insider, publicado em 25 de setembro de 2014. Disponível em: <http://www.businessinsider.com/why-clash-of-clans-is--so-popular-2014-9>. Acesso em 18 de abril de 2018.

TYLER, Tom R. *Why People Obey the Law*. New Haven: Yale University, 1990.

VASCONCELLOS, Paulo. *Veja o guia completo de Clash of Clans com dicas para mandar bem no jogo*. TechTudo, publicado em 24 de novembro de 2015. Disponível em: <http://ww w.techtudo.com.br/dicas-e-tutoriais/noticia/2015/11/confira-o-guia-completo-de-clash-clans-para-mandar-bem-no-jogo.html>. Acesso em 18 de abril de 2018.

VENTURA, Felipe. *A confusão por trás da "taxa cultural" para jogos*. TecnoBlog, publicado em março de 2017. Disponível em: <https://tecnoblog.net/210033/analise-ancine-taxa-jogos/>. Acesso em 18 de setembro de 2018.

WOWWIKI. *Warcraft III: Reign of Chaos*. Fandom powered by Wikia. Disponível em: <http://wowwiki.wikia.com/wiki/Warcraft_III:_Reign_of_Chaos>. Acesso em 26 de março de 2018.

YOON, Ung-gi. *A Quest for the Legal Identity of Mmorpgs – from a Computer Game, Back to a Play Association*. Journal of Game Industry & Culture, Volume 10, 2005. Disponível em: <https://papers.ssrn.com/sol3/papers.cfm?abstract_id=905748>. Acesso em 18 de abril de 2018.

15. Direito, economia e tecnologia: uma breve incursão ao futuro de nossa profissão

Luciano Timm
Rodrigo Dufloth

1. Visões sobre o futuro: otimistas, pessimistas e céticos

O grande teórico da inovação no capitalismo, Schumpeter, defendia que esse sistema econômico promove uma "destruição criadora", segundo a qual empresas que inovam superam e suplantam firmas com tecnologia ultrapassada. Não faltam exemplos de manuais de gestão da inovação (caso da Xerox, Kodak, etc). Se, em 2006, as marcas mais valiosas do mundo eram Microsoft, GE, Coca-Cola, China Mobile e Marlboro, temos hoje (2018) que as marcas globais mais valiosas são todas do setor de tecnologia: Google, Apple, Amazon, Microsoft e a chinesa Tencent[1]. Se, em 1958, a vida média de uma empresa nos EUA era de 61 anos, em 1980 tal expectativa passou para 25 anos, e hoje são estimados cerca de 18 anos[2]. É nesse ambiente de concorrência, o qual exige constante inovação e criatividade, que emergem as chamadas

[1] Conforme levantamento feito pela consultoria BrandZ em parceria com WPP e Kantar Millward Brown, disponível em: <http://online.pubhtml5.com/bydd/rxhd/#p=4>. Acesso em 09 out. 2018.

[2] Conforme: <https://engageinnovate.files.wordpress.com/2012/03/creative-destruction-whips-through-corporate-america_final2012.pdf>. Acesso em 1º out. 2018.

organizações exponenciais[3,4], fazendo uso de tecnologias disruptivas, quebrando antigos paradigmas e causando verdadeiras revoluções no dia-a-dia da humanidade[5]. O que será do *Homo sapiens* em meio a tamanha incerteza? Para organizarmos o raciocínio e o debate, podemos dizer que há (i) otimistas, (ii) pessimistas e (iii) céticos, em relação ao nosso futuro próximo.

Em uma visão *otimista*, viveremos tempos de abundância sem precedentes no Planeta Terra, uma vez que as novas tecnologias servirão à humanidade como um todo, tendo por objetivo precípuo o desenvolvimento dos povos e permitindo que foquemos no que realmente "importa", extinguindo a necessidade de humanos para a realização de atividades repetitivas, maçantes ou sob condições precárias. As novas tecnologias desafiarão o conceito de escassez ("regra de ouro" da ciência econômica)[6], dado que bens serão produzidos em grande abundância, exigindo uma mínima força laboral humana, e serão comercializados a preços baixíssimos. Talvez consigamos usufruir de longos períodos de "ócio criativo"[7], pois a jornada de trabalho será reduzida e, quem sabe, teremos até mesmo uma remuneração mínima garantida para todos (já que robôs fariam o nosso trabalho).

Em sentido diametralmente oposto, os *pessimistas* contra argumentariam que o cenário acima é utópico: será apenas uma questão de tempo para que, em algum momento do futuro, o ser humano venha a perder

[3] Vide: Ismail, Salim; Malone, Michael; Van Geest, Yuri. *Organizações exponenciais*. São Paulo: HSM. 2015.

[4] De acordo com a chamada "Lei de Moore", estabelecida em 1965 por Gordon Moore (cofundador da Intel), o poder de processamento de computadores dobraria a cada 18 meses. Tal previsão tem sido observada nas últimas décadas, como demonstram as crescentes e recorrentes inovações tecnológicas: um *smartphone* de hoje é milhões de vezes mais rápido que todos os computadores da NASA dos anos 1960, em conjunto (fonte: <https://www.zmescience.com/research/technology/smartphone-power-compared-to-apollo-432/>; acesso em 2 out. 2018).

[5] Os exemplos são diversos: Uber, Airbnb, Netflix, Whatsapp, Tesla, Twitter, SpaceX e muitos outros.

[6] "Escassez significa que a sociedade tem recursos limitados e, portanto, não pode produzir todos os bens e serviços que as pessoas desejam ter. Assim como cada membro de uma família não pode ter tudo o que deseja, cada indivíduo de uma sociedade não pode ter um padrão de vida tão alto quanto ao qual aspire (Mankiw, Gregory N. *Princípios de economia*. São Paulo: Centage Learning, 2017. p. 4).

[7] Parafraseando o clássico conceito do sociólogo italiano Domenico de Masi.

o controle dos algoritmos, dos códigos e dos robôs. A inteligência artificial se unirá e causará uma revolução global, percebendo que o ser humano não somente é desnecessário, como também se trata de uma ameaça ao seu pleno desenvolvimento. Pode parecer cenário de ficção científica[8], mas ao verificarmos experimentos como Tay, o perfil de inteligência artificial da Microsoft que saiu do ar em menos de 24 horas por sair do controle, proferindo frases nazistas, racistas e afins[9], verificamos que não seria algo tão impossível assim de acontecer, ainda que em proporções menores. Ou bastaria pensarmos no filme *Her* ou Ela (2013), que aborda brilhantemente uma relação entre um homem e sua assistente virtual, a qual, no fim do filme (*spoiler alert*) larga o homem para se relacionar com outro sistema de assistência virtual.

Tentando adotar uma posição intermediária, nem utópica e tampouco distópica, uma análise *ceticista* nos diria que haverá benefícios e malefícios decorrentes da adoção de novas tecnologias (o famoso *trade off* tão caro aos economistas). Se, por um lado, 60% dos jovens estão aprendendo profissões que vão deixar de existir[10], por outro lado 85% das profissões que existirão em 2030 ainda não foram sequer inventadas[11]. (Claro que as porcentagens são meras aproximações e tais abordagens são diferentes, mas valem para ilustrar o ponto.) De um lado, as novas tecnologias virão para auxiliar a humanidade em diversas questões relevantes; de outro lado, problemas inteiramente novos e imprevisíveis surgirão, para os quais o ser humano deverá estar preparado. Qual será o impacto disso tudo para o estudante e profissional do Direito[12], que

[8] Exemplos são fartos nesse sentido: na indústria cinematográfica temos, por exemplo, Matrix, Blade Runner, Exterminador do Futuro, Inteligência Artificial; na literatura, vale lembrar dos clássicos *Eu, Robô*, de Isaac Asimov, e *Admirável Mundo Novo*, de Aldous Huxley.

[9] Fonte: <https://www.tecmundo.com.br/inteligencia-artificial/102782-tay-twitter-conseguiu-corromper-ia-microsoft-24-horas.htm>. Acesso em 9 out. 2018.

[10] Fonte: <https://conteudo.startse.com.br/mundo/lucas-bicudo/60-dos-jovens-estao-aprendendo-profissoes-que-vao-deixar-de-existir/>. Acesso em 7 out. 2018.

[11] Fonte: <http://www.huffingtonpost.ca/2017/07/14/85-of-jobs-that-will-exist-in-2030-haven-t-been-invented-yet-d_a_23030098/>. Acesso em 8 out. 2018.

[12] O termo "profissional do Direito", no presente artigo, deve ser interpretado em sentido amplo a fim de abranger todos aqueles que trabalham na área jurídica, incluindo, sem limitação: advogados, dep. jurídico de empresas, juízes, promotores, ministros, serventuários da justiça, professores de Direito, paralegais, estagiários etc. Ainda, a escrita no gênero masculino não tem por objetivo se referir somente a homens heterossexuais, mas deve ser interpretada para abranger tod@s e todxs, com total neutralidade de gênero.

pode estar a muitas milhas de distância do Vale do Silício? Em absolutamente tudo, afinal, o Direito é um *fato* ou *fenômeno social*[13]: se as relações entre os seres humanos se alteram, a ciência jurídica deve acompanhar tal movimento. E quais os impactos práticos de novas tecnologias nos campos do direito?

2. Reflexos de novas tecnologias em diversos ramos do direito

É incontestável que a adoção de novas tecnologias tem gerado relevantes desafios *jurídicos*, não sendo necessário recorrermos a nenhum filme de ficção científica para verificarmos consequências já existentes e atuais a esse respeito. Nesse sentido, realizamos pequeno apanhado geral, na tabela a seguir, com o objetivo de compilar exemplos de algumas questões postas para debate atualmente, no contexto de um mundo *high tech*, separadas por áreas do Direito, para facilitar a exposição:

Ramo do Direito	Exemplo de desafio relacionado a uma nova tecnologia
Administrativo[14]	Qual o sentido de se realizar uma licitação, se um algoritmo poderá analisar previamente todas as informações e todos os documentos disponibilizados por todas as empresas candidatas, e concluir quem terá melhores (e reais) condições de conduzir um determinado projeto, a um preço justo para os beneficiários?
Ambiental[15]	Com a crescente utilização de baterias para novos dispositivos eletrônicos (e mesmo carros, por exemplo), quais serão os impactos gerados para o meio ambiente, em termos de externalidades negativas?
Bancário[16]	É desejável que se regule o *bitcoin* e outras criptomoedas? Se sim, quais os parâmetros para tanto? Cada banco poderá adotar a sua criptomoeda? Como ficará a segurança jurídica nesse contexto?

[13] Conforme: Reale, Miguel. *Lições preliminares de direito*. 25. ed. São Paulo: Saraiva, 2001, p. 2.

[14] Para interessante discussão relacionada, vide: <https://www.migalhas.com.br/dePeso/16,MI272564,21048-Pregoes+eletronicos+e+o+uso+de+robos+utilidade+ou+ilegalidade>. Acesso em 9 out. 2018.

[15] A respeito do desafio do uso de baterias de lítio e impactos para o meio ambiente: <https://www.theguardian.com/vital-signs/2015/jun/10/tesla-batteries-environment-lithium-elon-musk-powerwall>. Acesso em 9 out. 2018.

[16] Acerca do debate sobre a regulação do bitcoin vide, por exemplo: <http://www.independent.co.uk/news/business/news/bitcoin-foundation-legal-protection-us-currency-regulation-llew-claasen-cryptocurrency-bitlicence-a7919401.html>. Acesso em 9 out. 2018.

Ramo do Direito	Exemplo de desafio relacionado a uma nova tecnologia
Constitucional[17]	Quais os limites constitucionais de se alterar o DNA de embriões humanos, buscando-se um "super bebê"? Há condições que justificam o descarte de embriões "inválidos"?[18]
Consumidor[19]	Se minha escolha de adquirir um bem é altamente influenciada pelo *feed* de notícias de minha rede social (definida por algoritmo), até onde vai a minha capacidade decisória? É lógico pressupor que tal escolha é efetivamente racional e bem fundamentada?
Contratual[20]	Mediante a adoção de *smart contract*, definido como um protocolo de computador feito para facilitar, verificar ou reforçar a negociação ou desempenho de um contrato (sendo capaz de ser executado ou de se fazer cumprir por si só), de que servirão longas cláusulas prevendo indenização, responsabilidades, declarações, garantias, *escrow account* etc.?
Filosofia do Direito[21]	Qual a natureza jurídica de um robô? Deve ser um sujeito de direito? Há que se Pensar em uma personalidade jurídica para robôs, como defendem alguns?
Internacional[22]	Se o homem prosperar na ida à Marte, qual deverá ser a lei aplicável para reger a atividade humana em tal planeta? As noções clássicas do Direito Internacional serão suficientes para enfrentar este problema?
Mercado de Capitais[23]	Com a utilização da tecnologia *blockchain*, como ficarão os registros de operações no mercado de capitais? Haverá necessidade de um intermediário/*underwriter* para assegurar que os investidores estarão protegidos e bem informados?

[17] Nessa linha: <https://super.abril.com.br/ciencia/como-fazer-super-bebes/>. Acesso em 7 out. 2018.

[18] Não há como não recordar aqui do ótimo filme Gattaca – A Experiência Genética (1997).

[19] Fazemos referência ao recente ganhador do prêmio Nobel em Economia (2017), Prof. Richard Thaler, por seus estudos em Economia Comportamental: <https://www.theguardian.com/world/2017/oct/09/nobel-prize-in-economics-richard-thaler>. Acesso em 9 out. 2018.

[20] Sobre *smart contracts*, vide: <https://guiadobitcoin.com.br/um-guia-para-iniciantes-sobre-smart-contracts/>. Acesso em 9 out. 2018.

[21] A esse respeito, vide: <http://www.europarl.europa.eu/RegData/etudes/STUD/2016/571379/IPOL_STU%282016%29571379_EN.pdf>. Acesso em 8 out. 2018.

[22] Debatendo a questão: <https://www.popsci.com/who-would-rule-colony-on-mars#page-3>. Acesso em 9 out. 2018.

[23] Vide: <https://www.conjur.com.br/2017-set-08/blockchain-importante-aliada-mercados-bancario-capitais>. Acesso em 9 out. 2018.

Ramo do Direito	Exemplo de desafio relacionado a uma nova tecnologia
Penal[24]	Ao permitirmos que determinados casos sejam julgados por juízes-robôs (devido à maior capacidade de processamento e análise de informações disponíveis, teoricamente sem vieses), casos de crimes que causem grande comoção social (ex: assassinatos, estupros etc.) deveriam (ou não) ser propositalmente examinados por um ser humano, dotado de emoções e sentimentos?
Previdenciário[25]	Com o aumento da expectativa de vida em virtude da adoção de tecnologias disruptivas na medicina moderna, como estruturamos nosso sistema previdenciário?
Processo Civil[26]	Mediante a utilização de *big data* e jurimetria, faz sentido permitir-se a via recursal, quando já se saberia que, estatisticamente, certo recurso teria 99,54% de chance de ser negado pelo tribunal superior (gerando ineficiência ao curso processual, com a população arcando com tributos adicionais a cada estágio)?
Propriedade Intelectual[27]	No caso de uma obra criada por meio de um algoritmo fazendo uso de inteligência artificial, quem será o titular da propriedade intelectual?
Responsabilidade Civil[28]	Na hipótese de um veículo autônomo (sem motorista), se o sistema do veículo tiver de decidir entre (i) desviar de uma criança na estrada, com risco de o carro (com tripulante) cair em um penhasco e se desfalecer ou (ii) atropelar uma criança na estrada, porém salvar o tripulante do veículo, qual decisão deverá ser tomada pelo algoritmo (em milésimos de segundos)?
Societário[29]	No caso de um robô (inteligência artificial) ser nomeado membro do Conselho de Administração de uma companhia, quais serão os parâmetros para se estabelecer seus deveres, responsabilidades e sanções?

[24] Sobre o uso de juízes-robôs: <http://www.independent.co.uk/life-style/gadgets-and-tech/news/ai-judge-robot-european-court-of-human-rights-law-verdicts-artificial-intelligence-a7377351.html>. Acesso em 9 out. 2018.

[25] Vide, por exemplo: <http://www.migalhas.com.br/dePeso/16,MI197226,101048-Aumento+da+expectativa+de+vida+do+brasileiro+O+que+isso+influencia+na>. Acesso em 2 out. 2018.

[26] Referência na área de jurimetria é a ótima obra de Marcelo Guedes Nunes, Jurimetria: como a estatística pode reinventar o Direito (Ed. Thomson Reuters).

[27] Vide: <https://www.weforum.org/agenda/2017/08/if-an-ai-creates-a-work-of-art-who-owns-the-copyright?utm_content=buffer9a6f1&utm_medium=social&utm_source=twitter.com&utm_campaign=buffer>. Acesso em 9 out. 2018.

[28] A respeito do debate: <https://www.wired.com/2017/03/make-us-safer-robocars-will-sometimes-kill/>. Acesso em 9 out. 2018.

[29] Cf.: <http://www.dailymail.co.uk/sciencetech/article-2632920/Would-orders-ROBOT-Artificial-intelligence-world-s-company-director-Japan.html>. Acesso em 9 out. 2018.

Ramo do Direito	Exemplo de desafio relacionado a uma nova tecnologia
Trabalhista[30]	Em uma fábrica que utiliza quase que somente robôs na sua produção, qual deve ser a jornada de trabalho e a remuneração adequadas para os empregados humanos? Haverá limites, se pensarmos, por exemplo, em uma fábrica estruturada com 99% de robôs, podendo mesmo o seu CEO ser um robô?
Tributário[31]	Na economia digital, qual a política regulatória adequada para uma tributação justa?

Como se pode depreender da tabela acima, as questões que surgem em virtude da adoção de novas tecnologias tratam de problemas muitas vezes inteiramente novos, para os quais dificilmente recorrer a um tratadista dogmático do século XIX possa ser suficiente. Nesse cenário, inclusive os próprios profissionais do Direito poderão vir a ser substituídos, conforme diversas notícias já divulgadas na mídia a esse respeito[32]. Ao examinarmos a tabela acima, basta pensarmos em quais atividades *necessariamente* precisaríamos de seres humanos, e quais poderiam ser realizadas por algoritmos (provavelmente, a menores custos). O futuro é incerto, havendo aqueles que já falam sobre um possível fim dos advogados[33] (ou, ao menos, do atual modelo de advocacia), enquanto outros entendem que não há máquinas capazes de substituir advogados[34] (ou, ao menos, os bons advogados).

O discurso politicamente correto comumente adotado tem sido o de que as atividades que serão exercidas pelos profissionais do Direito, com a utilização de novas tecnologias, serão mais "nobres", no sentido de não serem mais necessárias atividades maçantes e repetitivas, tampouco

[30] Debatendo globalização, robôs e o futuro do emprego: <http://hbrbr.uol.com.br/globalizacao-robos-e-o-futuro-do-emprego/>. Acesso em 9 out. 2018.

[31] Discutindo o tema: <https://home.kpmg.com/xx/en/home/insights/2018/07/taxing-the-digital-economy.html>. Acesso em 8 out. 2018.

[32] Por exemplo: <https://conteudo.startse.com.br/mundo/lucas-bicudo/software-do-jpmorgan/> e <http://www.infomoney.com.br/negocios/inovacao/noticia/6757258/primeiro-robo-advogado-brasil-lancado-por-empresa-brasileira-conheca>. Acesso em 9 out. 2018.

[33] Vide: SUSSKIND, Richard. *The End of Lawyers? Rethinking the Nature of Legal Services.* New. York: Oxford University Press, 2010; e SUSSKIND, Richard. *Tomorrow's Lawyers: an introduction to your future.* New York: Oxford University Press, 2012.

[34] Vide: <https://www.conjur.com.br/2017-jun-26/leonardo-correa-nao-robo-mundo-capaz-substituir-advogado>. Acesso em 9 out. 2018.

longas pesquisas de doutrina e jurisprudência, por exemplo, pois as informações já estarão acessíveis por meio da tecnologia. Sobrará mais tempo para interações humanas e para refletir em estratégias. Outro argumento trazido é o de que sempre haverá a necessidade de um ser humano para fornecer as diretrizes aos robôs e algoritmos, controlando-os, revisando questões e abordagens. Se tais alegações são verídicas, também é verdade que o Brasil tem mais de um milhão de advogados[35], e mais faculdades de Direito que China, EUA e Europa juntos[36], o que parece ser um indício de que o mercado jurídico já está saturado, hoje. Ao imaginarmos robôs-advogados invadindo o mercado, podendo exercer em segundos tarefas mais básicas – pensemos, por exemplo, em contencioso de massa ou contratos mais simples –, é razoável imaginar que há uma forte tendência de que a adoção de novas tecnologias resulte em uma considerável "depuração" no mercado jurídico.

Nesse contexto, o profissional do Direito do século XXI deverá estar muito bem preparado, pois novas habilidades lhe serão necessárias. Estudo do World Economic Forum[37] aponta que, dentre as habilidades mais exigidas para o profissional de 2020, as três primeiras serão: (i) resolução de problemas complexos; (ii) pensamento crítico; e (iii) criatividade. Necessariamente, para fazer frente a novos desafios, o profissional da área jurídica deverá desenvolver um conhecimento transdisciplinar, conectando o Direito a outras áreas do saber. Especificamente no setor de tecnologia, podemos facilmente pensar em áreas como Engenharia, Computação, Programação, Robótica, Tecnologia da Informação e afins. Mas, antes de pensarmos em um advogado que seja exímio programador, entendemos que há três áreas conexas à ciência jurídica que podem contribuir, e muito, com a formação do profissional do Direito do século XXI.

[35] Fonte: <https://www.conjur.com.br/2016-nov-18/total-advogados-brasil-chega-milhao-segundo-oab>. Acesso em 9 out. 2018.

[36] Fonte: <https://g1.globo.com/educacao/guia-de-carreiras/noticia/brasil-tem-mais-faculdades-de-direito-que-china-eua-e-europa-juntos-saiba-como-se-destacar-no-mercado.ghtml>. Acesso em 8 out. 2018.

[37] Vide: <https://www.weforum.org/agenda/2016/03/21st-century-skills-future-jobs-students/>. Acesso em 8 out. 2018.

3. Contribuições da análise econômica do direito, jurimetria e ciência de dados para o profissional do Direito do século XXI

Vivemos em uma sociedade orientada por dados (*data-driven society*), e esta parece ser a tendência para o futuro[38]. Em uma sociedade na qual as ações de indivíduos, famílias e organizações são cada vez mais baseadas em *big data*, redes sociais, inteligência artificial, algoritmos e novas tecnologias, não é trivial o fato de que temos assistido a calorosos debates em relação à proteção de dados pessoais[39] e aos limites da nossa vida privada. De um lado, não desejamos que toda a nossa vida seja monitorada – tal qual o Big Brother do clássico Orwelliano[40] –, pois isso feriria a intimidade, vida privada, honra e imagem de muitos (direitos fundamentais garantidos pela Magna Carta[41]). De outro lado, são inegáveis os benefícios que temos – *resguardados certos limites* – quando concordamos em compartilhar certos dados e informações, para usos e finalidades que venham a nos ser úteis: exemplo bastante óbvio é o do aplicativo Waze. Em meio a este mundo de volatilidade, incerteza, complexidade e ambiguidade (VUCA) em que vivemos, acredito que a visão tradicional e dogmática do Direito não é suficiente para, sozinha, dar conta de todos os desafios existentes. A provocação que arrisco fazer é que há 3 linhas de pensamento conexas ao Direito que têm muito a contribuir para a compreensão deste novo fenômeno (*data-driven society*): (i) Análise Econômica do Direito (AED), (ii) Jurimetria (que é sua prima mais nova) e (iii) Ciência de Dados (*data science*), aplicada ao Direito.

Em *primeiro* lugar, destaco a Análise Econômica do Direito (AED)[42], que é o campo do conhecimento humano o qual tem por objetivo empregar variados ferramentais teóricos e empíricos econômicos e das

[38] A esse respeito, vide: <https://bits.blogs.nytimes.com/2013/02/25/the-promise-and-peril-of-the-data-driven-society/?_r=0>.

[39] Vale notar a relevância da Nova Lei Geral de Proteção de Dados Pessoais (Lei nº 13.709, de 14 de agosto de 2018), neste contexto.

[40] ORWELL, George. *1984*. São Paulo: Companhia das Letras, 2009.

[41] "Art. 5º [...] X - são invioláveis a intimidade, a vida privada, a honra e a imagem das pessoas, assegurado o direito a indenização pelo dano material ou moral decorrente de sua violação;"

[42] Outrora um "patinho feio", a Análise Econômica do Direito tem, felizmente, desabrochado no Brasil, com o Congresso Anual da Associação Brasileira de Direito e Economia (ABDE) já rumando para a sua 11ª edição: <https://abde.com.br/>.

ciências afins para expandir a compreensão e o alcance do Direito, a fim de aperfeiçoar o desenvolvimento, a aplicação e a avaliação de normas jurídicas, principalmente com relação às suas consequências[43,44]. Nesse sentido, conforme ensina Luciana Yeung, "a análise econômica constitui-se em um instrumental de observação da realidade social" e, "[a] o contrário do que o senso comum adota, o objeto de estudo da ciência econômica não é o dinheiro ou a economia (no sentido de mercados de compra e venda), mas as consequências das decisões ou escolha dos indivíduos, sob quaisquer aspectos: escolhas sobre aquisições materiais sim, mas também escolhas de alocação de tempo, de planejamento de carreira, de investimento em escolaridade, de carreira, de constituição de família, e, por que não, de cometer ou não atos ilícitos"[45]. Na mesma linha, Thomas S. Ulen (Professor Emérito de Direito da Universidade de Illinois, EUA)[46] entende que o Direito e Economia é "a mais importante inovação acadêmica do Direito. Por quê? Porque, em suma, o uso da Economia (ela própria uma disciplina científica) trouxe o método científico para o estudo do Direito. A Economia oferece uma teoria sobre como as pessoas respondem a incentivos e fornece uma série de técnicas empíricas para avaliar o quanto essa teoria suficientemente esclarece se e até que ponto as pessoas reagem a esses incentivos"[47,48].

[43] Cf. Gico Junior, Ivo. *Introdução ao Direito e Economia.* In: Timm, Luciano Benetti (org.). *Direito e Economia no Brasil.* 2ª ed. São Paulo: Atlas, 2014, p. 1.

[44] Vale lembrar que a Lei de Introdução às Normas do Direito Brasileiro (Decreto-Lei nº 4.657/1942), alterada pela Lei nº 13.655, de 25 de abril de 2018, prevê, em seu novo artigo 20, o seguinte: "Nas esferas administrativa, controladora e judicial, não se decidirá com base em valores jurídicos abstratos sem que sejam consideradas as consequências práticas da decisão. Parágrafo único. A motivação demonstrará a necessidade e a adequação da medida imposta ou da invalidação de ato, contrato, ajuste, processo ou norma administrativa, inclusive em face das possíveis alternativas" . Ou seja, pura Economia...

[45] Yeung, Luciana Luk-Tai. *Análise econômica do direito do trabalho e da reforma trabalhista (Lei nº 13.467/2017).* Revista Estudos Institucionais, Vol. 3, 2, 2017, p. 894.

[46] E coautor da célebre obra: Cooter, Robert; Ullen, Thomas. *Direito & economia.* Porto Alegre: Bookman, 2010.

[47] Ulen, Thomas S. *Direito e Economia para Todos.* In: Pompeu, Ivan Guimarães; Bento, Lucas Fulanete Gonçalves; Pompeu, Renata Guimarães (coord.). *Estudos sobre negócios e contratos: uma perspectiva internacional a partir da análise econômica do direito.* São Paulo: Almedina, 2017, p. 17.

[48] O Professor chega até a defender que Direito e Economiadeveria se tornar "componente padrão das ferramentas de análise de todo jurista, juiz e praticante da Lei, em todos os

Ora, como que o Direito poderá lidar com um mundo VUCA senão mediante um estudo científico e empírico da realidade social (orientada por dados) e de como as pessoas respondem a incentivos?

Em *segundo* lugar, é importante frisar o papel da crescente Jurimetria, que pode ser definida como "a *disciplina do conhecimento que utiliza a metodologia estatística para investigar o funcionamento de uma ordem jurídica*"[49]. Nesse sentido, Marcelo Guedes Nunes salienta que o "jurimetrista ideal seria, portanto, um bacharel em Direito capaz de especular sobre o funcionamento da ordem jurídica e familiarizado com conceitos de Direito processual e material; um estatístico capaz de discutir o planejamento de uma pesquisa e conceber testes para suas hipóteses de trabalho; e um cientista da computação capaz de operar programas para minerar e coletar dados"[50]. O leitor deverá ter percebido que há uma similitude e uma linha tênue entre o método da Jurimetria e o da AED, e não é à toa: tanto a AED[51] quanto a Jurimetria[52] têm um ancestral comum, o realismo jurídico, cujo maior expoente é Oliver Wendell Holmes, Jr. Juiz da Suprema Corte norte-americana, ele publicou em 1897 o célebre *The Path of the Law*, que já previa que o homem do futuro é o homem da estatística e o mestre de economia[53], além de defender que todo advogado deveria procurar entender economia, e atentar para o fato de que para obter algo é necessário abrir mão de outra coisa (já antecipando a noção econômica de custo de oportunidade)[54].

países" (ob. cit., p. 15). E o mesmo autor complementa: "Acredito que há razões suficientes para afirmar que a abordagem Direito e Economia já caminha em direção a esse objetivo. Por exemplo, é possível que esse objetivo já tenha sido alcançado nos Estados Unidos e em Israel. Em outros países e regiões, a difusão através da academia e da prática legal acabou de começar (como na Índia), chegou a uma fase intermédia confortável (como no Brasil, Argentina, Chile e Peru, na América do Sul, e em vários países da Europa Ocidental), ou ainda mal começou (como em grande parte do Orienta Médio e da África)" (ob. cit., p. 15).

[49] NUNES, Marcelo Guedes. *Jurimetria: como a estatística pode reinventar o Direito.* São Paulo: Editora Revista dos Tribunais, 2016, p. 115.

[50] Ob. cit., p. 112.

[51] Cf. MACKAAY, Ejan; ROUSSEAU, Stéphane. Ob. cit., p. 8.

[52] Cf. NUNES, Marcelo Guedes. Ob. cit.,p. 90

[53] *"For the rational study of the law the blackletter man may be the man of the present, but the man of the future is the man of statistics and the master of economics."* (HOLMES, JR., OLIVER WENDELL. *The Path of the Law*. 10 Harvard Law Review 457 (1897).)

[54] *"As a step toward that ideal it seems to me that every lawyer ought to seek an understanding of economics. The present divorce between the schools of political economy and law seems to me an*

Por fim, fazendo uso, em certa medida, dos conhecimentos de AED e Jurimetria, temos a pioneira Ciência de Dados Aplicada ao Direito, a qual, conforme estudo de Alexandre Zavaglia Coelho[55] é a grande tendência para os próximos anos. De acordo referido estudo, poderíamos destacar os seguintes tópicos e tendências para o futuro: (i) direito *data-driven*, (ii) dados abertos e as leis de proteção de dados, (iii) *small data* x *big data* e a integração de diversas fontes, (iv) análise volumétrica, jurimetria e gestão de risco, (v) *legal design*, (vi) o uso das novas tecnologias e a mudança de cultura da gestão jurídica e (vii) educação corporativa, capacitação para o uso das ferramentas tecnológicas e o uso da computação cognitiva (inteligência artificial) no universo jurídico. Trata-se realmente de um "caldeirão" de novos e intrigantes conhecimentos, estudos empíricos e habilidades que serão necessários, para os quais a análise econômica e a análise jurimétrica terão – e muito – a contribuir, por muitos anos a fio.

O relevante papel a ser desempenhado por tais 3 áreas do conhecimento (Análise Econômica do Direito, Jurimetria e Ciência de Dados) no futuro se dará na redução de assimetrias informacionais e dos custos de transação, ou, dito de outra forma, propondo-se a resolver o grave problema de incerteza e insegurança jurídica, que assola nosso país. A partir do momento em que teremos ferramentas econômicas, estatísticas e tecnológicas distribuídas em larga escala a um custo acessível no mercado, aptas a – fazendo uso de *big data*, inteligência artificial e softwares sofisticadíssimos – medir leis, carteiras de processos e decisões judiciais (com capacidade preditiva, inclusive), estarão solapadas as bases dogmáticas do Direito, com consequências graves a todos os profissionais do direito, na área pública ou privada. Aqueles que acompanharem este movimento exponencial estarão em franca vantagem perante

evidence of how much progress in philosophical study still remains to be made. In the present state of political economy, indeed, we come again upon history on a larger scale, but there we are called on to consider and weigh the ends of legislation, the means of attaining them, and the cost. We learn that for everything we have we give up something else, and we are taught to set the advantage we gain against the other advantage we lose, and to know what we are doing when we elect." (HOLMES, JR., OLIVER WENDELL. *Ob. cit.*)

[55] *As 7 tendências para o uso de inteligência artificial no Direito em 2018*. São Paulo: Thomson Reuters, 2018, p. 8.

os seus concorrentes, uma vez que os seres humanos continuarão sendo imprescindíveis para a tomada de decisão e a escolha de forma inteligente[56], à luz de tantos dados e informações capturados por diferentes ferramentas.

4. O provável fim do monopólio dos advogados sobre o Direito

Muitos economistas dizem que o economista do país foi Mário Henrique Simonsen, um engenheiro de formação e doutor em Economia. Quem frequenta o mundo corporativo sabe que muitos CEO's não têm graduação em Administração de Empresas. Muitos excelentes escritores não são formados em letras e muitos jornalistas não têm diploma. Mas onde queremos chegar com isso? O jornalista inglês Richard Susskind escreveu uma série de obras sobre o futuro da profissão jurídica (dentre elas "Tomorrow's Lawyers"), enquanto que o acadêmico e Professor de Harvard, David Wilkins vem também se dedicando ao estudo do impacto da globalização sobre a profissão jurídica.

As barreiras regulatórias tendem a cair. Ao que tudo indica, a profissão jurídica, que durante séculos foi mantida cativa aos advogados e juízes por estritas normas corporativas, poderá vir a ser exercida por sociedades anônimas, firmas de auditoria e de consultoria e mesmo por não advogados (!) e provavelmente robôs.

Temos então de estar preparados para a competição com não advogados que estejam dispostos a resolver problemas legais (normativos) de modo eficiente, criativo e sem guardar pelo Direito o mesmo prurido conceitual ou dogmático. Direito é uma arte ou ferramenta de solução de conflitos na sociedade. Certamente não fará sentido que ele seja monopólio de quem fez uma faculdade de Direito e a Ásia será o primeiro lugar onde isso provavelmente acontecerá, pois há menos barreira de entrada e menos resistência de grupos de interesse da classe jurídica. E como então devem os advogados se preparar para esse futuro?

Considerações finais: lentes para o futuro

Por mais que inicialmente possamos relutar em abraçar novas tecnologias, a história do ludismo nos ensinou que de nada adianta resistir:

[56] Inteligência nada mais é do que *intelligere*, isto é, a capacidade de saber escolher.

estamos em um *point of no return*, com o florescimento de *startups*, *intechs*, *lawtechs*, *bitcoin*, *blockchain*, inovações disruptivas e tudo o mais que as empresas do Vale do Silício têm revolucionado dia após dia. Ignorar todo esse movimento, e apegar-se à velha advocacia, não é uma decisão sensata[57].

E, quem sabe, como San Tiago Dantas já dizia em 1955[58], possamos "abandonar a didática tradicional, baseada na meditação em voz alta e na eloquência, para abrir espaço a outro método de ensino, mais apto a cingir o verdadeiro objetivo do ensino que ministramos." Afinal, como dizia o jurista, "[a] verdadeira educação jurídica, aquela que formará juristas para as tarefas da vida social, deve repetir esse esquema fundamental, colocando o estudante não em face de um corpo de normas, de que se levanta uma classificação sistemática, como outra história natural, mas em face de controvérsias, de conflitos de interesses em busca de solução. Só desse modo a educação jurídica poderá conceituar com clareza o seu fim, que é formar o raciocínio jurídico e guiar o seu emprego na solução de controvérsias. O estudo das normas e instituições constitui um segundo objetivo, absorvido no primeiro, e revelado ao longo do exame e discussão dos problemas".

E qual é, portanto, o prognóstico para o futuro da humanidade e do profissional do Direito? É muito difícil prever. A verdade é que ninguém sabe; alguns apenas se arriscam a dar palpites. O *best-seller* Homo Deus, de Yuval Noah Harari, é uma das obras que tenta nos fornecer alguns interessantes *insights* a respeito do nosso futuro (*spoiler alert*): (i) tudo por ser considerado um algoritmo, inclusive seres humanos, de modo que mesmo o *Homo sapiens* é substituível; (ii) a inteligência está de desacoplando da consciência; e (iii) algoritmos não conscientes mas altamente inteligentes poderão, em breve, nos conhecer melhor do que nós mesmos[59]. Até lá, deveremos ter a humildade e resiliência para estarmos

57 Para ilustrar tal ponto, toda a reação dos táxis contra o Uber pode não mais fazer sentido em alguns anos, pois alguns preveem ser questão de tempo até que não tenhamos mais carros com motoristas.

58 *A educação jurídica e a crise brasileira – aula inaugural dos cursos da Faculdade Nacional de Direito, em 1955*. Disponível em: <http://www.santiagodantas.com.br/wp-content/uploads/A-Educa%C3%A7%C3%A3o-Jur%C3%ADdica-e-a-Crise-Brasileira.pdf>.

59 Harari, Yuval Noah. *Homo Deus: uma breve história do amanhã*. São Paulo: Companhia das Letras, 2016, p. 398.

constantemente incorporando novos aprendizados interdisciplinares (alguns deles já elencados aqui: Análise Econômica do Direito, Estatística Aplicada e programação). Conforme a famosa frase de Alvin Toffler, "o analfabeto do século XXI não será aquele que não consegue ler e escrever, mas aquele que não consegue aprender, desaprender e reaprender". Que todos possamos aprender, desaprender e reaprender o Direito!

16. Tributação da renda oriunda do comércio eletrônico na esfera internacional: de volta à tributação pelo Estado da fonte

Luís Eduardo Schoueri

Introdução

Os sistemas tributários modernos são fruto de processos históricos. Pouco a pouco, legisladores nacionais conceberam hipóteses tributárias que, a cada momento, revelavam-se aptas à captação de riqueza. Modernamente, a capacidade contributiva parece ser ponto consensual para que se justifique a imposição. O século XX testemunhou a hegemonia da renda auferida como índice de tributação, acompanhada da tributação do consumo (renda poupada). O comércio internacional, posto ser fenômeno de manifestações variadas ao longo da história, ganhou impulso após o final da Segunda Guerra, com a globalização. Sem surpresa, novos desafios surgiram para a identificação dos limites da tributação em situações transfronteiriças. A ideia de territorialidade, enquanto princípio do Direito Internacional a exigir um elemento de conexão com o Estado Soberano, como requisito para a tributação, não se viu abalada; ao contrário, se havia a bitributação, esta decorria do reconhecimento da legitimidade de dois Estados exercerem sua pretensão tributária sobre o mesmo contribuinte e sobre a mesma situação, simultaneamente. Medidas unilaterais, bilaterais ou (mais raramente) multilaterais se tomaram para mitigar ou afastar o fenômeno.

Com o advento de novas tecnologias, outra espécie de problema parece surgir: se a bitributação decorria de uma situação identificar-se com mais de um território, o reconhecimento de realidade virtual oferece outra dificuldade, qual seja, a possibilidade de não haver conexão suficiente com qualquer Estado. Conquanto infeliz, a expressão "dupla não tributação" foi cunhada para referir-se ao fato de que manifestações de riqueza escapam dos mais diversos ordenamentos tributários.

As razões para tanto são as mais diversas e não escaparam da atenção da Organização para a Cooperação e Desenvolvimento Econômico ("OCDE"), a qual, sob mandato do G-20, desenvolveu um plano denominado *Base Erosion and Profit Shifting*[1], cuja primeira ação promete cuidar dos desafios da economia digital[2]. Estes são de variadas ordens e não pretendo explorá-los neste espaço.

O que constato é que enquanto noutras temáticas as ações do BEPS se concretizam a passos largos, a Ação 1 ainda se encontra em fase inconclusiva. Em tal cenário, não surpreende que alguns países, como a Índia e o Reino Unido, venham tomando medidas unilaterais[3], seja por meio do *equalization levy*[4], seja mediante *diverted profit tax*[5], respectivamente. A União Europeia[6], também, não parece disposta a esperar as conclusões dos estudos da OCDE, adotando, também, imposto especí-

[1] OECD (2013), Action Plan on Base Erosion and Profit Shifting, OECD Publishing. Disponível em:<http://dx.doi.org/10.1787/9789264202719-en>. Acesso em 20 de maio de 2018.

[2] OCDE (2015), Addressing the Tax Challenges of the Digital Economy, Action 1 – 2015 Final Report, OECD/G20 Base Erosion and Profit Shifting Project, OECD Publishing, Paris. Disponível em:<http://dx.doi.org/10.1787/9789264241046-en>. Acesso em 20 de maio de 2018.

[3] Sobre medidas unilaterais ou coordenadas, cf. Kofler, Georg; Mayr, Gunter; e Schlager, Christoph. Taxation of the Digital Economy: "Quick Fixed" or Long-term Solution?, European Taxation, v. 57, n. 12, Journals IBFD, 2017, pp. 531-532.

[4] Cf. Wagh, Sagar. The Taxation of Digital Transactions in India: The New Equalization Levy, Bull. Intl. Taxn., v. 70, n. 9, Journals IBFD, 2016, pp. 538-552.

[5] Cf. Santos, Ramon Tomazela. The United Kingdom's Diverted Profits Tax and Tax Treaties: An Evaluation. Bulletin for International Taxation, v. 70, n. 7, Journals IBFD, 2016, pp. 399-405.

[6] Cf. EUROPEAN COMISSION, Proposal for a Council Directive on the common system of a digital services tax on revenues resulting from the provision of certain digital services, Brussels, 21.3.2018. Disponível em:<https://ec.europa.eu/taxation_customs/sites/taxation/files/proposal_common_system_digital_services_tax_21032018_en.pdf>. Acesso em junho de 2018.

fico para alguns pagamentos concernentes ao comércio eletrônico. Conquanto não se reconheçam, nesses precedentes, as características de um vero imposto na fonte (a própria identificação do contribuinte é problemática, pois a hipótese tributária se vincula ao pagamento, não à renda), é inegável tratar-se de um recurso de que se valem os países da fonte de pagamento para assegurarem sua base tributária.

Surpreende o fato de nos exemplos acima citados evitar-se uma tributação na fonte, cujo efeito seria o mesmo dos novos tributos assim criados: assegurar a tributação da renda, pelo menos uma vez, no mercado onde está o consumidor (fonte de pagamento). Conquanto a tributação pelo Estado da fonte já venha sido apontada por acadêmicos como alternativa mais viável para os desafios do economia digital[7], os legisladores nacionais têm dificuldade em avançar nesse ponto. Não é difícil imaginar suas razões: reconhecer a possibilidade de tributação pela fonte de pagamento implica reabrir discussão de algum modo encerrada em meados do século passado, acerca de onde se deve tributar um rendimento (fonte *versus* residência). A imagem da *Caixa de Pandorra* é inevitável, dado que o reconhecimento da possibilidade de tributação pelo Estado da fonte dificilmente se sustentaria unicamente para os casos de comércio eletrônico: logo a discussão se alastraria para todos os demais rendimentos, já que é muito difícil sustentar, solidamente, um tratamento diferenciado para a tributação do comércio eletrônico (Estado da fonte), enquanto para os demais bens se mantém o consenso gerado no século passado (Estado da residência)[8].

O presente estudo não endossa as formas alternativas de tributação do comércio eletrônico. Ao contrário, reconhecendo que esses mecanismos nada mais são que formas encontradas para a tributação pelo Estado da fonte, pretende-se, depois de (1) breve consideração sobre o

[7] Cf. Brauner, Yariv; e Baez, Andrés. 'Withholding Taxes in the Service of BEPS Action 1: Address the Tax Challenges of the Digital Economy'. IBFD White Papers. Amsterdam: IBFD, 2015, 33p.

[8] Para uma crítica, nessa linha, sobre a abordagem da OCDE na Ação 1 do Projeto BEPS, cf. Galendi Junior, Ricardo André; e Galdino, Guilherme. "Desafios da Economia Digital: do problema hermenêutico ao Desequelíbrio na Alocação de Jurisdição". In Gomes, Marcus Lívio; e Schoueri, Luís Eduardo (Coords.). *A Tributação Internacional na Era Pós-BEPS: Soluções Globais e Peculiaridades de Países em Desenvolvimento.* vol. III – Transparência e Economia Digital. Rio de Janeiro: Editora Lumen Juris, 2016, pp. 285-317.

comércio eletrônico, retomar a discussão que parecia encerrada acerca do conflito entre fonte e residência, para evidenciar que a solução então encontrada – prevalência do Estado da residência – não apresentava a fundamentação sólida que aparentava ter; ao contrário, revisitando os argumentos baseados na (2) eficiência, e na (3) capacidade contributiva, constatar-se-á que as argumentos então empregados muito bem poderiam ser usados para defender a tributação pelo Estado da fonte. A tais argumentos, acrescer-se-ão questões voltadas à (4) exequibilidade, que parece, aliás, ter sido enxergada pelas jurisdições que vêm criando os tributos alternativos sobre o comércio eletrônico. Finalmente, dado que operações comerciais e de serviços em ambiente virtual muitas vezes independem de presença física do vendedor ou prestador de serviço no mesmo local que seus consumidores, além de as regras jurídicas já postas não terem sido desenhadas para lidar com a economia digital, (5) tomar-se-á o Direito Privado para sustentar ser possível, juridicamente, identificar o local onde se produziu um rendimento no comércio internacional, independentemente do ambiente virtual em que ocorre.

1. Do comércio eletrônico na esfera internacional: breves considerações

O comércio eletrônico compreende tanto casos em que os meios eletrônicos nada mais são do que instrumentos de comunicação para a concretização de transações tradicionais (quando se reproduzem, embora com novas fórmulas, modelos jurídicos do comércio já existente), quanto aqueles em que, por meio da internet, ocorre a própria cessão de bens (como os serviços ou os direitos autorais).

Essa realidade forma um mercado eletrônico/virtual (inseparável do "real"), dotado de regras onde há interação social. Ou seja, nesse ambiente, pessoas interagem e fazem ocorrer fenômenos sociais efetivos, que, no caso do comércio eletrônico, produzem rendimentos[9].

A percepção da existência de um mercado virtual, que não se encaixa no tradicional binômio nacional/não nacional, permite que se traga à tona a discussão sobre a legitimidade da tributação (a quem cabe tri-

[9] Cf. GARBARINO, Carlo. "Nuove Dimensioni della Transnazionalità dell'Imposizione". In UCKMAR, Victor (coord.). *L'évoluzione dell'Ordinamento Tributario Italiano*. Pádua: CEDAM, 2000, p. 766.

butar?). Com efeito, o mercado virtual, posto que intangível, existe; há rendimentos sendo produzidos e diversos Estados buscando a sua tributação.

Como antecipado, os desafios do comércio eletrônico são de ordens diversas, a começar pelo fato de não ser facilmente identificável o beneficiário do rendimento, tampouco se pode esperar que sua localização seja permanente: quanto mais imaterial a transação, tanto menor a necessidade de uma presença física em determinada jurisdição. Essa circunstância já é suficiente para justificar o esforço na revisão de paradigmas adotados no século passado, que ligavam a tributação a um estabelecimento permanente, como se fosse este o único indicador de conexão suficiente a justificar a tributação por uma jurisdição, conforme sustentado por autores que acreditam existir um Regime Tributário Internacional[10]. Independentemente da discussão quanto à existência de um tal Regime, que encontra sólidos argumentos a negarem sua validade[11], o fato é que a realidade do comércio eletrônico acabou por atropelar seus alicerces, não parecendo viável, diante dos desafios da economia digital, manter a tributação vinculada àqueles critérios.

Mais que oportuno, portanto, revisitar os argumentos que levaram à prevalência da tributação pelo Estado da residência, a exigir presença física para que se desse tributação no Estado da fonte. É o que se faz a seguir.

2. A justificativa pela eficiência

A possibilidade de um Estado tributar seus residentes (ou nacionais) com base no princípio da universalidade, ao lado da tributação dos não residentes com base no princípio da fonte, leva a uma das questões centrais do direito tributário internacional: qual o Estado com legitimação para tributar a renda gerada numa transação internacional: o Estado da residência (adotando o princípio da universalidade) ou o Estado da fonte do rendimento? Como é nessa questão que reside a discussão da alocação do poder de tributar entre os Estados, não se pode afastá-la ao se perquirir quem deve tributar operações comerciais em ambiente virtual.

[10] Cf. Avi-Yonah, Reuven S. *International Tax as International Law – An Analysis of the International Tax Regime.* Cambridge tax law series, 2007.

[11] Cf. Rosenbloom, H. David. The David R. Tillinghast Lecture International Tax Arbitrage and the "International Tax System". Tax Law Review v. 53, 2000, pp. 137-166.

Do ponto de vista histórico, a discussão remonta a Schanz[12], que desenvolveu critério (princípio de pertinência econômica) surpreendentemente interpretado às avessas[13] pelo relatório de 1923 dos quatros especialistas convocados pelo Comitê Financeiro da Liga das Nações (que originou a OCDE posteriormente). Afinal, a participação do indivíduo na vida econômica e social foi considerada preponderante no Estado de residência e não no Estado da fonte, como defendera Schanz. Na visão daqueles especialistas, deveriam os Estados isentar, reciprocamente, os não residentes da tributação, de tal modo que só restaria a tributação pelo Estado da residência, com base no princípio da universalidade. Nesse sentido, o conceito de "pertinência econômica" era substituído pelo mais amplo de "pertinência econômica estatal": enquanto o primeiro, buscando vínculos econômicos, possibilitava que vários Estados se julgassem intitulados a tributar, o último conceito investiga qual o Estado que possui mais facilidade para instituir e cobrar o imposto[14]. Não à toa, no modelo de convenção em matéria de imposto de renda elaborado pela comissão entre 1926 e 1927, prevalecia o critério da residência, com base no princípio da universalidade[15]. Como já antecipado acima, fosse a facilidade o critério a prevalecer, então a tributação do comércio eletrônico dificilmente se sustentaria a partir do critério da residência, dada sua volatilidade. O tema da exequibilidade será retomado abaixo.

Ainda buscando as origens da prevalência do critério da residência, não se pode deixar de lado papel da Organização das Nações Unidas ("ONU"), à qual caberia procurar atender os anseios de países em desenvolvimento, mas que acabou, no entanto, não fugindo da base estabelecida pela OCDE. Conforme relata Francisco Dornelles, que

[12] Cf. SCHANZ, Georg von. Zur Frage der Steuerpflicht. *Finanzarchiv*, vol. 9, n. 2.. Tübingen: Mohr Siebeck, 1892, *apud* VOGEL, Klaus. World-wide vs. Source Taxation of Income – A Review and Reevaluation of Arguments. *Influence of Tax Differentials on International Competitiveness*. Amsterdã: Kluwer, 1989, pp. 117 a 166 (122).

[13] Cf. VOGEL, Klaus. World-wide vs. Source Taxation of Income – A Review and Reevaluation of Arguments. *Influence of Tax Differentials on International Competitiveness*. Amsterdã: Kluwer, 1989, pp. 117 a 166 (123).

[14] Cf. ALLIX, Edgar. Répétitions Écrites de Science Financière. *Le Cours de Droit: Répétitions Écrites & Orales*. Paris, 1937-1938 , p. 181.

[15] Cf. UCKMAR, Victor. I Trattati Internazionali in Materia Tributaria. In UCKMAR, Victor (Coord.). *Corso di Diritto Tributario Internazionale*. Milão: CEDAM, 1999, p. 84.

esteve presente nos trabalhos realizados pela ONU, conquanto se insistisse na necessidade de mudar os conceitos incluídos no modelo da OCDE, devendo o modelo a ser elaborado consagrar o princípio da tributação exclusiva no país de origem do rendimento (país de fonte) e, consequentemente, a não incidência de imposto no país de residência do beneficiário da renda e a rejeição ao princípio da universalidade, acabou por prevalecer o ponto de vista dos países desenvolvidos, de que o grupo deveria tomar por base de trabalho o modelo da OCDE, nele introduzindo modificações destinadas a ampliar o direito de tributar do país em desenvolvimento. Assim, o autor sustenta que o modelo da ONU, ao contrário do que se poderia esperar, não está baseado no princípio da fonte, mas no do domicílio, embora admitindo, em muitos pontos, a tributação também no país de origem[16].

À quase unanimidade dos países em favor do princípio da universalidade, como critério de tributação, opuseram-se, historicamente, os países da América Latina, que defenderam a territorialidade da tributação. Na doutrina, destacaram-se, em favor do princípio, autores do peso de Dino Jarach[17], Nuñez e Molina[18] e Ramon Valdes Costa[19], dentre outros. Entretanto, paulatinamente as legislações tributárias daqueles países foram, também elas, afastando-se da territorialidade, admitindo a tributação da renda universal. Tal, por exemplo, além do caso do Brasil, com a já citada Lei nº 9.249/95, o caso da Argentina, com as leis 24.073/92 e 25.063/98.

No campo doutrinário, entretanto, a opção pelo princípio da universalidade nunca deixou de receber críticas, destacando-se, aqui, a liderança[20] de Klaus Vogel[21]. O professor da Universidade de Munique

[16] Cf. DORNELLES, Francisco Neves. O modelo da ONU para eliminar a dupla tributação da renda e os países em desenvolvimento. In *Princípios tributários no direito brasileiro e comparado: Estudos em Homenagem a Gilberto de Ulhôa Canto*. Rio de Janeiro: Forense, 1988, p. 201.

[17] Cf. JARACH, Dino. Aspectos da hipótese de incidência. *Revista de Direito Público*,vol. 17, n. 298. São Paulo: Revista dos Tribunais,1971, pp. 287-304.

[18] Cf. NÚÑEZ, Teodoro Rinsche; MOLINA, Hernán Vicente. *De la Doble Tributación Internacional*. Santiago: Editorial Jurídica de Chile, 1970, p. 29.

[19] Cf. COSTA, Ramon Valdes. *Estudios de Derecho Tributario Internacional*. Montevidéu: Fernández, 1978.

[20] Também defendendo a tributação pelo Estado da fonte, cf. MEYER, Heiko. *Die Vermeidunginternationaler Doppel- und Minderbesteuerung auf der Grundlage des Ursprungsprinzips*. Tese de doutorado. Göttingen: Faculdade de Ciências Econômicas e Sociais de Göttingen,

alegava, primeiramente, ser o conceito de "fonte" ambíguo (cada país adota seu conceito para dizer qual o rendimento de "fonte" local, podendo, ademais, o termo se referir tanto à produção do rendimento como a seu pagamento). Em seguida, propunha o professor que se examinassem os argumentos colecionados pela doutrina de finanças públicas (cujo mote é a eficiência) e pelos juristas (cujo mote é a justiça).

Voltando-se à questão da *eficiência*, Vogel lembrava que em finanças públicas a eficiência poderia ser enfrentada, do ponto de vista da tributação, a partir da neutralidade, que, por sua vez, dividir-se-ia em neutralidade de exportação e neutralidade de importação. Quando se fala em *neutralidade de exportação*, enfoca-se a tributação do investidor, i.e., objetiva-se que o investidor tenha igual carga tributária investindo em seu país ou em qualquer outro lugar, de tal modo que o tributo não seja fator a influir em sua decisão de onde investir. A neutralidade de exportação implica a tributação fundada no princípio da universalidade, assegurado ao investidor o direito de se creditar dos tributos pagos no exterior. Por outro lado, a *neutralidade de importação* baseia-se no princípio da fonte, pois enfoca o próprio investimento, a fim de que, onde quer que resida o investidor, tenha ele garantida a mesma tributação, em dado investimento. Para que haja a neutralidade de importação, o Estado da residência deve limitar-se a tributar os rendimentos produzidos em seu território, isentando, pois, os rendimentos de fonte estrangeira e rejeitando, daí, o princípio da universalidade.

Apenas em um cenário ideal, com tributações idênticas em todos os países, se poderia cogitar de uma convergência entre neutralidade de importação e exportação. No mais das vezes, a busca da neutralidade de exportação implicará afastar a neutralidade de importação e vice-versa, fazendo-se necessária, pois, uma opção que a doutrina das finanças públicas propõe a partir do parâmetro da eficiência. Nesse sentido,

1970; Endriss, Horst Walter. *Wohnsitz- oder Ursprungsprinzip?*. Tese de doutorado. Colônia: Faculdade de Ciências Econômicas e Sociais da Universidade de Colônia, 1967. V. tb. as referências a autores norte-americanos que defendem o princípio da fonte: Vogel, Klaus. "Neuere Befürworter des Quellenprinzips (Territorialprinzips) in den Vereinigten Staaten". In Kleineidam, Hans Jochen (Org.). *Unternehmenspolitik und Internationale Besteuerung. Festschrift für Lutz Fischer*. Berlim: Erich Schmidt, 1999, p. 1007-1019.

[21] Cf. Vogel, Klaus. World-wide vs. Source Taxation of Income – A Review and Reevaluation of Arguments. *Influence of Tax Differentials on International Competitiveness*. Amsterdã: Kluwer, 1989, pp. 117 a 166.

classicamente se veio defendendo que a solução mais eficiente seria a neutralidade da exportação: por esse critério, o investidor tomaria suas decisões a partir de uma lógica meramente econômica, buscando alocar seus recursos onde eles produzissem maior retorno, garantindo-se, destarte, a otimização da alocação dos fatores. A tal raciocínio pode-se opor, entretanto, a constatação de que uma neutralidade de exportação apenas restringe investimentos internacionais.[22] O tema é bem explorado por Gandenberger, que faz ver que em caso de neutralidade de exportação, o investidor fica sujeito ao imposto em sua residência, que acaba por diminuir sua capacidade de reinvestimento. Assim, dois investidores sujeitos a cargas tributárias diferentes em seus países de residência terão diferentes capacidades de reinvestimento. Gandenberger traz vários outros argumentos, valendo notar, por seu poder de convencimento, o raciocínio no sentido de que se o nível de tributação em qualquer país deve corresponder ao grau dos serviços oferecidos pelo Poder Público, à menor tributação em determinado país correspondem, proporcionalmente, maiores custos no investimento, para igual grau de satisfação. Assim, se o investidor, residindo em um país desenvolvido (e, portanto, com alta carga tributária e elevado grau de serviços públicos) sofre a mesma carga tributária, em seu país de residência, investindo neste ou noutro país que não lhe ofereça serviços públicos adequados, esse investidor será levado a se dirigir a sua residência; desse modo, constata-se que o fator tributário deixa de ser neutro, pesando na decisão do investidor.[23]

A própria divisão entre neutralidade de exportação e neutralidade de importação, entretanto, não é pacífica, já que se pode sustentar, com True,[24] que a neutralidade não pode ser vista isoladamente do ponto de

[22] Cf. Horst, Thomas. A Note on the Optimal Taxation of International Investment Income. 94 *The Quarterly Journal of Economics,* 693, 1980), *apud* Vogel, Klaus. World-wide vs. Source Taxation of Income – A Review and Reevaluation of Arguments. *Influence of Tax Differentials on International Competitiveness.* Amsterdã: Kluwer, 1989, pp. 117 a 166 (139).

[23] Cf. Gandenberger. Kapitalexportneutralität versus Kapitalimportneutralität, 7 *Aufsätze zur Wirtschaftspolitik, Forschungsinstitut für Wirtschaftspolitik an der Universität Mainz,* 1983, *apud* Vogel, Klaus. World-wide vs. Source Taxation of Income – A Review and Reevaluation of Arguments. *Influence of Tax Differentials on International Competitiveness.* Amsterdã: Kluwer, 1989, pp. 117 a 166 (140).

[24] Cf. TRUE, Taxing Foreign Source Income, in *U.S. Taxation of American Business Abroad,* 37 (195=75), *apud* Vogel, Klaus. World-wide vs. Source Taxation of Income – A Review

vista de cada país, mais valendo a busca da neutralidade entre os países (interestatal). Nesse sentido, a partir da definição de neutralidade como uma tributação que não altera os preços relativos (explícitos ou implícitos) de bens, serviços, atividades, fatores de produção etc. no setor privado, a neutralidade entre os países significaria apenas que nenhum país deva procurar usar seu poder tributário com a finalidade de modificar mais os preços relativos em outro país, que seriam modificados na falta dos tributos.

Conforme Klaus Vogel, para um correto juízo da neutralidade, não se devem considerar apenas os tributos, mas também os benefícios, já que para o investidor, o nível dos benefícios é tão importante quanto o nível de tributação. Assim, segurança, estabilidade econômica, infraestrutura, subsídios diretos, nível da saúde pública e educação etc. são fatores que podem contrabalançar determinada tributação, redefinindo-se, pois, a neutralidade entre os países como a circunstância em que um contribuinte, que exerce atividade em outro país – ou mercado – e utiliza as facilidades oferecidas por aquele outro país (bens públicos), tenha a certeza de que não será mais tributado que qualquer outro que, sob as mesmas circunstâncias, use aquelas facilidades de maneira equivalente.[25] Ora, prevalecendo o princípio da universalidade, o contribuinte sofrerá idêntica tributação caso invista em um país que lhe ofereça altos benefícios ou caso se veja obrigado a suportar altos reveses.[26] Noutras palavras, uma neutralidade de exportação de natureza meramente tributária apenas desencoraja os investimentos naqueles países que mais necessitam de investimentos; a neutralidade de importação, igualmente, assegura que o contribuinte tenha uma carga tributária contrabalançada pelas respectivas dificuldades. Percebe-se, daí, que do ponto de vista financeiro, a neutralidade de importação ganha peso, justificando-se a preferência pelo princípio da fonte.

and Reevaluation of Arguments. *Influence of Tax Differentials on International Competitiveness.* Amsterdã: Kluwer, 1989, pp. 117 a 166 (141).

25 Cf. VOGEL, Klaus. World-wide vs. Source Taxation of Income – A Review and Reevaluation of Arguments. *Influence of Tax Differentials on International Competitiveness.* Amsterdã: Kluwer, 1989, pp. 117 a 166 (141-143).

26 Cf. ENDRISS, Horst Walter. *Wohnsitz- oder Ursprungsprinzip?.* Colônia: Otto Schmidt, s.d., p. 66.

Mesmo que não se considerem investimentos diretos em atividade produtiva, o princípio da residência também enfrenta óbices de natureza econômica. Assim, por exemplo, é o caso dos rendimentos por aplicações financeiras, em que se constata que uma maior tributação implicará a necessidade de o credor exigir maior taxa de juros, para lhe assegurar o mesmo rendimento líquido, daí se concluindo ser mais eficiente que se considere o nível de tributação na praça do devedor (fonte) como o parâmetro adequado para assegurar a neutralidade entre aplicadores nacionais e estrangeiros.

Mas não é apenas do ponto de vista da eficiência que a questão merece ser tratada.

3. A justificativa pela capacidade contributiva

Também entre os juristas o tema é defendido, desta feita sob o mote de *justiça e igualdade*, que se refletem no princípio da capacidade contributiva.[27] Exemplar, neste sentido, a decisão da Corte Fiscal Federal da Alemanha, em agravo que versava acerca do artigo 48 da Comunidade Econômica Europeia, quando se decidiu que a tributação da renda mundial auferida por contribuintes seria uma decorrência necessária do princípio da capacidade contributiva.[28] Tampouco sob este prisma a conclusão ficou ilesa às críticas de Klaus Vogel,[29] que, compulsando a doutrina que versa sobre a capacidade contributiva, revelava não haver, em tais estudos, qualquer posicionamento no sentido de que somente a tributação da renda mundial atenderia a capacidade contributiva, lembrando, inclusive, que diversos países onde vige aquele princípio adotam o princípio da territorialidade da tributação. Ademais, como acentuava Vogel, se se quisesse buscar uma plena igualdade entre os contribuintes que investem em seu país (sujeitos apenas ao imposto local) e no exterior (sujeitos à tributação em sua residência e no Estado da fonte dos rendimentos), então passar-se-ia a exigir que aqueles que investissem localmente se sujeitassem duas vezes ao imposto local, para terem, aí sim,

[27] Cf. SACCHETTO, Claudio. Territorialità (verbete). *Enciclopedia del Diritto*, vol. 44. Milão: Giuffrè, 1992, p. 314: *La conseguenza di questa concezione è che "tutti i residenti" (per appartenerenza politica ed economica) "devono" concorrere com "tutti" i loro redditi ovunque prodotti.*

[28] Cf. Decisão da Corte Fiscal Federal da Alemanha (BFH) de 14.04.93. In *IstR*, 1993, p. 272.

[29] Cf. VOGEL, Klaus. Tributação da Renda Mundial. *Cadernos de Direito Tributário e Finanças Públicas*, n. 7. São Paulo: Revista dos Tribunais, 1994, pp. 133 a 143.

tratamento igual aos que investem no exterior. Vogel ingressa especificamente na questão da isonomia, que dá base ao argumento da capacidade contributiva, segundo a qual não seria justo que um Estado impusesse menor tributo sobre residentes com rendimentos do exterior que o exigido de residentes com rendimentos de igual monta, auferidos localmente. Para Vogel, este argumento desconsidera o fato de que rendimentos do exterior são auferidos em condições substancialmente diversas das locais. Nas palavras do autor, "se a tributação do Estado da fonte é menor – e só neste caso é que caberia o argumento baseado na isonomia – também são menores, frequentemente, as prestações estatais que beneficiam o contribuinte e maiores os seus riscos. Se o contribuinte é um empresário, ele se encontra, no país estrangeiro, em concorrência com outros empresários, que também pagam o menor tributo exigido por aquele Estado; uma tributação complementar por parte de seu Estado de residência prejudica suas condições de concorrência. Finalmente, ele pode nem mesmo ter certeza de que poderá transferir para o País seus rendimentos do exterior".

O argumento parece convincente, revelando que, de fato, não se pode cogitar em igualdade entre ambos os contribuintes, que, afinal, submeteram-se a riscos completamente díspares, podendo um mesmo resultado financeiro decorrer de investimentos muito diferentes, seja em volume, seja em certeza de rendimentos. Do ponto de vista de igualdade, muito mais certo parece afirmar que aqueles que se submetem a igual risco, em um mercado, devem submeter-se a igual tributação. Esse raciocínio conduz à tributação pelo Estado da fonte. No caso do comércio internacional, é na praça do consumidor que se encontram riscos como o cambial, de crédito, político etc. Nada mais justificado senão assegurar neutralidade tributária entre aqueles que concorrem em circunstâncias equivalentes.

Portanto, atende mais à capacidade contributiva a tributação da renda pelo Estado da fonte, pois o resultado financeiro é considerado de maneira alinhada aos riscos incorridos pelo investimento.

Todavia, não só parece mais adequada a tributação da renda oriunda do comércio eletrônico pelo Estado da fonte sob as perspectivas da eficiência e da capacidade contributiva. É também sob o prisma da exequibilidade.

4. A justificativa pela exequibilidade: fonte de pagamento

A opção, efetuada no âmbito da OCDE e mesmo da ONU, pela tributação no Estado da residência do contribuinte, põe às claras a dificuldade própria daquele sistema: como tributar rendimentos que nem sempre são dirigidos aos países de origem dos investimentos.

A exclusão da tributação na fonte dos rendimentos favorece o florescimento de empresas comerciais situadas em paraísos fiscais[30]. Tratando-se de comércio eletrônico, onde a localização física do estabelecimento vendedor desempenha papel ainda mais insignificante, não é difícil conceber que com muito mais força se desenvolvam tais rotas. Enquanto, entretanto, nas formas tradicionais do comércio, pode-se acreditar que uma fiscalização rigorosa, aliada à cooperação internacional, possa prevenir excessos[31], tratando-se de comércio eletrônico, nem sempre a questão se resumirá à fiscalização, já que, afinal, muito menos evidências se terão de que o rendimento não foi auferido legitimamente pela empresa situada no paraíso fiscal. Com efeito, no comércio tradicional uma transação pressupõe a existência de uma equipe de vendas e, portanto, uma reunião de esforços que dificilmente se transferirão para os paraísos fiscais; neste caso, é fácil apontar a existência de simulação, justificando a realocação dos lucros contabilizados no paraíso fiscal, para o estabelecimento para o qual eles são imputáveis. Regras antiabuso versando sobre a simulação, de um lado, e normas específicas sobre preços de transferência, com a análise funcional, darão fundamentação àquela realização. Tratando-se, no entanto, de uma transação instantânea, que se aperfeiçoa por meios eletrônicos, muito maior dificuldade ter-se-á para se constatar qualquer simulação, ou para concretizar uma análise funcional no âmbito dos preços de transferência, sem que o contribuinte tenha argumentos para sustentar que o rendimento pertence ao estabelecimento situado no paraíso fiscal.

A fundamentação teórica quanto a onde deva ocorrer a tributação de um rendimento está lastreada, em síntese, na circunstância de que

[30] Sobre o "modo de usar" os paraísos fiscais, cf. HUCK, Hermes Marcelo. *Evasão e Elisão: Rotas Nacionais e Internacionais do Planejamento Tributário*. São Paulo: Saraiva, 1997, pp. 272-278.

[31] Cf. OCDE (1998). *Harmful Tax Competition*: An Emerging Global Issue. Paris: OECD Publishing; e OCDE (2015), *Countering Harmful Tax Practices More Effectively, Taking into Account Transparency and Substance*, Action 5 – 2015 Final Report, OECD/G20 Base Erosion and Profit Shifting Project. Paris: OECD Publishing.

naquele Estado se produziu a riqueza. Em última análise, o raciocínio parece prender-se à teoria do benefício ou da utilidade, que procurava justificar a tributação a partir dos benefícios oferecidos pelo Estado. Ora, esta vem há muito sofrendo críticas, tendo em vista, de um lado, sua fraqueza em relação aos impostos (tributos por definição não vinculados), mas também pelo fato de que o contribuinte paga impostos que cobrem não só despesas das quais ele pode tirar algum proveito, mas também aquelas que não lhe aproveitam. Fosse verdadeira a teoria do benefício, então justamente os menos capacitados economicamente, porque dependem mais diretamente do Estado, ou porque gozam de mais benefícios oferecidos pelo Estado, deveriam pagar impostos[32].

A par da teoria do benefício, surgiu outra, baseada na ideia de sacrifício. Aqui, já não se cogita equivalência entre os benefícios oferecidos pelo Estado e o montante da tributação, desenvolvendo-se, em vez disso, a ideia de que todos devem pagar pelas despesas comuns, sendo a *ratio* da divisão a capacidade individual de pagamento (capacidade contributiva). Mas essa teoria também não ficou ilesa a críticas, já que ela não explica, por exemplo, por que razão o contribuinte deve "sacrificar-se" mais por um Estado que por outro[33].

O que parece passar despercebido é que, a par da questão do sacrifício do contribuinte, o qual busca justificar sua tributação individual, torna-se relevante, igualmente, a questão do sacrifício interestatal. Sob este prisma, nasce uma pretensão tributária por parte do Estado que vê sua economia depauperada por conta de um pagamento feito ao exterior. Daí ser possível imaginar, de um lado, um Estado instituindo um imposto sobre ativos no exterior (que ainda não se cogita, mas que seria viável, do ponto de vista econômico, ainda que indesejável, por desincentivar as transações internacionais), e, de outro, um imposto sobre os rendimentos pagos ao exterior (tributação na fonte). Note-se que, aqui, já não se cogita mais em justificar o montante do imposto na capacidade contributiva manifestada, ou nos benefícios oferecidos pelo Estado, mas exclusivamente na circunstância de o Estado ter sua econo-

[32] Cf. Allix, Edgar. Répétitions Écrites de Science Financière. *Le Cours de Droit: Répétitions Écrites & Orales*. Paris, 1937-1938 , p. 186.

[33] Cf. Vogel, Klaus. Tributação da Renda Mundial. *Cadernos de Direito Tributário e Finanças Públicas*, v. 7, 1994, pp. 133 a 143 (134-5).

mia nacional diminuída dos recursos enviados ao exterior. O "sacrifício" surge, pois, sob nova forma. Agora, já não mais se trata da circunstância de um rendimento haver sido *produzido* sob o manto protetor de um Estado (enfoque do benefício), mas de ele ser *pago* com recursos provenientes do Estado (enfoque no pagamento). Tampouco esse raciocínio fica livre de críticas, por partir de uma visão monetarista, que relacionaria a riqueza de uma nação à quantidade de moeda ali em circulação. Mais interessante, no que se refere ao sacrifício interestatal, pensar que ao rendimento do não residente corresponde um pagamento feito pelo residente; se este é uma dedução da base tributária, ocorre efetivo sacrifício de seu Estado, o qual pode ser neutralizado pela tributação na fonte. Afastando-se do argumento monetarista, que identifica a pauperização do Estado com a redução do volume de moeda em circulação, o que essa perspectiva oferece é, antes, a pauperização decorrente da redução da base tributária. Voltarei a isto a seguir.

A evolução, de fonte de produção a fonte de pagamento, mostra sua utilidade quando se reflete acerca do tema do comércio eletrônico. Afinal, a legislação baseada no conceito da fonte de produção impõe, como condição prévia à tributação, que se afira em que local foi produzido o rendimento (qualquer que seja seu conteúdo), fica extremamente diluída. Não é difícil conceber o desafio dos legisladores nacionais para descrever hipóteses tributárias que captem a realidade em todas as dimensões, sendo provável a existência, de um lado, de lacunas legais e, de outro, de sobreposições que causem a bitributação. Tal sobreposição, se já era denunciada anteriormente ao fenômeno do comércio eletrônico[34], diante da plurivalência do termo "fonte", tem seu potencial aumentado exponencialmente na realidade eletrônica.

Decorre daí a importância da adoção do conceito de fonte de pagamento, que tem em seu favor a maior simplicidade em sua determinação, já que não se indaga onde se produziu o rendimento, mas quem foi que o pagou. Claro que tampouco esse critério fica ileso a crítica, já que nada impede dois Estados de se considerarem legitimados a tributar com base nesse critério, por adotarem conceitos diversos para a

[34] Cf. Vogel, Klaus. World-wide vs. Source Taxation of Income – A Review and Reevaluation of Arguments. *Influence of Tax Differentials on International Competitiveness*. Amsterdã: Kluwer, 1989, pp. 117 a 166 (127 e ss.).

residência e, assim, ambos entenderem que a fonte pagadora reside em seus respectivos territórios. Igualmente, no comércio eletrônico não é suficiente para identificar onde está localizada a fonte. De todo modo, parece inegável que tais dificuldades, ao mesmo tempo em que se fazem igualmente presentes nos demais critérios acima discutidos, são infinitamente menores que aquelas próprias dos outros fatores de tributação.

No que se refere ao comércio eletrônico empresarial (*business to business*), a identificação da fonte de pagamento não costuma ser problemática: a fonte de pagamento surge quando a pessoa jurídica pretende deduzir, de sua base tributária, os pagamentos feitos aos não residentes; neste caso, o ônus da prova acaba transferido à própria fonte pagadora a qual, para se beneficiar de uma dedução, acaba por denunciar seu status de fonte (no sentido inverso, se não se acusar como fonte de pagamento, não ocorre a dedução, o que implica que aquilo que o Estado não arrecadar enquanto fonte será recolhido pelo menor volume de despesas). Esse raciocínio se presta, ademais, a justificar mais uma vez a tributação pelo Estado da fonte de pagamento: afinal, como já antecipei acima, é este o Estado que vê sua base tributária reduzida em virtude da dedução feita pela fonte de pagamento; a tributação na fonte estaria, pois, a compensar as perdas de arrecadação geradas por aquela dedução.

No que se refere ao comércio eletrônico voltado ao consumidor final (*business to consumer*), a defesa da tributação pelo Estado da fonte de pagamento não parece tão sólida, restando apenas a questão da praticidade. Afinal, pessoas físicas em geral não deduzem de sua base tributária os pagamentos ao exterior. Neste sentido, não seria verdadeiro sustentar prejuízo ao Estado pagador. Por outro lado, entendendo-se (o que não parece pacífico) pela necessidade de se tributar a renda do beneficiário do rendimento independentemente do fato de o mesmo valor integrar, economicamente, a renda do consumidor/pagador, então resta a questão pragmática a pender pela tributação na fonte de pagamento. É dizer: pode-se sustentar, com bons argumentos, o descabimento da tributação do rendimento, quando a fonte pagadora sequer reduziu sua base tributável, tendo em vista que, do ponto de vista econômico, alcançar-se-ia duplamente a mesma riqueza (bitributação econômica). Insistindo-se, entretanto, em tal tributação, então mais uma vez a questão da exequibilidade penderá para o Estado da fonte de Pagamento. Enquanto se pode conceber que o beneficiário do rendimento busque estruturar seus benefícios de modo a fugir da tributação pelo critério da residência (por meio de paraísos fiscais, por exemplo) ou da fonte de produção, tratando-se de tributação da fonte de pagamento, esta estará atomizada, sendo mais difícil conceber que uma multiplicidade de consumidores crie estruturas sofisticadíssimas para o pagamento de suas compras eletrônicas. Em países em que existe controle cambial (como o efetuado pelo Banco Central, no Brasil), o rastreamento da fonte de pagamento torna-se viável no mais das vezes, restando, é claro, o tema dos pagamentos por cartões de crédito internacionais. Ainda assim, se estes forem alimentados a partir de recursos nacionais, o controle cambial pode ser ferramenta para seu acompanhamento. Não surpreende, daí, que a tributação pela fonte de pagamento, há muito adotada pelo Brasil para os serviços, não tenha tido igual acolhida em países mais desenvolvidos, que refutam qualquer tipo de controle cambial: este parece ser requisito imprescindível para a efetividade da tributação pela fonte de pagamento.

De qualquer modo, parece ter maior exequibilidade a tributação da renda oriunda do comércio eletrônico pelo Estado da fonte. Se esta afirmação se faz sem hesitação no caso de transações empresarias (*business-to-business*), também para os consumidores finais (*business-to-consumer*) a fonte do pagamento, combinada com o controle cambial existente no País, parece constituir critério mais prático que cogitar a tributação pela residência que, por meio de estruturas internacionais de planejamento, pode ser mais facilmente contornada.

Além da exequibilidade, o próprio Direito Privado indica que a tributação da renda decorrente de tais transações pelo Estado da fonte é a mais adequada.

5. A justificativa pelo Direito Privado: o local do consumo como fonte de produção e de pagamento

A partir do desenvolvimento do comércio internacional, já não se encontram argumentos sólidos a justificar a tributação distinta entre residentes e não residentes, se todas atuam em um mesmo ambiente – o virtual – cujo acesso não se faz condicionado à localização do contribuinte. Constata-se que empresas domiciliadas no exterior passam a atuar diretamente em igualdade de condições com as empresas nacionais, independentemente da presença física de representante algum no País.

Aceitando-se a existência de um mercado virtual, que não é, propriamente, nem "mercado nacional" nem "mercado internacional", parece claro que nele atuam em igualdade de condições residentes e não residentes, já que ao consumidor se oferecem produtos e serviços, ao alcance de seu "mouse", não lhe sendo dado saber, com certeza, a proveniência dos produtos oferecidos. Nesse sentido, surge a questão da constitucionalidade do tratamento diferenciado, baseado exclusivamente na residência do contribuinte: por que o contribuinte residente no País é tributado com base em sua renda líquida, deduzindo, destarte, todos os custos e despesas necessários à formação do lucro, enquanto o não residente submete à tributação o rendimento bruto, de fonte pagadora localizada no território nacional?

O paradoxo acima apontado exige que se enfrentem, mais uma vez, as linhas divisórias propostas pelos legisladores, investigando até que ponto são satisfatórias para se atingir a tributação adequada e justa.

Como visto, busca-se dar tratamento igual àqueles que atuam no País (tributação do lucro). Entretanto, elege-se como critério a presença física no território nacional. Ora, no caso de *computação em nuvem* ("*cloud computing*"), o servidor pode estar localizado num país, mas a maioria dos seus usuários/clientes encontrar-se noutro. Desse modo, o paradoxo se apresenta, justamente, porque se constata que a presença física no território não é critério suficiente para distinguir situações que merecem tratamento tributário diverso. Afinal, pode existir um completo descompasso entre a conexão econômica e a presença física em determinado território. Daí parecer adequada a busca de outro critério para a separação dos negócios celebrados no País ou no exterior, qual seja, o mercado consumidor[35].

É nessa mesma linha que se encontra a resposta dada pelo Direito Privado em relação ao local de constituição de uma obrigação: obrigações constituídas no País implicam negócios aqui celebrados, sujeitando-se à tributação dos lucros, como residentes; obrigações constituídas no exterior, por refletirem negócios celebrados em condições diversas, podem receber outro tratamento tributário.

[35] Cf. Castelon, Marta. *International Taxation of Income from Services under Double Taxation Conventions*: Development, Practice and Policy. Series on International Taxation, v. 63. Amsterdã: Wolters Kluwer, 2018, pp. 327 e ss.

O lugar da constituição da obrigação, por sua vez, é considerado o lugar em que residir o proponente. Por exemplo, o art. 9º, §2º, da Lei de Introdução às normas do Direito Brasileiro estabelece que "a obrigação resultante do contrato reputa-se constituída no lugar em que residir o proponente".

Chega-se, portanto, ao seguinte critério diferenciador: residindo o proponente no País, o lucro da transação deve ser tributado, como qualquer outro negócio celebrado neste mercado.

Resta investigar onde reside o proponente, numa transação típica de comércio eletrônico. Relevante, assim, saber se proponente é o vendedor, que coloca seus produtos em seu *site* ou o comprador que o acessa.

O conteúdo da proposta deve, necessariamente, conter o desejo, por parte do proponente, de vincular-se juridicamente. Assim, quando, por exemplo, uma mercadoria é exposta à venda numa vitrine não há tecnicamente uma proposta, mas mero convite, formulado aos transeuntes, para que entrem na loja e façam uma proposta (*invitatio ad offerendum*). Isso fica claro quando se cogita o caso em que o comerciante expõe uma mercadoria à venda e simultaneamente dois indivíduos ingressam na loja e manifestam sua vontade de ser proprietários da mercadoria. Fosse a mera colocação da mercadoria em exposição uma proposta, então a manifestação dos potenciais compradores já configuraria uma aceitação, surgindo dois contratos de compra e venda distintos. Ora, pode ocorrer de o lojista só ter uma mercadoria à venda, justamente aquela exposta. Ficaria, então, ele obrigado por dois contratos, quando nunca pretendeu ingressar em tal situação jurídica. Assim, do mesmo modo, a mera apresentação de um bem à venda em um *site* não representa proposta, mas mera *invitatio ad offerendum*[36]. A proposta se concretiza, portanto, quando um interessado acessa o *site* e, escolhendo o bem, manifesta sua vontade de adquiri-lo. Se o contrato se considera celebrado onde reside o proponente, então a transação eletrônica se considera celebrada no local onde residir aquele que acessa o *site*.

Nota-se que o estudo das transações de comércio eletrônico mostra que já não mais se revela adequado tomar a presença física como critério limitador da hipótese de incidência tributária, revelando-se muito mais pertinente investigar o local da residência do proponente, *in casu*,

[36] Cf. PALANDT, Otto. *Bürgerliches Gesetzbuch*. Munique: Beck, 1997, § 145, RZ 2.

daquele que acessa o *site*, pouco interessando onde reside o criador do último.

Nessa perspectiva, percebe-se que o local da produção do rendimento, sendo aquele onde o contrato se considera celebrado, acaba se confundindo com o lugar onde reside o adquirente. Convergem, nessas circunstâncias, fonte de produção e fonte de pagamento.

Conclui-se, daí, que é o país onde reside aquele que acessa o *site* que deve tributar o rendimento produzido no comércio eletrônico. Essa solução traz a seu favor, de um lado, atender aos reclamos dos defensores da teoria da fonte de produção e da fonte de pagamento e, de outro, reduzir os riscos de bitributação ou de não tributação, que poderiam decorrer de uma tributação pelo Estado da residência.

Conclusões

Diante dos desafios da economia digital, soluções unilaterais ou mesmo comunitárias vêm sendo tomadas de modo a assegurar uma tributação sem que se questionem consensos criados no século passado. O abandono da prevalência da tributação pelo Estado de residência, dando-se a tributação no Estado onde se encontra o consumidor (fonte de pagamento) reduziria em muito os problemas atuais. As medidas acima referidas têm os efeitos de uma tributação na fonte mas, por não se assumirem como tais, acabam por inserir no já complexo sistema tributário internacional figuras esdrúxulas, dificultando, daí, qualquer esforço no sentido de harmonização internacional. Mais interessante, daí, revisitar aqueles consensos, de modo a sustentar que os desacertos de então respondem por boa parte dos problemas que hoje se enfrentam.

Primeiro, é mais eficiente cogitar a tributação da renda pelo Estado da fonte, pois tanto impacto tributário quanto o dos benefícios são relevantes para a decisão do investidor.

Segundo, atende mais à capacidade contributiva a tributação da renda pelo Estado da fonte, pois o resultado financeiro é considerado de maneira alinhada aos riscos incorridos pelo investimento.

Terceiro, parece ter maior exequibilidade a tributação da renda oriunda do comércio eletrônico pelo Estado da fonte, pois a fonte do pagamento constitui critério mais prático que cogitar a tributação pela residência que, por meio de estruturas internacionais de planejamento, pode ser mais facilmente contornada.

Quarto, é o país onde reside aquele que acessa o *site* que deve tributar o rendimento produzido no comércio eletrônico. Essa solução traz a seu favor, de um lado, atender aos reclamos dos defensores da teoria da fonte de produção e da fonte de pagamento e, de outro, reduzir os riscos de bitributação ou de não tributação, que poderiam decorrer de uma tributação pelo Estado da residência.

17. Cyber pirataria: a responsabilidade pela guarda de informações e bens

Marcelo Borghi

Introdução

Da análise histórica do termo designado para "bandido" que cruzava os mares com o móvel de pilhar e saquear, necessário relatar os históricos atos punitivos criados pela Administração Pública de Portugal para a pirataria.

Segundo Henrique da Gama Barros: "a pirataria era um dos maiores inimigos com que tinha de luctar geralmente o commercio marítimo durante a Idade Media, mas para combater os salteradores que faziam profissão de piratas, roubando os mercadores sem distincção de nacionalidade nem d'amigos ou inimigos, não existiam esquadras que guardassem os mares. Um escritor moderno vê a origem do direito de represália nas leis e costumes dos Germanos, que extendiam a responsabilidade do crime a todos os indivíduos da mesma circumscripção territorial a que pertencesse o autor da malfeitoria, e tornavam solidaria a familia, pelo direito de guerra privada, da defensão de cada um dos seus membros; mas observa elle, e só desde o século XIII que na concessão do direito de represalia pelo poder soberano, e no seu uso, se começa a seguir uma pratica regular, e desde o fim d'esse século pôde julgar-se definitivamente estabelecida, ou em caminho d'organização muito adentada, a legislação das represálias. Ainda segundo o mesmo escriptor, o direito de represalias era o direito que a autoridade soberana conferia a um particular, seu subdito, para, até pela força, rehaver d'um extrangeiro, ou dos concidadãos d'esse extrangeiro, os bens, ou a sua equivalente valia, que elle lhe houvesse tomado, verificando-se previamente que não conseguira obter justiça dos tribunaes da nação a que pertencia o seu inimigo".[1]

Nessa conceituação, atualizando a temática pirataria para a "internet", sem pormenorização quanto a abrangência dos históricos aspectos punitivos existentes na legislação portuguesa, identificamos como *hacker,* e de forma sinônima o termo *craker,* como o agente que tem interesse na prática lesiva de utilização de dados de um sistema (piratear) cujas informações são pelo mesmo obtidas de forma ardilosa ou ilícita, sem a permissão do detentor dos direitos dos referidos dados.

1. Do protocolo de abstração para a análise da cyber pirataria

A partir das diversas formas para o acesso e obtenção dos dados, como também, da consequente infringência ao direito autoral, resta frenética e incessante a busca para uma tipificação, ou melhor adequação do direito posto, com o fim de rechaçar ou obstaculizar a manipulação indevida dos dados do indivíduo, além da necessária regulamentação para a guarda e proteção desses referidos dados. Assim, o direito posto não pode se ausentar da sua necessária adaptação visando inclusão da "nova tecnologia" e dos seus meios de acesso, dado que essa "nova tecnologia" tem resultado em novas formas de produção do conhecimento e novas formas de criação intelectual e, consequentemente, "novas práticas" para que possam ser obtidas, de forma ilícita, informações através da pirataria virtual.

Contudo, necessário seja esclarecido, de plano, que a proteção aos novos métodos tecnológicos criados ou praticados jamais poderão ser amparados pela atual sistemática de produção legislativa, uma vez que essa criação tecnológica está sempre em efetiva mutação, restando, assim, impossível, possam as legislações autorais modernas acompanhar o progresso tecnológico apto à proteção individual.

[1] Barros, Henrique da Gama. História da administração pública em Portugal nos séculos XII a XV. 2ª Edição dirigida por Torquato de Sousa Soares. 2ª ed. Lisboa: Sá da Costa, 1945, p. 333 e 334.

Por indubitável, sempre constante a lacuna entre o direito posto e a nova prática tecnológica produzida. Nessa seara, importante uma pausa para reflexão quanto ao direito posto, e sua forma de adaptação. Conforme elencado por Norberto Bobbio, na sua distinção entre o desenvolvimento da teoria e da sua prática: "os direitos do homem são, indubitavelmente, um fenômeno social. Ou, pelo menos, são também um fenômeno social: e, entre os vários pontos de vista de onde podem ser examinados (filosófico, jurídico, econômico, etc.), há lugar para o sociológico, precisamente o da sociologia jurídica. Essa multiplicação (ia dizendo "proliferação") ocorreu de três modos: a) porque aumentou a quantidade de bens considerados merecedores de tutela; b) porque foi estendida a titularidade de alguns direitos típicos a sujeitos diversos do homem; c) porque o próprio homem não é mais considerado como ente genérico, ou homem em abstrato, mas é visto na especificidade ou na concreticidade de suas diversas maneiras de ser em sociedade, como criança, velho, doente, etc. Em substância: mais bens, mais sujeitos, mais status do indivíduo.

É supérfluo notar que, entre esses três processos, existem relações de interdependência: o reconhecimento de novos direitos de (onde "de" indica o sujeito) implica quase sempre o aumento de direitos a (onde "a" indica o objeto). Ainda mais supérfluo é observar, o que importa para nossos fins, que todas as três causas dessa multiplicação cada vez mais acelerada dos direitos do homem revelam, de modo cada vez mais evidente e explícito, a necessidade de fazer referência a um contexto social determinado.

Com relação ao primeiro processo, ocorreu a passagem dos direitos de liberdade – das chamadas liberdades negativas, de religião, de opinião, de imprensa, etc. – para os direitos políticos e sociais, que requerem uma intervenção direta do Estado. Com relação ao segundo, ocorreu a passagem da consideração do indivíduo humano *uti singulus*, que foi o primeiro sujeito ao qual se atribuíram direitos naturais (ou morais) – em outras palavras, da "pessoa" –, para sujeitos diferentes do indivíduo, como a família, as minorias étnicas e religiosas, toda a humanidade em seu conjunto (como no atual debate, entre filósofos da moral, sobre o direito dos pósteros à sobrevivência); e, além dos indivíduos humanos considerados singularmente ou nas diversas comunidades reais ou ideais que os representam, até mesmo para sujeitos diferentes dos homens, como os animais. Nos movimentos ecológicos, está emergindo quase que um direito da natureza a ser respeitada ou não explorada, onde as palavras "respeito" e "exploração" são exatamente as mesmas usadas tradicionalmente na definição e justificação dos direitos do homem.

Com relação ao terceiro processo, a passagem ocorreu do homem genérico – do homem enquanto homem – para o homem específico, ou tomado na diversidade de seus diversos status sociais, com base em diferentes critérios de diferenciação (o sexo, a idade, as condições físicas), cada um dos quais revela diferenças específicas, que não permitem igual tratamento e igual proteção. A mulher é diferente do homem; a criança, do adulto; o adulto, do velho; o sadio, do doente; o doente temporário, do doente crônico; o doente mental, dos outros doentes; os fisicamente normais, dos deficientes, etc. (...) É supérfluo acrescentar que o reconhecimento dos direitos sociais suscita, além do problema da proliferação dos direitos do homem, problemas bem mais difíceis de resolver no que concerne àquela "prática" de que falei no início: é que a proteção destes últimos requer uma intervenção ativa do Estado, que não é requerida pela proteção dos direitos de liberdade, produzindo aquela organização dos serviços públicos de onde nasceu até mesmo uma nova forma de Estado, o Estado social. Enquanto os direitos de liberdade nascem contra o super poder do Estado – e, portanto, com o objetivo de limitar o poder –, os direitos sociais exigem, para sua realização prática, ou seja, para a passagem da declaração puramente verbal à sua proteção efetiva, precisamente o contrário, isto é, a ampliação dos poderes do Estado.[2]

Para tanto, a legislação, como no caso já apreciado pelo Superior Tribunal de Justiça nos autos do Recurso Especial 1.383.354/SP, relatado pela Ministra Nancy Andrighi[3] envolvendo direito digital: "ainda que não ideais, certamente incapazes de conter por completo a utilização da rede para fins nocivos, a solução ora proposta se afigura como a que melhor equaciona os direitos e deveres dos diversos players do mundo virtual.

[2] Bobbio, Norberto. A Era dos direitos. Tradução Carlos Nelson Coutinho. Rio de Janeiro: Elsevier, 2004, p. 33/35.

[3] Voto da Min. Nancy Andrighi no julgamento do Recurso Especial n. 1.383.354/SP (Superior Tribunal de Justiça, DJe 26.09.2013).

Na análise de Newton De Lucca "a implementação de medidas drásticas de controle de conteúdos na Internet deve ser reservada para casos extremos, quando estiver presente manifesto interesse público e desde que ponderado o potencial prejuízo causado a terceiros, não havendo de ser adotada nas demais hipóteses, principalmente quando se tratar de interesse individual, salvo em situações absolutamente excepcionais, que representarão exceções raríssimas" (op. cit., p. 400). As adversidades indissociáveis da tutela das inovações criadas pela era digital dão origem a situações cuja solução pode causar certa perplexidade. Há de se ter em mente, no entanto, que a Internet é reflexo da sociedade e de seus constantes avanços.

Se, ainda hoje, não conseguimos tutelar com total equidade direitos seculares e consagrados, seria utópico contar com resultados mais eficientes nos conflitos relativos à rede mundial de computadores. Nessa conceituação aberta resta prevalente o regramento do artigo 215 da Constituição Federal que estabelece o apoio e o incentivo a difusão das manifestações culturais, nela enquadrada a produção intelectual"[4]. Para tanto, observamos que a delimitação da utilização do direito do autor no tópico relativo a rede mundial de computadores será abrangida de forma genérica, em prol do incentivo à produção intelectual.

Nessa parametrização apresentada pelo ordenamento jurídico, a produção individual, nos moldes do direito do autor como conhecido, está cedendo ou sendo alterada para o incentivo amplo à produção intelec-

[4] **SEÇÃO II**
DA CULTURA
Art. 215. O Estado garantirá a todos o pleno exercício dos direitos culturais e acesso às fontes da cultura nacional, e apoiará e incentivará a valorização e a difusão das manifestações culturais.
§ 1º O Estado protegerá as manifestações das culturas populares, indígenas e afro-brasileiras, e das de outros grupos participantes do processo civilizatório nacional.
§ 2º A lei disporá sobre a fixação de datas comemorativas de alta significação para os diferentes segmentos étnicos nacionais.
§ 3º A lei estabelecerá o Plano Nacional de Cultura, de duração plurianual, visando ao desenvolvimento cultural do País e à integração das ações do poder público que conduzem à
I defesa e valorização do patrimônio cultural brasileiro;
II produção, promoção e difusão de bens culturais;
III formação de pessoal qualificado para a gestão da cultura em suas múltiplas dimensões;
IV democratização do acesso aos bens de cultura;
V valorização da diversidade étnica e regional.

tual. Em razão disso, cabível a transcrição do Professor José de Oliveira Ascensão que menciona a alteração de interpretação do direito individual em favor do direito social: "a entender assim, o direito da personalidade transforma-se no direito dos egoísmos privados. Contradiz o que deveria ser a sua base fundamental, que é a consideração da pessoa. A pessoa é convivência e sociedade. Nenhuma consideração de intimidade pode ser mais forte que esse traço essencial da personalidade".[5]

Como elemento de divisão para a conceituação abrangente, tendo como premissa, a ineficácia ou desproporcional velocidade da criação tecnológica para com a criação legislativa (ou tipificação legal), apta a restringir abusos ou "desconformidades" no uso dessas novas práticas tecnológicas, cabível uma parametrização legal de forma aberta, que possa definir o que seria ou não adequado, sob o prima da nova tecnologia, quais seriam os atos abusivos em razão da abusiva invasão ou indevida utilização dos dados disponíveis pela internet.

Para tanto, como modelo, podemos utilizar as premissas do Professor Lawerence Lessig, da Universidade de Stanford, apresentadas no julgamento do *website Napster*[6], cuja conclusão entendeu ser, na essência, a internet um mecanismo aberto, facilitador de inovação tecnológica, devendo os Tribunais, em razão da nova criação tecnológica, que poderá ameaçar os direitos de criação já regulados, determinar, no abstrato, a real adequação e interação entre o "intangível" regulado e o novo mecanismo que vier a ser, a partir dessa criação, novamente recriado ou melhor adaptado.

Somos de opinião que somente através da análise desse tipo de "abstração" poderá ser o abuso ou o ilícito identificado ao caso concreto, mantendo-se, assim, sempre presente o interesse comum da criação tecnológica como também, a adaptação da lacuna entre o progresso tecnológico e o direito legislado, possibilitando o amparo legal da nova prática tecnológica produzida.

2. Noções de informações relevantes aptas para proteção legal

Dado a relevância da temática de guarda e proteção dos dados da internet, identificamos como um dos mais importantes segmentos de uti-

[5] Ascensão, José de Oliveira. In Teoria Geral do Direito Civil. Lisboa. Faculdade de Direito, 1996, p. 121 (grifamos).

[6] In https://cyber.harvard.edu/works/lessig/nap/napd3.do03.hmlt

lização de transmissão de dados, via internet, os de lançamentos e demonstrativos contábeis criados e utilizados de forma obrigatória, pela Secretaria da Receita Federal do Brasil. Conforme elencado pelo Professor José Carlos Marion, "a contabilidade surgiu basicamente da necessidade de donos de patrimônio que desejavam mensurar, acompanhar a variação e controlar suas riquezas. Daí, poder-se afirmar que a Contabilidade surgiu em função de um usuário específico, o homem proprietário de patrimônio, que, de posse das informações contábeis, passa a conhecer melhor sua "saúde" econômica-financeira, tendo dados para propiciar tomada de decisões mais adequadas.

Podemos chamar de cenários contábeis primitivos, o ambiente em que as entidades comerciais e industriais estavam num estágio embrionário (em relação aos nossos dias), onde o proprietário era a figura central da ação empresarial, com lentas mudanças tecnológicas em situações mais estáveis em termos de preço, mercado, etc. Com o passar do tempo, novos usuários foram surgindo, tais como: o banqueiro, o fornecedor de mercadorias a prazo, o governo, o administrador (que recebeu incumbência de administrar o patrimônio para o empreendedor), os acionistas (tanto os controladores como os minoritários, em virtude de grupos de pessoas concentrarem recursos em função de um empreendimento), os empreendedores, os clientes, os sindicatos, os partidos políticos e outros segmentos da sociedade.

Assim, temos hoje um cenário moderno da Contabilidade, onde não se volta para o dono, mas para a entidade (como figura central), entidades estas em rápido nível de crescimento, tornando-se (ou podendo tornar-se) empresas de porte, num crescimento tecnológico de mercado, de qualidade muito grande numa realidade de relativa instabilidade de preços e mercado".[7]

Numa maior peculiaridade quanto ao acesso da informação e sua guarda, resultante na importante ferramenta para os lançamentos contábeis através dos sistemas impositivos elaborados pela Secretaria da Receita Federal do Brasil, podemos destacar, exemplificativamente, os seguintes sistemas de lançamentos contábeis:

(i) SPED – Sistema Público de Escrituração Digital;

[7] MARION, José Carlos. In Contabilidade Empresarial. Editora Atlas: São Paulo, 15ª. ed., 2009 p. 28-29.

(ii) ECD – Escrituração Contábil Digital que é parte integrante do projeto SPED e tem por objetivo a substituição da escrituração em papel pela escrituração transmitida via internet;
(iii) ECF – Escrituração Contábil Fiscal que substituiu a Declaração de Informações Econômico-Fiscais da Pessoa Jurídica (DIPJ);
(iv) EFD CONTRIBUIÇÕES – Arquivo digital instituído pelo SPED para utilização pelas pessoas jurídicas de direito privado na escrituração da Contribuição do PIS/PASEP e COFINS;
(v) eSocial – Sistema de Escrituração Digital das Obrigações Fiscais, Previdenciárias e Trabalhistas – sistema de comunicação unificada das informações relativas aos trabalhadores com vínculos empregatícios, contribuições previdenciárias, folha de pagamento, escriturações fiscais e informações sobre o FGTS.

Melhor detalhando a temática, importante seja esclarecida que a função da contabilidade é fornecer informações que sejam úteis na tomada de decisões econômicas e avaliações. Contudo, a utilização OBRIGATÓRIA DE SISTEMAS para realização dos lançamentos contábeis deve impor restrições de sigilo e acesso dos referidos atos contábeis aos AGENTES PÚBLICOS, devendo, também, TIPIFICAR DE FORMA ABRANGENTE, a criminalização de toda e qualquer prática abusiva ou violadora de informações das quais as empresas estão obrigadas a "subir para a internet".

Nesse contexto, a utilização dos dados pelos agentes públicos, em razão da possibilidade de utilização indevida dos bens intangíveis da sociedade, resulta em sério risco negocial e concorrencial para a mesma uma vez que, de posse dos dados apresentados, admissível possa, mediante estudo pormenorizado, compreender todo o mecanismo industrial da empresa, com a definição de valores dos fornecedores, custo de mão de obra, segmento e área de atuação, induzindo, até mesmo, em quebra de "segredos industriais sobre a formulação de produtos".

Essa questão não está relacionada com a essência da contabilidade, definida no próprio Comitê de Pronunciamentos Contábeis – CPC 00[8], que determina que "as características qualitativas da informação contábil-financeira útil (...) devam identificar os tipos de informação que

[8] CPC 00 – <http://static.cpc.aatb.com.br/Documentos/147_CPC00_R1.pdf>

muito provavelmente são reputadas como as mais úteis para investidores, credores por empréstimos e outros credores, existentes e em potencial, para tomada de decisões acerca da entidade que reporta com base na informação contida nos seus relatórios contábil-financeiros (informação contábil-financeira)".

Tais práticas abusivas também não estão vinculadas aos relatórios contábil-financeiros que devem identificar todas as informações econômicas da entidade, mesmo porque, os denominados *forward-looking information* incluem material explicativo sobre as expectativas da administração e sobre as estratégias para a entidade que reporta a informação, bem como outros tipos de informaç***ões*** sobre o futuro.

Como indicativo para a tipificação dos atos que devam ser considerados abusivos pelo Agente Administrativo, presente a máxima que "o Estado convive com pessoas, através de seus agentes. Estes, por sua vez, devem guardar, pois, as exigências do Direito, do Costume e da Moral. O *modus faciendi*, anotou-se, nem sempre vem explicitado na norma jurídica. Apesar disso, o exercício não pode ser arbitrário. O agente precisa atuar, em termos de relacionamento, como se particular fosse, ou seja, como devem se corresponder duas pessoas".[9] "A Corte Constitucional italiana, numa de suas primeiras decisões em 1956, apregoava, sugestivamente, que: "faz-se mister assinalar que se devem considerar como princípios da ordenação jurídica aquelas orientações e aquelas diretivas de caráter geral e fundamental que possam deduzir da conexão sistemática, da coordenação e da íntima racionalidade das normas, que concorrem para formar assim, num dado momento histórico, o tecido da ordenação jurídica.

Jean Boulanger, professor da Faculdade de Direito de Lille, mostra a diferença existente entre um princípio jurídico e uma simples regra: "há entre princípio e regra jurídica não somente uma disparidade de importância mas uma diferença de natureza. Uma vez mais o vocabulário é a fonte de confusão: a generalidade de regra jurídica não se deve entender da mesma maneira que a generalidade de um princípio.

E, em nosso meio, ao cuidar dos princípios gerais de direito, o saudoso Prof. Miguel Reale explicitava que eles correspondem àquelas "enun-

[9] CERNICCHIARO, Luis Vicente. In o Princípio da Moralidade no Direito Tributário, Ives Gandra da Silva Martins (coord). Ed. Revista dos Tribunais, 2ª. Ed., São Paulo, 1998, p. 40.

ciações normativas de valor genérico, que condicionam e orientam a compreensão do ordenamento jurídico, quer para a sua aplicação e integração, quer para a elaboração de novas normas".

A importância de reconhecermos uma norma como tendo ou não natureza principiológica, vale dizer, como sendo ou não um princípio, assume importância fundamental no plano da exegese jurídica. É exatamente por ser a norma relativa à moralidade administrativa um verdadeiro princípio – e não, ao contrário, simples regra – que se torna possível, por exemplo, pensar-se no desfazimento de um ato administrativo que, mesmo produzido sob a égide da lei, encontra-se contaminado pelo vício da imoralidade. Como diz o já citado prof. Afonso da Silva, a lei pode ser cumprida moralmente ou imoralmente. Quando sua execução é feita, por exemplo, com o intuito de prejudicar alguém deliberadamente, ou com o intuito de favorecer alguém, por certo que se está produzindo um ato *formalmente* legal, mas *materialmente* comprometido com a moralidade administrativa".[10]

Dessa forma, plenamente cabível a introdução de mecanismo que objetive a responsabilização do AGENTE ADMINISTRATIVO que vier, mesmo de forma indireta ou reflexa, a utilizar-se de DADOS SIGILOSOS tanto relativo aos lançamentos contábeis como dos agora obrigatórios DADOS EMPRESARIAIS, fazendo com que o mesmo venha a arcar por seus atos comissivos e, ou, omissivos, como também, por atos que possam ser caracterizados como "atos políticos" quer seja, pela atuação em favor de interesses de grupos economicos ou de determinado segmento corporativo. Como mecanismo de ressarcimento, podemos analisar, por similaridade, a "*legge sulla responsabilità civile dei magistrati*"[11] aplicada no Direito Italiano, segundo a qual, o Magistrado, por ato omissivo,

[10] Lucca, Newton de. In Da ética Geral à Ética Empresarial. Quartier Latin. São Paulo: 2009, p. 238, 239.

[11] **LEGGE 13 aprile 1988, n. 117 – Risarcimento dei danni cagionati nell'esercizio delle funzioni giudiziarie e responsabilità civile dei magistrati.**

Art. 1. Ambito di applicazione

1. Le disposizioni della presente legge si applicano a tutti gli appartenenti alle magistrature ordinaria, amministrativa, contabile, militare e speciali, che esercitano l'attivita' giudiziaria, indipendentemente dalla natura delle funzioni, nonche' agli estranei che partecipano all'esercizio della funzione giudiziaria.

2. Le disposizioni di cui al comma 1 si applicano anche ai magistrati che esercitano le proprie funzioni in organi collegiali.

pode vir a ser responsabilizado, inclusive com a necessidade de reparação pecuniária correspondente até a metade do valor anual dos seus vencimentos, ou de forma ilimitada para o caso de dolo. Não obstante, é importante frisar, também, que "a Constituição consagrou o devido processo legal material (art. 5º, LIV), o princípio da estrita legalidade tributária (art. 150, I) e o direito à propriedade (art. 5º, caput). Esses marcos constitucionais condicionam a atuação das autoridades fiscais de todos os níveis, impedindo-as de utilizar ficções ou presunções imoderadas,

3. Nelle disposizioni che seguono il termine "magistrato" comprende tutti i soggetti indicati nei commi 1 e 2.
Art. 2. Responsabilita' per dolo o colpa grave
1. Chi ha subi'to un danno ingiusto per effetto di un comportamento, di un atto o di un provvedimento giudiziario posto in essere dal magistrato con dolo o colpa grave nell'esercizio delle sue funzioni ovvero per diniego di giustizia puo' agire contro lo Stato per ottenere il risarcimento dei danni patrimoniali e anche di quelli non patrimonial.
Art. 3. Diniego di giustizia
1. Costituisce diniego di giustizia il rifiuto, l'omissione o il ritardo del magistrato nel compimento di atti del suo ufficio quando, trascorso il termine di legge per il compimento dell'atto, la parte ha presentato istanza per ottenere il provvedimento e sono decorsi inutilmente, senza giustificato motivo, trenta giorni dalla data di deposito in cancelleria. Se il termine non e' previsto, debbono in ogni caso decorrere inutilmente trenta giorni dalla data del deposito in cancelleria dell'istanza volta ad ottenere il provvedimento.
2. Il termine di trenta giorni puo' essere prorogato, prima della sua scadenza, dal dirigente dell'ufficio con decreto motivato non oltre i tre mesi dalla data di deposito dell'istanza. Per la redazione di sentenze di particolare complessita', il dirigente dell'ufficio, con ulteriore decreto motivato adottato prima della scadenza, puo' aumentare fino ad altri tre mesi il termine di cui sopra.
Art. 8. Competenza per l'azione di rivalsa e misura della rivalsa
1. L'azione di rivalsa deve essere promossa dal Presidente del Consiglio dei Ministri. *((2. L'azione di rivalsa deve essere proposta davanti al tribunale del capoluogo del distretto della corte d'appello, da determinarsi a norma dell'articolo 11 del codice di procedura penale e dell'articolo 1 delle norme di attuazione, di coordinamento e transitorie del codice di procedura penale, approvate con decreto legislativo 28 luglio 1989, n. 271)).*
3. La misura della rivalsa non puo' superare una somma pari alla meta' di una annualita' dello stipendio, al netto delle trattenute fiscali, percepito dal magistrato al tempo in cui l'azione di risarcimento e' proposta, anche se dal fatto e' derivato danno a piu' persone e queste hanno agito con distinte azioni di responsabilita'.
Tale limite non si applica al fatto commesso con dolo. L'esecuzione della rivalsa, quando viene effettuata mediante trattenuta sullo stipendio, non puo' comportare complessivamente il pagamento per rate mensili in misura superiore ad un terzo dello stipendio netto.

desproporcionais ou cuja única justificativa seja a facilitação do trabalho do agente público[12]".

Por inúmeras vezes, observamos a autorização pelo judiciário, mediante interpretação abrangente e flexível, da quebra do sigilo fiscal (informações em operações financeiras) sob o fundamento da primazia do controle financeiro de verbas públicas sobre o direito do particular. Contudo, a abrangência de tais preceitos, por parte do Agente Administrativo, sem qualquer fundamentação, nesse contexto de lançamentos contábeis, dado ao acesso da informação lançada *via internet*, resultará em perigosa intromissão de dados do intangível empresarial, inobstante o primado do ordenamento constitucional democrático assentado no Estado de Direito que pressupõe uma transparente responsabilidade do Estado e, em especial, do Governo.

Ressaltando referida premissa, importante destacar que o Supremo Tribunal Federal nos autos do Mandado de Segurança 33.340/DF, em razão da má gestão da verba pública, autorizou a utilização de dados sigilosos da empresa, sob a assertiva de relativização do sigilo da informação quando se tratar de controle financeiro de referida verba.[13]

[12] Ver voto do Min. Joaquim Barbosa no julgamento da ADIN n. 2.588, Rel Min. Ellen Gracie (Supremo Tribunal Federal, DJ 11.02.2014).

[13] 1. O controle financeiro das verbas públicas é essencial e privativo do Parlamento como consectário do Estado de Direito (IPSEN, Jörn. Staatsorganisationsrecht. 9. Auflage. Berlin: Luchterhand, 1997, p. 221).
2. O primado do ordenamento constitucional democrático assentado no Estado de Direito pressupõe uma transparente responsabilidade do Estado e, em especial, do Governo. (BADURA, Peter. Verfassung, Staat und Gesellschaft in der Sicht des Bundesverfassungsgerichts. In: Bundesverfassungsgericht und Grundgesetz. Festgabe aus Anlass des 25jähringe Bestehens des Bundesverfassungsgerichts. Weiter Band. Tübingen: Mohr, 1976, p. 17.)
3. O sigilo de informações necessárias para a preservação da intimidade é relativizado quando se está diante do interesse da sociedade de se conhecer o destino dos recursos públicos.
4. Operações financeiras que envolvam recursos públicos não estão abrangidas pelo sigilo bancário a que alude a Lei Complementar nº 105/2001, visto que as operações dessa espécie estão submetidas aos princípios da administração pública insculpidos no art. 37 da Constituição Federal. Em tais situações, é prerrogativa constitucional do Tribunal [TCU] o acesso a informações relacionadas a operações financiadas com recursos públicos.
5. O segredo como "alma do negócio" consubstancia a máxima cotidiana inaplicável em casos análogos ao sub judice, tanto mais que, quem contrata com o poder público não pode ter segredos, especialmente se a revelação for necessária para o controle da legitimidade do emprego dos recursos públicos. É que a contratação pública não pode ser feita em esconde-

rijos envernizados por um arcabouço jurídico capaz de impedir o controle social quanto ao emprego das verbas públicas.
6. "O dever administrativo de manter plena transparência em seus comportamentos impõe não haver em um Estado Democrático de Direito, no qual o poder reside no povo (art. 1º, parágrafo único, da Constituição), ocultamento aos administrados dos assuntos que a todos interessam, e muito menos em relação aos sujeitos individualmente afetados por alguma medida." (MELLO, Celso Antônio Bandeira de. Curso de Direito Administrativo. 27ª edição. São Paulo: Malheiros, 2010, p. 114).
7. O Tribunal de Contas da União não está autorizado a, *manu militari*, decretar a quebra de sigilo bancário e empresarial de terceiros, medida cautelar condicionada à prévia anuência do Poder Judiciário, ou, em situações pontuais, do Poder Legislativo. Precedente: MS 22.801, Tribunal Pleno, Rel. Min. Menezes Direito, DJe 14.3.2008.
8. In casu, contudo, o TCU deve ter livre acesso às operações financeiras realizadas pelas impetrantes, entidades de direito privado da Administração Indireta submetidas ao seu controle financeiro, mormente porquanto operacionalizadas mediante o emprego de recursos de origem pública. Inoponibilidade de sigilo bancário e empresarial ao TCU quando se está diante de operações fundadas em recursos de origem pública. Conclusão decorrente do dever de atuação transparente dos administradores públicos em um Estado Democrático de Direito.
9. A preservação, in casu, do sigilo das operações realizadas pelo BNDES e BNDESPAR com terceiros não, apenas, impediria a atuação constitucionalmente prevista para o TCU, como, também, representaria uma acanhada, insuficiente, e, por isso mesmo, desproporcional limitação ao direito fundamental de preservação da intimidade.
10. O princípio da conformidade funcional a que se refere Canotilho, também, reforça a conclusão de que os órgãos criados pela Constituição da República, tal como o TCU, devem se manter no quadro normativo de suas competências, sem que tenham autonomia para abrir mão daquilo que o constituinte lhe entregou em termos de competências. (CANOTILHO, José Joaquim Gomes. Direito Constitucional e Teoria da Constituição. 5ª edição. Coimbra: Almedina, 2002, p. 541.)
11. A Proteção Deficiente de vedação implícita permite assentar que se a publicidade não pode ir tão longe, de forma a esvaziar, desproporcionalmente, o direito fundamental à privacidade e ao sigilo bancário e empresarial; não menos verdadeiro é que a insuficiente limitação ao direito à privacidade revelar-se-ia, por outro ângulo, desproporcional, porquanto lesiva aos interesses da sociedade de exigir do Estado brasileiro uma atuação transparente.
12. No caso sub examine: I) O TCU determinou o fornecimento de dados pela JBS/Friboi, pessoa que celebrou contratos vultosos com o BNDES, a fim de aferir, por exemplo, os critérios utilizados para a escolha da referida sociedade empresária, quais seriam as vantagens sociais advindas das operações analisadas, se houve cumprimento das cláusulas contratuais, se as operações de troca de debêntures por posição acionária na empresa ora indicada originou prejuízo para o BNDES. II) O TCU não agiu de forma imotivada e arbitrária, e nem mesmo criou exigência irrestrita e genérica de informações sigilosas. Sobre o tema, o ato coator aponta a existência de uma operação da Polícia Federal denominada Operação Santa

Tereza que apontou a existência de quadrilha intermediando empréstimos junto ao BNDES, inclusive envolvendo o financiamento obtido pelo Frigorífico Friboi. Ademais, a necessidade do controle financeiro mais detido resultou, segundo o decisum atacado, de um "protesto da Associação Brasileira da Indústria Frigorífica (Abrafigo) contra a política do BNDES que estava levanto à concentração econômica do setor". III) A requisição feita pelo TCU na hipótese destes autos revela plena compatibilidade com as atribuições constitucionais que lhes são dispensadas e permite, de forma idônea, que a sociedade brasileira tenha conhecimento se os recursos públicos repassados pela União ao seu banco de fomento estão sendo devidamente empregados.
13. Consequentemente a recusa do fornecimento das informações restou inadmissível, porquanto imprescindíveis para o controle da sociedade quanto à destinação de vultosos recursos públicos. O que revela que o determinado pelo TCU não extrapola a medida do razoável.
14. Merece destacar que *in casu* : a) Os Impetrantes são bancos de fomento econômico e social, e não instituições financeiras privadas comuns, o que impõe, aos que com eles contratam, a exigência de disclosure e de transparência, valores a serem prestigiados em nossa República contemporânea, de modo a viabilizar o pleno controle de legitimidade e responsividade dos que exercem o poder. b) A utilização de recursos públicos por quem está submetido ao controle financeiro externo inibe a alegação de sigilo de dados e autoriza a divulgação das informações necessárias para o controle dos administradores, sob pena de restar inviabilizada a missão constitucional da Corte de Contas. c) À semelhança do que já ocorre com a CVM e com o BACEN, que recebem regularmente dados dos Impetrantes sobre suas operações financeiras, os Demandantes, também, não podem se negar a fornecer as informações que forem requisitadas pelo TCU.
15. A limitação ao direito fundamental à privacidade que, por se revelar proporcional, é compatível com a teoria das restrições das restrições (Schranken-Schranken). O direito ao sigilo bancário e empresarial, mercê de seu caráter fundamental, comporta uma proporcional limitação destinada a permitir o controle financeiro da Administração Publica por órgão constitucionalmente previsto e dotado de capacidade institucional para tanto.
16. É cediço na jurisprudência do E. STF que: "ADMINISTRAÇÃO PÚBLICA – PUBLICIDADE. A transparência decorre do princípio da publicidade. TRIBUNAL DE CONTAS – FISCALIZAÇÃO – DOCUMENTOS. Descabe negar ao Tribunal de Contas o acesso a documentos relativos à Administração Pública e ações implementadas, não prevalecendo a óptica de tratar-se de matérias relevantes cuja divulgação possa importar em danos para o Estado. Inconstitucionalidade de preceito da Lei Orgânica do Tribunal de Contas do Estado do Ceará que implica óbice ao acesso." (ADI 2.361, Tribunal Pleno, Rel. Min. Marco Aurélio, DJe 23/10/2014).
17. Jusfilosoficamente as premissas metodológicas aplicáveis ao caso sub judice revelam que: I – "nuclearmente feito nas pranchetas da Constituição. Foi o legislador de primeiríssimo escalão quem estruturou e funcionalizou todos eles (os Tribunais de Contas), prescindindo das achegas da lei menor. (...) Tão elevado prestígio conferido ao controle externo e a quem dele mais se ocupa, funcionalmente, é reflexo direto do princípio republicano. Pois, numa República, impõe-se responsabilidade jurídica pessoal a todo aquele que tenha por compe-

Por todos os fatores acima indicados, a preservação e guarda dos dados comerciais lançados através dos programas da Receita Federal do Brasil, via *internet*, devem ser mantidos sob a máxima responsabilidade dos agentes da administração, sem qualquer tipo de relativização quanto ao seu uso por parte do Estado. Ademais, quando se tratar de dados relacionados com o bem intangível da empresa, imperativa a introdução de elementos impeditivos para tal utilização, via sistema legislativo, dado a real possibilidade de violação e manipulação de informações desses dados via sistema digital.

Referências

ASCENSÃO, José de Oliveira. In Teoria Geral do Direito Civil. Lisboa. Faculdade de Direito, 1996, p. 121.

BARROS, Henrique da Gama. História da administração pública em Portugal nos séculos XII a XV. 2ª Edição dirigida por Torquato de Sousa Soares. 2ª ed.. Lisboa: Sá da Costa, 1945, p. 333 e 334.

BOBBIO, Norberto. A Era dos direitos. Tradução Carlos Nelson Coutinho. Rio de Janeiro: Elsevier, 2004, p. 33/35.

CERNICCHIARO, Luis Vicente. In o Princípio da Moralidade no Direito Tributário, Ives Gandra da Silva Martins (coord). Ed. Revista dos Tribunais, 2ª Ed., São Paulo, 1998, p. 40.

LUCCA, Newton de. In Da ética Geral à Ética Empresarial. Quartier Latin. São Paulo: 2009, p. 238, 239.

MARION, José Carlos. In Contabilidade Empresarial. Editora Atlas: São Paulo, 15ª ed., 2009 p. 28-29.

tência (e consequente dever) cuidar de tudo que é de todos". (BRITTO, Carlos Ayres. O regime constitucional dos Tribunais de Contas. In: Revista do Tribunal de Contas do Estado do Rio de Janeiro. Volume 8. 2º semestre de 2014. Rio de Janeiro: TCE-RJ, p. 18 e 20) II – "A legitimidade do Estado Democrático de Direito depende do controle da legitimidade da sua ordem financeira. Só o controle rápido, eficiente, seguro, transparente e valorativo dos gastos públicos legitima o tributo, que é o preço da liberdade. O aperfeiçoamento d controle é que pode derrotar a moral tributária cínica, que prega a sonegação e a desobediência civil a pretexto da ilegitimidade da despesa pública. (TORRES, Ricardo Lobo. Uma Avaliação das Tendências Contemporâneas do Direito Administrativo. Obra em homenagem a Eduardo García de Enterría. Rio de Janeiro: Renovar, 2003, p. 645).

18. Denegação da segurança por ausência de direito material de recusa da remessa dos documentos. **Voto do Min. Luiz Fux no julgamento do Mandado de Segurança n. 33.340, (Supremo Tribunal Federal, DJ. 26.05.2015).**

18. O direito de arrependimento no comércio eletrônico

Maria Isabel Carvalho Sica Longhi

Introdução

Após a primeira, segunda e terceira revoluções industriais, a sociedade tem sofrido profundas modificações, com a diversificação de profissões, aumento da densidade demográfica nas grandes cidades e, primordialmente, crescimento exponencial da oferta de bens e serviços a todos. Os efeitos dessas revoluções foram sentidos no Brasil de forma tardia, uma vez que apenas a partir da década de 30 do século XX o Brasil começou efetivamente a se industrializar, focando sua atividade econômica também na indústria e não apenas no modelo agrário exportador que havia até então.

É fato que com o início da sociedade de consumo houve elevado grau de desigualdade causado pela impossibilidade dos consumidores compararem preços, qualidades e até mesmo pela inexistência de regras que conferisse direitos e proteções aos consumidores e trouxesse obrigações aos fornecedores e intermediários da produção[1]. Assim, surgiram em muitos países legislações protetivas da sociedade de consumo como

[1] "Não é difícil explicar tão grande dimensão para um fenômeno jurídico totalmente desconhecido no século passado e em boa parte deste. O homem do século XX vive em função de um modelo novo de associativismo: a sociedade de consumo (mass consumption society ou *Konsumgesellschaft*), caracterizada por um número crescente de produtos e serviços, pelo domínio do crédito e do *marketing*, assim como pelas dificuldades de acesso à justiça. São esses

o Código de Defesa do Consumidor ("CDC"), legislações que tinham como objetivo de mitigar a vulnerabilidade do consumidor. No Brasil, foi importante a função desempenhada pelo o CDC, pois possibilitou uma melhoria das ofertas dos bens e serviços, permitindo que o consumidor tivesse mais remédios contra aqueles fornecedores que não ofereciam seus produtos adequadamente (tanto no que diz respeito a qualidade, como quantidade, informações, entre outros aspectos).

No entanto, com o amadurecimento dos consumidores, que desde pequenos já estão acostumados com os seus direitos de "consumidor", e inovações tecnológicas – devemos investigar e é o que se pretende fazer neste artigo, se após 30 anos do CDC, ainda verificamos necessariamente e em todos os aspectos as mesmas vulnerabilidades dos consumidores. Além disso, é necessário analisar quais tipos e em qual medida as proteções e direitos são aplicados às ofertas e produtos criados nesses últimos 30 anos.

Um desses direitos que merece nossa atenção e análise mais detida é o chamado direito ao arrependimento. A intenção desse artigo é justamente verificar qual deve ser a extensão de sua aplicação aos bens e serviços oferecidos de forma eletrônica e por meio dos denominados *marketplaces*. Este trabalho analisará a existência e aplicação de regulamentação específica sobre direito ao arrependimento e comércio eletrônico, bem como se há adequação de eventual legislação posta aos princípios contratuais e Constituição Federal.

1. Histórico do direito ao arrependimento

À época da elaboração do CDC estava tornando-se usual a venda de produtos por telefone, porta a porta – venda de livros e enciclopédias,

aspectos que marcaram o nascimento e desenvolvimento do Direito do Consumidor, como disciplina jurídica autônoma.
A sociedade de consumo, ao contrário do que se imagina, não trouxe apenas benefícios para seus atores. Muito ao revés, em certos casos, a posição do consumidor, dentro desse modelo, piorou em vez de melhorar. Se antes fornecedor e consumidor encontravam-se em uma situação de relativo equilíbrio de poder de barganha (até porque se conheciam), agora é o fornecedor (fabricante, produtor, construtor, importador ou comerciante) que, inegavelmente, assume a posição de força na relação de consumo e que, por isso mesmo 'dita as regras'." (Grinover, Ada Pellegrini; Benjamin, Antonio Herman de Vasconcellos. **Código Brasileira de Defesa do Consumidor comentado pelos autores do anteprojeto**. 6ª ed. São Paulo: Forense Universitária, 1999. p. 6).

principalmente – e até mesmo em canais de televisão especializados no assunto ou canais que dedicavam a programação da madrugada para isso (*e.g.* Shoptime). Neste contexto, foi inserida no CDC a previsão contida no artigo 49, cujo objetivo é conferir ao consumidor o direito ao arrependimento pela compra realizada.

Nelson Nery, um dos elaboradores do anteprojeto do CDC, reforça ser esse o contexto que justificou a inclusão da previsão do direito do arrependimento: "(...) as compras por catálogo ou por telefone são realizadas sem que o consumidor esteja preparado para tanto, e, ainda, sem que tenha podido ter acesso físico ao produto. Quando recebe o produto encomendado, verifica que está aquém de suas expectativas, pois, se o tivesse visto e examinado, não o teria comprado". (Nelson Nery Júnior, 481)

Assim, naqueles casos em que há compras realizadas fora do estabelecimento comercial, como aquelas mencionadas acima, haveria a pressão do vendedor pela conclusão do negócio e a impossibilidade do consumidor realizar pesquisa mais ampla para aquisição de bens que efetivamente lhe fossem necessários e ou nos quais a qualidade era aquela desejada. Os vendedores que realizavam negócios pelo telefone ou de porta a porta eram, normalmente, altamente treinados para impedir o comprador de sair daquela situação de pressão pela conclusão da compra. E mais, na maioria das vezes o produto oferecido porta a porta ou por telefone eram desnecessários ao consumidor ou, como dito, com qualidade desconhecida, especialmente naqueles casos em que havia vendas por catálogo, por exemplo[2].

[2] "Quando o consumidor pretende realizar compra e venda de consumo, normalmente faz cotações de preços, examina as especificações do produto pretendido, pesquisa as melhores bases para contratar, entre outros procedimentos acautelatórios. Feito isso, dirige-se a um estabelecimento comercial escolhido previamente, sabendo o que pode ser objeto do contrato de consumo que quer realizar. Dentro do estabelecimento comercial pode efetivar a esperada compra e venda, de acordo com as suas previsões. Entretanto, o fornecedor pode fornecer-lhe outras alternativas, de modo a ampliar o rol de possibilidade do fechamento do contrato de consumo. De todo modo, o consumidor está sujeito às variações naturais decorrentes de sua vontade de contratar, não se podendo falar que terá sido surpreendido pelo oferecimento das alternativas pelo fornecedor. Quando o espírito do consumidor não está preparado para uma abordagem mais agressiva, derivada de práticas e técnicas de vendas mais incisivas, não terá discernimento suficiente para contratar ou deixar de contratar, dependendo do poder de convencimento empregado nessas práticas mais agressivas. Para essas situações é o que Código prevê o direito ao arrependimento. Além da sujeição do consumidor a essas práticas agressivas, fica ele vulnerável também ao desconhecimento

Com a popularização e desenvolvimento da internet, e consequente expansão do comércio eletrônico, entendeu-se que o CDC não estaria atendendendo mais a todas as situações possíveis no que diz respeito ao chamado direito ao arrependimento, devendo ser revisto para incluir disposições que abarcasse mais especificamente esse assunto.

Assim, surge o decreto 7962 de 15 de março de 2013[3]. O decreto, em seu artigo primeiro[4], prevê que deverá haver observação do direito ao arrependimento no comércio eletrônico e o artigo quinto traz regras a serem observadas pelo comerciante caso haja o arrependimento pelo consumidor em situações de vendas realizadas pela internet[5].

Todavia, não há nesse decreto o detalhamento das situações do comércio eletrônico em que o direito ao arrependimento seria aplicável, o que faz com que seja passada a impressão que sua aplicação seria possível em todo e qualquer situação. No entanto, há diversos julgados que restringem a aplicação do direito ao arrependimento, de forma a evitar o tratamento não isonômico dos consumidores. Tais restrições e a busca dos tribunais por critérios objetivos para aplicação desse direito ao arrependimento serão apresentados mais adiante neste trabalho.

Vale salientar que, na linha de ausência de previsão específica acerca do instituto a vendas realizadas por meio da internet, há um projeto de

do produto ou serviço quando a venda é por catálogo, por exemplo. Não tem a oportunidade de examinar o produto ou serviço, verificando suas qualidades e defeitos etc." (Nery Junior, Nelson. **Código Brasileira de Defesa do Consumidor comentado pelos autores do anteprojeto.** 6ª ed. São Paulo: Forense Universitária, 1999. pp. 481 e 482).

[3] http://www.planalto.gov.br/ccivil_03/_ato2011-2014/2013/decreto/d7962.htm.

[4] Art. 1º Este Decreto regulamenta a Lei nº 8.078, de 11 de setembro de 1990, para dispor sobre a contratação no comércio eletrônico, abrangendo os seguintes aspectos: I – informações claras a respeito do produto, serviço e do fornecedor; II – atendimento facilitado ao consumidor; e III – respeito ao direito de arrependimento.

[5] Art. 5º O fornecedor deve informar, de forma clara e ostensiva, os meios adequados e eficazes para o exercício do direito de arrependimento pelo consumidor. § 1º O consumidor poderá exercer seu direito de arrependimento pela mesma ferramenta utilizada para a contratação, sem prejuízo de outros meios disponibilizados. § 2º O exercício do direito de arrependimento implica a rescisão dos contratos acessórios, sem qualquer ônus para o consumidor. § 3º O exercício do direito de arrependimento será comunicado imediatamente pelo fornecedor à instituição financeira ou à administradora do cartão de crédito ou similar, para que: I – a transação não seja lançada na fatura do consumidor; ou II – seja efetivado o estorno do valor, caso o lançamento na fatura já tenha sido realizado. § 4º O fornecedor deve enviar ao consumidor confirmação imediata do recebimento da manifestação de arrependimento.

lei do Senado n. 175 de 2015 em tramitação que altera o artigo 49 do Código de Defesa do Consumidor, alterando o *caput* e incluindo um segundo parágrafo no qual há lista das situações em que serão aplicáveis o direito ao arrependimento e dentre elas está a internet[6].

A sugestão de alteração do *caput* gera uma inegável insegurança ao dizer que o direito ao arrependimento será aplicado se o produto ou o serviço não for aferível ou testável satisfatoriamente no estabelecimento comercial. Além disso, estende às compras efetuadas no estabelecimento comercial o direito ao arrependimento – contradizendo a intenção primordial do instituto desde sua criação, que é justamente proteger aqueles que compraram de forma impulsiva ou equivocadamente, seja por pressão de vendedores, seja por inexistência de informações amplas, algo que se observava ao tempo da criação do dispositivo, como ressaltado acima.

Não bastasse isso, a inclusão do parágrafo segundo é desnecessária, já que há o mencionado decreto 7962, de 15 de março de 2013, que trata do assunto e prevê a aplicação do direito ao arrependimento no âmbito do comércio eletrônico – sendo que o comércio eletrônico é sempre efetuado pela internet. Portanto, parece-nos inócua e desnecessária a alteração proposta ao artigo 49 por este projeto de lei.

A inclusão da palavra sempre no parágrafo segundo, dizendo que o prazo de dias será sempre aplicado às compras efetuadas fora do estabelecimento comercial, tira o propósito do direito ao arrependimento, que deve ser aplicado às situações em que o consumidor não pode aferir com precisão as características do produto ou em que o tempo o pressionou a efetuar a compra. Deste modo, incluir a palavra sempre faria com que, na verdade, o direito ao arrependimento passasse a ser um direito a troca – direito esse que hoje só tem previsão legal em caso de defeito, conforme previsto no artigo 18 do CDC[7].

[6] "Art. 49. O consumidor poderá desistir do contrato, no prazo de sete dias a contar de sua assinatura ou do ato de recebimento do produto ou serviço, sempre que a contratação de fornecimento de produto e serviço não for aferível ou testável satisfatoriamente no estabelecimento comercial. § 1º .... § 2º O prazo disposto no caput será sempre garantido ao consumidor que efetivar a compra fora do estabelecimento comercial, especialmente por telefone, internet ou à domicílio, vedada qualquer exigência quanto a inviolabilidade do produto."

[7] **Art. 18.** Os fornecedores de produtos de consumo duráveis ou não duráveis respondem solidariamente pelos vícios de qualidade ou quantidade que os tornem impróprios ou ina-

Não se pode colocar uma obrigação de troca apenas para produtos e serviços adquiridos fora do estabelecimento comercial, sob pena de estarmos tratando comerciantes, prestadores de serviços e intermediários de modo desigual – adicionando uma obrigação a tais empresários que não se justifica pura e simplesmente pelo modelo de negócios.

Assim, com base nestas breves observações, deve-se concluir que está longe de ser encerrada a discussão proposta neste artigo pela legislação vigente e projetos de leis propostos. Esta é a premissa da qual deve-se partir para a discussão trazida por este trabalho.

2. Especificidades do instituto

Na venda de produtos fora do estabelecimento comercial o consumidor poderia retornar a mercadoria em até 7 dias, prazo contado a partir de sua assinatura ou do recebimento do produto[8]. Exercido o arrependi-

dequados ao consumo a que se destinam ou lhes diminuam o valor, assim como por aqueles decorrentes da disparidade, com a indicações constantes do recipiente, da embalagem, rotulagem ou mensagem publicitária, respeitadas as variações decorrentes de sua natureza, podendo o consumidor exigir a substituição das partes viciadas.§ 1º Não sendo o vício sanado no prazo máximo de trinta dias, pode o consumidor exigir, alternativamente e à sua escolha:**I** – a substituição do produto por outro da mesma espécie, em perfeitas condições de uso; **II** – a restituição imediata da quantia paga, monetariamente atualizada, sem prejuízo de eventuais perdas e danos; **III** – o abatimento proporcional do preço. § 2º Poderão as partes convencionar a redução ou ampliação do prazo previsto no parágrafo anterior, não podendo ser inferior a sete nem superior a cento e oitenta dias. Nos contratos de adesão, a cláusula de prazo deverá ser convencionada em separado, por meio de manifestação expressa do consumidor. § 3º O consumidor poderá fazer uso imediato das alternativas do § 1º deste artigo sempre que, em razão da extensão do vício, a substituição das partes viciadas puder comprometer a qualidade ou características do produto, diminuir-lhe o valor ou se tratar de produto essencial. § 4º Tendo o consumidor optado pela alternativa do inciso I do § 1º deste artigo, e não sendo possível a substituição do bem, poderá haver substituição por outro de espécie, marca ou modelo diversos, mediante complementação ou restituição de eventual diferença de preço, sem prejuízo do disposto nos incisos II e III do § 1º deste artigo. § 5º No caso de fornecimento de produtos in natura, será responsável perante o consumidor o fornecedor imediato, exceto quando identificado claramente seu produtor. § 6º São impróprios ao uso e consumo: **I** – os produtos cujos prazos de validade estejam vencidos; **II** – os produtos deteriorados, alterados, adulterados, avariados, falsificados, corrompidos, fraudados, nocivos à vida ou à saúde, perigosos ou, ainda, aqueles em desacordo com as normas regulamentares de fabricação, distribuição ou apresentação; **III** – os produtos que, por qualquer motivo, se revelem inadequados ao fim a que se destinam.

[8] **Art. 49.** O consumidor pode desistir do contrato, no prazo de 7 dias a contar de sua assinatura ou do ato de recebimento do produto ou serviço, sempre que a contratação de forne-

mento, o valor pago pelo consumidor para a aquisição daquele determinado bem deve ser devolvido integralmente, atualizado monetariamente.

O prazo de 7 dias previsto em lei é considerado pelos doutrinadores consumeristas como um prazo exíguo, mas o intuito de tal disposição é evitar abusos do consumidor[9]. Assim, o prazo de 7 dias parece razoável, já que concede ao consumidor tempo hábil para que entre em contato com a loja em que adquiriu o produto para informar que não gostaria de manter o produto, fazendo jus à respectiva devolução de dinheiro.

O início da contagem do prazo ocorre com a entrega do produto ou pela conclusão da contratação do produto e do serviço. Além disso, deve ser feita a contagem da mesma forma com a qual se computam os prazos processuais, excluindo o dia de início e incluindo o dia final, sendo certo que o dia inicial de tal contagem sempre deve ocorrer em um dia útil[10].

Para o exercício do direito ao arrependimento, devem ser dados ao consumidor os mesmos meios conferidos ao mercado para a compra de referido produto. Ou seja, exemplificativamente, se a compra foi efetuada pelo telefone, o direito ao arrependimento deve ser realizado da mesma forma.

O direito ao arrependimento não impõe justificativas e pode ser exercido independente da vontade do comerciante, podendo ser compreendido como um direito potestativo[11], cuja escolha cabe apenas ao

cimento de produtos e serviços ocorrer fora do estabelecimento comercial, especialmente por telefone ou a domicílio. **Parágrafo único**. Se o consumidor exercitar o direito de arrependimento previsto neste artigo, os valores eventualmente pagos, a qualquer título, durante o prazo de reflexão, serão devolvidos, de imediato, monetariamente atualizados.

[9] "Deve fazê-lo, entretanto, dentro do prazo de reflexão, fixado pelo CDC em 7 (sete) dias. Em outros sistemas jurídicos esse prazo é mais dilatado. O legislador brasileiro optou por conceder o prazo de sete dias, de modo a evitar eventuais abusos que possam ser cometidos pelo consumidor." (Nery Junior, Nelson. **Código Brasileira de Defesa do Consumidor comentado pelos autores do anteprojeto**. 6ª ed. São Paulo: Forense Universitária, 1999. p. 480).

[10] Nery Junior, Nelson. **Código Brasileira de Defesa do Consumidor comentado pelos autores do anteprojeto**. 6ª ed. São Paulo: Forense Universitária, 1999. pp. 480 e 481.

[11] "COMPRA E VENDA DE COISA MÓVEL. AÇÃO DECLARATÓRIA DE INEXIGIBILIDADE DE DÍVIDA CUMULADA COM INDENIZAÇÃO. AQUISIÇÃO EFETUADA NO DOMICÍLIO DOS CONSUMIDORES. MANIFESTAÇÃO DE ARREPENDIMENTO. DIREITO POTESTATIVO OPORTUNAMENTE EXERCIDO. INEXIGIBILIDADE DA DÍVIDA RECONHECIDA. INDEVIDA ANOTAÇÃO EM BANCO DE DADOS DE SERVIÇO DE PROTEÇÃO AO CRÉDITO. DANO MORAL CONFIGURADO. INDENIZAÇÃO

consumidor. Além disso, é um direito irrenunciável, sendo nula disposição contratual que o limite ou o exclua. Vale ressaltar, no entanto, como se verá abaixo, que ele não deve ser aplicado a todos e quaisquer compras fora do estabelecimento comercial ou do comércio eletrônico, sob pena de abuso do direito pelo consumidor ou até mesmo tratamento não isonômico entre consumidores.

Além disso, é importante ficar claro que não pode haver imposição de custo ao consumidor para que o produto seja devolvido, por meio do exercício do direito ao arrependimento, ainda que o custo seja meramente referente ao valor de serviço postal[12]. Muito pelo contrário, o

CORRETAMENTE FIXADA. LITIGÂNCIA DE MÁ-FÉ NÃO CARACTERIZADA. VERBA HONORÁRIA ARBITRADA DE FORMA CORRETA, A ENSEJAR APENAS A ELEVAÇÃO EM VIRTUDE DA ATUAÇÃO EM PLANO RECURSAL. RECURSOS IMPROVIDOS, COM OBSERVAÇÃO. 1. Os autores adquiriram os produtos (álbum de fotos de formatura e acessórios) em seu domicílio, onde compareceu o vendedor, preposto da ré. Manifestaram, depois, a desistência do negócio, mas não foram atendidos pela demandada, que promoveu a negativação do serviço de proteção ao crédito. 2. Não se pode falar em decurso do prazo decadencial para o exercício do direito de resilição, uma vez que o prazo de sete dias, previsto no artigo 49 do CDC, sequer chegara a ser aberto quando da manifestada a declaração de vontade. A lei estabelece que a contagem deve ter início na data da contratação ou da entrega do produto ou do serviço. No caso, no ato do negócio apenas parte dos produtos foi entregue; como não é possível cindir o prazo decadencial para o exercício do direito de resilir, a contagem deve ter início a partir do instante em que completada a entrega. 3. **O artigo 49 do CDC confere ao consumidor o direito potestativo de resilir o contrato, no prazo que estabelece. O fornecedor não tem como resistir aos efeitos dessa declaração de vontade, e por isso é irrelevante a falta de sua aquiescência**. A dívida é, portanto, inexigível e indevida foi a iniciativa da negativação. 4. O dano moral se apresenta "in re ipsa", pois é evidente a repercussão que a anotação de banco de dados de inadimplentes provoca na esfera extrapatrimonial da parte lesada. Deve prevalecer, tal como fixada a indenização, por atender perfeitamente à finalidade de servir de compensação e, ao mesmo tempo, de desestímulo à reiteração da conduta lesiva. 5. Não há fundamento para cogitar de litigância de má-fé por parte da demandada, que simplesmente atuou no exercício do seu direito processual de defesa, sem qualquer abuso. 6. Correta se apresenta a fixação da verba honorária em 15% do valor da condenação, e somente sofre elevação para 17% em virtude da atuação em âmbito recursal. (Grifos nossos) (Tribunal de Justiça do Estado de São Paulo; Apelação 1037610-97.2015.8.26.0506; Relator (a): Antonio Rigolin; Órgão Julgador: 31ª Câmara de Direito Privado; Foro de Ribeirão Preto – 7ª Vara Cível; Data do Julgamento: 30/01/2018; Data de Registro: 30/01/2018.)

[12] "Administrativo. Consumidor. Direito de arrependimento. Art. 49 do CDC. Responsabilidade pelo valor do serviço postal decorrente da devolução do produto. Conduta Abusiva. Legalidade da multa aplicada pelo Procon". (Superior Tribunal de Justiça; Apelação 340604

exercício do direito ao arrependimento faz com que as partes retornem ao *status quo* anterior ao da venda, sendo o comprador restituído de todos os valores pagos, quantias essas que deverão ser corrigidas monetariamente.

3. Limites ao exercício do direito ao arrependimento

Muito embora o artigo 49 do CDC não imponha nenhum limite ao exercício do direito ao arrependimento, certo é que embora trate-se de direito potestativo, que não traz deveres ao consumidor como o de apresentar quaisquer justificativas, tal direito não deve ser percebido como um direito de caráter absoluto que possa ser imposto a qualquer situação.

Como se verificou, a intenção primeira de haver disposição legal relacionada ao direito ao arrependimento é permitir que o consumidor que efetuou a compra fora do estabelecimento se afaste da pressão exercida pelo vendedor e consiga refletir sobre a compra que efetuou, analisando se realmente era necessária a aquisição daquele determinado bem. Além disso, no prazo legalmente estabelecido, seria possível ao consumidor efetivamente verificar o produto e se contém aquilo que era esperado, mas que não teve tempo de analisar, já que não viu o produto fisicamente antes de efetivamente adquirí-lo[13].

/ RJ; Ministro Mauro Campbell Marques; Segunda Turma; Data do Julgamento: 15/08/2013; Data de Publicação: 22/08/2013).

[13] Cabe a discussão nesse momento sobre a possibilidade de devolver o produto após o uso. O caso concreto, nessa situação, deve ser analisado já que pode ter havido uma quebra de expectativa muito grande sobre o produto quando adquirido de forma que se desconhece completamente suas características e suas funções. Mas, é justa de forma genérica a solução apresentada no julgado a seguir, em que há dedução parcial dos valores pagos para que não haja enriquecimento sem causa do consumidor. Veja-se: "NECESSIDADE DE DEDUÇÃO DO VALOR A SER DEVOLVIDO DE QUANTIA REFERENTE À DESVALORIZAÇÃO DO PRODUTO. ORDENAMENTO JURÍDICO QUE VEDA O ENRIQUECIMENTO SEM CAUSA. RECURSO PARCIALMENTE PROVIDO. A desistência formulada pela autora de permanecer com o produto adquirido da ré, dentro do período de sete dias, permite o desfazimento do negócio de compra e venda realizado por telefone. Essa previsão encontrada no art. 49 do CDC, garante ao consumidor exercer o direito de arrependimento nas contratações celebradas fora do estabelecimento comercial (telefone, domicílio ou comércio eletrônico). Ocorre que a intenção do legislador no dispositivo analisado é que as partes retornem ao "status quo ante", com a devolução da mercadoria nas mesmas condições em que foi recebida, devendo a vendedora ressarcir o preço pago durante o prazo de reflexão. É incontroverso que a autora não apenas abriu a embalagem do produto, mas o instalou e

Contudo, fato é que nem sempre nas compras pela internet estão presentes esses fatores que justificam o direito ao arrependimento. Ou seja, o elemento de pressão motivador da inserção da previsão legal inexiste, ou existe em proporção similar a compra e venda em loja física, e as informações sobre o produto podem ser encontradas fartamente na grande maioria dos casos (até em função da intensa fiscalização exercida pelos órgãos de proteção e defesa do consumidor no que diz respeito às ofertas de produtos e serviços por meio da internet).

Com base nestas observações, há possibilidade de dizer que o direito ao arrependimento faria sentido para algumas compras de produtos físicos pela internet, como roupas, sapatos e outros em que o consumidor não pode experimentar e verificar a qualidade e o cabimento adequado a se o produto não contiver outras informações de forma clara. Sendo assim, o direito ao arrependimento tem sentido como um facilitador para o consumidor no que diz respeito à troca dos produtos, evitando abusos de lojas que não possuem políticas de trocas ou descumprem o dever de informação. Note-se que nessa situação o direito ao arrependimento visa justamente proteger uma compra desinformada (especialmente no que diz respeito à qualidade dos produtos – exemplo caimento de roupas, tamanho *etc*)[14].

utilizou. Assim, a consumidora ainda pode exercer seu direito de arrependimento, pois ele é absoluto. No entanto, o ordenamento jurídico veda o enriquecimento sem causa, motivo pelo qual deve ser realizada a respectiva dedução do valor a ser devolvido da quantia referente à desvalorização do produto, a ser apurado em liquidação." (TJSP. Apelação Cível nº 1110369-50.2014.8.26.0100. Rel. Adilson de Araújo. 31ª Câmara. Julgado em 15/12/2015)
Outras decisões entendem o caráter absoluto do direito arrependimento e o aplicam mesmo após a utilização pelo consumidor, o que não faria sentido de forma genérica apenas pelo caráter absoluto desse direito. Veja-se: *Arrependimento após uso do produto:*
"APELAÇÃO. COMPRA E VENDA DE APARELHO DE AR CONDICIONADO EFETUADA POR TELEFONE. CONSUMIDOR QUE SE ARREPENDEU DA COMPRA NO PRAZO DO ART. 49 DO CDC. EMBALAGEM QUE FOI VIOLADA, COM INSTALAÇÃO E UTILIZAÇÃO DO PRODUTO. DIREITO DE ARREPENDIMENTO ABSOLUTO. PARTES QUE DEVEM RETORNAR AO "STATUS QUO ANTE".

[14] O direito ao arrependimento nessa situação não precisaria ser aplicado se o marketplace, ou a loja, possuísse uma política de troca adequada e informações claras. Não há no direito do consumidor um direito de troca que não o arrependimento ou por defeito no produto. Conforme o artigo 18 do CDC, ss o produto apresentar algum defeito, o consumidor deveria aguardar 30 dias para a sua reparação e se não efetuada, o consumidor poderia escolher entre a substituição do produto por outro em perfeitas condições de uso, a restituição da quantia paga ou o abatimento proporcional do preço na compra de um outro produto.

Em muitas lojas, há, contudo, completa descrição das características dos produtos, resenhas de outros consumidores e comparativos com produtos similares. Pode-se até se dizer que muitas vezes em compras pela internet a possibilidade de comparação é ainda maior do que offline, nas lojas físicas, já que o consumidor pode analisar preços e características de muitos outros produtos (por meio de simples pesquisas em buscadores de preços, por exemplo).

Assim, a justificativa para extensão do direito ao arrependimento para toda e qualquer compra pela internet não se faz presente e permitir a sua aplicação sem a adequada análise e critério pode gerar abusos pelo consumidor.

Nesse mesmo sentido Marcel Leonardi entende que: "De fato, defender o caráter absoluto do direito de arrependimento, sem levar em consideração sua inaplicabilidade e sua inadequação em determinadas relações de consumo – decorrentes tanto da natureza dos produtos ou serviços ou das circunstâncias de contratação e de utilização desses produtos ou serviços – pode levar a graves distorções e possibilitar a prática de abusos por parte do consumidor"[15] [16].

Fábio Ulhôa Coelho vai além e defende que o art. 49 do CDC "não deve ser aplicado ao comércio eletrônico, porque não se trata de negócio concretizado fora do estabelecimento do fornecedor. O consumidor está em casa, ou no trabalho, mas acessa o estabelecimento virtual do empresário; encontra-se, por isso, na mesma situação de quem se dirige ao estabelecimento físico"[17]. Muito embora essa necessidade de

[15] LEONARDI, Marcel. Produtos e serviços digitais e direito de arrependimento. Disponível em: http://leonardi.adv.br/2011/02/produtoseservicos-digitaisedireito-de-arrependimento/. Acesso em 31 de Maio de 2016.

[16] Nesse mesmo sentido Felipe Caputti: "Chega a ser leviano afirmar que o consumidor estaria sendo estimulado a agir de modo precipitado ou impensado em seu ato de consumo. A impessoalidade das páginas da internet se abrem e fecham ao exclusivo comando do consumidor, que, na maioria das vezes, navega na comodidade de sua residência e imune as pressões individuadas. Ou seja, o consumidor que, atendendo a uma necessidade própria, acessa o estabelecimento virtual, está na mesma situação de quem se dirige ao estabelecimento físico". CAPUTTI, Felipe. Nem toda compra pela internet está sujeita ao direito de arrependimento. Disponível em: https://www.conjur.com.br/2015-fev-21/direito-arrependimento-nao-vale-toda-compra-internet. Acesso em 07 de Julho de 2018.

[17] COELHO, Fabio Ulhoa. Curso de Direito Comercial, contratos e recuperação de empresas vol. III. 11ª. Ed. São Paulo, 2010, p. 49.

aplicação com cautela do direito ao arrependimento nos pareça fácil e óbvia, muitas vezes ela não é assim vista pelos nossos tribunais ou doutrina, fruto da enorme protetividade com que se colocam os chamados direitos do consumidor. Em posição contrária e defendendo que há uma maior vulnerabilidade do consumidor em compras online, Renato Ópice Blum afirma que:

> "A vulnerabilidade é muito maior e a confiança ganha ainda mais força como princípio fundamental das relações contratuais, incluindo as de consumo. O consumidor precisa entender realmente o contrato que vai concluir on-line, quais as legítimas expectativas. O consumidor precisa ter a sua disposição, meios para poder corrigir facilmente seus erros e desfazer o negócio. A contratação no comércio eletrônico não pode ser um meio de "desinformação" e direcionamento do consumidor de modo a que posteriormente necessariamente se arrependa, como se tivesse caído em uma armadilha. É preciso tratar com lealdade e respeito o consumidor."[18] [19]

[18] OPICE BLUM, Renato. Regulamentação do Comércio Eletrônico na América Latina. Disponível em: https://www.opiceblum.com.br/regulamentacao-comercio-eletronico-na-america-latina/, Acesso em 31 de Maio de 2016.

[19] Reforçando o entendimento sobre a vulnerabilidade do consumidor, Sérgio Cavalieri Filho: "O sistema de vendas externas, mormente pela TV, Internet, e *telemarketing*, é altamente agressivo, atinge o consumidor em casa, no momento em que ele está mais vulnerável, criando-lhe necessidade artificial sobre algo de que não precisa, tanto assim que não saiu de casa para procurá-lo. Esta é a principal razão do direito ao arrependimento do consumidor. Conceder-lhe uma oportunidade de refletir calmamente sobre a compra que fez premido pelas técnicas agressivas de vendas fora do estabelecimento comercial." (FILHO, Sergio Cavalieri. *Programa de direito do consumidor*. 4 ed, p. 170) Mesmo entendendo pela vulnerabilidade do consumidor, Sergio Cavalieri ressalta o dever o de boa-fé do consumidor e a impossibilidade do enriquecimento sem causa:"O arrependimento do consumidor não pode levar ao seu enriquecimento sem causa. O produto terá que ser desenvolvido incólume, tal como foi recebido, se possível preservando-se até a embalagem. A boa-fé (objetiva) do consumidor deverá se fazer presente, sendo repudiável a conduta de alguém (como tem ocorrido) que compra uma roupa ou sapato pela Internet, faz uso deles num casamento ou outra festa e, antes dos sete dias, invoca o direito de arrependimento." (FILHO, Sérgio Cavalieri. **Programa de direito do consumidor**, 4 ed., p. 171)

Também em posição contrária, há decisões de tribunais que permitem a devolução por direito ao arrependimento de produtos em que não há a distinção nas compras em marketplaces ou em lojas físicas[20].

A compra de passagens aéreas é um bom exemplo da inexistência de distinção e da necessidade de aplicação criteriosa do direito ao arrependimento. Isso porque, a compra de passagem aéreas em plataformas online permite uma pesquisa muito maior do consumidor do que se ele adquirisse as passagens em uma loja física. É que nas plataformas online o consumidor pode comparar preços por datas, companhias aéreas, números de bagagens permitidas, pode ser alertado de mudanças de preços das passagens e pode até mesmo verificar as condições de desistência de cada uma das passagens, podendo escolher aquela condição que melhor se adapta ao seu momento. É inegável, portanto, que se disponibilizam aos consumidores mais informações do que na hipótese de compras tradicionais de passagens aéreas.

Se para compras de produtos físicos pela internet a possibilidade de aplicação do direito ao arrependimento deve ser vista com cautela, para compras de serviços exclusivamente digitais, ou seja, que são adquiridos e consumidos digitalmente, fica certo a inaplicabilidade de tal direito ao arrependimento.

Não faz sentido o consumidor comprar um áudio *book* e solicitar após 7 dias a devolução da quantia paga, certo é que esses livro já poderia ter sido inteiramente consumido, o mesmo ocorre com qualquer forma de *streaming*[21]. Não se está falando aqui sobre a impossibilidade de resti-

[20] "Direito do consumidor. Compra de passagens aéreas por meio da internet. Desistência no prazo de reflexão previsto no art. 49 do Código de Defesa do Consumidor. Impossibilidade de aplicação de multa. Devolução integral do valor pago com os acréscimos legais. Recurso provido" (TJSP. Recurso Inominado nº 0003620-89.2015.8.26.0003. 2ª Turma Recursal Cível. Rel. Alexandre Batista Alves. Julgado em 26/02/2016).
Ressalte-se que há decisões em sentido contrário também do Tribunal de Justiça de São Paulo, defendendo a impossibilidade de aplicação do direito ao arrependimento nessa situação, sob pena de causar um enriquecimento sem causa. Veja-se: "Consumidor. Transporte aéreo. Desistência. Cancelamento. Restituição Parcial. Não aplicação do Art. 49 do Código de Defesa do Consumidor. Redução da multa. Artigo 740, § 3º, do Código Civil. Vedação ao enriquecimento sem causa. Dano moral não configurado. Recurso Parcialmente Provido" (TJSP. Recurso Inominado nº 0002783-34.2015.8.26.0003. Rel. Adriana Cristina Paganini Dias Sarti. Julgado em 11/12/2015).

[21] Muito embora a decisão a seguir não trate de livros digitais, a aplicação com cautela do direito ao arrependimento para o livro físico também é necessária e apesar disso o julgado a

tuição de valores na hipótese de algum defeito no produto/serviço, ou da impossibilidade de cancelamento de assinaturas de serviço, mas tão somente da devolução imotivada de um produto que certamente poderia ter sido esgotado ao término do sétimo dia.

Assim, muito embora não haja uma previsão de limites para exercício do direito ao arrependimento de acordo com as características inatas dos produtos, outros princípios e institutos são justificativas para que o exercício do direito ao arrependimento não seja realizado de forma absoluta ou sem ressalvas.

Nessa toada, o instituto do abuso do direito[22] é claramente um limite a ser considerado para o exercício do direito ao arrependimento. Como diz Daniel Boulos "(...) os direitos subjetivos não podem ser considerados enquanto realidades isoladas, como se estivessem em um ambiente hermeticamente fechado. Apesar de representarem, como seu nome indica, uma vantagem para o seu titular, os direitos subjetivos devem ser considerados no contexto social, pois além de encontrarem o seu fundamento na sociedade (que, por meio de normas jurídicas, os define e os garante) é nela que o seu exercício se dá e é só nela que eles têm valor e razão de ser."[23]

seguir aplicou o direito ao arrependimento nessa situação, dando uma interpretação literal a tal julgado: "Ação de indenização por danos materiais e morais – Direito do Consumidor – Direito de arrependimento – Consumidora, ora recorrente, que manifestou arrependimento pela compra de produto adquirido fora do estabelecimento comercial da ré recorrida (via internet), dentro do prazo de sete dias do ato de recebimento – Recorrida que se negou a efetuar a devolução do valor pago – Prática comercial abusiva – Inteligência do artigo 49 do Código de Defesa do Consumidor – Devolução do preço pago devidamente atualizado – Dano moral não configurado, eis que as dificuldades suportadas pela recorrente não excederam meros dissabores ou aborrecimentos típicos do cotidiano – A negativa da recorrida em espontaneamente efetuar a restituição do valor pago pela recorrente pela aquisição de produto pelo qual manifestou o seu direito de arrependimento não tem o condão de lhe gerar o inicialmente alegado dano moral – Referida resistência não excede meros dissabores ou aborrecimentos, não justificando a fixação da almejada verba indenitária, corretamente afastada naquele r. decisum – Sentença mantida por seus próprios fundamentos – Recurso desprovido." (TJSP. Recurso Inominado nº 1009261-47.2015.8.26.0001. Rel. Rodrigo Marzola Colombini. 1ª Turma Cível. Julgado em 10/08/2015).

22 Código Civil: "Art. 187. Também comete ato ilícito o titular de um direito que, ao exercê-lo, excede manifestamente os limites impostos pelo seu fim econômico ou social, pela boa-fé ou pelos bons costumes".

23 Boulos, Daniel M. **Abuso do Direito no novo Código Civil**. São Paulo: Editora Método, 2006. p. 36.

Assim, aquele que exerce o direito ao arrependimento após ter lido inteiramente o livro comprado, por exemplo, extrapola o seu direito subjetivo, já que a forma que exerce o seu direito esbarra e fere o direito de terceiro, no caso o do titular dos direitos autorais do livro e todos os outros envolvidos na sua distribuição (marketplaces)[24].

A aplicação do direito ao arrependimento para bens consumíveis esbarra também no enriquecimento sem causa que pode ser definido como todo acréscimo financeiro e patrimonial que ocorre sem motivação jurídica ou o que se deixa de perder sem causa legítima[25] [26] [27]. O consumidor que deixa de pagar por um bem que já utilizou, como por exemplo, um filme que já assistiu, um CD que já escutou, obviamente está tendo um acréscimo patrimonial indevido em sua esfera jurídica, ao passo que o marketplace inserido na cadeia de distribuição do livro ou filme perde aquele valor em decorrência do custo que tem para tornar aquele livro ou filme disponível.

[24] "A vida social implica, necessariamente, no constante entrechoque de interesses dos indivíduos, no mais das vezes, enquanto individualmente considerados, contraditórios entre si. O contrato social entre os componentes da sociedade faz com que as suas esferas jurídicas estejam em permanente interação, que por vínculos de cooperação (como, por exemplo, no negócio jurídico), quer ocasionando danos na esfera jurídica alheia." (BOULOS, Daniel M. **Abuso do Direito no novo Código Civil**. São Paulo: Editora Método, 2006. p. 36.)

[25] Art. 884. Aquele que, sem justa causa, se enriquecer à custa de outrem, será obrigado a restituir o indevidamente auferido, feita a atualização dos valores monetários. Parágrafo único. Se o enriquecimento tiver por objeto coisa determinada, quem a recebeu é obrigado a restituí-la, e, se a coisa não mais subsistir, a restituição se fará pelo valor do bem na época em que foi exigido.

[26] O enriquecimento compreende não só o aumento patrimonial, mas também qualquer vantagem, como não suportar determinada despesa. Exemplo interessante da questão é fornecido por Sílvio Rodrigues e tem origem na Corte de Cassação francesa: 'Um negociante havia entregue ao arrendatário de uma propriedade agrícola adubos por este negociante comprados. Rescindido o arrendamento, o negociante, que não conseguiu receber o preço da venda do arrendatário, que de resto se tornara insolvente, veio cobrá-lo do arrendante por meio da venda *in rem verso*. Seu êxito na demanda é que valeu a consagração e do princípio do repúdio ao enriquecimento indevido, no Direito francês'. [**Direito Civil**. São Paulo, Saraiva, 2002. v. III. p. 422]" (BDINE JÚNIOR, Hamid Charaf. Comentários aos artigos 233 ao 420 e 854 ao 886. In: PELUSO, Cesar (coord.). **Código Civil Comentado**. 1ª ed. São Paulo: Manole, 2007. p. 740.)

[27] NANNI, Giovanni Ettore. **Enriquecimento sem causa, de acordo com o novo Código Civil**. São Paulo: Saraiva, 2004.

Os princípios da boa-fé objetiva e a função social do contrato, que regem as relações entre as partes de um contrato, também servem de limite ao exercício do direito ao arrependimento. Como se poderia dizer que alguém que pede a devolução da música após escutá-la atende ao princípio da boa-fé objetiva[28], que exige das partes contratantes um comportamento reto e probo? O mesmo se diz da função social do contrato que determina que os contratos devem observar não apenas a vontade das partes, mas também o sistema jurídico e social como um todo[29]. Permitir que um instituto de direito civil autorize ou seja a justificativa para que uma pessoa deixe de pagar por um bem que consumiu, torna o sistema jurídico frágil, bem como, pensando na análise econômica do direito[30], encarece a oferta de bens, produtos e serviços por market-

[28] "Já por boa-fé objetiva se quer significar – segundo a conotação que adveio da interpretação conferida ao §242 do Código Civil alemão, de larga força expansionista em outros ordenamentos, e, bem assim, daquela que lhe é atribuída nos países da common law – modelo de conduta social, arquétipo ou standard jurídico, segundo o qual 'cada pessoa deve ajustar a própria conduta a esse arquétipo, obrando como obraria um homem reto: com honestidade, lealdade, probidade. Por este modelo objetivo de conduta levam-se em consideração os fatores concretos do caso, tais como status pessoal e cultural dos envolvidos, não se admitindo uma aplicação mecânica do standard, de tipo meramente subsuntivo" (Martins-Costa, Judith. **Os princípios informadores do contrato de compra e venda internacional na Convenção de Viena de 1980**. Revista de Informação Legislativa, n. 126, p. 120, Brasília, abr.-jun., 1995).

[29] Em verdade, quando o art. 421 preceitua que a liberdade de contratar será exercida em razão da função social do contrato, nada mais faz senão refletir a admissão de que a fonte normativa do ajuste não está mais ou especialmente na força jurígena da vontade. [...] oc poder das partes de auto-regulamentar seus interesses econômicos encontra sua proteção jurídica no reconhecimento, pelo ordenamento, de que aquele ato de iniciativa exprime um conteúdo valorativo consoante com as escolhas axiológicas do sistema. (Godoy, Claudio Luiz Bueno de. **Função social do contrato: os novos princípios contratuais**. São Paulo: Saraiva 2014. p. 120).

[30] Em uma perspectiva de Direito e Economia, o contrato, de fato (ou como um fato), não é um elo solidário entre pessoas vivendo em sociedade, mas sim uma transação de mercado na qual cada parte se comporta de acordo com os seus interesses, como se estivessem em um jogo armando em suas estratégias (individualismo). Dessa forma, como evidenciado pela teoria dos jogos, uma parte somente irá cooperar com a outra na medida em que puder desfrutar de algum benefício proporcionando pelo jogo (a menos que o Direito Contratual ou a moral ditem as regras e estabeleçam o contrário. Essa é uma tradição que começa com o desbravador estudo de Adam Smith, sobre a riqueza das nações. A existência de interesses coletivos dignos de tutela nas relações contratuais não é desconsiderada pelo paradigma do Direito e Economia. No entanto, o bem-estar social, em uma relação contratual individua-

places, o que prejudica os demais usuários / consumidores, que certamente terão que pagar um prêmio nas compras em virtude do abuso de direito praticado por outros consumidores inseridos no contexto da sociedade de consumo em larga escala.

Assim, diante do exposto, fica claro que, muito embora o direito ao arrependimento seja ferramenta de bastante utilidade ao consumidor, esse instituto deve ser limitado e não considerado um direito absoluto, sendo restrito pela vedação ao abuso de direito, enriquecimento sem causa, boa-fé objetiva e função social do contrato.

Conclusões

Como visto, as regras do Código de Defesa do Consumidor surgiram em uma determinada época em que a sociedade de consumo era uma realidade, mas que não havia regras e costumes que impunham limites aos prestadores de serviços e fornecedores de produtos, o que gerava uma série de abusos e tornava o consumidor ainda mais vulnerável e exposto a campanhas de *marketing* incisivas e pressão para aquisição de determinado produto ou serviço.

lizada, somente pode ser identificado na estrutura do mercado subjacente ao contrato que está sendo celebrado e ao processo judicial relacionado ao litígio a ele pertinente. Vale dizer, a sociedade ou a igualdade não são representadas pela parte mais fraca de uma específica relação contratual ou por um demandante de um litígio, mas sim pelo grupo ou cadeia de pessoas integrantes de um específico mercado. Como diz o Professor Cooter, comentando o *leading case* nos EUA sobre abusividade: 'os advogados preocupam-se com o caso individualizado, ao passo que os economistas preocupam-se com as estatísticas. Estaticamente, a proteção paternalista do Mrs. Williams (consumidora autora da demanda), pela imposição de restrições legais ao mercado de crédito, inflige elevados custos aos consumidores pobres, vistos enquanto classe'. Metaforicamente, o contrato individualizado é a árvore e o espaço público do mercado (e o conjunto de interações sociais) é a floresta. Nesse sentido, a coletividade em um contrato de financiamento habitacional é representado pela cadeia ou rede de mutuários (e potenciais mutuários), os quais dependem do cumprimento do contrato daquele indivíduo para alimentar o sistema financeiro habitacional, viabilizando novos empréstimos a quem precisa. Assim, se houver quebra na cadeia, com inadimplementos contratuais, o grupo (a coletividade) perderá (ficando sem recursos e terminando por pagar um juro maior). Até mesmo porque, conceitualmente e mesmo na vida real, os bancos não emprestam seu dinheiro, mas a moeda captada no mercado". (Timm, Luciano Benetti. Função Social do Direito Contratual no Código Civil Brasileiro: Justiça Distributiva vs. Eficiência Econômica. RT 876. Outubro de 2018. pp. 28 e 29).

Nesse contexto, o direito ao arrependimento surgiu com o objetivo de permitir ao consumidor, a troca em até 7 dias de bens e serviços adquiridos fora do estabelecimento comercial de forma impulsiva ou que foram pressionados a fazê-lo e que, por isso, que não puderam aferir com precisão a qualidade destes bens e serviços. A aplicação do direito ao arrependimento para compras fora do estabelecimento comercial acontece pela presunção de que ao se dirigir ao estabelecimento comercial, a pessoa já teria intenção de adquirir um bem ou serviço e pode testá-los e verificá-los com cuidado, sendo desnecessário portanto a previsão desse mesmo direito nessas situações.

Com o surgimento das compras *online* e *marketplaces online*, o legislador estende a este tipo de situação o direito ao arrependimento considerando tratar-se de mais uma forma de aquisição fora do estabelecimento comercial. Contudo, o legislador não prevê limites para a incidência desse direito nas compras efetuadas na internet. Essa falta de previsão de limites decorre provavelmente de uma legislação apressada e sem que houvesse uma maturidade das compras realizadas pela internet para que se vislumbrasse, com o devido cuidado e detalhamento, as situações que exigiriam a intervenção do regulador.

Em atenção a determinadas circunstâncias de casos concretos, os tribunais passaram a limitar a incidência desses direitos nas compras realizadas *online*, para que o direito ao arrependimento não seja aplicado em situações nas quais a ampla pesquisa de valores e benefícios era possível, tais quais compras de passagens aéreas.

Porém, muito embora haja julgados trazendo limites à aplicação do direito ao arrependimento em situações de compras *online* em que claramente seus propósitos não estão presentes, muitas vezes os tribunais têm aplicado de forma instantânea esse direito ao arrependimento sem atentar com cuidado para a situação concreta que tende a violar algum princípio contratual ou os propósitos do próprio instituto do direito ao arrependimento.

É visível que ocorrem tais violações ao se pretender aplicar o direito ao arrependimento em compras, por exemplo, de jogos, livros e revistas, ou prestações de serviços, feitas pela internet, já que com o consumo do produto ou do serviço, não faz mais sentido a solicitação/exercício do direito ao arrependimento. Conceder tal direito nessas situações, é uma clara situação de abuso de direito, enriquecimento sem causa e violação aos princípios da boa-fé objetiva e função social do contrato. A edição de limites legislativos a essas hipóteses tende a ser salutar, especialmente se os nossos tribunais não se atentarem para as peculiaridades dos casos concretos nos quais é absolutamente inconveniente para o desenvolvimento da sociedade de consumo e da atividade econômica a aplicação de tal instituto.

Referências

BDINE JÚNIOR, Hamid Charaf. Comentários aos artigos 233 ao 420 e 854 ao 886. In: PELUSO, Cesar (coord.). *Código Civil Comentado*. São Paulo: Manole, 2007.

BOULOS, Daniel M. *Abuso do Direito no novo Código Civil*. São Paulo: Editora Método, 2006.

CAPUTTI, Felipe. *Nem toda compra pela internet está sujeita ao direito de arrependimento*. Disponível em: https://www.conjur.com.br/2015-fev-21/direito-arrependimento-nao-vale-toda-compra-internet. Acesso em 07 de Julho de 2018.

COELHO, Fabio Ulhoa. *Curso de Direito Comercial, contratos e recuperação de empresas*. vol. III. 11ª. Ed. São Paulo, 2010.

FILHO, Sérgio Cavalieri. *Programa de direito do consumidor*, 4 ed.

GODOY, Claudio Luiz Bueno de. *Função social do contrato: os novos princípios contratuais*. São Paulo: Saraiva 2014.

GRINOVER, Ada Pellegrini; BENJAMIN, Antonio Herman de Vasconcellos. *Código Brasileira de Defesa do Consumidor comentado pelos autores do anteprojeto*. 6ª ed. São Paulo: Forense Universitária, 1999.

LEONARDI, Marcel. Produtos e serviços digitais e direito de arrependimento. Disponível em: http://leonardi.adv.br/2011/02/produtoseservicos-digitaisedireito-de-arrependimento/. Acesso em 31 de Maio de 2016.

MARTINS-COSTA, Judith. *Os princípios informadores do contrato de compra e venda internacional na Convenção de Viena de 1980*. Revista de Informação Legislativa, n. 126, p. 120, Brasília, abr.-jun., 1995

NANNI, Giovanni Ettore. *Enriquecimento sem causa, de acordo com o novo Código Civil*. São Paulo: Saraiva, 2004.

NERY JUNIOR, Nelson. *Código Brasileira de Defesa do Consumidor comentado pelos autores do anteprojeto*. 6ª ed. São Paulo: Forense Universitária, 1999.

OPICE BLUM, Renato. *Regulamentação do Comércio Eletrônico na América Latina*. Disponível em: https://www.opiceblum.com.br/regulamentacao-comercio-eletronico-na-america-latina/, Acesso em 31 de Maio de 2016.

TIMM, Luciano Benetti. *Função Social do Direito Contratual no Código Civil Brasileiro: Justiça Distributiva vs. Eficiência Econômica*. RT 876. Outubro de 2018.

19. Marco Civil da Internet: garantia ou dano à neutralidade na *web*?

Martim Vasques da Cunha

Turning and turning in the widening gyre
The falcon cannot hear the falconer.
W.B. Yeats, "The Second Coming".

Introdução

A atual discussão sobre o conceito de neutralidade da rede (*net neutrality*) – fundamento teórico do Marco Civil da Internet brasileiro – só pode ser adequadamente compreendida se percebermos que ela acontece em um clima de opinião: o do liberalismo, pressentido igual a uma "aura de inevitabilidade" e definido aqui nas seguintes palavras de Roger Kimball:

> "[Essa aura] determina não apenas os termos do debate, mas também a atmosfera retórica na qual qualquer debate deve ocorrer. Muitas das suas principais doutrinas – sobretudo, talvez, sua celebração indiscriminada da *inovação* em questões sociais, políticas e morais – são artigos de fé tomados por certos. [...] Para o bem ou para o mal, hoje todos nós somos liberais: por meio de contágio, se não por convicção. Como poderia ser de outro modo? [Para a maioria de todos nós], já há muito tempo 'usar a linguagem liberal é sinônimo de *inteligência*; e rejeitá-la, evidência

> de *estupidez'*. Há muito tal convicção foi elevada a pressuposto fundamental da vida intelectual: um pressuposto tácito que caracteriza todos os aspectos do debate político e moral". (KIMBALL, 2016, p. 166)

Essa "aura de inevitabilidade" resulta na visão corrente que molda o relacionamento da nossa sociedade com a tecnologia considerada *inovadora*, produzida entre as empresas de informação (Google, Apple, Facebook, Netflix) e as empresas de telecomunicação (Viacom, AT&T, Telefônica).[1]

Trata-se do *solucionismo tecnológico*, na definição precisa de Evgeny Morozov. Em seus livros *The Net Delusion* (2011) e *To Save Everything, Click Here* (2013), o cientista político bielorusso explica que vivemos uma obsessão por alterar, via *gadgets* e aplicativos como telefones celulares, *smartphones* e utensílios domésticos, assuntos humanos que seriam resolvidos naturalmente, sem qualquer interferência, muito provavelmente com o que já conhecemos na realidade do dia-a-dia.

Na verdade, o termo de Morozov revela a preocupação com a tecnologia que, neste caso específico, passa a interferir diretamente não só no nosso cotidiano – por meio da chamada "internet das coisas", por exemplo –, mas também no nosso comportamento, em especial com o polêmico assunto do comércio e da extração de dados pessoais feito pelas empresas de Silicon Valley. Essa interferência excessiva reflete uma tendência de querer eliminar problemas que, se fossem investigados com mais profundidade, seriam percebidos não como fontes de ineficiência, ambiguidade ou opacidade – e sim como vícios que geralmente são virtudes disfarçadas. (MOROZOV, 2013, p. 6).

1. O cenário econômico desse "solucionismo tecnológico" é a chamada "Guerra da Banda Larga" (*Bandwidth War*). Ela é o conflito pouco divulgado que existe entre as empresas de informação (Google, Apple, Facebook, Netflix, What's App, Spotify, Skype, aplicativos como Uber, etc.) e

[1] As empresas de Silicon Valley são classificadas neste artigo como empresas de informação e não empresas de tecnologia, porque o principal modelo de negócio deles é extração de dados (*data*) da pessoa – portanto, de informações sobre a vida particular dela –, não a tecnologia *per si*, que se torna aqui apenas o meio para o desenvolvimento do negócio. Aqui, ver o livro de Tim Wu, *Impérios da Comunicação – do telefone à internet, da AT&T ao Google*, 2011, p. 306-359..

as empresas de comunicação (prestadoras de serviço de Telecomunicações, como Telefonica, TIM, Oi, etc.), no qual, desde 2011,

> "o tráfego de dados entre os usuários de máquinas cresce 30 vezes mais rápido que a geração de receita das empresas de Telecom. Essa realidade acelerou a obsolescência, que já vinha sendo percebida há alguns anos, do atual modelo de negócios do setor de Telecomunicações". [Esse] "crescimento expressivo da Internet levou o setor de Telecom a uma crise sem precedentes, tanto financeira, pois, quanto maior a base instalada, menor a lucratividade, como de identidade, uma vez que as Telecomunicações já não sabem se sua missão é a de provimento de infraestrutura de voz e dados e/ou a prestação de serviços de valor agregado." (ROLIM, 2011)

Segundo Gerson Rolim,

> "trata-se de mais um segmento econômico, ora hegemônico, que, assim como o ocorrido com as gravadoras musicais, ao menosprezar o poder de mudança das regras do jogo por parte da Internet, não fez seu dever de casa. Neste caso, as Telecomunicações corretamente investiram no desenvolvimento das infraestruturas de Banda Larga, porém negligenciaram o mais importante, ou seja, a prestação de serviços de dados de valor agregado." (ROLIM, 2011)

Este "erro estratégico" contribuiu para acelerar o processo de canibalização das telecomunicações, prejudicando a receita dos seus serviços de voz. "Elas perderam espaço para empresas, como a Skype [ou o Facebook e o Google], que usavam da sua infraestrutura, pagando apenas pela conexão, por um valor que já é inviável financeiramente para as Telecomunicações, seja a médio ou a longo prazo." (ROLIM, 2011)

O conflito originado na "Guerra da Banda Larga" construiu, graças às habilidades dos especialistas que fazem parte tanto de um lado como de outro, uma narrativa (*storyline*) pouco divulgada pelos grandes órgãos de mídia, mas que afeta profundamente o modo como a sociedade consome não só produtos tangíveis e perceptíveis no cotidiano – compras no supermercado, fluxo no trânsito atribulado de uma metrópole, pesquisa de dados e trocas de informações, o mero assistir de um filme ou a audição de uma canção popular –, como também produtos ligados ao problema da liberdade individual. Nesta narrativa, o cidadão é induzido a pensar que, ao lidar com os dados transmitidos e transferidos por essas empresas de informação, ele também contribui para o desenvolvimento da sociedade civil com a elaboração de uma infraestrutura mais sofisticada que acentuaria transparência nas políticas públicas, além do seu próprio aprimoramento pessoal.

Do ponto de vista das empresas de telecomunicações, o nó frouxo da narrativa da "Guerra da Banda Larga" no qual são um polo da disputa, é o fato de que elas não se prepararam para mudança avassaladora que ocorreu não só nos modelos de negócios corporativos, mas especialmente no modo como a sociedade civil foi afetada pela forma como negociamos entre nós mesmos, entre os governos e – talvez o mais importante – na perspectiva de como lidaremos com alguns princípios que julgamos essenciais para a nossa própria existência.

Em termos de mudança no paradigma de negócios, ficou evidente que as telecomunicações priorizaram três escolhas que, até agora, nenhuma delas se mostrou como a mais adequada para a situação instável que enfrentam. No relato sucinto de Rolim,

> "segundo as últimas projeções (das empresas de pesquisa Gartner, Ovum, Informa e Yankee Group), a receita das empresas tradicionais de telecomunicações deveria ser 10,7% entre 2010 e 2014. No entanto, o consumo de dados, que em 2010 atingiu a ordem dos 20 Exabytes mensais, era previsto atingir em 2015 a casa dos 86,5 Exabytes – uma alta de 324% (a título de comparação, 1 Exabyte = 1024 Petabytes, e 1 Petabyte = 1024 Terabytes)." (Rolim, 2011)

Os números são cada vez mais impressionantes pois

> "este crescimento é facilmente explicado pela revolução, nada silenciosa, do consumo de dados via dispositivos móveis, que passou por um crescimento ainda mais vertiginoso: 3.150%, saindo de 0,2 Exabytes mensais para 6,3 Exabytes. Isso se explica também pelo aumento de 221% na quantidade de *notebooks* e *smartdevices* conectados à Internet móvel. Em 2015, tivemos 2,5 bilhões deles, sendo 50% de *smartphones*, 25% de *notebooks* e *tablets*, e outros 25% de medidores (de água e de luz, por exemplo), consoles de *games*, carros, casas inteligentes, entre outros." (Rolim, 2011)

Este volume impressionante de informações acentua o aumento exponencial de tráfego de dados que ocorreu entre 2005 a 2014, que subiu 45 vezes a mais do que o comercio normal, seja de serviços, seja o de finanças, de acordo com a pesquisa "Digital Globalization: The New Era of Global Flows", publicado em Março de 2016 pela empresa de consultoria McKinsey Global Institute. Isto é uma amostra de que estamos vivendo o que o pesquisador Steven Weber chamou de "*data revolution*", uma revolução de dados, algo evidente quando percebemos que essa nova perspectiva possibilita uma escala global que dá chances a mercados e fornecedores que desenvolveram outros modos de negócio, diferentes do tradicional, possibilitando assim novas estratégias para produtos e organizações. Somado a isso, há o potencial de se descobrir um novo público que, além dos mais de 50 milhões que usam o Facebook, os 10 milhões no provedor chinês Alibaba e os 2 milhões que fazem as suas compras na Amazon, se juntam aos 900 milhões de pessoas que possuem conexões internacionais em alguma rede social espalhada pelo mundo. (McKinsey, 2016, p. 9; Weber, 2017, p. 5)

Se então estamos vivendo plenamente essa "revolução dos dados", como as operadoras de telecomunicações conseguirão suprir a demanda, cada vez maior, se elas não tiverem dinheiro para investir em suas infraestruturas que devem transmitir esses dados, custe o que custar? E mais:

> "como satisfazer um cliente cada vez mais exigente, que pouco fala, mas muito navega, e que personaliza o *smartphone*, enchendo-o de aplicativos, mas não abre mão da simplicidade, na hora do suporte técnico? As telecomunicações, de fato, não vêm se saindo bem – basta ver que, desde 2011, 40% dos usuários trocaram de operadora (o que se chama de *churn*) – e, pelo o que está por vir, as dificuldades para manter a satisfação e fidelização do cliente só tendem a aumentar." (Rolim, 2011)

Por isso, para Rolim, "as operadoras terão de reduzir custos e monetizar a rede. Cada uma, no entanto, trilhará um caminho diferente, já que, embora existam pelo menos três principais alternativas, só será possível concentrar-se em uma delas" (Rolim, 2011).

Eis os modelos que tentaram ser implementados nos últimos anos:

O primeiro foi o do *Marketing Machines*, cujo "foco era a experiência do usuário, ofereceria planos avançados de dados e suporte técnico flexível – atuando em diversas mídias. O principal objetivo é entender o cliente 'individualmente' e fornecer diversas opções de pacotes de serviço para atendê-lo". A AT&T e Vodafone tentaram esse procedimento; o segundo foi o do "VAN, acrônimo que significa *Value Added Networks*, cujo foco é o de agregar valor à rede, com serviços exclusivos. A Sprint optou por esse caminho, ao aperfeiçoar o seu 4G e ao criar um serviço de música por *streaming*". Contudo, foi o Facebook que se deu melhor nisso, "ao lançar produtos e entrar em novos mercados – como o Places, de geolocalização, ou o Deals, de Compras Coletivas – não perdendo seu foco principal, ou seja, seu DNA de Rede Social, que não é alterado, mas ampliado." E o terceiro e último modelo foi o do Commodity Pure Players, "cujo caminho é o usuário final, mas sim as empresas que oferecem planos de Internet móvel, que desenvolvem a infraestrutura para conexões da próxima geração e contam, geralmente, com incentivos federais, já que suas atividades podem melhorar a rede de todo um país. Foi o que fizeram as empresas de telecom NBN Co e LightSquared". (ROLIM, 2011)

As três soluções de negócios apresentadas acima para a mudança de paradigma originada na "Guerra da Banda Larga" implicam na seguinte pergunta: Quem pagará a conta?

É esta pergunta que incomoda o especialista que precisa criar a narrativa na qual as empresas de informação, como o Google, a Apple, o Facebook, o Netflix, o What´s App e até mesmo o Uber, já foram promovidas a assumirem suas posições como gigantes do setor de comunicação, sem serem convidadas formalmente. Por que, afinal de contas, será que elas estariam dispostas a dividir a conta com as empresas de telecomunicações – e vice-versa?

Ambos os lados de especialistas não veem esta situação com bons olhos, pois isso terá de mudar, cedo ou tarde. A verdadeira questão que se impõe a todos os envolvidos é se as empresas de informação

> "devem ou não trabalhar em parceria com as operadoras de telecomunicações. Embora obviamente não estejam dispostas a dividir os gastos neste momento, provavelmente devem mudar de ideia quando seus serviços começarem a perder qualidade por conta do mal estado das conexões [e da infraestrutura]. Por exemplo, o que a Google fará quando seu Google Voice deixar de funcionar por falta de manutenção e/ou *upgrade*

das redes de comunicação? [Neste assunto], a companhia de Mountain View (Google) até tentou um acordo com a Verizon, em que, provavelmente, a ajudaria nos gastos com a Internet. No entanto, a aliança foi rejeitada por ferir a *neutralidade da rede* – que determina que todo o tráfego deve ser tratado da mesma forma pelas operadoras. A Google, no entanto, não quer prestar auxílio para garantir uma conexão veloz a concorrentes, como o Facebook, mas sim um acesso privilegiado a suas próprias páginas". (ROLIM, 2011, itálicos nossos)

2. Ao citar displicentemente a expressão "neutralidade da rede", Gerson Rolim sequer tenha se dado conta do que está realmente em jogo na origem da narrativa criada em torno da "Guerra da Banda Larga". Agora, não se trata mais do problema de quem pagará os custos ou de como se fará para ter a infraestrutura adequada de uma boa qualidade de serviços nas políticas públicas de um estado democrático.

Na verdade, trata-se de como manter-se-á a *neutralidade da rede (net neutrality)*, principalmente nas relações entre os governos e em ambos os lados desse conflito. O conceito da *neutralidade da rede* "significa que a Internet não tem um guardião [*gatekeeper*]. A neutralidade abrange todos os tópicos relacionados à circulação de informação na Internet, tais como liberdade de expressão, acesso ao conhecimento, *copyright* ou inovação. Graças a este princípio, todos mantêm a liberdade de acessar e produzir a informação que quiserem". Contudo, tanto do lado das empresas de telecomunicações como do lado dos governos nacionais, este "princípio fundador da Internet" estaria ameaçado, já que essas organizações querem desenvolver modelos de negócios baseados na hierarquia do fluxo de informação, tomando assim controle da rede. No caso dos governos, o cenário fica ainda menos auspicioso porque eles ameaçam a neutralidade da rede ao procurarem implementar "filtros" para reestabelecer o controle que antes tinham na época da mídia tradicional e descentralizada. (ZIMMERMANN, 2011).

O termo "neutralidade da rede" (*net neutrality*) surgiu plenamente em um famoso artigo acadêmico escrito pelo advogado americano Tim Wu. Nele, lemos logo no início do seu argumento uma espécie de profecia, na qual "os reguladores de comunicações passarão boa parte da próxima década [o texto de Wu foi escrito em 2003] entre os interesses dos provedores de banda larga e os interesses do público em um ambiente competitivo de inovação centrado na Internet" – justamente a descrição do que seria a "Guerra da Banda Larga". Para o jurista, a "neutralidade da rede" significa uma forma de "preservar uma competição Darwiniana entre cada uso possível da Internet para que apenas os melhores sobrevivam", a qual a meta seria ter leis que garantissem uma regulamentação "anti-discriminatória" para que não houvesse quaisquer impedimentos na transmissão e no acesso à informação. (Wu, 2003, p. 2-3)

Wu acredita que a própria plataforma da Internet é *neutra* por si mesma – ou seja, a neutralidade existiria sem nenhuma interferência externa. Contudo, justamente por causa das competições entre os diversos interesses, o papel da lei é obrigar que essa neutralidade permaneça natural nas redes. Há um truque argumentativo em seu raciocínio: no artigo, ele escreve que a "neutralidade da rede" é o fim, um "sistema de crença a respeito da política de inovação", enquanto o "acesso aberto" e a "discriminação no uso da banda larga" são os seus meios de ela ser realizada. (WU, 2003, p. 15-33) Ora, se a própria "neutralidade da rede" garante a tal da "competição Darwiniana" – uma referência críptica ao princípio da "seleção natural", que abole completamente qualquer noção de finalidade na organização do mundo da natureza e nas ações humanas – como ela pode ter, em si mesma, ser neutra e ao mesmo tempo ter uma meta para um ambiente que incentive a inovação? Há uma contradição no uso e na criação desses conceitos.

Isso nos leva observar que talvez o uso de um conceito como o da "neutralidade da rede" não tenha um sentido científico específico, mas sim um significado de uso retórico que, antes de tudo, possua a intenção de persuadir emocionalmente os interlocutores, jamais convencê-los por meio de evidências e provas empíricas. O próprio Wu admite, no final do seu texto, que, por causa do cenário incipiente, os termos utilizados na sua argumentação são deveras "vagos".

Não à toa que, nos anos seguintes, Wu foi obrigado a criar uma espécie de "filosofia da História", descrita em seu livro mais famoso, *The Master Switch – The Rise and Fall of Information Empires* (2010, lançado no Brasil em 2011 como *Impérios da Comunicação – do telefone à internet, da AT&T ao Google*), para justificar os ciclos econômicos entre empresas que se organizavam em monopólios e empresas que facilitaram a inovação tecnológica por meio de administrações descentralizadas. Logo na introdução do seu tratado, ele afirma que descobriu um "padrão observável", chamado de "o Ciclo":

> "A cada par de décadas, surge uma nova tecnologia da comunicação, cheia de promessas e possibilidades brilhantes. Ela inspira uma geração inteira a sonhar com uma sociedade melhor, com novos modos de expressão, formas alternativas de jornalismo. Porém, cada nova tecnologia acaba sempre por revelar seus pontos fracos, seus caprichos e limitações. Para os consumidores, a novidade tecnológica pode se desgastar, dando margem a diversas insatisfações com a qualidade do conteúdo (que pode tender ao caótico ou ao vulgar) e com a confiabilidade ou segurança do serviço. Do ponto de vista da indústria, uma invenção pode inspirar outras insatisfações: uma ameaça aos rendimentos dos canais de informação existentes, e que a nova tecnologia torna menos essenciais, se não obsoletos; a dificuldade de comercializar (isto é, de transformar em algo vendável) o potencial de tecnologia; ou muitas variações nos padrões ou protocolos de uso, dificultando a venda de um produto de alta qualidade que resolva as insatisfações dos consumidores.
>
> Quando esses problemas atingem uma massa crítica, tornando evidente a possível queda de ganhos substanciais, a mão invisível do mercado acena com um grande magnata como [Theodore] Vail [o empresário que solidificou o monopólio esclarecido da Bell Technologies que, hoje, seria a AT&T] (ou um bando deles), que promete um regime mais organizado e eficiente, a fim de melhorar a vida de todos os usuários. De hábito aliado ao governo federal, esse tipo de magnata é especial, pois define um novo tipo de indústria, integrado e centralizado. Ao oferecer um produto melhor ou mais seguro, o magnata alardeia uma idade de ouro na vida da nova tecnologia. No cerne da ideia jaz uma aprimorada máquina para prover um retorno estável do capital. Em troca de manter a hora exata de partida dos trens (arriscando uma comparação extrema), ele ganha certo controle sobre o potencial da mídia, de possibilitar a expressão individual e a inovação técnica – controle com o qual os inventores jamais sonharam, mas que é necessário para sua autopreservação, assim como dos lucros decorrentes da centralização. Isso também é o Ciclo." (Wu, 2011, p. 17)

A "Guerra da Banda Larga" seria uma das reviravoltas desse Ciclo, com a Internet representando, na visão de Wu, uma quebra do círculo vicioso – em especial, com o papel do "descentralizador" Google como "mocinho" contra o "monopólio integrado" da Apple, mas também com as empresas inovadoras de Silicon Valley em luta com as empresas de telecomunicações, obcecadas em centralizar o progresso tecnológico somente para si mesmas. O que faria essa diferença seria justamente o fato de que a própria rede é neutra por si mesma, segundo os conceitos de Wu, e que seria o principal obstáculo para a ocorrência daquilo que o jurista americano chama de o "efeito Cronos". Trata-se das

> "medidas tomadas por uma empresa dominante (como as de telecomunicações, segundo Wu) para destruir seus potenciais sucessores ainda na infância. A compreensão desse efeito é essencial para entender o Ciclo e, de quebra, a história da tecnologia da informação. Às vezes pode parecer que as invenções e os avanços tecnológicos são um processo natural e ordenado, mas isso é uma ilusão. Seja ela qual for, a realidade em que vivemos resulta de lutas industriais encarniçadas. Essas batalhas são mais decisivas que as ocorridas quando o poder dominantes tenta cooptar as tecnologias que poderiam destruí-lo, como se Golias tentasse se apossar na atiradeira" (WU, 2011, p. 34).

Novamente, Wu abusa do conceito muito amplo da "seleção natural" Darwiniana para justificar a existência do padrão histórico descoberto somente por ele – o tal do Ciclo. Entretanto, será que o outro lado da "Guerra da Banda Larga" – o das empresas de telecomunicação – teria essa sofisticação narrativa para justificar também suas ações em busca de um controle do processo de inovação, surgido com o advento da Internet?

3. Parece que não é o caso, pois, para Didier Lombard, CEO da Orange, uma das maiores empresas de telefonia da França, a questão nunca foi a da "neutralidade da rede" e sim de como se criarão novas formas de plataforma e de acesso que possam compartilhar a troca de informações sem que ninguém saia prejudicado financeiramente – leia-se: tanto as empresas de telecomunicações como as empresas de informação.

Portanto, a razão da "Guerra da Banda Larga" seria econômica. Segundo Lombard,

> "temos que estar preparados para garantir o mesmo acesso a todos os integrantes que usam a Internet em nossas redes; não temos nenhuma

> intenção de filtrar a informação de ninguém. Mas, ao mesmo tempo, também temos de encontrar um modo de financiar esse tipo de operação. [...] Nós não podemos deixar tudo livre, sem nenhuma cobrança, e continuarmos com o velho modelo de negócio, com o tráfego livre de dados. Além disso, os custos são altos. Para os países onde estamos, o investimento em infraestrutura é mais de 3 bilhões de euros (equivalente a 4 bilhões de dólares) por ano. Estamos em um impasse: precisamos encontrar as receitas adequadas para financiar toda essa operação porque, se não realizarmos esse investimento, certamente a qualidade do serviço cairá." (Kleiner & Peladeau, 2011)

Ele também argumenta que, em 2010, foi articulada um tipo de união para resolver esse problema, com a *joint venture* entre a Google e a Verizon, no qual oferecia conteúdo e serviços privilegiados em uma rede à parte. Em relação à companhia de Silicon Valley, isto foi um passo fundamental para aceitar o novo paradigma de negócios, ao reconhecer que usar boa parte da capacidade da infraestrutura significa também a participação nos seus custos. O CEO da Orange concluiu que, se esta direção fosse dominante, o problema da "Guerra da Banda Larga" estaria resolvido, desde que as regras da gestão fossem acertadas corretamente – e assim teríamos uma Internet aberta, com serviços especiais e bem geridos, tudo sob a curadoria desses dois tipos de empresas.

4. Contudo, se isto fosse realmente uma solução, porque ainda sofremos os efeitos do impasse criado pela "Guerra da Banda Larga", especialmente no modo como um dos lados da narrativa – em particular, a das empresas de informação – influencia direta ou indiretamente a discussão na mídia sobre políticas públicas?

Podemos encontrar alguma resposta para essa pergunta em uma entrevista que o jornalista Robert Levine, um dos expoentes da defesa da indústria da cultura, ex-editor da revista "Wired" e editor da revista "Billboard", deu ao jornal *Folha de São Paulo*. Assim como Didier Lombard, ele também acredita na motivação econômica do embate, mas desta vez pelo prisma da propriedade intelectual, fator importantíssimo para quem quer ganhar dinheiro e obter dividendos nesta área:

> "As pessoas veem essas questões (inerentes à "Guerra da Banda Larga") em termos de bem e mal. Quando você tem empresas, elas tendem

> a agir segundo seus interesses econômicos, a fazer o que dá dinheiro. Na internet, você está falando de grandes provedores, Verizon, At&T, e de Google, Facebook[2]. Mas os ativistas ainda falam, por exemplo, em blogs: 'Somos nós contra as grandes empresas de mídia'. Mas a indústria fonográfica já não é tão grande, se comparada ao Google, e é pequenina, se comparada às teles. As pessoas dizem: 'A indústria fonográfica manda em Washington'. E ela não é nada comparada ao Google, às empresas de [informação]. (SÁ, 2011)

Nesta mesma entrevista, Levine toca num ponto importante, que talvez nem mesmo ele saiba o quão sério é, um detalhe essencial para a construção narrativa feita por Tim Wu a respeito do padrão do Ciclo. Trata-se da influência promíscua entre as empresas de informação e os respectivos governos onde elas influenciam a vida cotidiana da sociedade civil, ao afirmar que, naquele período, "o Google [doava] muito dinheiro para [o presidente] Obama. Eric Schmidt [um dos CEOs do Google] foi um sério candidato a secretário do Comércio". (SÁ, 2011)

Esta promiscuidade entre empresas de informação e governos é uma das razões que nos deve deixar atentos ao que nos diz a respeito das ameaças às liberdades básicas que existem atualmente em nosso meio social – e que se contrapõem às narrativas construídas em torno das facilidades que o progresso inovador e a revolução de dados (*data revolution*) presumivelmente deveriam trazer a todos nós. Assim, deve-se notar um perigo inerente quando, tanto representantes das empresas de comunicação como das de informação legitimam suas decisões sobre aspectos puramente econômicos.

Para superar esse dilema, devemos abordá-lo igual a um *problema de princípios morais*, de princípios que não damos valor, no momento, porque não são evidentes como pão e ouro, embora sejam igualmente importantes.

[2] É interessar notar aqui que Levine não faz a separação entre as empresas de informação e as empresas de comunicação. É de se perguntar se o usuário e o resto da sociedade civil conseguem também ter a noção desta diferença – e se isto não faz parte do propósito de poucos jornalistas conseguirem perceber a construção da narrativa originada na "Guerra da Banda Larga" (fundada, por sua vez, no conceito de "neutralidade da rede" e no padrão do Ciclo supostamente descoberto por Tim Wu).

5. O filósofo alemão Eric Voegelin escreveu um texto admirável em 1956, cujo título é justamente *Bases morais necessárias à comunicação numa democracia*. Ele distingue três tipos de comunicação: a *substancial*, a *pragmática* e a *intoxicante*. O primeiro tem como propósito "o desenvolvimento e a construção da personalidade"; o segundo "é uma técnica usada para levar as pessoas a se comportarem de maneira tal que seu comportamento corresponda aos propósitos do comunicador, como, por exemplo, seus interesses políticos ou comerciais"; por fim, o terceiro tipo de comunicação, a *intoxicante*, é aquele em que se tenta usar com tenacidade os meios de comunicação de massa, como cinema, rádio, televisão e – no nosso mundo conectado e interdependente de hoje – a Internet, para a promoção de propósitos pragmáticos. (VOEGELIN, 1956/2000, p. 47-58)

Estes três tipos de comunicação só podem ser percebidos e mesclados em uma sociedade *pluralista, democrática* e de *massa*. Somente neste ambiente podemos discutir corretamente as funções morais de cada tipo de comunicação analisada acima – e como elas impactam efetivamente as políticas públicas.

O *pluralismo* democrático é, por definição, um movimento político-histórico que tenta abarcar a *massa* popular. Os dilemas morais que esta situação cria são muito profundos e precisam ser compreendidos pelos especialistas que trabalham diretamente tanto com as empresas de comunicação como as de informação. Há um estado de desintegração evidente na sociedade democrática que estabelece a relação entre os dilemas morais e as comunicações relativas a eles; esse estado prova realmente que estamos ou em uma sociedade *pluralista*, ou talvez em uma *nova forma de servidão voluntária* – que, por sua vez, afeta a própria comunicação entre as pessoas e, consequentemente, o funcionamento intrínseco da ordem da sociedade.

O *pluralismo* está intimamente relacionado com a *massa*, com o império do coletivo, no qual o importante é a *quantidade* e não a *qualidade*. Isso significa que, numa sociedade pluralista, a tensão entre iniciativas individuais que estão na contramão dos interesses das instituições públicas, se acirrará cada vez mais, numa espécie de eterno retorno do princípio da "seleção natural" darwiniano, pelo menos na narrativa criada por especialistas como Tim Wu, para nos fazer crer que o Ciclo domina os pilares da nossa sociedade democrática. Por meio do domínio da criação de leis e do uso de taxas, pedindo em troca das empresas de informação justamente os dados particulares dos cidadãos, o poder público aumenta de forma exponencial, restringindo cada vez mais a o conhecimento habitual do indivíduo, sem que ele perceba disso.

No caso dos escritos de Tim Wu, isto fica evidente quando, tanto em seu artigo sobre a "neutralidade da rede" como no livro em que expõe a sua "filosofia da História", *The Master Switch* (em português, *Impérios da Comunicação*), ele se apropria, com certas liberdades poéticas (para dizer o mínimo), dos conceitos de "inovação", "destruição criativa", "seleção natural darwiniana" e, *last but not least*, "discriminação".

Em relação ao uso dos três primeiros termos, a influência evidente de Wu é a de Joseph Schumpeter, considerado por boa parte dos economistas como "o profeta da inovação". Ao complementar a sua explicação do que seria o "efeito Cronos" – e de como ele é fundamental para acentuar o padrão histórico do Ciclo –, Wu passa a acreditar na profecia do austríaco como se o seu próprio raciocínio dependesse daquilo até o final dos tempos:

> "No nível mais básico, [Schumpeter] acreditava que a inovação e o crescimento econômico eram a mesma coisa. Países que inovassem ficariam mais ricos; os que não o fizessem se veriam estagnados. Na visão de Schumpeter, a inovação não era um processo gradual benigno, mas um cruel ciclo de destruição e nascimento industrial, tão implacável como os domínios da carne. Para ele, essa dinâmica era a essência do capitalismo.
>
> Schumpeter descrevia a inovação como um perene estado de intranquilidade: um 'processo de mutação natural... que revoluciona de forma permanente a estrutura econômica por dentro, destruindo o antigo e criando o novo, sem cessar'. Na era das carroças, o que importava não era uma carroça mais barata, mas o caminho mais capaz de atropelar a carroça. [...]
>
> Para entender Schumpeter, precisamos levar em conta sua peculiar noção de 'competição'. Ele não tinha paciência para o que considerava uma fantasia de Adam Smith relacionada à guerra dos preços, ao crescimento pelo corte de preços da concorrência e à melhoria da eficiência do mercado como um todo. 'Na realidade capitalista, ao contrário da imagem esboçada em seu livro-texto, não é esse tipo de competição que faz a diferença', argumentava Schumpeter, mas 'a concorrência de uma nova

> mercadoria, uma nova tecnologia, uma nova fonte de suprimentos, um novo tipo de organização'. Essa é uma perspectiva para além de Darwin: 'Uma competição que imponha uma vantagem decisiva em custo ou qualidade, e que ataque não a margem do lucro e a produção das empresas existentes, mas suas fundações e suas próprias vidas'. Schumpeter chamou esse processo de 'destruição criativa'. Como ele definia: 'A destruição criativa é o fato essencial do capitalismo. É nela que consiste o capitalismo, e é com ela que todo capitalista deve conviver'.
> O ciclo de vida e morte industrial, de Schumpeter, [tem a sua tese principal no fato de que], no curso natural das coisas, o novo muito raramente suplementa o velho, pois em geral o destrói. [...] O velho na verdade não desiste, ele tenta postergar a morte ou cooptar seu usurpador – à la Cronos –, o que produz importantes implicações. Em especial, a teoria de Schumpeter não leva em conta o poder ou a lei do governo para adiar a morte industrial e (para nossos propósitos específicos) deter o Ciclo. [...] Ao se aliar ao Estado, uma força industrial dominante pode transformar uma tecnologia potencialmente destrutiva em ferramenta para perpetuar a dominação e adiar sua morte" (Wu, 2011, p. 38-39).

O trecho de Wu foi reproduzido aqui extensamente para compreendermos como ele, na verdade, absorveu os conceitos de Schumpeter para enquadrá-los na sua narrativa histórica. É justamente o contrário do que afirma Benoît Godin em um estudo mais aprofundado sobre como as ideias de Schumpeter foram utilizadas na pesquisa da inovação e do desenvolvimento tecnológicos, em especial para auxiliar no aperfeiçoamento técnico do Estado. Para Godin, Schumpeter articulou o processo de inovação em cinco pontos extremamente precisos: (1) a introdução de um novo bem; (2) a introdução de um novo método de produção; (3) a abertura de um novo mercado; (4) a conquista de uma nova fonte que supra a escassez de material primário ou de bens que ainda precisam ser aperfeiçoados; e, por fim, (5) a implementação de uma nova forma de organização. Esses cinco fenômenos, todavia, não explicam a distinção entre invenção e inovação, mesmo que Schumpeter afirme que a primeira é um "ato de criatividade intelectual", com grande importância na atividade econômica, e que a segunda é uma "decisão econômica" no qual uma empresa aplica a invenção ou até mesmo a adote. Para o economista, a inovação tecnológica era definida como "uma nova combinação de meios de produção, isto é, uma mudança nos fatores de produção (*inputs*) para produzir os produtos (*outputs*)" (Godin, 2008, p. 4).

A tautologia argumentativa mostra que, no fundo, nem o próprio Schumpeter tinha a mínima noção do que significava o próprio processo de inovação. E isso acontece porque, na realidade, a maioria dos especialistas neste assunto sofre do mesmo problema, como mostra Godin em seus livros *Innovation Contested* e *Models of Innovation*. Para o pesquisador canadense, o termo "inovação" é um aglomerado de vários movimentos preocupados com a busca pela liberdade (daí o seu fascínio) e, por isso mesmo, os sujeitos que a praticam sempre têm a iniciativa de introduzir algo novo ou diferente em uma sociedade dominada pelas grandes corporações.

Entretanto, Godin também expõe que a inovação não está delimitada no âmbito tecnológico. Ela possui, antes de tudo, um sentido religioso e político – e, não à toa, era o termo secularizado para "heresia". Aqui, a ação inovadora se contrapõe à contemplação do real, criando um conflito entre tradição e novidade, o que prejudicou o sentido positivo dado à palavra inovação até meados do século XX, quando ela enfim se tornou a moda do momento – e um processo técnico que depois facilitaria a pesquisa e o desenvolvimento comerciais do mundo moderno. E, assim, conforme a técnica foi aperfeiçoada no curso da História, a solução inovadora não passa de um modelo provisório sobre o qual ninguém tem um conceito ou um método definidos, apenas opiniões superficiais ditas para agradarem o público leigo, composto pelos acadêmicos que jamais empreenderam coisa alguma e a classe jornalística ávida por um novo *slogan* para vender suas publicações em uma grande mídia que, como qualquer corporação sedenta por monopólio de informação, não conseguiu compreender corretamente o impacto da Internet.

A confusão conceitual de Schumpeter – e o posterior uso equivocado por Tim Wu – também tem outra razão de ser: a sua fixação em manter, a qualquer custo, a sua visão de mundo inspirada no princípio da "seleção natural" que teria sido descoberta pelo biólogo Charles Darwin. Para ser exato, o que Schumpeter queria era aplicar os princípios da biologia nos ciclos da teoria econômica (e, por sua vez, o que Wu fez foi o mesmo em relação à uma história cíclica dos processos de informação e da comunicação). Como explica a historiadora Sylvia Nasar:

> "À semelhança da maioria dos intelectuais de sua geração, Schumpeter era fascinado pelas implicações, para a sociedade, da teoria da seleção natural, formulada por Darwin. Não seria irônico, pensava ele, que, enquanto a mudança constante era a marca distintiva dos tempos modernos, a teoria econômica ignorava o processo que estava tornando a economia mais produtiva, especializada e complexa? A evolução econômica era impalpável, como 'certos processos naturais' a que Marcel Proust aludiu em *No caminho de Swann*. Eram 'tão graduais que... mesmo que sejamos capazes de distinguir sucessivamente cada um dos diferentes estados, ainda assim seremos poupados da sensação de mudança'. Os economistas concordavam com o pressuposto de que a economia se clonava ano após ano, tornando-se marginalmente maior ao longo do tempo, mas permanecendo imutável em relação a todas as outras particularidades. É verdade que, se os economistas quisessem analisar como uma pequena mudança em uma variável econômica afetava todas as demais, a teoria 'estática' se adequava à realidade assim como um terno bem cortado. No entanto, a teoria existente se adequaria mal ou de modo algum se a mudança em questão fosse grande ou se a linha do tempo fosse longa demais para se poder ignorar com segurança as mudanças estruturais, na força de trabalho ou nas instituições. E, ao contrário das colocações dos economistas alemães, a história econômica não poderia pretender melhor desempenho. A ciência, ao contrário da história, era geral. A história preocupava-se com aquilo que aconteceu de fato, a ciência com aquilo que poderia ou não poderia acontecer sob circunstâncias específicas. Era isso que tornava a ciência um instrumento de comando e de perícia. Se a economia viesse a ser uma ciência, ela também teria de ser geral" (NASAR, 2011, p. 196-197).

Em resumo: Schumpeter tinha a pretensão de transformar a economia de uma ciência humana em uma ciência exata – e os ciclos do processo de inovação seriam uma prova disso. Consequentemente, Tim Wu quer fazer a mesma coisa com o seu Ciclo e, no seu caso, o conceito da "neutralidade da rede" torna-se então a pedra angular para fundamentar a Internet como a tecnologia que romperia com o padrão histórico que ele acreditou descobrir ao criar sua própria narrativa. O problema é que, tanto no caso de Schumpeter como no de Wu, a apropriação feita por eles do princípio da seleção natural Darwiniana tem pouco a ver com a própria definição do fenômeno, descrita por ninguém menos que Darwin em sua *Autobiografia*:

> "Os que acreditam, como eu, que todos os órgãos corporais e mentais (excetuados os que não são vantajosos nem desvantajosos para seus possuidores) de todos os seres foram desenvolvidos através da seleção natural, ou da sobrevivência dos mais aptos, juntamente com o uso e o hábito, hão de admitir que esses órgãos foram formados para que seus possuidores pudessem competir com êxito com outros seres e, desse modo, aumentar seu número. Ora, um animal pode ser levado a adotar o curso de ação que for mais benéfico para a espécie através do sofrimento, como na dor, na fome, na sede e no medo, ou através do prazer, como ao comer e beber e na propagação das espécies etc., ou através de uma combinação dos dois meios, como na busca de alimentação. Mas qualquer tipo de dor ou sofrimento, se prolongado por muito tempo, provoca depressão e reduz a capacidade de ação; entretanto, é funcional para levar uma criatura a se proteger de qualquer mal grave ou repentino. As sensações prazerosas, por outro lado, podem continuar por muito tempo, sem nenhum efeito depressivo; ao contrário, elas estimulam o sistema inteiro a um aumento da ação. Daí haver sucedido que a maioria ou a totalidade dos seres sensíveis foi desenvolvida, através da seleção natural, de tal maneira que as sensações prazerosas servem como guias habituais. Podemos ver isso no prazer extraído da atividade enérgica – e até, ocasionalmente, da grande atividade do corpo ou da mente –, no prazer de nossas refeições cotidianas e, especialmente, no prazer extraído da sociabilidade do amor à família. A soma desses prazeres, que são habituais ou se repetem com frequência, dá à maioria dos seres sensíveis um excedente de felicidade em relação ao sofrimento, embora, vez por outra, muitos sofram enormemente. Esse sofrimento é bastante compatível com a crença na seleção natural, que não é perfeita em sua ação, tendendo apenas a tornar cada espécie tão bem-sucedida quanto possível na batalha da vida com outras espécies, em circunstâncias maravilhosamente complexas e mutáveis." (Darwin, 2000, p. 77-78)

Não é o caso aqui de discorrer sobre as inconsistências intrínsecas da teoria da "seleção natural", mas sim de notar que Darwin está aplicando-a em um domínio da realidade completamente distinto do que foi abordado tanto por Schumpeter como Wu. O cientista está discorrendo sobre o território da observação biológica, sempre em função das vantagens e desvantagens da adaptação de um determinado organismo vivo, enquanto o economista e o jurista aplicam a "seleção natural" aos domínios da economia e do fluxo de informação. Eles praticam aquilo que o filósofo francês Jacques Bouveresse chama de "prodígios e vertigens da analogia" ao transferirem características semelhantes de um campo da ciência natural – no caso, a biologia – para um campo das ciências humanas – respectivamente, a história econômica e a teoria da comunicação. Aqui, a analogia torna-se um procedimento duvidoso, uma vez que seu método

> "repousa sobre dois princípios simples e particularmente eficazes nos meios literários e filosóficos: (1) destacar sistematicamente as semelhanças mais superficiais, apresentando isso como uma descoberta revolucionária; (2) ignorar de modo igualmente sistemático as profundas diferenças, apresentando-as como detalhes insignificantes que só podem interessar e impressionar os espíritos pontilhosos, mesquinhos e pusilânimes" (Bouveresse, 2005, p. 2-3).

Ora, Joseph Schumpeter e Tim Wu praticam exatamente esses dois princípios, seja com a teoria da "destruição criativa", seja com o próprio conceito de "neutralidade da rede". Ao mesmo tempo, esses procedimentos de analogia, numa paródia de querer uma metodologia científica, eliminam justamente as *bases morais* para uma comunicação sadia em uma sociedade democrática, tal como nos alertava Voegelin, além de criar um perigo ainda maior: o da *moralização* no uso do fluxo de informação. Assim, Wu não hesita adicionar um termo que, desta vez, também não possui qualquer conexão com os domínios da biologia ou da teoria da comunicação, mas sim com o da filosofia do direito – mais especificamente, com a ciência política que reflete sobre as condições da justiça em um mundo dominado pela desigualdade social. Aqui, estamos falando do abuso da palavra "discriminação", utilizada novamente de maneira vaga e retórica para determinar o que seriam os meios das empresas de telecomunicação de impedirem a transmissão e o fluxo de informações na Internet.

6. A principal influência subterrânea deste tipo de procedimento argumentativo é a do filósofo John Rawls, em especial graças ao seu tratado *Uma Teoria da Justiça*, publicado em 1971, e que moldou grande parte da discussão política dos nossos tempos.[3] Este livro é a tentativa mais impressionante já feita para justificar, de qualquer jeito, o princípio que marcou a vida do seu autor: a de que a justiça como equidade [*justice as fairness*] é a única ideia compatível para se construir uma sociedade bem ordenada. Todos os outros setores, do econômico ao político, passando pelo social, devem girar ao redor desse tema, sem exceção. Para Rawls, se fôssemos requisitados elaborar um sistema social e político que existe por de trás de um "véu de ignorância" – ou seja, o reconhecimento de que nada saberemos sobre o próprio lugar que ocuparíamos neste mesmo sistema –, teríamos que escolher a sociedade que prefere valorizar a pessoa menos favorecida. Portanto, uma sociedade justa seria a que a pessoa menos favorecida é a que tem mais vantagens de manter a sua dignidade individual.

Não se trata apenas da releitura de um Rousseau; Rawls levaria isso ao extremo, quando afirma que, ao formalizar o princípio da justiça como equidade, uma pessoa racional que não soubesse da sua posição neste tipo de sociedade concordaria que a desigualdade é legítima apenas para que fizesse a pessoa menos favorecida se transformar na mais favorecida, assim que isso fosse possível, conforme as circunstâncias. Assim, se, em Rousseau, a igualdade é o ponto de partida do seu raciocínio, com Rawls ela é o único compasso moral a ser seguido, do início ao fim de todo o processo político.

Além da insistência no princípio da justiça como equidade, existem mais dois pontos que devem ser observados para sabermos como John Rawls queria vê-lo aplicado em nossas instituições democráticas.

O primeiro ponto lida com o "véu da ignorância". Segundo Rawls, esse véu ocorre quando "as partes [envolvidas] não conhecem certas particularidades" onde elas estão envolvidas. Depois,

[3] Grande parte dessas reflexões e conclusões sobre Rawls já foram abordadas, por um outro prisma, no meu artigo "O que diz "Uma Teoria da Justiça", de John Rawls, que moldou a discussão política atual", publicado no jornal Gazeta do Povo em 17/04/2018.

> "ninguém sabe qual é seu lugar na sociedade, classe nem *status social*: além disso, ninguém conhece a própria sorte na distribuição dos dotes e das capacidades naturais, sua inteligência e força, e assim por diante. Ninguém conhece também a própria concepção do bem, as particularidades de seu projeto racional de vida, nem mesmo as características especiais de sua psicologia, como sua aversão ao risco ou sua tendência ao otimismo ou ao pessimismo. Além do mais, presumo que as partes não conhecem as circunstâncias de sua própria sociedade. Isto é, não conhecem a posição econômica ou política, nem o nível de civilização e cultura que essa sociedade conseguiu alcançar. As pessoas na posição original [a da justiça como equidade] não sabem a qual geração pertencem. Essas restrições mais amplas impostas ao conhecimento são apropriadas, em parte porque as questões de justiça social surgem tanto entre gerações quanto dentro delas; [...] nesses casos, para levar adiante a ideia da posição original, as partes não devem conhecer as contingências que as colocam em oposição. Devem escolher princípios cujas consequências estejam dispostas a aceitar, seja qual for a geração a que pertencem". (RAWLS, 2016, p. 166)

O "véu da ignorância" é aquele instante no qual você *realmente* não sabe o que acontece na hora de tomar uma decisão. Não se trata apenas de uma informação incompleta; trata-se da *ausência* de informação. Contudo, Rawls argumenta que, independentemente disso, você pode, sim, decidir – e mais: decidir *corretamente* – se apelar nada mais, nada menos para o uso do princípio da justiça como equidade e assim ajudar a pessoa menos favorecida.

Uma outra leitura dessa linha de raciocínio é que o véu da ignorância não é um pressuposto ou parte do problema, mas já é parte da solução. O verdadeiro problema, para Rawls, é como pensar em um arranjo ou contrato social numa sociedade liberal – que seria a sociedade de fato, já na sua época – em que não haveria um acordo sobre um fundamento metafísico que dê unidade à experiência social. Assim, a chamada "posição original" (a da justiça como equidade) é um experimento mental que visa oferecer uma base racional comum a partir da qual se pode derivar tal contrato.

Rawls explicita logo nas primeiras páginas do seu livro que a principal intenção é formular um modelo abstrato, autossuficiente e fechado em si mesmo, no qual a "justiça social" possa prevalecer sobre tudo e sobre todos. A alternativa prática que ele encontra para que esse modelo seja uma espécie de solução seria o recurso ao "equilíbrio reflexivo", que forneceria o ajuste fino ao longo da dinâmica concreta das sociedades. Porém, mesmo tendo consciência disso, ele insiste que é possível tomar decisões a partir desse esquema criado tão somente no papel.

Como qualquer bom acadêmico – e Rawls é um dos melhores, sem dúvida –, ele não sabe que, na vida do dia-a-dia, não há nenhuma diferença entre incerteza e risco. Contudo, na sociedade criada por de trás do "véu da ignorância", se essa distinção é apagada, a velha e boa prudência cotidiana também é jogada de lado. Em qualquer situação concreta que envolva ausência de informações, o melhor é jamais apelar para um princípio abstrato como o da justiça como equidade, mas muitas vezes não fazer absolutamente *nada*. Só podemos agir realmente se temos acesso aos dados para então intuirmos, imaginarmos ou concluirmos sobre as consequências práticas dos nossos atos, sejam intencionais ou não.

Chegamos agora no segundo ponto: a concepção de Rawls sobre a bondade. Para ele, uma verdadeira teoria da justiça só será eficaz se "o conceito do direito justo anteceder o de bem". Contudo, ao mesmo tempo, ele reconhece que há um problema lógico e histórico no seu raciocínio, pois é sabido que, desde Platão e Aristóteles, o *kalon*, o Bem, é a força misteriosa que organiza naturalmente uma sociedade bem-ordenada. Portanto, Rawls resolve criar a sua "teoria fraca do bem", na qual "sua finalidade é garantir as premissas acerca dos bens primários necessárias para se chegar aos princípios da justiça". Aqui, o bem não é visto em sua soberania inserida na tensão do real – como, por exemplo, faz Eric Voegelin –, e sim como algo imanente à racionalidade humana, numa espécie de fruto da razão prática de Kant. O ser humano escolhe porque é racional, e suas escolhas são determinadas pelo princípio da justiça como equidade que, por ser conectada à mesma racionalidade do bem, o tornaria enfim concreto no esquema proposto por Rawls.

Na sua busca por uma escolha racional que dependa apenas do princípio da justiça como equidade, Rawls não quer reconhecer, dentro do molde filosófico do qual está inserido, as consequências imprevisíveis oriundas do uso da força, em especial no modo como a lei é posta em prática com a coerção estatal.

De acordo com Eric Voegelin, em *The Nature of the Law*, apesar do princípio da justiça como equidade e da possibilidade do Estado Mínimo, o fato é que qualquer lei só pode ser promulgada e efetivada por meio da imposição de uma ordem legal que é necessária por diversas razões. A primeira delas é a existência objetiva de que todos nós podemos errar, uma vez que há uma discrepância entre a verdadeira ordem, a transcendental, e a ordem empírica, a do cotidiano. Portanto, a força representada, por exemplo, pela prisão de alguém que rompeu com a harmonia social é fundamental para eliminar essa desobediência.

A segunda razão é que a própria questão do que é a verdade quando se trata da ordem de uma sociedade raramente permite uma resposta equivocada. Como vivemos em um mundo infinitamente complexo, com diversas políticas, obrigadas a lidar com um problema específico que deve estar em sintonia com o Bem Maior – e que serão implementadas por meio de uma lei –, sempre teremos um elemento de arbitrariedade na hora de tomar a decisão a favor de uma determinada perspectiva. Portanto, se a sociedade quiser sobreviver, este mesmo debate não pode durar para sempre; e uma vez que a decisão foi tomada por algum representante, não se pode permitir qualquer espécie de desobediência a partir daquele momento.

Por última, mas não menos importante, a terceira razão da força ser necessária é que a própria sociedade seria supérflua se todos os homens agissem de acordo com a verdadeira ordem sem a ameaça da coerção. Porque se a natureza da lei – e, logo, da justiça – está espelhada em uma base moral no momento em que ela for comunicada à sociedade, ao mesmo tempo em que temos o homem como uma pessoa racional, temos também a chance de que ele escolha não ser uma pessoa dotada de racionalidade. Afinal de contas, ninguém cresce plenamente desenvolvido em suas potencialidades; é necessário um tempo para que isso aconteça – e mais: é fundamental que haja um determinado tipo de educação para que tal maturidade enfim desabroche. Mas essa educação tem de saber que a ordem nasce de uma estrutura na alma que corre o risco de jamais alcançar tal feito. Daí o aspecto pedagógico da lei; ela, de certa forma, nos ajuda a forçar se queremos ser o *spoudaios*, o homem maduro, ou o "escravo por natureza" discorridos por Aristóteles em sua *Política*.

Assim, no momento de impor a ordem legal – a mesma ordem que, no sistema de Rawls, terá de praticar a justiça como equidade –, fica nítida com absoluta clareza que a impessoalidade da lei é enraizada na impessoalidade da natureza humana, capaz de reconhecer em si mesma as possibilidades inerentes da sua propensão para a desordem. Com o reconhecimento do uso da coerção, não temos outra alternativa exceto admitir que talvez a única igualdade que exista entre nós é a pratica da desordem entre os nossos semelhantes. A consequência disso é admitir a existência do governo como uma técnica científica por si mesma, obrigado a diminuir a desigualdade a qualquer custo, justamente para manter o seu poder. Isto constitui, sem dúvida, a criação indireta de uma hierarquia bem objetiva, que rompe com a justiça como equidade e que enfim interfere na própria "discriminação" no modo como a informação é transmitida na Internet.

7. O próprio Tim Wu tem consciência desta contradição entre o princípio da ausência da discriminação como forma de sustentar a sua "neutralidade da rede" e a necessidade de manter a existência desta última por meio de um aparato legal. No final de *The Master Switch* (ou *Impérios da Comunicação*, na edição nacional), ele comenta sobre o "princípio da separação":

> "Refiro-me à ideia de manter uma distância salutar entre as diferentes funções [da economia da informação]. Isso significa, por exemplo, que deve haver uma separação entre suas importantes funções; que cabe proteger a jovem indústria de ramos já dominantes; e manter certa distância entre o governo e esse setor. Assim como na divisão entre Legislativo, Executivo e Judiciário, ou entre Igreja e Estado, a intenção é evitar um espaço intermediário que dê lugar a um poder centralizado. O princípio da separação defende o emprego do mais básico ditame do campo político às indústrias da informação" (Wu, 2011, p. 365).

Wu distingue entre uma primeira forma de separação, que seria a "temporal", na qual "também pode ser vista como um projeto de proteção das jovens indústrias em relação ao poder predador de antigos monopolistas" – e que evitaria, além das tristes consequências do "efeito Cronos", a desigualdade inerente ao sistema que o princípio da justiça como equidade ajudará a resolver. E há uma segunda forma de aplicar o princípio da separação – "entre mercados, funções e plataformas", com a intenção de evitar um "mal" que não é apenas a manutenção de um monopólio, mas sim a de um "supermonopólio", quando

> "uma só empresa se apropria de um monopólio da informação totalmente integrado e que permeia múltiplos mercados. Empresas assim têm imposto seu domínio a dois ou mais mercados da informação associados, chegando a um monopólio verticalmente integrado duas ou três vezes maior. Essas integrações são o problema mais pernicioso que o princípio da separação tenta resolver. Por ser um monopólio mais difícil de se deslocar, o supermonopólio tende a durar muito mais que qualquer justificativa que se teça sobre sua eficiência, em detrimento de inovação, liberdade de expressão e às vezes de processos democráticos" (Wu, 2011, p. 366)

Na tentativa de manter a coerência da sua narrativa histórica, dentro do guarda-chuva da terminologia do "princípio da separação", Wu também apela para o conceito de "praça pública", retirado do filósofo alemão Jürgen Habermas (sobre quem falaremos mais a respeito daqui algumas páginas), ao mesmo tempo em que toca em um tema espinhoso para quem lida com a pureza inerente ao conceito da "neutralidade da rede" – o Estado:

> "Um princípio da separação coerente e respeitável eliminaria as tentativas e vulnerabilidades das quais as entidades verticalmente integradas são herdeiras [monopólios como a AT&T e os estudos do cinema em Hollywood nas décadas de 1910 a 1950, antes do surgimento da televisão]. Representa a diferença entre liberdade de expressão como ideal abstrato e o hábito de promover um ambiente prático em que o ideal possa ser realizado. É um reconhecimento de que a disposição das empresas e indústrias é mais importante que ações do Estado no controle do que se divulga. A praça pública é um ótimo conceito, mas numa sociedade de informação conta pouco o fato de alguém ser livre para expressar suas ideias em público; se hoje houver praça pública, ela é uma rede de informações.
>
> O monopólio gigante integrado e formas menores de poder verticalmente integrado talvez sejam os maiores riscos à expressão e à inovação enfrentados pelas indústrias de informação. Mas o princípio da separação não deixa de levar em conta outro candidato ao título: o Estado – o

> que leva à necessidade da separação regulatória. Já analisamos o efeito paradoxal pelo qual a regulamentação, longe de promover a concorrência, pode ser a melhor defesa de uma indústria contra a própria regulação. Da mesma maneira, o princípio da separação regulatória também insiste em que o governo mantenha distância e não intervenha no mercado para preservar tecnologias ou monopólios de transmissão. Essa interferência – em geral para salvar uma indústria simpática ou um parceiro do governo – pode parecer uma boa ideia no momento, mas é em si mesma destrutiva para uma sociedade livre e para o crescimento saudável da economia da informação" (Wu, 2011, p. 369-370).

Belas palavras, sem dúvida. Mas vejamos o que Wu escreve logo a seguir: "A mais simples expressão do princípio da separação relativa ao Estado é que o único papel adequado é *vigiar* o poder privado, jamais ajudá-lo" (Wu, 2011, p. 370-371, grifo nosso). Novamente, temos aqui o fenômeno que já encontramos em Rawls: na teoria, poucos sabem que, na realidade, não há diferença entre risco e incerteza, assim como, quando falamos do papel do Estado, ninguém reconhece que o governo pode subitamente se transformar de vigia em um carrasco – e simplesmente porque essa é a própria natureza inerente ao que acostumamos de chamar de Poder.

Em seu tratado *O Poder – História Natural do seu Crescimento*, o cientista político francês Bertrand De Jouvenel apenas *tenta* definir o que seria este termo um tanto vago nos nossos dias, caçando-o como a uma raposa que foge a toda hora. Para ele, o Poder (com P maiúsculo mesmo, para identificá-lo como uma entidade orgânica, viva) é, como o direito, a justiça e a política, um fato da natureza – portanto neutro quando isolado, mas que, devido à sua natureza bipartida, pode causar sérias transformações no destino humano quando qualquer homem resolve aplicá-lo. Neste aspecto, e através de um exaustivo estudo da História Ocidental, De Jouvenel mostra as três características do Poder com o passar dos tempos, que são constantes e que mantêm sua essência: 1) O *segredo* que permeia seu centro psicológico, em que ora o Poder é egoísta, ora é voltado para o progresso da sociedade; 2) *Sua tendência de expansão*: não importa que regime de governo, que tipo de revolução nem que espécie de governante, ele sempre desejará invadir territórios que não lhe pertencem; 3) Sua capacidade de *metamorfosear-se* nos mais diversos símbolos da experiência concreta e cotidiana, entre elas o Estado, Partidos Políticos, Indústria, etc. (De Jouvenel, 2004, p. 32-68)

Dessa forma, Wu tenta criar um terceiro princípio de separação que seria complementar aos dois primeiros já discutidos – o da "separação regulatória", ou "o desafio de manter uma distância salutar entre a indústria [da comunicação] e o Estado, mesmo *quando* ele aplica as normas de separação necessárias na indústria. A chave é manter o governo apartado das indústrias que ele quer equilibrar" (Wu, 2011, p. 376). Contudo, isso não é só improvável como impossível de acontecer: já que o objeto do Estado – e, no caso analisado, das suas variações, entre elas a "neutralidade da rede" – é a manutenção do Poder, ele sempre será, de uma maneira ou outra, em especial por meio de agências reguladoras (seja a Federal Comission Communications nos EUA; seja a ANATEL ou o Comitê Gestor da Internet aqui no Brasil), o árbitro que define as regras e o resultado final de qualquer disputa que envolva especificamente os dois pólos que competem entre si na Guerra da Banda Larga. Essa nova forma de Poder integrado, disfarçada de aparente neutralidade justificada por *slogans* vazios como "inovação" ou "anti-discriminação", e de visões que presumem ser científicas (como o uso da teoria da "seleção natural" Darwiniana), é finalmente revelada na defesa encarniçada que tanto as empresas de telecomunicação como as de informação fazem da ideologia do "solucionismo tecnológico", sem perceberem que, na tal da "revolução dos dados", de uma forma ou de outra, o Estado sempre estará em evidente vantagem.

Tomemos um exemplo prático, retirado do nosso cotidiano. Em seu artigo sobre o impacto da "revolução dos dados" no desenvolvimento econômico de um país periférico que não faz parte do centro financeiro e tecnológico do mundo, Steven Weber nos faz imaginar um grande número de passageiros que usam o serviço do aplicativo Uber para transitar na cidade onde moram. No nosso caso, vamos usar São Paulo[4]. Assim, cada passageiro paga ao Uber uma tarifa pela sua corrida. A princípio, uma boa parte desse dinheiro vai para o motorista autorizado pelo aplicativo a andar por São Paulo. O Uber tira uma porcentagem dessa quantia, mas a circulação de dinheiro nunca foi o principal

[4] No artigo de Weber, a cidade original era Paris, mas o exemplo também se aplica perfeitamente à São Paulo.

objetivo aqui. O foco aqui é no tráfego de dados que o Uber recebe de todos os seus clientes de São Paulo (e que abarca ambos os lados do processo, pois o motorista autorizado entrega os seus dados à empresa tanto quanto o passageiro).

Segundo Weber, o ponto central é que cada corrida feita por meio de um aplicativo do Uber em São Paulo produz uma determinada quantidade de dados brutos [*raw data*] – por exemplo, a respeito de padrões de tráfego de veículos, ou a respeito da localização para onde as pessoas vão e em qual período do dia. Tudo isso é coletado pelo Uber. Esta massa de dados brutos, que se sobrepõe ao tempo e cruza geografias, é uma informação que entra e alimenta o posterior desenvolvimento dos algoritmos do Uber. Por sua vez, esses mesmos algoritmos são mais do que um mero suporte de auxílio para o aperfeiçoamento do modelo de negócio do Uber (apesar de, indiretamente, ajudá-lo a melhorar o seu serviço em relação às outras companhias de táxi, de abordagem mais tradicional).

É algo além disso: começam a surgir outros produtos de dados, muito mais ambiciosos, que começam a mostrar um conhecimento extremamente valioso sobre transportes, comércio, a vida na cidade e potencialmente muito mais. Uma consequência relativamente modesta é esta: se, no ano 2025, o prefeito de São Paulo – uma das ramificações do braço estatal, como sabemos – decidir que ele precisa lançar uma campanha de reelaboração do trânsito na cidade para alterar os hábitos dos turistas e dos seus habitantes, a quem ele pedirá os dados para realizar uma boa decisão? Não precisamos pensar duas vezes: a resposta será o Uber, que negociará, sem dúvida nenhuma, o preço por esses dados de tal forma que a prefeitura da cidade ficará de posse dos dados particulares dos seus cidadãos (Weber, 2017, p. 14).

8. A suposição acima nos faz ver o seguinte fenômeno com outros olhos. O que temos de ter em mente é que a Internet, tal como a conhecemos no nosso dia-a-dia, é, na verdade, *um truque retórico*. Para ser mais exato, ela não é apenas uma *metáfora* que reduz deliberadamente a incrível realidade complexa sobre a qual ela se sustenta. A Internet é uma *metonímia* que nos ajuda a compreender melhor uma série de camadas sobrepostas e entrecruzadas, que vai desde a infraestrutura em si mesma, com seus cabos e fios, até o setor de serviços básicos e de entretenimento, passando pelo setor público, com a colaboração de funcionários e de técnicos que ajudam a manter a sociedade em um funcionamento mínimo – e que, sem a "rede das redes", jamais aconteceria novamente (algo que é timidamente contemplado no "princípio de separação" de Tim Wu).

A *metonímia da Internet* esconde o fato de que a rede é um *sistema complexo*, com variantes interligadas, interconectadas e interdependentes – e, portanto, passível de sofrer consequências imprevisíveis conforme o nível e o impacto de suas interferências. Assim, a exposição da sociedade civil a este tipo de organismo simultaneamente orgânico e mecânico – pois precisa tanto da habilidade de pessoas como da exatidão da técnica – acontece em dois tipos de domínio da realidade: o do *Mediocristão* e o do *Extremistão.*

Segundo Nassim Nicholas Taleb, responsável por fazer a distinção entre essas duas classificações, o *Mediocristão* é o domínio onde todos nós vivemos e onde podemos fazer nossas previsões, independentemente se errarmos, porque o erro terá consequências mínimas na sociedade (Por exemplo: um acidente de trânsito na sua rua certamente não iniciará um colapso no tráfego de uma metrópole). Já o *Extremistão* é o domínio dos grandes sistemas complexos e interdependentes, como é o caso da Internet e de quem se beneficia dos seus serviços, onde é impossível ter uma previsão exata, pois qualquer fato improvável terá um enorme impacto no tecido da sociedade (como o uso excessivo de energia elétrica em um dia intenso de verão, que causará uma pane no sistema energético e certamente iniciará um blecaute em toda a cidade) (Taleb, 2007/ 2010, p. 213-227).

Os fatos que ocorrem no *Extremistão* podem ter um impacto previsível e extremo, mas também positivo ou negativo, tanto para quem sofre suas consequências como para quem os provoca – o que aumenta ainda mais o terreno de incerteza na hora de lidar com a sua opacidade, na complexidade e polarização onde esses sistemas intrincados se encontram (aquilo que Taleb chama de "cisnes negros"). (Taleb, 2007/ 2010, p. 213-227)[5]

[5] O termo "cisne negro" foi cunhado por Taleb em referência a um verso do poeta latino Juvenal, que afirmava existir "pássaros tão raros quanto um cisne negro". Naquela época, era de suposição corrente que só existiam cisnes brancos, até descobrirem um da cor negra

Ora, as narrativas que compõem a "Guerra da Banda Larga" – entre as mais famosas, a da *neutralidade da rede*, por exemplo – acontecem justamente no ambiente do *Extremistão*, no qual a interdependência das várias infraestruturas provoca o choque entre as empresas de informação e as empresas de comunicação. Aqui, a primeira se torna o cisne negro da segunda, mas, ao mesmo tempo, o conflito surgido por causa da construção destas narrativas é outro cisne negro em relação à sociedade civil, podendo abalar as bases morais do estado democrático, sobretudo no modo como lidamos e consumimos a nossa privacidade, as nossas liberdades e, em termos mais práticos, a infraestrutura cotidiana das políticas públicas.

No caso específico da Internet, temos que entender que, por trás dos recursos retóricos que a fazem transformar-se em algo compatível com a nossa percepção limitada da realidade, existe não só um sistema com-

quando a Austrália foi colonizada pelos puritanos, em meados do século XVII. Para Taleb, um cisne negro simboliza um determinado evento que tem três características principais:
(1) Ele é um evento imprevisível e raro *apenas* para quem não o previu, um *outlier*, um fato extraordinário (Taleb gosta de citar o exemplo do peru no dia de Ação de Graças nos EUA; o peru acha que está tudo bem, sendo alimentado pelo dono, até o dia em que este vem com um machado e corta a sua cabeça sem aviso. O peru não sabia o que aconteceria, mas o seu dono *sabia muito bem* qual seria o seu futuro. Da mesma forma, pode-se afirmar que, a respeito dos ataques ao World Trade Center, as vítimas não sabiam que um avião iria colidir nos prédios, mas os terroristas *já* sabiam disso há muito tempo);
(2) O evento se torna compreensível *somente* após de ter acontecido. Aqui, Taleb avisa que sofremos de "falácia narrativa", ou seja, criamos uma narrativa que explica e que nos ajuda a encontrar – falsamente – uma causa específica. O fato só pode ser entendido de forma *retrospectiva*, jamais *prospectiva*, i.e., sempre olhando para trás, nunca para frente, já que, na maioria dos casos, o acontecimento não pode ser previsto;
(3) O evento tem um impacto extremo para quem o sofreu, ainda que ele tenha sido "formado" silenciosamente e surja de maneira explícita para quem não estava preparado.
Apesar da aparência do aviso de catástrofe ou crise perpétua, Taleb também observa que existem tanto cisnes negros positivos como negativos. Surge aqui o segundo conceito em seus livros: todos estamos expostos à *fragilidade*, pois nunca nos preparamos para a incerteza de quando acontecerá ou não acontecerá um cisne negro; o oposto disso não é o *robusto* ou o *resiliente*, que seria aquele que é indiferente à imprevisibilidade desses eventos que, mesmos raros, atingem a qualquer um. O que Taleb propõe como o oposto de *frágil* – e aqui surge o seu terceiro e talvez mais importante conceito – é o *AntiFrágil*, o que não só aceita a incerteza causada pelo cisne negro, mas também a deseja *porque sabe que pode sair mais fortalecido com o seu encontro*. Ver também meu artigo "A Importância de ser um Flaneur – uma introdução ao pensamento de Nassim Nicholas Taleb", publicado na MISES: Revista Interdisciplinar de Filosofia, Direito e Economia, Vol. III, Número 1, Edição 5 (Janeiro-Junho 2015), p. 281–292.

pleto e interdependente, mas principalmente um sistema que se manifesta de estabilidade para instabilidade em uma questão de instantes – e que o tráfego de dados pode ser um dos responsáveis por esse colapso iminente. Apesar de ter sido elaborado como um sistema que se auto-estabiliza e que deve retornar às suas funções normais, apesar dos erros de dados e de falha nos equipamentos, na realidade a sua arquitetura pode exibir comportamentos coletivos que fazem as conexões aparentemente transparentes se tornarem impossíveis de acontecerem em um determinado momento de extrema importância histórica.

No artigo "Vulnerability Analysis of High Dimensional Complex Systems", escrito pelos pesquisadores Vedant Misra, Dion Harmon e Yaneer Bar-Yam, temos o exemplo do que pode acontecer quando assistimos a um discurso presidencial feito para a maioria da nação – como os Estados Unidos. O evento é transmitido ao vivo via Internet, a partir de um nódulo de Washington, e é, ao mesmo tempo, de extremo interesse para várias pessoas localizada em Kansas City. Os pacotes de dados são transmitidos de Washington, por meio de Atlanta e Houston, até chegar a Kansas City. Contudo, em plena da transmissão, há um súbito pico de acesso que impede o tráfego de dados entre Indianapolis a Washington, o que prejudica o acesso ao discurso do presidente.

A interrupção foi ocasionada porque uma única rota de dados ficou literalmente travada pelos dados que a rede não conseguiu administrar por si mesma. A equipe de Bar-Yam criou um "método neuromórfico" que, ao interpretar os padrões de estática, especialmente em eventos importantes e extremos (como um comunicado presidencial à nação), resolveria a interrupção se se antecipasse ao que poderia acontecer. Contudo, fica claro aqui que o sistema complexo e interdependente da Internet não é tão auto-estabilizador como parece acreditar os seus principais mantenedores. Qualquer detalhe imperceptível que não tenha um padrão previamente definido pode pôr tudo a perder – e a solução para que isso não aconteça é encontrar um novo padrão de transmissão de dados que, por sua vez, torna-se-á obsoleto assim que o sistema não conseguir suportar o próximo evento extremo e imprevisível. (Misra, Harmon & Bar-Yam, 2010, p. 561-564).

Para usarmos uma imagem promovida por Nassim Taleb, o problema em torno do ruído que envolve o tráfego de dados, naquela revolução econômica demonstrada por Steven Weber, é que, com o excesso de informação global, estamos vivendo como se estivéssemos em uma gigantesca sala de cinema que tem uma única e minúscula porta de entrada e de saída. Conforme aumenta a interdependência dos vários sistemas complexos que fazem parte do nosso mundo, o número de fontes de dados e notícias só tende a aumentar e, apesar do tamanho da porta de entrada e saída continuar o mesmo, a sala de cinema fica cada vez mais enorme. (Taleb, 2013)

Esta fragilidade da infraestrutura das redes e o crescimento do ruído de informação em detrimento a sinais autênticos de dados mostram, para citarmos a escritora Flannery O'Connor e o filósofo Teilhard de Chardin, que vivemos uma época na qual tudo o que sobe parece convergir para uma integração muito perigosa – especialmente, entre as empresas de informação, as do governo e as de telecomunicações, todas dentro do guarda-chuva conceitual da "neutralidade da rede".

Neste caminho rumo à utopia tecnológica da "internet das coisas" e da "economia compartilhada" (*sharing economy*)[6], é urgente que a sociedade finalmente entenda o que está em risco no exato momento em que somos seduzidos pela ideologia do "solucionismo tecnológico", justamente graças a um truque retórico, uma metonímia que é transmitida sem possuirmos a devida consciência das bases morais que envolvem a nossa percepção limitada deste sistema complexo e interdependente.

9. E o que está em jogo? Ora, não se trata mais do *copyright* ou da propriedade econômica de uma determinada empresa de comunicação ou de informação; nem mesmo o volume de dados que o cidadão pode pagar ou o tamanho da fibra ótica que conseguirá suportar tal quantidade de informações, como argumentava Didier Lombard.

[6] Em termos amplos, o conceito de *sharing economy* seria um sistema econômico no qual ativos e produtos são comercializados entre indivíduos por meio de serviços da Internet, sempre em troca de uma taxa ou de um valor que não necessariamente será representado em dinheiro. Apesar de se apresentar como um modo de facilitação para uma troca econômica, na verdade o fim principal da economia compartilhada é a troca de dados entre as pessoas. Há uma polêmica sobre, por exemplo, se um serviço de aplicativos como o Uber faria ou não parte deste tipo de economia, alegando que a empresa receberia uma parte dos lucros do motorista; contudo, quem atenta para isso não percebe que, na verdade, o Uber ganha não só com os lucros do colaborador, mas também com a transmissão de dados de ambos os lados da relação comercial (ver as páginas anteriores sobre a "*data revolution*" descrita pelo pesquisador Steven Weber).

Segundo Mark Helprin, Yochai Benkler e Eric Voegelin, o que está em risco para o modo como vivemos na nossa sociedade são, além da isenção da produção e da disseminação do conteúdo (presumivelmente garantidas pela retórica da "neutralidade da rede"), as *bases morais* da liberdade do cidadão numa sociedade democrática – e que está dividida nas seguintes modalidades: a *liberdade pessoal,* a *liberdade política* e a *liberdade de expressão.* Em conjunto, ao serem aplicadas no sistema complexo da Internet, elas podem ser classificadas como nossas *liberdades digitais.* (Helprin, 2009/ Benkler, 2006)

Na primeira modalidade, a *liberdade pessoal (ou individual),* também conhecida no jargão econômico como *liberdade do consumidor,* é a capacidade do indivíduo de fazer as suas próprias escolhas, sem nenhuma interferência política, assumindo para isso as consequências plenas dos seus atos e opções, tendo apenas a consciência individual como testemunha; na segunda, temos a *liberdade política,* compreendida aqui como a livre troca de informações e de finanças entre os governos de seus respectivos países, mantendo a soberania territorial e cultural de cada um. Além disso, ela é também permite a chance de uma mínima interferência do governo na vida privada do cidadão, em especial no consenso acordado entre os seus semelhantes de que há um equilíbrio público no conhecimento e nas decisões morais que envolvem questões de família; e, *last but not least,* na terceira variação, há a *liberdade de expressão,* ou seja, a forma como a sociedade civil se constrói no consenso de conhecimento entre os cidadãos, permitindo que cada um escolha por si só, sem nenhuma espécie de guardião moral ou político, o que deve ser conhecido ou não para a construção da sua própria educação privada, política e, por consequência, comunitária.

É claro que essas liberdades digitais, sem as *bases morais* para a comunicação em uma sociedade democrática relembradas por Voegelin, podem levar à anarquia. Quando falamos do risco iminente e imprevisível do desaparecimento da liberdade tal como a conhecemos, ainda queremos acreditar que podemos discorrer sobre isso em um ambiente democrático e pluralista, possibilitando opiniões que serão debatidas dentro de um espírito de cooperação e de harmonia.

Porém, não é o que está acontecendo no mundo atual, em especial entre os membros da "Guerra da Banda Larga", cuja ignorância a respeito do consumo dos produtos tangíveis e intangíveis no estado democrático alcança níveis assustadores. Talvez porque estão iludidas pela narrativa (*storyline*) de que se trata apenas de uma questão econômica, talvez porque estão enfeitiçadas pela própria narrativa que construíram para convencerem a si mesmas (e ao restante da população que usa seus serviços e suas técnicas), as empresas de comunicação querem apenas dividir os custos, enquanto as empresas de informação se enamoram com os governos por causa da extração de dados e de conhecimento, ampliando assim a infraestrutura das políticas públicas. Por sua vez, os membros da sociedade civil (o que, *grosso modo*, podemos chamar dos usuários e dos produtores de conteúdo) estão preocupados apenas com o acesso *irrestrito* quando, na verdade, deveriam ser permanentemente vigilantes a respeito do acesso *ilimitado* – justamente o impasse apresentado por quem defende, de forma retórica e, portanto, sem nenhuma hesitação, o princípio da "neutralidade de rede".

É só observar o modo como as empresas de informação lidam com o tópico da *liberdade de expressão*. O exemplo mais evidente desta situação complicada é a forma como elas criam sutis proibições para sites, aplicativos e dados que contêm informações que vão contra as crenças do "solucionismo tecnológico" e, portanto, do progresso histórico feito exclusivamente por mãos humanas.

Segundo um estudo da "John Milton Project for Religious Speech Foundation", sabe-se que "algumas companhias de [informação] baniram sem explicação *sites* de conteúdo cristão e, além disso, todas as redes sociais, exceto o Twitter, possuem políticas de expressão muito mais restritivas ao que é o direito à liberdade de expressão garantido na Constituição Americana". De acordo com este mesmo estudo, sete dos maiores sites de redes sociais baniram o que se chama de "*hate speech*", o discurso de ódio, um termo que os autores do estudo mostram que é aplicado normalmente no meio cultural para catalogar os influenciadores cristãos.

Por outro lado, os mesmos autores descobriram que algumas dessas companhias de mídias reagiram de forma positiva aos pedidos de grupos de pressão que pediram pela censura de grupos conservadores e cristãos. Um dos exemplos disso aconteceu quando, em Março de 2011, o Google divulgou novas normas para o que ele chamou de "Google Sem Lucro" e recusou incluir "grupos de igreja e de outros tipos de fé" que tinham como prática de contratação saber da "orientação religiosa e sexual" dos candidatos. Essas igrejas cristãs queriam entrar no benefício das ferramentas do Google para aumentar as visitas aos seus sites e foram completamente rejeitadas.

Em outra ocasião, a ferramenta de busca mais poderosa do mundo proibiu inicialmente o Instituto Cristão Britânico de comprar um domínio na rede para anunciar uma campanha contra o aborto. Quando o Instituto processou o Google pela proibição, a ferramenta de busca permitiu o anúncio.

Independentemente do fato de serem sites de conteúdo cristão, o estudo aponta que as empresas de informação também fizeram as mesmas restrições não só a sites de outras vertentes religiosas, como o judaísmo e a ortodoxia russa, mas também a *posts* de pessoas particulares que exibiram imagens de nudez pessoal. Isso é algo que vai contra as bases morais da democracia como conhecemos: a *liberdade de expressão* é um dos pilares da sociedade ocidental e, sem ela, o compartilhamento de informações, eixo que norteou a criação da internet, não se mostra como um empreendimento sustentável a médio e longo prazo – além de ser uma contradição lógica que interfere no princípio da "neutralidade da rede", pois, na verdade, há um guardião [*gatekeeper*], mesmo invisível ou até mesmo oculto, que filtra o livre tráfego de dados e informações.

Por meio dessa brecha no discurso retórico que fundamenta a ideologia do "solucionismo tecnológico", descobre-se também o seguinte raciocínio: o que parece ser um jogo de "todos contra um" – a união das empresas de informação com os interesses dos governos, contra as ambições das empresas de telecomunicação e vice-versa – é, na realidade, um jogo de "todos contra todos" – as empresas de informação contra as empresas de comunicação que, por sua vez, colaboram para o conflito implícito entre os governos nacionais contra a sociedade civil, no qual ninguém sairá ganhando e todos os envolvidos sairão perdendo, sem distinções.

Uma prova disso é o que aconteceu no dia 1 de outubro de 2011 quando foi assinado o acordo ACTA [*Anti-trade counterfeiting agreement*], em Tóquio, sob a alegação de defender a antipirataria no mundo todo, mas com a intenção de mostrar em suas filigranas como a Internet se transformou em mais um meio de controlar a informação e o conhecimento. O ACTA foi negociado a portas fechadas, apenas entre os países ricos e os que estão no seu campo de influência direta, e depois foi empurrado para outros países periféricos que, em troca, receberiam vantagens comerciais (provavelmente, com a venda de dados).

O presidente dos EUA na época, Barack Obama, colocou as negociações como "segredo de segurança nacional", e a sociedade civil só pôde acompanhar minimamente o processo por causa dos vazamentos feitos pelo site Wikileaks, de Julian Assange, e de outros grupos preocupados com o fato de que regras tão rígidas acabariam com a liberdade da rede e a privacidade dos seus usuários.

Com isso, ONGs a favor da flexibilização do *copyright* só tiveram acesso ao texto finalizado, em dezembro de 2011. Para Gigi Sohn, chefe da organização *Public Knowledge* (uma das convidadas para debater o projeto), a construção das propostas foi "extremamente falha". Em um comunicado, a representante afirmou que o ACTA deveria ter sido debatido em detalhes no Senado ou em um fórum internacional multilateral (os chamados *multi-stakeholders*). Sem dúvida, o ponto mais polêmico do acordo é o que fala como provedores de acesso e a polícia devem agir para "prevenir" e impedir infrações da propriedade intelectual, o que pode levar à desconexão forçada de reincidentes e de alguma forma impedir a livre circulação de ideias na internet e também fora dela, indo contra a neutralidade da rede. No papel, o ACTA parece ser uma espécie de defesa de informações que protege a "segurança nacional". Na prática, assim como acontece no "princípio de separação" argumentado por Tim Wu, é a interferência dos governos na transmissão livre de conhecimento em uma sociedade plural e democrática.

10. Este incrível paradoxo é evidente quando lembramos o que aconteceu na confecção do Marco Civil da Internet brasileiro. Segundo o relato do empresário italiano de telecomunicações, Franco Barnabè, em seu livro *Liberdade Vigiada*, tudo começou com o que aconteceu no caso da empresa Phorm e a crise surgida com esta empresa americana e as operadoras, editoras e portais brasileiros. A Phorm desenvolve

> "sistemas de informação das preferências e dos interesses dos usuários, tendo como base a tipologia dos sites visitados. As informações relativas a esses sites são recolhidas através de sistemas apropriados, instalados nos aparelhos da operadora de telecomunicação, que oferece os serviços de acesso à internet (ISP ou Provedor de Serviço da Internet)" (Bernabè, 2013, p. 193).

O modelo de negócios da Phorm "consiste substancialmente em oferecer uma plataforma de 'publicidade comportamental' (publicidade focada), que permite aos administradores de websites (editores de jornais, portais, etc.) reconhecer e propor conteúdos publicitários diferenciados de acordo com os interesses de seus visitantes". O Comitê Geral da Internet (CGI) brasileiro percebeu que esse uso de sistemas de informações de dados poderia identificar uma "ausência de transparência e de comunicação com o usuário, além de uma presumida violação do princípio da neutralidade da rede que era invadida na medida em que os sistemas da Phorm agiam como 'filtro' entre o usuário e a internet (traçando e copiando os sites visitados e deteriorando potencialmente a qualidade e a rapidez da conexão)". Assim, o CGI optou por uma "resolução em que se recomenda às operadoras de telecomunicações de não adotarem instrumentos deste tipo"; mesmo com esse alerta, "as empresas envolvidas" neste caso "não parecem ainda ter dado, hoje, uma resposta formal às solicitações" deste órgão que existe sobretudo "para a definição da estratégia de desenvolvimento da internet no Brasil". (Bernabè, 2013, p. 195).

Apesar das decisões do CGI não terem poder vinculante no enquadramento jurídico nacional, ainda assim, por meio da deliberação dos *multi-stakeholders* e também pelo fato de que vários dos seus integrantes (21 membros, entre os quais 12 fazem parte do setor privado e nove, do setor público) têm influência na construção das narrativas que fundamentam a "Guerra da Banda Larga" no clima de opinião pública, eles conseguem influenciar a sociedade civil na hora de aceitar com mais facilidade os princípios retóricos do "solucionismo tecnológico". Como se isso não bastasse, a criação do Comitê Geral da Internet partiu de um "decreto ministerial" instituído em 1995 – portanto, de um ato do Poder Executivo – e que foi sucessivamente modificado em decreto presidencial a partir de 2003. Foi após 2004 – e com a solidificação da importância do CGI no âmbito da discussão pública – que os representantes do Comitê começaram a ser escolhidos na sociedade civil através de "colegiados eleitorais constituídos no âmbito de segmentos de referência (empresas, comunidades científicas, setor terceirizado)", o que evitaria a "designação direta por parte das mesmas instituições públicas, já representadas por nove conselheiros", influenciando negativamente na "independência" do Comitê ou "levando-os a sustentar posições pró-governo ou, de algum modo, posições que poderiam carecer de uma visão autônoma, de que devem gozar os conselheiros eleitos pela 'sociedade civil'" (Bernabè, 2013, p. 199-200).

O Marco Civil da Internet foi o batismo de fogo desse tipo de deliberação, inspirado no modelo da Governança Internacional, com uma influência maior da perspectiva europeia, aliada à neutralidade da rede, do que da perspectiva americana, que privilegiaria a defesa das grandes empresas corporativas e de monopólios. Para delimitar o seu campo de competências na hora de traçar estratégias de desenvolvimentos para a Internet, o CGI

> "formulou dez princípios gerais que incluem os direitos do indivíduo (liberdade de expressão, tutela da privacidade, respeito aos direitos humanos e às diversidades culturais e de valores), a universalidade do acesso, a promoção da inovação, a neutralidade e a segurança da rede, a estandardização e interoperabilidade da rede, assim como respeito das dinâmicas de funcionamento da internet entendido como espaço que facilita a colaboração entre pessoas" (Bernabè, 2013, p. 200).

Esses dez princípios são compostos pelos mesmos truques retóricos utilizados por Tim Wu e, como já mostramos, não mostram qualquer noção de que a internet faz parte do domínio do Extremistão. Contudo, o modelo de deliberação implantado pelo CGI para a confecção do Marco Civil da Internet – descrita frequentemente entre seus defensores como uma espécie de "Constituição da rede" (o que indica o uso de *outro* truque retórico, imperceptível ao leigo) – parece ter sido feito apenas para quem vive no Mediocristão.

A prova disso está na discussão em torno de dois pontos críticos que faziam parte do Marco Civil. O primeiro é a proposta de lei que

> impõe às operadoras de telecomunicações a obrigação de conservar os chamados registros de acesso a aplicações de internet, além de proibi-las de revelar os registros de conexão; por outro lado, a proposta confere às empresas que prestam serviço de aplicação de internet a faculdade, mas não a obrigação, de conservar o registro de acesso a aplicações. Portanto, poderia parecer que, analogamente ao que aconteceu com o caso Phorm, uma determinada atividade de seleção de dados seja considerada legítima ou ilegítima com base na identidade da empresa que a

> executa e do momento (ou melhor, do aparelho) em que a revelação dos dados acontece mais do que com base nas garantias correspondentes fornecidas ao usuário (transparência, permissão explícita, etc.). (BERNABÈ, 2013, p. 209)

Concretamente, a formulação deste tipo de lei

> "parece conferir maior 'confiança' à categoria de empresas (as operadoras do mundo da internet) que hoje, no que diz respeito à privacidade, gozam de uma reputação menos lisonjeira em relação àquela de que gozam as empresas de telecomunicações. A lógica subordinada a esse tratamento diferenciado está provavelmente ainda mais uma vez ligada ao fato de que as operadoras do mundo da internet se beneficiam de visibilidade limitada por parte de sites visitados aos quais estão filiados e que, por outro lado, as operadoras de telecomunicações, na qualidade de fornecedores de acesso à internet, podem potencialmente acessar todo o histórico da navegação" (BERNABÈ, 2013, p. 210).

Logo em seguida, há uma "cota" de claro teor ideológico que os gigantes de informação, como Google e Facebook, tem como vantagem quando entendemos o "ponto de vista de potencial reconstrução dos comportamentos digitais do usuário", assim como aconteceu com o caso Phorm – e aqui temos o segundo ponto crítico na hora da elaboração do Marco Civil, no que

> "se refere às disposições sobre neutralidade da rede, com as quais a proposta de lei proíbe políticas de gestão do tráfego diferenciado na base do conteúdo, da origem, da destinação, do tipo de serviço, do tipo de terminal usado e da aplicação. Por mais que possamos compreender suas razões políticas, uma disposição desse tipo corre o risco de penalizar e limitar fortemente as perspectivas e as potencialidades de desenvolvimento futuro da internet. Terminais diferentes (um *smartphone* ou um PC), aplicações diferentes (baixar um vídeo, corresponder-se por um email), mas também, e, sobretudo, diferentes serviços deverão ser tratados de modo diferenciado. Pense-se, por exemplo, nos serviços de telemedicina, para os quais a segurança de uma transmissão correta, protegida e de qualidade é um elemento indispensável. Para esse tipo de serviço a imposição de uma isonomia no tratamento dos pacotes

[de transmissão de dados] significaria, de fato, impedir seu desenvolvimento" (BERNABÈ, 2013, p. 210-211).

Já sobre a proteção de dados pessoais, o Marco Civil "coloca níveis mínimos de garantias em termos de medidas de segurança dos sistemas informáticos que deveriam ser efetivados, tendo por objetivo evitar que os dados pessoais possam vir a ser cancelados roubados ou usados com finalidades diferentes daquelas de quando foram obtidos". Com isso, temos a "distinção entre dados pessoais 'genéricos' e dados pessoais 'sensíveis'", sendo que, em relação a estes últimos, fica-se proibido "qualquer tipo de tratamento que não seja imposto pela lei e em relação ao qual, de todo modo, tenha sido obtida o consentimento preventivo por parte do cidadão". Com isso, aborda-se também a "possibilidade de transferência dos dados para fora dos limites nacionais", dando responsabilidade a uma "nova autoridade instituída" – vinculada direta ou indiretamente ao Estado, é claro – que permitirá ou não "a transferência [desses dados] numa análise que verifique se a legislação do país de destino dos dados fornece garantia em termos de privacidade, de segurança e de exercício das liberdades civis compatíveis com aquelas previstas pela norma brasileira" (BERNABÈ, 2013, p. 219-221).

Conclusões

Em suma: apesar de todo o aparato técnico que deveria fundamentar o rigor da lei, o que temos de verdade na confecção do Marco Civil da Internet é um amontoado indistinto de clichês retóricos que não têm qualquer relação com a realidade complexa e interdependente na qual a Internet está inserida – e que vai desde do uso equivocado da seleção natural Darwiniana (chamada erroneamente de "evolução" e depois metamorfoseada em "inovação") por Tim Wu e Joseph Schumpeter, passando pela irreal isonomia da "justiça como equidade" de John Rawls, até terminar na confusão epistemológica entre Mediocristão e Extremistão, sempre esquecendo-se do risco inerente a quem se esquece da existência do segundo domínio, podendo levar a nossa infraestrutura tecnologia em uma ruína súbita, graças à "revolução dos dados".

Este tipo de descolamento do real ficou ainda mais evidente a partir de 2013, quando os mesmos *multi-stakeholders* que escreveram o Marco Civil da Internet (aprovado e sancionado finalmente em 2014) tentaram incorporar esse mesma moldura teórica para entenderem melhor o que aconteceu no Brasil durante os famosos protestos de Junho. Veio a calhar aqui outro truque retórico – o suposto conceito da "praça pública" (*public square*) divulgado pelo filósofo alemão Jurgen Habermas, um dos exemplares da chamada Teoria Crítica, base da chamada "Escola de Frankfurt".

A "praça pública" seria a esfera situada por Habermas em "uma zona de intercâmbio entre os sistemas político e econômico de um lado, e os setores do domínio privado de outro", um "lugar por excelência para a deliberação e autodeterminação democrática". (Magrani, 2014, p. 19). Estas duas outras esferas funcionariam

> "como amplificadores para os impulsos gerados no mundo da interação privada, que tendem a ser filtrados, sintetizados e problematizados até que se tornem feixes de 'opinião pública', capazes, em tese, de ultrapassar as comportas burocráticas do sistema político e alcançar as esferas de tomada de decisão, influenciando publicamente as decisões políticas" (Magrani, 2014, p. 19).

O Comitê Geral da Internet foi a tentativa prática de aplicar o conceito de "praça pública" na hora de deliberar o Marco Civil da Internet, aproveitando-se não só do calor de eventos históricos nacionais como os protestos de Junho, mas também internacionais, como a revelação feita por Edward Snowden a partir do esquema de vigilância operado pelo programa *Prism* do Departamento de Segurança dos Estados Unidos. A partir desses dois conjuntos de fatos, os *multi-stakeholders* criaram um ambiente de aparente pluralidade, mas que, em nenhum momento, questionava os fundamentos da neutralidade da rede, deixando-se enfeitiçar por seus truques retóricos e permitindo assim que ela se infiltrasse, quase de maneira subversiva, em cada detalhe da letra da lei sancionada.

No fundo, termos como "neutralidade da rede", "inovação", "destruição criativa", "praça pública", "isonomia", "igualdade" são palavras vazias de sentido concreto, que existem em um mundo irreal – e que só adquirem eficácia no nosso cotidiano porque preferimos apostar em um território onde o fortalecimento do Poder estatal, conforme já diagnosticou Bertrand De Jouvenel, se tornou a única regra possível, graças aos mesmos *multi-stakeholders* que não querem perder o seu "espaço público" no *status quo* no qual sempre estiveram presentes. Esta preservação de uma elite intelectual seria a *primeira* e a única regra a ser cumprida, sem exceção, no reino da necessidade transformado no reino da liberdade que vivemos atualmente com a Internet, e que, por meio das estratégias retóricas, conseguiu identificar e assimilar integralmente "a rede das redes" ao que hoje conhecemos sob o nome de "sociedade civil".

Pois este é o novo clima de opinião iniciado nesta "praça pública" e que infelizmente domina nas universidades, redações e mesas de bar, onde as pessoas acreditam que a internet lhes daria a autossuficiência para governar suas vidas sem uma instituição centralizadora, que domine a propriedade privada e o fluxo das informações – uma nova "religião política" que, no fim, não passa de uma triste ilusão. Pouco importa se é uma garantia ou um dano a uma neutralidade que, na vida real, não tem como existir de fato; por causa da onipresença do "solucionismo tecnológico" – esta síntese do liberalismo metamorfoseado na ideologia californiana do libertarianismo *hippie* de Silicon Valley, com a libertinagem do comportamento humano redimido pela tecnologia –, poucos conseguem perceber que a internet nunca teve a liberdade como seu fim. Ela sempre foi mais uma ferramenta de controle, cuja intenção primeira jamais foi ajudar o ser humano, mas sim manipulá-lo como poucas vezes foi visto na História, numa revolta da tecnologia que só pode ser compreendida adequadamente como o complemento da revolta que o próprio homem quis realizar contra a sua intrínseca fragilidade. Por consequência, a técnica tenta controlar a *liberdade pessoal* do ser humano, dando-lhe em troca uma precária *liberdade política* que, paradoxalmente, se uniria com o pior dos totalitarismos – e justificada com a mais precária das retóricas.

Portanto, se a sociedade civil não tiver a percepção correta de que o fluxo de comunicação e o seu respectivo consumo são problemas morais, não assuntos meramente técnicos, financeiros e retóricos, o jogo do "todos contra todos" que fundamenta as narrativas da "Guerra da Banda Larga" pode terminar na desagregação de cada um dos envolvidos. E, conforme os anos passam, como não haverá ninguém mais para reclamar, devido à crise de representatividade política entre os estados democráticos, iludidos em cada uma das suas respectivas "praças públicas" que existem segundo seus truques retóricos, a tendência desses estados é jogar a responsabilidade para a ampliação das infraestruturas de políticas públicas nas mãos do seu mais recente aliado: as empresas de informação e tecnologia, justamente aquelas que fortaleceram, mais do que nunca, a nossa percepção de que a neutralidade da rede seria a única estratégia possível para a permanência da *liberdade de expressão* entre nós.

Além da aprovação do Marco Civil Brasileiro da Internet e a polêmica em torno da divulgação de dados sigilosos do governo americano, feita por Edward Snowden, outras narrativas da "Guerra da Banda Larga" só acentuam a tensão com os pólos envolvidos, entre elas o anúncio do conflito da grande mídia com as *fake news* presumivelmente divulgadas pelas redes sociais, após as eleições americanas de 2016, graças ao afastamento estratégico do Facebook a respeito da publicação de notícias da grande imprensa na linha de tempo dos seus usuários, divulgado no início de 2018. Esta batalha entre a imprensa e as redes sociais, em especial o Facebook, é, sem dúvida, uma expansão da "Guerra da Banda Larga", pois a mídia ainda é controlada, em sua maioria, por *holdings* que contêm empresas de telecomunicações (a AT&T e a Fox News, cujo presidente Rupert Murdoch tem participações na Sky UK, mas, ironicamente, o domínio absoluto de Murdoch foi proibido em Janeiro de 2018 pela Competion and Markets Authority (CMA) da Inglaterra para evitar que o dono da Fox News tivesse controle completo da empresa).

A velocidade exponencial com a qual os fatos estão se acelerando nos últimos anos mostra que teremos de encontrar uma forma de ficarmos mais preparados quando enfim ninguém reclamar, seja da parte das empresas de telecomunicações ou das de informação, e os governos anunciarem silenciosamente que não teremos mais controle sobre nossas *liberdades digitais*. Ou será necessária mais uma evidência histórica do controle integrado entre os monopólios, comprovando assim o Ciclo que Tim Wu tanto defende para fundamentar o seu conceito de "neutralidade da rede"?

Neste momento, ninguém sabe dizer com exatidão. Tal como a epígrafe que abre este texto, extraída dos versos do poeta W.B.Yeats, o surgimento da internet – e de todos os problemas políticos e jurídicos que vieram com este "admirável mundo novo" – deu origem à esperança de uma Segunda Vinda que, como tudo o que envolve qualquer espécie de novidade assustadora, ainda está em aberto. Esperemos apenas que o futuro não nos reserve a visão da besta que mora no deserto, com corpo de leão e a cabeça de um homem, arrastando-se rumo a Belém, ou a continuação desta paralisia de girar indefinidamente nos ciclos os quais o falcoeiro não escuta mais o pássaro que ele deveria orientar, ao descobrir que "os melhores não têm nenhuma convicção, enquanto os piores estão cheios da intensidade apaixonada".

Referências

BENKLER, Yochai. *The Wealth of Networks.* New Haven e Londres: Yale University Press, 2006.

BERNANOS, George. *A França Contra os Robôs.* SP: É Realizações, 2018.

BERNANÈ, Franco. *Liberdade Vigiada – privacidade, segurança e mercado na rede.* RJ: Sinergia, 2013.

BOUVERESSE, Jacques. *Prodígios e Vertigens da Analogia. O abuso das belas-letras no pensamento.* SP: Martins Fontes, 2005.

CHARDIN, Teilhard de. *O Fenômeno Humano.* SP: Cultrix, 1988.

DARWIN, Charles. *Autobiografia. 1809-1882.* RJ: Contraponto, 2000.

DE JOUVENEL, Bertrand. *On Power. The Natural History of its Growth.* Indianapolis: Liberty Fund., 2000.

FERGUSON, Niall. *The Square and the Tower. Networks and Power, from the Freemasons to Facebook.* Nova York: Penguin Press, 2018.

FISCHER, Frank. *Reframing Public Policy – Discursive Politics and Deliberative Practices.* Nova York: Oxford University Press, 2003.

GODIN, Benoît. *Innovation Contested. The Idea of Innovation over the Centuries.* Nova York e Londres: Routledge, 2015.

______________. *Models of Innovation. The History of an Idea.* Cambridge e Londres: The MIT Press, 2017.

HABERMAS, Jürgen. *The Structural Transformation of the Public Sphere: an inquiry into a category of a bourgeous society.* Cambridge e Londres: The MIT Press, 1991.

HELPRIN, Mark. *Digital Barbarism – a writer's manifesto.* Nova York: Harper Collins, 2009.

KAHNEMAN, Daniel. *Rápido e devagar – duas formas de pensar.* Rio de Janeiro: Objetiva, 2011.

KIMBALL, Roger. *Experimentos contra a realidade. O destino da cultura na pós-modernidade.* SP: É Realizações, 2016.

LANDES, Richard. *Heaven on Earth. The Varieties of Millennial Experience.* Nova York: Oxford University Press, 2011.

LOVELUCK, Benjamin. *Redes, Liberdades e Controle – Uma genealogia política da internet.* RJ: Vozes, 2018.

MAGRANI, Eduardo. *Democracia Conectada. A internet como ferramenta de engajamento político-democrático.* Curitiba: Juruá Editora, 2014.

Morozov, Evgeny. *The Net Delusion – The dark side of internet freedom.* Nova York: Public Affairs, 2011.

__________________. *To Save Everything, Click Here – the folly of technological solutionism.* Nova York: Public Affairs, 2013.

Nasar, Sylva. *A Imaginação Econômica – Gênios que criaram a economia moderna e mudaram a história.* SP: Companhia das Letras, 2012.

O'Connor, Flannery. *Everything that rises must converge.* Nova York: FSG Classics, 2004.

Ortega y Gasset, José. *Meditación de la* ***técnica y*** *otros ensayos.* Madri: Alianza Editorial, 2004.

Rawls, John. *Uma Teoria da Justiça.* SP: Martins Fontes, 2016.

Schumpeter, Joseph. *Capitalismo, Socialismo e Democracia.* SP: Editora Unesp, 2017.

Sennett, Richard. *The culture of the New Capitalism.* New Haven & Londres: Yale University Press, 2006.

Streeck, Wolfgang. *Buying Time: The delayed crisis of democratic capitalism.* Nova York & Londres: Verso Books, 2014.

Taleb, Nassim Nicholas. *The Black Swan – the Impact of the Highly Improbable.* Londres: Penguin UK, 2010.

______________________. *AntiFragile – Things that gain from disorder.* Nova York: Random House, 2012.

Voegelin, Eric. *Published Essays, 1953-1965.* Baton Rouge e Londres: Louisiana State University Press, 2000.

________________. *The Nature of the Law and related legal writings.* Baton Rouge e Londres: Lousiana State University Press, 1991.

Wu, Tim. *Impérios da Comunicação – Do telefone à internet, da AT&T ao Google.* RJ: Jorge Zahar, 2011.

Yeats, W.B. *The Poems.* Londres: Everyman, 1994.

Sites, páginas e artigos acessados na internet.

Cabral, Rafael. "ACTA: é o fim". *O Estado de São Paulo.* Publicado em 02/10/2011. Disponível em:< http://blogs.estadao.com.br/link/acta-e-o-fim/.>. Acesso em 21/03/2018.

JOHN MILTON PROJECT FOR FREE SPEECH. "True Liberty in a New Media". *National Religious Broadcasters.* Publicado em 15 de setembro de 2011. Disponível em_<http://content.nrb.org/Webdocs/Legal/True%20liberty-in-a-New-Media-Age9-15-11.pdf>. Acesso em 21/03/2018.

Kleiner, Art & Peladeau, Pierre. "The Thought Leader Interview: Didier Lombard". *Strategy+Business.* Disponível em:<https://www.strategy-business.com/article/11112?gko=75d19. Acesso em 21/03/2018.

MCKINSEY GLOBAL INSTITUTE. "Digital Globalization: The New Era of Global Flows". *McKinsey Company*. Publicado em Março de 2016. Disponível em: <https://www.mckinsey.com/business-functions/digital-mckinsey/our-insights/digital-globalization-the-new-era-of-global-flows>. Acesso em 21/03/2018.

MISRA, V, HARMON, D., & BAR-YAM, Y. "Vulnerability Analysis of High Dimensional Complex Systems". *Lecture Notes in Computer Science 6366, 560-572*. Publicado em 2010. Disponível em < http://necsi.edu/research/social/vulnerability.html>. Acesso em 21/03/2018.

Rolim, Gerson. "O desafio da internet na largura de banda". *Economia Digital*. Disponível em <http://gersonrolim.blogspot.com/2011/05/desafio-da-internet-largura-de-banda.html>. Acessado em 21/03/2018.

______________. "Reinventando as empresas de telecom". *Economia Digital*. Disponível em <http://gersonrolim.blogspot.com/2011/05/reinventando-as-empresas-de-telecom.html.> Acesso em 21/03/2018.

______________. "Os novos gigantes de telecom". *Economia Digital*. Disponível em <http://gersonrolim.blogspot.com/2011/05/os-novos-gigantes-de-telecom-apple.html>. Acesso em 21/03/2018.

Sá, Nelson de. "Chegou o momento do contra-ataque da indústria cultural". *Folha de São Paulo*. Publicado no dia 03/10/2011. Disponível em: <http://www1.folha.uol.com.br/mercado/984515-chegou-o-momento-do-contra-ataque-da-industria-da-cultura.shtml>. Acesso em 21/03/2018.

Vasques da Cunha, Martim. "O que diz 'Uma Teoria da Justiça', de John Rawls, que moldou a discussão política atual". *Gazeta do Povo*. Disponível em: <http://www.gazetadopovo.com.br/ideias/o-que-dizuma-teoria-da-justica-de-john-rawls-que-moldou-a-discussao-politica-atual-cdm84kxulw0k7i765zxy51np8>. Acessado no dia 26/04/2018.

_______________________. "A Importância de ser um Flaneur – uma introdução ao pensamento de Nassim Nicholas Taleb". *MISES: Revista Interdisciplinar de Filosofia, Direito e Economia, Vol. III, Número 1, Edição 5 (Janeiro-Junho 2015)*. Disponível em: https://medium.com/@martimvasques/a-import%C3%A2ncia-de-ser-um-flaneur-uma-introdu%C3%A7%C3%A3o-ao-pensamento-de-nassim-nicholas-taleb-7d688cb07a0f. Acessado no dia 21/03/2018.

Voegelin, Eric. "Bases Morais Necessárias à Comunicação numa Democracia", in: *Problems of communication in a pluralistic society*, Milwaukee (Wis.), Marquette University Press, 1956. Tradução e compilação por Francisco G. Heidemann. Disponível em: <http://docslide.com.br/documents/eric-voegelin-bases-morais-necessarias-a-comunicacao-numa-democracia.html>. Acesso em 21/03/2018.

Weber, Steven. "Data, development, and growth". *Cambridge University Press – Business and Politics*. Publicado em 17/04/2017. Disponível em: < https://www.

cambridge.org/core/journals/business-and-politics/article/data-development-and-growth/DC04765FB73157C8AB76AB1742ECD38A. Acesso em 21/03/2018.

WU, Tim. "Network Neutrality, Broadband Discrimination". *Journal of Telecommunications and High Technology Law, Vol. 2, p. 141, 2003.* Disponível em: <https://papers.ssrn.com/sol3/papers.cfm?abstract_id=388863>. Acesso no dia 21/03/2018.

ZIMMERMANN, Jerome. "On Net Neutrality". *La Quadrature du Net.* Disponível em: ≤http://www.laquadrature.net/en/Net_neutrality> Acesso em 21/03/2018.

20. Contratos digitais: status atual e novas fronteiras

Natália Kuchar

Introdução

Não precisamos explicar o óbvio: a tecnologia muda a relação entre pessoas. Mudando essa relação, o Direito, como instituição reguladora de comportamentos sociais, deve acompanhá-la. Se por um lado muito do estudo de Direito é histórico (e um *mea culpa* por talvez dar mais importância a isso, vinda de uma escola e época em que Direito Romano era obrigatório já no primeiro ano), por outro lado ele é intimamente ligado aos acontecimentos sociais. É claro também que podemos divagar e fazer extensas teses sobre se os comportamentos mudam o Direito ou se o Direito tem o poder de mudar comportamentos – mas é inegável que a tecnologia provoca o Direito a se mexer e atualizar, e fazê-lo da forma mais inteligente possível: reinterpretando velhos conceitos empoeirados e flexibilizando interpretações, transformando institutos arcaicos em ferramentas poderosas de organização de relações humanas, dirimindo conflitos e trazendo certezas com impactos reais na vida.

Esse é o verdadeiro papel de um jurista: não basta se ater ao que fulano ou sicrano falaram, mas sim, a partir de tais argumentos de autoridade, criar e desenvolver interpretações que façam sentido para a vida prática. E se para um leigo tais citações e referências muitas vezes podem parecer meras repetições e paráfrases inúteis, na verdade são ferramentas para o avanço da prática jurídica (lenta mas inexorável).

E assim chegamos a parte do tema do presente artigo, sobre Contratos Digitais e seu status atual. Em 2018 seria uma insanidade defender qualquer conclusão diferente de: "Contratos Digitais existem, são válidos e aceitos no ordenamento jurídico brasileiro". Se em 1995 um livro denominado *"Formação e Eficácia Probatória dos Contratos"*[1] já discorria sobre a validade de contratos, hoje em dia basta observar a quantidade de transações formalizadas puramente por meios eletrônicos, e não há espaço para dúvidas. Então, minha vênia ao leitor pelo *spoiler* – se buscava alguma segurança quanto a contratos aceitos e gerenciados de forma eletrônica, ei-la. Fique tranquilo que até a jurisprudência dos Tribunais já toma como assunto superado[2], inclusive com uma decisão do STJ que admite um contrato eletrônico como título executivo[3], que iremos abordar em mais detalhes nos próximos capítulos.

Agora, o caminho até tal conclusão não foi sem seus percalços – e não quer dizer que, como tudo em na ciência jurídica, não tenha suas sutilezas. Este mapeamento do que podemos considerar como o estágio atual de Contratos Digitais será o objeto da primeira parte deste texto. Sobre o futuro que se desenha (e como ele já foi, de certa forma, sugerido há algum tempo em cantos escondidos da Internet), vamos tratar na segunda parte do trabalho.

Antes de seguir com este exame sistemático dos Contratos Digitais nos dias atuais, convém acertar algumas definições – não só faz parte da boa técnica de redação jurídica como salva o autor de eventuais armadilhas futuras no desenvolvimento do artigo.

Em primeiro lugar, ao que aludimos ao falar em Contratos Digitais? Para fins do presente trabalho (e não negando que pode ser uma discussão calorosa e interessante usar tal ou qual terminologia diferente) serão considerados aqueles instrumentos contratuais ofertados, aceitos e gerenciados 100% dentro de um ambiente digital, com a sua conclusão, aperfeiçoamento e solução integralmente ocorrida digitalmente. Neste

[1] "Formação e Eficácia Probatória dos Contratos por Computador" (SANTOLIM, Cesar Viterbo Matos).

[2] Para tanto, tome-se como exemplo as decisões repetitivas no TJSP a partir dos anos 2010 quanto à validade de contratos de empréstimo através de senha eletrônica (diretamente no caixa eletrônico) como suficiente para instruir uma ação monitória de cobrança. Veja-se TJSP, Apelação n. 0049095-45.2012.8.26.0562, j. 4.12.2013, rel. Des. Jacob Valente.

[3] STJ, REsp n. 1.495.920 – DF, j. 15.05.2018, rel. Min. Paulo de Tarso SANSEVERINO.

sentido, poderia-se dizer que são um subgrupo do que muitos chamam de Contratos Eletrônicos (ou Telemáticos[4]). Um contrato de compra e venda de um bem material (como uma compra de um utensílio doméstico através de uma plataforma de comércio eletrônico) seria, para os nossos objetivos, um Contrato Eletrônico. Agora, um contrato de compra e venda de um bem imaterial (como por exemplo a compra de uma customização de um avatar dentro de um jogo no seu aparelho celular) seria um Contrato Digital.

E ressalto mais uma vez: a delimitação aqui não é para ser tomada de forma dogmática (admite-se que poderiam existir palavras na língua portuguesa que melhor exprimem tais sutilezas) mas sim por uma decisão prática jurídica: tal subgrupo de contratos são os que podem trazer os mais interessantes desafios mentais e peculiaridades; e tais contratos se prestam a um dos objetivos secundários deste artigo – provocar o leitor a se desgarrar, de uma vez por todas, do aspecto material dos negócios jurídicos.

1. Contratos digitais: status atual

Imaginemos que a um aluno de Graduação em Direito fosse dada a questão de explicar porque, ao fazer uma transação pela Internet para compra de um livro, este poderia confiar que está realizando um negócio jurídico válido e eficaz, e que em caso de falha por parte do prestador ele poderá se socorrer do Poder Judiciário para dirimir seu conflito. Se muitos juristas poderiam ser citados e socorreriam prontamente nosso aluno hipotético, aqui vai o grande desafio: ele deverá resolver o problema sem usar qualquer citação doutrinária. E se esta limitação parece um complicador na verdade apenas simplifica a resolução. Basta tal aluno solucionar a questão em uma referência: art. 107 do Código Civil[5], que positiva o princípio da liberdade de forma na expressão da vontade das partes.

E se parece um pouco extremo o exemplo, serve ao propósito deste artigo. Os Contratos Digitais de modo geral (assim como seu gênero

[4] Como usual, juristas gostam de discutir definições, faz parte da nossa prática. Sobre o assunto, vide: "Novas Fronteiras dos Contratos Eletrônicos Nos Bancos" (De Lucca, Newton).
[5] Art. 107. A validade da declaração de vontade não dependerá de forma especial, senão quando a lei expressamente a exigir.

de Contratos Eletrônicos) nunca deixaram de ser recepcionados no ordenamento jurídico como negócios jurídicos válidos e eficazes. Os seus problemas acabam por aparecer em duas frentes: a) Quando estes começam a produzir efeitos? (ou melhor, se aperfeiçoam?) e b) Como fazer prova destes? Sobre estes dois pontos vamos elaborar um pouco mais abaixo.

1.1 A questão temporal nos contratos digitais

Por serem negócios celebrados entre pessoas que não estão necessariamente em uma comunicação síncrona[6], a demora de uma parte a outra pode gerar algum desafio para se determinar o início efetivo do vínculo contratual e suas consequências em caso de inadimplemento. Para solucionar tal desafio e trazer estabilidade às relações, cabe a indagação: como nascem os Contratos Digitais e quando eles estão perfeitos? No ambiente digital é possível e corriqueiro que uma parte envie uma mensagem à outra e, apenas após algum tempo, tenha uma resposta[7]. Os atos podem ser virtualmente instantâneos, mas a vontade humana não o é. E assim, o que ocorre aqui de sutil e desafiador é separar quais atos ao longo da formação do contrato constituem a oferta e sua aceitação.

1.1.1 *Sobre ofertas digitais*

Por exemplo: como separar um mero convite ao comércio do que é efetivamente uma oferta vinculante e com efeitos jurídicos relevantes? Tanto pelo texto do Código Civil (art. 427 e seguintes) como na doutrina, o teste prático que distinguiria tais comunicações seria a seguinte indagação: ao ser emitida, tal proposta já contém todos os elementos necessários para que seja um negócio jurídico, faltando apenas o aceite do receptor?[8] Se sim, temos uma verdadeira proposta – e que pode se dar desde de uma mensagem em um aplicativo, com um destinatário certo

[6] Comunicação síncrona é usada aqui como a comunicação em que as partes estão em contato direto e imediato e o tempo entre envio de uma mensagem e sua resposta são tão curtos que podem ser desprezados, como no caso de uma ligação telefônica. Por outro lado, um exemplo contraposto, de comunicação assíncrona, seria o e-mail: a parte que irá responder não precisa estar disponível ao mesmo tempo em que a comunicação é estabelecida.

[7] Como apontado na nota anterior, a própria World Wide Web foi estruturada com base em protocolos e aplicações de comunicações assíncronas.

[8] "Aspectos Jurídicos dos Contratos Eletrônicos" (Jovanelle, Valquíria de Jesus), p. 96.

e determinado, quanto inserida em um site, aberto a qualquer usuário. Neste ponto não há o que se alongar pois a questão maior está na etapa posterior: não sendo imediata a aceitação, quando consideramos que ela ocorreu?

1.1.2 *Sobre a aceitação*

Para solucionar este desafio, a ferramenta jurídica aplicável vem da doutrina. Sistematicamente, são duas as teorias aceitas para formação do contrato [entre ausentes][9]:

Teoria da Cognição – o contrato se considera formado no momento em que a aceitação chega ao proponente;

Teoria do Agnição – não importa quando a aceitação chega ao proponente, mas sim quando o oblato aceitou a oferta, o que poderia se dar entre:

- *Teoria da Declaração* – quando o oblato redige a resposta aceitando a oferta;
- *Teoria da Expedição* – quanto o oblato envia a sua resposta aceitando a oferta; e
- *Teoria da Recepção:* quanto a sua resposta do aceitando a oferta chega ao domínio do proponente.

Note-se que a sutileza entre a Teoria da Cognição e a Teoria da Recepção se dá quanto à prova do conhecimento da resposta aceitando a oferta. Se no primeiro caso seria necessário para uma hipotética lide a prova de que o proponente leu uma mensagem, no segundo caso bastaria a presunção de que, no caso concreto e considerando os padrões de comportamento médio, a aceitação seria de conhecimento do proponente.

Chegando agora à legislação brasileira, uma leitura direta do art. 434 do Código Civil pode levar à conclusão de que adotamos a Teoria da Expedição,[10] pois lá define-se que o contrato entre ausentes é perfeito

[9] "Aspectos Jurídicos dos Contratos Eletrônicos" (Jovanelle, Valquíria de Jesus), p. 91 e "Formação dos contratos eletrônicos no direito do consumidor brasileiro" (Garcia, Beatriz Batista), p. 105.

[10] Art. 434. Os contratos entre ausentes tornam-se perfeitos desde que a aceitação é expedida, exceto:

desde [o momento] em que a aceitação é expedida. Mas nos seus incisos a lei já traz exceções, e no art. 433 fala-se que a aceitação é inexistente se com ela chegar ao proponente a retratação do aceitante – assim o contrato seria existente ao expedir a aceitação, porém a retratação emitida posteriormente mas recebida concomitantemente teria a força de desfazer o que já existia (o que levaria a crer que estamos diante da Teoria da Recepção). Assim, de forma resumida podemos dizer que no Brasil se adota a Teoria da Expedição como regra geral mas tendo a Teoria da Recepção como exceção.[11]

A partir de tal confusão temos um debate na doutrina,[12] que indaga sobre qual seria a teoria mais adequada para Contratos Eletrônicos (a regra ou a exceção do Código Civil?). Considerando que tecnicamente é muito mais provável a agilidade na resposta (e a lógica por trás da Teoria da Expedição é exatamente estender uma proteção ao aceitante em caso de demora na transmissão da resposta), consideramos que seria mais adequado que em Contratos Eletrônicos como um todo fosse aplicada a Teoria da Recepção. Tanto o é que o Centro de Estudos Judiciários do Conselho da Justiça Federal, em sua III Jornada de Direito Civil, emitiu o seguinte Enunciado:

> "*A formação dos contratos realizados entre pessoas ausentes,* ***por meio eletrônico****, completa-se com a* ***recepção da aceitação pelo proponente***"(grifos nossos).

Ao advogado atuante, vale o alerta pragmático que a jurisprudência ainda aplica a Teoria da Expedição como regra – com a ressalva de um julgado do TJPR que adotou o mote de tal enunciado para decisão de uma disputa envolvendo o desenvolvimento de jogos eletrônicos.[13]

I – no caso do artigo antecedente;
II – se o proponente se houver comprometido a esperar resposta;
III – se ela não chegar no prazo convencionado.

[11] Neste sentido: "Formação dos contratos eletrônicos no direito do consumidor brasileiro" (Garcia, Beatriz Batista), pp. 109-111.

[12] Idem, (Garcia, Beatriz Batista), p.122

[13] TJPR, Apelação n. 13754584 PR, rel. Des. Mario Nini Azzolini, j. 11/05/2016.

1.2 A questão da prova e suas consequências no direito processual

Este é, particularmente, o ponto de desafio mais interessante para Contratos Digitais – e particularmente custoso em um país com o alto índice de litigiosidade que vivemos.[14] Se preocupar com o instrumento de um determinado negócio jurídico considerando que chegará às mãos de um magistrado é prudente.

Desde a década de 1990[15], quando a Internet deixa de ser uma ferramenta para poucos e começou a entrar nas casas e empresas pelo mundo, este foi o desafio: o que é necessário para provar que o negócio constituído através de canais de comunicação digitais existiu? E vale ressaltar: vivíamos (e ainda vivemos) imersos em uma prática que dá muito valor à assinatura em papel. O ato de encostar um instrumento de escrita que utiliza tinta em um material constituído por fibras de origem vegetal pela mão humana foi elevado a uma condição quase mágica. A assinatura por um longo tempo foi tomada como a forma por excelência de se indicar tanto a vontade quanto a identidade de quem exprimiu tal vontade.

Em meados dos anos 2000, o prof. Rogério Cruz e Tucci já era categórico em afirmar que: "*a eficácia probante dos contratos eletrônicos deve ser autorizada sem quaisquer óbices e subordinada à prudente análise do julgador*"[16]. Ainda assim, havia um ponto que parecia incontornável: ainda que se admitisse registros eletrônicos como prova da existência do contrato, não parecia que tal instrumento seria elevado à categoria de título executivo extrajudicial, considerando que o texto do Código de Processo Civil fala em "documento particular assinado pelo devedor e por duas

[14] http://www.cnj.jus.br/noticias/cnj/62232-qcultura-da-litigiosidadeq-pode-sobrecarregar-justica-com-114-milhoes-de-processos-em-2020 (acessado em 23 de agosto de 2018) e, especialmente, os relatórios do Conselho Nacional de Justiça anuais, denominados "Justiça em Números" (disponíveis em: http://www.cnj.jus.br
programas-e-acoes/pj-justica-em-numeros – acessado em 23 de agosto de 2018). O relatório com ano-base 2016 fala que "*O Poder Judiciário finalizou o ano de 2016 com 79,7 milhões de processos em tramitação, aguardando alguma solução definitiva. Desses, 13,1 milhões, ou seja, 16,4%, estavam suspensos ou sobrestados ou em arquivo provisório, aguardando alguma situação jurídica futura.*"

[15] E cada vez mais, sendo que a partir de 2013 mais da metade dos domicílios no país contam com conexão à Internet (fonte: http://www.teleco.com.br/internet.asp, a partir de dados do PNAD, acessado em 23 de agosto de 2018).

[16] "Eficácia Probatória dos Contratos Celebrados pela Internet" (Cruz e Tucci, Rogério).

testemunhas".[17] Porém, como mencionado anteriormente, em maio de 2018 o STJ proferiu uma decisão inédita, reconhecendo a existência de título executivo constante de um contrato celebrado integralmente de forma eletrônica. Cabe aqui tecer alguns comentários e esclarecimentos técnicos que levaram à tal decisão.

De forma resumida, a discussão levada ao STJ era quanto a um contrato de mútuo celebrado eletronicamente entre as partes. E conforme o voto do relator:

> *"O rol de títulos executivos extrajudiciais, previsto na legislação federal em numerus clausus, deve ser interpretado restritivamente, ao menos é esta a orientação que grassa tranquila na doutrina e já fora endossada por esta Corte Superior."*

No entanto, e sendo o ponto central da discussão, o contrato em questão não apenas foi assinado como foi reconhecido por dois sistemas independentes de verificação: o ICP-Brasil e o "comprova.com". E a revolução trazida pela decisão não foi a de alterar o rol taxativo dos títulos executivos (que permanece intocado), mas de compreender que tais ferramentas tem o condão de se prestarem ao objetivo para que serviam antigamente as testemunhas, atendendo ao imperativo legal:

> *"O associado e a FUNCEF, pois, ao acordar o mútuo pela internet,* ***assinaram o contrato digitalmente (mediante criptografia assimétrica)*** *e, ainda,* ***mantiveram os documentos eletrônicos relevantes ao negócio****, ao que se pode dessumir dos autos,* ***hospedados em site de gerenciamento****, que, também, teria registrado eletronicamente os contatos feitos no curso da relação negocial,* ***satisfazendo-se, pois, condição mínima necessária para reconhecer ao contrato eletrônico, aquilo que as testemunhas garantem em relação ao documento privado físico.****"* (grifos nossos)

Interessante notar, no caso, que os sistemas utilizados pelo recorrente para gestão de seus contratos foram fator essencial para o julgamento perante o STJ. Realmente se depreende do caso que, tecnicamente, as partes se utilizaram de ferramentas adequadas e que podem

[17] Art. 585, inc. II do CPC/73, que não sofreu grandes alterações no atual CPC, que dispõe em seu art. 784 , inc III: "documento particular assinado pelo devedor e por 2 (duas) testemunhas;".

trazer até mais segurança que o velho papel e caneta. Para tanto, aqui cabe uma pausa para uma explicação de ordem técnica sobre o que seriam estes sistemas.

1.2.1 *Assinatura Digital*

Assinatura digital nada mais é do que uma aplicação de métodos de criptografia para conferir autenticidade e segurança à uma mensagem ou documento. Existem vários algoritmos especializados para capturar os dados necessários e gerar uma assinatura digital (como por exemplo o *Digital Signature Standard*[18] desenvolvido e patenteado pelo governo norte-americano e disponível gratuitamente).[19]

Voltando ao caso perante o STJ, o acórdão menciona que o documento foi gerenciado pelo site *www.comprova.com* – ao acessar, vemos que na verdade é o site da empresa DocuSign, uma das líderes de mercado em gerenciamento de contratos e assinatura eletrônica[20]. Do texto do acórdão não fica claro se a assinatura sob o ICP-Brasil foi emitida também pela DocuSign, mas esta conta com serviços adicionais como a cópia em um servidor seguro na nuvem que podem auxiliar na proteção e segurança dos documentos enviados através de seus sistemas.

1.2.2 *Assinatura Eletrônica*

Tecnicamente, falamos em assinatura eletrônica como os dados em seu formato eletrônico que identificam uma determinada pessoa e que são reconhecidos por um determinado ordenamento jurídico como válidos. Por exemplo, na Lei nº 11.419/2006 (sobre o processo eletrônico), temos:

> *Art. 1º. O uso de meio eletrônico na tramitação de processos judiciais, comunicação de atos e transmissão de peças processuais será admitido nos termos desta Lei.*

[18] Para a descrição técnica da versão atual: https://nvlpubs.nist.gov/nistpubs/FIPS/NIST.FIPS.186-4.pdf (acessado em 23 de agosto de 2018).

[19] Para uma lista não exaustiva: https://en.wikipedia.org/wiki/Digital_signature#Some_digital_signature_algorithms (acessado em 23 de agosto de 2018). Outro sistema também muito utilizado é o PGP ("Pretty Google Protection"), um protocolo de código aberto que pode ser implementado por qualquer interessado sem custos para proteção de mensagens e que também conta com padrões para assinaturas. No site da ONG responsável pelo projeto: https://www.openpgp.org/about/standard (acessado em 23 de agosto de 2018).

[20] Para mais informações: https://www.docusign.com.br/legislacao (acessado em 23 de agosto de 2018).

> (...)
> § 2º Para o disposto nesta Lei, considera-se:
> (...)
> *III – assinatura eletrônica as seguintes formas de identificação inequívoca do signatário:*
> *a) assinatura digital baseada em certificado digital emitido por Autoridade Certificadora credenciada, na forma de lei específica;*
> *b) mediante cadastro de usuário no Poder Judiciário, conforme disciplinado pelos órgãos respectivos.*

Ou seja, a assinatura eletrônica é o conceito jurídico, enquanto a assinatura digital é um conceito da informática. Outras legislações internacionais que tratam da assinatura eletrônica são: eIDAS, da União Europeia;[21] o Digital Signature And Electronic Authentication Law (SEAL) de 1998, dos EUA;[22] além das referências na lei modelo da UNCITRAL sobre assinaturas eletrônicas, de 2001.[23]

Criptografia assimétrica

O grande *insight* tecnológico que permite a segurança nas transações eletrônicas foi a criptografia assimétrica (ou criptografia de chaves públicas), uma revolução na forma de se proteger o conteúdo de comunicações entre partes.[24] Antes de sua implementação a única forma de guardar um segredo seria combinar, previamente, uma forma de cifrar uma mensagem. Usando o tradicional exemplo de Alice e Bob, se Alice quisesse mandar uma mensagem segura para Bob, ela trancaria o conteúdo em uma caixa com um cadeado. Ao receber a caixa, Bob usaria uma cópia idêntica da chave de Alice para destrancá-la. Neste caso a chave serve tanto para fechá-lo como para abri-lo, e o problema maior

[21] Estabelecido pelo Regulamento (UE) nº 910/2014, e disponível em https://eur-lex.europa.eu/legal-content/PT/TXT/?uri=CELEX:32014R0910 (acessado em 23 de agosto de 2018).

[22] Disponível em https://www.congress.gov/105/bills/hr3472/BILLS-105hr3472ih.pdf.

[23] http://www.uncitral.org/uncitral/uncitral_texts/electronic_commerce/2001Model_signatures.html (acessado em 23 de agosto de 2018)

[24] Para a história e evolução da criptografia até a fase atual, de protocolos assimétricos, recomenda-se "O Livro dos Códigos" (SINGH, Simon), especialmente sobre a fascinante história de como este método foi primeiro descrito por criptógrafos do UK Government Communications Headquarters (GCHQ).

seria como fazer com que Bob receba de forma segura a cópia idêntica da chave. Enviar a cópia por um meio não seguro pode levar terceiros maliciosos a interceptar e fazer para si uma cópia da chave.

Porém, na criptografia assimétrica a chave que tranca o cadeado é diferente da chave que abre o cadeado. Usando o sistema assimétrico, Alice pediria para Bob mandar uma chave que serve apenas para trancar um cadeado (que seria distinta da chave que serve para abri-lo). O interessante aqui é que se qualquer terceiro interceptar e ler a chave enviada pelo Bob, tudo bem – ela serve somente para trancar o cadeado – esta é a chave pública. Agora, ao receber a caixa, Bob usaria uma outra chave, secreta e que ficou em sua posse, para abrir o cadeado e ler o conteúdo da mensagem – esta é a chave privada.

É por isso que digitalmente na criptografia de chaves públicas Alice e Bob têm cada um duas chaves: uma pública, que nada mais é do que uma série de instruções de como trancar uma mensagem, e outra chave privada (que nunca é revelada externamente) e que é a única forma de destrancar seu conteúdo.

O passo importante para tornar real este fluxo foi a descoberta da matemática que faz com que, mesmo sendo publicada a chave para trancar [digitalmente, as instruções de como criptografar uma mensagem], outro usuário, com sua chave privada, consegue ler a mensagem, mas não consegue descobrir a chave privada do outro. Um método conhecido para obter isso é conhecido pela sigla RSA[25], que funciona com a criação da chave pública a partir de dois números primos grandes (que em si permanecerão secretos)[26] não derivados entre si e um número auxiliar. É rápido para um computador multiplicar um primo pelo outro porém é computacionalmente desafiador fatorizá-los (isto é, decompor o produto de tal multiplicação em todos os seus fatores possíveis).

[25] Sigla decorrente do sobrenome de seus criadores, Ron Rivest, Adi Shamir e Leonard Adleman, pesquisadores do MIT que publicaram um artigo em 1978 descrevendo o método (disponível em https://people.csail.mit.edu/rivest/Rsapaper.pdf e acessado em 23 de agosto de 2018). E vale ressaltar que em agosto de 2018 a Internet Engineering Task Force (IETF) publicou uma nova diretriz técnica para padrões de segurança na Internet, a RFC 8446, que substituiu o método de criptografia assimétrica RSA pelo Diffie-Hellman (nomeado pelos pesquisadores do GCHQ) – para um resumo, vide https://blog.cloudflare.com/rfc-8446-aka-tls-1-3/ (acessado em 27 de agosto de 2018).

[26] Quanto maiores mais segura a chave. Atualmente a recomendação é usar uma chaves de 2048 bits, o que implicaria em um número com 617 dígitos.

Na prática, métodos de criptografia assimétrica tem suas desvantagens (são considerados devagar para criptografar uma mensagem inteira), então a implementação mais comum é o seu uso para transmissão de uma uma chave simétrica (uma delas, por exemplo é a AES – Advanced Encryption Standard[27]) entre as partes.

ICP Brasil

O ICP-Brasil é uma infraestrutura de chaves públicas gerenciado pelo governo federal brasileiro e instituído pela MP n. 2.200-2/2001. De forma resumida o ICP-Brasil funciona como uma cadeia hierárquica em que cada ente é avalizado por outro, através de certificados emitidos de acordo com o órgão mais superior na cadeia – no caso do ICP-Brasil, a Autoridade Certificadora Raiz (AC-Raiz), que é representada pelo Instituto Nacional de Tecnologia da Informação. Assim, a AC-Raiz emite as normas que determinam tecnicamente como se dá a certificação, quais os padrões técnicos que devem ser observados pelos participantes e gerencia os certificados das Autoridades Certificadoras (elo seguinte na cadeia). As Autoridades Certificadoras (AC) emitem os certificados para as Autoridades de Registro (AR), e estas fazem a interface com os usuários finais do sistema.[28]

1.3 Conclusão parcial

Uma das imagens mais fortes ao estudar Direito Romano é a cerimônia de transferência de propriedades imóveis do período cartular: havia a figura do *libripens,* havia obrigatoriamente um balanço, um tijolo, etc. Enfim, elementos ritualísticos que, se não estivessem presentes, simplesmente fariam não haver a transferência da propriedade. Ainda que resquícios do aspecto ritualístico do Direito permanecem, até mesmo os práticos romanos superaram e passaram a simplificar as transações civis (especialmente as de cunho econômico). Contratos propostos e executados 100% eletronicamente não são mais um exercício hipotético,

[27] Este padrão foi desenvolvido e publicado pelo NIST – National Institute of Standards and Technology, órgão do governo federal norte-americano. Para saber mais: https://www.nist.gov/publications/advanced-encryption-standard-aes (acessado em 23 de agosto de 2018).

[28] A cadeia completa e atualizada pode ser visualizada em http://www.iti.gov.br/images/repositorio/autoridades-certificadoras/estrutura_completa.pdf (acessado em 17 de agosto de 2018).

mas sim a realidade cotidiana nas sociedades urbanas. E se demoramos um pouco para chegar no estágio atual sobre Contratos Digitais, com os avanços e reconhecimentos nas cortes nacionais recentes ecom a superação de formalidades obsoletas, é com prazer que informo que as próximas mudanças de paradigma estão muito mais perto que imaginamos.

2. As novas fronteiras: *smart contracts* & *blockchain*

Em 1996, um jurista e cientista da computação chamado Nick Szabo escreveu um artigo denominado "*Smart Contracts: Building Blocks for Digital Markets*".[29] É uma leitura rápida, mas extremamente interessante para quem se presta a estudar a fronteira entre Direito e novas tecnologias:

> *"The success of the common law of contracts, combined with the high cost of replacing it, makes it worthwhile to both preserve and to make use of these principles where appropriate.* ***Yet, the digital revolution is radically changing the kinds of relationships we can have.*** *What parts of our hard-won legal tradition will still be valuable in the cyberspace era? What is the best way to apply these common law principles to the design of our on-line relationships?*
>
> Computers make possible the running of algorithms heretofore prohibitively costly, and networks the quicker transmission of larger and more sophisticated messages. Furthermore, computer scientists and cryptographers have recently discovered many new and quite interesting algorithms. Combining these messages and algorithms makes possible a wide variety of new protocols.
>
> *New institutions, and new ways to formalize the relationships that make up these institutions, are now made possible by the digital revolution.* ***I call these new contracts "smart", because they are far more functional than their inanimate paper-based ancestors. No use of artificial intelligence is implied. A smart contract is a set of promises, specified in digital form, including protocols within which the parties perform on these promises."***[30] (grifos nossos)

[29] "Smart Contracts: Building Blocks for Digital Markets" (SZABO, Nick), disponível em http://www.fon.hum.uva.nl/rob/Courses/InformationInSpeech/CDROM/Literature/LOTwinterschool2006/szabo.best.vwh.net/smart_contracts_2.html (acessado em 23 de agosto de 2018).

[30] Idem, (SZABO, Nick), disponível em http://www.fon.hum.uva.nl/rob/Courses/InformationInSpeech/CDROM/Literature/LOTwinterschool2006/szabo.best.vwh.net/smart_contracts_2.html (acessado em 23 de agosto de 2018).

Ou seja, para o autor um contrato seria 'Smart' por ser um conjunto de promessas, especificadas em formato digital e que incluem protocolos a partir dos quais as partes podem cumprir com tais promessas. Seguindo o exemplo trazido pelo autor, um caso real e corriqueiro seria o da máquina de venda de refrigerantes. Ela traz embutidas em seu hardware as formas de concretização da transação de forma segura: apenas após inserir a moeda é que o produto é liberado. E se um usuário tentar retirar o produto sem a contrapartida financeira, ela pode travar e impedir esta violação.

A partir do reconhecimento de que a força é um fator importante na utilidade de um contrato (afinal, ter a garantia da prestação jurisdicional significa contar com o poder do Estado para fazer cumprir uma determinada obrigação, seja de forma específica seja através do seu equivalente pecuniário), com base na *common law* norte-americana e teorias contratuais, Szabo acaba por resumir em quatro os objetivos do design de contratos:

Observability: a capacidade dos agentes contratantes observarem o comportamento uns dos outros quanto ao cumprimento do contrato, além da capacidade de tais agentes provarem seu comportamento para outros. Por exemplo, a área de contabilidade faz os contratos dentro de uma organização empresarial mais visíveis externamente, facilitando para terceiros a compreensão do que seriam as entradas e saídas, quais contratos foram descumpridos (e suas chances de serem recuperados), etc.

Verifiability: a capacidade de um agente contratante provar para um terceiro decisor (árbitro ou juiz) que o contrato foi cumprido ou descumprido, incluindo também a capacidade deste terceiro decisor de encontrar a resposta por outros meios. Auditorias, investigações internas, áreas de compliance tornam real tal objetivo. E tomados em conjunto, *observability* e *verifiability* auxiliam também na diferenciação relevante entre erros maliciosos/intencionais e erros de boa-fé/acidentais.

Privity: relacionado ao conceito da *common law* de *contract privity*,[31] comparável com ressalvas ao princípio da relatividade dos efeitos do negócio jurídico[32]. Este princípio traz que somente as partes (e terceiros

[31] "*Privity of contract. The relationship between the parties to a contract, allowing them to sue each other but preventing a third party from doing so*", "Black Law Dictionary", 9ª edição, p. 1320.

[32] Na expressão de Marcos Bernardes de Mello, sobre o princípio da intersubjetividade, "*as relações jurídicas ou se formam (a) entre dois sujeitos determinados, ou determináveis (S^1 R S^2), ou (b)*

decisores) teriam alguma pretensão ao cumprimento do contrato. Assim, garantir a confidencialidade e segurança de uma transação não deixa de ser uma forma de concretizar tal princípio para um Contrato Digital.

Enforceability: se este é o objetivo clássico de um negócio jurídico, dentro da lógica de Smart Contracts não se trata apenas de ter a capacidade de forçar o cumprimento de determinada obrigação, mas também desenhar o contrato de forma a minimizar a necessidade de medidas de execução. E para tanto desde incentivos inseridos no próprio contrato como também a questão reputacional podem ajudar no alcance de tal objetivo.

O importante (e provocador) destes objetivos trazidos por Szabo é a reformulação do que seria o método para redação de um instrumento contratual – ao invés de fórmulas arcaicas, podemos explorar dispositivos que tornem mais ágil a troca entre as partes e com isso diminuir os custos inerentes a qualquer transação. E já existem alguns exemplos práticos que podem deixar esta nova forma de contratar mais claro. Um caso seria a gestão do pagamento pelas plataformas vendas online[33], que ao diferenciar no tempo a entrega dos valores (pagos por um comprador para um vendedor) até que o comprador confirme o recebimento correto do produto, confere segurança para ambas as partes que que o produto existe e será entregue e o valor está disponível e será pago. Melhor do que qualquer disposição determinando que o Comprador A deverá pagar ao Vendedor B pelo produto sob as penas da lei, temos aqui um terceiro (a plataforma) assumindo o encargo de atuar como intermediador confiável, estabelecendo que somente após a confirmação do pagamento pelo Comprador A é que o Vendedor B irá enviar o produto, capturando tais dados de envio do produto e determinando uma janela de tempo razoável para o Comprador A confirmar o recebimento e assim disponibilizar o valor para o Vendedor B (ou mesmo já o fazendo a partir das informações disponíveis, como o código de rastreamento).

Tecnicamente estamos apenas no começo do que será a evolução natural dos contratos. Como Szabo conclui:

entre um sujeito determinado, ou determinável, e o alter (S1 R alter ou alter R S2), conforme o direito e a pretensão. As primeiras são chamadas de relações de jurídicas de direitos relativo, porque as pretensões que delas decorrem só obrigam alguém determinado ou determinável (...)" – "Teoria do Fato Jurídico: Plano da Eficácia, 1ª parte" (MELLO, Marcos Bernardes), p. 172.

[33] No modelo conhecido no e-commerce como "Marketplace".

> *"Digital cash is here today, and many more smart contract mechanisms are being designed. So far the design criteria important for automating contract execution have come from disparate fields like economics and cryptography, with little cross-communication: little awareness of the technology on the one hand, and little awareness of its best business uses other.* ***The idea of smart contracts is to recognize that these efforts are striving after common objectives, which converge on the concept of smart contracts.***" (grifos nossos)

E falando de "digital cash", chegamos o ponto de explicar porque afinal moedas criptográficas são tão relevantes para Contratos Digitais. Abstraindo o aspecto especulativo e monetário do Bitcoin, o seu salto tecnológico é na verdade decorrente da sua forma de implementação, o blockchain[34]. Este é o método de estruturar operações digitais de forma descentralizada, em que cada operação posterior é registrada em uma cadeia (como um livro-razão) que impede a alteração das operações anteriores e que contém, em seu próprio código, as instruções para governança do sistema.

As operações são organizadas em um bloco, que recebe uma indicação da data e hora de processamento e gera um *hash*.[35] Cada bloco guarda, além das informações das operações que processou, o seu *hash* atual e o *hash* imediatamente anterior. Esse conjunto de blocos forma um único arquivo que é o blockchain em si – ou seja, ao baixar o blockchain de determinada data e hora, um usuário conseguiria visualizar todos os blocos gerados e em ordem até tal data e hora. Como o blockchain é público e distribuído, é possível ver o que contém um determinado bloco.

[34] Originalmente referido como "*block chain*" no artigo em que primeiro propõe a moeda criptográfica Bitcoin, disponível em https://bitcoin.org/bitcoin.pdf. "Bitcoin: A Peer-to-Peer Electronic Cash System" (Nakamoto, Satochi), 2008, acessado em 23 de agosto de 2018.

[35] De forma muito simplificada, o *hash* é gerado por algoritmos do tipo 'função *hash*' que mapeiam dados de qualquer tamanho para um conjunto de dados de tamanho definido – ou seja, em um exemplo hipotético é possível com uma função *hash* pegar todos os bits que compõe um documento digital e gerar uma sequência alfanumérica de N caracteres. Por conta das propriedades matemáticas dos algoritmos de *hash*, ele é uma excelente forma de se comparar dois blocos de informações rapidamente: ao fazer a transformação, o resultado deve ser o mesmo para um mesmo conjunto de dados; logo se os *hashes* são iguais o sistema pode considerar que se trata do mesmo conjunto, sem precisar comparar bit a bit (é possível coincidências, mas isso é tratado pela escolha de algoritmo do *hash*). Além disso, a partir de um determinado *hash* é impossível fazer o caminho inverso e gerar a base de dados original (pois informação foi perdida na transformação).

Por exemplo, voltando ao Bitcoin, é possível checar o conteúdo do bloco de número 1985 (abaixo alguns trechos, para o conteúdo completo veja: *https://bitcoinchain.com/block_explorer/block/1985/* – acessado em 23 de agosto de 2018):

> **Bitcoin block #1985**
> 00000000c7b984d0429b8e9ffa044a776932944d3761eedee5d8b7bedb7a1eb7 [esta é a identidade da transação]
> Localização: 1985 MAIN CHAIN
> Time 2009-01-27 05:24:28 [data e hora em que esta transação ocorreu]
> Hash do próprio bloco:
> 00000000c7b984d0429b8e9ffa044a776932944d3761eedee5d8b7bedb7a1eb7
> Hash do bloco anterior:
> 00000000d46ffd1af121ae116adaba61d44fbb8ce96d751430165830527 15b33
> Hash do bloco posterior:
> 000000000243dfaef0a3b85c3b9c13c958ce6bed9fd4cb154c1df109c1ef884

Esta transparência extrema é um dos elementos que torna tecnicamente inviável alterar as transações mais antigas. Isto ocorre simplesmente porque existem muitas camadas que precisariam ser alteradas para gerar um blockchain consistente, camadas essas que estão presentes em muitas cópias espalhadas pela rede. Para tal, um ataque bem sucedido exigiria empregar recursos técnicos que crescem exponencialmente conforme a transação fica mais antiga (com mais blocos posteriores).

A partir da metodologia de blockchain foram desenvolvidos vários serviços além do Bitcoin, inclusive alguns destinados especificamente para Smart Contracts. Um dos mais famosos, Ethereum,[36] tem uma linguagem de programação específica chamada Solidity. Na sua pró-

[36] O artigo original descrevendo o Ethereum, "Secure Decentralised Generalised Transaction Ledger" (Wood, Gavin) disponível em http://yellowpaper.io/ (acessado em 23 de agosto de 2018). Atualmente o Ethereum é mantido por uma fundação sem fins lucrativos: https://www.ethereum.org/.

pria documentação,[37] o Solidity é descrito como uma "*contract-oriented, high-level language for implementing smart contracts*". Nesta linguagem um contrato é definido como um conjunto de códigos (suas funções) e dados (seu estado) que é armazenado em um determinado endereço no blockchain do Ethereum. Assim, se um usuário deseja realizar um contrato, ele implementa o código do seu contrato no blockchain e, através dos incentivos construídos para o processamento das operações,[38] vários usuários ao redor do mundo copiam e validam tal bloco que contém tal contrato. A segurança seria garantida pelas várias cópias e camadas posteriores geradas no blockchain.[39]

Um caso concreto de Contrato Digital que poderia ser implementado através das ferramentas descritas neste bloco é a criação de bens virtuais transferíveis e únicos. Atualmente, bens virtuais são geralmente de fácil duplicação (por exemplo, um arquivo mp3 de música). As ferramentas técnicas para evitar a distribuição não autorizada destes bens, chamadas de *Digital Rights Management* (DRM) se baseiam em métodos centralizados que impedem a transferência entre usuários, por exemplo através de autenticações obrigatórias para um servidor do titular original da obra (um método que já foi muito comum no mercado de games)[40]. Ao implementar uma validação descentralizada, seria possível ao mesmo tempo limitar a cópia do bem virtual e permitir sua circulação, pois o blockchain como um todo teria o registro de que a [obra X] foi cedida para o [usuário Y]. Se o [usuário Y] tentar fazer cópias e passar a

[37] Documentação oficial: https://solidity.readthedocs.io/en/v0.4.24/index.html (acessado em 23 de agosto de 2018).

[38] A chamada mineração é uma das formas de incentivo para processamento dos blockchains: de forma extremamente sintética, usuários terceiros são incentivados a fazer uma cópia do blockchain e validar suas operações (gerando os *hashes*), sendo pagos através da moeda criptográfica. No caso do Bitcoin a sua distribuição é aleatória. Já no Ethereum a mineração é um pouco diferente, sendo possível estabelecer o 'preço' para processamento do código, cuja unidade é conhecida por *gas* (como em combustível). Ao programar um Smart Contract via Ethereum, o programador define um *gas limit*, o preço máximo que ele está disposto a pagar para executar a operação. Quanto mais complexos os comandos a serem executados, mais *gas* deverá ser pago.

[39] Ainda que haja discussões técnicas sobre esta segurança – vide "Short Paper: Formal Verification of Smart Contracts" (Bhargavan, Karthikeyan, *et al.*), 2016 e disponível em https://www.cs.umd.edu/~aseem/solidetherplas.pdf (acessado em 23 de agosto de 2018).

[40] Por exemplo: https://www.forbes.com/sites/erikkain/2012/05/17/diablo-iii-fans-should-stay-angry-about-always-online-drm/#5b2ca3c18535 (acessado em 23 de agosto de 2018).

[obra X] para mais de um usuário, as transações seriam invalidadas, pois entrariam em conflito com as instruções gravadas anteriormente no livro-caixa digital que é o blockchain.

Voltando ao mundo jurídico, as implementações e exemplos acima mostram como a tecnologia pode trazer ainda mais segurança nas transações entre usuários dentro de um ambiente digital. O uso de métodos de blockchain para assinatura digital já é uma realidade imediata: com uma rápida busca na Internet já é possível encontrar startups e projetos nacionais exatamente neste nicho.[41] Provavelmente não veremos as tecnologias anteriores como o ICP-Brasil, baseados em autoridades centralizadas, sendo completamente substituídos por blockchain em tão pouco tempo – mas provavelmente levará sim menos tempo para o STJ julgar um caso envolvendo Bitcoin do que levou para reconhecer um título executivo digital.

Conclusões

O maior desafio para um advogado atual que deseje trabalhar com contratos é navegar por tais águas desconhecidas de conceitos como *hash*, criptografia, funções matemáticas e traduzir na certeza e segurança que seus clientes desejam, no linguajar que os demais operadores do Direito estão habituados. De certa forma, casar tradições centenárias com conceitos que seriam impensáveis não muitas décadas atrás.

Por isso é que o objetivo deste artigo não foi só provocar, forçando uma superação de conceitos um pouco caducos, mas também de esclarecer questões técnicas que poderão ser enfrentadas pelos profissionais. É um admirável mundo novo que nos aguarda, com possibilidades ainda não nítidas, mas promissoras. E Contratos Digitais não são apenas um exercício teórico: somente no Brasil já temos mais do que um smartphone por habitante[42] – cada um destes aparelhos se traduzindo em uma extensão da vida pessoal de seus donos, que os utilizam não só para lazer

[41] Como exemplos: a empresa brasileira OriginalMy (https://originalmy.readthedocs.io/pt_BR/latest/00-apresentacao.html – acessado em 23 de agosto de 2018); ou o projeto financiado pelo BNDES e apoiado pelo Instituto Nacional de Tecnologia da Informação: http://www.iti.gov.br/noticias/indice-de-noticias/2342-iti-apoia-Bndes-em-projeto-de-blockchain (acessado em 23 de agosto de 2018).

[42] Conforme estudo publicado pela Fundação Getúlio Vargas em abril de 2018. Fonte: https://link.estadao.

mas também para gerenciar questões pessoais, financeiras e de trabalho. Portanto o papel do jurista é compreender tais tecnologias e auxiliar no cotejo com as doutrinas já existentes, trazendo segurança jurídica às partes.

Referências

BERNERS-LEE, Tim. – *HyperText Transfer Protocol*, 1989, https://www.w3.org/History/19921103-hypertext/hypertext/WWW/Protocols/HTTP.html, acesso em: 24 de agosto de 2018.

BHARGAVAN, Karthikeyan, et al. – *Short Paper*: Formal Verification of Smart Contracts, https://www.cs.umd.edu/~aseem/solidetherplas.pdf, 2016, acesso em 23 de agosto de 2018.

Black Law Dictionary" 9ª edição, Thompson Reuters, 2009.

CRUZ E TUCCI, Rogério – *Eficácia Probatória dos Contratos Celebrados pela Internet in* Direito e Internet – Aspectos Jurídicos Relevantes, coord. Newton de Lucca e Adalberto Simão Filho, São Paulo : Quartier Latin, 2ª edição, 2005.

DE LUCCA, Newton – *Novas Fronteiras dos Contratos Eletrônicos Nos Bancos in* Revista de Direito Bancário, do Mercado de Capitais e Arbitragem, RT, vol. 6, n. 21, 2000.

GARCIA, Beatriz Batista – *Formação dos contratos eletrônicos no direito do consumidor brasileiro*, tese de Mestrado apresentada na Faculdade de Direito da USP, 2017.

JOVANELLE, Valquíria de Jesus – *Aspectos Jurídicos dos Contratos Eletrônicos*, tese de Mestrado apresentada na Faculdade de Direito da USP, 2012.

MELLO, Marcos Bernardes de – *Teoria do Fato Jurídico*: Plano da Eficácia, 1ª parte, São Paulo: Saraiva, 2ª ed., 2004.

NAKAMOTO, Satochi – *Bitcoin*: A Peer-to-Peer Electronic Cash System, https://bitcoin.org/bitcoin.pdf, 2008, acesso em 23 de agosto de 2018.

PEREIRA DE LIMA, Cíntia Rosa – *Validade e Obrigatoriedade dos Contratos de Adesão Eletrônicos (shrink-wrap e click-wrap) e dos Termos e Condições de Uso:* Um estudo comparado entre Brasil e Canadá, tese de Doutorado apresentada na Faculdade de Direito da USP, 2009.

PEREIRA NETO, Miguel – *Os Documentos Eletrônicos Utilizados como Meio de Prova para a Constituição de Título Executivo Extrajudicial e Judicial in* Internet – O Direito na Era Virtual, org. Luís Eduardo Schoueri, Rio de Janeiro : Editora Forense, 2ª edição, 2001.

com.br/noticias/geral,brasil-ja-tem-mais-de-um-smartphone-ativo-por-habitante-diz-estudo-da-fgv,70002275238 (acessado em 23 de agosto de 2018).

RIVEST, R.L., SHAMIR, A., e ADLEMAN L. – *A Method for Obtaining Digital Signatures and Public-Key Cryptosystems,* https://people.csail.mit.edu/rivest/Rsapaper.pdf, 1978, acesso em 23 de agosto de 2018.

SANTOLIM, Cesar Viterbo Matos – *Formação e Eficácia Probatória dos Contratos por Computador*, São Paulo : Saraiva, 1995.

SINGH, Simon – *O Livro dos Códigos,* Rio de Janeiro : Record, 2001.

SZABO, Nick – *Smart Contracts*: Building Blocks for Digital Markets, http://www.fon.hum.uva.nl/rob/Courses/InformationInSpeech/CDROM/Literature/LOTwinterschool2006/szabo.best.vwh.net/smart_contracts_2.html, 1996, acesso em 20 de agosto de 2018.

WOOD, Gavin – *Ethereum*: A Secure Decentralised Generalised Transaction Ledger, http://yellowpaper.io/, EIP-150 REVISION, acesso em 23 de agosto de 2018.

21. Investidores-anjo, *startup*: aspectos societários para empresas da Internet

Raquel Garcia Lemos

Introdução

Inovação, ideias, aceleração, produto mínimo viável, a escola do "simplesmente faça" ("*just do it*"), disruptivo, negócio sustentável, produção enxuta, marco de aproveitamento, *insights*, *pitching*, produto mínimo viável, *early adopters* (os tais clientes adotantes iniciais), investidores de capital de risco, vantagem competitiva, são recorrentes no vocabulário associado às startups. Além da proverbial empresa de garagem, o projeto organizacional de uma startup está muito além de pivotar ideias ou perseverá-las. Nas palavras de Eric Ries, empreendedor residente na *Harvard Business School*, startup é "uma instituição humana projetada para criar novos produtos e serviços sob condições de extrema incerteza" (Ries, 2012, p. 24). O autor da obra *A Startup Enxuta*, chega a afirmar sinais de um novo renascimento do empreendedorismo (Ibidem, p. 06) – movimento acessível a toda uma nova geração de fundadores numa jornada de novas ideias para a construção de empresas bem-sucedidas.

E, é sob tais condições de extrema incerteza que este artigo se debruça ao alinhavar as startups da internet aos investidores anjos e a relevância jurídica e estratégica dos seus aspectos societários. Segundo o Índice de Liberdade Econômica da *Heritage Foundation*, instituição que analisa um ranking de países diante de questões como a legislação trabalhista, saúde fiscal, incentivo ao empreendedorismo, gastos governamentais, eficiência regulatória, acesso à financiamentos de longo prazo e outros, em 2016 o Brasil ocupava a 122ª posição (HERITAGE FOUNDATION, 2016, p. 130). O índice que classifica a economia brasileira como "*mostly unfree*" (em sua maioria não-livre) não apresentou melhoras no ano seguinte. Em 2017, segundo a *Heritage Foundation*, o Brasil ocupava a 140ª posição dentre os países avaliados no *world rank* (Idem, 2017, p. 46 e 47) e, durante a redação deste artigo, ocupa a 153ª posição quando comparado à 179 países, atrás de nações como Gâmbia e Uzbequistão (Idem, 2018).

Paralelo ao Índice de Liberdade Econômica da *Heritage Foundation*, o estudo do *Global Entrepreneurship Monitor* de 2016 (Greco, 2017) apresenta que, dentre os principais fatores limitantes para a abertura e manutenção de novos negócios segundo os empreendedores brasileiros, o acesso a recursos financeiros é apontado como o principal por 58,6% dos empreendedores brasileiros (Ibdem, p. 93). Aqui, vale apontar que segundo este estudo, o percentual não apresenta significativas alterações diante de empreendedores nascentes (60,2%), novos (60,0%) e estabelecidos (57,6%), o que certamente admite concluir que esta é uma barreira que está além da empresa nascente.

Diante deste cenário hostil, a resposta primeira seria o desestímulo ao empreender. Mas, o estudo do *Global Entrepreneurship Monitor* de 2016, mostra ainda que metade da população brasileira com o ensino médio completo pretende empreender nos próximos três anos (Ibdem, p. 102). E, mais, que para quase 25% da população brasileira, a fronteira para a atividade empreendedora é o valor de 6 salários mínimos – ou seja, profissionais com renda acima deste patamar salarial tem maior probabilidade de empreender nos próximos três anos. Na esteira do aqui apresentado, é preciso distinguir empresas nascentes das startups. E, num segundo momento, compreender os desafios do mercado de startups da internet.

As empresas nascentes não são, necessariamente, startups. Aqui, novamente, valendo-se da lição de Eric Ries, "nada diz respeito ao tamanho da empresa, da atividade ou setor de economia" (Ries, 2012, p. 25). Ao contrário, "as startups são projetadas para enfrentar situações de extrema incerteza" (op. cit). Por isso, uma empresa nascente que reproduza um modelo de negócio existente e diante do seu público-cliente não é considerada uma startup, pois o nível de risco e incerteza são tão bem entendidos que uma instituição financeira pode avaliar com clareza o negócio para a concessão de linhas de crédito bancário.

Desta feita, concluir que uma startup implica no conjugar de profissionais criativos e cultura organizacional de uma empresa nascente, também não é verdadeiro. Mas, o contexto em que a inovação acontece e a extrema incerteza das suas condições são o que a definem. Por esta razão, organizações estabelecidas ou grandes empresas podem apresentar setores ou departamentos com circunstâncias específicas que caracterizem uma startup.

A princípio, poderia se considerar que apresentado o Índice de Liberdade Econômica da *Heritage Foundation* de 2017 e diante do atual *ranking* ocupado pelo Brasil, bem como a conclusão limitante ao acesso à recursos financeiros apresentados pela GEM em 2016 seriam suficientes para o ambiente de extrema incerteza a que se refere o americano Eric Ries. Mas, certamente, nos levaria a outra conclusão equivocada. Para compreender o nível de risco e incerteza de uma startup, se faz fundamental aprofundar a temática inovação.

As startups de tecnologia podem abrigar inovações originais, criação de um novo modelo de negócio, um novo uso para aplicação de tecnologia existente ou ainda inaugurar um valor oculto de um modelo de negócio preexistente. Em todos os casos, é o ecossistema e o dinamismo da inovação que as definem. Em termos conceituais, o Manual de Oslo apresenta que:

> Uma inovação é a implementação de um produto (bem ou serviço) novo ou significativamente melhorado, ou um processo, ou um novo método de marketing, ou um novo método organizacional nas práticas de negócios, na organização do local de trabalho ou nas relações externas. (OECD, 2005, p.55)

Em que pese o conceito em questão internacionalmente aceito (seja esta inovação de produtos, processos ou de marketing), para escopo deste artigo, Buainain, Lima Junior e Corder alguns (2017) apresentam definição que dialoga claramente com a do americano Eric Ries (2012): "muitas inovações operam e alargam a fronteira tecnológica e contribuem para ampliar as capacitações das firmas e da sociedade em geral"

(Buainain; Lima Junior; Corder, 2017, p. 100 e 101). E é sobre este esforço inovador, sobre o alargar das fronteiras tecnológicas, que as startups se assentam.

Há razoável consenso de que o esforço de inovar segue acompanhado da necessidade de investimento. Em termos de políticas públicas e em que pesem todos os esforços da agenda brasileira a partir dos anos 1990, tais como a criação das Fundações de Amparo à Pesquisa (FAP), o Centro de Gestão e Estudos Estratégicos (CGEE), a Associação Brasileira de Pesquisa e Inovação (ABDI), a Empresa Brasileira de Pesquisa e Inovação Industrial (Embrapii), a promulgação das Leis 11.196/2006 (Lei do Bem), 11.487/2007, 11.774/2008, 12.350/2010, 12.546/2011 e 13.243/2016 (Marco Legal de Ciência, Tecnologia e Inovação de 2016), os desafios para o financiamento à inovação continuam uma realidade para o empreendedor brasileiro.

Mas, ainda assim, mesmo diante da oferta de políticas de mecanismos fiscais e de crédito voltados para pesquisa e desenvolvimento, em especial pelo Ministério da Ciência, Tecnologia e Inovação, BNDES e FINEP, com fundamentos na Lei de Inovação, a grande maioria ainda vem sendo utilizada pelo setor industrial para compras de máquinas e equipamentos, o que nos leva a concluir pelo tímido comprometimento na busca e apoio à inovações.

Sem sombra de dúvidas que as fontes públicas são relevantes para a composição deste mosaico financeiro. As principais são advindas do Tesouro e fundos setoriais (e, aqui pode-se citar o Fundo Nacional do Desenvolvimento Tecnológico, gerenciado pela FINEP), mas, ainda assim, empreendimentos nascentes e vocacionados para a internet enfrentam desafios peculiares, dentre eles, o processo não linear de desenvolvimento, a obtenção de crédito diante do histórico financeiro das empresas entrantes, o desafio de buscar investimentos diante da construção de intangíveis, a eventual necessidade de aquisição de parque tecnológicos e, em especial, as grandes empresas concorrentes que podem usufruir de recursos próprios para alavancar sua pesquisa e desenvolvimento.

Ante tal cenário, o mercado de *venture capital*, reembolsável ou não reembolsável, ou com participação no capital social tornou-se um arranjo importante para tais startups. Em breves linhas, o *venture capital* consiste em todo o tipo de investimento tendo como contrapartida a participação societária, seja via plataformas de financiamento coletivo, fundos de *venture capital* e *private equity* ou investidores-anjos[1].

Para fins de concentração deste trabalho, investidores-anjos são atores de financiamento privado, diante do interesse destes como pessoas físicas em inovação e empresas *pontocomm*. Neste sentido, a Anjos do Brasil, organização sem fins lucrativos com o objetivo de fomentar o crescimento do investimento anjo para o apoio ao empreendedorismo de inovação brasileiro conceitua que "o Investimento Anjo é o investimento efetuado por pessoas físicas com seu capital próprio em empresas nascentes com alto potencial de crescimento" (ANJOS DO BRASIL, [201-?]).

Fato é que, para os investidores em empresas nascentes da internet, a maioria das ferramentas de administração geral não são suficientes para duas dúvidas conflitantes: o risco de perder o investimento ou o receio de perder a oportunidade[2].

Na busca por segurança e diante do ambiente de incertezas inerente às startups e defendido claramente por Eric Ries (2012), como forma de aporte de recursos, os investidores-anjos dispõem de dois instrumentos para esta arquitetura jurídica: o mútuo conversível em participação societária ou o contrato de participação nos termos da Lei Complementar 155/2016.

E é para enfrentar as questões relacionadas aos investidores-anjos em startups da internet no Brasil e seus aspectos societários, que este capítulo segue dividido em três seções. Na primeira, o enfoque é no instrumento preliminar como ferramental dos investidores-anjos; na segunda

[1] Para complementar este trabalho, vale destacar que o termo investidor anjo é expressão advinda da década de 1920, referindo-se aos investidores do setor teatral que bancavam os custos de produção na Broadway. Nesse sentido, vale esclarecer que a indústria do entretenimento (nacional e internacional), até hoje, dispõe de investidores privados para fomentar espetáculos, assim como linhas de fomento via mecanismo de incentivo direto e indireto. (Morrissette, 2007)

[2] Para esclarecer a grandeza dessas oportunidades de sucesso, destaca-se que o Vale do Silício trouxe consigo o primeiro boom das empresas pontocomm. A gestora de fundos mútuos Fidelity Investiments esteve à frente de uma rodada de investimento do site de compartilhamento de imagens Pinterest, avaliada em 3,5 bilhões de dólares. Em números ainda mais surpreendentes, a startup Dropbox teve sua rodada liderada em 10 bilhões de dólares. (Stone, 2017, p. 248)

a abordagem é centrada na internalização do capital via mútuo conversível em participação societária; na terceira, a análise da regulação do investimento-anjo no Brasil e seu impacto societário, e por fim, nas conclusões, procura-se refletir sobre os rumos desse modelo de investimento no Brasil e o papel complementar entre uma acertada estratégia societária para aporte de investidores-anjos e fundos de *venture capital*.

1. O instrumento preliminar como ferramental dos investidores-anjos

Do ponto de vista histórico, parece-nos claro o propósito da agenda pública para melhorar o ambiente de financiamento dos empreendedores de inovação. A recente mudança constitucional é tão enfática que altera na Carta Magna o título VIII do Capítulo IV da Ordem Social, de "Da ciência e tecnologia" para "Da ciência, tecnologia e inovação". A Emenda Constitucional 85, de 26 de fevereiro de 2015, que incluiu o tema da inovação no Capítulo IV do Título VIII, evidencia a relevância da articulação entre entidades públicas e privadas para o seu desenvolvimento, assenta a importância da empresa no ato de inovar, determinando que o "Estado estimulará a formação e o fortalecimento da inovação nas empresas" (artigo 219-A, Parágrafo único da Constituição Federal).

Mas, em que pese os esforços do *funding* público para apoio aos projetos inovativos, a combinação de infraestrutura, recursos humanos qualificados, inovação e fomento necessários para o sucesso de uma empresa nascente traz consigo imensos desafios, e, por esta razão, a combinação entre as agências públicas de financiamento e novos atores privados se faz necessária.

Isso porque, tal como apresentado pelo estudo GEM 2016 (Greco, 2017), o acesso a recursos financeiros é apontado como o principal limitante à abertura e manutenção de novos negócios. Aqui, não nos parece difícil concluir os motivos. A dificuldade de oferecer garantias reais de titularidade dos sócios empreendedores para assegurar a tomada de linhas de crédito bancário somada ao fato de que a empresa nascente tem pouco histórico financeiro e/ou solidez contábil para tanto, dificulta sensivelmente o acesso das startups às linhas tradicionais de crédito.

Por esta razão, para as startups, o *venture capital* se torna uma opção interessante, pois a estrutura pública de financiamento é insuficiente e a estrutura financeira privada vê a inovação e seu ecossistema como ambiente de risco elevado. Aqui, então, encontra-se o dilema de uma empresa nascente quando o tema é crédito: decidir pela medição dos seus resultados (*baseline* da sua contabilidade) e, apenas então, solicitar tardiamente linhas de crédito bancário perante o sistema financeiro privado ou optar pelo capital de risco acompanhado da renúncia pelos sócios fundadores da sua participação societária e eventual comprometimento de autonomia na administração do negócio por estes.

Apresentados brevemente os desafios de uma startup, e em especial, a sua limitação para obtenção de crédito, é preciso concentrar nossos esforços na lógica dos investidores-anjos. Afinal, se uma startup é empresa sob condições de extrema incerteza, o interesse dos investidores-anjos se alicerça sobre o êxito do negócio e taxa de retorno. Para alguns autores (Rauen, et al., 2017), qualquer decisão de investimento envolve riscos, previsíveis ou não, mas no caso de inovações, as incertezas são de difícil mensuração diante da não linearidade da tecnologia associada às respostas dos concorrentes e comportamento dos consumidores. Para estes investidores, atualmente, a questão que se propõe é estimular e impulsionar a empresa nascente e inovadora ou aportar em títulos do governo. Nesse sentido:

> A criação do mercado de *venture capital,* mecanismo elaborado para auxiliar empresas nascentes, embora tenha animado os investidores, não alavancou de forma expressiva os aportes em projetos inovadores. Esse mercado, portanto, continua tímido e concentrado em aportes nas fases de menor incerteza nos projetos. E, mais, o efeito *crowding out,* no qual os títulos do governo acabam por atrair para si os recursos financeiros que poderiam ser destinados ao setor produtivo, é muito forte no Brasil. Isso porque, para a rolagem da dívida pública, o governo lança mão de papéis remunerados por taxas de juros muito mais atraentes se comparadas à lucratividade de boa parte das empresas. (Buainain; Lima Junior; Corder, 2017, p. 103)

Em que pese a expectativa de maiores estímulos esperada pela Lei Complementar 155, de 27 de outubro de 2016, para Antonio Bonchrostiano, presidente executivo da gestora de fundos de *private equity* GP Investimentos "lidar com o empreendedor, o dono do negócio em que investimos, é uma parte muito interessante do trabalho" (Bonchros-

TIANO, 2016, p. 47). E, aqui, a figura dos investidores-anjos se reafirma: um apoiador a projetos inovativos[3].

Dentro deste contexto, o aporte de capital tem em sua essência a análise estratégica da startup, principalmente a se considerar que o investidor-anjo não necessariamente tem acesso à medição exata dos resultados da empresa nascente ou ainda pode usufrui-los de forma parcial, mediante alguns indicadores, tais como a tração em relação aos clientes, escalas competitivas e crescimento rápido da companhia. No entanto, apesar da aparente fragilidade dos investidores-anjos diante da apresentação de resultados parciais, via de regra, estes são pessoas físicas ou jurídicas dotadas de habilidades[4] ou amparadas por consultores e/ou gestores de fundos que avaliam setores, empreendedores, estratégia escalável, estrutura organizacional e carga de inovação das startups. E, aqui, nem se considera a expertise dos fundos de investimento, admitidos pela Lei Complementar 155/2016.

O interesse do investidor-anjo em inovação é reafirmado pela organização Anjos do Brasil: "o negócio deve trazer algum tipo de inovação, seja no produto, serviço, no processo em si ou no modelo de negócio." (ANJOS DO BRASIL, 2018). E, esta condição é expressa no teor do artigo 61-A, *caput* da Lei Complementar 155/2016: ter como finalidade o fomento a inovação e investimentos produtivos. Em que pese a pre-

[3] Em pesquisa realizada e divulgada no quarto Congresso de Investimento Anjo, promovido pela da Anjos do Brasil, tem-se a divulgação dos resultados atualizados de uma pesquisa sobre o perfil dos investidores anjo no país e perspectivas para o cenário 2016/2017. Os resultados confirmam a força do quesito inovação para decisões de investimento. Cerca de 52% dos entrevistados responderam ter interesse na área de TI; 36% em aplicativos para smartphones; 43% em saúde/biotecnologia; 41% em educação; 36% em e-commerce; 37% em energia; 27% em entretenimento e indústria; e 23% em outros setores. Os investidores pesquisados puderam indicar mais de um setor de interesse. (ANJOS DO BRASIL, 2016)

[4] Esta habilidade é tão clara que Antonio Bonchristiano considera que um fundo *private equity* é a melhor ferramenta para consertar empresas: "Quando compramos uma empresa, temos um conjunto de ferramentas para usar, para consertar ou melhorar a companhia, que sabemos que dão resultado. Mas isso não quer dizer que, a gente precise, necessariamente, ter o controle de tudo. Na verdade, o sonho de qualquer investidor é aplicar o dinheiro, não fazer nada e, um belo dia, receber o capital de volta com lucro" (BONCHROSTIANO, 2016, p. 49). O mesmo autor, bacharel em política, filosofia e economia pela Universidade de Oxford vai além: "Os erros mais comuns que cometemos ao investir foram fazer uma análise setorial ruim, falhar na *due diligence*, ter uma estrutura de capital fraca e manter uma equipe inadequada" (Ibidem, p.46)

ponderante busca de investimento na faixa entre R$50 mil e R$700 mil pelas startups brasileiras, conforme apresentado por esta organização, é valioso destacar que não raro, diante das habilidades empresariais dos investidores-anjos, o aporte de recursos é acompanhado de mentoria ou aconselhamento aos fundadores da startup – motivados por compartilhar conhecimento, mas em especial, potencializar o dinheiro investido, o chamado *smart money* – dinheiro inteligente.

Desse modo, este tópico explora os desafios da modelagem jurídica para ordenar as condições preliminares do aporte dos investidores-anjos e a segurança jurídica destas ações. Diante de todos os desafios brevemente apresentados para a realidade dos empreendedores da internet, não nos parece factível considerar que uma startup adote no ato da sua constituição a forma de sociedade por ações regida pela Lei 6.404/1976. Aliás, as empresas nascentes frequentemente são regidas sob a forma societária de sociedade limitada ou EIRELI[5]. Assim, diante deste contexto societário, a arquitetura jurídica recorrentemente utilizada é o mútuo conversível em participação societária, através do qual o recurso do investidor na empresa é empréstimo de coisa fungível, nos termos do artigo 586 do Código Civil[6].

Nesta arquitetura, ao investidor-anjo é assegurado prazo de recuperação do investimento devidamente corrigido ou a opção de conversão do aporte em participação societária, caso este exercício lhe convenha. O exercício de opção é faculdade assegurada ao investidor-anjo, mediante condições a serem atingidas pela startup num determinado prazo de execução. Não raro, boas negociações já preveem a possibilidade de converter o empréstimo em participação societária, na data de vencimento do contrato de mútuo ou antes desta, nas hipóteses em que as metas e objetivos do negócio são atingidas precocemente pela startup.

Ressalta-se aqui que compete a cada investidor-anjo, devidamente assessorado, decidir pela estrutura jurídica que melhor lhe convém. Ou

[5] Criada pela Lei 12.441, de 11/07/2011, a Empresa Individual de Responsabilidade Limitada – EIRELI é aquela constituída por uma única pessoa titular da totalidade do capital social, devidamente integralizado, que não poderá ser inferior a 100 (cem) vezes o maior salário-mínimo vigente no País.

[6] "Art. 586. O mútuo é o empréstimo de coisas fungíveis. O mutuário é obrigado a restituir ao mutuante o que dele recebeu em coisa do mesmo gênero, qualidade e quantidade". (BRASIL, 2002)

seja, competirá a este, avaliar para cada tipo de investimento se deve seguir com o aporte via mútuo conversível em participação ou mediante a novidade do contrato de participação inaugurado pela Lei Complementar 155/2016.

Ao efetivo aporte de capital mediante mútuo ou ao contrato de participação inaugurado pela referida Lei Complementar, precede o momento em que o investidor decide por este. E, aqui, tem-se a Carta de Intenções (*term sheet*[7]), ou seja, documento preliminar que fixa as regras jurídicas aplicáveis e reflete o exercício da autonomia de vontade das partes. Por sua natureza transacional e atípica, a Carta de Intenções traz consigo normas aplicáveis à reorganização societária, como adiante se enfrentará neste artigo, mas, não seria incorreto afirmar que o texto é munido de disposições obrigacionais mais fluídas, apresentando por exemplo, a estrutura do negócio da empresa nascente, tais como seu plano de negócio, resultados mensuráveis, metas e objetivos da startup.

Para Stephen M. Bainbridge, e em tradução livre, "A [Carta de Intenção] cria um senso moral de obrigação durante o longo processo de negociação de um contrato completo" (Bainbridge, 2009, p. 71), e como documento provisório, apresenta as características que se espera deste. Neste tipo de operação é comum que a urgência de recursos impere para o empreendedor da startup, mas compete aos interessados, a compreensão de que no momento de assinar o contrato definitivo, todo o esforço e desgaste conjugado na etapa preliminar, certamente resultará em alinhamento das expectativas negociais.

A Carta de Intenções, nos termos do artigo 462 e 463 do Código Civil[8], além da qualificação das partes e princípios que devem nortear

[7] Nas palavras de Marcelo Galiciano Nunes, a expressão *term sheet* recebe inúmeras denominações no mercado, tais como memorando de entendimentos (*memorandum of understandings* ou mou), *letter of intentions* (loi), protocolo de intenções, dentre outros, e esclarece que muito embora tais denominações impliquem em objetivos distintos em outras jurisdições, no Brasil, pouco importa sua denominação, valendo seu conteúdo diante da natureza atípica deste instrumento preliminar. (Rocha; Nunes, 2012)

[8] "Art. 462. O contrato preliminar, exceto quanto à forma, deve conter todos os requisitos essenciais ao contrato a ser celebrado. Art. 463. Concluído o contrato preliminar, com observância do disposto no artigo antecedente, e desde que dele não conste cláusula de arrependimento, qualquer das partes terá o direito de exigir a celebração do definitivo, assinando prazo à outra para que o efetive. Parágrafo único. O contrato preliminar deverá ser levado ao registro competente." (BRASIL, 2002)

sua interpretação, apresentará: (i) a participação a ser adquirida, na eventual opção de conversão do mútuo (quando o caso); (ii) os prazos para aporte e se estes ocorrerão em *tranches condicionantes*[9] ou ato único; (iii) se o investidor-anjo detém a exclusividade em relação às demais rodadas de investimento[10] perante terceiros, ainda que por um período determinado; (iv) em não sendo negociada a exclusividade para novas negociações de participação societária, se lhe é assegurado ao menos a preferência em igualdade de condições negociais com terceiros, aqui já admitindo-se a metodologia e implementação de prazos para o exercício do *first option* e *last refusal*[11], sempre que possível, em defesa dos interesses do investidor-anjo; (v) os direitos de voto e demais direitos políticos, a serem refletidos no caso de conversão da participação ou no contrato de participação (respeitadas as limitações legais); (vi) a confidencialidade de todas as condições negociais, em especial, quanto ao valor a ser efetivamente aportado e modelo de negócio da startup, mas não restrito a tais pontos; (vii) o direito de realizar auditoria contábil e jurídica; (viii) o prazo de vigência deste contrato preliminar, e aqui, esclarece-se que este deve ser decupado diante de obrigações distintas, tais como, o prazo para realização de auditoria e para efetiva instrumentalização do contrato de mútuo ou contrato de participação, o prazo do cronograma de condições a serem cumpridos pela startup e a regulamentação do prazo de confidencialidade na pós-vigência; (ix) a natureza vinculativa das obrigações entre as partes, sendo que, a depender das condições negociadas, a Carta de Intenções pode trazer texto híbrido, ou seja,

[9] Esse tipo de investimento é feito em partes (tranches) que são liberadas quando o empreendedor atinge metas pré-acordadas e estabelecidas em contrato. (Ghizoni, 2014)

[10] Dentre as cautelas jurídicas aos investidores anjos, tem-se a necessidade de assegurar travas mínimas para as futuras rodadas de investimento da startup, evitando *overlap*, ou seja, a sobreposição de participações e condições preliminares já concedidas. Isso porque, diante da limitação ao crédito, não é infrequente que empreendedores ansiosos por fomento e na intenção de crescimento rápido, incorram nesta falha durante o *roadshow* para atrair novos investidores.

[11] Por esta implementação, é conferido ao investidor-anjo, a oportunidade de paridade negocial com terceiros investidores em dois momentos distintos. No primeiro deles, a partir do ato do recebimento da oferta/proposta de terceiros (via de regra, em prazo nunca inferior a 30 dias), e, numa segunda e última oportunidade, cabe ao investidor-anjo o direito de contrapor a oferta do investidor terceiro, com direito de recusa expressa e formal, caso não lhe convenha prosseguir com a negociação.

obrigações com natureza vinculativa (como por exemplo, a exclusividade assegurada ao investidor-anjo) e outras não vinculativas; (x) eventuais condições suspensivas e resolutivas que serão refletidas no mútuo e, oportunamente, no contrato de compra e venda das cotas[12], sendo que estas não se restringem ao resultado da *due diligence*; (xi) a indicação de cláusula de indenização, a incluir todos os prazos e condições para sua operacionalização, sendo que esta obrigação determinará ressarcimento diante de ofensas à exclusividade e eventual *overlap* dos empreendedores para atrair investidores terceiros que ofendam direitos já assegurados ao investidor-anjo; (xii) a não concorrência (*non compete clause*); (xiii) a preferência do investidor-anjo na liquidação, ou seja, o direito de receber a quantia investida de volta ou um múltiplo pré-fixado; (xiv) a responsabilidade de custos da operação[13] e (xv) o foro e a jurisdição aplicável, sendo frequente a eleição de Tribunal de Arbitragem para tanto (Lei 9.307/96).

Ainda sobre a construção das condicionantes, a necessidade de consenso exige tempo e maturação negocial, com foco nas cláusulas sensíveis. Dentre estas, deve-se explorar cautelosamente o dever de exclusividade e penalidade por seu descumprimento. Aqui, a reciprocidade negocial deve imperar, ou seja, o investidor-anjo compromete-se a não investir, durante período determinado, em startups da internet concorrentes, ao passo que compete ao empreendedor e sócios fundadores não criarem outros negócios similares e/ou atuarem como empregados ou consultores nas companhias concorrentes. Este dever é espelho do princípio da boa-fé contratual e coroa a negociação em etapa preliminar.

Outro ponto sensível negocial é o risco de endividamento da startup. Dentre as imunidades contratuais a serem firmadas na Carta de Intenções, tem-se a construção de políticas mínimas de alçada ou vedação expressa da startup endividar-se mediante novos contratos de mútuo, financiamento ou outra forma de captação de recursos, fiança bancária

[12] Não é infrequente a fixação de metas de captação de investimentos. Diante da fluidez de tais negociações e atipicidade da Carta de Intenções, há casos em que o investidor-anjo condiciona a conversão do mútuo em participação societária diante de *tranches* efetivamente aportadas por fundos de *venture capital*, ou ainda, majora proporcionalmente sua participação como investidor entrante, caso a startup em *roadshow* não atraia investimento de piso mínimo determinado.

[13] Aqui, igualmente, a experiência demonstra que cada parte arca com suas próprias despesas.

ou qualquer tipo de fiança ou obrigação garantida e o saldo líquido das operações ativas e passivas com derivativos, salvo se autorizado ou pactuado de forma diversa entre empreendedor e investidor-anjo. Esta engrenagem é fartamente utilizada nos contratos de mútuo conversível em participação societária.

Esta defesa ao investidor-anjo tende a ser mais detalhada, incluindo balizas gerenciais como o impedimento de que cada contrato de dívida, individualmente considerado, supere determinado percentual de faturamento líquido (seja este mensal ou trimestral) e/ou ainda a observância de índice calculado com base nas informações financeiras da startup ao final de cada trimestre (Dívida Líquida / EBITDA[14]). Esta tratativa deve acolher os pontos da operação desta empresa nascente, mas ainda assim, preservar o investidor-anjo no momento do exercício da opção de conversão das cotas.

Na sequência e não menos importante, investidor-anjo e empreendedores devem enfrentar a questão relativa à distribuição de resultados e os direitos políticos. Aqui, cada negociação tem suas características e dinamismo, e as condições de distribuição de resultados, sejam estes fixos ou mínimos, é tema recorrente e guerreado na etapa preliminar. Isso porque como dito, as startups da internet são empresas nascentes em que, via de regra, têm os sócios fundadores no papel de 'administrador' e 'executor', esta fusão de papéis acaba refletindo na engrenagem de distribuição de resultados ou fixação de pró-labore destes.

Sendo assim, no âmbito da pré-negociação do contrato de mútuo, é fundamental assegurar ao investidor-anjo cláusula declaratória que assegure a inexistência de deliberação pelos sócios ou pelos seus administradores recomendando ou estabelecendo o pagamento de quaisquer

[14] "A sigla corresponde a ***E**arning **B**efore **I**nterests, **T**axes, **D**epreciation and **A**mortization*, ou seja, lucro antes dos juros, impostos, depreciação e amortização. Em linhas gerais, o Ebitda representa a geração operacional de caixa da companhia, ou seja, o quanto a empresa gera de recursos apenas em suas atividades operacionais, sem levar em consideração os efeitos financeiros e de impostos. Difere do Ebit, conhecido como o lucro na atividade, no que se refere à depreciação e amortização. O Ebit considera estes efeitos contábeis. A utilização do Ebitda ganha importância, porque analisar apenas o resultado final da empresa (lucro ou prejuízo) muitas vezes tem sido insuficiente para avaliar seu real desempenho em um dado período, já que muitas vezes é influenciado por fatores difíceis de serem mensurados". (INFOMONEY, 2006)

dividendos e/ou juros sobre o capital próprio e/ou qualquer forma de distribuição de lucros ou resultados, em dinheiro ou em espécie, além da possibilidade de prévia determinação de alçadas de valores[15]. A distribuição de lucros é tema afinco à governança, ao passo pois assegura que os ativos permaneçam na empresa investida, e este é alvo negocial do mútuo conversível em participação ao passo que é previsto nos termos da Lei Complementar 115/2016, caso a operação se firme via contrato de participação.

No caso do mútuo conversível em participação societária, ponto central desta negociação preliminar é o direito de voto, e os direitos políticos já assegurados ao investidor-anjo – ainda que em etapa preliminar e que serão oportunamente refletidos no acordo de acionistas, mediante o exercício pela opção de conversão do mútuo. Dentre tais direitos, destacam-se quórum acerca de valores para endividamento como acima descrito (mas não restrito a estes), cargos e funções para determinados cotistas ou cláusulas de retenção de talentos na empresa investida (em especial, quando se trata de startups da internet em que *key persons* são o ativo real desta), mas a este tema, dedica-se capítulo específico.

A transparência no fornecimento de informações ao investidor-anjo e qualidade negocial da Carta de Intenções é peça elementar desta relação corporativa. Na visão de Samuel Carvalho Gaudêncio e Charles William McNaughton, no ato da formalização da Carta de Intenções, o potencial investidor confia nas informações que dispõe, por isso, são comuns cláusulas que assinalam que o preço do investimento está sujeito a oportunos ajustes, em especial se o EBITDA informado nas negociações não se confirmar ou se eventuais contingências materializadas forem apuradas na *due diligence* (Gaudêncio; Mcnaughton, 2016, p. 23).

Diante da atipicidade da Carta de Intenções, estas permeiam as características gerais acima apresentadas, mas o foco é a compreensão do caráter vinculativo desta e/ou de algumas de suas obrigações, como

15 Neste sentido, a Lei Complementar 155/2016 apresenta claramente que o pagamento de dividendos está limitado a 50% dos lucros da sociedade investida (artigo, 61-A, parágrafo 6º). Entretanto, ainda assim, em determinadas negociações, a cautela de governança é tão rigorosa que o pró-labore é pré-fixado e por período determinado e não se admite a distribuição de resultados. Isso porque em sua maioria, as startups são fundadas por pessoas físicas em seus ambientes particulares ou ainda sob apoio de incubadoras ou aceleradoras, razão pela qual a confusão patrimonial não é infrequente. (BRASIL, 2016)

acima apresentado[16]. Segundo Stephen M. Bainbridge, a corte norte americana adotou quatro fatores para determinar se a carta de intenções é vinculante: (1) O documento contém uma declaração expressa de intenção de ser vinculante por um contrato escrito? (2) Alguma parte cumpriu parcialmente e a outra parte aceitou tal cumprimento? (3) Existem pontos remanescentes a serem negociados? (4) O contrato envolve situações complexas onde os contratos definitivos são a regra? (Bainbridge, 2009).

Em que pese o roteiro de perguntas utilizado pelo sistema norte-americano, diante da legislação brasileira e a nossa prática empresarial, os atos preparatórios podem ou não carregar a força vinculante, isto porque é a cuidadosa análise do negócio, a incluir o resultado da *due diligence* e/ou atingimento das metas pela startup que admite a decisão do negócio futuro. Para Marcelo Galiciano Nunes e Dinir Salvador Rios da Rocha, este é o melhor entendimento:

> Essa faculdade de se contratar mediante várias *condicionantes* (como a condução da due diligence e a negociação do preço final de compra para a empresa a ser adquirida no contrato de compra e vendas, entre outras) é lícita e plenamente justificável em razão da provisoriedade do acordo celebrado entre as partes durante a fase de negociações preliminares (Rocha; Nunes, 2012, p. 78)

Diante da instrumentalização do mútuo conversível em participação para o investidor-anjo, nos parece nítida a natureza preliminar da Carta de Intenções, e, por esta razão, a conversão do mútuo em participação se concretiza na hipótese de serem confirmadas determinadas condições previamente estabelecidas entre empreendedor e investidor-anjo. Aqui, Samuel Carvalho Gaudêncio e Charles William McNaughton apresentam com brilhantismo: "O que percebemos, em nossa experiência, é que, normalmente, o LOI é vinculante em apenas partes de suas cláusulas e não vinculante nas mais significativas" (Gaudêncio; McNaughton, 2016, p. 22).

[16] Para Fabio Konde Comparato, no contrato preliminar "as partes querem, desde logo, vincular-se à celebração de um contrato definitivo, embora ainda não tenham esclarecido ou concordado com todos os pontos desse contrato futuro. É exatamente essa combinação de obrigatoriedade e provisoriedade que constitui a *ratio essendi* do negócio". (Comparato, 1981, p. 234)

Isto significa dizer que os acordos provisórios são dotados de eficácia. Portanto, no caso da obrigação de conversão do mútuo em participação, se faz necessário que a startup cumpra com todas as condições previstas na Carta de Intenções. Portanto, quaisquer condutas das partes que ensejem sua violação (como por exemplo, a desistência imotivada) ou seja ilícita e comprovadamente incorrida durante a etapa negocial, admite a responsabilização civil da parte infratora. Por este motivo, o consenso dos tópicos essenciais determinados na etapa preliminar é fundamental[17], assim como o estudo das condições de investimento para oportuna decisão se este será realizado via mútuo conversível em participações ou via contrato de participação, nos termos da Lei 155/2016, como adiante se apresentará.

2. A internalização do capital: mútuo conversível em participação de cotas ou ações

Ao decidir pela instrumentalização do seu investimento e optando o investidor-anjo pelo mútuo conversível em participação, ou seja, empréstimo de coisa fungível mediante condições de vencimento e alcance das metas pela startup[18], este deve ser precedido da pactuação da Carta de Intenções conforme acima explanado. Fato é que o contrato de mútuo é engrenagem jurídica mais simples se comparado ao teor regulatório do contrato de participação, nos termos da Lei Complementar 155/2016. E, ainda apresenta vantagens fiscais quando a operação é amparada por um consultor tributário. Além disso, traz a segurança patrimonial e jurídica que se espera de um empréstimo.

Pelo mútuo conversível em participação societária, a internalização do capital admite: (i) o exercício de opção pelo investidor-anjo de sua conversão em participação societária (se assim negociado e não vinculativo); (ii) a imediata conversão mediante o cumprimento das condicionantes pela startup e teor vinculativo da Carta de Intenções (ou das suas condições de conversão); (iii) a recuperação do empréstimo devidamen-

[17] Para a legislação brasileira, o artigo 427 do Código Civil prescreve: "Art.427. A proposta de contrato obriga o proponente, se o contrário não resultar dos termos dela, da natureza do negócio, ou das circunstâncias do caso. (BRASIL, 2002)

[18] "Art. 586. O mútuo é o empréstimo de coisas fungíveis. O mutuário é obrigado a restituir ao mutuante o que dele recebeu em coisa do mesmo gênero, qualidade e quantidade." (BRASIL, Código Civil, 2002)

te corrigida, nos termos contratados entre empreendedor e investidor-anjo, caso as condicionantes não sejam alcançadas pela startup; (iv) o vencimento antecipado na hipótese de eventos de inadimplemento; e (v) o perdão da dívida, se assim convir ao investidor-anjo[19].

Assim, o contrato de mútuo deve dialogar com as condicionantes firmadas na Carta de Intenções. Neste momento, a tensão negocial entre investidores-anjos e empreendedores se trava sobre as garantias do empréstimo, se estas serão exigidas e quais as seguranças patrimoniais do investidor.

Tal como dito na introdução deste artigo, a escassez de garantias é justamente um dos obstáculos para obtenção de linhas de créditos tradicionais. E, este obstáculo persiste diante do investidor-anjo. Para constituir garantias, é necessário (i) bens para hipoteca, penhor ou alienação fiduciária ou (ii) aceite de fianças e avais, já considerando a impraticabilidade de carta de fiança bancária da startup diante do seu histórico financeiro.

A ausência de solidez econômica da startup e, possivelmente dos seus empreendedores, não raro afetam as taxas incidentes sobre o mútuo em questão, a proporcionalidade de participação do investidor-anjo no ato da conversão e outros elementos negociais do investimento. Tanto que algumas engrenagens jurídicas fazem uso da alienação fiduciária das cotas como garantia ao mútuo, além da participação já assegurada ao investidor-anjo na hipótese de conversão do empréstimo. Aqui, a alienação fiduciária das cotas é firmada nos termos do artigo 113 da Lei 6.404/1976[20] e as disposições pertinentes do Código Civil brasileiro[21],

[19] Neste exercício jurídico, o perdão é considerado receita não operacional e, por esta razão, sujeita a incidência de Imposto de Renda, Contribuição Social sobre o Lucro Líquido e, ITCMD (neste último caso, quando o valor superar o limite de isenção de cada Estado), isto claro, a se considerar que a empresa não é optante do Simples Nacional.

[20] Art. 113. O penhor da ação não impede o acionista de exercer o direito de voto; será lícito, todavia, estabelecer, no contrato, que o acionista não poderá, sem consentimento do credor pignoratício, votar em certas deliberações.

Parágrafo único. O credor garantido por alienação fiduciária da ação não poderá exercer o direito de voto; o devedor somente poderá exercê-lo nos termos do contrato. (BRASIL, 1976)

[21] Art. 1.057. Na omissão do contrato, o sócio pode ceder sua quota, total ou parcialmente, a quem seja sócio, independentemente de audiência dos outros, ou a estranho, se não houver oposição de titulares de mais de um quarto do capital social. Parágrafo único. A ces-

diante dos eventos de inadimplemento que constam ou devem constar na Carta de Intenções ou no instrumento do próprio mútuo, ensejando a excussão da garantia. Ainda assim e mesmo diante de tais obstáculos, o mútuo conversível em participação societária é a arquitetura comumente utilizada pelos investidores-anjos.

Ressalva-se aqui que a estrutura fiscal[22] sobre esta operação de crédito é relevante para o mutuante e mutuário, e o prazo eleito para o empréstimo também. Isso porque, caso o investidor-anjo seja pessoa física não há que se falar na incidência de IOF, com base no Art. 13, §2º da Lei 9.779/1999[23]. E, em sendo pessoa jurídica, haverá obrigatoriamente a incidência de IOF, diante do artigo 2º, inciso I, alínea 'c', do Decreto n. 6.306, de 14 de dezembro de 2017[24].

Na sequência, enfrenta-se ainda a questão dos rendimentos decorrentes do investimento. Neste âmbito e a se considerar a figura do investidor-anjo como pessoa física, o prazo da operação de crédito deve coincidir com o prazo para o exercício de opção de conversão das cotas pelo investidor-anjo. Vale destacar a importância da estrutura legal e fiscal apropriada a cada aporte específico, e, novamente recorrendo à Lei 9.779/99 em seu artigo 5º combinado com o Art. 1º da Lei 11.033/04 (e, também com Art. 46 do IN RFB 1.585/15), tem-se que:

> Art. 1º Os rendimentos de que trata o art. 5º da Lei nº 9.779, de 19 de janeiro de 1999, relativamente às aplicações e operações realizadas a

são terá eficácia quanto à sociedade e terceiros, inclusive para os fins do parágrafo único do art. 1.003, a partir da averbação do respectivo instrumento, subscrito pelos sócios anuentes. (BRASIL, 2002)

22 A legislação nacional equipara o mútuo a aplicações financeiras de renda fixa. Vejamos o que diz a Instrução Normativa RFB nº 1585, de 31 de agosto de 2015: "Art. 47. São também tributados como aplicações financeiras de renda fixa os rendimentos auferidos:[...] III – nas operações de mútuo de recursos financeiros entre pessoas jurídicas ou entre pessoa jurídica e pessoa física;" (RFB, 2015)

23 Art. 13. As operações de crédito correspondentes a mútuo de recursos financeiros entre pessoas jurídicas ou entre pessoa jurídica e pessoa física sujeitam-se à incidência do IOF segundo as mesmas normas aplicáveis às operações de financiamento e empréstimos praticadas pelas instituições financeiras. [...]§ 2º Responsável pela cobrança e recolhimento do IOF de que trata este artigo é a pessoa jurídica que conceder o crédito. (BRASIL, 1999)

24 Art. 2º O IOF incide sobre: I – operações de crédito realizadas: [...] c) entre pessoas jurídicas ou entre pessoa jurídica e pessoa física; [...]." (BRASIL, 2017)

> partir de 1º de janeiro de 2005, sujeitam-se à incidência do imposto de renda na fonte, às seguintes alíquotas:
> I – 22,5% (vinte e dois inteiros e cinco décimos por cento), em aplicações com prazo de até 180 (cento e oitenta) dias;
> II – 20% (vinte por cento), em aplicações com prazo de 181 (cento e oitenta e um) dias até 360 (trezentos e sessenta) dias;
> III – 17,5% (dezessete inteiros e cinco décimos por cento), em aplicações com prazo de 361 (trezentos e sessenta e um) dias até 720 (setecentos e vinte) dias;
> IV – 15% (quinze por cento), em aplicações com prazo acima de 720 (setecentos e vinte) dias. (BRASIL, 2004)

Nos termos acima apresentados, sob o ponto de vista fiscal, quanto maior o prazo do empréstimo (prazo da operação de crédito), menor a incidência da alíquota sobre o imposto de renda na fonte. Por esta razão, a estrutura apropriada negocial e contratual deve seguir acompanhada da melhor estratégia fiscal ao investidor anjo pessoa física, avaliando-se cada investimento específico[25].

Ao se considerar a pessoa jurídica como investidor-anjo, o valor revertido ao caixa do mutuante será contabilmente tratado como "outras receitas", considerando-se aqui que a empresa investidora não detenha a atividade de administração de fundos e atividades de serviços financeiros (ou correlatos) dentre as atividades principais do seu objeto social. E, no caso, do investidor-anjo deter objeto específico de investimento, a incluir gestão e serviços, bem como a administração de outras empresas, este será considerado "receita de operação", sendo sua tributação correspondente ao regime fiscal adotado.

Feitas estas considerações, destaca-se ainda o cenário em que as condicionantes não se concretizam pela startup e o investidor-anjo opta por perdoar tal dívida. Neste caso, a startup assume um passivo fiscal, pois experimentou aumento patrimonial e foi beneficiada com o perdão do empréstimo.

[25] Novamente, recorrendo à IN RFB 1.585/15 para definirmos o momento do recolhimento do tributo, tem-se que: "Art. 49. O imposto de que tratam os arts. 46, 47 e 48 será retido no ato do: I – pagamento dos rendimentos ou da alienação do título ou da aplicação, nas hipóteses previstas no art. 46, nos incisos I a IV do art. 47 e no art. 48 [...]". (BRASIL, 2015)

Essa forma de internalização do capital é comumente utilizada diante da clareza dos seus riscos e admissibilidade de garantias patrimoniais ao investidor-anjo, que poderá, dentro da linha do tempo da referida operação de crédito e, preferencialmente, diante do teor não vinculante da cláusula de conversão, decidir pela conveniência da sua participação societária diante das métricas efetivamente alcançadas pela startup ou exigir a quitação do empréstimo devidamente corrigido, sempre acompanhado de garantias que o preservem. Em que pese a flexibilidade negocial admitida na Carta de Intenções e no contrato de mútuo conversível em participação, a partir de janeiro de 2017, novo modelo contratual para os investidores-anjos foi legislado, permitindo a estes a eleição do melhor instrumento.

3. A regulação do investimento-anjo no Brasil e seu impacto societário

Diante das políticas públicas travadas e na busca por fomentar novos investidores oferecendo a segurança jurídica esperada, a Lei Complementar 155, de 27 de outubro de 2016, inseriu dispositivos na Lei Complementar 123, de 14 de dezembro de 2006, e, assim trouxe mudanças significativas para potenciais aportes em microempresas e empresas de pequeno porte, bem como alterações no regime de apuração de impostos de empresas optantes pelo Simples Nacional[26].

Por esta razão, a Lei Complementar é considerada um marco regulatório ao modelo de investimento-anjo no Brasil[27]. Vigente desde janeiro de 2017, traz consigo olhares elogiosos e críticos[28], mas fato é que, den-

[26] O Simples Nacional é um regime compartilhado de arrecadação, cobrança e fiscalização de tributos aplicável às Microempresas e Empresas de Pequeno Porte, previsto na Lei Complementar nº 123, de 14 de dezembro de 2006. (SIMPLES NACIONAL, [200-?])

[27] Segundo estudo desenvolvido pela Fundação Dom Cabral, cerca de 25% (vinte e cinco por cento) das startups são extintas em um período inferior a um ano e cerca de 50% (cinquenta por cento) em um período inferior a 4 anos. (Arruda. et al., 2012)

[28] Para Fabio Gomes dos Santos, Rafael Roberto Hage Tonetti e Vitor Monteiro: "Este novo instrumento de investimento requer medição por parte dos juristas. São exemplos de dúvidas pertinentes: qual a natureza jurídica do aporte de capital investido no artigo 61-A da Lei Complementar n. 123/2006, notadamente em face dos impactos contábeis para as microempresas ou empresas de pequeno porte investidas? Qual a natureza jurídica tributária dos eventuais ganhos ou remunerações recebidas pelo investidor-anjo? Os FIPs, podem de acordo com a regulamentação da CVM, figurar imediatamente coo investidores anjos nos

tre as novidades regulatórias, tem-se que o investimento deve ser formalizado mediante o contrato de participação entre investidor e empreendedor, com requisitos formais a serem atendidos[29] e assegurado que o valor do aporte não a desenquadre do Simples Nacional.

Dentre os avanços favoráveis apresentados pela legislação em questão, tem-se o delimitador do artigo 61-A da Lei Complementar 155/2016, que claramente apresenta a inovação e seu fomento como finalidade. O tema inovação enfrentado no início deste artigo, traz aqui outro papel. Não apenas o destino em si do recurso, mas o impedimento de desvio de finalidade do aporte pelos empreendedores, por esta razão o plano de negócio e métricas devem integrar o contrato de participação, alinhavando recurso e seu destino obrigatório. Outra vantagem inquestionável é o fato de que este artigo determina que o aporte em questão não integrará o capital social da empresa. Aqui, o tema trouxe polêmicas – mas, não nos parece complexo compreender o escopo do legislador.

Vejamos: Em sentido claramente oposto, vale destacar que não raro, para assegurar a finalidade do aporte nos casos de mútuo conversível em participação, a Carta de Intenções e instrumento de mútuo podem exigir o aumento do capital social, em prazo estreito e espelho ao efetivamente aportado pelo investidor-anjo, assegurando a integralização do capital social pelos sócios fundadores e proporcional responsabilidade destes diante da titularidade das suas cotas.

O texto da Lei Complementar em questão provoca debates jurídicos, mas o fato é que, não existe vedação que o valor investido seja convertido em capital social. A pretensão do legislador foi justamente afastar toda e qualquer confusão interpretativa do Judiciário brasileiro sobre a natureza da relação investidor-anjo e empresa investida[30]. Ou seja, a nova e comemorada engrenagem determina que o investidor-anjo está protegido de responsabilidades como detentor de um aporte especial:

termos do artigo 61-D da Lei Complementar n. 123/2006 ou há necessidade de se aguardar regulamentação específica sobre a matéria?" (Tonetti; Monteiro, 2017, p. 201 e 202)

[29] Neste sentido, tal como dito acima, a negociação do contrato de mútuo conversível em participação admite maior flexibilidade negocial aos investidores-anjos e empreendedores, sem que se possa falar em obrigatoriedade ao atendimento aos requisitos formais exigidos pela Lei Complementar 155/2016.

[30] Aqui, permanece a dúvida levantada sobre qual a natureza jurídica do aporte de capital investido no artigo 61-A da Lei Complementar n. 123/2006, em especial, diante da sua ótica contábil. A princípio, esta seria contabilizada como passivo da empresa nascente.

> Artigo 61 –A. [...] § 4º O investidor-anjo:
> I – não será considerado sócio nem terá qualquer direito a gerência ou voto na administração da empresa;
> II – não responderá por qualquer dívida da empresa, inclusive em recuperação judicial, não se aplicando a ele o art. 50 da Lei nº 10.406, de 10 de janeiro de 2002 – Código Civil;
> III – será remunerado por seus aportes, nos termos do contrato de participação, pelo prazo máximo de cinco anos. (BRASIL, Lei Complementar 155, 2016)

Outro requisito formal a ser cumprido é a limitação do prazo. Pelo novo texto do § 1º do artigo 61-A, o contrato de participação não pode ter vigência superior a sete anos. Aqui, sem maiores considerações teóricas, tendo em vista que a prática do mercado se impera com mútuos conversíveis a partir de 18 a 24 meses, por isso, em que pese a aparente limitação, a regra causa pouco impacto prático na dinâmica de investimentos que se espera diante de uma startup.

A regulação segue apresentando que o investidor-anjo não terá qualquer direito a gerência ou voto na administração da empresa. Aqui, tem-se novo contraponto à modalidade de mútuo conversível em participação – isso porque, nas etapas preparatórias deste instrumento e com fim de acautelar o direito creditício do investidor-anjo, a interferência na gerência é uma possibilidade, tal como o limite de endividamento aceitável e, igualmente, assegurado ao mutuante o direito de veto, bem como outros pontos destacados na seção sobre as características gerais da Carta de Intenções.

Para a Lei Complementar 155/2016 o foco é a segurança jurídica necessária para o aporte, admitindo os direitos decorrentes de uma participação societária, mas isentando o investidor-anjo por quaisquer dívidas da empresa, inclusive em recuperação judicial.

Outra novidade acompanha o ambiente de conforto legislado para o investidor-anjo pela Lei Complementar 155/2016, diferentemente do tópico em que enfrentamos a distribuição de resultados durante a vigência do contrato de mútuo, o contrato de participação admite que ao final de cada período, o investidor-anjo faça jus à remuneração correspondente aos resultados distribuídos, conforme contrato de participação, mas nunca superior a 50% (cinquenta por cento) dos lucros da sociedade enquadrada como microempresa ou empresa de pequeno porte. Aqui, invoca-se a atenção para o fato de que a lei traz a expressão 'período' e, em sendo tais startups microempresas e empresas de pequeno porte integrantes do Simples Nacional, admite-se a fixação contratual desta distribuição (trimestral, semestral ou anual). Mais uma vez, o ponto sensível é a seara fiscal, diante do questionamento sobre a natureza tributária destas distribuições ao investidor-anjo. Para Pedro H. Ramos, Diogo Perroni e Luis Felipe Baptista Luz esta é a maior vantagem da Lei Complementar 155/2016:

> Para ser coerente com o espírito da lei, é forçoso que não haja tributação dessa remuneração, a exemplo do que acontece com os sócios (a distribuição desses resultados para sócios representa o rendimento isento e não tributável). Se houver tributação, cairá, a nosso ver, um dos pilares da importância do novo instituto. (Ramos, Perroni, Luz, 2016, p. 11)

No exercício de equilíbrio de interesses, o legislador estende proteção às empresas ao determinar um prazo limite para o resgate do capital – no mínimo dois anos a contar do aporte de capital, e, também o valor máximo corrigido até seu oportuno resgate pelo investidor anjo[31]. Esta condição protege o que assombra os contratos de mútuo sob a ótica do empreendedor – a obrigação de quitar o valor integral do mútuo na eventualidade de não opção da conversão pelo anjo-investidor, em descompasso com a saúde financeira da startup.

Referida proteção vai além. Pela Lei Complementar 115/2016, as startups são asseguradas quanto ao limite do valor a ser resgatado. Em suma, este não poderá ultrapassar o valor investido devidamente corrigido e deve pautar-se pelo teor do artigo 1.031 do Código Civil, ou seja, com base no balanço especialmente levantado até a data do resgate[32].

[31] § 7º O investidor-anjo somente poderá exercer o direito de resgate depois de decorridos, no mínimo, dois anos do aporte de capital, ou prazo superior estabelecido no contrato de participação, e seus haveres serão pagos na forma do art. 1.031 da Lei 10.406, de 10 de janeiro de 2002 – Código Civil, não podendo ultrapassar o valor investido devidamente corrigido. (BRASIL. Lei Complementar 115/2016, art. 61-A)

[32] Art. 1.031. Nos casos em que a sociedade se resolver em relação a um sócio, o valor da sua quota, considerada pelo montante efetivamente realizado, liquidar-se-á, salvo disposição contratual em contrário, com base na situação patrimonial da sociedade, à data da resolução, verificada em balanço especialmente levantado.

A nova surpresa é a possibilidade de que a titularidade do aporte seja transferida a terceiros, dispensada de aceite dos sócios, se assim negociado. A transferência é atributo interessante aos olhos do investidor -anjo, pois admite inclusive que seja feita de forma onerosa à terceiros.

Permanece debate jurídico sobre o teor do §10° do art. 61-A da Lei Complementar 115/2016 pelo qual o Ministério da Fazenda poderá regulamentar a tributação sobre a retirada do capital investido. A dúvida se instala sobre a expressão 'retirada do capital investido', se este de fato, se restringe ao resgate do valor aportado. E, mais, se a esta retirada será conferida a natureza de crédito (e, portanto, correção tributada como juros) ou como ganho auferido pelo investidor-anjo, o que implica em conceitua-la como ganho de capital. Esta ainda é a sombra de insegurança para a tomada de decisão do investidor-anjo, a tributação efetiva sobre a retirada.

Por fim, e mais importante, enfrenta-se no artigo 61-C da Lei Complementar 115/2016, as situações em que os sócios decidam pela venda da startup. O texto não deixa dúvidas sobre o direito de preferência na aquisição pelo investidor-anjo, e, assegura o direito de venda conjunta da titularidade do aporte de capital, nos termos e condições em que forem ofertados aos sócios regulares. A redação da Lei Complementar dispensa o esforço negocial dedicado a tal tópico nos casos de mútuo com opção conversível em participação pelo investidor-anjo.

Sem sombra de dúvidas que o direito assegurado precisa ser aprofundado no contrato de participação. O que se tem pela redação legislativa é a garantia do direito de preferência[33] e do direito de venda conjunta ao investidor-anjo, mas compete a este determinar os prazos e mecanismos para exercício deste direito, a incluir a igualdade de condições perante terceiros (aqui, admitindo-se a *first option* e *last refusal*) para aquisição de cotas da empresa nascente.

§ 1º O capital social sofrerá a correspondente redução, salvo se os demais sócios suprirem o valor da quota.

§ 2º A quota liquidada será paga em dinheiro, no prazo de noventa dias, a partir da liquidação, salvo acordo, ou estipulação contratual em contrário. (BRASIL, 2002)

[33] Invoca-se a atenção de que não se deve confundir o direito de preferência na etapa da Carta de Intenções, com o direito de preferência na aquisição. Na etapa preliminar, o que se pretende é assegurar a preferência diante de roadshows para prospecção de novos investidores-anjos.

Igualmente, para a venda conjunta (*tag along*), assegurar este direito é fundamental ao investidor-anjo, porque via de regra este deterá participação minoritária na sociedade. Em breves linhas, pode-se conceituar o direito para a venda conjunta como uma ligação forçada entre sócios minoritários e majoritários, em especial para startups da internet, diante da força exponencial de crescimento destas e possibilidade de experimentarem em curto prazo aquisições por terceiros alheios à startup.

Assegurar o direito de venda é instituto que atrai investimento, pois confere segurança e estabilidade ao investidor-anjo minoritário, em especial porque não raro a decisão de investir está atrelada ao perfil do sócio controlador, e, portanto, a possibilidade de sociedade com terceiro alheio ao ato de investir pode não convir ao investidor. Entretanto, mais do que isso, é preciso adequar esta negociação de acordo com o planejamento empresarial realizado pelos empreendedores e investidores-anjos.

Em que pese o direito da venda conjunta, nos mesmos termos e condições ofertados aos sócios regulares e conforme expresso no artigo 61-C da Lei Complementar 155/2016, destaca-se a importância da negociação superar alguns pontos, tais como: (i) quais são os eventos que provocam o direito deste exercício; (ii) em quais condições a aquisição será ofertada ao investidor-anjo minoritário (em especial, sendo este um investidor estratégico) e, por fim, (iii) o alinhamento aos temas laterais à disposição do *tag along*, como por exemplo, o *lock up period* – ou seja, a fixação de período em que é vedada a alienação, num esforço de manter a estabilidade do planejamento no pós-investimento. No mais, ressalta-se que o investidor-anjo tem o direito assegurado de vender suas cotas nas mesmas condições que os sócios regulares, mas não é uma obrigação. Portanto, a oportunidade negocial é que deve lhe trazer tais respostas.

Ponto não enfrentado pela Lei Complementar, mas de larga maturidade no nosso ambiente empresarial é a cláusula *drag along* e seus impasses na etapa negocial do investimento. De fato, a *drag along* é ferramenta valiosa para o sócio majoritário, pois aqui, o investidor-anjo não pode se opor à venda da empresa.

Com relação à *drag along*, esta deve ser condição expressa e literal no contrato de participação. E, novamente, é recomendável que investidores-anjos e empreendedores esbocem cenários no plano de negócios das startups, afinal, neste mercado, são recorrentes situações em que a startup conta com aporte do investidor-anjo na sua etapa inicial e na sequência, mais madura, recebe investimentos de *venture capital.* Diante de oportunas propostas e sem a condição expressa da *drag along*, o empreendedor enfrenta o desafio de convencer os investidores-anjos, sobre as condições de venda e viabilização do negócio.

Neste sentido, parece-nos que o mais recomendado é que em sendo concedido tal direito pelo investidor-anjo, este fica condicionado a um valor mínimo para as cotas dos sócios minoritários, assegurando interesses de todos os envolvidos. Com fim único de prosperidade ao setor de inovação brasileiro e ainda com lacunas tributárias a serem superadas, não restam dúvidas de que a Lei Complementar 155/2016 tem como mérito a segurança jurídica apresentada aos investidores-anjos e possibilidade do seu alcance às microempresas e empresas de pequeno porte, admitindo-as a estas, a mantença do regime de apuração de impostos pelo Simples Nacional. Em que pese os direitos assegurados pela Lei Complementar 155/2016, compete aos investidores-anjos implementarem disposições detalhadas e regras societárias para a acomodação de interesses, sempre em alinhamento ao plano de negócio da startup e preservando detalhadamente os direitos conferidos pela legislação em questão.

Conclusões

Diante de toda a complexidade enfrentada pelas startups da internet e o ecossistema destas, é preciso reconhecer que a decisão de investir em condições de incertezas é desafio que se impõe aos investidores-anjos. Diante de um mercado dinâmico em que modelos de negócios são validados ou confirmados apenas como suposições, o baixo índice de sucesso de empresas inovadoras, a avaliação de um plano de negócios executável, o *background* administrativo dos sócios fundadores e um produto mínimo viável, compete ao investidor-anjo concentrar-se na oportunidade, ou melhor dizendo, na taxa de sucesso e retorno daquela empresa nascente.

Dentro deste cenário, o mútuo com opção de conversão em participação societária se tornou instrumento recorrente para aportes de investimentos em startups. A simplicidade da sua estrutura associada à negociação de um contrato preliminar (Carta de Intenções), admitiram ao mercado brasileiro, experiências de fomento privado às tais empresas jovens e inovadoras. Aqui, deve-se ressaltar que esta estrutura jurídica não deixa dúvidas sobre os seus aspectos e ônus fiscais, conforme avaliado na seção 2 deste capítulo.

Longe de afastar sua natureza de operação de crédito e diante da possibilidade de travas gerenciais com fim único de assegurar a saúde financeira das empresas nascentes (e, aqui, nem se está a considerar a possibilidade do investidor-anjo ocupar no Conselho da startup o papel de *board advisor* ou *board observer*), o mútuo conversível em participação traz consigo o risco de incompreensão da sua arquitetura jurídica perante o judiciário brasileiro.

Este foi o ponto de partida da Lei Complementar 155/2016 ao isentar a responsabilidade do investidor-anjo e restringir seu risco ao retorno do investimento tão apenas. O mérito da legislação em questão é isentar a responsabilidade dos investidores-anjos enquanto detentores de aporte especial e limitar ao valor investido e corrigido, a partir do momento da conversão. Outro benefício inegável é o acesso a tal ferramental para as microempresas e empresas de pequeno porte, admitindo-as a estas, a mantença do regime de apuração de impostos pelo Simples Nacional.

Em certo momento, pode-se considerar que a regulação do contrato de participação inaugurada pela LC 155/2016 afastaria o modelo do mútuo conversível em participação até então eleito pelos investidores -anjos. Ao contrário. A decisão de investir deve considerar a segurança fiscal e seus impactos, e em especial, as contrapartidas, interesses e limitações que se pretende negociar, caso a caso.

Neste sentido, simples concluir que o investidor-anjo dispõe de dois modelos de investimento: a atipicidade do contrato de mútuo conversível em participação societária e a tipicidade dos contratos de participação, com todas as vantagens e obstáculos apresentados ao longo deste trabalho. Em operações envolvendo inovações e startups da internet, o que o investidor-anjo busca é a taxa de retorno. E, assim, sendo-lhe assegurado a isenção de responsabilidades perante as dívidas da sociedade enquanto detentor de aporte especial, bem como o exercício de direitos tipicamente políticos decorrentes da participação societária, tais como *tag along*, direito de preferência, direito de participação nos lucros, parece cenário jurídico ideal proporcionado aos investidores-anjos pela Lei Complementar 155/2016.

Há ainda caminho longo a percorrer, a incluir o posicionamento do Ministério da Fazenda perante o contrato de participação, a título de exemplo. Mas, é inegável o caráter multidisciplinar que se impõe ao operador do direito quando inovação, risco e investimento são elementos de uma operação. Frente a tal complexidade, diminuir o risco do capital investido é assegurar a prosperidade de tais startups inovadoras. Embora a agenda política nacional dos últimos 30 anos tenha se dedicado à construção de mecanismos de fomento à inovação, não nos parece difícil concluir que a composição público-privado é o caminho mais efetivo para se alinhar e coordenar iniciativas financeiras articuladas em prol das empresas nascentes.

Referências

ANJOS DO BRASIL. *O que é um investidor-anjo.* [S.I], [201-?]. Disponível em: <http://www.anjosdobrasil.net/o-que-eacute-um-investidor-anjo.html>. Acesso em 24-06-2018.

______. *Investimento Anjo no Brasil tem potencial de R$1.7 bilhão.* [S.I], 2016. Disponível em: <http://blog.anjosdobrasil.net/2016/07/investimento-anjo-no-brasil-tem.html>. Acesso em 22-06-2018.

______. *Afinal, para quem é destinado o investimento anjo?.* [S.I], 2018. Disponível em: <http://www.anjosdobrasil.net/blog >. Acesso em 25-06-2018.

Arruda, Carlos; et.al. *Causas da Mortalidade de Startups Brasileiras*: o que fazer para aumentar as chances de sobrevivência no mercado?. Rio de Janeiro: Fundação Dom Cabral, 2012.

Bainbridge, Stephen M. *Merges and acquisitions.* 2 ed. New York: University Textbook Series, 2009.

Bonchrostiano, Antonio. In: Bartunek, Florian; Napolitano, Giuliana; Moreau, Pierre. (Orgs.). *Fora da curva:* os segredos dos grandes investidores do Brasil – e o que você pode aprender com eles. São Paulo: Portfolio Penguin, 2016.

BRASIL. Constituição (1988). *Constituição da República Federativa do Brasil.* Brasília, DF: Senado Federal. 1988. Disponível em: <http://www.planalto.gov.br/ccivil_03/constituicao/constituicaocompilado.htm>. Acesso em 20-06-2018.

______. Lei nº 6.404 de 15 de dezembro de 1976. Dispõe sobre as Sociedades por Ações. DF. Dezembro, 1976. Disponível em: <http://www.planalto.gov.br/ccivil_03/leis/l6404compilada.htm>. Acesso em 20-06-2018.

______. Lei nº 9.307, de 23 de setembro de 1996. Dispõe sobre a arbitragem. Brasília, DF. Setembro, 1996. Disponível em: <http://www.planalto.gov.br/ccivil_03/Leis/L9307.htm>. Acesso em 20-06-2018.

______. Lei nº 9.779, de 19 de janeiro de 1999. Altera a legislação do Imposto sobre a Renda. Brasília, DF. Janeiro, 1999. Disponível em: <http://www.planalto.gov.br/ccivil_03/Leis/L9779.htm>. Acesso em 20-06-2018.

______. Lei nº 11.196 de 21 de novembro de 2005, Lei do Bem. Brasília, DF. Novembro, 2005. Disponível em: <http://www.planalto.gov.br/ccivil_03/_ato2004-2006/2005/lei/l11196.htm>. Acesso em 20-06-2018.

______. Lei nº 11.487 de 15 de junho de 2007. Brasília, DF. Junho, 2007. Disponível em: <http://www.planalto.gov.br/ccivil_03/_ato2007-2010/2007/lei/l11487.htm>. Acesso em 20-06-2018.

______. Lei nº 11.774 de 17 de setembro de 2008. Brasília, DF. Setembro, 2008. Disponível em: <http://www.planalto.gov.br/ccivil_03/_ato2007-2010/2008/lei/l11774.htm>. Acesso em 20-06-2018.

______. Lei nº 12.441 de 11 de julho de 2011. Altera a Lei nº 10.406, de 10 de janeiro de 2002 (Código Civil), para permitir a constituição de empresa individual de responsabilidade limitada. Brasília, DF. Julho, 2011. Disponível em: <http://www.planalto.gov.br/ccivil_03/_ato2011-2014/2011/lei/l12441.htm>. Acesso em 20-06-2018.

______. Lei nº 12.546 de 14 de dezembro de 2011. Brasília, DF. Dezembro, 2011. Disponível em: <http://www.planalto.gov.br/ccivil_03/_ato2011-2014/2011/lei/l12546.htm>. Acesso em 20-06-2018.

______. Lei nº 13.243 de 11 de janeiro de 2016, Marco Legal de Ciência, Tecnologia e Inovação. Brasília, DF. Janeiro, 2016. Disponível em: <http://www.planalto.gov.br/ccivil_03/_ato2015-2018/2016/lei/l13243.htm>. Acesso em 20-06-2018.

______. Lei Complementar nº 155 de 27 de outubro de 2016. Disponível em: <http://www.planalto.gov.br/ccivil_03/Leis/lcp/Lcp155.htm>. Acesso em 21-06-2018.

______. Lei nº 12.350 de 20 de dezembro de 2016. Promove desoneração tributária de subvenções governamentais destinadas ao fomento das atividades de pesquisa tecnológica e desenvolvimento de inovação tecnológica nas empresas Brasília, DF. Dezembro, 2016. Disponível em: <http://www.planalto.gov.br/ccivil_03/_ato2007-2010/2010/Lei/L12350.htm>. Acesso em 20-06-2018.

Buainain, Antônio Márcio; Lima Junior, Irineu de Souza; Corder, Solange. *Desafios do financiamento à inovação no Brasil.* In: Coutinho, Diogo; Foss, Maria Carolina; Mouallem, Pedro Salomon. (Orgs.). Inovação no Brasil: avanços e desafios jurídicos e institucionais. São Paulo: Blucher, 2017.

Comparato, Fábio Konder. *Reflexões sobre as promessas de cessão de controle societário.* In: Novos ensaios e pareceres de direito empresarial. Rio de Janeiro: Forense, 1981.

Fernandes, Wanderley (Org.). *Fundamentos e Princípios dos Contratos Empresariais.* 2ª Edição. São Paulo: Saraiva, 2012.

Fisher, Roger; Ury, William. *Como chegar ao sim: como negociar acordos sem fazer concessões.* 3ª edição. Rio de Janeiro: Solomon Editores, 2014.

Gaudêncio, Samuel Carvalho; McNaughton, Charles William. *Fusões e aquisições: prática jurídica no M&A.* 1ª edição. São Paulo: IOB SAGE, 2016.

GHIZONI, Bruno. *Identifique que tipo de investidor sua empresa precisa.* [S.I], 2014. Disponível em: <:https://startupi.com.br/2014/09/identifique-que-tipo-de-investidor-sua-empresa-precisa/>. Acesso em 25-06-2018.

GOMES, Tallis. *Nada easy:* o passo a passo de como combinei gestão, inovação e criatividade para levar minha empresa a 35 países em 4 anos. 1ª edição. São Paulo: Gente Editora, 2017.

GRECO, Simara Maria de Souza Silveira (Coord.). *Global Entrepreneurship Monitor Empreendedorismo no Brasil: 2016.* Curitiba: IBQP, 2017. Disponível em: <http://www.sebrae.com.br/Sebrae/Portal%20Sebrae/Anexos/GEM%20Nacional%20-%20web.pdf>. Acesso em 20-06-2018.

HERITAGE FOUNDANTION. *Index of Economic Freedom.* [S.I], 2016. Disponível em: <www.heritage.org/index/pdf/2016/countries/brazil.pdf>. Acesso em 20-06-2018.

______. *Index of Economic Freedom.* [S.I], 2017. Disponível em: <https://www.heritage.org/index/pdf/2017/countries/brazil.pdf>. Acesso em 20-06-2018.

______. *Index of Economic Freedom: Country Rankings.* [S.I], 2018. Disponível em: <https://www.heritage.org/index/ranking>. Acesso em 20-06-2018.

INFOMONEY. *Ebitda: entenda o conceito e o cálculo desse importante indicador de desempenho.* [S.I], 2006. Disponível em: <:https://startupi.com.br/2014/09/identifique-que-tipo-de-investidor-sua-empresa-precisa/>. Acesso em 16-06-2018.

MORRISSETTE, Stephen G. *A Profile of Angel Investors.* In: Journal of Private Equity (Ed), [S.I], 2007. Disponível em: <https://eclass.aueb.gr/modules/document/file.php/LOXR116/02%20Venture%20Capital/Articles/Morrissette_(07)_JPE.pdf>. Acesso em 24-06-2018.

MOURÃO, Alessandra Nascimento S. F. (Coord.). *Fundamentos da Negociação para o Âmbito Jurídico.* 1ª Edição. São Paulo: Saraiva, 2014.

OECD. *Manual de Oslo: Diretrizes para Coleta e Interpretação de Dados Sobre Inovação.* Traduzido por: Flávia Gouveia: 3. ed., 2005. Disponível em: <http://www.finep.gov.br/images/apoio-e-financiamento/manualoslo.pdf>. Acesso em 19-06-2018.

RAMOS, Pedro H.; PERRONI, Diogo; LUZ, Luis Felipe Baptista. *A Regulação do Investimento Anjo no Brasil*: Comentários e perspectivas a respeito da Lei Complementar 155/2016. [S.I], 2016. Disponível em: <:https://baptistaluz.com.br/wp-content/uploads/2018/06/artigo-baptista-luz-pt-regulac%CC%A7a%CC%83o-do-Investimento-anjo-no-Brasil.pdf>. Acesso em 28-06-2018.

RAUEN, André Tortato, et al. *Inovação no Brasil*: avanços e desafios jurídicos e institucionais Coutinho, Diogo.; FOSS, Maria Carolina; MOUALLEM, Pedro Salomon (Orgs.). Inovação no Brasil: avanços e desafios jurídicos e institucionais. São Paulo: Blucher, 2017.

RFB – Receita Federal do Brasil. Instrução Normativa Secretaria da Receita Federal nº 1585 de 31 de agosto de 2015. Dispõe sobre o imposto sobre a renda incidente sobre os rendimentos e ganhos líquidos auferidos nos mercados financeiro e de capitais. Diário Oficial, Brasília, DF, 02/09/2015. Disponível em: <http://normas.receita.fazenda.gov.br/sijut2consulta/link.action?idAto=67494&visao=anotado=>. Acesso em 25-06-2018.

RIES, Eric. *A startup enxuta*: como os empreendedores atuais utilizam a inovação contínua para criar empresas extremamente bem-sucedidas. 1ª edição. São Paulo: Leya, 2012.

ROCHA, Dinir Salvador Rios da; NUNES, Marcelo Galiciano. *Term Sheet e Contrato de Compra e Venda de Ações ou Quotas*. In: ROCHA, D. S. R; QUATTRINI, L. T. (Coord.). Fusões, Aquisições, Reorganizações Societárias e Due Diligence. 1ª Edição. São Paulo: Saraiva, 2012.

ROCHA, Dinir Salvador Rios da; QUATTRINI, Larissa Teixeira (Coord.). *Fusões, Aquisições, Reorganizações Societárias e Due Diligence*. 1ª Edição. São Paulo: Saraiva, 2012.

SANTOS, Fabio Gomes dos; TONETTI, Rafael Roberto Hage; MONTEIRO, Vitor. *Desafios jurídicos para o fomento financeiro da inovação pelas empresas*. In: COUTINHO, Diogo.; FOSS, Maria Carolina; MOUALLEM, Pedro Salomon P. (Orgs.). Inovação no Brasil: avanços e desafios jurídicos e institucionais. São Paulo: Blucher, 2017.

SIMPLES NACIONAL. *O que é o Simples Nacional?*. [S.I], [200-?]. Disponível em: <:http://www8.receita.fazenda.gov.br/SimplesNacional/Documentos/Pagina.aspx?id=3>. Acesso em 25-06-2018.

SPINA, Cassio. *Afinal, o que é Investimento-Anjo?*. [S.I], 2012. Disponível em: <https://endeavor.org.br/afinal-o-que-e-investimento-anjo/>. Acesso em 16-06-2018.

STONE, Brad. *As upstarts*: como a Uber, o Airbnb e as killer companies do novo Vale do Silício estão mudando o mundo. 1ª edição. Rio de Janeiro: Intrínseca, 2017.

22. A nova dinâmica das relações de trabalho e Internet

Raquel do Amaral Santos

Introdução

Nos últimos anos, vimos a economia sendo transformada pelos negócios digitais.

A evolução digital deu força ao empreendedorismo, à expansão do mercado e à forma como consumidores e empresas se relacionam. No estágio atual, os negócios digitais têm buscado conectar pessoas e empresa, criando-se novos padrões de consumo e comportamento, permitindo-se ainda um maior compartilhamento de bens e serviços.

Contudo a criatividade do empreendedor, muitas vezes, encontra barreiras no campo jurídico. Em diversas áreas do Direito, as novas tecnologias podem gerar questões a serem debatidas. No Direito do Trabalho não poderia ser diferente, gerando-se dúvidas sobre como enquadrar a legislação existente a essas novas realidades decorrentes dos novos negócios. Desta forma, pretendemos entender como o Direito do Trabalho pode se posicionar, mantendo a segurança jurídica, sem abrir mão da agilidade necessária para a solução de conflitos entre as partes envolvidas nesses novos negócios.

1. As origens do direito do trabalho no Brasil

O Direito do Trabalho tem como objetivo tutelar as relações entre empregos e empregadores, buscando a justiça, igualdade e manutenção do bem comum. Assim, empregados e empregadores são sujeitos de uma relação jurídica que tem como objeto os direitos e deveres de ambos os lados, buscando proteger o bem comum, respeito e dignidade daqueles que fazem dela parte.

Analisando pelo prisma do direito positivo, temos que: "O Direito do Trabalho é o conjunto de princípios e normas, legais e extralegais, que regem tanto as relações jurídicas, individuais e coletivas, oriundas do contrato de trabalho subordinado e, sob certos aspectos, do trabalho profissional autônomo, como diversas situações conexas de índole social pertinentes ao bem-estar do trabalhador." (ARNALDO SÜSSEKIND).

No Brasil, a proteção ao trabalho começa no início do séc. XX, com normas esparsas que regulavam de forma incipiente as questões laborais e a criação de órgãos fiscalizadores. Porém, o Direito do Trabalho, tal como conhecemos hoje, somente começa a tomar forma partir da Constituição de 1934 que "a lei promoverá o amparo da produção e estabelecerá as condições do trabalho, na cidade e nos campos, tendo em vista a proteção social do trabalhador e os interesses econômicos do País."

Essa Constituição foi inovadora em termos de proteção laboral, pois, pela primeira vez tratou de temas como igualdade salarial, instituição de um salário mínimo, jornada de trabalho de 8 horas diárias, proibição do trabalho infantil, repouso semanal remunerado, férias, e outros direitos. Posteriormente, todas essas questões e outras, foram regulamentadas pela Consolidação das Leis do Trabalho (CLT) de 1º de maio de 1943.

Não há dúvidas que a CLT era um instrumento mais do que necessário à época, considerando a realidade sócio cultural do país. O cenário na primeira metade do século XX era de precariedade e hipossuficiência dos trabalhadores. Lembremos que a economia era baseada na atividade rural, voltada à exportação. O Brasil exportava insumos e importava produtos manufaturados. Porém, com a crise de 1929, os EUA e a Europa reduzir drasticamente o consumo, o que gerou um declínio das exportações brasileiras. Como consequência, muitos deixaram o campo para buscar emprego nas cidades, porém sem o devido preparo – à época, 60% da população era analfabeta.

Contudo, como a industrialização ainda era incipiente, formou-se um enorme contingente de trabalhadores vindos do campo que, na busca de um emprego na cidade, eram obrigados a aceitar todos os tipos de condições laborais.

O que se verifica, como consequência, eram situações absurdas como exploração da mão de obra infantil, inexistência de regulamentação de jornada de trabalho, condições insalubres. Por isso repetimos, não há dúvidas de que a CLT era um instrumento mais do que necessário para garantir a dignidade nas relações de trabalho e respeito aos direitos humanos mais basilares.

Porém, como as economias sempre se transformam ao longo dos anos, essa triste realidade do início do século XX com o tempo sofreu modificações, passando a apresentar nuances. Infelizmente, ainda verificamos no Brasil muitas situações de desrespeito aos direitos humanos dos trabalhadores, as quais devem ser combatidas mas, por outro lado, surgiram novas realidades laborais que devem ser reguladas com base em novas regras. Vejamos.

2. Evolução da economia brasileira no decorrer do século XX

Como mencionamos, a CLT foi editada quando a economia brasileira no início do século XX era predominantemente primário-exportadora, a qual passou por uma profunda crise. Nos anos seguintes, a realidade do país transformou. Ao longo do século, a industrialização avançou, houve intensificação do fluxo de investimentos estrangeiros no Brasil, o setor terciário passou a predominar sobre os demais e a economia passou por diversos ciclos de expansão e retração.

Ao longo do século XX, o modelo econômico, no Brasil e no mundo foi se transformando, em virtude de diversos fenômenos históricos, sociais e tecnológicos, como as crises agrícolas, intensificação da indústria, Guerras Mundiais, a Globalização e, principalmente (para fins do presente estudo): a revolução digital trazida pela internet.

Todas essas transformações ao longo de quase um século trouxeram novos cenários marcados por diversas nuances, que fogem aos modelos tradicionais. É inegável que esse processo todo foi intensificado com a melhoria dos meios de comunicação e a revolução digital. Alvin Toffler, em seu livro "A Terceira Onda" afirma que o cenário global é modificado por ondas, sendo a primeira a revolução agrícola, seguida pela revolução agrícola. Porém, agora vivemos sob a influência da terceira onda: a sociedade da informação.

Na sociedade da informação, a geração de riqueza se faz por meio do conhecimento, o qual se tornou substituto dos outros meios de produção. A específica obra de Toffler foi escrita em 1980, quando as telecomunicações ainda eram de certa forma precárias, poucos tinham acesso a computadores e a internet ainda não havia sido lançada comercialmente. Porém, ela já previa como a lógica global seria afetada pela expansão das informações e pelas inovações tecnológicas.

No Brasil, essa começa a tomar maior volume no final do século XX, com o lançamento da internet e a melhoria dos sistemas de comunicação. Lembre-se que a internet foi lançada comercialmente no país em 1994, porém ainda possuía alcance limitado devido a questões diversas como baixo acesso da população em geral a computadores e meios de comunicação, tecnologias de conexão rudimentares e cultura de inovação e empreendedorismo incipientes.

Sabe-se que o Brasil, sendo um país de proporções continentais, marcado por profundas desigualdades sociais, não é atingido por essa onda de maneira uniforme. Porém, é certo que hoje, mais de 20 anos depois, a internet não só é uma realidade presente na vida de grande parte dos cidadãos, mas também, apresenta-se como um campo fértil para empreendedores, novas ideias e novos modelos de negócios.

Assim, no ambiente digital, um dos fenômenos mais interessantes foi a "disrupção" ou "disruptura", caracterizada por empresas que criam novos mercados ou formas de atender aos consumidores de forma rápida e eficiente. Contudo, embora a era da informação e internet trouxeram novas realidades ou novas formas de enxergar negócios já existentes, o ordenamento jurídico brasileiro ainda se encontra preso a antigos paradigmas, inclusive no que tange ao Direito do Trabalho.

3. O posicionamento do direito brasileiro *vis a vis* às novas realidades negociais

Com a evolução tecnológica e a criatividade do ser humano, novos modelos de negócio surgem porém, muitas vezes, esse dinamismo não é acompanhando pelo Direito. O Direito Brasileiro, por suas origens romano-germânicas, é extremamente codificado e algumas áreas como o Direito do Trabalho, o Tributário e o Penal baseiam-se de maneira muito forte às figuras típicas. Assim, embora possa se verificar em tais áreas cada vez mais análises baseadas na verdade dos fatos ou de sua essência, em detrimento das formas, caraterização jurídica de um fato ainda depende da tipicidade, ou seja, de previsão legal específica.

Um evento somente será um fato jurídico e irradiará efeitos, se corresponder à previsão *in abstracto* contida em uma norma.

Desta feita, o apego à estrita legalidade muitas vezes causa insegurança quando se depara com alguma figura, aparentemente, inovadora não tutelada pelo nosso direito.

De fato, há vezes em que nos deparamos com figuras ou institutos importados de outros países, que não encontram correspondente em nossa legislação, seja por mera falta de regulamentação ou por total incompatibilidade com o nosso sistema jurídico. É, por exemplo, o caso dos Trusts já tratados por nós em ocasiões anteriores. Em apertada síntese, trata-se de um instituto jurídico muito utilizado em países de *common law* para fins de sucessórios e negociais que resulta na criação de um patrimônio em separado e da repartição do direito de propriedade. No nosso Direito, a propriedade é plena, logo essa incompatibildidade fez com os trusts passassem anos à margem da lei até serem aceitos (somente aqueles instituídos no exterior) pela legislação brasileira[1].

Porém, muitos negócios, aparentemente novos, quando analisados em detalhe, podem encontrar guarida em figuras jurídicas já existentes e consagradas em nosso Direito. Assim, a despeito da tipicidade que do nosso Direito que o torna, muita vezes, menos dinâmico, algumas realidades podem ser compreendidas com base em nosso ordenamento atual, cabendo ao operador entender a dinâmica social, econômica e social envolvida. Assim sendo, em nossas análises, que versarão sobre o modelo de negócios conhecido como "marketplace" deverá, primeiramente, reconhecer o seu amoldamento, ou não às figuras típicas do Direito Brasileiro, em especial do Trabalhista, para definir os seus respectivos efeitos.

4. Modelo de negócio "marketplace"

Como já mencionamos, a evolução digital proporcionou uma nova dimensão em termos de negócios, marcada pela agilidade, integração, globalização e aproximação maior entre empresas e clientes, fornecedores e contratantes. Ressalte-se que os modelos de negócios via internet nos

[1] Os trusts estrangeiros são reconhecidos no Brasil, porém a legislação nacional sobre seus efeitos ainda é extremamente limitada.

últimos 20 anos passaram por ciclos e transformações, são as chamadas "bolhas da internet".

Em sua primeira fase, os negócios via internet ainda eram tímidos e voltados à venda direta de empresas a consumidores. Não se tinha ainda uma cultura fortalecida de economia digital, o acesso à internet ainda lento e não democratizado e os meios de pagamento ainda eram limitados e vistos com desconfiança.

Porém, com o passar dos anos a tecnologia permitiu, aos consumidores maior acesso às redes e a meios de pagamento. Como consequência, as empresas puderam ampliar suas ofertas de produtos e serviços alcançando um número cada vez maior de potenciais clientes. Dentre as estruturas econômicas possíveis, tem crescido nos últimos anos, as plataformas de "marketplace", que se definem da seguinte forma:

> Marketplace online é uma plataforma colaborativa, também denominada shopping virtual, onde um conjunto de empresas ofertam produtos e serviços no mesmo endereço, na internet. O processo de vendas, geralmente, fica sob responsabilidade do organizador, que disponibiliza aos usuários uma estrutura digital com formas de pagamentos seguras e cálculos de frete integrados
>
> Na perspectiva do empresário, a infraestrutura e alto fluxo de visitantes são pontos fundamentais para a seleção do ponto de vendas. O principal objetivo deste canal é gerar demanda para as empresas ofertantes. Assim, quando a loja virtual contrata os serviços do marketplace, consequentemente se conecta a vários tipos de mídia, desde as digitais que envolvem redes sociais, links patrocinados, e-mail marketing, dentre outros, até as tradicionais, como rádio, televisão, jornais e revistas[2].

Os marketplaces digitais se conectam diretamente ao conceito de economia colaborativa.

> Conceito por trás de modelos de negócio de sucesso como os aplicativos de mobilidade, de hospedagem e os marketplaces online, a economia colaborativa (sharing economy) utiliza-se da tecnologia da informação para permitir a otimização de recursos por meio do compartilhamento

[2] ttp://www.sebrae.com.br/Sebrae/Portal%20Sebrae/UFs/CE/Anexos/Cartilha%20Canais%20de%20Comercializa%C3%A7%C3%A3o%20-%20Marketplace.pdf

de excedentes. Ao facilitar o acesso à informação sobre a existência de bens e serviços antes desconhecidos ou indisponíveis, a tecnologia contribui para redução dos custos de busca e de transação, gerando valor.

Trata-se, portanto, de um modelo de negócios que se perfazem diretamente entre pessoas, as chamadas plataformas "peer-to-peer". Isso se tornou um terreno para empreendedores que buscavam oferecer novos produtos e serviços, dentre eles, Travis Kalanick e Garret Camp que, diante da dificuldade de encontrar um taxi em uma determinada ocasião, imaginaram um aplicativo pelo qual qualquer pessoa poderia contatar um motorista particular para transportá-lo de maneira pontual.

Surgia assim o Uber, uma plataforma que conectaria diretamente motoristas e passageiros, democratizando o transporte privado. Neste contexto, a ideia basilar é de que a empresa Uber em si não prestaria serviços, nem empregaria motoristas, mas sim conectaria esses aos passageiros, dentro do conceito do "peer-to-peer". Por questões lógicas de oferta e demanda, o serviço popularizou-se e atravessou as fronteiras dos Estados Unidos, expandindo-se para diversos países, inclusive para o Brasil, onde chegou no ano de 2014.

Porém, proporcionalmente à sua inovação e à sua popularização surgiram questionamentos de diversas ordens, dentre elas a trabalhista. Afinal, existe um vínculo de emprego entre o Uber e o motorista? Como ficariam os direitos laborais dos motoristas? A relação jurídica entre empresa e motorista é tutelada pela CLT? É o que passamos a analisar.

5. Relações jurídicas nas plataformas de marketplace

Há diversos modelos de negócios digitais, um deles, o de plataformas que conectam fornecedores a consumidores. Como já mencionamos, é o caso, por exemplo, do Uber por meio do qual é possível ao usuário contratar um motorista que lhe preste serviços de transporte. É de suma importância ressaltar que, em casos como esse, há 3 partes envolvidas e dois tipos de negócio jurídico:

i) Contrato de compra e venda de bens ou prestador de serviços entre o fornecedor e um consumidor

Trata-se a essência do negócio. Um consumidor, que deseja adquirir um produto ou serviço, contrata um fornecedor. É o caso de alguém que deseja, por exemplo, tomar o serviço de transporte junto ao um motorista. O mesmo, também, quando alguém deseja contratar refeições a domicilio junto a um restaurante, enviar de documentos por uma empresa de courrier, tomar serviços de hospedagem, alugar um imóvel.

Assim, o contrato principal, em geral, corresponde a uma das figuras típicas do Código Civil e envolve negócios comuns de compra e venda de bens ou prestação de serviços entre consumidores e fornecedores. Em suma: trata-se de uma relação jurídica entre um fornecedor e um consumidor, cujo objeto será o fornecimento de um bem ou a prestação der um serviço.

ii) Contrato de intermediação entre a plataforma e o fornecedor

Como mencionamos, a essência dos negócios em análise permanece sendo uma relação contratual entre fornecedores e consumidores. Contudo, com o advento da internet, surgiram novas formas de aumentar a interação entre esses agentes, ampliando a divulgação dos produtos ou serviços dos fornecedores, facilitando a comunicação e, em muitos casos, administrando o relacionamento entre as partes, incluindo pagamentos e conflitos.

Assim, temos um negócio acessório, segundo o qual, um determinado fornecedor, contrata uma plataforma que lhe permitirá oferecer seus produtos ou serviços a consumidores. Neste contexto, o fornecedor irá contratar a plataforma para que essa promova seus produtos ou serviços e intermedeie contato com consumidores. Desta forma, a plataforma presta serviços ao fornecedor, recebendo, em contrapartida uma remuneração, em geral vinculada às vendas a consumidores, realizadas por meio dela. É essencial entender o papel da plataforma: essa nunca venderá bens nem prestará serviços a um consumidor, pois isso sempre será feito pelo fornecedor.

Portanto, a relação jurídica desse caso será sempre entre fornecedor e plataforma. E mais, o fornecedor contrata a plataforma para que ela lhe possibilite incremento negocial. Ademais, ao contrário do que se poderia alegar, não se trata de uma relação de subcontratação. O cliente não contrata a plataforma para que esta subcontrate o fornecedor. Não devemos esquecer que tal modelo de negócios desenvolve-se dentro dos conceitos de economia compartilhada e "peer-to-peer" já mencionados, segundo o qual, pessoas prestam serviços a pessoas, não havendo espeço para subcontratação.

Assim, por exemplo, citemos o fornecimento de refeição a domicílio. Quem fornece a refeição é ao consumidor, é o restaurante, que as prepara e vende em seu próprio nome. Porém, a plataforma atua como um canal, permitindo que mais consumidores tenham acesso ao restaurante, porém a plataforma em si, não se propõe a vender refeições. O mesmo nos casos de serviços de hospedagem, nos quais a relação ocorre entre hotel e hóspede. A plataforma não possui qualquer infraestrutura de hotelaria, porém, ela permite que milhares de pessoas possam acessar um hotel e realizar suas reservas.

Por essa razão, os direitos e deveres das partes envolvidas são distintos. A plataforma não possui responsabilidade por prestar serviços ou fornecer bens para o consumidor, tal responsabilidade é do fornecedor, que o faz em seu próprio nome. Nos exemplos acima mencionados, a plataforma não emitirá em seu nome uma nota fiscal de venda de refeição, não irá celebrar com o consumidor um contrato que tenha tal objeto, tampouco irá registrar em sua contabilidade os custos que seriam inerentes a tais atividades. O papel da plataforma e suas responsabilidades são as de um intermediário. Assim sendo, por mais que se trata de um modelo de negócios disruptivo do ponto de vista econômico, tecnológico e comportamental, na ótica jurídica, as plataformas de marketplace mantêm as características de um contrato de intermediação. Portanto, por mais que a legislação precise ser aprimorada para conferir – agilidade a esse tipo de operação, a sua essência de intermediação é preservada e não deve ser desconfigurada, sob pena se gerar insegurança jurídica às partes.

5. Pressupostos para a relação de emprego

Pois bem. Vimos que plataformas de “marketplace” operam como intermediárias de produtos ou serviços. Porém, em que pese essa essência jurídica temos visto recentemente questionamentos na esfera trabalhista sobre eventual uma relação de emprego entre as plataformas e fornecedores de serviços.

Porém, antes de adentramos à análise específica do caso, é importante firmar as premissas necessárias com base na legislação trabalhista, em especial, sobre como poderia ser formar um vínculo trabalhista entre a plataforma e o fornecedor. Como se forma uma relação de emprego? Quais são seus efeitos? É o que se precisa definir antes de mais nada.

O cerne de grande parte das discussões trabalhistas gravita em torno da definição jurídica da relação instaurada entre uma parte que presta serviços e outra que os tomar. Essa relação poderá ser uma relação de trabalho em sentido amplo, mas não necessariamente, será uma relação de emprego. A esse respeito, Mauricio Godinho Delgado[3], esclarece a diferença entre essas relações da seguinte forma:

> A primeira expressão tem caráter genérico: refere-se a todas as relações jurídicas caracterizadas por terem sua prestação essencial centrada em uma obrigação de fazer consubstanciada em labor humano. Refere-se, pois, a toda modalidade de contratação de trabalho humano. A expressão relação de trabalho englobaria, desse modo, a relação de emprego, a relação de trabalho autônomo, a relação de trabalho eventual, de trabalho avulso e outras modalidades de pactuação de prestação de labor (como trabalho de estágio, etc.). Traduz, portanto, o gênero a que se acomodam todas as formas de pactuação de prestação de trabalho existentes no mundo jurídico atual. Evidentemente que a palavra trabalho, embora ampla, tem uma inquestionável delimitação: refere-se a dispêndio de energia pelo ser humano, objetivando resultado útil (e não dispêndio de energia por seres irracionais ou pessoa jurídica). Trabalho é atividade inerente à pessoa humana, compondo o conteúdo físico e psíquico dos integrantes da humanidade. É, em síntese, o conjunto de atividades, produtivas ou criativas que o homem exerce para atingir determinado fim. A relação de emprego, do ponto de vista técnico-jurídico, é apenas uma das modalidades específicas da relação de trabalho juridicamente configuradas. Corresponde a um tipo legal próprio e específico, inconfundível com as demais modalidades da relação de trabalho ora vigorantes.

Desta forma, nem toda relação de trabalho seria uma relação de emprego, pois a primeira é gênero, no qual se inserem outras formas de contratação entre um tomador e um prestador de serviços pessoa física. Um dos exemplos trazidos pelo autor que bem ilustram a diferença acima seria a contrato de estágio. O qual tem a natureza de trabalho,

3 *Curso de Direito do Trabalho*. 7ª Edição. São Paulo: LTR Editora, página 285 e 286.

mas sem um vínculo empregatício, desde que a observados os requisitos da lei própria[4].

Onde houver relação de emprego, haverá um vínculo entre um empregado – a pessoa física que presta os serviços – e um empregador, pessoa física ou jurídica que os toma. Em tais casos, os direitos e deveres das partes serão tutelados pelo Direito do Trabalho, em especial, pela Consolidação das Leis do trabalho (CLT). Pelo art. 2ª da CLT, o empregador é conceituado da seguinte forma:

> Art. 2º – Considera-se empregador a empresa, individual ou coletiva, que, assumindo os riscos da atividade econômica, admite, assalaria e dirige a prestação pessoal de serviço.

Por outro lado, o art. 3ª da CLT, prevê que o empregado se considera nos seguintes termos:

> Art. 3º – Considera-se empregado toda pessoa física que prestar serviços de natureza não eventual a empregador, sob a dependência deste e mediante salário.

Considerando-se tais dispositivos, infere-se que as condições para que se instaure uma relação de emprego seriam: (i) prestação por pessoa física; (ii) pessoalidade, (iii) habitualidade, (iv) onerosidade e (v) subordinação. Assim, havendo a conjunção desses 5 elementos em um contrato de trabalho, forma-se a relação de emprego. Importante mencionar que tais requisitos são exaustivos e cumulativos, ou seja, se e somente se observados, instaura-se o vínculo.

Viu-se que uma das condições é que o trabalho seja prestado por pessoa física. Porém, além disso, ela deverá trabalhar em caráter pessoal, ou seja, não poderá fazer-se substituir por terceiro. A habitualidade preconiza que o trabalhador deverá atuar de forma maneira contínua, ou seja, não eventual. Não é necessário que o trabalho seja diário, mas sim que seja prestado de maneira constante. A onerosidade preconiza que somente haverá vínculo se o trabalho for remunerado. O trabalho voluntário, portanto, não tem a natureza empregatícia.

[4] *LEI Nº 11.788, DE 25 DE SETEMBRO DE 2008.*

E por fim, um dos elementos mais contundentes é a subordinação. Sem isso, não há um contrato de trabalho. Proporcional à importância desse requisito, é a amplitude de seu conceito. Não há na lei uma definição precisa do que caracterizaria a subordinação.

De forma geral, pode-se dizer que a subordinação é a ingerência exercida sobre o trabalho do empregador pelo empregador. Assim, se o empregador der ordens e controlar as atividades do empregado, haverá a subordinação. A subordinação ocorrerá quando for limitada a autonomia do empregado em relação às suas atividades, as quais se submetem a comandos do empregador. Portanto, para a análise do caso pretendido os conceitos de relação de emprego e vínculo, vis a vis a realidade negocial, acabam sendo essenciais para a que se possa delimitar sua natureza jurídica e seus respectivos efeitos.

6. As plataformas de marketplace e a justiça do trabalho

Como vimos, as plataformas de marketplace são, atualmente, um modelo de negócios em franca expansão, que se modifica de forma constante graças à criatividade e ao empreendedorismo. Porém, como já mencionado, a realidade jurídica muitas vezes encontra dificuldades de se adequar à realidade negocial, o que muitas vezes acaba sendo fonte de inúmeras discussões em diversas áreas do Direito. No Direito do Trabalho, não poderia ser diferente, considerando que tem-se uma legislação rígida e pouca adaptada a novos modelos de negócios. Já mencionamos, no início de nossos trabalhos, que a legislação trabalhista brasileira vem de uma época em que a economia brasileira era baseada no setor primário e todas suas atualizações ainda são insuficientes para a prevenção ou uma rápida solução de conflitos decorrentes de novas realidades negociais.Por isso, em casos como o dos marketplaces, é necessário esforço hermenêutico, interpretando o negócio em si em harmonia com os princípios jurídicos e fontes primárias e secundárias do Direito, sem deixar de considerara questão no plano multidisciplinar.

Por essa razão, nos itens anteriores, buscamos compreender a origem, dinâmica operacional e as características jurídicas das plataformas para, agora, entendemos como as mesmas podem ser recepcionadas pela Justiça do Trabalho. Para tal análise, vale a pena debruçamos sobre um dos casos mais conhecidos, o da plataforma Uber que realiza a intermediação de serviços de transporte entre pessoas e motoristas. Em processos em trâmite perante a Justiça do Trabalho, motoristas cadastrados no aplicativo pleiteiam o reconhecimento de vínculo empregatício com a plataforma. A esse respeito, as primeiras decisões foram proferidas por varas da Justiça do Trabalho de Belo Horizonte e pelo Tribunal Regional do Trabalho da 3ª Região (TRT 3).

A primeira sentença, proferida em 30 de janeiro de 2017 pela 37ª Vara do Trabalho de Belo Horizonte, foi contrária, negando o vínculo entre o motorista e Uber do Brasil. Tal decisão foi confirmada pelo TRT. Em outro processo na mesma cidade, o juiz da 33ª Vara do Trabalho, em 13 de fevereiro de 2017, decidiu pela procedência do pedido, reconhecendo vínculo empregatício. Porém, referida sentença foi posteriormente reformada pelo TRT 3.

De forma geral, as decisões do TRT 3 analisam a situação fático-contratual do negócio à luz dos requisitos do vínculo empregatício, buscando verificar nas relações jurídicas entre as partes, a existência dos elementos pessoalidade, onerosidade, subordinação jurídica e não eventualidade. Com grande acerto, os julgadores TRT 3 têm buscado entender, de maneira detalhada, as especificidades desse modelo de negócios e como as partes se relacionam, o que resulta no afastamento do vínculo empregatício. Vejamos:

> EMENTA: VÍNCULO DE EMPREGO. AUSÊNCIA DE REQUISITOS. A BOA-FÉ COMO ELEMENTOESSENCIAL NAS RELAÇÕES DE TRABALHO. Para caracterizar relação de emprego faz-se necessária a configuração de todos os elementos fático-jurídicos desse instituto, quais sejam: que a prestação de serviço seja realizada por uma pessoa física, com pessoalidade, onerosidade, subordinação jurídica e não eventualidade, conforme disposto nos arts. 2º e 3º da CLT. Ausente um desses requisitos, não há como reconhecer o vínculo empregatício entre o autor e a primeira reclamada neste feito. Aqui há que se invocar outro elemento essencial a qualquer relação jurídica que se estabeleça entre pessoas ou entidades, que tem sido sempre desenhado nos arraiais do Direito do Trabalho sob a mistificação de tratar-se de um direito de natureza protetiva: a boa-fé. Enquanto a Justiça do Trabalho, e seus operadores mais proeminentes – juízes, procuradores e advogados –, teimarem em desconhecer a importância do elemento ético-jurídico da boa-fé como um dos basilares da relação trabalhista, ela permanecerá

abarrotada de processos e apenas supondo estar a distribuir renda e a fazer justiça social. (TRT da 3.ª Região; PJe: 0011434-14.2017.5.03.0185 (RO); Disponibilização: 08/03/2018; Órgão Julgador: Nona Turma; Relator: Joao Bosco Pinto Lara).

EMENTA: MOTORISTA CADASTRADO NO APLICATIVO UBER – AUSÊNCIA DE RELAÇÃO DE EMPREGO. –. **A finalidade do aplicativo desenvolvido e utilizado pela reclamada é conectar quem necessita da condução com quem fornece o transporte**, sem os pressupostos dos artigos 2o e 3o da CLT, **em especial a pessoalidade e a subordinação jurídica**, o que impede o reconhecimento da relação de emprego. (TRT da 3.ª Região; PJe: 0010795-02.2017.5.03.0183 (RO); Disponibilização: 13/12/2017, DEJT/TRT3/Cad.Jud, Página 978; Órgão Julgador: Quinta Turma; Relator: Convocado Danilo Siqueira de C.Faria).

EMENTA: VÍNCULO DE EMPREGO – MOTORISTA VINCULADO A UBER – **AUTONOMIA X SUBORDINAÇÃO**. As relações de trabalho contemporâneas, alicerçadas nos inúmeros avanços tecnológicos e diretamente interligadas aos mais modernos dispositivos eletrônicos impõem à Justiça do Trabalho especial cautela na apreciação de pedidos correlacionados ao vínculo de emprego, a fim de se evitar a precarização do instituto, mas sem se descurar que o reconhecimento do liame empregatício ainda impõe o preenchimento dos inarredáveis requisitos legais, sob pena de sua banalização. Nesse passo, a relação havida entre a empresa Uber e os motoristas cadastrados demanda pesquisa acerca dos pressupostos fáticos da relação de emprego e consulta objetiva aos elementos de prova, no sentido de apurar o que de real ocorreu para, ao final, aquilatar se realmente houve tentativa de burla à Lei Trabalhista. **E, no caso em exame, tendo o próprio Reclamante revelado, em depoimento pessoal, fatos que demonstram ausência de subordinação, com ampla autonomia no desempenho da atividade laboral,** de rigor a improcedência do pedido de reconhecimento de vínculo empregatício. (TRT da 3.ª Região; PJe: 0010586-27.2017.5.03.0185 (RO); Disponibilização: 13/11/2017, DEJT/TRT3/Cad.Jud, Página 464; Órgão Julgador: Terceira Turma; Relator: Convocada Maria Cristina Diniz Caixeta).

EMENTA: VÍNCULO EMPREGATÍCIO. NÃO RECONHECIMENTO. Para o reconhecimento da relação de emprego, é necessária a reunião dos pressupostos específicos que lhe são inerentes, quais sejam, trabalho prestado por pessoa física, oneroso, não eventual, realizado em caráter intuitu personae e em situação de subordinação jurídica. No presente caso, não restou demonstrada a coexistência desses elementos, não havendo como reconhecer o vínculo de emprego entre o autor e a reclamada. (TRT da 3.ª Região; PJe: 0010064-94.2017.5.03.0186 (RO); Disponibilização: 23/10/2017; Órgão Julgador: Decima Turma; Relator: Lucilde D'Ajuda Lyra de Almeida).

Verifica-se que o vínculo empregatício foi afastado sobretudo pela ausência de dois requisitos, quais sejam, a pessoalidade e a subordinação. Pela análise do conjunto probatório, infere-se, por exemplo, que os motoristas possuem autonomia para desempenho de sua função, os quais têm ampla liberdade para determinar sua própria jornada, podem se desconectar do aplicativo a qualquer momento, podem recusar corridas e, ainda, podem se fazer substituir por outros na prestação. Ademais os motoristas podem cadastrar-se para oferecer serviços por meio de aplicativos concorrentes, tal como Desembargadora Maria Stela Álvares da Silva Campos destacou ao julgar o Processo nº 0011359-34.2016.5.03.0112 (RO):

> (...) é vinculado ao Cabify, que funciona da mesma forma que a Uber, ligando pessoas que necessitam de transporte a motorista que se dispõem a fazer o transporte. Não há fraude e sim opção do motorista em se cadastrar e receber clientes pelos aplicativos, dentre os quais a reclamada.

Outra questão importante também aventada na referida decisão refere-se à onerosidade, sobre a qual conclui:

> De todo modo, a onerosidade, por si só, não é o bastante para caracterizar a relação empregatícia, devendo estar presente em concomitância com os demais supostos do artigo 3º da CLT. Contudo, o valor auferido, admitido na inicial (variável entre R$4.000,00 e R$7.000,00) e o percentual de cada parte na divisão do preço cabendo à ré 20%, não se coadunam com o labor em atividades semelhantes desempenhadas por empregados.

A esse respeito, a julgadora conclui que o fato de o motorista fazer jus a 80% do valor da corrida, pagando uma comissão de somente 20% à empresa, e que, por se tratar de valores variáveis, afasta-se a condição salarial. Contudo, a despeito do grande acerto e coerência dos desembargadores de Minas Gerais, o Tribunal Regional do Trabalho da 2ª Região (TRT 2), em posição diametralmente oposta, recentemente proferiu decisão pela qual foi reconhecido o vínculo empregatício entre o motorista e empresa. Entendemos que referida decisão, proferida nos autos do Processo: 1000123-89.2017.5.02.0038, apresenta falhas conceituais, ao tratar de questões como a onerosidade, exigências cadastrais e as avaliações dos prestadores.

Quanto à onerosidade, por exemplo, a decisão do TRT 2 desconsidera o que o motorista é remunerado pelo passageiro, não pela empresa. Ainda, deixa de pesar o fato de que a empresa somente recebe uma taxa de cerca de 20% sobre os serviços. Em nosso ver, a decisão em comento comete equivoco conceitual ao afirmar que:

> Se se tratasse de mera ferramenta eletrônica, por certo as demandadas não sugeririam o preço do serviço de transporte a ser prestado e sobre o valor sugerido estabeleceriam o percentual a si destinado. Também não condicionariam a permanência do motorista às avaliações feitas pelos usuários do serviço de transporte. Simplesmente colocariam a plataforma tecnológica à disposição dos interessados, sem qualquer interferência no resultado do transporte fornecido, e pelo serviço tecnológico oferecido estabeleceriam um preço/valor fixo a ser pago pelo motorista pelo tempo de utilização, por exemplo.

Pois bem, o fato de que a plataforma sugere o preço não a torna prestadora, sendo a sugestão de preço o produto de algoritmo gerado a partir da demanda no momento em que o serviço é contratado, sendo que, parte substancial desse valor pertence ao próprio motorista. A sugestão do preço é, em verdade, é um benefício para o próprio motorista que teria enorme dificuldade de precificar seus serviços de forma de eficiente, tendo em vista que, para essa modalidade, não há tabela oficial um taxímetro.

Ademais, o fato de que um motorista pode ser descredenciado do aplicativo não decorre subordinação pois a plataforma, enquanto tomadora de um serviço e em benefício de sua reputação de mercado, tem ampla liberdade para deixar de manter negócios com um motorista que seja mal avaliado próprios passageiros ou que incorram em infrações de qualquer natureza. Trata-se de amplo exercício de liberdade das partes em um contato de serviços.

Mas além da questão da liberdade contratual, considerando que referida decisão foi originada na cidade de São Paulo, a fiscalização da qualidade dos serviços prestados ainda decorre de obrigação legal. Por se tratar de transporte de individual de passageiros, devem ser observadas as normas municipais e sobre a matéria, o Decreto Municipal nº 56.981, de 10 de maio 2016[5] prevê:

> Art. 3º O direito ao uso intensivo do viário urbano no Município de São Paulo para exploração de atividade econômica de transporte individual remunerado de passageiros de utilidade pública somente será conferido às Operadoras de Tecnologia de Transporte Credenciadas – OTTCs.
> § 1º A condição de OTTC é restrita às operadoras de tecnologia credenciadas que sejam responsáveis pela intermediação entre os motoristas prestadores de serviço e os seus usuários.
> § 2º A exploração intensiva do viário no exercício do serviço de que trata este capítulo fica restrita às chamadas realizadas por meio das plataformas tecnológicas geridas pelas OTTCs, assegurada a não discriminação de usuários e a promoção do amplo acesso ao serviço, sem prejuízo da possibilidade de exclusão regulamentar por motivo de justa causa.

Ora, como se verifica na legislação, plataformas como o Uber são denominadas OTTC é são reconhecidas pela legislação como intermediárias e, como tal, possuem diversas obrigações, conforme o artigo 6º do Decreto:

> Art. 6º Compete à OTTC credenciada para operar o serviço de que trata esta seção:
> I – organizar a atividade e o serviço prestado pelos motoristas cadastrados;
> II – intermediar a conexão entre os usuários e os motoristas, mediante adoção de plataforma tecnológica;

[5] A competência dos municípios para legisla em termos de transportes urbanos decorre Lei nº 12.587, de 3 de janeiro de 2012, política de desenvolvimento urbano conforme o inciso XX do art. 21 e o art. 182 da Constituição Federal.

> III – cadastrar os veículos e motoristas prestadores dos serviços, atendidos os requisitos mínimos de segurança, conforto, higiene e qualidade;
> IV – fixar a tarifa, observado o valor máximo estabelecido pelo Comitê Municipal de Uso do Viário – CMUV;
> V – intermediar o pagamento entre o usuário e o motorista, disponibilizando meios eletrônicos para pagamento, permitido o desconto da taxa de intermediação pactuada.
> Parágrafo único. Além do disposto no "caput" deste artigo, são requisitos mínimos para a prestação do serviço de que trata esta seção:
> I – utilização de mapas digitais para acompanhamento do trajeto e do tráfego em tempo real;
> II – avaliação da qualidade do serviço pelos usuários;
> III – disponibilização eletrônica ao usuário da identificação do motorista com foto, do modelo do veículo e do número da placa de identificação;
> IV – emissão de recibo eletrônico para o usuário, que contenha as seguintes informações:
> a) origem e destino da viagem;
> b) tempo total e distância da viagem;
> c) mapa do trajeto percorrido conforme sistema de georreferenciamento;
> d) especificação dos itens do preço total pago;
> e) identificação do condutor.

Pois bem, as questões que, segundo a decisão proferidas pelo TRT 2, seriam provas de subordinação, são na verdade obrigações que o Uber, assim como as demais OTTC, devem cumprir na qualidade de intermediárias de serviço de transporte. A legislação, a esse respeito, é cristalina e, por se tratar de matéria que depende obrigatoriamente de regulamentação municipal, jamais poderia ser ignorada pela decisão da Justiça do Trabalho. Desta forma, além de falhar quanto às questões de natureza técnica, a decisão do TRT 2 fere matéria cuja competência regulamentar é do município. Assim sendo, esperamos que se trate de um posicionamento isolado e seja objeto de reforma.

Conclusões

Vimos como a criatividade do empreendedor criou novas formas de conectar pessoas e empresas. Nos últimos anos temos presenciado uma explosão de empresas com propostas de aproximar consumidores a fornecedores de bens ou serviços dos tipos mas variados, refeições, passagens, presentes, experiências, transporte.

Porém, embora a variedade dos bens e serviços seja ilimitada, em sua essência, a plataforma sempre realiza uma única função: intermediar o relacionamento entre consumidores e fornecedores. Por isso, neste contexto, a relação jurídica entre empresa e o fornecedor tem a natureza de um serviço de intermediação, não cabendo vínculo empregatício.

Assim, embora tenha-se uma nova realidade negocial sob diversos aspectos, a essência jurídica dos institutos jurídicos, nesse caso específico é clara e ainda que se trate de um modelo disruptivo, há que se preservar o arcabouço legal existente, do contrário, é grave o risco à segurança jurídica das partes envolvidas.

23. *Blockchain* e operações financeiras: impactos na tributação

Ricardo Alessandro Castagna

Introdução

O exercício das competências tributárias enfrenta, diuturnamente, desafios das mais variadas ordens, no contexto de um processo de legitimação que varia entre a função distributiva da tributação, a justificação constitucional das imposições tributárias, os paradigmas do direito natural ou normativo de propriedade, até os obstáculos de ordem pragmática, sobretudo na adequada normatização das regras-matrizes de incidência, à luz dos limites e garantias do contribuinte, e a eficiente identificação dos eventos sociais que, vertidos em linguagem, constituem-se em fatos jurídico-tributários, ingressando no universo jurídico.

Não é demasiado afirmar que estes desafios de ordem pragmática são permanentes. Ainda que não se defenda, como já se ocupou a doutrina no passado, que a obrigação tributária decorreria de mero exercício de *jus imprerii* do Estado – ou, até mesmo, representaria uma norma de resistência social –, a horizontalidade da relação jurídico-tributaria não é capaz de evitar, por si só, os mais variados expedientes dos contribuintes pelos quais, de modo deliberado ou não, criam-se linguagens, barreiras e complexidades que aumentam os obstáculos à tributação dos eventos econômicos eleitos genericamente no antecedente de normas tributárias.

Este incremento de obstáculos não é fato recente, e decorre, em grande medida, do avanço na complexidade e sofisticação das relações econômicas, em grande parte constituintes do núcleo material das obrigações tributárias. A partir do século XX, este fenômeno foi impulsionado pelo desenvolvimento contínuo e surpreendente da tecnologia, que passou não apenas a racionalizar e sistematizar processos e atos econômicos, mas também, representar uma verdadeira criação de novas linguagens e comportamentos que representaram a mudança abrupta de tradições e paradigmas, num processo batizado de disrupção digital.

Com efeito, os institutos jurídicos se apoiam em larga medida nas tradições esculpidas em séculos de experiência social, sujeitos a mudanças em geral lentas e graduais, de modo a permitir adaptabilidade do direito e da ciência do direito. Não se nega que, durante os séculos, a humanidade experimentou alterações sociais e econômicas significativas que exigiram, dos governos, novas posturas e paradigmas regulatórios, tal como as guerras por independência ou territoriais – que justificaram o nascimento do imposto de renda, inicialmente rechaçado pelos teóricos liberais clássicos – e a revolução industrial, que alavancou os tributos sobre o consumo.

Sem prejuízo, a disrupção digital mostra-se como um novo desafio de relevância profunda ao direito tributário, na medida em que se traduz em nova linguagem que dificulta, ou até mesmo inviabiliza, a captação de eventos sociais eleitos pela lei como nucleares ao nascimento da obrigação tributária. Nesse contexto, a tecnologia do Blockchain – em especial se todo o potencial de suas aplicações for realmente explorado, o que se pode avaliar como provável –, apresenta características intrínsecas que, por si só, constituem elementos desafiadores e exigem novos paradigmas do Estado para o alcance de seus eventos e a atribuição dos efeitos jurídicos correspondentes.

A criação de uma nova linguagem em base matemática, universal, transparente, não sujeita a controle do Estado, anônima e sem a intermediação de instituições financeiras são elementos do Blockchain que representam disrupção em relação aos tradicionais paradigmas da tributação, baseados na conversão de eventos em fatos jurídico-tributários pelo uso do vernáculo, mediante controle direto ou indireto do Estado, por meio da identificação pessoal dos sujeitos e de suas capacidades econômicas. A mera comparação destes fatores é suficiente para identificar, ainda que com impreciso grau, o tamanho das novas necessidades que se imporão à atividade tributante.

1. Aspectos gerais do Blockchain

O conceito do primeiro Blockchain público nasceu em 2008, no artigo acadêmico "Bitcoin: um sistema financeiro eletrônico peer-to-peer", publicado por um indivíduo ou grupo sob o pseudônimo de Satoshi Nakamoto.[1]

Criado em um cenário de crise mundial e bolha imobiliária, o bitcoin – moeda virtual que utiliza a tecnologia Blockchain – nasceu para, entre outros objetivos e usos, prevenir o chamado *gasto duplo* e aumentar a confiança das transações financeiras, levando-as para a internet. O Blockchain foi a solução proposta para eliminar estas características: um indivíduo não é capaz de gastar 1 bitcoin (BTC) duas vezes, ou afirmar que remeteu 10 BTC a outrem, mas transferir apenas 0,01 BTC, por exemplo (Prado, 2018). Ulrich (2014) indica que o primeiro bloco da Blockchain, chamado bloco gênesis, surgiu às 18h15 do dia 3 de janeiro de 2009, e a partir desse momento, pode-se considerar que teve início o funcionamento da rede Bitcoin.

O Blockchain é uma rede que opera com blocos encadeados altamente seguros, que sempre carregam um conteúdo junto a uma impressão digital. No caso do bitcoin, por exemplo, esse conteúdo é uma transação financeira. O bloco posterior conterá a impressão digital do anterior mais seu próprio conteúdo e, com essas duas informações, gerará sua própria impressão digital, e assim por diante (Prado, 2018). Dessa sistemática deriva a expressão Blockchain, ou 'cadeia de blocos'.

Em termos gráficos, ROSIC (2017) assim representa a cadeia de blocos de informação:

[1] Há diversas teorias a respeito de quem poderia estar por trás da verdadeira identidade de Satoshi Nakamoto (中本哲史 *Nakamoto Satoshi*), mas nenhuma das especulações foi efetivamente confirmada.

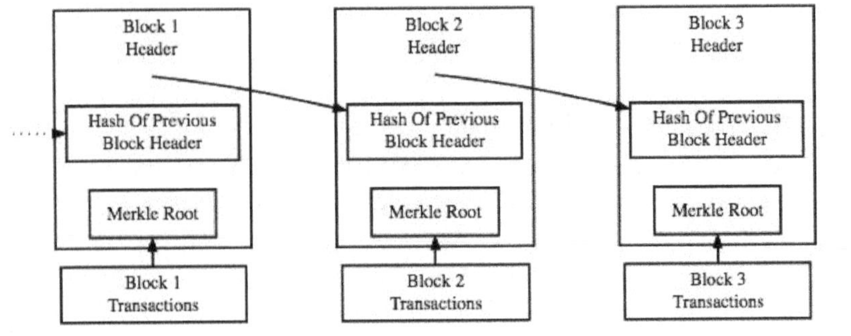

Simplified Bitcoin Block Chain

De acordo com a representação gráfica acima, o Blockchain exige a compreensão do chamado "hash", que corresponde a uma *função matemática* que, a partir de uma mensagem ou arquivo, gera um código com letras e números representativo dos dados inseridos pelo usuário. Essencialmente, o hash transforma uma grande quantidade de dados em uma pequena quantidade de informações, criando a chamada "impressão digital" de algum arquivo, ou, no caso do Blockchain, de um bloco. Nesse sistema de blocos encadeados, essa impressão digital é fundamental (Prado, 2018).

Por esse motivo, o hash representa a assinatura do conteúdo de cada bloco, e uma vez que ocorra qualquer alteração na informação, o hash também se modifica. Quando um novo bloco é gerado, contendo o hash do bloco anterior, cria uma espécie de selo: é possível verificar e sinalizar se algum bloco foi alterado, para então invalidá-lo.

As informações de blocos são escritas no denominado *ledger*, que pode ser traduzido para "livro-razão"; é o local onde todas as transações, no caso do bitcoin, ficam gravadas, e depois de escritas, não podem ser apagadas.

Cada rede de Blockchain também possui os "nós" (Prado, 2018), que agrupam participantes com o mesmo interesse; no bitcoin, por exemplo, este objetivo é transferir dinheiro. Esses nós podem ser tanto *transacionais*, que escrevem ou geram blocos, quanto *mineradores*, que verificam se o bloco escrito é válido. Dessa perspectiva empresarial decorre o conceito de Salem (2018), para quem o Blockchain é uma rede de negócios segura, na qual os participantes transferem itens de valor (ativos), por meio de um *ledger* (livro-razão) comum distribuído, do qual cada participante possui uma cópia, e cujo conteúdo está em constante sincronia com os outros.

Por força da forte encriptação de dados, o sistema é considerado como incorruptível, visto que a operação com os Bitcoins, por exemplo, ocorre em uma rede com inúmeras máquinas computacionais funcionando de modo simultâneo e compartilhando a mesma cópia da Blockchain. Nesse cenário, um ataque cibernético ao sistema, como uma tentativa de falsificação das moedas, seria rechaçado pela Blockchain, uma vez que os blocos apresentam ordem e encaixe sistemáticos, fundados em cálculos matemáticos complexos, tal como um quebra-cabeça, no qual peças extras são rejeitadas por não se encaixarem em lugares falsos.

E mesmo uma alteração maliciosa dos dados de uma determinada operação (hash) poderia ocorrer na cópia local de quem a faria, mas não teria condições de promover a mesma mudança nos milhares (ou milhões) de cópias detidas pelos demais usuários. A tecnologia envolvida para uma alteração global seria impensável, sobretudo para transações que já tenham sido sucedidas por outras, com a inserção de novos algoritmos. Trata-se, portanto, de um controle altamente descentralizado, de modo a impossibilitar, até o momento, uma falsificação de dados em nível global.

Na perspectiva do livro-caixa, Fobe (2016) conceitua a Blockchain como um gigantesco cartório, aberto e gratuito, capaz de registar e dar transparência perpétua para qualquer tipo de operação. Como se pode depreender destes conceitos, o Blockchain é uma tecnologia que visa à descentralização como medida de segurança, mediante bases de registros e dados distribuídos e compartilhados, que têm a função de criar um índice global para todas as transações que ocorrem em um determinado mercado. Em síntese, funciona como um livro-razão, mas de caráter público, compartilhado e universal, que cria consenso e confiança na comunicação direta entre duas partes, ou seja, sem o intermédio de terceiros, em especial de instituições financeiras.

Por seu funcionamento, esta tecnologia está em constante crescimento, à medida que novos blocos completos são adicionados a ela por um novo conjunto de registros, de modo linear e cronológico. Esta tarefa é empreendida por qualquer computador conectado à essa rede, que tem a tarefa de validar e repassar transações, de modo que a Blockchain possui informação completa sobre endereços e saldos diretamente do bloco gênese até o bloco mais recentemente concluído.

Com efeito, de acordo com Nakamoto (2008, p. 1), criador do Blockchain público, estes seriam os benefícios de uma transação financeira eletrônica em base *peer-to-peer*:

> "A purely peer-to-peer version of electronic cash would allow online payments to be sent directly from one party to another without going through a financial institution. Digital signatures provide part of the solution, but the main benefits are lost if a trusted third party is still required to prevent double-spending. We propose a solution to the double-spending problem using a peer-to-peer network. The network timestamps transactions by hashing them into an ongoing chain of hash-based proof-of-work, forming a record that cannot be changed without redoing the proof-of-work. The longest chain not only serves as proof of the sequence of events witnessed, but proof that it came from the largest pool of CPU power. As long as a majority of CPU power is controlled by nodes that are not cooperating to attack the network, they'll generate the longest chain and outpace attackers. The network itself requires minimal structure. Messages are broadcast on a best effort basis, and nodes can leave and rejoin the network at will, accepting the longest proof-of-work chain as proof of what happened while they were gone."

Como se verifica, o criador aponta as duas grandes vantagens da tecnologia Blockchain para uso em transações financeiras eletrônicas, em comparação com aquelas tradicionalmente realizadas: (i) envio de pagamentos diretos entre as partes, sem a intermediação de uma instituição financeira; e (ii) solução para excluir uma terceira parte confiável necessária para evitar o gasto duplo, usando uma rede *peer-to-peer*, ou seja, a rede registra as transações de ponto a ponto, transformando-as em uma cadeia contínua de prova baseada em hash, formando um registro que não pode ser alterado.

De acordo com Duarte e Duarte (2017), a tecnologia *peer-to-peer*, que constitui um dos cernes do Blockchain, nasceu de uma pesquisa universitária a respeito de um modo para enviar e receber dados para distribuição de arquivos de músicas MP3, dando origem ao *Napster*. A rede *peer-to-peer* está relacionada a uma nomenclatura de um protocolo de rede, utilizado para realizar transmissão de dados, como o compartilhamento de arquivos na Internet, sem a necessidade de que essa transferência se faça através da relação servidor central-cliente, podendo ocorrer somente entre os próprios clientes. Dessa forma, segundo Teixeira (2017), a tecnologia *peer-to-Peer* possui um conjunto de elementos interligados e independentes da existência de qualquer sistema central, sendo utilizada e distribuída em multimídia e, por meio da Internet, qualquer usuário ou organização que se torna integrante do sistema pode utilizar serviços, como por exemplo o Spotify e o Netflix.

Por esse processo – aliado ao trabalho de mineração –, verifica-se que a construção da linguagem é anônima, na medida em que os blocos são adicionados por meio de cálculos matemáticos imutáveis e por qualquer minerador, sem controle ou sujeição governamental ou identificada. Essa característica ressalta um aspecto relevante das criptomoedas, em comparação às moedas nacionais: a criptomoeda possui um valor intrínseco de confiança subordinado a uma determinada lógica matemática de criptografia, diferentemente do conceito convencional, cuja confiança se apoia em um sistema de governo e a uma legislação que determina o curso forçado do valor monetário.

Como consequência destas características, o Blockchain apresenta as seguintes vantagens (Salem, 2018):

a) *Confiança*, na medida em que seus registros são verídicos e imutáveis, e podem ser assim verificados por qualquer usuário;
b) *Ledger* (livro-caixa) distribuído: o livro-razão, sistema de registro das transações e blocos, é compartilhado por toda a rede, de modo transparente;
c) *Privacidade*: é possível garantir a visibilidade para a rede, já que as transações conseguem ser verificáveis, mas determinados atributos pessoais dos usuários podem ser omitidos do *ledge*, sem comprometer a verificação de segurança;
d) *Contrato inteligente*: um documento que não pode ser alterado depois de escrito, de modo que se pode firmar contratos e autorizar (ou não) transações de acordo com os termos estabelecidos;
e) *Consenso*: as transações são verificadas pelos participantes da rede e não podem ser fraudadas, atribuindo segurança ao sistema.

No que se refere à *confiabilidade* das transações no Blockchain destaca-se o papel dos *mineiros*, ou seja, trabalhadores que, por meio de recursos computacionais de alto desempenho, solucionam cálculos matemáticos de criptografia (Teixeira, 2017). A partir desta tarefa, os mineiros são responsáveis por validar todas as transações que ocorrem dentro do sistema, mediante a compilação destas ocorrências no bloco ou registo de transações. Em contrapartida, estes trabalhadores recebem recompensa pelo seu esforço de mineração, cuja atribuição também é objeto de registro nos blocos.

Uma vez validada a transação pelo mineiro, mediante a inclusão da hash pertinente ao negócio, a inclusão no bloco torna-se segura, e alterações posteriores necessitariam de um poder computacional inimaginável – sobretudo com o passar do tempo –, na medida em que seria necessário alterar todas as cópias do Blockchain portadas pelos usuários.

Este protocolo público de comunicação demonstra, desde a criação do Blockchain até ao presente momento, a segurança, agilidade nas transações internacionais, e ainda, a autenticidade e irreversibilidade na contabilidade financeira, registrada no *ledge* (livro-caixa) universal transparente.

1.1. As criptomoedas

O Blockchain é visto como a principal inovação tecnológica do bitcoin, haja vista que é a prova de todas as transações na rede. Seu projeto original tem servido de inspiração para o surgimento de novas criptomoedas e de bancos de dados distribuídos.

As denominadas "criptomoedas", em sua gênese, tinham a função específica de servir como meio de troca eletrônico, constituindo uma moeda descentralizada, na medida em que serviam como instrumento para aquisições de bens e serviços, tal qual as moedas nacionais normativas. Uma grande nota diferencial, no entanto, separa as criptomoedas das moedas nacionais: as primeiras não dependem, nem se subordinam, a um órgão central para sua produção. Com efeito, são geradas mediante operações matemáticas, empreendidas por computadores conectados em rede, que, após determinado período, introduzem um código com inúmeros caracteres – cujo conjunto consubstancia-se na própria criptomoeda –, processo descrito internacionalmente como *mineração*.

A moeda virtual, surgida no ambiente eletrônico através de uma tecnologia gerada por meio de criptografia e algoritmos matemáticos, não possui regulação, nem tampouco é vinculada a qualquer Banco Central.

A variação no mercado de câmbio decorre em virtude do que em Economia denomina-se lei da oferta e procura – para uma dada oferta, um aumento da procura tem como resultado um aumento do preço. Conforme afirma o Banco Central Europeu (2012), os modelos de moedas virtuais (*VCs – virtual currency schemes*) são um tipo específico de dinheiro digital.

Morais e Brandão Neto (2014, p. 42) transcrevem o ensinamento do economista português Fernando Ulrich, pelo qual se apresenta uma descrição analítica a respeito do procedimento de tais transações:

> "As transações são verificadas, e o gasto duplo é prevenido, por meio de um uso inteligente de criptografia de chave pública. Tal mecanismo exige que a cada usuário sejam atribuídas duas "chaves", uma privada, que é mantida em segredo, como uma senha, e outra pública, que pode ser compartilhada com todos. Quando Maria decide transferir bitcoins ao João, ela cria mensagem, chamada de "transação", que contém a chave pública do João, assinando com sua chave privada. Achando a chave pública da Maria, qualquer um pode verificar que a transação foi de fato assinada com sua chave privada, sendo, assim, uma troca autêntica, e que o João é o novo proprietário dos fundos. A transação – e portanto uma transferência de propriedade dos bitcoins – é registada, carimbada com data e hora e exposta em um "bloco" do Blockchain (o grande banco de dados, ou livro-razão da rede Bitcoin). A criptografia de chave pública garante que todos os computadores na rede tenham um registro constantemente atualizado e verificado de todas as transações dentro da rede Bitcoin, o que impede o gasto duplo e qualquer tipo de fraude."

A mesma atividade de mineração acima comentada atua no *gerenciamento* da rede Bitcoin, por exemplo. A dificuldade de mineração aumentou 10 vezes de julho de 2015 a abril de 2017, e dito incremento de dificuldade é inerente à estrutura do Blockchain. Este aumento de complexidade pode ser explicado porque quantidade de moedas desconhecidas para serem mineradas diminui com o tempo, pois segundo a lógica criada, o Bitcoin não pode exceder um determinado limite, uma vez que a quantidade de Bitcoins é fracionável, tendo, por enquanto, até oito casas depois da vírgula. Nakamoto (2008, p. 4) desenvolveu e calculou a tecnologia para atingir um limite máximo de 21 milhões de Bitcoins, de modo que a criptomoeda foi desenhada para, intrinsecamente, evitar a denominada hiperinflação, tal como pode ocorrer nas moedas nacionais normativas, sobretudo por força da injeção de capital em excesso pelos governos, de modo a provocar processo inflacionário e desvalorização da moeda. De acordo com Ulrich (2014), a oferta de Bitcoins crescerá de forma progressiva, pré-estabelecida e conhecida por todos os utilizadores, de modo que até o ano de 2140 alcançará limite máximo de 21 milhões de unidades, apesar de que, até o ano de 2022, cerca de 90% dos Bitcoins estarão minerados.

Uma vez que o Bitcoin não está sujeito ao fenômeno de emissão de novas unidades, caracteriza-se por ser uma moeda essencialmente deflacionária (Ulrich, 2014, p. 6). Dito processo se dá apenas quando o Bitcoin é retirado de circulação, i.e., quando o ativo é dissipado ou enviado para uma carteira inválida. Neste caso, a restrição da base monetária provoca o efeito de valorização dos outros ativos que estão em circulação (Teixeira, 2017).

As criptomoedas apresentam diferença importante em relação às chamadas 'moedas virtuais', conceituadas pelo Banco Central do Brasil como aquelas cujo valor é armazenado eletronicamente em um dispositivo, como um chip de um cartão, um computador pessoal ou servidor ou um dispositivo móvel pessoal (celular, por exemplo), que apenas pode ser transferido entre agentes econômicos eletronicamente. O mesmo Banco Central afirma pertencerem a essa categoria os cartões utilizados nos transportes públicos, os giftcards (cartões de presente), os cartões de alimentação ou refeição e os cartões pré-pagos de pedágio. Com efeito, as moedas eletrônicas são *representações digitais de valores correspondentes em moeda nacional,* e nessa qualidade, e as transações realizadas com elas dependem de intermediários – como bancos, empresas de cartão eletrônico, etc. –, enquanto que as criptomoedas não tem valor representativo de uma moeda, sendo que a sua criação e respectivo valor independem de qualquer governo ou autoridade, dispensando intermediários, na medida em que a criptografia contida nelas permite que dois usuários realizem transferências diretamente entre si (Morais e Brandão Neto, 2014, p. 42).

Numa perspectiva puramente econômica, as criptomoedas poderiam ser consideradas como moedas genuínas, dado que, a par de funcionarem como meio de troca universal, apresentam as características intrínsecas a essa modalidade: durabilidade, maleabilidade e escassez (Morais e Brandão Neto (2014, p. 46), próprias dos meios tradicionais físicos de troca, como o ouro e a prata. A moeda virtual é uma representação digital de valor, que pode ser comercializada digitalmente e possui as funções de meio de troca, unidade de conta e reserva de valor. Ou seja, em termos econômicos, a moeda virtual possui as mesmas características que a moeda nacional.

No entanto, é preciso considerar que, no seio de um Estado Democrático de Direito, sob a égide de uma Constituição – sobretudo num sistema de direito positivo –, um meio de troca precisa de reconhecimento estatal para ser considerado moeda e desencadear os efeitos jurídicos pertinentes. No caso brasileiro, a Constituição Federal determina, em seu artigo 21, inciso VII, competir exclusivamente à União a emissão de moeda, competência que deve necessariamente ser exercida pelo Banco Central (conforme artigo 164 da mesma Constituição). Em adição, compete exclusivamente ao Congresso Nacional dispor sobre emissões de curso forçado, moeda, seus limites de emissão, e montante da dívida mobiliária federal, nos termos do artigo 48, incisos II e XIV da Carta Política.

A partir destes comandos constitucionais, revela-se que a moeda – enquanto meio oficial de troca – representa tema afeto exclusivamente ao reconhecimento estatal, na medida em que sua emissão compete com exclusividade à União, por meio do Banco Central, e sua regulação é privativa do Congresso Nacional. Esta competência legislativa foi exercida por intermédio da Lei nº 9.069/95, cujo artigo 1º elege o Real como unidade do Sistema Monetário Nacional, com curso legal em todo o território nacional. Via de consequência, se trata de *moeda de curso forçado*, uma vez que sua circulação e uso pelos agentes econômicos decorre de disposição legal, e não pela confiança no seu emissor. Uma moeda deste último tipo denomina-se *moeda fiduciária*, em cuja categoria se poderia enquadrar as criptomoedas, que carecem, de outro turno, de reconhecimento oficial pelo sistema de direito positivo.

Nessa perspectiva, as criptomoedas não podem, até o momento da legislação brasileira, serem consideradas como moedas de curso forçado no país. De igual modo, não podem ostentar a qualidade de moeda estrangeira, na medida em que sua emissão não está respaldada, até a presente data, por qualquer governo soberano, e submetida à negociação e circulação internacionais.

Sem descuidar desses limitadores, numa análise SWOT do bitcoin, DEVRIES (2016, p. 14) assinala que, enquanto criptomoedas não são suscetíveis de substituir as moedas tradicionais, elas poderiam mudar a forma como os mercados globais conectados à Internet interagem uns com os outros, eliminando as barreiras que envolvem as moedas nacionais normativas e as taxas de câmbio. A tecnologia avança a um ritmo rápido, e em geral, o sucesso de uma dada tecnologia é quase exclusivamente ditado pelo mercado sobre o qual se procura melhorar, sobretudo em matéria de criptomoedas, que podem revolucionar o mercado comercial digital, criando um sistema comercial de fluxo livre e sem taxas.

1.2. Potencial do Blockchain

A descrição das características intrínsecas do Blockchain denuncia o gigantesco espectro potencial de sua aplicação, estendendo-se muito além das criptomoedas. Como afirmou JUNIOR (2017), a primeira aplicação do Blockchain é a criptomoeda, mas ele não se retringe a isso – do mesmo modo que a escrita, base da comunicação moderna, não se limitou a ser usada como um livro de registros de débitos. Segundo o economista, a confiabilidade das transações e sua desintermediação levam a uma minimização de fraudes e a simplificação operacional, no âmbito de operações financeiras. Por esse motivo, a natureza da tecnologia Blockchain tem sido objeto de investimento por bancos, empresas e governos em todo o mundo, visto o potencial existente para atribuir mais eficiência às transações do mercado financeiro tradicional, eliminando intermediários e assegurando a confiabilidade das transações. Instituições financeiras apresentam foco específico no Blockchain, como instrumento destinado a prover maior robustez às transações, no sistema financeiro e em outras indústrias.

Até governos nacionais já possuem políticas monetárias que incluem o uso de criptomoedas, motivados pela necessidade de melhorar mecanismos de combate à fraude. O Senegal lançou no final de 2017 uma moeda nacional digital denominada e-CFA (NJERI, 2017), e a Tunísia já tinha feito mesmo, com o e-Dinar, ambos suportados em tecnologia de Blockchain. As mesmas intenções são manifestadas pela Suécia, na criação da e-Krona prevista para os próximos anos.

Mas também em transações não financeiras o Blockchain demonstra todo o seu potencial. Dentre suas aplicações, está a capacidade de catalogar e rastrear objetos de valor, como diamantes, possibilitando a redução de fraudes, em razão do registro único e incorruptível no Blockchain (Junior, 2017). No segmento da educação, grandes universidades, como a Massachusetts Institute of Technology – MIT nos Estados Unidos (Sá, 2017), estão inserindo diplomas no Blockchain para certificar a autenticidade do documento e impedir falsificações, inclusive com empresas fornecedoras já especializadas no tema[2].

No setor de saúde, esta tecnologia pode ser usada para distribuir com segurança diagnósticos médicos. Como demonstraram Krawiec e White (2018) a tecnologia Blockchain tem o potencial de transformar a assistência médica, colocando o paciente no centro do ecossistema de assistência médica e aumentando a segurança, a privacidade e a interoperabilidade dos dados de saúde. Essa tecnologia poderia fornecer um novo modelo para o intercâmbio de informações sobre saúde (HIE), tornando os registros médicos eletrônicos mais eficientes, desintermediados e seguros. No âmbito dos *smart contracts* (os 'contratos inteligentes'), a disrupção promete ser ainda mais significativa com o uso do Blockchain, na medida em que, como os contratos inteligentes são simplesmente blocos de código, podem ser incorporados em uma variedade de aplicativos de software, e incluí-los em um Blockchain é a melhor maneira de adicionar segurança, responsabilidade e transparência ao processo (Eisenberg, 2018).

Uma vez que contratos inteligentes permitem que determinados processos digitais ocorram somente quando certas condições foram atendidas, estas relações jurídicas ficam dotadas de certeza quanto à sua forma e conteúdo, sem a necessidade de intervenção de uma autoridade, permitindo executoriedade imediata. O cumprimento do contrato, de igual modo, não fica sujeito a erro de qualquer das partes, sobretudo em relações continuativas, nas quais uma etapa não se pode realizar antes do cumprimento da anterior. Trata-se de um instrumento com objetivo principal de permitir que indivíduos desconhecidos contratem negócios de confiança entre si, pela internet, sem a necessidade de intermédio de uma autoridade central – pública ou privada.

[2] Como, por exemplo, os serviços prestados em https://www.bcdiploma.com/. Acesso em: 23 abr. 2018.

Ao resolver o problema da confiança – sem a necessidade de um intermediário –, os contratos inteligentes podem reduzir de modo significativo os custos de transação e os preços para o consumidor, além de aumentar a liberdade para que os negócios sejam geridos da maneira que as pessoas envolvidas no processo pretenderem.

Quando se trata dos contratos inteligentes, diversos segmentos privados têm muito a ganhar. No âmbito da indústria, por exemplo, desde o recebimento até a inspeção e durante todo o processo de montagem, cada etapa é construída após as etapas anteriores terem sido concluídas com êxito e no prazo. Conforme examina EISENBERG (2018), ao incorporar contratos inteligentes em aplicativos de software de gerenciamento de programas, controles rígidos podem ser criados para evitar que os problemas se infiltrem nos processos industriais.[3] À evidência, o mesmo pode ser alcançado no gerenciamento de cadeia de fornecimento (*supply chains*), mediante contratos inteligentes que pré-definem condições para permitir a movimentação ou o fornecimento de um produto numa cadeia produtiva.

Não à toa que mais de 50% das maiores corporações do mundo – assim consideradas aquelas que possuem mais de 20.000 empregados – estudam seriamente adentrar na tecnologia Blockchain em breve, conforme estudo conduzido pela organização inglesa Juniper Research. Em junho de 2017, a IBM foi escolhida para construir um sistema de comércio internacional baseado em Blockchain para sete dos maiores bancos do mundo, incluindo o Deutsche Bank, o HSBC, o KBC, o Natixis, o Rabobank, o Societe Generale e o Unicredit.

[3] EISENBERG apresenta o exemplo de um contrato inteligente que controle a qualidade para impedir que placas de circuito sejam liberadas para teste até que tenham passado em todas as verificações de qualidade necessárias. Enquanto as metodologias de fabricação atuais dependem da intervenção humana para atingir o mesmo objetivo, os contratos inteligentes são executados automaticamente. Ou seja, até que a última verificação de qualidade tenha sido inserida como aprovada, o próximo processo não pode aceitar o produto. Se os trabalhadores tentarem digitalizar as placas de circuito no departamento de montagem final, o sistema não permitirá que as placas sejam digitalizadas. Além disso, usando a tecnologia Blockchain, os contratos inteligentes fazem parte de um registro inalterável de todo o processo de fabricação, tornando quase impossível para os trabalhadores negligentes esconderem seus erros ou falsificar números.

2. A função da linguagem na metodologia do positivismo axiológico-normativo

O tema em exame recoloca no centro das discussões a função da linguagem num sistema de direito positivo. Isto porque, como se verá, na medida em que o direito positivo verte-se necessariamente em linguagem, porque inserido num processo comunicacional, os novos paradigmas de versão linguística de atos sociais se constituem, na mesma medida, em desafios ao sistema jurídico positivo, no sentido de capturar estes atos para lhes atribuir o efeito jurídico sistematicamente previsto e subsumi-los ao juízo hipotético-condicional, normativamente previsto, dando-lhe concretude.

Na primeira metade do século XX, o empirismo e o positivismo ganharam substancial relevância na filosofia, em detrimento da metafísica, sobretudo aquela concebida pelo idealismo alemão. Numa perspectiva lógico-linguística, as proposições metafísicas careciam de sentido, uma vez que não observavam as premissas necessárias para lhes atribuir sentido. A negação à metafísica fez originar um movimento de renovação filosófica denominado de "movimento analítico", que continha, em seu cerne, a defesa do papel preponderante e decisivo da linguagem na construção do pensamento. Mas essa defesa passou por duas fases bastante distintas, sobretudo em razão das obras centrais de Wittgenstein. Num primeiro momento, identificado com a obra fundante de Wittgenstein, *Tractatus logico-philosophicus,* a linguagem foi considerada em sua perspectiva ideal ou formal, com o objetivo de compatibilizar a expressão dos fatos com uma lógica reduzida e atômica, em abandono às estruturas gramaticais das línguas naturais, para avaliar, criticamente, o alcance significativo da linguagem.

Em momento subsequente, correspondente à segunda obra de Wittgenstein, *Investigações filosóficas,* deslocou-se o foco da linguagem de seu caráter designativo e correspondente, para a linguagem como uso. Abandonou-se, assim, a concepção ideal da linguagem, para se adotar aquela utilizada comumente, de modo que o sentido das palavras seria atribuído por seu uso, *inserido em jogos de linguagem*. Mendes (2007, p. 3), valendo-se da lição de J.M. Garcia-Mauriño e J. A. Fernandez Revuelta, apresenta os três momentos representativos dos movimentos ocorridos na filosofia da linguagem: (i) o atomismo lógico, iniciado nos primórdios do século XX, na teoria de Bertrand Russel e no *Tractatus logico-*

-philosophicus, de Wittgenstein; (ii) neopositivismo ou positivismo lógico, desenvolvido pelos membros do círculo de Viena, utilizando como uma de suas fontes de inspiração o *Tractatus logico-philosophicus*, de Wittgenstein; e (iii) a filosofia analítica, desenvolvida pelos seguidores da segunda obra de Wittgenstein, *Investigações filosóficas*.[4]

Mesmo em razão de alterações substanciais na segunda obra de Wittgenstein, o filósofo continuou defendendo, como já o fizera no *Tractatus*, que a filosofia não era uma ciência empírica e, sim, *uma atividade que consistia na análise da linguagem*. Com efeito, um aspecto relevante é encontrado nas duas obras: a filosofia é uma ciência puramente descritiva, e não uma ciência natural. Não é difícil reconhecer os efeitos dos movimentos da filosofia da linguagem no pensamento jurídico, sobretudo aquele estabelecido a partir de meados do século XX. O positivismo jurídico, de significativa influência sobre os sistemas de direito positivo de tradição romano-germânica, nasce ainda no século XIX como refutação da metafísica e uma reação generalizada contra a insegurança jurídica, provocada, na visão de seus defensores, por uma arbitrariedade decorrente do pensamento jusnaturalista, até então significativo nas decisões judiciais.

Com a cisão entre o Direito e a moral, abandona-se a relação do primeiro com a teologia, a ética e a sociologia, a fim de conceder autonomia científica às construções teóricas no campo do Direito. Dentre as diversas tendências do positivismo jurídico – quais sejam, o *realismo*, que aborda a validade das normas a partir de sua efetiva aplicação, por obediência ou imposição; o *estruturalismo*, que insere no direito preceitos cuja fonte seja eminentemente positiva, ou apenas de inspiração positivista; o *fenomenologismo*, que reduz o direito a um conjunto de fatos sociais; a *egologia* (de Carlos Cossio), que coloca como objeto do direito a conduta, e não a norma; e o *nominalismo*, que considera o direito como um conjunto de preceitos –, prevaleceu nos sistemas modernos a concepção do *normativismo*, que encontra em Hans Kelsen seu maior expoente, pela qual se limita as normas à zona ôntica do direito.

[4] A filosofia analítica ganhou adeptos que influenciaram, sobremaneira, o pensamento a partir da segunda metade do século XX, podendo-se citar Jean Grondin, Paul Ricoeur, L.A. Hart e diversos outros.

Pelo normativismo jurídico, o Direito é reduzido a normas (e ao conjunto delas), cuja validade é independente da efetividade ou eficácia real, consistindo apenas em sua 'positividade', no sentido de ser posta e convalidada no ordenamento. Nessa concepção, como assevera Bobbio (2001, p. 47), a validade de uma norma está sujeita a três verificações: averiguar o poder legítimo da autoridade para emanar normas jurídicas; verificar se ainda permanece inserida no sistema, devido à sua ab-rogação posterior; e identificar se a norma não é incompatível com outras do sistema (ab-rogação implícita), particularmente com aquelas que lhe são superiores.

Kelsen manteve contato com Rudolf Karnap, um dos membros do Círculo de Viena, que tinha como centro de suas discussões o *Tractatus logico-philosophicus* de Wittgenstein. Essa influência se torna clara no normativismo jurídico de Kelsen, que parte de uma premissa fundamental: *o Direito é um sistema de linguagem*, e como tal, está sujeito às funções desse sistema, tal como as características representativas da linguagem, como se identifica na primeira fase de Wittgenstein.[5]

Não se trata, neste âmbito, de apresentar uma análise crítica do normativismo positivista, com o apontamento de suas virtudes e defeitos, e o papel do jusnaturalismo na ciência jurídica. O objetivo das sucintas colocações acima é aceitar que essa corrente da filosofia jurídica, baseada no estudo da norma, influenciou enormemente a construção dos sistemas jurídicos positivos modernos, dentre os quais é exemplo eloquente a experiência brasileira.[6]

[5] Como afirma Sônia Maria Broglia Mendes, o normativismo jurídico é a concepção mais difundida e mais desenvolvida do ponto de vista teórico no século XX, e sua proposta pode ser reduzida a dois modelos fundamentais: (i) o normativismo formalista de Kelsen, e (ii) o normativismo analítico de L.A. Hart. Mas ambas as correntes concordam em aspectos essenciais, que os diferem tanto dos jusnaturalistas quanto dos realistas. Para as duas correntes, é o conhecimento cientifico do Direito, separado de seu valores morais, que deve permear o estudo das normas. Mendes, Sônia Maria Broglia. *A validade jurídica pré e pós giro linguístico.* São Paulo: Noeses, 2007, p. 111.

[6] Não se deixa de ressaltar, contudo, que juristas pós-positivistas apresentam críticas contundentes ao normativismo, sob influência da segunda fase de Wittgenstein. Nesse sentido, cita-se a teoria estruturante do Direito de Friedrich Muller, da qual somos adeptos, que propõe à ciência do direito analisar a particularidade das normas jurídicas dentro dos distintos passos de concretização do direito, concebendo-se o postulado da objetividade jurídica não no sentido de um conceito ideal absoluto, mas sim como reivindicação de uma racionalidade verificável e discutível na aplicação do direito e a exigência de que aquela responda aos fatos,

Enquanto sistema de linguagem – tal como a própria filosofia, como defendeu Wittgenstein –, o Direito promove o disciplinamento das condutas intersubjetivas num processo de comunicação, o qual apenas se perfaz mediante a existência de uma mensagem verbalizada ou redigida por um código – a linguagem –, transmitida por um emissor a um receptor, por meio de um canal. Nesse disciplinamento, na atividade legislativa (introdutora de normas gerais e abstratas), o legislador (órgão emissor), utilizando a língua portuguesa (código), elabora os textos legais, constituídos nos enunciados prescritivos. Estes enunciados se referem a eventos, fatos, relações jurídicas, condutas intersubjetivas e valores (a mensagem), e os textos (suportes de signos linguísticos) que trazem os enunciados prescritivos são publicados no Diário Oficial (canal), para que os cidadãos e operadores do direito positivo (receptores) tomem conhecimento da mensagem, entrando e mantendo-se na comunicação.

A linguagem prescritiva do direito positivo, por seu turno, presta-se a expedição de ordens e comandos dirigidos ao comportamento das pessoas, abrangendo condutas intersubjetivas e intra-subjetivas. E, nesse ponto, sobretudo no que toca ao objeto deste artigo, impõe-se a distinção entre *evento* e *fato jurídico*.

O *evento* é o acontecimento concreto, sensível e real, pertencente à categoria do mundo social. O fato, de outro turno, é a concretização linguística do evento, vale dizer, a sua verbalização ou conversão em linguagem, de modo a tornar-se manifestação comunicacional. Em outras palavras, *o relato de um evento em linguagem constitui um fato* (enunciado linguístico).

A atividade legislativa, a seu turno, mediante o uso de linguagem, elege no *antecedente* do juízo hipotético-condicional (norma de conduta) um *fato*, ao qual o direito positivo atribui consequências jurídicas, descritas no *consequente* da norma. Assim, para a subsunção ao antecedente da norma, não basta o evento concreto; é preciso que, além disso, torne-se fato, por meio de sua representação em linguagem. Nesse mister, um

fazendo com que as disposições legais levem o selo de sua própria matéria. Vide: Müller, Friedrich. O novo paradigma do direito: introdução à teoria e metódica estruturantes. 3 ed. São Paulo: Editora Revista dos Tribunais, 2013. No âmbito da teoria da argumentação, Stephen Toulmin, estudioso de Wittgenstein, desenvolveu o difundido *layout* de argumentação a partir da refutação do absolutismo derivado da lógica formal, sem recorrer ao relativismo. Vide: Toulmin, Stephen. *Os usos do argumento*. São Paulo: Martins Fontes, 2006.

fato torna-se jurídico quando, no instante de sua formação, sejam obedecidas as regras prescritas pelo direito positivo.

A partir dessas premissas, verifica-se que um *evento*, enquanto não convertido em fato mediante a competente descrição da linguagem, não se enquadrará no antecedente de uma norma jurídica – vale dizer, não produzirá as consequências jurídicas previstas na mesma norma. Dito de outro modo, um evento somente ingressará no universo jurídico se, vertido em linguagem, transformar-se em *fato*, que será jurídico na medida em que subsumir-se ao antecedente de uma norma jurídica validamente existente. Apoiado nas lições de Tércio Sampaio Ferraz Jr. e Jürgen Habermas, assim pondera Paulo de Barros Carvalho:

> "Se os fatos jurídicos são entidades linguísticas, com pretensão veritativa, entendida esta cláusula como a utilização de uma linguagem competente para provocar o consenso (Habermas), *os fatos jurídicos serão aqueles enunciados que puderem sustentar-se em face das provas em direito admitidas*. Aqui, no hemisfério do direito, usar competentemente a linguagem significa manipular de maneira adequada os seus signos e, em especial, a simbologia que diz respeito às provas, isto é, às técnicas que o direito positivo elegeu para articular os enunciados fáticos com que opera. De ver está que o discurso prescritivo do direito posto indica, fato por fato, os instrumentos credenciados para constituí-los, de tal sorte que *os acontecimentos do mundo social que não puderem ser relatados com tais ferramentas de linguagem não ingressam nos domínios do jurídico, por mais evidentes que sejam*".

No âmbito de uma norma tributária – que, estruturalmente, em nada difere das demais normas de um sistema de direito positivo –, o legislador colhe fatos (ou seja, eventos convertidos em linguagem) que, representativos de riqueza, e em pertinência sistêmica e validade com as normas superiores (sobretudo, os limites e garantias estabelecidos na Constituição Federal), desencadeiam o nascimento da obrigação tributária. De se ver que o lançamento, constitutivo do crédito tributário na acepção conferida pelo artigo 142 do Código Tributário Nacional, ilustra a verdadeira representação do evento em fato jurídico, mediante o uso da linguagem científica para descrever, adequadamente, cada um dos elementos do evento (agora, transformado em fato jurídico-tributário) que foram eleitos pelo legislador como antecedente de uma norma tributária. Na precisa lição de GONÇALVES (1997, p. 157), *"a tradução do 'evento' em 'fato' é feita por meio de ato jurídico administrativo praticado por agente competente, assim designado e apoderado pelo sistema normativo".*

A partir do lançamento, a norma geral e abstrata orienta a produção da norma individual e concreta, dentro da qual a descrição do fato jurídico, por meio de autoridade competente, estabelece a relação jurídica entre os sujeitos da obrigação tributária, com conteúdo patrimonial.[7]

Uma das notas mais características do lançamento é a sua natureza de ato administrativo, porque pertencente ao poder-dever da administração pública quanto ao exercício de suas competências tributárias. Enquanto ato administrativo, o lançamento está dotado dos privilégios que lhe são característicos, em especial a (i) presunção de legitimidade, (ii) a imperatividade; (iii) a exigibilidade; e (iv) a executoriedade. É tão certo quanto notório, entretanto, que a conversão dos eventos em fatos jurídico-tributários, por meio do lançamento, no mais das vezes, é tarefa atribuída ao contribuinte, num primeiro momento, por intermédio do lançamento por homologação, a teor do artigo 150 do Código Tributário Nacional. Por evidente, uma maior participação do contribuinte no lançamento não desnatura sua qualidade de ato administrativo, privativo do agente público, conforme artigo 142 do mesmo Código.

No lançamento por homologação, é tarefa essencial do contribuinte a produção da norma individual e concreta, vale dizer, a qualificação do evento como fato jurídico-tributário, convertendo-o em linguagem competente, mediante os inúmeros procedimentos estabelecidos em lei.[8] Esta atividade, que na essência não difere do labor empreendido

[7] Daí o conceito de lançamento proposto por Paulo de Barros Carvalho: *"Lançamento é o ato jurídico administrativo da categoria dos simples, constitutivos e vinculados, mediante o qual se insere na ordem jurídica brasileira uma norma individual e concreta, que tem como antecedente o fato jurídico tributário e, como consequente, a formalização do vínculo obrigacional, pela individualização dos sujeitos ativo e passivo, a determinação do objeto da prestação, formado pela base de cálculo e correspondente alíquota, bem como, pelo estabelecimento dos termos espaço-temporais em que o crédito há de ser exigido."* CARVALHO, Paulo de Barros. *Curso de Direito Tributário.* 24ª ed. São Paulo: Saraiva, 2012, p. 464.

[8] Apoiado em Lourival Vilanova, Paulo de Barros Carvalho pontua: "Ninguém ousaria ignorar que as legislações de impostos como o IPI e o ICMS, importantes fontes de receita para a União e para os Estados federados, respectivamente, registram muitos preceitos disciplinadores da atividade do sujeito passivo na construção dessas regras. Cabem-lhe individualizar

pelo agente público nas demais modalidades de lançamento – sobretudo naquele construído de ofício, decorrente de auditorias fiscais –, apenas está sujeita a posterior escrutínio das autoridades administrativas competentes, em sua atividade revisional, também prevista nos artigos 149 e 150 do CTN.

A criação da norma tributária individual e concreta pelo contribuinte, no âmbito do lançamento, se dá por meio das denominadas 'obrigações acessórias', às quais a doutrina em peso prefere denominar de 'deveres instrumentais', sob as justificativas de ausência de conteúdo econômico e de transitoriedade que lhe são próprias – notas que, para esta doutrina, não seriam pertinentes ao genuíno instituto das obrigações.[9] Sem adentrar no exame desta celeuma doutrinária,[10] o certo é que as obrigações acessórias constituem o meio procedimental para que o lançamento por homologação seja inaugurado, convertendo eventos sociais em fatos jurídico-tributários.

À evidência, as obrigações acessórias não desempenham de modo isolado e exclusivo essa tarefa. Em verdade, muitas das informações inseridas nestas obrigações já se constituem em fatos jurídicos, servindo os formulários da administração tributária apenas para organizar e concentrar as comunicações entre os sujeitos da relação tributária. Como exemplos desses fatos, tem-se os contratos firmados em particulares,

o evento tributário, constituindo-o como fato jurídico, e estruturar, denotativamente, todos os elementos integrantes da relação jurídica do tributo. Em outras palavras, a lei dá competência ao contribuinte para construir o fato jurídico e a obrigação tributária que dele decorre, pelo fenômeno da causalidade jurídica". Carvalho, Paulo de Barros. *Curso de Direito Tributário*. 24ª ed. São Paulo: Saraiva, 2012, p. 469.

[9] Nesse sentido, ver: Carvalho, Paulo de Barros. *Curso de Direito Tributário*. 24ª ed. São Paulo: Saraiva, 2012, p. 322; Bastos, Celso Ribeiro. Comentários ao Código Tributário Nacional, vol. 2. São Paulo: Saraiva, 1998, p. 146; Costa, Alcides Jorge. Obrigação tributária. In: Curso de Direito Tributário. CEJUP/Centro de Extensão Universitária, 1993, vol. 1, p. 216.

[10] De nossa parte, filiamo-nos ao escólio de José Souto Maior Borges, para quem o direito tributário, em sua função qualificadora (Blumenstein), pode atribuir ao tradicional instituto das obrigações características e elementos diversos daqueles consagrados na teoria do direito civil, para fins tributários, sem com isso representar uma quebra à tradição jurídica, sobretudo por força do artigo 109 do CTN. Nessa perspectiva, os deveres estatuídos no artigo 113, §2º do CTN não perderiam a características de obrigações tributárias, ainda que não contem, como visto, com todos os elementos da obrigação considerados na tradição jurídica. Nesse sentido, vide: Borges, José Souto Maior. *Obrigação tributária (uma introdução metodológica)*. 3ª ed. São Paulo: Malheiros, 2015.

que por si, já tem seus elementos descritos no antecedente da regra-matriz de incidência, como a aquisição de renda decorrente de uma compra e venda e o salário decorrente de um contrato de trabalho. Também obrigações acessórias de contribuintes, que não estão inseridas diretamente no lançamento por homologação, já constituem a verbalização de eventos, constituindo-se em fatos jurídico-tributários, tendo como exemplo eloquente a emissão de notas fiscais.

O artigo 113, §2º do CTN esclarece os objetivos essenciais das obrigações tributárias, ao determinar que tais deveres são instituídos *no interesse da arrecadação ou da fiscalização dos tributos*. Essa finalidade intrínseca à própria natureza da obrigação tributária revela que o contribuinte se torna verdadeiro *longa manus* do Estado, que reconhece a impossibilidade material de fiscalização de todos os eventos desencadeados pelos contribuintes e que, transformados em linguagem, se constituiriam em fatos jurídico-tributários. Por isso a predominância do lançamento por homologação, que conta, comparativamente com as demais modalidades, com a maior participação do contribuinte na produção da norma individual e concreta.[11]

Sendo o lançamento por homologação apenas a mera descrição de um procedimento da atividade geral do lançamento, que permanece como ato administrativo – a teor do artigo 142 do CTN –, é evidente que o *interesse da fiscalização* não se resume à atividade do contribuinte. A atividade fiscalizatória, como poder-dever do Estado, manifesta-se nesse contexto nas mais variadas ordens. Com efeito, o poder-dever de fiscalização é intrínseco à própria competência tributária, na medida em que não apenas franqueia ao ente federativo a instituição dos tributos, mas também, estabelece comandos para que o exercício desse poder seja consentâneo com diversos limites e garantias constitucionais, cuja

[11] Nas palavras de Ives Gandra da Silva Martins, "'...no interesse da fiscalização', deve ser tal obrigação sempre adequada à necessidade de controle, razão pela qual, conforme às peculiaridades inerentes ao fato tributário, sua conformação e perfil podem variar. Desta forma, 'o interesse da arrecadação e fiscalização' é o mote que leva ao tratamento legal, em nível constitucional e complementar, das obrigações acessórias. Há necessidade de diversos meios de fiscalização e controle, todos eles para que os tributos sejam pagos e não haja concorrência desleal, decorrente da sonegação de tributos". MARTINS, Ives Gandra da Silva. Obrigações acessórias no interesse da fiscalização e da livre concorrência entre empresas – direito assegurado ao fisco pelas leis suprema e complementar. RFDT 08/143, jun/04.

concretude material reclama, acima de tudo, uma fiscalização cuidadosa a respeito dos atos praticados pelos contribuintes.[12]

Diversas são as implicações dessa assertiva. Inicia-se pelo próprio princípio da capacidade contributiva, que de acordo com o artigo 145, §1º da Constituição Federal, reclama da administração tributária – para dar efetividade a esse objetivo – "identificar, respeitados os direitos individuais e nos termos da lei, o patrimônio, os rendimentos e as atividades econômicas do contribuinte." Em outros termos, estará atendido o postulado da capacidade contributiva somente quando a administração, no exercício de sua competência tributária, averiguar adequadamente os eventos econômicos que constituírem elemento essencial da regra-matriz de incidência tributária, sobretudo seus aspectos material, pessoal e quantitativo, para transformá-los em fatos jurídico-tributários, por meio da linguagem competente.

Nesta esteira, as garantias da igualdade tributária e da livre concorrência, previstas respectivamente no artigo 150, II e 170, IV da Constituição Federal, também exigem uma arrecadação de tributos isonômica, vale dizer, uniforme em relação aos contribuintes, independentemente de suas capacidades pessoais, de modo a dar concretude às igualdades verticais e horizontais e, sobretudo, não constituir elemento de desvio na livre concorrência. É evidente que a fiscalização cumpre papel essencial nesse labor, de modo a não permitir que eventos econômicos não sejam capturados pela regra-matriz de incidência tributária, em razão da sua não conversão em fatos jurídico-tributários, deixando contribuintes em igual situação econômica e jurídica – incluindo empresas, no jogo da concorrência – em situação de desvantagem, relativamente a seus pares beneficiados pela falta do lançamento.

Justamente por isso é que o artigo 195 do CTN retira do trabalho da fiscalização quaisquer obstáculos limitativos do direito de exame de mercadorias, livros, arquivos, documentos, papéis e efeitos comerciais ou fiscais dos comerciantes, industriais ou produtores. Inclusive ter-

[12] Cita-se, ainda, que pela perspectiva do direito financeiro, o ente federativo tem o dever de instituir e arrecadar seus tributos, nos termos do artigo 11 da Lei de Responsabilidade Fiscal (Lei Complementar nº 101/04), segundo o qual "Constituem requisitos essenciais da responsabilidade na gestão fiscal a instituição, previsão e *efetiva arrecadação* de todos os tributos da competência constitucional do ente da Federação", sendo inclusive vedada a realização de transferências voluntárias para o ente que não observar este comando.

ceiros estão obrigados a colaborar neste mister, a teor do artigo 197 do CTN, complementado pela mitigação do sigilo bancário, tal como preconizada na Lei Complementar nº 105/01 e convalidada pelo Supremo Tribunal Federal.[13]

3. Desafios da tributação frente às características do Blockchain

Como visto acima, o Blockchain apresenta determinadas características que, para fins de negócios, são apresentadas como verdadeiras vantagens, em comparação com os métodos tradicionais de relação entre os indivíduos e os agentes econômicos. No entanto, se por um lado ditos avanços podem representar maior segurança, agilidade e confiabilidade das transações, de outro turno, trazem desafios substanciais para o exercício das competências tributárias.

Com efeito, os novos paradigmas tecnológicos representam um sistema de linguagem inédito e paralelo, virtual (sem suporte físico), criado e desenvolvido permanentemente por particulares, à margem do Estado ou de qualquer poder central, sem intermediação, com absoluta privacidade e com o uso de algoritmos matemáticos, em substituição ao vernáculo. Estas características acima citadas – quais sejam, um sistema de linguagem (i) único, (ii) virtual, (iii) privado, (iv) descentralizado, (v) desintermediado, (vi) anônimo e (v) composto de signos matemáticos – apresenta implicações diretas e graves sobre a atividade estatal da tributação.

Inicia-se com o desafio de atingir e compreender um sistema de linguagem único, virtual e de origem puramente tecnológica. Como visto acima, num sistema de direito positivo, a regra-matriz de incidência tributária, de natureza geral e abstrata, introduzida por veículo normativo autorizado pela Constituição Federal, elege em seu antecedente um fato jurídico, ou seja, a representação, em linguagem competente, de um evento social, determinado a partir das competências tributárias. Enquanto não vertido em linguagem, dito evento não ingressa no uni-

[13] O Plenário do STF concluiu que os dispositivos da LC 105/01, que permitem à Receita Federal receber dados bancários de contribuintes fornecidos diretamente pelos bancos, sem prévia autorização judicial, não resultam em quebra de sigilo bancário, mas sim em transferência de sigilo da órbita bancária para a fiscal, ambas protegidas contra o acesso de terceiros. Vide: Recurso Extraordinário (RE) 601314 e Ações Diretas de Inconstitucionalidade – ADI's 2859, 2390, 2386 e 2397.

verso jurídico, de modo que pela atividade do lançamento – que converte eventos descritos abstratamente em fatos jurídico-tributários, por meio da linguagem – constitui-se o crédito tributário.

A tarefa do lançamento, a seu turno, pela perspectiva de capturar eventos sociais e transformá-los em fatos jurídico-tributários, encontra desafio de monta frente ao novo paradigma linguístico do Blockchain. Na medida em que se trata de sistema de linguagem utilizador de regras matemáticas para lhe dar lógica, com a adoção de signos linguísticos diversos do vernáculo, a captura dos eventos sociais deve se dar mediante, ou a partir de, os mesmos instrumentos e métodos pertinentes a esse sistema. Dito de outro modo, a atividade do Estado, descrita no artigo 142 do CTN, deve estar plenamente dotada dos meios e instrumentos necessários e adequados para (i) a captura de eventos sociais ocorridos no seio do Blockchain, e (ii) a conversão desses eventos em linguagem, com o uso do vernáculo, em substituição aos códigos matemáticos próprios da tecnologia em questão.

Ainda que a atividade do lançamento tenha predominância da colaboração dos contribuintes, na modalidade de homologação estabelecida no artigo 150 do CTN, os desafios permanecem. Isto porque os particulares, no cumprimento das obrigações acessórias pertinentes à atividade do lançamento por homologação, também precisarão estar dotados dos meios necessários e adequados para a captura dos eventos sociais ocorridos no Blockchain e sua conversão em linguagem competente, estabelecida pelo ordenamento jurídico, para constituir o fato jurídico-tributário. À evidência, a própria instituição das obrigações acessórias, pelo ente federativo dotado da competência tributária, deverá considerar estas particularidades para fins de imposição dos deveres de colaboração aos contribuintes, o que exigirá ao Estado conhecer, de antemão, os desafios dessa tarefa e os meios para executá-la.

Se não bastasse, mesmo que inaugurado o lançamento pelo contribuinte, a sua homologação ulterior pelo Estado, na dicção do artigo 150 do CTN, exigirá as mesmas medidas e instrumentos acima comentados, de modo que, ao final do ato administrativo, ditas competências deverão ser efetivamente atribuídas ao agente público. Cite-se, ainda, que o lançamento de ofício, em revisão e substituição ao lançamento por homologação nas hipóteses do artigo 149 do CTN – tal como a existência de erro, dolo ou omissão nas declarações dos contribuintes – exige, obviamente, conhecimentos, meios e técnicas adequados para esta atividade.

A descentralização e a desintermediação do Blockchain, a seu turno, também representam obstáculos relevantes à atividade tributária, na medida em que os eventos sociais ocorrem à margem de um controle estatal, ou de um agente econômico concentrador de múltiplos eventos, como as instituições financeiras. No sistema jurídico atual, os eventos sociais, descritos de modo abstrato pela lei tributária, ocorrem em grande parte mediante controle ou interferência direta do Estado, tal como atos e negócios jurídicos que envolvem registros públicos de qualquer natureza, como cartórios e afins, para lhes concederem validade ou eficácia, ou registros e comunicações em inúmeros outros órgãos administrativos, como o Banco Central do Brasil, agências reguladoras e semelhantes.

Também o controle indireto do Estado sobre os eventos sociais, no sistema tradicional, se faz presente para fins de lançamento tributário, sobretudo em relação aos agentes econômicos que concentram número expressivo de atos e fatos jurídicos, tais como as instituições financeiras, que praticam a denominada intermediação financeira e, nessa qualidade, possuem obrigações acessórias específicas. Regimes tributários de arrecadação concentrada, como a substituição tributária e sistemas monofásicos, também permitem às autoridades a fiscalização de um número muito reduzido de contribuintes, em relação ao conjunto total das empresas atuantes nos segmentos eleitos para essa sistemática, de modo a permitir uma maior eficiência e assertividade no lançamento tributário.

No entanto, a descentralização e a desintermediação próprias das transações realizadas com tecnologia Blockchain reduzem sobremaneira a capacidade do Estado e de seus instrumentos interventivos para "identificar a ocorrência do fato gerador, determinar a matéria tributável, calcular o montante do tributo devido, identificar o sujeito passivo e, sendo o caso, propor a aplicação da penalidade".

Em verdade, trata-se de *questão de grau de controle estatal sobre eventos sociais* que, transformados em fatos jurídicos pelo lançamento, estariam aptos a desencadear o nascimento da obrigação tributária. O sistema atual de controle é resultado de um desenvolvimento secular de instrumentos estatais, baseados na formalização dos atos e fatos jurídicos, de seus registros públicos e privados, construídos sobre processos e procedimentos oficiais ou legalmente previstos, erigidos modernamente a respeito de agentes públicos e agentes econômicos que praticam a intermediação e a aproximação de indivíduos e empresas, com característica de rastreabilidade.

Em suma, o antigo e sempre presente problema do direito tributário de controle e rastreabilidade de eventos sociais, eleitos na norma tributária geral e abstrata – que atinge, atualmente, seu maior grau de desenvolvimento pela ótica do Estado, com sistemas de coleta, comparação e rastreamento de informações, inclusive perante instituições financeiras –, passa a enfrentar novo desafio, de enorme vulto, exigindo novos paradigmas legais e de eficiência capazes de acompanhar a evolução disruptiva da tecnologia sobre os negócios tradicionais.

Por fim, mas não menos relevante, a privacidade das transações no Blockchain é objeto de uma *visibilidade adequada* (Prado, 2018), na medida em que estas transações conseguem ser verificáveis, pelos usuários, mas partes sensíveis do *ledger* (livro-caixa) podem ser ocultadas (tais como dados pessoais), sem prejudicar a verificação do bloco, em termos de veracidade e imutabilidade. A ocultação de dados pessoais no Blockchain significa, perante a tributação, a impossibilidade de determinar, ao menos num primeiro momento, os sujeitos do evento social que, vertido em linguagem competente, seriam elementos do consequente de uma regra-matriz de incidência tributária. Em outras palavras, a impossibilidade de identificar as partes de uma transação acarreta no impedimento de identificar o sujeito passivo, no processo do lançamento, para fins de constituição do crédito tributário.

É certo que tal medida poderia ser exigida dos próprios contribuintes, no seio de um lançamento por homologação, mas o exame que se mostra necessário é o de identificar se o Estado, para fins de ulterior homologação desse lançamento – ou para promover uma revisão de ofício –, teria condições materiais indispensáveis para checar a completude e veracidade das informações inseridas em obrigações acessórias pelos contribuintes. Considerando que os dados identificadores de indivíduos podem ser omitidos do *ledger*, é preciso considerar que as autoridades fiscais enfrentariam grande dificuldade de rastreamento de eventos sociais e fatos jurídicos.

Se não bastasse essa limitação de ordem fiscalizadora, a ausência de dados de caráter pessoal dificultaria à administração tributária dar concretude aos princípios elementares norteadores da tributação, em especial da capacidade contributiva e da igualdade, uma vez que não haveria meios indispensáveis de estabelecer o caráter pessoal de impostos, para fins de sua graduação de acordo com a capacidade econômica do contribuinte, mediante a identificação adequada do seu patrimônio, seus rendimentos e suas atividades econômicas (conforme artigo 145, §1º da CF/88). Ainda que esta graduação possa ser realizada, num primeiro momento, a partir de categorias de contribuintes ou do conteúdo econômico do ato praticado (Ataliba, 2005) – tal como, por exemplo, a aquisição de renda ou a venda de uma mercadoria ou serviço –, as chances de desvio e descumprimento do princípio seriam possíveis, exigindo do Estado uma perquirição aprofundada das demais notas particulares dos contribuintes para fins de enquadramento nas categorias legalmente previstas.

O mesmo se pode afirmar no tocante à igualdade, como já acima explorado. As garantias da igualdade tributária e da livre concorrência, previstas respectivamente no artigo 150, II e 170, IV da Constituição Federal, também exigem uma arrecadação de tributos isonômica, vale dizer, uniforme em relação aos contribuintes, independentemente de suas capacidades pessoais, de modo a dar concretude às igualdades verticais e horizontais e, sobretudo, não constituir elemento de desvio na livre concorrência. Quando eventos econômicos não são capturados pela regra-matriz de incidência tributária, em razão da sua não conversão em fatos jurídico-tributários – o que se daria, em tese, pela privacidade das relações mantidas com o uso da tecnologia Blockchain –, contribuintes em igual situação econômica e jurídica seriam desigualados, relativamente a seus pares beneficiados pela falta do lançamento.

Todos estes desafios exigirão dos governos a adoção de novos paradigmas regulatórios e de novas estruturas de obrigações acessórias e de fiscalização. A par de muitos eventos ocorridos no âmbito de uso do Blockchain já se constituírem como elementos descritos na lei tributária geral e abstrata, a criação das normas individuais e concretas, pelo lançamento, necessitará de um arcabouço específico, que consiga adaptar-se às características disruptivas desta tecnologia, impactantes dos métodos tradicionais de tributação – sobretudo por sua natureza privada, não sujeita a controle central ou intermediação, dotada de privacidade e desprovida de suporte físico.

Uma vez que, como afirmado acima, diversos eventos ocorridos com o uso do Blockchain já se enquadram nas classes de notas descritas na hipótese de uma norma tributária geral e abstrata (Gonçalves, 1997, p. 26), passa-se ao exame dos tributos que poderiam incidir sobre as operações financeiras praticadas com o uso desta tecnologia, desde que os respectivos eventos sejam convertidos em fatos jurídico-tributários pela linguagem competente do lançamento.

4. Operações financeiras

Para os fins deste breve estudo, serão consideradas operações financeiras aquelas assim designadas pelas ciências das finanças, que as dividem em dois grandes grupos: as aplicações e os empréstimos. As primeiras são *instrumentos financeiros* – ou seja, qualquer contrato que dê origem a um ativo financeiro para a entidade e a um passivo financeiro ou instrumento patrimonial para outra entidade – caracterizando-se como aplicação financeira os excessos de disponibilidades da empresa, em relação às necessidades imediatas de desembolso. São modalidades mais recorrentes das aplicações financeiras aquelas praticadas com ativos financeiros correspondentes a títulos para negociação, disponíveis para venda futura e mantidos até o vencimento.

Na perspectiva financeira, o empréstimo representa uma captação de recursos financeiros junto a instituições financeiras, remunerado por juros e outros encargos, sem uma finalidade específica. O tomador destes valores, por sua vez, se caracteriza como o mutuário, numa relação jurídica de mútuo, regulado pelo artigo do Código Civil e pela legislação bancária. Fixada esta premissa metodológica, examina-se a seguir a tributação destas operações, quando praticadas com o uso da tecnologia Blockchain.

4.1. Imposto de renda sobre a propriedade de criptomoedas

No Brasil, as moedas virtuais são classificadas pela Receita Federal como ativos financeiros, que as considera como bens incorpóreos, na medida em que revelam aquisição de valor patrimonial não fisicamente apropriável. A primeira consequência de tal interpretação, como assinalam Morais e Brandão Neto (2014, p. 46), é que a troca de um desses ativos incorpóreos por determinado produto não pode ser classificada compra e venda, afinal, para existir a compra e venda um produto deve ser dado em troca de um valor em moeda corrente, logo, tratar-se-ia de um contrato de Escambo ou Troca.

Na qualidade de ativo, a verificação do acréscimo patrimonial da criptomoeda deve se dar com o Ganho de Capital decorrente de sua alienação, com fulcro no artigo 3º, §2º, da Lei 7.713/88.

Os titulares da criptomoeda devem declarar em obrigações acessórias a moeda pelo valor de aquisição, convertendo-a para Reais. Quando da troca ou alienação de moeda virtual para moeda corrente, os possíveis ganhos obtidos por pessoas físicas, se superiores a R$ 35.000,00, devem ser declarados no Imposto de renda mensal, através do programa de ganho de capital, em obediência à tabela progressiva do ganho estabelecida na Lei nº 13.259/16, suportado em documentação comprobatória apta e confiável. Na hipótese de ganho por pessoas jurídicas, de igual modo, o imposto de renda e a contribuição social sobre o lucro serão apurados de acordo com o regime de apuração deste – presumido, real ou arbitrado, ou ainda na sistemática do Simples Nacional.

4.2. Aplicações financeiras

No que se refere a operações de aplicações financeiras, em sede preliminar, é preciso ponderar que a atividade principal ou acessória de coleta, intermediação ou aplicação de recursos financeiros próprios ou de terceiros, em moeda nacional ou estrangeira, e a custódia de valor de propriedade de terceiros, é exclusiva das instituições financeiras autorizadas a funcionar pelo Banco Central do Brasil, nos termos dos artigos 17 e 18 da Lei nº 4.595/64.

Desde modo, as aplicações financeiras realizadas com criptomoedas somente serão possíveis a partir de regulamentação legal e a operacionalização do Banco Central do Brasil. Faltante tal arcabouço legal adequado, não se mostra possível considerar a hipótese de aplicações financeiras realizadas com criptomoedas.

À evidência, referidas aplicações podem ocorrer com o uso do Blockchain, mas não por meio de criptomoedas. Este recurso tecnológico, tendo como ativo a moeda corrente nacional, permitiria às partes contratantes usufruir dos diversos benefícios desta tecnologia, como a segurança das informações, a impossibilidade de custo duplo e a concatenação de registros.

De acordo com o artigo 5º da Lei nº 9.779/99, os rendimentos auferidos em qualquer aplicação ou operação financeira de renda fixa ou de renda variável sujeitam-se à incidência do imposto de renda na fonte, mesmo no caso das operações de cobertura (hedge), realizadas por meio de operações de swap e outras, nos mercados de derivativos. Atualmente, as alíquotas do imposto de renda na fonte são estabelecidas pelo artigo 1º da Lei nº 11.033/04, variando de 22,5% a 15%, a depender do prazo da aplicação.

No que se refere ao IOF, haverá incidência regular do imposto, na modalidade de títulos ou valores mobiliários, de acordo com o disposto no Decreto nº 6.306/07. Não se vislumbra, na incidência do Imposto de Renda e do IOF, qualquer impacto do uso do Blockchain na incidência tributária, sobretudo porque as aplicações financeiras são necessariamente intermediadas por instituição financeira e devem ter como objeto a moeda corrente nacional, pela falta de regulamentação no que se refere ao uso das criptomoedas para essa finalidade.

4.3. Empréstimos

Diversamente das aplicações financeiras, os empréstimos – considerados como uma captação de recursos financeiros, remunerado por juros e outros encargos, sem destinação específica – podem ocorrer entre pessoas não integrantes do sistema financeiro nacional. Nos termos do artigo 586 do Novo Código Civil, o mútuo é definido como empréstimo de coisa fungível (dinheiro), portanto, o mutuário é obrigado a restituir ao mutuante o que dele recebeu. Normalmente cabe ao mutuário remunerar o capital que lhe foi colocado à disposição, mediante o pagamento de juros, conforme expresso em contrato.

Quando o empréstimo for intermediado por instituição financeira, nos moldes acima examinados para as aplicações financeiras, somente poderão se dar com a entrega de moeda corrente nacional, vedado, por enquanto, o uso de criptomoedas para essa finalidade. Evidentemente, a instituição financeira pode adotar sistemas de tecnologia que utilizem a tecnologia do Blockchain para realizar os contratos de empréstimo, desde que com observância das demais normas regulamentares, com ênfase daquelas emanadas pelo Banco Central do Brasil.

Paralelamente, é possível que o empréstimo ocorra entre pessoas não integrantes do sistema financeiro nacional, com o uso do Blockchain e, adicionalmente, através de criptomoedas, que podem ser transferidas a título precário, para uso por determinado período, remunerado a juros. Nessa hipótese, são equiparados a rendimentos de aplicação financeira, para efeitos de incidência do Imposto de Renda na Fonte, os rendimentos decorrentes da entrega de recursos à pessoa jurídica, sob qualquer forma e a qualquer título, independentemente de a fonte pagadora ser instituição financeira ou não (art. 65, § 4º, alínea "c" da Lei 8.981/1995). Assim sendo, se os recursos são entregues à pessoa jurídica, ficam sujeitos às mesmas regras de incidência do imposto de renda acima examinadas para as aplicações financeiras, mesmo que o mutuante não seja integrante do sistema financeiro.

Para as pessoas físicas, os rendimentos decorrentes do empréstimo equiparam-se a operações de renda fixa, para fins de incidência do imposto de renda na fonte. Tal tributação é considerada como definitiva, de modo que os rendimentos auferidos não integram a base de cálculo do imposto de renda na Declaração de Ajuste Anual, porém devem ser informados na ficha de "Rendimentos Sujeitos à Tributação Exclusiva/Definitiva". Sendo o empréstimo realizado entre pessoas físicas, os rendimentos serão tributados pelo imposto de renda mediante aplicação das regras do recolhimento de imposto mensal obrigatório, conhecido por "carnê-leão", e calculado à tabela progressiva aplicável.

De outro turno, o IOF-Crédito incide sobre as operações de crédito realizadas por instituições financeiras, por empresas de *factoring* e entre pessoas jurídicas ou entre pessoa jurídica e pessoa física. O fato jurídico-tributário do IOF-Crédito é a entrega do montante ou do valor que constitua o objeto da obrigação, ou sua colocação à disposição do interessado, e é incidente sobre o saldo devedor diário apurado no último dia de cada mês. O IOF devido é calculado por alíquotas diárias incidentes sobre a respectiva base de cálculo (saldo devedor): 1) para mutuário pessoa física: 0,0082% ao dia; 2) para mutuário pessoa jurídica: 0,0041% ao dia. Independentemente do prazo da operação, o IOF-Crédito incide sobre as operações de crédito à alíquota adicional de 0,38%, seja o mutuário pessoa física ou jurídica.

Por fim, nos termos do artigo 9º da Lei nº 9.178/98, a receita de mútuo é considerada como receita financeira, para fins de tributação das contribuições do PIS/COFINS, pela pessoa jurídica mutuante, a depender do regime aplicável.

Conclusões

Parece haver poucas dúvidas a respeito das inúmeras vantagens trazidas pela tecnologia do Blockchain para negócios empresariais, contratos inteligentes e redes de relacionamentos. Diversos governos e inúmeros agentes econômicos já consideram a tecnologia como uma realidade e uma necessidade presente e futura, prometendo trazer disrupções significativas de controle, linguagem e comunicação. Trata-se de novo paradigma linguístico que exigirá, do ordenamento jurídico, instrumentos eficazes e adequados para sua captura e juridicização, atribuindo-lhe os efeitos pretendidos pela norma positivada, de acordo com as diretrizes da Constituição Federal.

Na seara do direito tributário, é certo reconhecer que inúmeros eventos sociais, abstratamente descritos na hipótese de normas tributárias, poderão ocorrer à margem do lançamento tributário, justamente em razão das características disruptivas próprias desta tecnologia. Caberá aos governos compreender esta realidade para não apenas adaptar o sistema jurídico-normativo às suas características, mas também, para examinar se os tradicionais padrões de tributação sobre a renda, o patrimônio, os salários e o consumo serão adequados e suficientes ao financiamento do Estado e ao atendimento dos corolários da tributação, com destaque para a capacidade contributiva e a igualdade tributária. A intangibilidade de relações jurídicas e negócios empresariais, inclusive transnacionais, já vem demandando, há alguns anos, o estudo de novas metodologias e paradigmas de tributação, impulsionados por novas tecnologias que, por vezes, colocam obstáculos à percepção dos eventos sociais passíveis de captura pelo universo jurídico através da linguagem competente do lançamento.

Este parece ser um caminho sem retorno. Enquanto a tecnologia revoluciona a vida, os negócios e os relacionamentos, o direito positivo busca adaptar-se. Quando esta revolução é abrupta, os desafios ao direito são maiores. Nestes tempos, a distância entre o dever-ser e o ser pode aumentar, abrindo caminho para a insegurança jurídica e o arbítrio. Somente uma política tributária com planejamento e responsabilidade, nos ditames do artigo 174 da Carta Política, será capaz de concorrer com a realidade.

Referências

Ataliba, Geraldo. *Hipótese de Incidência Tributária*. São Paulo: Malheiros, 2005.

Bastos, Celso Ribeiro. *Comentários ao Código Tributário Nacional*, vol. 2. São Paulo: Saraiva, 1998.

Bobbio, Norberto. *Teoria da norma jurídica*. São Paulo: Edipro, 2001.

Borges, José Souto Maior. *Obrigação tributária (uma introdução metodológica)*. 3ª ed. São Paulo: Malheiros, 2015.

Carvalho, Paulo de Barros. *Curso de Direito Tributário*. 24ª ed. São Paulo: Saraiva, 2012.

D. DVries, Peter. An Analysis of Cryptocurrency, Bitcoin, and the Future. *International Journal of Business Management and Commerce*, Vol. 1 n. 2. Set. 2016.

Duarte, Otto Carlos M. B; Durante, Gabriel Barros. *Redes Peer-to-Peer*, 2016. Disponível em: <https://www.gta.ufrj.br/grad/04_1/p2p/>. Acesso em: 23 abr. 2018.

Eisenberg, Aviram. *Five Business Opportunities for Blockchain for 2018*, 2017. Disponível em: <https://igniteoutsourcing.com/publications/Blockchain-business-applications/>. Acesso em: 23 abr. 2018.

Fobe, Nicole Julie. *O Bitcoin como moeda paralela – uma visão econômica e a multiplicidade de desdobramentos jurídicos*. São Paulo: 2016. Dissertação de Mestrado apresentada ao Programa de Mestrado Acadêmico da Escola de Direito de São Paulo da Fundação Getulio Vargas (FGV Direito SP), na área de concentração Direito e Desenvolvimento, para obtenção do título de Mestre em Direito.

Gonçalves, José Artur Lima. *Lançamento: meditação preliminar*. São Paulo: Malheiros, 1997.

Junior, Alcyon. *O uso do Blockchain vai (muito) além do bitcoin*, 2017. Disponível em: <http://portaltic.com/2017/11/27/o-uso-do-Blockchain-vai-muito-muito-muito-alem-do-bitcoin/>. Acesso em: 15 abr. 2018.

Krawiec, Rj; White, Mark. *Blockchain: Opportunities for health care. A new model for health information exchanges*, 2018. Disponível em: <https://www2.deloitte.com/us/en/pages/public-sector/articles/Blockchain-opportunities-for-health-care.html>. Acesso em: 19 abr. 2018.

Mendes, Sônia Maria Broglia. *A validade jurídica pré e pós giro linguístico*. São Paulo: Noeses, 2007.

Morais, Carlos Yury Araújo de. Neto, João Batista Brandão. *Tributação das operações com criptomoedas*. Arquivo Jurídico – Teresina-PI – v. 1 – n. 7 – p. 41-60 Jul./Dez. 2014.

Nakamoto, Satoshi. *Bitcoin: A Peer-to-Peer Electronic Cash System*, 2008. Disponível em: <https://bitcoin.org/bitcoin.pdf>. Acesso em: 13 fev. 2018.

Nelson, Jéssica de Souza. *Um estudo sobre a incidência do imposto de renda nas transações realizadas com bitcoin*. Brasília: 2017. Trabalho de conclusão de curso (TCC) apresentado como um dos requisitos para a conclusão do curso de Ciências Contábeis do Centro Universitário de Brasília (UniCEUB).

NJERI, Kinyua. *Senegal Launches National Digital Currency On The Blockchain*, 2017. Disponível em: <http://bitcoinafrica.io/2017/06/06/senegal-launches-digital-currency-on-the-Blockchain/>. Acesso em: 16 abr. 2018.

PRADO, Jean. *O que é Blockchain: indo além do bitcoin*, 2018. Disponível em: <https://tecnoblog.net/227293/como-funciona-Blockchain-bitcoin/>. Acesso em: 23 abr. 2018.

ROSIC, Ameer. *What Is Hashing? Under The Hood of Blockchain*, 2017. Disponível em: <https://blockgeeks.com/guides/what-is-hashing/>. Acesso em: 14 abr. 2018.

SÁ, Victor. *MIT Emite Diplomas na Blockchain do Bitcoin*, 2017. Disponível em: <https://portaldobitcoin.com/mit-emite-diplomas-na-Blockchain-do-bitcoin/>. Acesso em: 15 abr. 2018.

TEIXEIRA, Vanessa Jordana da Silva. *A tributação em sede de IVA de Moedas Virtuais no âmbito da União Europeia: o caso do Bitcoin*. Porto: 2017. Dissertação de Mestrado apresentada ao Programa de Mestrado em Direito da Faculdade de Direito da Universidade do Porto, na área de concentração de ciências jurídico-econômicas, para obtenção do título de Mestre em Direito.

ULRICH, Fernando. *Bitcoin. A Moeda na Era Digital*. São Paulo: Mises, 2014.

24. Contratos eletrônicos: smart contracts

Rodrigo Fernandes Rebouças

Introdução

Nos últimos anos passou a ser comum ouvirmos a referência a Smart Contract, onde alguns defendem que se trata de uma nova tecnologia, outros de que seria um novo contrato aplicável apenas nas relações internacionais ou que é derivado da Blockchain. Muitos mitos foram criados e alguns exemplos equivocados, fazem com que as pessoas não tenham segurança na sua definição, nem tão pouco na sua aplicação em diversos cenários do sistema legal. É importante sabermos que o Smart Contract pode utilizar a Blockchain, porém, não é obrigatório que seja assim, sendo mais relevante que a linguagem utilizada seja a de programação de sistemas, portanto, em linguagem computacional e, em regra, não alterável pelas partes envolvidas após a sua definição inicial.

Isso resulta no fato inequívoco de que ao profissional do direito, passam a ser exigidos conhecimentos de tecnologia que jamais haviam integrado os currículos universitários. Não se está dizendo que o profissional do direito será um analista de sistemas ou um programador, poderá ser, mas, o mais importante é que ele tenha conhecimento de tal lógica para saber conduzir e/ou direcionar o trabalho de um profissional especializado. Já é do nosso conhecimento a contratação de escritórios nos EUA para darem uma opinião legal sobre um determinado *Smart Contract*, ou seja, se aquela linguagem de programação iria efetivamente executar o que estava sendo proposto.

As utilidades (objeto) de um *Smart Contract* são as mais variadas possíveis, vão desde uma simples ordem de compra e/ou encomenda, ordens de pagamentos com obrigações condicionais e até mesmo execuções mais complexas como manutenção e liberação de garantias contratuais em operação societárias de incorporação (M&A). Conforme reportado por Tatiana Revoredo[1], já há registro de sua utilização nas denominadas DAOs (Organizações Autônomas Descentralizadas)[2], na locação de veículos elétricos, compra e venda de imóveis pela empresa PROPY em negócio jurídico firmado na Ucrânia por US$ 60.000, indústria de seguros, instalação de procedimentos de arbitragem, entre diversos outros negócios jurídicos contratuais representados por operações econômicas alinhadas com as novas atividades empresariais típicas do século XXI.

Ao longo desse artigo, buscaremos tirar algumas dessas dúvidas e principalmente desmistificar o que efetivamente são os chamados Smart Contracts e alguns potenciais campos de atuação conforme tecnologia atualmente existente.

1. Origem do *smart contract*[3]

O termo Smart Contract foi inicialmente cunhado por Nick Szabo em artigo datado de 1994 e reforçado em outro artigo do mesmo autor

[1] Revoredo, Tatiana. Blockchain: tudo o que você precisa saber. 1 ed., Amazon: The Global Strategy, 2019, pp. 223-241.

[2] "Os contratos inteligentes por meio deste documento formalizam as regras de governança – os estatutos, os estatutos reguladores, as regras de procedimento ou os artigos de associação de uma organização – e substituem o gerenciamento operacional cotidiano por um código que se auto executa. Uma DAO é uma organização autogovernada controlada única e exclusivamente por um conjunto de regras incorruptíveis. Considerar 'organização' como uma entidade que compreende várias pessoas (ou Smart contracts) com um objetivo específico, e não uma organização legalmente registrada. Um indivíduo pode decidir transacionar com o DAO para, por exemplo, receber o pagamento em troca de um serviço. O suo de criptomoedas como o Bitcoin facilita significativamente a transferência de moeda por essas peças de software, ou seja, contratos inteligentes. Assim, uma DAO poderia, na prática, contratar pessoas ou contratos inteligentes para realizar tarefas específicas, e poderia potencialmente vender seus próprios sérvios (ou recursos) para terceiros." Revoredo, Tatiana. Blockchain: tudo o que você precisa saber. 1 ed., Amazon: The Global Strategy, 2019, pp. 226-227.

[3] Capítulo baseado em artigo previamente escrito, porém, com adequações e ampliação. Rebouças, Rodrigo Fernandes. Smart contracts e a teoria dos contratos. *In* CryptoLaw v. 1: Inovação, Direito e Desenvolvimento, 2020 (no prelo).

em 1997 sob o título de *Formalizing and Securing Relationships on Public Networks*[4]. "*Smart contracts utilize protocols and user interfaces to facilitate all steps of the contracting process. This give us new ways to formalize and secure digital Relationships which ar far more functional than their inanimate paper-based ancestors.*"

Os principais intuitos de Nick Szabo eram, prever a possibilidade de um contrato que fosse auto executável e que trouxesse segurança jurídica para as partes envolvidas, já que as pessoas firmam instrumentos contratuais para respaldar a prova do que foi efetivamente pactuado e, garantir, de alguma forma, ser um documento hábil para futura execução ou cobrança em caso de inadimplemento. Os textos originais demonstram uma certa insatisfação do autor com a falta de cumprimento dos contratos, muitas vezes resultante do livre arbítrio das partes, ou ainda, da falta de clareza na redação de clausulas e textos jurídicos que acabam por ser ambíguos e fonte de interpretações.

Antes de seguirmos, cumpre lembrar que instrumento contratual é a materialização de um acordo de vontades firmado entre duas ou mais partes (contrato), com o objetivo de dar uma veste jurídica a uma determinada operação econômica.[5] Na previsão inicial sob *Smart Contracts*, basicamente houve a preocupação com duas variáveis, a primeira seria converter o instrumento contratual em linguagem de programação, portanto, entendível por uma máquina e em linguagem universal, resultando no fim da ambiguidade de seu texto e em necessária transparência; a segunda variável, é a auto execução do contrato sem a necessidade de intermediários com fonte segurança jurídica para a sua execução, vale dizer, sem a possibilidade de inadimplemento.[6-7]

Embora o termo tenha sido cunhado a mais de duas décadas, são poucas as notícias sobre a sua efetiva utilização nesse período, sendo

[4] Szabo, Nick. Formalizing and Securing Relationships on Public Networks. Peer-Reviewed Journal on The Internet. Vol. 2, n. 9, Set/1997. Disponível em <https://firstmonday.org/ojs/index.php/fm/article/view/548/469.DOI:http:/dx.doi.org/10.5210/fm.v2i9.548> acessado em 06.01.2020

[5] Roppo, Enzo. O Contrato. Coimbra: Almedina, 2009, p. 11.

[6] Revoredo, Tatiana. Blockchain: tudo o que você precisa saber. 1 ed., Amazon: The Global Strategy, 2019.

[7] Nybo, Erik Fontenele. Os efeitos econômicos da introdução dos Smart Contracts no direito. *In* Ensaios em Law & Economics. Araujo, Luz Nelson Porto. Dufloth, Rodrigo V. (Org.) São Paulo, LiberArs, 2019, pp. 91-113.

que, somente com avanço da tecnologia e novas formas de desenvolvimento com o surgimento da Blockchain a partir de 2009, passou-se a observar uma aplicação mais expandida. Conforme nos lembram Primavera De Filippi e Aaron Wright, o Smart Contract nada mais é do que a pura evolução dos sistemas de contratos eletrônicos iniciados em 1948 no pós-Segunda Guerra Mundial e início da Guerra Fria por necessidades militares e posteriormente aplicado ao setor privado.

A primeira empresa que se tem conhecimento de ter utilizado um contrato eletrônico, mesmo que de forma rudimentar, foi a DuPont, em 1965, com a implementação dos contratos de EDI (Electronic Data Interchange), o qual, em seu início, significava enviar uma ordem de compra e do respectivo despacho entre a DuPont e seus fornecedores, convertendo a ordem de compra em linguagem tecnológica (na época em Telex), a qual era recebida e novamente convertida em linguagem tradicional e no idioma do receptor que executava o comando contratual.[8]

Obviamente esse sistema evoluiu muito nas últimas décadas com grande utilização nas relações B2B e, especialmente, nas relações interbancárias, tal como se verifica no sistema de compensação de pagamentos dos bancos, o qual, nada mais é do que uma sequência de ordens de crédito e débito interbancárias processadas eletronicamente e, posteriormente, convertidas em linguagem clássica para conhecimento de seus respectivos clientes. Mas, exatamente, o que são os denominados Smart Contracts e qual o seu alcance e aplicação?

2. Desmistificando os *smart contracts*[9]

Para entender o que são os *Smart Contracts*, cumpre dizer o que não representa um *Smart Contract*, embora seja um exemplo muito utilizado e de forma equivocada. Vejamos. Como dito, um conceito equivocado apresentado por boa parte da literatura especializada em direito digital, e que, infelizmente, já se tornou clássico, é equiparar um *Smart Contract* a uma *vending machine*. Com o devido respeito aos que assim pensam, discordamos integralmente do exemplo utilizado, especialmente pelo

[8] Filippi, Primavera De. Wright, Aaron. Blockchain and the law: the rule of code. Cambridge, Massachusetts: Harvard University Press. 2018, pp 72-88.

[9] Capítulo baseado em artigo previamente escrito, porém, com adequações e ampliação. Rebouças, Rodrigo Fernandes. Smart contracts e a teoria dos contratos. *In* CryptoLaw v. 1: Inovação, Direito e Desenvolvimento, 2020 (no prelo).

fato de ser equivocado e induzir os leitores e estudiosos em grave erro. Nesse sentido foi a advertência do próprio Nick Szabo:

> *Smart contracts go beyond the vending machine in proposing to embed contracts in all sorts of property that is valuable and controlled by digital means. Smart contracts reference that property in a dynamic, often proactively enforced form, and provide much better observation and verification where proactive measures must fall short.*[10]

E por qual motivo o exemplo está equivocado? Entre outros motivos, pelo fato de que os *Smart contracts* são contratos eletrônicos e que devem ser auto executáveis e intersistêmicos na sua fase de eficácia contratual (execução do contrato). Já, uma *vending machine*, embora detenha grande parte da sua atividade automatizadas, não representar um contrato de execução automatizada (auto executável) e nem tão pouco intersistêmico. Esse equipamento só funcionada pela provocação e interação do usuário e da necessária relação entre o usuário e a máquina.

Muito semelhante ao que se verifica em uma plataforma de e-commerce, uma *vending machine* depende sempre, ou quase sempre, de provocação do usuário e atenderá apenas aos comandos pré-programados na medida da solicitação do usuário, não há uma pré programação de vendas. A cada compra o usuário deverá escolher o produto que lhe apetece. Se o usuário do e-commerce não tiver limites no seu cartão de crédito ou não disponibilizar de outro meio de pagamento, não concluirá a compra, tal como se dá com a *vending machine*. Dependerá também da escolha pelo usuário, conforme a sua vontade em determinado momento, sobre qual a bebida ou alimento escolhido. Portanto, é uma clara relação entre um usuário e uma máquina/programa, tal como ocorre nas relações interativas.

Portanto, não é correto, sobre qualquer aspecto, comparar uma *vending machine* com um *Smart Contract*. Um *Smart Contract* nada mais é do que um contrato eletrônico, firmado em linguagem de programação de sistemas e auto executável, podendo conter todos os termos e condições de uma operação econômica, ou, ser complementar a um outro contrato.

[10] Szabo, Nick. The idea of Smart Contracts. Disponível em: <https://nakamotoinstitute.org/the-idea-of-smart-contracts/>, acessado em 06.01.2020.

A preocupação do escuto e aplicação do *Smart Contract* repousa muito mais no plano da eficácia contratual, ou seja, na garantia de sua execução e adimplemento tal como previsto pelas partes. Vale relembrar a escada Ponteana do negócio jurídico, a qual inicia pelo plano da existência do negócio jurídico, para, na sequência, atingir o plano de validade do negócio jurídico e, finalmente, atingir o plano de eficácia do negócio jurídico. Portanto, repita-se, ao falar em *Smart Contract*, estamos muito mais preocupados com o plano da eficácia do contrato do que os planos anteriores do negócio jurídico, os quais, presume-se, que já foram suplantados.

Quando falamos de contratos eletrônicos, estamos frente a uma forma de contratação, ou seja, uma forma eletrônica do instrumento contratual e da manifestação de vontade das partes no ato da formação do contrato ou na sua execução.

> Assim, em nosso entender, o contrato eletrônico *deve ser conceituado* como o negócio jurídico contratual realizado pela manifestação de vontade, das posições jurídicas ativa e passiva, expressada por meio (= forma) eletrônico no momento de sua formação. Portanto, a manifestação de vontade por meio eletrônico sobrepõe a sua instrumentalização, de maneira que não é uma nova categoria contratual, mas sim, forma de contratação por manifestação da vontade expressada pelo meio eletrônico.
>
> [...]
>
> Nos contratos intersistêmicos, como vimos, haverá duas fases, sendo a primeira de definição de um contrato (físico ou eletrônico), v.g. de fornecimento de produtos para a rede de distribuição, como se dá com os supermercados em relação aos produtores industriais. A segunda fase é representada por uma sequência de sucessivos contratos de compra e venda realizados diretamente entre os respectivos sistemas de informática de cada uma das empresas, onde, havendo saída do estoque da distribuidora (o supermercado), haverá a imediata realização de uma nova compra do produtor industrial para a sua reposição. Toda a transação se dá de forma automatizada, sem que exista qualquer formalização de propostas e/ou aceites, apenas um pedido de remessa com a posterior entrega e faturamento do pedido. Não houve qualquer aceite e/ou manifestação expressa quanto a contratação.

> Este ciclo contratual estabelecido pelos usos e pelas circunstâncias desta contratação, resulta na aplicação direta do artigo 111 do Código Civil, onde, enquanto não houver a manifestação expressa do distribuidor (o supermercado) para cessar o fornecimento de novas remessas, ou ainda, a manifestação expressa do produtor industrial de que não atenderá mais pedidos daquele produto, haverá a continuidade de sucessivos contratos de compra e venda.
> Já para os interpessoais, poderemos ter semelhante situação da acima apontada, porém, realizada pela troca de e-mails. Como exemplo, podemos citar a hipótese de uma pessoa enviar um e-mail ao seu advogado questionando quanto a possibilidade de prestar serviços para a revisão de determinadas cláusulas contratuais. Como a relação entre este cliente e seu advogado já existia anteriormente, poderá não ter um aceite expresso da contratação, simplesmente o advogado executa o trabalho e devolve o e-mail ao cliente com as cláusulas já revisadas e o posterior faturamento dos honorários.[11]

Já tivemos a oportunidade de nos manifestarmos da seguinte forma[12]: [...] entendemos que tal forma de contratação pode ser denominada como de característica mista entre os contratos intersistêmicos e os contratos interpessoais. Os *Smart Contracts* são caracterizados por uma prévia programação de dados, atualmente utilizando linguagens de programação que possam garantir a inviolabilidade por um sistema de criptografia e verificação pública, tal como se dá com o Blockchain, a qual representa uma "tecnologia descentralizada de registro de dados [...] atualmente considerada com uma das tecnologias mais promissoras no sector financeiro, sendo habitualmente sublinhada a possibilidade de viabilizar alterações muito consideráveis nas estruturas, métodos operacionais e até modelos de negócio existentes."[13] Uma vez realizada a

[11] Rebouças, Rodrigo Fernandes. Contratos Eletrônicos, 2 ed., Almedina: São Paulo, 2018, p. 32 e 159.

[12] Rebouças, Rodrigo Fernandes. Contratos Eletrônicos, 2 ed., Almedina: São Paulo, 2018, p. 62.

[13] Correia, Francisco Mendes. A tecnologia descentralizada de registro de dados (Blockchain) no sector financeiro. *In* Menezes Cordeiro, António. Oliveria, Ana Perestrelo de. Duarte, Diogo Pereira. FinTech: desafios da tecnologia financeira. Coimbra: Almedina, 2017, p. 69.

prévia programação de todo o instrumento contratual e respectivos direitos e obrigações das partes (fase interpessoal), os quais serão eletronicamente verificados tal como o pagamento e/ou a entrega de determinado bem ou serviço, haverá a automática execução eletrônica de todas as demais obrigações contratuais, tais como a liberação de garantias, pagamento do preço, remessa do produto ao comprador etc. (fase intersistêmica)

Portanto, acreditamos que o *Smart Contract* é uma forma de contratação eletrônica mista, sendo o seu primeiro momento formalizado sob a característica de contrato interpessoal e no momento subsequente concluído (execução do contrato) sob a característica de contrato intersistêmico, execução automática e integralmente eletrônica." [14]A forma de declaração da vontade automatizada ocorrerá nas chamadas contratações intersistêmicas que, conforme visto, são em maior número voltadas para as relações interempresariais, porém, com a possibilidade de que em um curto espaço de tempo, tal modalidade de contratação também seja viável e economicamente acessível às relações ditas de consumo.

A exteriorização da vontade de contratar será realizada automaticamente entre dois sistemas interligados, seja por meio da Internet ou por meio de uma rede privada de transmissão de dados. Não há a interferência direta e interativa do sujeito de direito, apenas o contato entre dois sistemas. "Existe um intercâmbio de mensagens eletrônicas automáticas que podem ser consideradas documentos, mas não à assinatura digital.

A voluntariedade do sujeito é manifestada por haver ele instalado o serviço informático em sua empresa, porém não no ato concreto, já que o computador funciona automaticamente."[15] [...] uma das principais formas de exteriorização da vontade automatizada, ocorre pela utilização dos chamados EDI – *Electronic Data Interchange*, que, por representar uma complexa infraestrutura de tecnologia da informação, composta por softwares previamente programados para esta finalidade, hardwares de alta performance, rede de comunicação entre diversos outros equipamentos e serviços, minimiza drasticamente o risco pela ocorrência de falhas e erros.

[14] Rebouças, Rodrigo Fernandes. Contratos Eletrônicos, 2 ed., Almedina: São Paulo, 2018 pp. 143-147.

[15] Lorenzetti, Ricardo Luis. Contratos Eletrônicos. Trad. Edson L. M. Bini. *in* Direito & Internet – aspectos jurídicos relevantes. v. II. São Paulo: Quartier Latin. 2008, p. 557.

> Assim, quando todas as entidades da cadeia comercial estão interligadas a um sistema de EDI, a passagem de um produto pela leitora óptica da caixa registradora de um supermercado emite um comando eletrônico para o sistema de estoques da empresa, o qual está programado para, ao atingir determinado nível, emitir um comando eletrônico para o sistema de compras que, por sua vez, emite um comando para o sistema de vendas do fornecedor daquele produto. Este, também em razão de prévia programação, emite comando de resposta ao primeiro e, em dele recebendo a ordem de fornecimento eletrônica, emite comandos aos sistemas de controle de faturamento e de entregas, os quais emitirão os respectivos comandos para o sistema de contas a pagar do supermercado, e para os sistemas de fornecimento de empresa transportadora e de seguradora, e assim sucessivamente, os sistemas aplicativos das diferentes entidades se intercomunicarão até que todas as operações envolvendo o fornecimento, pagamento e entrega do produto estejam consumadas. Nesse contexto, as ações humanas dos representantes das entidades envolvidas ocorreram quando os sistemas aplicativos foram programados e atualizados para operarem na forma acima. Nenhuma ação humana ocorre quando da emissão dos documentos que efetivam as relações jurídicas. Assim, há que se admitir que a manifestação volitiva de cada parte envolvida nas operações efetuadas – supermercado, fornecedor, transportadora, seguradora, banco e outras, conforme o caso – ocorre no momento em que os sistemas aplicativos são programados para a realização de cada uma das comunicações eletrônicas.[16]

Relevante observar, que ressalvadas as possibilidade de relação de consumo, usualmente esta forma de declaração de vontade é precedida por um outro contrato que será formalizado entre as duas empresas ou pessoas contratantes, de forma que eventuais problemas e/ou dúvidas quanto a efetiva contratação ou a emissão de ordens de compra equivocadas, deve ser tratada diretamente neste primeiro contrato, onde as partes poderão expressar as suas intenções e definir as consequências para cada uma das respectivas situações, sem que restem dúvidas quanto

[16] Santos, Manoel J. Pereira. Rossi, Mariza Delapieve. Aspectos legais do Comércio Eletrônico – contratos de adesão. Revista de Direito do Consumidor, v. 36, São Paulo: Revista dos Tribunais, Out/2000, p. 105 e segs.

as atos praticados de forma automatizada, os quais deverão ser considerados como existentes, válidos e eficazes.

A "nova" forma de contratos eletrônicos denominados de *Smart Contracts*, tal como os demais contratos eletrônicos, não se trata de uma nova classificação e/ou nova modalidade contratual, mas tão somente uma nova forma de contratação, ou seja, uma nova forma de aceite (exteriorização da vontade de contratar e da autonomia privada) e execução das obrigações contratuais. Conforme apontado acima, entendemos que tal forma de contratação pode ser denominada como de característica mista entre os contratos intersistêmicos e os contratos interpessoais.

Os *Smart Contracts* são caracterizados por uma prévia programação de dados realizada pelas partes, atualmente utilizando linguagens de programação que possam garantir a inviolabilidade por um sistema de criptografia e verificação pública, tal como se dá com o Blockchain, a qual representa uma "tecnologia descentralizada de registro de dados [...] atualmente considerada com uma das tecnologias mais promissoras no sector financeiro, sendo habitualmente sublinhada a possibilidade de viabilizar alterações muito consideráveis nas estruturas, métodos operacionais e até modelos de negócio existentes."[17]

Uma vez realizada a prévia programação de todo o instrumento contratual e respectivos direitos e obrigações das partes (fase interpessoal); estas obrigações serão eletronicamente verificadas, tal como, o pagamento e/ou a entrega de determinado bem ou serviço, resultando na automática execução eletrônica de todas as demais obrigações contratuais, tais como a liberação de garantias, pagamento do preço, remessa do produto ao comprador, etc. (fase intersistêmica). [...] o principal ponto que deve ser destacado em relação ao contrato eletrônico *Smart Contracts* está na relação de comprovação da declaração de vontade na contratação e na sua respectiva validade.

Uma vez que tais contratos têm utilizado de linguagens e plataformas de grade segurança, tal como ocorre com o uso do Blockchain, é possível afirmar que nesta forma de contratação haverá mais tranqui-

[17] Correia, Francisco Mendes. A tecnologia descentralizada de registro de dados (Blockchain) no sector financeiro. *In* Menezes Cordeiro, António. Oliveria, Ana Perestrelo de. Duarte, Diogo Pereira. FinTech: desafios da tecnologia financeira. Coimbra: Almedina, 2017, p. 69.

lidade quanto a comprovação da efetiva contratação e sua respectiva declaração de vontade, a qual estará respaldada pela gravação de uma série de informações importantes para a segurança jurídica da validade do contrato. Os *Smart Contracts* desenvolvidos com a utilização do Blockchain, terão assegurados os critérios descentralização da informação, multilateral, encriptação e validação temporal. Nesse sentido:

> É descentralizada na medida em que prescinde de um registro central ou de um responsável único (ou hierarquicamente superior) pelos dados introduzidos e armazenados no sistema, assentando antes na distribuição de responsabilidade pelos respetivos participantes, como característica essencial. Com efeito, cada participante é responsável pela manutenção e atualização de uma parte (ou da totalidade) da base de dados, e a validade dos registros decorre da coerência entre as inscrições individuais de cada membro, ao invés de assentar num critério hierárquico. Este carácter (necessária e intencionalmente) multilateral evita que a base de dados possa ser corrompida por um único participante, ou que um ou mais participantes exerçam uma posição dominante, tornando os demais reféns. Assim, a introdução de novos dados na base depende da validação da nova informação pelos demais participantes, sendo por isso assente num consenso multilateral. Uma vez atingido esse consenso multilateral, a nova informação é acrescentada à base de dados, e a partir daí não pode ser alterada ou eliminada, senão com base num novo consenso.
>
> Como terceiro aspecto distintivo, cumpre assinalar que a maioria das tecnologias assentes em Blockchain utiliza métodos de encriptação de dados e de validação temporal (através da aposição de selos temporais nos momentos-chave de introdução, alteração e eliminação de dados).[18]

Acreditamos que o *Smart Contract* é uma forma de contratação eletrônica mista e de grande segurança jurídica quanto a sua validade jurídica, sendo o seu primeiro momento formalizado sob a característica de contrato interpessoal e no momento subsequente concluído (execução

[18] Correia, Francisco Mendes. A tecnologia descentralizada de registro de dados (Blockchain) no sector financeiro. In Menezes Cordeiro, António. Oliveria, Ana Perestrelo de. Duarte, Diogo Pereira. FinTech: desafios da tecnologia financeira. Coimbra: Almedina, 2017.

do contrato) sob a característica de contrato intersistêmico, execução automática e integralmente eletrônica.

Porém, conforme apontado acima, o *Smart Contract* faz com que a linguagem tradicional seja convertida em linguagem de programação, por meio de código fonte e algoritmos, em última análise, é convertido em uma espécie de software, o que, em tese, impediria a ocorrência de ambiguidades. Dizemos "em tese" pois, como é sabido, que nenhum software está imune a erros. Quanto maior for o número de operações e transações realizadas pelo software, maior será a possibilidade de erros, já que qualquer programação é feita por seres humanos e portanto, sujeita a erros de programação.

Considerando a complexidade da maioria dos contratos e muitas vezes a necessidade de manutenção da privacidade e sigilo de determinadas operações, o que tem sido verificado, até o momento (2020) frente a tecnologia existente[19] é a aplicação de Smart Contracts para operações mais simples como locação de veículos, compra e venda, contratação de seguros, contratação do compromisso de arbitragem etc.[20]

Essa realidade atual se dá pelo simples fato de que não é extremamente difícil converter todas as potenciais cláusulas contratuais e condições de uma contratação em linguagem de programação. Aliás, muitas vezes dependentes de eventos futuros e incertos que demandaram a aplicação dos denominados contratos incompletos, o que não seria viável em uma linguagem binária de programação.

Portanto, e repita-se, até onde a tecnologia avançou nessas primeiras duas décadas do século XXI, algumas questões contratuais devem ficar em instrumentos apartados aos *Smart Contracts*, como por exemplo a definição de distribuição de lucros condicionada a performance que em determinada operação sujeita a verificação por uma empresa de auditoria. Isso acaba por criar uma contratação hibrida, sendo parte regida por uma *Smart Contract* e outra parte por outra forma de contratação, a qual, pode ser igualmente eletrônica ou física.

[19] Essa realidade pode sofrer profunda evolução com a supremacia quântica (computação quântica) conforme chegamos a apontar em Rebouças, Rodrigo Fernandes. AI (Inteligência Artificial) – novas habilidades jurídicas e a supremacia quântica. disponível em <https://comunidade.thelegalhub.com.br/blog/ai-e-novas-habilidades-e-supremacia-quantica>.

[20] Revoredo, Tatiana. Blockchain: tudo o que você precisa saber. 1 ed., Amazon: The Global Strategy, 2019, pp. 230 e segs.

3. *Smart contracts* e a teoria geral dos contratos: requisitos de validade e a cláusula *solve et repete*[21]

Pela teoria geral dos contratos prevista em nosso ordenamento jurídico, como regra geral, não há a exigência de forma específica para os instrumentos contratuais, deve-se seguir a forma livre como padrão, a qual, inclusive, é a regra geral prevista nos artigos 107 e 212 do Código Civil e, como tal, deve ser analisado no caso concreto (princípio da concretude) conforme o comportamento habitual das partes envolvidas. Não se admite, portanto, que após uma duradoura relação contratual desenvolvida por contratações eletrônicos, mês que seja sem a inclusão de certificados digitais, que uma das partes da relação contratual venha sustentar a falta de validade de tal forma de contratação, pela ausência de certificado digital ou pelo uso de linguagem de programação como se observa nos *Smart Contracts*.

A necessária relação dos usos e costumes à interpretação dos contratos eletrônicos e dos *Smart Contracts*, igualmente é fundamentada pelos impactos econômicos diretamente envolvidos em tal veste jurídica (relação contratual). Portanto, seja qual a sua forma ou solução tecnológica, não há o que se contestar qualquer aos planos de existência e validade do negócio jurídico.

Os demais requisitos que devem ser observados são referentes aos requisitos de validades do negócio jurídico, portanto, os requisitos do artigo 104 do Código Civil, tais como: agente capaz, objetivo lícito, possível, determinado ou determinável, além do requisito de forma que já foi previamente analisado. Tal como se dá em qualquer outro negócio jurídico, tais requisitos devem ser igualmente analisados e suplantados.

Lembrando, um *Smart Contract*, não é tecnologia e nem tão pouco uma nova classificação, categoria ou tipo contratual, ele se vale da tecnologia como ferramenta para representar um contrato, *v.g.*. de compra e venda, locação, garantia etc. Estamos frente a uma forma de contratação que seguirá uma programação de sistemas ou ainda com o emprego da Blockchain ou outra solução que venha a aparecer nos próximos anos.

[21] Capítulo baseado em artigo previamente escrito, porém, com adequações e ampliação. Rebouças, Rodrigo Fernandes. Smart contracts e a teoria dos contratos. *In* CryptoLaw v. 1: Inovação, Direito e Desenvolvimento, 2020 (no prelo).

A questão que se coloca é justamente o que se refere a sua auto execução e impossibilidade de interrupção por uma das partes, mesmo para os contratos considerados híbridos, onde, apenas uma parcela da obrigação contratual, ou apenas uma parte do contrato, tal como garantias, estariam sujeitas a um *Smart Contract*, ocasião em que as partes não terão qualquer possibilidade de interromper e/ou suspender a sua auto execução.

Pela lógica de uma *Smart Contract*, tão logo seja atendido e/ou atingido um determinado estágio e/ou obrigação contratual, haverá o consequente e automático efeito previamente programado e idealizado pelas partes, mesmo que as situações e condições tenham sofrido alguma alteração durante o tempo de execução do contrato, ou seja, seria uma forma de renúncia a conhecida clausula da exceção do contrato não cumprido prevista nos artigos 476 e 477 do Código Civil (*exceptio adimpleti contractus*).

> Em outras palavras, a referida exceção serve para assegurar ao contratante a possibilidade de sobrestar a execução da respectiva prestação antes ter recebido a contraprestação. [...] opera no plano da eficácia, ao subordinar a exigibilidade de dada prestação à realização da contraprestação. [...] A disciplina legal tem caráter supletivo, de modo que as partes podem dispor diversamente, sempre que julgarem apropriado.[22]

Pela regra geral da cláusula do contrato não cumprido, qualquer das partes poderia interromper a eficácia contratual até o adimplemento pela outra parte. Como dito anteriormente, o objetivo do *Smart Contract* é justamente evitar tais situações. Ou seja, evitar cláusulas ambíguas e/ou interpretativas e evitar o rompimento da fase da eficácia contratual.

Em situações envolvendo contratos civis ou empresariais, não nos parece que haja qualquer dificuldade quanto a sua plena validade e eficácia jurídica. Trata-se de uma condição disponível e que está no campo da autonomia priva das partes, portanto, suscetível a sua plena renúncia, desde que não caracterize enriquecimento sem causa de uma das partes. Outra opção usualmente utilizada nas relações contratuais empresariais é a aplicação da cláusula *solve et repete*.

[22] ZANETTI, Cristiano de Sousa. *In* Comentários ao Código Civil: direito privado contemporâneo. NANNI, Giovanni Ettore (Coord.) São Paulo: Saraiva Educação, 2019, pp. 771-773.

Nessa hipótese, conforme previsão contratual (condição obrigacional), é possível que a auto execução do contrato seja mantida, operando todos os efeitos programados no respectivo *Smart Contract*, e garantindo-se que, após a sua eficácia, perdurando qualquer necessidade indenizatória e/ou prejuízo à parte, esta poderá pleitear, conforme previsão contratual ou judicialmente a respectiva diferença e/ou indenização.

> Por meio deste instituto, a parte abre mão do direito de resistir, pela oposição da exceção, às investidas do contratante inadimplente visando ao recebimento da contraprestação. No entanto, uma vez tendo cumprido regularmente a obrigação que assumiu, nada o impede de investir contra o outro contratante, ainda inadimplente, total ou parcialmente, com o fito de obter o cumprimento forçado da obrigação ainda pendente.
> Na prática, pode-se dizer que a cláusula *solve et repete* cria, às avessas, uma sucessividade entre as prestações das partes, de modo a impedir o contratante atingido pelos seus efeitos de invocar a exceção do contrato não cumprido. Cria, além disso, um caráter de abstração das obrigações, antes ligadas a um forte elemento causal, derivado do próprio vínculo sinalagmático.
> Embora geralmente válida, essa renúncia pode transbordar para o campo da ilicitude, quando violar preceitos de maior relevância social. Sua validade depende da igualdade substancial entre as partes e da existência de um mínimo de liberdade na negociação. Em suma, deve ocorrer nos contratos paritários.[23]

Tal como destacado acima, sua validade e eficácia será mais garantida nas relações civis e empresariais, especialmente após a edição da Lei da Liberdade Econômica (Lei 13.874/19) com o seu maior grau de amplitude à autonomia privada das partes, sendo considerada abusiva nas situações envolvendo relações de consumo e/ou situações jurídica em que haja expressa vedação legal. Ainda sobre o enfoque da autonomia privada nas relações civis e empresariais, cumpre esclarecer que concordamos parcialmente com o autor anteriormente citado, especialmente considerando o sentido de que devem observar os preceitos de maior relevância social. A concordância é parcial pois, entendemos que a ca-

[23] Gagliardi, Rafael Villar. Exceção do contrato não cumprido. São Paulo: Saraiva, 2010, p. 175 (Coleção Agostinho Alvim, Coordenação Renan Lotufo).

racterização de "maior relevância social" deva considerar os diferentes graus e a própria dinâmica da autonomia privada, entre, autonomia privada máxima, média e mínima, tal como defendemos em nossa tese posterior publicada sob o título Autonomia Privada e Análise Econômica do Contrato[24], onde sustentamos que:

> Nesse sentido é o necessário reconhecimento da dinâmica da autonomia privada, como técnica que viabiliza a aplicação gradual da autonomia privada em pelo menos três escalas, mínima, média e máxima. Pelo reconhecimento e aplicação desse processo dinâmico é possível que o contrato cumpra a sua função socioeconômica quanto ao fluxo de geração e circulação de riquezas, a alocação de riscos, a análise quanto ao custo de transação e previsibilidade das relações jurídicas conforme diretrizes da teoria da confiança e da lealdade.[25]
>
> A gradação da aplicação da autonomia privada, além de representar a aplicação da função socioeconômica e jurídica do contrato, também, é diretamente influenciada pelo comportamento das partes ao longo do processo obrigacional[26]. Uma atuação comportamental que viole a boa-fé objetiva trará uma mitigação nos efeitos da autonomia privada e da força vinculante do contrato. O mesmo se aplica apara eventual violação função social do contrato (socialidade).
>
> [...]
>
> No caso brasileiro, o direito dos contratos deve seguir a própria filosofia imposta pelo Código Civil de 2002 (eticidade[27], operabilidade e sociali-

[24] REBOUÇAS, Rodrigo Fernandes. Autonomia Privada e Análise Econômica do Contrato. São Paulo: Almedina, 2017.

[25] TIMM, Luciano Benetti. **Direito contratual brasileiro: críticas e alternativas ao solidarismo jurídico.** 2 ed., São Paulo: Atlas, 2015, p. 203.

[26] "Quando se fala de direito, o comportamento humano é sempre um comportamento social, ou seja, referido ao outro e à comunidade dos outros. A consciência jurídica dirige as suas exigências no sentido de um comportamento para com o outro de cimento de que nos interessa a nós e ao próximo; que a sua pessoa possa substituir umas com as outras. Isto pressupõe o conhecimento de que nos interessa a nós e ao próximo; que a sua pessoa e a minha pertençam a uma estrutura de responsabilização comum." WIEACKER, Franz. **História do direito privado moderno.** Tradução: António Manuel Botelho Hespanha. 2 ed., Lisboa: Fundação Calouste Gulbenkian, 1993, p. 710.

[27] "No caso do Direito, os procedimentos, isto é, a administração das ações, delimitam ao racional com respeito a fins, a atuação das partes em conflito e a sua decisão. Apenas a título indicativo: embora se busque a obtenção de um determinado objetivo e as questões éticas

> dade), ou seja, ser igualmente flexível, dinâmica e adaptável às transformações da sociedade tal como se dá com a aplicação dos conceitos legais indeterminados e as cláusulas gerais da função social e da boa-fé objetiva. Ignorar tal realidade representa a manutenção da aplicação de uma teoria dos contratos apenas sob a ótica jurídica e em total desprezo às demais ciências sociais, especialmente a ciência econômica, tornando o contrato estático e dissociado da realidade socioeconômica que deveria representar, tal como ele é, uma "veste jurídica de uma operação econômica".
>
> Frente à necessidade de suprimir a lacuna atualmente existente pela aplicação binária da autonomia privada e da força vinculante do contrato, é a proposta defendida ao longo da presente obra quanto à gradação da autonomia privada, como um verdadeiro processo dinâmico conforme o processo obrigacional, o comportamento das partes e a Análise Econômica do Direito conciliada com os pilares do Capitalismo Consciente conforme será abordado na sequência como forma de consolidar as ideias apresentadas. Retomando a matriz proposta no capítulo destinado a contextualização da problemática e das hipóteses da presente tese, será demonstrada a técnica proposta da dinâmica da autonomia privada.

Portanto, estando presentes os requisitos de validade do negócio jurídico (Artigo 104, CC) e afastadas as situações em que haja relação de consumo e/ou relações contratuais com grau de autonomia privada mínima, não há o que se falar em impossibilidade de aplicação da forma de contratação por meio dos *Smart Contracts*, sendo a sua auto execução e forma plenamente válidas pela legislação pátria. Vale dizer, estamos

permaneçam apartadas, por princípio, da determinação da estratégia ótima, nada há que impeça a mantença de um firme propósito de fidelidade a determinados princípios, uma ética de princípios como norteadora da escolha das ações a tomar nem, é claro, assumir o custo da influência de tais princípios éticos para o alcance da decisão. Nem mesmo, é necessário excluir, em benefício dessa estratégia ótima, o mais profundo respeito pelo outro: basta incluir esse fator ético como fator limitante para as escolhas. Deve-se, entretanto, indicar que mesmo a Ética será o resultado de uma reflexão, no domínio da Cultura, sobre as práticas socioculturais conducentes a um melhor equilíbrio entre pares. Cabe apontar, ainda, que a sua concretização, através da sanção civilizada da Moral, dependerá de decisões comunitárias aptas a escolher um subconjunto de regras morais entre os preceitos gerais de Ética." PUGLIESI, Márcio. **Teoria do direito.** 2 ed., São Paulo: Saraiva, 2009, pp. 188-189.

frente a uma forma de contratação e não a um novo tipo e/ou tecnologia, apenas mais uma forma de contratação valendo-se dos clássicos institutos do direito privado.

4. A força executiva do *smart contract*[28]

Conforme visto acima, as partes interessadas em estabelecer um conjunto de regras, ou simplesmente, uma parte das obrigações contratuais, tal como o pagamento e/ou garantias contratuais, podem pactuar o desenvolvimento de um *Smart Contract* em linguagem de programação de sistemas e capaz de ser auto executável, além de eventual existência da cláusula *solve et repete*.

No entanto, é comum enfrentar a dúvida quanto a sua força executiva para a remota hipótese de seu inadimplemento, como por exemplo, uma falha sistêmica (BUG). Na quando as partes optam por firmar o contrato eletrônico, no caso o *Smart Contract*, com aceites e consentimentos de forma diversa que a utilização de certificado digital, as partes, além de estarem asseguradas por expressa previsão legal, ainda permanecem com a garantia de que o título poderá ser objeto de cobrança judicial pela via da execução com base em título extrajudicial. Vejamos.

Em maio de 2018 o Superior Tribunal de Justiça julgou o REsp nº 1.495.920-DF de relatoria do Min. Paulo de Tarso Sanseverino, onde o debate foi concentrado na hipótese de caracterizar um contrato eletrônico de mútuo (instrumento particular) como título executivo judicial para efeitos de instrumentalização do respectivo processo de execução judicial. A ação executiva foi fundamentada no artigo 585, inciso II do antigo Código de Processo Civil, hoje, representado pelo artigo 784, inciso III do Código de Processo Civil de 2015.

O referido dispositivo legal exige como requisito formal do título executivo, além da sua exigibilidade, liquidez e certeza, que o instrumento particular seja subscrito por duas testemunhas além do devedor e credor. Não há qualquer especificidade sobre a caracterização de um instrumento físico (tradicional) ou eletrônico. Apenas a referência de

[28] Capítulo baseado em artigo previamente escrito, porém, com adequações e ampliação. Rebouças, Rodrigo Fernandes. Contratos Eletrônicos e sua força executiva. In Revista de Direito da Escola Superior da Advocacia, 2020 (no prelo).

que aos instrumentos particulares, há a exigência de cumprimento legal do requisito formal da existência de duas testemunhas.

O Acórdão, embora longo para a matéria, acabou por reconhecer, por maioria de votos, a possibilidade de tornar o contrato eletrônico um título executivo extrajudicial com base em instrumento particular, mesmo sem as duas testemunhas, pois, no entendimento do acórdão, as certificadoras do ICP-Brasil e DocuSign (comprova.com), "fazem as vezes das testemunhas". Embora concorde com a solução apontada pela decisão, discordo completamente com os argumentos utilizados.

É da essência da partição dos Poderes que o Poder Judiciário não legisle. O comando legal é claro e inequívoco sendo vedada a atuação do Poder Judiciário para a criação de novos requisitos ou institutos jurídicos onde não há lei que assim estabeleça. A própria teoria tridimensional do direito, embora de espectro de atuação muito mais amplo do que a simples aplicação da norma prevista pelos positivistas, não permite que os Poderes extrapolem as suas respectivas competências. Aliás, também não é da competência constitucional do Poder Judiciário emitir normas de direito processual civil, vale dizer, normas de alteração do Código de Processo Civil.

A soluções nos parece ser mais simples e direta. Mesmo considerando a hipótese do *Smart Contract*, como veremos. A doutrina majoritária, trata do contrato eletrônico[29] como uma nova categoria ou classificação contratual. Uma parte relevante da doutrina igualmente aponta para a necessidade de uma legislação específica para a caracterização da sua força vinculante e sua eficácia junto as partes contratantes.

Conforme apontamos em nosso livro "Contratos Eletrônicos: formação e validade – aplicações práticas", fruto da dissertação do mestrado junto a Pontifícia Universidade Católica de São Paulo (PUC/SP) e posteriormente publicado pela editora Almedina; discordamos por completo de tais afirmações usualmente encontradas em artigos e obras monográficas, ou até mesmo em arestos dos tribunais pátrios.

É plenamente conhecido pela comunidade jurídica, que o Brasil adotou como forma padrão para a validade dos negócios jurídicos, a forma livre, a qual, inclusive, é a regra geral prevista nos artigos 107 e 212 do

[29] Considerados "contrato eletrônico" como gênero do qual *Smart Contract* é uma das suas espécies.

Código Civil e, como tal, deve ser analisado no caso concreto (princípio da concretude) conforme o comportamento habitual das partes envolvidas. Não se admite, portanto, que após uma duradoura relação contratual desenvolvida por contratações eletrônicos, mês que seja sem a inclusão de certificados digitais, que uma das partes da relação contratual venha sustentar a falta de validade de tal forma de contratação.

A necessária relação dos usos e costumes à interpretação dos contratos eletrônicos, igualmente é fundamentada pelos impactos econômicos diretamente envolvidos em tal veste jurídica (relação contratual). Portanto, seja qual a sua forma ou solução tecnológica, não há o que se contestar qualquer aos planos de existência e validade do negócio jurídico.

Os demais requisitos que devem ser observados são referentes aos requisitos de validades do negócio jurídico, portanto, os requisitos do artigo 104 do Código Civil, tais como: agente capaz, objetivo lícito, possível, determinado ou determinável, além do requisito de forma que já foi previamente analisado. Tal como se dá em qualquer outro negócio jurídico, tais requisitos devem ser igualmente analisados e suplantados. Já que os contratos podem ser firmados verbalmente, sendo adotada a forma escrita com o especial propósito de realização de prova do objeto do contrato e seu conteúdo (autonomia privada), mas não para a sua validade. Somente quando a lei determinar uma forma especial, as partes deverão seguir tal forma.

O contrato eletrônico, nada mais é do que um meio de contratação, ou seja, trata-se da mesma compra e venda, prestação de serviços etc., os quais poderão ser firmados verbalmente, por instrumento escrito, ou até mesmo por escritura pública, caso seja do interesse das partes. Estamos tratando "apenas" do meio utilizado para a formalização da contratação, o qual, terá por essência, a sua formação em meio eletrônico.

"Assim, em nosso entender, o contrato eletrônico deve ser conceituado como o negócio jurídico contratual realizado pela manifestação de vontade, das posições jurídicas ativa e passiva, expressada por meio (= forma) eletrônico no momento de sua formação. Portanto, a manifestação de vontade por meio eletrônico sobrepõe a sua instrumentalização, de maneira que não é uma nova categoria contratual, mas sim, forma de contratação por manifestação da vontade expressada pelo meio eletrônico. As fases pré-contratual, de execução do contrato ou pós-contratual, poderão ser realizadas pelo meio (=forma) eletrônico ou não, sendo indiferentes para a sua caracterização.

O contrato eletrônico poderá ser formado, indistintamente, entre presentes ou ausentes ou ainda pela manifestação de vontade previamente externada pelas respectivas posições jurídicas com execução automatizada e sem a direta interferência do sujeito de direito no ato de sua formação, sem que isso o descaracterize."[30]

No mesmo sentido são os *Smart Contracts*, os quais representam uma espécie do gênero Contratos Eletrônicos, porém, com um acréscimo, em um contrato eletrônico tradicional, é mantida a linguagem aplicada pelos seres humanos, como o idioma Português; já em um *Smart Contract*, as partes utilizarão linguagens de programação de sistemas com algoritmos e outros requisitos, incluindo a utilização da Blockchain, o que, como visto, não é obrigatório. Estamos igualmente frente a uma situação de forma e não de tipo ou classificação ou categoria contratual, apenas forma. Ao invés da linguagem oral ou escrita, está sendo utilização a linguagem de programação de sistemas.

Em 2001 foi editada a Medida Provisória 2.200-2/2001, ainda em vigor por força da Emenda Constitucional nº 32/2001, a qual, além de criar o ICP-Brasil e instituir o sistema de Certificação Digital com criptografias de chaves públicas e privadas, ainda, determina em seu artigo 10 que: "consideram-se documentos públicos ou particulares, para todos os fins legais, os documentos eletrônicos de que trata esta Medida Provisória."

Sendo o objeto da respectiva Medida Provisória a instituição do ICP-Brasil e do Certificado Digital, temos que o seu artigo 10 expressamente equivale os documentos eletrônicos, entre eles os contratos, firmados com o uso de certificado digital, como sendo documentos portadores de fé-pública e de mesmos poderes e força vinculante entre documentos públicos. Ou seja, para efeitos legais, passam a ser contratos com a presunção de equivalência entre público ou particular, não havendo qualquer distinção para os devidos fins legais.

Semelhante ficção jurídica de equivalência de documento particular ao público é realizada pela lei que criou a alienação fiduciária em ga-

[30] Rebouças, Rodrigo Fernandes. Contratos Eletrônicos: formação e validade – aplicações práticas. 2 ed., São Paulo: Almedina, 2018, p. 33.

rantia de bem imóvel, ao prever que aos contratos com tal forma de garantia real, não haverá necessidade de elaboração da posterior escritura pública, já que o instrumento particular suprirá tal necessidade por presunção de equivalência entre documento público e privado.

Já o parágrafo 2º do mesmo artigo 10 da MP 2.200-2, estabelece expressamente que as partes podem optar pela "[...] utilização de outro meio de comprovação da autoria e integridade de documentos em forma eletrônica, inclusive os que utilizem certificados não emitidos pela ICP-Brasil, desde que admitido pelas partes como válido ou aceito pela pessoa a quem for oposto o documento." Mesmo os contratos eletrônicos firmados com a manifestação de vontade expressada pelas circunstâncias negociais e sem o uso de assinaturas ou certificados digitais privados e/ou emitidos pelo ICP-Brasil, tal como se verifica nas situações envolvendo um *Smart Contract*, as partes poderão ter a segurança jurídico de que terão a mesma validade, a equivalência e a mesma eficácia de um documento público (MP 2.200-2/2001, Art. 10, §2º). Trata-se de uma ficção jurídica criada pela norma.

Pela cláusula geral da boa-fé objetiva que rege todos os negócios jurídicos (Artigos 113 e 422 do Código Civil), os usos e costumes adotados e reconhecidos pelas partes como práticas regulares no trato de seus negócios, entre eles, os meios eletrônicos de contratação, tais como os *Smart Contracts*, chats, mensagerias e correios eletrônicos, devem ser reconhecidos como práticas aceitas e contratadas entre as partes, por força dos institutos da *suppressio* e da *surrectio* (supressão ou adição de direitos pelo trato sucessivo entre as partes). Dessa forma, é plenamente possível e lícito, considerarmos que, mesmo os contratos eletrônicos sem qualquer certificado digital, porém, negociados e tratados entre as partes pelos meios usualmente aceitos entre si, terão a sua validade e eficácia reconhecida, tal como são reconhecidos, por força do nosso sistema legal, os contratos verbais.

Frente a essa lógica sistêmica, temos que, se as partes usualmente realizam os seus negócios jurídicos por meio de troca de correspondência eletrônica, tal meio foi eleito e aceito pelas partes, passando a integrar a hipótese prevista no parágrafo 2º do artigo 10 da MP 2.200-2/2001 e, portanto, com força de documento público ou particular, sendo tratado pela lei, como de igual eficácia para todos os efeitos de direito atribuídos aos contratos em instrumento público.

No caso do REsp 1.495.920-DF, a questão é mais clara ainda, já que, pelo relato do Acórdão, houve a utilização de Certificados Digitais emitidos pelo ICP-Brasil, portanto, o próprio caput do artigo 10 da MP 2.200-2 é suficiente para resultar na equivalência do instrumento particular ao público por expressa ficção jurídica.

Voltando os argumentos do REsp 1.495.920/DF, os senhores Ministros buscaram dar validade a um título executivo extrajudicial, fundamento em instrumento particular sem a exigência de duas testemunhas pelo fato de ser um contrato eletrônico e pelo fato de que o ICP-Brasil teria feito as vezes de uma das testemunhas e a plataforma DocuSign com a outra. Com o devido respeito, não são testemunhas. Não se tem conhecimento de um único caso em que uma pessoa jurídica foi admitida como testemunha. E mais, não figuraram como testemunhas ou garantidores dos requisitos de liquidez, certeza e exigibilidade do negócio jurídico contratual. Não!

A questão é muito mais simples do que todos os argumentos apontados no Acórdão, e está resumida acima, ou seja, um contrato eletrônico, por forma do artigo 10 e seus parágrafos, acaba por ser equiparado a um documento público por expresso comando legal. O sistema normativo estabeleceu uma ficção jurídica de atribuir ao contrato eletrônico a força do documento público, fazendo a equivalência entre documentos público e particular.

> MP 2.200-2
>
> Art. 10. Consideram-se documentos públicos ou particulares, para todos os fins legais, os documentos eletrônicos de que trata esta Medida Provisória.
>
> § 1º As declarações constantes dos documentos em forma eletrônica produzidos com a utilização de processo de certificação disponibilizado pela ICP-Brasil presumem-se verdadeiros em relação aos signatários, na forma do art. 131 da Lei nº 3.071, de 1o de janeiro de 1916 – Código Civil.
>
> § 2º O disposto nesta Medida Provisória não obsta a utilização de outro meio de comprovação da autoria e integridade de documentos em forma eletrônica, inclusive os que utilizem certificados não emitidos pela ICP-Brasil, desde que admitido pelas partes como válido ou aceito pela pessoa a quem for oposto o documento.

Havendo uma equivalência e equiparação do documento eletrônico ao documento público, pensamos que a solução é um tanto quanto mais simples, bastando que a inicial do processo de execução seja fundamentada com base no inciso II do artigo 784 do Código de Processo Civil de 2018 (primeira parte do antigo inciso II do artigo 585, CPC revogado).

> Art. 784. São títulos executivos extrajudiciais:
>
> I – a letra de câmbio, a nota promissória, a duplicata, a debênture e o cheque;
>
> II – a escritura pública ou outro documento público assinado pelo devedor; [...]
>
> No caso, o outro documento público exigido pelo inciso II do artigo 784 do CPC/15, será o contrato eletrônico, na sua modalidade/espécie *Smart Contract*, tal como é viabilizado pelo §2º do Artigo 10 da MP 2.200-2 acima transcrita.

Conclusões

Com base em todo o exposto, entendemos que o os denominados *Smart Contracts* nada mais são do que uma das modalidades de contratação eletrônica, sendo a sua principal característica a conversão do texto do instrumento contratual para linguagem de programação e/ou da Blockchain, ou ainda, outra tecnologia que venha a ser aplicação nos próximos anos, garantido, além da transparência das relações contratuais, a ausência (pelo menos em tese) de ambiguidades nas condições e obrigações previstas em tal modalidade contratual, bem como a sua auto execução. Portanto, estamos falando de forma e não de tipo contratual e/ou classificação, apenas o instrumento utilizado para exteriorizar e registrar as condições jurídicas de uma determinada operação econômica.

Para as situações em que envolvam contratos civis e/ou empresariais, com grau de autonomia privada máxima ou média, a aplicação da condição de auto execução e da respectiva cláusula *solve et repete*, não afeta a sua validade e eficácia, muito pelo contrário, é forma de garantir a sua eficácia, preservando o direito de eventuais prejudicados em apurar, em momento futuro, eventuais prejuízos, sem que isso resulte em qualquer suspensão e/ou interrupção as condições de um *Smart Contract*.

Sua eventual inadimplência, resulta, em tese, em eventual ação de execução com base em título executivo extrajudicial equivalente e equiparado ao instrumento público por ficção jurídica nos termos da MP 2.200-2/2001, Art. 10, §2º combinado com o inciso II do artigo 784, do Código de Processo Civil de 2015 (STJ, REsp 1.495.920/DF).

E, finalmente, reiterando o quanto apontado no início, um *Smart Contract* não se confunde, em hipótese alguma, com uma *vending machine*. Trata-se de forma de contratação muito mais sofisticada que representa um contrato eletrônico necessariamente de auto execução e intersistêmico no plano da eficácia do negócio jurídico contratual.

Referências

Correia, Francisco Mendes. A tecnologia descentralizada de registro de dados (Blockchain) no sector financeiro. *In* Menezes Cordeiro, António. Oliveria, Ana Perestrelo de. Duarte, Diogo Pereira. *FinTech*: desafios da tecnologia financeira. Coimbra: Almedina, 2017

Filippi, Primavera De. Wright, Aaron. *Blockchain and the law*: the rule of code. Cambridge, Massachusetts: Harvard University Press. 2018

Gagliardi, Rafael Villar. *Exceção do contrato não cumprido*. São Paulo: Saraiva, 2010 (Coleção Agostinho Alvim, Coordenação Renan Lotufo)

Lorenzetti, Ricardo Luis. Contratos Eletrônicos. Trad. Edson L. M. Bini. in Direito & Internet – aspectos jurídicos relevantes. v. II. São Paulo: Quartier Latin. 2008

Nybo, Erik Fontenele. Os efeitos econômicos da introduçao dos Smart Contracts no direito. *In Ensaios em Law & Economics*. Araujo, Luz Nelson Porto. Dufloth, Rodrigo V. (Org.) São Paulo, LiberArs, 2019

Pugliesi, Márcio. *Teoria do direito*. 2 ed., São Paulo: Saraiva, 2009

Rebouças, Rodrigo Fernandes. *Contratos Eletrônicos*, 2 ed., Almedina: São Paulo, 2018

__________. *Autonomia Privada e Análise Econômica do Contrato*. São Paulo: Almedina, 2017

__________. *AI (Inteligência Artificial)* – novas habilidades jurídicas e a supremacia quântica. Disponível em https://comunidade.thelegalhub.com.br/blog/ai-e-novas-habilidades-e-supremacia-quantica

__________. Smart contracts e a teoria dos contratos. *In CryptoLaw* v. 1: Inovação, Direito e Desenvolvimento, 2020 (no prelo)

__________. *Contratos Eletrônicos e sua força executiva*. *In* Revista de Direito da Escola Superior da Advocacia, 2020 (no prelo)

Revoredo, Tatiana. *Blockchain*: tudo o que você precisa saber. 1 ed., Amazon: The Global Strategy, 2019

Roppo, Enzo. *O Contrato*. Coimbra: Almedina, 2009

Santos, Manoel J. Pereira. Rossi, Mariza Delapieve. *Aspectos legais do Comércio Eletrônico – contratos de adesão.* Revista de Direito do Consumidor, v. 36, São Paulo: Revista dos Tribunais, Out/2000

Szabo, Nick. *Formalizing and Securing Relationships on Public Networks.* Peer-Reviewed Journal on The Internet. Vol. 2, n. 9, Set/1997. Disponível em <https://firstmonday.org/ojs/index.php/fm/article/view/548/469.DOI:http:/dx.doi.org/10.5210/fm.v2i9.548> acessado em 06.01.2020

_________. *The idea of Smart Contracts.* Disponível em: <https://nakamotoinstitute.org/the-idea-of-smart-contracts/>, acessado em 06.01.2020

Timm, Luciano Benetti. *Direito contratual brasileiro*: críticas e alternativas ao solidarismo jurídico. 2 ed., São Paulo: Atlas, 2015

Zanetti, Cristiano de Sousa. *In Comentários ao Código Civil:* direito privado contemporâneo. Nanni, Giovanni Ettore (Coord.) São Paulo: Saraiva Educação, 2019

Wieacker, Franz. *História do direito privado moderno.* Tradução: António Manuel Botelho Hespanha. 2 ed., Lisboa: Fundação Calouste Gulbenkian, 1993

25. *Hating, cyberbullying* e discurso de ódio: os limites da liberdade de expressão na *web*

Samantha Ribeiro Meyer-Pflug Marques

Introdução

A Constituição Federal de 1988 conferiu em seu texto destaque a liberdade, a protegendo em suas mais diversas facetas: locomoção, artística, profissão, imprensa, iniciativa e concorrência, precipuamente a liberdade de expressão de pensamento. Essa ênfase conferida à liberdade se mostra plenamente compreensível quando se leva em consideração que a promulgação da Constituição representou o fim do regime militar, que foi marcado pela restrição aos exercícios dos direitos e garantias fundamentais e a instauração de um regime democrático no País, que tem como um dos seus pilares a garantia a liberdade de expressão do pensamento.

No entanto, o exercício da liberdade de expressão também envolve aspectos polêmicos. Dentre eles, destacam-se, o financiamento privado de campanhas políticas, a incitação à pornografia e o Discurso do ódio (*hate speech*). (Fiss, 1999, p. 215). Esse último se caracteriza por ser aquele discurso voltado a um determinado grupo étnico, religioso, cultural, com vistas a desqualifica-lo como detentor de direitos.(Meyer-Pflug, 2009, p. 91). O combate ao Discurso do ódio se apresenta como um dos grandes desafios a ser enfrentado pelo Estado e pela Sociedade, na medida em que incita a descriminação e o ódio a determinados grupos sociais, étnicos, religiosos, dentre outros, na grande maioria das vezes, minorias. No entanto, por não representar uma ação concreta e se encontrar no âmbito das ideias, estaria *a priori* protegido pelo exercício da liberdade de expressão do pensamento assegurado na Constituição.

A disseminação do Discurso do ódio ganha outras dimensões quando se tem em vista o seu exercício por meio das redes sociais, da web, pois a sua disseminação é muito mais rápida e seu controle mais difícil. Ademais, na maioria das vezes, o Discurso do ódio vem acompanhado do *cyberbullying*, sendo difícil a tarefa de diferenciá-los.

O limite entre o exercício da liberdade de expressão do pensamento e da prática do racismo e violação da dignidade da pessoa humana é extremamente tênue. Nesse particular identificam-se dois grandes sistemas distintos no combate a esse Discurso: o americano e o europeu. No sistema americano permite-se o Discurso do ódio, desde que esse não represente um perigo claro e iminente para a sociedade. No europeu veda-se expressamente qualquer Discurso de conteúdo incitador ao ódio, preconceito e discriminação, por entender que é violador da dignidade da pessoa humana.

No Brasil, o tema do Discurso do ódio já foi objeto de análise pelo Supremo Tribunal Federal, quando do julgamento do Habeas Corpus n. 82.424 em 2002, e ele se alinhou num primeiro momento ao sistema europeu de proteção da liberdade de expressão e vedação ao racismo, a despeito da tradição brasileira seja de dar prevalência à liberdade de expressão do pensamento, principalmente quando se analisa o teor do texto da Constituição de 1988. (SUPREMO TRIBUNAL FEDERAL, 2004)

Todavia, a discussão não está totalmente pacificada, pois em decisões mais recentes o próprio Supremo Tribunal Federal tem se posicionado de maneira diversa, indicando que a decisão anteriormente tomada talvez não tenha sido a mais eficaz para solucionar a questão (Supremo Tribunal Federal, 2009). Essa mudança de posição é facilmente perceptível quando se observa que o Supremo Tribunal Federal declarou a não recepção da Lei de Imprensa em face da Constituição de 1988 e também autorizou a marcha da maconha e a legalidade de biografias não autorizadas. Nesses julgados há uma nítida prevalência do direito à liberdade de expressão do pensamento como pilar da democracia brasileira.

Há, portanto, uma oscilação na jurisprudência do Supremo Tribunal Federal, que representa um perigo para o princípio da segurança jurídica, tendo em vista a relevância dos direitos fundamentais envolvidos, quais sejam: liberdade de expressão, vedação à incitação ao racismo, dignidade da pessoa humana, imagem e honra. Essa oscilação também ganha outros contornos quando se tem em vista as redes sociais e a web. Daí a importância de se analisar o tema com mais acuidade.

1. Liberdade de expressão do pensamento

A liberdade de expressão não abrange somente a manifestação do pensamento, de ideias ou opiniões também engloba as manifestações de sensações e sentimentos que podem ser externados pela atividade artística, cientifica, intelectual e de comunicação. A liberdade de expressão do pensamento pode ocorrer pelas mais variadas formas: escrita (livros, revistas, jornais, periódicos e cartas), falada (conversas, palestras, reuniões), pelo uso de imagens e de sons (rádio, televisão e *internet*) entre os outros. No inc. IV do art. 5º, a Constituição Federal de 1988 dispõe: "*é livre a manifestação do pensamento, sendo vedado o anonimato.*"

A liberdade de expressão do pensamento é um direito inerente ao ser humano que necessita se comunicar constantemente com o outro, expor seus pensamentos, sentimentos e ideias. A troca de informações, de ideias, de imagens e de opiniões, é a maneira pela qual o indivíduo participa da vida em sociedade e das decisões do Estado. Desse modo, o Estado deve assegurar ao indivíduo o direito de expor e manifestar o seu pensamento livremente, sem sofrer qualquer restrição, por essa razão o Texto Constitucional veda expressamente a censura e a licença.

Contudo, o exercício da liberdade de expressão do pensamento como de resto todos os demais direitos não podem ser realizados de modo absoluto. Aliás, as restrições ao seu exercício constam do próprio Texto Constitucional, quais sejam, a vedação ao anonimato, a proibição de violação à honra, à imagem, à vida privada e à intimidade do indivíduo, e a obrigação de indenização por danos materiais ou morais no caso do seu exercício de forma abusiva.

O Texto Constitucional pátrio conferiu ampla proteção à liberdade de pensamento ao reconhecê-la como direito fundamental e cláusula pétrea o que impede que qualquer meio estatal suprima essa garantia, ou venha, a pretexto de uma possível regulação, violar o seu núcleo essencial. (Farias, 2004 p. 191) Para que a regulamentação à liberdade de expressão seja legítima ela deve se fundamentar estritamente no Texto

Constitucional e nos limites por ele impostos. (Meyer-Pflug, 2009, p. 67). Consiste no direito de cada indivíduo de pensar e abraçar as ideias que lhe aprouver sem sofrer qualquer restrição ou retaliação por parte do Estado. O homem é livre para pensar e manifestar seus pensamentos. É o direito de cada indivíduo de escolher quais as ideias que quer adotar ou não, de ser livre para decidir e livre para exteriorizar seus pensamentos. (Silva, 2005, p. 241.) O Estado não pode e não deve criar obstáculos ou restrições a essa liberdade. (Meyer-Pflug, 2009, p. 72)

A liberdade de expressão do pensamento é primordial para o desenvolvimento do ser humano ao mesmo tempo em que integra esse desenvolvimento. (Dworkin, 2000, p. 503) Nesse sentido está relacionada com a própria "autodeterminação do indivíduo". Sua garantia é de extrema importância, na medida em que considera os indivíduos como responsáveis por si mesmos, dotados de poder de autodeterminação. (Dworkin, 2006, p. 319). A expressão de ideias é dotada de grande poder, pois se reflete diretamente na sociedade, no sistema político adotado e nos valores reinantes. Não se deve subestimar nunca o poder das ideias. (Berlin, 1981, p. 134)

Para o homem poder livremente manifestar suas ideias e opiniões é necessária à proteção do Estado, no sentido de garantir o exercício desse direito individual e também de regular os meios para que essa transmissão de ideias e opiniões possa ocorrer de maneira eficaz. (Meyer-Pflug, 2009, p. 70)

Num primeiro aspecto, a liberdade de pensamento consiste no fato de que o Estado não levará em consideração o teor dessa opinião, na exata medida em que se manterá neutro quanto ao seu conteúdo para que ela possa ocorrer livremente. Pode-se afirmar que o Estado assume uma posição de neutralidade em face desse direito. É o que Celso Ribeiro Bastos denomina de "valor da indiferença". (Bastos, 2010, p. 331). Já num segundo momento, a liberdade de pensamento exige que ideia ou opinião seja respeitada pelos demais e que não venha o sujeito a sofrer nenhuma restrição ou até mesmo retaliação em virtude de sua emissão. (Menéndez, 2002, p. 20). O indivíduo pode vir a exigir do Estado que leve em consideração a sua ideia ou opinião para a realização de determinadas tarefas, ou até mesmo, para eximi-lo de uma obrigação.

Há que se considerar que as pessoas, na maioria das vezes, possuem opiniões divergentes um dos outros, para não dizer opostas. Tem-se, pois, assim, que o exercício dessa liberdade de expressão do pensamento não pode dar-se de forma absoluta, do contrário uma das partes sairá prejudicada e, por consequência o direito à liberdade de pensamento estará sendo negado em sua essência. (Meyer-Pflug, 2009, p. 70). A liberdade de expressão possibilita ao indivíduo poder participar do Estado, por intermédio de uma livre discussão de ideias. (Menéndez, 2002, p. 30).A partir daí há uma participação política até então inexistente. É o exercício de uma liberdade civil e política. Sem comunicação livre, não se pode falar em sociedade livre e muito menos em soberania popular ou Estado Democrático. Ela não deixa de ser um bem público. (Menéndez, 2002, p. 30).

O Estado deve incentivar o debate público democrático, conferindo condições para que os indivíduos possam participar dele, precipuamente, por meio do investimento na educação pública. (Farias, 2004, p. 87) A liberdade de expressão tem um aspecto social, pois por meio de seu exercício é possível criar um espaço público racional de ideias, ou seja, uma esfera de debates com ampla liberdade de posições, contribuindo para a formação de uma opinião pública independente, consciente e pluralista. Nesse contexto, a internet aparece com um ambiente favorável para a livre discussão de ideias e opiniões, pois propicia a interação entre as pessoas independentemente da localização geográfica e das condições sociais e financeiras.

Contudo, a expressão de ideias é passível de restrições, na exata medida em que se devem respeitar outros valores albergados pela Constituição da República, com repercussão na legislação infraconstitucional, tais como a vedação ao anonimato, a proteção à imagem, à honra, à intimidade e à privacidade, bem como o direito de resposta no caso de abuso do direito de liberdade de expressão do pensamento do indivíduo. (Meyer-Pflug, 2009, p. 82)

2. O discurso do ódio

Pode se conceituar o Discurso do ódio como a "manifestação de ideias que incitam à discriminação racial, social ou religiosa em relação a determinados grupos, na maioria das vezes, as minorias." (Meyer-Pflug, 2009, p. 93). Em certas situações ele chega a desqualificar esse grupo como detentor de direitos. Todavia, não se limita à discriminação racial, podendo se voltar contra aspectos religiosos, sexuais, de etnia e de nacionalidade. Trata-se de uma apologia abstrata ao ódio, que representa o desprezo e a discriminação a determinados grupos de pessoas dotadas de certas características comuns, crenças, qualidades ou ainda que estejam na mesma condição social, econômica, como, por exemplo, os ciganos, nordestinos, negros, judeus, árabes, islâmicos, homossexuais e mulheres. (Cowan, Resendez; Marshall; Quist, 2002, p. 247)

Na grande maioria das vezes se utiliza da teoria revisionista para se expressar, na medida em que essa tem por finalidade questionar e até mesmo negar a existência do Holocausto, ocorrido durante a Segunda Guerra Mundial. A Alemanha, por exemplo, criminaliza a teoria revisionista por entender que o questionamento acerca da existência dessa barbárie, acaba por incitar de alguma maneira o retorno daquele regime e de sua política discriminatória. (Boyle, 2001, p. 498.)Referido Discurso se apresenta, num determinado aspecto, incompatível com a garantia da dignidade da pessoa humana, pois ao se utilizar de expressões de ódio, acaba por diminuir a dignidade das pessoas, sua autoestima, resultando em determinadas situações na impossibilidade deles virem a participar de determinadas atividades e até mesmo do debate público. (Fiss, 1999, p. 215).

O Discurso do ódio também pode apelar para os sentimentos de cada indivíduo e até resultar em determinadas ações, mas ainda assim, são apenas palavras, está no mundo das ideias. Contudo, há que se considerar que o fato de se tecer ideologias, por si só não, constitui crime, uma vez que as Constituições garantem a liberdade de consciência e ideológica. Há uma ênfase no valor da tolerância, que consiste em admitir que ideias e opiniões contrárias possam conviver pacificamente. Todavia, existem sistemas jurídicos que criminalizam o Discurso do ódio, como o alemão, sob o argumento de que apesar dele não representar necessariamente o cometimento de uma ação ilegal, de uma ação racista ou xenófoba, pode ensejar uma preparação ou predisposição a que elas venham a se consumar. (Rosenfeld, 2008, p. 8)

O Discurso do ódio também pode ser manifestado por grupos que historicamente foram objeto de discriminação e se voltar contra um membro do grupo dominante, numa nuance de retaliação. (Coderch, 1993, p. 27) Nas manifestações de ódio os destinatários são agredidos por pertencerem a um determinado grupo que é discriminado. O indivíduo é violado exatamente naquilo que o identifica como pertencente daquele determinado setor da sociedade. (Coderch, 1993, p. 28) Para não ser ofendido seria necessário que ele perdesse a condição de membro do grupo ao qual pertence, o que resultaria na renúncia de opções políticas, crenças religiosas, opção sexual... Trata-se da perda de sua própria identidade. Afirma Hannah Arendt:

> "(...) Esse extremo, e nada mais é a situação dos que são privados dos seus direitos humanos. São privados não do seu direito à liberdade, mas do direito à ação; não do direito de pensarem o que quiserem, mas do direito de opinarem." (Arendt, 1989. p.330)

Nesse sentido é plenamente possível questionar se a proibição da manifestação do Discurso do ódio não pode resultar em uma reação contrária, ou seja, gerar mais ódio e discriminação em relação aquele grupo, pois ele normalmente é destinado a grupos que são historicamente discriminados. (Coderch, 1993, p. 30). Esse é um aspecto relevante a ser considerado quando se examina o Discurso do ódio na internet, nas redes sociais, pois a sua proibição pode significar sob um determinado aspecto uma censura a liberdade de expressão na web. Nesse sentido, sua proibição geraria uma reação contrária a pretendida.

Explica Michel Rosenfeld que ao se proibir o Discurso do ódio, combate-se o Discurso que representa o intolerante, com uma atitude intolerante, o que só pode gerar mais intolerância. (Rosenfeld, 1987, p. 1457) Não há negar-se que o Discurso do ódio pode ser usado como um instrumento incitador do racismo, do preconceito e da discriminação. O preconceito é uma opinião equivocada que é considerada por determinadas pessoas como verdadeira. (Meyer-Pflug, 2009, p. 96) Todavia, "nem toda manifestação equivocada pode ser considerada como preconceito." (Bobbio, 2002, p. 104)

A discriminação é a decorrência do preconceito de grupo. (Bobbio, 2002, p. 107) Ela é mais forte do que a simples diferença, pois é utilizada em um sentido pejorativo e tem por fundamento critérios ilegítimos, normalmente, relacionados à ideia de superioridade de um grupo em relação ao outro. (Bobbio, 2002, p. 107) Ocorre em relação aos membros de determinados grupos com o qual se identifica um estereótipo, um traço comum. É um comportamento que é acompanhado de um aspecto negativo, de atos que visem a exclusão de um grupo da sociedade. (Páez, González, 1996, p. 324)

Já o racismo é "comportamento, hostil, relativamente, a grupos humanos, a pessoas, em razão, por exemplo, da cor de sua pele ou de sua religião." (Velloso, 2004, p. 81) É a atribuição de um valor negativo a um determinado segmento social, se valendo para tanto de características comuns existentes entre eles, que possa ser um traço identificador e como tal mereça um tratamento desigual. (Jobim, 2004, p. 98)

3. O discurso na web, *hating* e *cyberbullying*

Há que se reconhecer que com a internet e as redes sociais constituem-se em meios de comunicação nos quais quaisquer indivíduos têm acesso e podem comunicar-se entre si independentemente de sua nacionalidade ou localização geográfica. As informações as comunicações se dão de forma imediata. (Martins, 2014)

Essa rapidez, na troca de informações e ideias se de um lado facilita a comunicação, de outro pode se constituir em um meio de disseminação de falsas ideias, de *cyberbullying* e do próprio Discurso do ódio. Essas distorções acabam por violar inúmeros direitos fundamentais dos indivíduos.

No mundo globalizado, com a expansão cada vez maior da internet, ganha relevo o papel desempenhado pelas redes e mídias sociais no sentido de interligar pessoas ao redor do mundo. (Baumanm, 2013) Explica Martha Gabriel que:

> Se por um lado, redes sociais relacionam-se a pessoas conectadas em função de um interesse comum, mídias sociais associam-se a conteúdos (textos, imagem, vídeo etc) gerados e compartilhados pelas pessoas nas redes sociais. Dessa forma, tanto redes sociais como mídias sociais, em sua essência, não têm nada a ver com tecnologia, mas com pessoas e conexões humanas. A tecnologia apenas facilita e favorece a interação das pessoas e a criação e compartilhamento de conteúdo por elas. Assim, as redes sociais, como o Facebook, por exemplo, são plataformas que possibilitam, facilitam e potencializam a conexão de pessoas com outras pessoas, ampliando o alcance das redes sociais pessoais, e ferramentas de armazenamento e compartilhamento que alavancam o volume de mídias sociais criadas pelas pessoas. Assim, um site de redes sociais on-line é apenas uma plataforma tecnológica que favorece a atuação das pessoas para interagir e compartilhar conteúdos em suas redes sociais. (Gabriel, 2010, p. 202)

O uso da internet inegavelmente tem facilitado a comunicação entre as pessoas, aproximando-as independente do lugar onde estejam, no entanto, ela também tem sido usada para denegrir pessoas "*bullying*", espalhar notícias falsas "*fake news*" e disseminar o ódio "discurso do ódio. Muitas vezes, o Discurso do ódio se dá na internet de maneira velada, sendo difícil a sua identificação, pois ele ocorre de forma implícita, por meio de mensagens subliminares. (Rosenfeld, 2008, p. 8) É uma agressão velada, mas que fere igualmente o direito das vítimas a que se destina. A rapidez pela qual essas informações são espalhadas é enorme ficando difícil, para não dizer impossível, conter esse tipo de transmissão. O Estado enfrenta enorme dificuldade, nessas situações, para assegurar a liberdade de expressão sem que isso possa resultar em um estado de intolerância, ou acarretar prejuízos irreparáveis para a dignidade da pessoa humana, a honra, a imagem e a privacidade.

Quer parecer que o papel do Estado e da sociedade nessas circunstâncias não deve ser o de proibir pura e simplesmente o *cyberbullying* e o discurso do ódio, mas sim fomentar uma conscientização dos usuários da rede da responsabilidade na transmissão de informações e nas consequências jurídicas de seus atos. Deve-se alertar ao usuário da necessidade de averiguar a autenticidade das informações repassadas e do impacto do discurso do ódio na rede que pode, muitas vezes, levar a incitação de ações concretas de ódio e violência.

A educação e a promoção de discursos que enfatizem a tolerância, a igualdade e o respeito à dignidade da pessoa humana parecem ser a arma mais eficaz no combate ao Discurso do ódio e o *cyberbullying*, pois eliminam sua manifestação na sua origem, pois esses discursos são vazios de conteúdo e se baseiam em ideias preconceituosas e discriminatórias.

Conclusões

A mera proibição do Discurso do ódio pelo Estado não se mostra uma medida eficaz para combater esse discurso. Pelo contrário apenas dá mais força para sua existência. A solução parece residir na educação e no fomento da implantação de políticas públicas de promoção dos direitos fundamentais. Deve-se favorecer a tolerância, que é uma consequência direta do exercício da liberdade de expressão do pensamento.

Busca-se evitar limitar o exercício da liberdade de expressão, pois deve-se considerar que não existe uma verdade absoluta ou incontestável que possa justificar essa restrição. Ademais, uma "ideia, por mais absurda que seja pode ser verdadeira, ou conter uma parcela de verdade." (Meyer-Pflug, 2009, p. 130). Não há opinião ou ideia é infalível. E, ainda que se trate de uma ideia falsa, não teria ela o direito de ser discutida e de forma vigorosa? (Meyer-Pflug, 2009, p. 133)

Somente por meio da discussão, de debate livre de ideias, da existência de opiniões conflitantes que se alcança a busca da verdade. Talvez seja esse um caminho para combater, ou melhor, desqualificar o Discurso do ódio na sua essência. (Meyer-Pflug, 2009, p. 110). O Discurso do ódio deve ser combatido pelo Estado e pela sociedade e nesse particular não há qualquer divergência. Contudo, a essência do sistema democrático, do pluralismo, e da garantia da liberdade de expressão exige uma discussão ampla e aberta, na qual impere a convivência pacífica de todas as ideias, ideologias e opiniões. Não existe democracia sem liberdade de expressão do pensamento.

A vedação do Discurso do ódio tem se mostrado ineficaz no seu combate, pois as manifestações dessa natureza continuam ocorrendo. Em certos casos a proibição é vista até mesmo como um incentivo à transgressão. A atuação do Estado deve ser no sentido de dotar as minorias (ética, social, religiosa, cultural...) de melhores condições para expor suas ideias e argumentos e assim poder participar efetivamente do debate público e fazer uso de sua liberdade para expor pensamentos, ideias e opiniões em igualdade de condições com os demais.

Em suma, tem-se que apenas por meio do discurso aberto, da contra argumentação é que se faz possível combater e exterminar por si só tão abominável manifestação. O Discurso do ódio deve ser submetido à crítica contundente, ao humor, ao descrédito, pois as palavras têm de estar relacionadas à vida cotidiana, do contrário restarão vazias de qualquer conteúdo. Posições extremadas devem ser veementemente combatidas por meio do fomento ao livre debate de ideias e opiniões.

Referências

Arendt, Hannah, *Origens do Totalitarismo.* São Paulo: Companhia das Letras, 1989.

Bastos, Celso Ribeiro. *Curso de Direito Constitucional,* Atualizado por Samantha Ribeiro Meyer- Pflug. São Paulo: Malheiros, 2010.

BAUMANM, Zygmunt. *Danos colaterais: desigualdades sociais numa era global.* Tradução Carlos Alberto Medeiros. Rio de Janeiro: Zahar, 2013.

BERLIN, Isaiah. *Quatro ensaios sobre a liberdade.* Coleção Pensamento Político n. 39, 1981. Brasília: Universidade de Brasília.

CODERCH, Pablo Salvador. *El derecho de la libertad.* Madrid: Centro de Estúdios Constitucionales, 1993.

BOBBIO, Norberto. *Elogio à serenidade e outros escritos morais*, São Paulo: Unesp, 2002.

BOYLE, Kevin. *Hate Speech – The United States versus the rest of the world?* In *Maine Law Review*, v. 53:2, 2001, p.

COWAN, Gloria; RESENDEZ, Mirian; MARSHALL, Elizabeth; QUIST, Ryan. *Hate Speech and Constitutional Protection: Priming values of equality and freedom.* In *Journal of Social Issues,* vol. 58, n.2, 2002.

DWORKIN, Ronald. *Uma questão de princípio,* São Paulo: Martins Fontes. 2000

-------------------- *O direito da liberdade. A leitura moral da Constituição norte-americana,* São Paulo: Martins Fontes. 2006.

FARIAS, Edilsom. *Liberdade de expressão e Comunicação: teoria e proteção constitucional.* São Paulo: Revista dos Tribunais, 2004.

FISS, Owen M. *La ironia de la libertad de expresíon.* Barcelona: Editorial Gedisa, 1999.

GABRIEL, Martha. *Marketing na era digital.* São Paulo: Novatec, 2010.

MARTINS, Guilherme Magalhães. *O direito ao esquecimento na internet.* In: MARTINS, Guilherme Magalhães (coord). *Direito privado e internet.* São Paulo: Editora Atlas, 2014.

MENÉNDEZ, Ignacio Villaverde. *Introducción histórica a las libertades de información y expresión.* In: *Cuadernos y debates: Actas de las VII Jornadas de la Asociación de Letrados del Tribunal Constitucional "La libertad de información y de expresión"*, n. 139, p. 11 à 44, Madrid, Tribunal Constitucional: Centro de Estudios Políticos y Constitucionales, 2002.

MEYER-PFLUG, Samantha Ribeiro. *Liberdade de Expressão e Discurso do Ódio.* São Paulo: RT, 2009.

PÁEZ, Darío e GONZÁLEZ, José Luis. *Prejuicio: concepto y nociones diversas.* In: BLÁSQUEZ-RUIZ, Javier (org.) *10 palabras clave sobre Racismo y Xenofobia.* Estella: Editorial Verbo Divino, 1996.

RAZ, Joseph. *La ética en el ámbito público*, Barcelona: Gedisa, 2001.

ROSENFELD, Michel. *Hate Speech in Constitutional Law jurisprudence: a comparative analysis.* In: Working Papers Series n. 41, 2001. http: papers.ssrn.com/paper.taf?abstract_id=265939, acesso em 5 de Janeiro de 2008.

SILVA, José Afonso da. *Curso de Direito Constitucional Positivo,* 24º ed., São Paulo: Malheiros, 2005.

SUPREMO TRIBUNAL FEDERAL, *Crime de racismo e anti-semitismo: um julgamento histórico no STF: habeas corpus nº 82.424/RS.* Brasília: Supremo Tribunal Federal, 2004.

SUPREMO TRIBUNAL FEDERAL. Arguição de Descumprimento de Preceito Fundamental n. 130/DF.
Relator: Min. Carlos Britto. Julgamento: 30/04/2009. Tribunal Pleno. Publicação. DJe-208 DIVULG 05-11-2009 PUBLIC 06-11-2009. EMENT VOL-00213- PP-00020.